日本史史料　〔5〕現代

日本史史料

[5]

現代

歴史学研究会編

岩波書店

はしがき

近年、日本史研究は飛躍的な発展を遂げている。戦後早くから求められていたアジア史・世界史の中に日本史の展開を位置づけるという課題、民衆の立場から日本史像の見直しを徹底し、明治以来形成されてきた国家中心の歴史像を克服するという課題なども急速に具体化され、深められるようになった。アジア太平洋戦争・戦後改革が広い視野から見直されたり、生活文化史・女性史・社会史など民衆史の諸側面が多角的に追究されたりしているのもそのあらわれである。

そうした状況の中で、どの時代についても、新たな問題関心に基づいて設定されたテーマへの多様な接近方法が工夫され、基本史料の読み直しとともに、これまで史料としての価値をほとんど与えられていなかった類いのさまざまの文字・非文字史料が積極的に掘りおこされ、活用されるようになった。それにともなって、史料論・史料学的基礎研究も本格的に進められるようになった。

歴史学研究会は、日本史研究のこのような新しい段階への到達を確認し、一九九三年六月の委員会において、『日本史史料』の編纂・刊行の方針を決定し、その内部に企画小委員会を設置した。研究の新しい水準を具体的にあとづける基本的な史料集が、広く利用しやすい形で提供されることは歴史教育にとって欠かせないものであり、さらに一般の人びとの日本史理解の深化・歴史意識の研磨のためにも重要であると考えたのである。それはたしかに、戦後一貫して、歴史学研究と歴史教育の相関関係を重視し、教育と学問の分離という方向を強く批判してきた歴史学研究会の仕事にふさわしいものといえるであろう。

翌九四年七月、企画小委員会での討議をふまえ、この計画を実現するための、独立の「日本史史料編集委員会」が発足した。そのメンバーには、各時代責任者として、古代＝石上英一、中世＝村井章介、近世＝高埜利彦、近代＝宮地正人、現代＝小林英夫、それに全体の取りまとめ役として永原慶二、幹事役として当時会の委員であった海老沢衷、保立道久の合計八名が歴史学研究会委員会から委嘱された。

第一回の編集委員会は企画小委員会での討議を受け継ぎ、『日本史史料』の基本的性格、枠組みを次のように決定した。

（一）『日本史史料』は、高校・大学一般教育の基本的教材として活用されることを主目標とし、併せて、一般読者の日本史認識にも役立つことができるようなものとする。

（二）そのため史料の選択は、各時代の発展の道筋や特質を明らかにする基本史料を諸分野に目配りしつつ精選するとともに、新しい研究水準のなかでとくに注目すべき新史料を極力多く採用する。

（三）採用する史料には、読点を打ち、必要に応じ読み下しもつける。また、難読、難解語、人名・地名などをはじめ必要とする注をつける。さらに、その史料の注目点・意義・歴史的背景などについて、新しい研究水準をふまえた解説を一点ごとに加える。

（四）『日本史史料』は、古代・中世・近世・近代・現代、各一巻、全五巻の編成とし、各巻ともA５判四〇〇ページ程度を目安とする。

（五）刊行出版社は、先に本会が編集して多くの利用者を得ている『新版　日本史年表』と同様、岩波書店に依頼する。

およそ以上のような基本方針を歴史学研究会委員会に報告、了承を得た上、引きつづき岩波書店に提案、幸いにその快諾を得た。そして、それに基づき九四年秋以降、編集委員会は各巻の分担執筆メンバー（計三二名）を決定し、内容についての責任は各巻ごとにこれらメンバーが負うこととし、編集の仕事を本格的に開始した。これらのメンバーはみな、今日の研究の第一線にあって多忙をきわめる人びとであるため、予定日程通りに進めることには困難が少なくなかったが、諸氏ともこの仕事の重要性を認識され、予想以上に順調に原稿がつくられていった。

さらに、この種の史料集のような本つくりは細部にわたる注意と手間とを予想以上に必要とするものであるが、それを短期集中的に乗り越えることができたのは岩波書店側の編集担当者となった沢株正始・富田武子氏のおかげである。厚く御礼申し上げたい。

『日本史史料』はこのような経過で世に送られることとなった。この上は、本史料集が歴史教育や一般の方々の歴史学習の場で少しでも多く利用され、広い人びとの自分の目、自分の頭による主体的な日本史認識に役立つことができることを願うものである。

一九九七年二月

『日本史史料』編集委員会

代表　永　原　慶　二

凡例

本書に収録した史料は、各史料末尾に出典として掲げる原典に出来る限り忠実に掲載したが、読者の便宜を考え、左記のような整理を行った。

一、史料の中略箇所は（中略）と記したが、法律・条約などの条文においては煩雑を避けるため逐一（中略）を記さなかったものもある。その場合は条項の見出しのみを掲げるか、または必要に応じて解説で補った。

一、史料はほとんどが原史料の一部であり、煩雑を避けるため、前（上）略・後（下）略はこれを省いた。

一、原則として新字体を用いた（聯などは例外とする）。

一、読点を補い、必要に応じて句点を付した。また適宜、改行や字下げを行った。

一、単純な誤字や誤記はこれを訂正した。また疑わしい文字にはその右傍に適切と思われる文字を〔　〕で掲げた。さらに、難読の地名や文字には同じく〔　〕でふりがなを付した。依拠した原典にある（ママ）やふりがな（ルビ）、文中に補われている〔　〕などは原則としてそのままとした。

一、繰り返し略表記は、漢字ではすべて「々」を用いた。ただし、行頭に「々」がある場合には同一の漢字を重ねて表記した。仮名では、いわゆる「踊り字」の「ゝ」「ゞ」「〱」などはそのままとした。

一、目次や見出しには、史料の簡略な通称を用いた場合や編者が表題を付した場合があるが、その際には正式の史料名を史料本文に示した。

本書の執筆については以下の五名が分担した（五〇音順／数字は史料番号）。

浅井良夫……8〜18、104、119、147、172〜180、185〜194、196〜197、211〜223、230〜234

五十嵐仁……106〜116、162〜171、181〜184、208〜210、224〜229、235〜242、244〜248

北河賢三……1〜7、19〜65、77〜86、195

小林英夫……66〜76、130〜139、198〜201

三宅明正……87〜103、105、117〜118、120〜129、140〜146、148〜161、202〜207、243

目次

はしがき
凡　例
序章　現代史史料について　1
第一章　満州侵略とファシズム　7
第一節　満州侵略　9
1 石原莞爾「満蒙問題私見」 一九三一年五月　9
2 花谷正「満州事変はこうして計画された」 一九五六年　12
3 満州国執政溥儀の関東軍司令官宛書簡　一九三二年三月一〇日　15
4 日満議定書　一九三二年九月一五日　16
5 リットン報告書　一九三二年一〇月二日　17
6 国際連盟脱退通告文　一九三三年三月二七日　21
7 塘沽停戦協定　一九三三年五月三一日　22
第二節　昭和恐慌と国民生活　23
8 恐慌の拡大と深刻化（ヴァルガ『世界経済年報』）　23
9 恐慌の影響　25
10 恐慌期の物価下落　26
11 工場雇用労働者数の推移　27
12 労働争議の概況　一九三〇年　28
13 主要犯罪の発生件数　29
14 小作争議の推移　30
15 猪俣津南雄『窮乏の農村』 一九三四年　30
16 農村救済請願運動　一九三二年　32
17 農林省訓令「農山漁村経済更生計画ニ関スル件」 一九三二年一〇月六日　34
18 満州農業移民百万戸移住計画　一九三六年五月九日　36
第三節　ファシズム化の進行　38
1 ファシズムの思想と運動
19 北一輝「日本改造法案大綱」 一九二三年五月　38
20 桜会趣意書　一九三〇年九月　40
21 五・一五事件（「木戸幸一日記」） 一九三二年五月一五―一七日　42
22 国防の本義と其強化の提唱（陸軍省新聞班） 一九三四年一〇月　46
23 蹶起趣意書　一九三六年二月二六日　47

24 陸軍大臣告示　一九三六年二月二六日　48
25 二・二六事件と天皇（「本庄日記」）　一九三六年二月二七日　49
2 弾圧と抵抗・転向
26 滝川事件　一九三三年　51
27 京大法学部教授一同の辞職声明　一九三三年五月二六日　53
28 思想対策協議委員会「思想善導方策具体案」　一九三三年八月　56
29 美濃部達吉「一身上の弁明」　一九三五年二月二五日　58
30 国体明徴に関する政府声明　一九三五年八月・一〇月　60
31 治安維持法違反事件年度別処理人員　61
32 佐野学・鍋山貞親「共同被告同志に告ぐる書」　一九三三年六月八日　63

第二章　日中全面戦争からアジア太平洋戦争へ　65

第一節　華北分離工作から日中全面戦争へ　67
1 華北分離工作と抗日運動
33 梅津・何応欽協定　一九三五年六月一〇日　67
34 土肥原・秦徳純協定　一九三五年六月二七日　67
35 対北支那政策　一九三五年八月一日　68
36 抗日救国のために全同胞に告げる書（八・一宣言）　一九三五年八月一日　69
37 全国各界救国連合会　抗日救国の初歩的政治綱領　一九三六年六月一日　70
38 西安事件　一九三六年一二月一二日　72
39「国策の基準」　一九三六年八月七日　73
2 日中全面戦争
40 盧溝橋事件の勃発　一九三七年七月七日　75
41 蒋介石の盧山談話　一九三七年七月一七日　76
42 盧溝橋事件に関する政府声明　一九三七年八月一五日　78
43 南京大虐殺（極東国際軍事裁判判決　一九四八年一一月一一日）　79
44「国民政府を対手とせず」政府声明　一九三八年一月一六日　82
45「東亜新秩序」政府声明　一九三八年一一月三日　82

第二節　ファシズム体制の確立　84
1　国家総動員
46　国民精神総動員実施要綱　一九三七年八月二四日　84
47　国家総動員法　一九三八年四月一日　85
48　国民徴用令　一九三九年七月八日　87
49　労務(国民)動員計画における供給源別労働力　89
50　人口政策確立要綱　一九四一年一月二五日　89
2　翼賛体制の成立
51　大政翼賛会発会式での近衛首相の挨拶　一九四〇年一〇月一二日　92
52　大政翼賛会実践要綱　一九四〇年一二月一四日　94
53　大政翼賛会の機構　96
54　部落会町内会等整備要領　一九四〇年九月一一日　96
55　大日本産業報国会綱領・創立宣言　一九四〇年一一月二三日　98
56　国防保安法　一九四一年三月七日　99
57　翼賛選挙貫徹運動基本要綱　一九四二年二月一八日　100
第三節　三国同盟からアジア太平洋戦争へ　102
58　基本国策要綱　一九四〇年七月二六日　102
59　世界情勢の推移に伴ふ時局処理要綱　一九四〇年七月二七日　104
60　日独伊三国同盟　一九四〇年九月二七日　105
61　情勢の推移に伴ふ帝国国策要綱　一九四一年七月二日　106
62　帝国国策遂行要領　一九四一年九月六日　108
63　帝国国策遂行要領　一九四一年一一月二日　109
64　日米交渉一一月二六日米側提案(ハル・ノート)　一九四一年一一月二六日　111
65　宣戦の詔書　一九四一年一二月八日　113
第四節　「大東亜共栄圏」の実態　115
66　南方占領地行政実施要領　一九四一年一一月二〇日　115
67　大東亜政略指導大綱　一九四三年五月三一日　116
68　大東亜共同宣言　一九四三年一一月六日　118
69　創氏改名　119
70　朝鮮人・中国人の強制連行　120

71 泰緬鉄道建設工事に動員された捕虜・労務者数とその死亡者数　120
72 フィリピン地域などにおける日本軍の戦争犯罪　120
73 アジア太平洋戦争での人的被害　122
74 「従軍慰安婦」問題　124
75 日本軍の毒ガス使用　125
76 「七三一」細菌戦部隊　126

第五節　戦時下の国民生活と根こそぎ動員　129

77 主要食糧の配給実績　129
78 国民一人当りの栄養摂取量の推移　129
79 全国経済事犯処理人員　130
80 学童疎開促進要綱　一九四四年六月三〇日　131
81 女子挺身勤労令　一九四四年八月二三日　132
82 決戦教育措置要綱　一九四五年三月一八日　133
83 国民義勇隊組織に関する件　一九四五年三月二三日　134
84 空襲・原爆による死亡者数　136
85 沖縄戦における死亡者数　137
86 軍人軍属の終戦時現存者数および死亡者数　137

第三章　敗戦と占領政策　139

第一節　日本の降伏　141

87 カイロ宣言　一九四三年一一月二七日署名・一二月一日発表　141
88 ヤルタ協定　一九四五年二月一一日　142
89 ニミッツ布告　一九四五年三月三一日　143
90 ポツダム宣言　一九四五年七月二六日　144
91 原爆投下トルーマン声明　一九四五年八月六日　146
92 ポツダム宣言受諾に関する日本側の申し入れ　一九四五年八月一〇日　147
93 合衆国政府の日本政府に対する回答　一九四五年八月一一日　148
94 終戦の詔書　一九四五年八月一四日　148
95 降伏文書　一九四五年九月二日　149

第二節　戦後改革の開始　151

96 降伏後における米国の初期の対日方針　一九四五年九月二二日　151
97 GHQ組織図　一九四五年一一月　154

98　人権指令　一九四五年一〇月四日　154
99　マッカーサー元帥の幣原首相に対する五大改革指示　一九四五年一〇月一一日　157
100　農地改革による変化　158
101　GHQ労働課の報告　一九四六年一月二九日　159
102　天皇の人間宣言　一九四六年一月一日　162
103　公職追放該当者分類別表　163
104　財閥解体　166
105　教育基本法　一九四七年三月三一日　167

第三節　政党の復活と新憲法体制の発足　169

106　日本社会党結成大会宣言・綱領　一九四五年一一月二日　169
107　日本自由党結成宣言・綱領　一九四五年一一月九日　170
108　日本進歩党結成宣言・綱領　一九四五年一一月一六日　172
109　日本共産党行動綱領　一九四五年一二月一日　173
110　戦後対策婦人委員会の活動　一九四五年九月二四日　175
111　マッカーサーが示した憲法改正の必須要件　一九四六年二月四日ごろ　176
112　民主人民連盟結成準備大会決議・暫定共同綱領　一九四六年四月三日　177
113　吉田内閣支持率と政党支持率　一九四六年八月五日　178
114　民法改正についての世論調査　一九四七年三月二五日　179
115　地方自治法　一九四七年四月一七日　181
116　警察機構図　一九四七年一二月一七日　182

第四節　国民生活と復興　184

117　生産管理　184
118　労働組合の結成と推移　185
119　インフレ　185
120　食糧メーデー上奏文　一九四六年五月一九日　187
121　日本労働総同盟結成宣言　一九四六年八月三日　187
122　全日本産業別労働組合会議結成宣言　一九四六年八月二一日　189
123　二・一スト禁止声明　一九四七年一月三一日　191
124　傾斜生産の閣議決定　一九四六年一二月二七日　192
125　経済実相報告書　一九四七年七月四日　192

126　経済復興会議趣意書　一九四七年二月六日　195
127　産別民主化同盟声明書　一九四八年二月一四日　197
128　日経連創立宣言　一九四八年四月一二日　197
129　政令201号　一九四八年七月三一日　198
第五節　戦後処理と戦争責任　200
130　東久邇宮稔彦「全国民総懺悔」　一九四五年八月二八日　200
131　「戦争責任ニ関スル決議」　一九四五年一二月一日　200
132　復員と引き揚げ　201
133　対日賠償計画の推移　201
134　極東国際軍事裁判所条例　一九四六年一月一九日　204
135　BC級戦争犯罪裁判　205
136　外国人登録令　一九四七年五月二日　207
137　占領下の広島平和式典　208
138　戦争犠牲者援護立法の推移　209
139　昭和天皇の沖縄に関するメッセージ　一九四七年九月　211
第六節　占領政策の転換　213
140　ロイヤル演説　一九四八年一月六日　213
141　対日政策に関するNSC報告（NSC13―2）　一九四八年一〇月七日　215
142　九原則実行に関するドッジ声明　一九四九年三月七日　217
143　企業整備・行政整理による解雇　219
144　三鷹事件に関する吉田首相の声明　一九四九年七月一六日　219
145　民間企業における一九五〇年のレッド・パージ数　223
146　朝鮮戦争初期の経過　223
147　朝鮮特需・新特需　223
148　警察予備隊の部隊組織　225
149　一万人の追放解除　一九五〇年一〇月一三日　226
第七節　冷戦体制と講和　228
150　講和問題についての平和問題談話会声明　一九五〇年一月一五日　228
151　講和と再軍備、米軍駐留をめぐる世論　一九五〇年一一月一五日・一九五二年五月一七日　230
152　総評行動綱領（平和四原則）　一九五一年三月一二日　233

153 琉球政府設立布告 一九五二年二月二九日 234
154 サンフランシスコ平和条約 一九五一年九月八日締結・五二年四月二八日発効 236
155 日米安全保障条約 一九五一年九月八日締結・五二年四月二八日発効 238
156 日米行政協定 一九五二年四月二八日公布 240
157 日本新聞協会 破防法案に対する声明書 一九五二年四月二二日 241
158 メーデー事件 一九五二年五月二日 242
159 在日米軍基地の図 一九五二年七月現在 244
160 保安庁ならびに防衛庁設置当初の組織 一九五二年八月一日・五四年八月一〇日 244
161 MSA協定 一九五四年五月一日 244

第四章 「五五年体制」と高度経済成長 249

第一節 「五五年体制」の成立 251

1 社会党の統一と自民党の結成

162 日本社会党統一大会宣言・綱領 一九五五年一〇月一三日 251
163 保守合同と経団連 一九五五年 253
164 自由民主党綱領・党の性格・党の政綱 一九五五年一一月一五日 254

2 国際社会への復帰

165 日ソ共同宣言 一九五六年一二月一二日 256
166 国連加盟にあたっての重光演説 一九五六年一二月一八日 258

3 平和・沖縄返還・反動化阻止運動

167 杉並アピール 一九五四年五月 259
168 母親大会宣言 一九五五年六月九日 261
169 沖縄祖国復帰総決起大会決議文 一九五三年一月一七日 262
170 勤評闘争での日教組非常事態宣言 一九五七年一二月二二日 263
171 砂川事件伊達判決 一九五九年三月三〇日 265

第二節 高度経済成長の開始 268

1 高度成長政策と独占の復活

172 「もはや戦後ではない」(一九五六年度『経済白

書』）一九五六年七月一七日　268
173 日本生産性本部設立趣意書　一九五五年二月一四日　270
174 通産省「国民車育成要綱案」一九五五年五月　271
175 春闘の発足　一九五五年三月　272
176 企業集団の形成　273

2 中小企業・農業・エネルギー産業

177「経済の二重構造」（一九五七年度『経済白書』）一九五七年七月一九日　275
178 農林漁業基本問題調査会答申「農業の基本問題と基本対策」一九六〇年五月一〇日　277
179 石炭鉱業審議会答申　一九五九年一二月一九日　278
180「生活革新」（一九六二年版『国民生活白書』）一九六二年一二月　281

第三節　新安保条約と安保闘争　283

181 安保改定阻止国民会議結成の呼びかけ　一九五九年三月二八日　283
182 岸内閣総辞職・国会解散要求決議　一九六〇年五月二〇日　285
183 七社共同宣言　一九六〇年六月一七日　286
184 新安保条約　一九六〇年六月二三日　287

第四節　高度消費社会の出現と高度成長の歪み　289

1 貿易自由化と所得倍増政策

185 貿易・為替自由化計画大綱　一九六〇年六月二四日　289
186 国民所得倍増計画の構想　一九六〇年一二月二七日　291
187 産業構造調査会答申　一九六三年一一月二九日　293
188 全国総合開発計画　一九六二年一〇月五日　294
189 産業構造の変化と大都市圏への人口集中　296
190 同盟（全日本労働総同盟）の結成大会宣言　一九六四年一一月一二日　296

2 一九六五年不況からいざなぎ景気へ

191 財政制度審議会中間報告　一九六五年一一月一日　299
192 資本取引自由化基本方針　一九六七年六月六日　301
193 独占禁止政策懇談会有志「大型合併についての意見書」一九六八年六月一五日　303

3 高度成長期の社会問題
194 朝日訴訟第一次判決　一九六〇年一〇月一九日　306
195 同和対策審議会答申　一九六五年八月一一日　308
196 東京都公害防止条例　一九六九年七月二日　310
197 日本公害地図　一九七一年　312

第五節　高度成長下の政治と社会　312

1 日韓条約とベトナム戦争
198 久保田発言　一九五三年一〇月五日　312
199 日韓共同声明　一九六五年六月二四日　314
200 日韓基本条約　一九六五年一二月一八日　315
201 北爆支持に関する佐藤首相発言　一九六五年五月八日　317

2 市民運動の発展
202 べ平連の呼びかけ　一九六五年五月　318
203 教科書裁判の提訴と経緯　319
204 あかるい革新都政をつくる会　一九六七年三月一一日　321
205 沖縄の選挙　一九六八年六月五日　323
206 三里塚闘争　一九六八年四月一八日・一九九一年一一月二一日　324
207 大学問題に対する中教審答申　一九六九年四月三〇日　328

3 政党の多党化と変容
208 民主社会党結党宣言　一九六〇年一月二四日　330
209 日本共産党綱領　一九六一年七月二七日　331
210 公明党結党宣言　一九六四年一一月一七日　333

第六節　高度成長の終焉と対外関係　334

1 ドル・ショックと日米・日中関係の変化
211 関係閣僚懇談会「円対策八項目」　一九七一年六月四日　334
212 ニクソン声明　一九七一年八月一五日　335
213 円の為替レート切り上げにあたって　一九七一年一二月一九日　337
214 佐藤・ニクソン共同声明　一九六九年一一月二一日　339
215 沖縄返還決定に関する琉球政府主席声明　一九六九年一一月二二日　343
216 沖縄返還協定　一九七一年六月一七日調印・一九七

二年五月一五日発効
217 沖縄の米軍基地 一九七二年五月一五日 344
218 日中共同声明 一九七二年九月二九日 346
219 非核三原則の国会決議 一九七一年一一月二四日 346

2 列島改造と狂乱物価 349

220 新全国総合開発計画 一九六九年五月三〇日 350
221 宝樹文彦「七〇年代労働運動前進のために」一九七〇年一月一日 350
222 石油緊急対策要綱 一九七三年一一月一六日 352
223 公正取引委員会「独占禁止法改正試案の骨子」一九七四年九月一八日 354

第五章 転換期の世界と日本 359

第一節 「五五年体制」の成熟と崩壊 361

224 社公合意 一九八〇年一月一〇日 361
225 細川連立政権樹立に際しての合意事項・八党派覚え書き 一九九三年七月二九日 361
226 小選挙区比例代表並立制の導入 一九九四年二月四日 362
227 政党への公費助成 一九九四年二月四日 363
228 社会党の政策転換 一九九四年七月二〇日 365
229 新進党綱領 一九九四年一二月一〇日 367

第二節 経済大国化と摩擦への対応 369

230 行政改革の理念(第二次臨調第一次答申) 一九八一年七月一〇日 370
231 前川レポート 一九八六年四月七日 370
232 新前川レポート 一九八七年四月二三日 372
233 変動相場制のもとでの為替レートの推移 373
234 バブル期の株価と地価 375

第三節 成熟社会への対応 375

235 男女雇用機会均等法 一九八五年六月一日 377
236 改正入管法 一九八九年一二月一五日 377
237 育児休業法 一九九一年五月一五日 379
238 パートタイム労働法 一九九三年六月一八日 383
239 介護休業法 一九九五年六月九日 385
240 日経連『新時代の「日本的経営」』一九九五年五月一七日 387
389

第四節　大国化と「国際貢献」の模索　392

241 日中平和友好条約　一九七八年八月一二日　392
242 日米防衛協力のための指針(ガイドライン)　一九七八年一一月二八日　393
243 歴史教科書についての官房長官談話　一九八二年八月二六日　395
244 PKO協力法　一九九二年六月一九日　396
245 戦後五〇年決議　一九九五年六月九日　399
246 新防衛計画の大綱　一九九五年一一月二八日　400
247 旧防衛計画の大綱別表と新別表の比較　402
248 日米安保共同宣言　一九九六年四月一七日　403

序章　現代史史料について

一

現代史を理解するためには、基本史料を通じた時代の流れを把握することが必要不可欠である。歴史の流れの節目節目にあたってその転換点をなした法令や政治家の動き、その発言などが的確に理解されてこそはじめてその時代の特徴やその後の展望を見通すことができよう。

しかしこうした基本史料に類するものを適宜探し出すことは、現代史に関する史料の存在状況と関連して決して容易なことではない。

一つには適切な史料を探し出すにはその量が膨大で種類が多く、所在場所が広範に散在しているからである。法令であれば国立国会図書館の法令議会室に行かなければならないし、歴史的史料であれば国会図書館、外務省外交資料館、大蔵省文庫、国立公文書館などにでむいて必要な史料をさがさなければならない。

二つには、史料の種類が多すぎることである。現在の時点に近づけば近づくほど新聞や雑誌、政治家の回顧談をまじえた史料の種類は増え、的確なものを探し出すことは困難になる。

こうした現代史における史料の存在状況の特徴を考慮して、我々は、上記の諸機関で所蔵している史料へアクセスする前提になる基本史料を中心に、最近研究の進んだ分野のものを加味した新史料集の編集を目指したのである。

近現代史の史料集に関していえば、これまでに我々はいくつかの先行作品を共有している。辻清明ほか編『資料　戦後二十年史』(日本評論社、一九六六年)、大久保利謙編『近代史史料』(吉川弘文館、一九六五年)、『現代史資料』(全四五巻・別巻一、みすず書房、一九六一―八〇年)、『続・現代史資料』(全一二巻、みすず書房、一九八二―九六年)、林茂ほか編『ドキュメント昭和史』(全八巻、平凡社、一九七五年)、藤原彰ほか編『資料　日本現代史』(全一三巻、大月書店、一九八〇―一九八五年)、林屋辰三郎ほか編『史料大系　日本の歴史』(第七巻　近代、第八巻　現代、大阪書籍、一九七九年、一九八一年)、歴史科学協議会・中村尚美ほか編『史料日本近現代史』ⅠⅡⅢ(三省堂、一九八五年)、塩田庄兵衛ほか編『日本戦後史資料』(新日本出版社、一九九五年)などが代表的なものであろう。また近現代史の詳細な年表であり、史料集でもある稲葉正夫ほか編『太平洋戦争への道』別巻・資料編(朝日新聞社、一九六三年)および外務省編『日本外交年表竝主要文書』(原書房、一九六五—六六年)も基本的な重要外交文書を収録している。

これらの先行業績をふまえ、本書では基本的史料を収録すると同時に、最近研究成果が多く出されてきている「大東亜共栄圏」関係の史料、戦時下の生活実態や従軍慰安婦、特殊細菌戦部隊の「七三一部隊」関連史料など広い意味での準戦時・戦時関係史料や、戦後占領期のアメリカ側の史料、近年注目を集めている沖縄関連史料を収録することに努めた。さらに歴史としてくるには異論もあろうが、一九九六年までを「最現代」として本書の収録対象の時期に定めて史料の収集に努めた。また、恐慌期の各国工業生産指数や卸売物価指数など、これまでの図表に新たに手を加えて正確を期したものを収録した。これらの史料を掲載することで、従来の史料集にない新しい地平を開くことができたとひそかに自負している。

我々の史料集のもうひとつの特徴をつけ加えるとすれば、それは一九三一年から九六年までの六五年間の出来事を一冊に収めたことであろう。限られたスペースに新しい史料を盛り込んだため限界はあるが、社会運動、思想・文化、政局にかかわる各種の史料、女性史関係史料などについても、ごく基本的なものは収録するようにつとめた。我々は、まずこの半世紀余を一つの歴史の流れのなかに位置づけることを重視し、そこでの歴史の全体像を史料を通じて語らせることに力を注いだのである。

二

我々はこの史料集の「現代」の収録範囲を、一九三一年の満州事変から一九九六年までとすることとした。日本史の「現代」をいつに定めるかについてはさまざまな議論があろう。ある論者はロシア革命を、また別の論者は戦後を「現代」の出発点に設定している。

我々は、一九三一年の満州事変前後からアジア太平洋戦争を経て敗戦を迎え、そして戦後の改革を経て現在に到るこの六〇年余をもって、「現代」とすることにした。今日の日本の政治、経済、社会の諸問題を考えるとき、最低この六〇年余を射程のなかに入れて考察する必要があると考えたからにほかならない。

我々はこの六五年間を大きく五つの章に分けた。第一章は一九三〇年から三六年までの満州侵略とファシズム化の時期、第二章は一九三七年から四五年までの日中全面戦争からアジア太平洋戦争の時期、第三章は一九四五年から五四年までの占領とそれに続く時期、第四章は一九五五年から七四年までの高度経済成長期、そして第五章は一九七五年から九六年までの低成長時代の到来までの時期。この最後の章は歴史の範疇に入れるにはあまりに身近な時期ではあるが、我々はあえてこれを「現代」の最後に加えることにした。この時期は、オイル・ショックと円高のダブルパンチにより高度成長から低成長への移行を余儀なくされ、戦後の「五五年体制」が崩れ、しかも日米貿易摩擦を抱え込むなかで、それ以前のさまざまな問題が一挙に吹き出してきた時であった。しかしそれはまた、二一世紀を切り開く新しい動きが生まれた時期でもある。第五章のタイトルを転換期の世界と日本としたゆえんである。

以下、各章の掲載史料の特徴を述べておこう。

第一章と第二章は、戦争とファシズムの時期として括ることができる。限定されたスペースのなかで、思想・文化に関連する史料は思いきって割愛し、戦争とファシズムに関連した史料に絞って収集、掲載した。ここでは戦時下の総動員と国民生活に関する史料や従軍慰安婦史料などを新規に掲載した。

第三章は占領期の基本史料を中心にした上で割愛されがちな沖縄関連の史料やアメリカ側の史料、なかでも対日占領方針を決定したSWNCC史料や占領政策の転換を指示したNSC文書なども、本書では掲載した。

第四章は、五五年体制下での高度経済成長に関連する史料を中心に収録した。経済関係の史料が中心になったが、沖縄関連の史料や社会運動関係の史料の掲載にも努めた。

第五章は五五年体制の崩壊、経済大国化と摩擦への対応、「成熟社会」への対応、大国化と「国際貢献」の模索の四つの視点から、基本史料を収録した。

各章の構成と内容については以上の通りだが、第一章から第四章までと第五章では、その構成が異なっている。第四章までが時系列で組み立てられているのに対して、第五章の各節は課題別編成になっている。これは、一九七四年までは歴史的に跡づけることが可能であるのに対して、一九七五年以降は歴史的にトレースするにはいささか不確定な要素が多すぎるからにほかならない。したがって第五章に関してのみ、時代的問題点を列挙する意味でそれ以前とは編成を変えている。

この史料集に七〇年代以降九〇年代前半までを加えたことは、これまでの先行する類似書にない新しい特徴であろう。七〇年代以降の記録を収録した史料集が極端に少ないなかで、今回の企画は「最現代」という意味で一九七五年以降を新たに加えた。これによって現在日本が当面し、かつ二一世紀に向けて課題となる諸問題について、我々なりの問題点の提示が可能になったと考えている。

三

ところで、歴史学の分野における最近の特徴は、入手しにくい史料の復刻やマイクロフィルム化、さらに情報のCD-ROM化がおこなわれ、それらが蓄積されてきていることであろう。こうした作業の進行によって、我々は現代史の史料に比較的容易にアクセスすることが可能になった。

しかもビデオの普及によって、満州事変以降のニュース映画やフィルム記録が以前と比べてはるかに簡単に手に入れることができるようになった。アジア太平洋戦争中の貴重な戦争記録や極東国際軍事裁判の記録フィルム、「大東亜共栄圏」の実態などを、ビジュアルなかたちで自宅で見ることができるようになったのである。

くわえて、現代史の事象が漫画の対象とされることが近年顕著になってきた。それも一九六〇年代の少年漫画のなかで描かれた架空の戦争活劇の世界は後景にしりぞき、一九九〇年代になると現代史をバックに一定の歴史事実をふまえ次々と青年雑誌のなかに登場してきている。

近年の学生はこうしたビジュアルな世界を通じて歴史に接し、かつ歴史像を作り上げてきている傾向が強い。こうした動きは高校や大学における歴史教育にもさまざまな影響を与え、彼らの現代史を見る目を豊かにすると同時に、目に入る多様な情報を整理し、より深く歴史を理解するための基本知識を提示する重要性を改めて生み出してきている。

我々は、こうした現代史の動向に留意しつつ、それを正確に理解し、あわせて将来を見通す糧とするための基本史料を提示することに努めた。そして史料を読み通すことでその時代の特徴を把握し、日本の現代を一つの流れのなかで理解できるようにすることを試みた。本書が高校や大学での歴史教育の教材や必携の史料集として使用されるならば、彼らの現代史への関心に答えるだけでなく、史実に即した豊かな歴史像の構築にも寄与できると考えている。

四

現代史の歴史史料を語るとき今一つ指摘しておくべきことは、欧米や中国・東アジアに所蔵されてきた史料が公開され、我々の目に見えるかたちで提供されはじめたことであろう。特に「冷戦」が解体し、米ソ対立の構造に大きな変化が生まれた今日、史料の公開が多方面で進んで、これまでタブーとされてきた事柄への史料的アクセスが可能となり、その結果、さまざまな新史料が出てきたことである。

満州事変や日中戦争に関しては当時の中国側の史料が閲覧可能となり、その一部の史料は中国側から復刻されはじめている。「大東亜共栄圏」の内実に関しても、中国を含む東アジア地域の史料の公開が進行し、その利用が可能となりつつある。戦時中の日本軍の毒ガス作戦の実態や、それまで歴史のベールに包まれていた特殊細菌戦部隊である「七三一部隊」の活動状況の歴史的解明も進んできている。さらに軍事裁判問題でもBC級戦犯問題にメスが入りはじめた。戦後についてもアメリカ占領軍関係の史料の発掘や復刻作業が進行した。

本史料集にこうした新史実のすべてが掲載されているわけではないが、可能な限りそれらの収録に努力した。こうした新史料の発掘と紹介は今後も一層進むことが予想され、現代史の闇の部分にも次第に光があてられていくであろう。

しかしこうした史料の発掘と公開への努力は個人のレベルでおこなわれるだけでなく、今後は国家的事業としても展開される必要があろう。その前提として、日本では、アーキヴィストの育成、史料保存の徹底、史料公開原則の確立などの諸課題の実現が急務である。日本における史料の発掘、公開の作業を通じて、アジア諸国との相互理解と友好関係が築かれていくであろう。

五

我々は、史料集の最後を「最現代」として我々の当面する課題を提示することで終わることにした。

ここで我々は四つの課題をとりあげた。一つは「五五年体制」の崩壊である。中曽根内閣から竹下・宇野・海部・宮沢と続いた自民党単独政権は一九九三年八月の細川連立政権の成立によって「連立」時代に席を譲った。自社対立を基本とする「五五年体制」は崩れ、日本政治は「多党競合」の時代に突入したのである。

二つめは経済大国化と摩擦への対応である。一九七〇年代初頭までの高度経済成長のうねりは輸出大国を生み、アメリカを中心とした欧米諸国との貿易摩擦を激化させ、円高をもたらした。これに対応するためには、日本国内の経済システムの「改造」が必要となった。「前川レポート」の提言に代表される内需拡大のための産業構造の改編は、その後の重要課題の一つとなった。

三つめは「成熟社会」と称される社会環境の変化への対応である。高度経済成長は、一方で日本社会における物質的富を蓄積し、「中産階級」意識を生み出した。この間女性の社会進出も急速に進行した。そして出生率のかつてない低さと平均寿命の上昇は、短期間に「高齢社会」を出現させた。しかし他方で豊かさは実感されず、環境の悪化と「過労死」に象徴される非人間的競争世界も作り出されてきている。経済が低成長時代を迎えるなかで、調和のとれた「豊かな社会」をどのように作っていくかが、今後の課題になっている。「企業社会」とよばれる競争世界の是正と住みやすい環境作りは、二一世紀に引きつがれた課題となっている。

四つめは経済大国化のなかでの「国際貢献」の道の模索である。一九七五年以降、サミットのメンバー国として日本は国際的発言力を強化すると同時に、国際社会への積極的な「貢献」が要求されるにいたった。これにどう応えて、国際平和、とりわけアジアのなかで平和と協調、相互繁栄をどのように作り上げていくのか。これもまた二一世紀における日本の課題となっている。

このような課題を解決するためにも、これまでの日本現代史の歩みを振り返ってみることは、必要不可欠であろう。過去に学び、現在を見据えるなかからしか、未来への展望は生まれてこないからである。

二一世紀の日本と世界を展望し、二〇世紀が残した課題を解決するうえで、本史料集が活用されることを心より願う次第である。

（小林英夫）

第一章　満州侵略とファシズム

本章が対象とする一九三〇年から三六年までの時期は、大恐慌の衝撃とそれへの対応、満州侵略、および急激なファッショ化によって特徴づけられるが、この三者は相互に連動しつつ進行していった。

一九二九年一〇月アメリカに始まった大恐慌は、翌年日本に波及し、浜口内閣が実施した産業合理化・緊縮政策および金解禁とかさなって、日本経済を未曾有の大不況に陥れた。また、浜口内閣は海軍軍令部などの反対を押しきって、三〇年四月ロンドン海軍軍縮条約に調印したが、軍部はこれを統帥権干犯と攻撃した。政友会、右翼もこれに同調し、軍縮条約問題は政治抗争に発展した。さらに、恐慌下の社会の惨状と労働・農民運動の激化、および軍縮条約問題に危機感を抱く軍部と右翼の一部は、ファシズム運動を開始した。

一方、浜口・第二次若槻両内閣の外相をつとめた幣原喜重郎は、協調外交を掲げて中国の国権回復要求に対処しようとした。しかし、協調外交によって南満州に対する日本の既得権益の維持をはかろうとする政策は、中国の民族運動のたかまりの下で行きづまり、これに対して前満鉄副社長・政友会所属の松岡洋右は、「満蒙は我国の生命線である」と述べて幣原の政策を軟弱外交と非難した。こうした状況のなかで、関東軍の石原莞爾らは、「国家改造」をめざす国内のファシズム運動と呼応しつつも、「満蒙問題の解決」を先行させることが有利と判断し、「満蒙問題の解決」と不況からの脱出を結びつけ、満州の武力占領を企てた。そして、謀略により軍事行動を起こすことを計画し、一九三一年九月一八日奉天郊外の柳条湖で満鉄線路を爆破させ、これを機に満州全土を占領するに至った。

満州を占領した関東軍は、満州の直接領有から親日政権樹立の方針に転じ、新国家建設を企てた。そして、列国の目をそらすために一九三二年一月上海事変を引き起こし、その間に溥儀を執政とする新国家建設の工作をおこない、三月傀儡国家である「満州国」を成立させた。ついで日本は、国際連盟が派遣したリットン調査団の報告書提出に先んじて、九月一五日、日満議定書に調印し正式に「満州国」を承認した。

しかし、国際連盟は三三年二月二四日の総会で、リットン報告書にもとづいて日本軍の撤退と「満州国」不承認を、日本を除く四二ヵ国の賛成により採択した。これを不満とする日本は国際連盟脱退を通告し、ワシントン体制から離脱し国際的孤立化の道を歩むことになった。

満州事変に呼応して、国内では桜会を中心とする陸軍急進派が、三月事件に続いて軍部政権樹立をめざすクーデターを計画したが、未遂に終った(一〇月事件)。翌三二年には、国家主義者井上日召を首領とする血盟団のメンバーによる、前蔵相井上準之助、三井合名理事長団琢磨の暗殺事件が起こった(血盟団事件)。さらに五月一五日には、海軍青年将校や民間右翼のグループが首相官邸を襲い、犬養首相を射殺した(五・一五事件)。五・一五事件ののち、斎藤実を首班とする挙国一致内閣が成立し、政党内閣に終止符を打つことになった。

五・一五事件には、橘孝三郎が指導する愛郷塾の農民も参加しており、対外的危機感とともに農村の窮乏に対する危機感がその動機であった。同じ時期の農村救済請願運動にも同様の危機感があり、負債据置きや肥料資金・満蒙移住費補助などを求める運動は、多くの農民の署名を集めた。一九三二年夏の六三議会は農村救済対策が課題となり、失業対策として救農土木事業が開始され、より総合的な対策として農山漁村経済更生計画がたてられ、経済更生運動がスタートすることになった。

満州侵略が進行し軍の発言力が高まるなかで、「非常時」の名の下に反体制運動に対する抑圧と思想統制が一段と強化された。一九三二、三三年には治安維持法による左翼の検挙件数はピークに達し、三三年には共産党指導者の転向を機に左翼の大量転向が生じた。政府は左翼思想のみならず自由主義的思想の統制に乗りだし、右翼による京大法学部滝川幸辰の刑法学説攻撃をうけて、三三年五月滝川を休職処分にした。さらに三五年には、軍部出身議員が美濃部達吉の天皇機関説を攻撃し、軍部や右翼による機関説排撃運動が展開されると、岡田内閣はこれに屈して国体明徴声明を出し、大正期以来定着していた機関説を否定した。

天皇親政による「国家改造」をめざす皇道派青年将校は、統制派との抗争がエスカレートするなかで、一気に軍部独裁政権の樹立をねらい、一九三六年二月二六日クーデターを起こした。クーデターは鎮圧されたが、陸軍はこれを利用して軍部の発言権を一段と強化していった。　（北河賢三）

第一節　満州侵略

1　石原莞爾「満蒙問題私見」一九三一年五月

満蒙問題私見

要　旨

一　満蒙ノ価値

政治的　国防上ノ拠点

　朝鮮統治、支那指導ノ根拠

経済的　刻下ノ急ヲ救フニ足ル

二　満蒙問題ノ解決

解決ノ唯一方策ハ之ヲ我領土トナスニアリ

之カ為ニハ其正義ナルコト及之ヲ実行スルノ力アルヲ条件トス

三　解決ノ時期

国内ノ改造ヲ先トスルヨリモ満蒙問題ノ解決ヲ先トスルヲ有利トス

四　解決ノ動機

国家的　正々堂々

軍部主動　謀略ニ依リ機会ノ作製

関東軍主動　好機ニ乗ス

五　陸軍当面ノ急務

解決方策ノ確認

戦争計画ノ策定

中心力ノ成形

第一　満蒙ノ価値

欧洲大戦ニヨリ五個ノ超大国ヲ成形セントシツツアル世界ハ更ニ進テ結局一ノ体系ニ帰スヘク其統制ノ中心ハ西洋ノ代表タル米国ト東洋ノ選手タル日本間ノ争覇戦ニ依リ決定セラルヘシ　即チ我国ハ速ニ東洋ノ選手タルヘキ資格ヲ獲得スルヲ以テ国策ノ根本義トナササルヘカラス

現下ノ不況ヲ打開シ東洋ノ選手権ヲ獲得スル為ニハ速ニ我勢力圏ヲ所要ノ範囲ニ拡張スルヲ要ス　満蒙ハ我人口問題解決地ニ適セス資源亦大日本ノ為ニハ十分ナラサルモ次ノ諸点ヨリ観テ所謂満蒙問題ノ解決ハ刻下第一ノ急務ト云ハサルヘカラス（板垣大佐軍事上ヨリ観タル満蒙ニ就テ参照）

一　政治的価値

1　国家カ世界的雄飛ヲナス為ニハ国防的地位ノ良好ナルコト最モ重大ナル要件ナリ独乙ノ今日ハ其国防的地位ノ不安定ニヨルコト多ク十九世紀ニ於ケル英国ノ覇業ハ有利ナル国防状態ニ負フコト大ナリ　米国海軍ノ発展ハ英帝国ノ国防ヲ甚シク危殆ニ陥レ米国ノ経済力ノ増進ト共ニ西洋民族ノ選手権ハ正ニ米国ノ手ニ帰シツツアリ

　我国ハ北露国ノ侵入ニ対スルト共ニ南米英ノ海軍力ニ対セサルヘカラス　然ルニ呼倫貝爾《〔フルンベイル〕》興安嶺ノ地帯ハ戦略上特ニ重要ナル価値ヲ有シ我国ニシテ完全ニ北満地方ヲ其勢力下ニ置クニ於テハ露国ノ東進ハ極メテ困難トナリ満蒙ノ力ノミヲ以テ之ヲ拒止スルコト困難ナラス　即チ我国ハ此処ニ初メテ北方ニ対スル負担ヨリ免レ其国策ノ命スル所ニ依リ或ハ支那本部ニ或ハ南洋ニ向ヒ勇敢ニ其発展ヲ企図スルヲ得ヘシ

　満蒙ハ正シク我国運発展ノ為最モ重要ナル戦略拠点ナリ

2　朝鮮ノ統治ハ満蒙ヲ我勢力下ニ置クコトニヨリ初メテ安定スヘシ

3　我国ニシテ実力ヲ以テ満蒙問題ヲ解決シ断乎タル決意ヲ示スニ於テハ支那本部ニ対シ指導ノ位置ニ立チ其統一ト安定ヲ促進シ東洋ノ平和ヲ確保スルヲ得ヘシ

二　経済的価値

1　満蒙ノ農産ハ我国民ノ糧食問題ヲ解決スルニ足ル

2　鞍山ノ鉄、撫順ノ石炭等ハ現下ニ於ケル我重工業ノ基礎ヲ確立スルニ足ル

3　満蒙ニ於ケル各種企業ハ我国現在ノ有識失業者ヲ救ヒ不況ヲ打開スルヲ得ヘシ

要スルニ満蒙ノ資源ハ我ヲシテ東洋ノ選手タラシムルニ足ラサルモ刻下ノ急ヲ救ヒ大飛躍ノ素地ヲ造ルニ十分ナリ

　第二　満蒙問題ノ解決

単ナル経済的発展モ老獪極マリナキ支那政治業者ノ下ニハ遂ニ今日以上多クヲ期待シ難キハ二十五年歴史ノ明示スル処殊ニ露国ニ対スル東洋ノ保護者トシテ国防ヲ安定セシムル為満蒙問題ノ解決策ハ満蒙ヲ我領土トスル以外絶対ニ途ナキコトヲ肝銘スルヲ要ス

　而シテ此ノ解決策ノ為ニハ次ノ二件ヲ必要トス

(1)　満蒙ヲ我領土トナスコトハ正義ナルコト

(2)　我国ハ之ヲ決行スル実力ヲ有スルコト

漢民族社会モ漸ク資本主義経済ニ進マントシツツアルヲ以テ我国モ満蒙ニ於ケル政治軍事的施設ヲ撤回シ漢民族ノ革命ト共ニ我経済的発展ヲナスヘシトノ議論ハ固ヨリ傾聴検討ヲ要スルモノナルヘシト雖吾人ノ直観スル所ニヨレハ支那人カ果シテ近代国家ヲ造リ得ルヤ頗ル疑問ニシテ寧ロ我国ノ治安維持ノ下ニ漢民族ノ自然的発展ヲ期スルヲ彼等ノ為幸福ナル

ヲ確信スルモノナリ

在満三千万民衆ノ共同ノ敵タル軍閥官僚ヲ打倒スルハ我日本国民ニ与ヘラレタル使命ナリ　又我国ノ満蒙統治ハ支那本土ノ統一ヲ招来スヘク欧米諸国ノ支那ニ対スル経済発展ノ為ニモ最モ歓迎スヘキ所ナリ　然レ共嫉妬心ニ強キ欧米人ハ必スヤ悪意ヲ以テ我ヲ迎フヘク先ツ米国　状況ニヨリテハ露英ノ武力的反対ヲ予期セサルヘカラス　支那問題満蒙問題ハ対支問題ニ非スシテ対米問題ナリ　此敵ヲ撃破スル覚悟ナクシテ此問題ヲ解決セントスルハ木ニ拠リテ魚ヲ求ムルノ類ナリ

而シテ此ノ如キ戦争ハ一見我国ノ為極メテ困難ナルカ如キモ東亜ノ兵要地理的関係ヲ考察スルニ必スシモ然ラス　即チ

1　北満ヨリ撤退シアル露国ハ我ニシテ同地方ヲ領有スルニ於テハ有力ナル攻勢ヲトルコト頗ル困難ナリ

2　海軍ヲ以テ我国ヲ屈服セシムルコトハ難事中ノ至難事ナリ

3　経済上ヨリ戦争ヲ悲観スルモノ多キモ此戦争ハ戦費ヲ要スルコト少ク概シテ之ヲ戦場ニ求メ得ルヲ以テ財政的ニハ何等恐ルルニ足ラサルノミナラス国民経済ニ於テモ止ムナキ場合ニ於テハ本国及占領地ヲ範囲トスル計画経済ヲ断行スヘク経済界ノ一時的大動揺ハ固ヨリ免ルル能ハストスルモ此苦境ヲ打開シテ日本ハ初メテ先進工業国ノ水準ニ躍進スルヲ得ヘシ

此戦争ハ露国ノ復興及米国海軍力ノ増加前即チ遅クモ一九三六年以前ニ行ハルルヲ有利トス　而シテ戦争ハ相当長期ニ渉ルヘク国家ハ予メ戦争計画ヲ策定スルコト極メテ肝要ナリ

第三　解決ノ時期

我国ノ現状ハ戦争ニ当リ挙国一致ヲ望ミ難キヲ憂慮セシムルニ十分ナリ　為ニ先ツ国内ノ改造ヲ第一トスルハ一見極メテ合理的ナルカ如キモ所謂内部改造亦挙国一致之ヲ行フコト至難ニシテ政治的安定ハ相当年月ヲ要スル恐尠カラス　又仮ニ政治的安定ヲ得タリトスルモ経済組織ノ改変ニ関スル詳細適切ナル計画確立シアラサルニ於テハ我経済力ノ一時的大低下ヲ覚悟スルヲ要スルコト露国革命ニ就テ見ルモ明ナリ

若シ戦争計画確立シ資本家ヲシテ我勝利ヲ信セシメ得ル時ハ現在政権ヲ駆リ積極的方針ヲ執ラシムルコト決シテ不可能ニアラス　殊ニ戦争初期ニ於ケル軍事的成功ハ民心ヲ沸騰団結セシムルコトハ歴史ノ示ス所ナリ

戦争ハ必ス景気ヲ好転セシムヘク爾後戦争長期ニ亘リ経済上ノ困難甚シキニ至ラントスル時ハ戒厳令下ニ於テ各種ノ改革ヲ行フヘク平時ニ於ケル所謂内部改造ニ比シ遥ニ自然的ニ之ヲ実行スルヲ得ヘシ故ニ若シ政治的安定ヲ確信シ得ヘク且改造ニ関スル具体的計画確立シ而モ一九三六年ヲ解決目標トセサルニ於テハ内部改造ヲ先ニスル必スシモ不可ト称スヘカラサルモ我国情ハ寧ロ速ニ国家ヲ駆リテ対外発展ニ突進セシ

メ途中状況ニヨリ国内ノ改造ヲ断行スルヲ適当トス

第四　解決ノ動機

国家カ満蒙問題ノ真価ヲ正当ニ判断シ其解決カ正義ニシテ我国ノ義務ナルコトヲ信シ且戦争計画確定スルニ於テハ其動機ハ問フ所ニアラス　期日定メ彼ノ日韓合併ノ要領ニヨリ満蒙併合ヲ中外ニ宣言スルヲ以テ足レリトス

然レ共国家ノ状況之ヲ望ミ難キ場合ニモ若シ軍部ニシテ団結シ戦争計画ノ大綱ヲ樹テ得ルニ於テハ謀略ニヨリ機会ヲ作製シ軍部主動トナリ国家ヲ強引スルコト必スシモ困難ニアラス

若シ又好機来ルニ於テハ関東軍ノ主動的行動ニ依リ回天ノ偉業ヲナシ得ル望絶無ト称シ難シ

第五　陸軍当面ノ急務

1　満蒙問題ノ解決トハ之ヲ我領土トナスコトナリトノ確信ヲ徹底スルコト

2　戦争計画ハ政府及軍部協力策定スヘキモノナルモ一日ヲ空フスル能ハサルヲ以テ率先之ニ当リ速ニ成案ヲ得ルコト

3　中心力ノ成形

皇族殿下ノ御力ヲ仰キ奉ルニアラサレハ至難ナリ

（出典）『太平洋戦争への道』別巻・資料編、朝日新聞社、一九六三年、九九—一〇一ページ。

【解説】　満州事変の発端となった柳条湖事件は、石原莞爾や板垣征四郎らが立てた計画にもとづく謀略事件であった。関東軍はすでに一九二八年、満州の武力領有を企て張作霖を爆殺したが、謀略は失敗に終った。石原は一九二八年一〇月関東軍作戦主任参謀として満州に移り、翌年板垣が高級参謀に就任した。石原は二九年から「満蒙ニ於ケル占領地統治ニ関スル研究」を開始、三〇年末までに占領計画をほぼ完成させ、満蒙領有に関する私案を次々に発表した。史料「満蒙問題私見」は、満蒙領有計画を包括的に述べたものである。

2　花谷正「満州事変はこうして計画された」一九五六年

計画の露顕

我々は最初鉄道爆破を九月二十八日に行う予定であつた。爆音を合図に、奉天駐屯軍兵舎（歩兵第二十九連隊）内に据え付けた二十八糎要塞砲が北大営の支那軍兵舎を砲撃する。同時に在奉天部隊が夜襲をかけてこれを占領するというのである。ところでこの要塞砲は元々ここにあつたものではない。この年の春永田軍事課長が満州視察に来た時我々は、「在満関東軍は総兵力一万にすぎないのに学良軍は素質良好とは云えないが約二十二万の兵力をようし、その上フランスから輸入したものを主として、三十機の飛行機さえ持つている。こちらは飛行機は一機もなく奉天に重砲一門さえない。これではいざという時に困るではないか」と云つて旅順要塞から分解運搬して据付けたものであつた。

重砲がすえ付けられるというと神経を尖らせるので、井戸掘りをやつているという名目にして周囲を囲い、外からは何があるか分らないようにした。それでも大砲のあることは薄々知れたと見えて領事館などでは探りを入れていた。二十八サンチの巨砲と云つても性能はわるく据え付けても良くない上に操作する砲兵が居ない。

それでも北大営からの直距離を計つて始めから照準を合わせておいた。これなら眼をつぶつていても命中する。問題は威嚇にあつて実際効果は大して期待してはいなかつたのである。

この重砲の据え付けは九月十日過ぎには完了したが、尚臨時の砲兵に操作を教えたり弾薬を集積したりするのに手間がかかる。そして高粱が刈取られた後が作戦に好適である（高粱が繁茂していると、匪賊がかくれても発見しがたい）という見地から九月二十八日が選定されたのであつた。

それが十八日にくり上つたのは以下に途[述]べる事情からである。

九月十五日、かねてから連絡打合せをしていた橋本中佐から「計画が露顕して建川が派遣されることになつたから迷惑をかけないように出来るだけ早くやれ。建川が着いても使命を聞かない内に間に合わせよ」という電報が特務機関に舞い込んで来た。

後から聞くとこれはこういう事情であつた。

我々が満州で色々画策していることは現地外交出先に薄々感付かれていたらしく噂は海を越えて内地にも伝わつた。

金で買収した浪人達が酒を飲んで大言壮語したり、弾薬や物資の集中をやつていたことそれに私も酒の勢いで、多少大きなことを云つたりしたのが原因かと思うが、ともかくそういう情報が、幣原外相の耳に入つて閣議の席に持ち出された。陸軍大臣は南次郎だが、この人は東洋大人的な茫洋とした人物で、幣原が色々つついても不得要領な返事しかしない。「軍が勝手にそんなことをする筈はないと思う」と突つぱつたが、幣原から林奉天総領事の打つた電報を見せられて少しあわて「とにかく事実かどうか調査してみる」と答えて帰つて来ると建川第一部長を呼んだ。

南から聞かれた建川は「そういうことを計画しているという噂もないではありません」と答えた。すると南は「それは困る、お前行つて止めるように云つてくれ」と云うので建川自身が奉天へ止め男として出かけることになつた。建川は困つたことになつたと思つて橋本と根本を呼んでそのことを告げた。そこで建川の暗示で、早速前のような電報を関東軍に打つた訳である。この時は橋本等中央の同志は青くなつてあわてたらしい。当時土肥原奉天特務機関長は東京から帰任の途中で、十八日に京城で神田中佐と会つて奉天へ向つていた。

建川は十五日夜東京を出発して途中ゆつくりと列車、連絡船を利用して密行で満州へ向い十八日午後本渓湖駅迄迎えて出た板垣大佐と共に、奉天駅に降り立ち私は駅からすぐ車で建川を奉天柳町の料亭菊文に送り込んだ。

九月十八日夜

一方建川から電報を受け取つた私は、九月十六日午後奉天特務機関の二階に関係者全員を集めて対策を協議した。

丁度本庄新軍司令官の初度巡視があり、この日板垣、石原も奉天に滞在していた。

集つた者は板垣、石原、私、今田の他、実行部隊から川島、小野両大尉、小島、名倉両少佐等で奉天憲兵隊の三谷少佐は欠席した。

決行するかどうかをめぐつて議論は沸騰し私は「建川がどんな命令を持つて来るか分らぬ。もし天皇の命令でも持つて来たら我々は逆臣になる。それでも決行する勇気があるか。ともかく建川に会つた上でどうするか決めようではないか」と主張したが、今田は「今度の計画はもうあちこちに洩れている。建川に会つたりして気勢を削がれぬ前に是非とも決行しよう」と息まいて激論果しなくとうとうジャンケンをやつて、一応私の意見に従うことになつた。

ところが翌日になつて今田が私の所へやつて来て、「どうしても建川が来る前にやろう」と云う。私は「東京と歯車を合わせてやつた方が得策だ」と説いたが何としても今田が云うことを聞かぬのでとうとう私も同意して「建川の方は僕が身を以つて説得しよう」と約束して十八日夜決行を決めた。それから先ず小島を呼び、川島、名倉を呼んで「十八日にしたぞ。お前達の大隊はどんどんやつて奉天城を一晩で取るんだ。川島は北大営を取りさえすればいい」と云い渡し、現場付近のゲリラ隊である和田勁等にも連絡して準備をととのえた。

十八日建川を菊文に送り込んだ私は、浴衣に着かえた建川と酒を飲みながら、暗に彼の意向を探つた。酒好きの建川は、風貌からしても悠揚迫らざる豪傑である。にも拘らず、頭は緻密で勘が良い。私の云うことは大体覚つたようだがまさか今晩やるとは思わなかつたようだ。しかし止める気がないことは、どうやらはつきりした。

いい加減の所でいい気嫌になつている建川を放り出して特務機関に帰つた。板垣も帰つている。石原は軍司令官に従つて前日旅順に帰り、今田は計画指導のため飛び出していて姿を見せない。十八日の夜は半円に近い月が高粱畑に沈んで暗かつたが全天は降るような星空であつた。

島本大隊川島中隊の河本末守中尉は、鉄道線路巡察の任務で部下数名を連れて柳条溝へ向つた。北大営の兵営を横に見ながら約八百メートルばかり南下した地点を選んで河本は自らレールに騎兵用の小型爆薬を装置して点火した。時刻は十時過ぎ、轟然たる爆発音と共に、切断されたレールと枕木が飛散した。

　といつても張作霖爆殺の時のような大がかりなものではなかつた。今度は列車をひつくり返す必要はないばかりか、満鉄線を走る列車に被害を与えないようにせねばならぬ。そこで工兵に計算させて見ると直線部分なら片方のレールが少々の長さに亘つて切断されても尚高速力の列車であると一時傾いて、すぐ又走り去つてしまうことが出来る。その安全な長さを調べて、使用爆薬量を定めた。

　爆破と同時に携帯電話機で報告が大隊本部と特務機関に届く。地点より四キロ北方の文官屯に在つた川島中隊長は直ちに兵を率いて南下北大営に突撃を開始した。

　今田大尉は直接現場付近にあつて爆破作業を監督したが元々剣道の達人、突撃に当つて自ら日本刀を振りかざして兵営に斬り込んだ。片岡、奥戸、中野等、雄峯会の浪人連中もこれに協力した。

　特務機関では、何も知らずに宴会から帰つて熟睡していた島本大隊長が急報であわてかけつけて来た所へ板垣が軍司令官代理で命令を下す。第二十九連隊と島本大隊は直ちに兵を集合させて戦闘へ参加する。

北大営では支那側は何も知らないで眠つている者が多かつた上、武器庫の鍵をもつた将校が外出していて武器がなくて右往左往している内に日本軍が突入して来る。かねてから内通していた支那兵も出て来るという調子。そこへ二十八サンチ重砲が轟音と共に砲撃を始めたので大部分の支那兵は敗走し、夜明迄には、奉天全市は我が手に帰し早速軍政が布かれて臨時市長に土肥原大佐が就任した。

（出典）『別冊知性　五巻　秘められた昭和史』一九五六年一二月、四四－四七ページ。

【解説】　柳条湖事件が関東軍の計画的犯行であることを、奉天総領事からの電報で幣原喜重郎外相らは察知しており、後出のリットン報告書からもある程度のことは窺い知ることはできるが、多くの国民がそのことを知ったのは戦後になってからである。史料の花谷正は当時奉天特務機関におり、石原、板垣から謀略による軍事行動計画について協力を求められ、事件にかかわった首謀者の一人である。史料は花谷の口述をもとに雑誌編集部がまとめたものであるが、当時の史料からだけではわからない周到な計画と事件の詳細を知ることができる。なお、史料の柳条溝は柳条湖のこと。

3 満州国執政溥儀の関東軍司令官宛書簡　一九三二年三月一〇日

書簡ヲ以テ啓上候此次満洲事変以来貴国ニ於カレテハ満蒙全

境ノ治安ヲ維持スル為ニ力ヲ竭サレ為ニ貴国ノ軍隊及人民ニ均シク重大ナル損害ヲ来シタルコトニ対シ本執政ハ深ク感謝ノ意ヲ懐クト共ニ今後弊国ノ安全発展ハ必ス貴国ノ援助指導ニ頼ルヘキヲ確認シ茲ニ左ノ各項ヲ開陳シ貴国ノ允可ヲ求メ候

一、弊国ハ今後ノ国防及治安維持ヲ貴国ニ委託シ其ノ所要経費ハ総テ満洲国ニ於テ之ヲ負担ス

二、弊国ハ貴国軍隊カ国防上必要トスル限リ既設ノ鉄道、港湾、水路、航空路等ノ管理並新路ノ敷設ハ総テ之ヲ貴国又ハ貴国指定ノ機関ニ委託スヘキコトヲ承認ス

三、弊国ハ貴国軍隊カ必要ト認ムル各種ノ施設ニ関シ極力之ヲ援助ス

四、貴国人ニシテ達識名望アル者ヲ弊国参議ニ任シ其ノ他中央及地方各官署ニ貴国人ヲ任用スヘク其ノ選任ハ貴軍司令官ノ推薦ニ依リ其ノ解職ハ同司令官ノ同意ヲ要件トス

前項ノ規定ニ依リ任命セラルル日本人参議ノ員数及ヒ参議ノ総員数ヲ変更スルニ当リ貴国ノ建議アルニ於テハ両国協議ノ上之レヲ増減スヘキモノトス

五、右各項ノ趣旨及規定ハ将来両国間ニ正式ニ締結スヘキ条約ノ基礎タルヘキモノトス

以　上

大同元年三月十日

溥　儀　花押

大日本帝国関東軍司令官

本　庄　繁　殿

（出典）外務省編『日本外交年表竝主要文書』下、原書房、一九六五年、二一七ページ。

4 日満議定書　一九三二年九月一五日

議　定　書

（日本文）

日本国ハ満洲国カ其ノ住民ノ意思ニ基キテ自由ニ成立シ独立ノ一国家ヲ成スニ至リタル事実ヲ確認シタルニ因リ

満洲国ハ中華民国ノ有スル国際約定ハ満洲国ニ適用シ得ヘキ限リ之ヲ尊重スヘキコトヲ宣言セルニ因リ

日本国政府及満洲国政府ハ日満両国間ノ善隣ノ関係ヲ永遠ニ鞏固ニシ互ニ其ノ領土権ヲ尊重シ東洋ノ平和ヲ確保センカ為左ノ如ク協定セリ

一、満洲国ハ将来日満両国間ニ別段ノ約定ヲ締結セサル限リ満洲国領域内ニ於テ日本国又ハ日本国臣民カ従来ノ日支間ノ条約、協定其ノ他ノ取極及公私ノ契約ニ依リ有スル一切ノ権利利益ヲ確認尊重スヘシ

二、日本国及満洲国ハ締約国ノ一方ノ領土及治安ニ対スル一

切ノ脅威ハ同時ニ締約国ノ他方ノ安寧及存立ニ対スル脅威タルノ事実ヲ確認シ両国共同シテ国家ノ防衛ニ当ルヘキコトヲ約ス之カ為所要ノ日本国軍ハ満洲国内ニ駐屯スルモノトス

本議定書ハ署名ノ日ヨリ効力ヲ生スヘシ

本議定書ハ日本文及漢文ヲ以テ各二通ヲ作成ス日本文本文ト漢文本文トノ間ニ解釈ヲ異ニスルトキハ日本文本文ニ拠ルモノトス

右証拠トシテ下名ハ各本国政府ヨリ正当ノ委任ヲ受ケ本議定書ニ署名調印セリ

昭和七年九月十五日即チ大同元年九月十五日新京ニ於テ之ヲ作成ス

日本帝国特命全権大使
武藤信義(印)
満洲国国務総理
鄭孝胥(印)

(出典) 外務省編『日本外交年表竝主要文書』下、原書房、一九六五年、二一五ページ。

【解説】板垣、石原らは満州占領の後、満州を日本の領土として領有する考えであったが、国際関係を考慮する軍内部の反対もあって親日政権樹立方針に決し、関東軍によって清朝の廃帝溥儀を頭首とする新国家樹立工作がおこなわれた。リットン調査団の満州到着以前に新国家樹立を急ぎ、黒竜江、吉林、遼寧の省長を名乗っていた軍閥などを長官とする東北行政委員会が組織され、これにより一九三二年三月一日「満州国」建国が発表された。史料3の関東軍司令官宛の溥儀の書簡は三月一〇日付になっているが、実際には板垣が用意した書類に溥儀が三月六日に署名したもので、「満州国」と日本の関係を律する根本的な文書となった。その後、日本政府はリットン調査団の報告書が正式に提出される前に「満州国」の承認を急ぎ、九月一五日国際条約の形式に則り日満議定書(史料4)が調印された。このほか「日満守勢軍事協定」などの協定が結ばれ、右の溥儀の書簡などが引き続き有効であることを確認する文書が交換されたが、日満議定書以外は公表されなかった。

5 リットン報告書 一九三二年一〇月二日

第四章 一九三一年九月十八日当日及其後に於ける満洲に於て発生せる事件の概要

(中略)

以上は所謂九月十八日事件につき両国当事者の調査団に語れるところなり。二者相異り矛盾しをるは明なるが之れ其の事情に鑑み別に異とするに足らざるところなり。

事件直前の緊張状態並興奮を考へ又利害関係者の特に夜間に起れる事件に関する陳述には必ずや相違する所あるべきを認め吾等は極東滞在中事件発生当時又は其直後奉天にありたる

代表的外国人に出来得る限り多数会見せるが其の内には事件直後現地を視察し又先づ日本側の正式説明を与へられたる新聞通信員其他の人々あり。利害関係者の陳述と共に斯かる意見を充分に考慮し多数の文書資料を熟読し又接受若くは収蒐せる幾多の証蹟を慎重研究せる結果調査団は左の結論に達したり。

日支両軍の間に緊張気分の存在したることに付ては疑ふの余地なし、調査団に明白に説明せられたるが如く日本軍が支那軍との間に於ける敵対行為起り得べきことを予想して慎重準備せられたる計画を有し居たるが九月十八日―十九日夜本計画は迅速且正確に実施せられたり。支那軍は一四九頁に言及せる訓令に基き日本軍に攻撃を加へ又は特に右の時及場所に於て日本人の生命或は財産を危険ならしむるが如き計画を有したるものに非ず。彼等は日本軍に対し聯繋ある又は命令を受けたる攻撃を行ひたるものに非ずして日本軍の攻撃及其の後の行動に狼狽せるものなり。九月十八日午後十時より十時半の間に鉄道線路上若くは其附近に於て爆発ありしは疑なきも鉄道に対する損傷は若しありとするも事実長春よりの南行列車の定刻到着を妨げざりしものにて其れのみにては軍事行動を正当とするものに非ず。同夜に於ける叙上日本軍の軍事行動は正当なる自衛手段と認むることを得ず。尤も之により調査団は現地に在りたる日本将校が自衛の為め行動しつゝありたるなるべしとの仮説を排除せんとするものには非ず。

第六章　「満洲国」

（中略）

一九三一年九月十八日以来日本軍憲の軍事上［の］活動は本質的に政治的考慮に依りて為されたり。東三省の前進的軍事占拠は支那官憲の手より順次斉々哈爾《［チチハル］》、錦州及哈爾賓《［ハルビン］》を奪ひ遂には満洲に於ける総ての重要なる都市に及びたり。而して軍事占領の後には常に民政が恢復せられたり。一九三一年九月以前に於て聞かれざりし独立運動が日本軍の入満に依り可能となりたることは明らかなり。

日本に於ける新政治運動に密接なる接触を保ち居りたる（第四章参照）日本の文官及将校の一団は其の現職にあると否とを問はず九月十八日の事件後に於ける満洲の事態の解決策として此の独立運動を計画し、組織し且つ遂行したり。

彼等は右目的を以て支那人の生命及行動を利用して前政権に対し不平を抱く住民中少数《［少数民族］》のものを利用したり。

日本の参謀本部が当初より又は少くとも暫時を経て斯くの如き自治運動を利用することを覚りたること亦明らかなり。其結果彼等は此運動の組織者に対し援助及指導を与へたり。

各方面より得たる証拠に依り本委員会は「満洲国」の創設に寄与したる要素は多々あるも相俟つて最も有効にして然も吾人の見る所を以てせば其れなきに於ては新国家は形成せられ

ざりしなるべしと思考せらるる二の要素あり其は日本軍隊の存在と日本の文武官憲の活動なりと確信するものなり。

右の理由に依り現在の政権は純粋且つ自発的なる独立運動に依りて出現したるものと思考することを得ず。

第九章　解決の原則及条件

（中略）

単なる原状回復が問題の解決たり得ざることは如上吾人の述べたる所に依り明かなるべし。蓋し本紛争が去る九月以前に於ける状態より発生せるに鑑み同状態の回復は紛糾を繰返す結果を招来すべく斯の如きは全問題を単に理論的に取扱ひ現実の状勢を無視するものなり。

前二章に述べたる所に鑑み満洲に於ける現政権の維持及承認も均しく不満足なるべし。斯る解決は現行国際義務の根本的原則若は極東平和の基礎たるべき両国間の良好なる諒解と両立するものと認められず。右は又支那の利益に違反し又満洲人民の希望を無視するのみならず結局に於て日本の永遠の利益となるべきや否やに付少くとも疑ひあり。

現政権に対する満洲人民の感情に付ては何等疑問無し。而して支那は東三省の完全なる分離を以て永久的解決なりとなして進んで之を承諾するが如きことなかるべし。（中略）

若し日支両国政府が双方の主要利益の一政《［致］》せることを証認し且平和の維持及相互間に於ける友誼関係の樹立をも右利益の中に包含せしむる意志あるに於ては両国間紛争解決策の基礎的大綱は叙上の考案に依り充分明示せらるべし。既述の如く一九三一年九月以前の状態への復帰は問題にあらず。将来に於ける満足すべき政権は過激なる変更なくして現政権より進展せしめ得べし。次章に於て吾人は之が為或る提議を提出すべきも吾人は先づ満足なる解決方法として準拠するを要する一般的原則を明かにせんと欲す。此等原則は次の如し。

（一）　日支双方の利益と両立すること。

両国は聯盟国なるを以て各々聯盟より同一の考慮を払はるることを要求するの権利を有す。両国が利益を獲得せざる解決は平和の為の収得とならざるべし。

（二）　蘇聯邦の利益に対する考慮。

第三国の利益を考慮することなく両隣国間に於て平和を講ずるは公正若は賢明ならざるべく又平和に資する所以に非ざるべし。

（三）　現存多辺的条約との一致。

如何なる解決と雖も聯盟規約、不戦条約及華府九国条約の規定に合致するを要す。

（四）　満洲に於ける日本の利益の承認。

満洲に於ける日本の権益は無視するを得ざる事実にして如何なる解決方法も右を承認し且日本と満洲との歴史的関連を考慮に入れざるものは満足なるものに非ざるべし。

（五）　日支両国間に於ける新条約関係の成立。

満洲に於ける両国各自の権利、利益及責任を新条約中に再び声明することは合意に依る解決の一部にして将来紛糾を避け相互的信頼及協力を回復する為に望ましきことなり。

（六）　将来に於ける紛争解決に対する有効なる規定。

叙上に附随的なるものとして比較的重要ならざる紛争の迅速なる解決を容易ならしむる為規定を設くる要あり。

（七）　満洲の自治。

満洲に於ける政府は支那の主権及行政的保全と一致し東三省の地方的状況及特徴に応ずる様工夫せられたる広汎なる範囲の自治を確保する様改めらるべし。新文治制度は善良なる政治の本質的要求を満足する様構成運用せらるるを要す。

（八）　内部的秩序及外部的侵略に対する保障。

満洲の内部的秩序は有効なる地方的憲兵隊に依り確保せらるべく、外部的侵略に対する安全は憲兵隊以外の一切の武装隊の撤退及関係国間に於ける不侵略条約の締結に依り与へらるべし。

（九）　日支両国間に於ける経済的提携の促進。

本目的の為両国間に於ける新通商条約の締結望まし。斯る条約は両国間に於ける通商関係を公正なる基礎の上に置き双方の政治関係の改善と一致せしむることを目的とすべし。

（十）　支那の改造に関する国際的協力。

支那に於ける現今の政治的不安定が日本との友好関係に対する障害にして且極東に於ける平和の維持が国際的関心事項たる関係上世界の他の部分に対する危惧なると共に叙上に挙げたる条件は支那に於て強固なる中央政府なくしては実行する能はざる所なるを以て満足なる解決に対する最終的要件は故孫逸仙博士が提議せる如く支那の内部的改造に対する一時的国際協力なり。

（出典）　外務省仮訳『日支紛争に関する国際連盟調査委員会の報告』国際連盟協会、一九三二年、一五一－一五二ページ・二〇七－二〇九ページ・二八一－二八二ページ・二八七－二八九ページ。

【解説】　日本自身の提案にもとづいて一九三一年一二月国際連盟理事会は調査団の派遣を決定、英国リットンを団長とする調査団が組織された。一行は三二年二月から日本、中国、「満州」各地で七ヵ月に及ぶ調査・聞き取りをおこない、九月初めまでに報告書をまとめ九月三〇日日中両国に手交、一〇月二日全世界に公表された。報告書は全一〇章、英文一四八ページ、外務省訳で二八九ページに及び、中国の現状認識、九・一八以後の日本の軍事行動の認識、「満州国」についての認識と将来に向けての提案などから成っている。史料は、第四章の一部、第六章の結論、第九章の一部を収録した。

6 国際連盟脱退通告文　一九三三年三月二七日

帝国政府ハ東洋平和ヲ確保シ延イテ世界ノ平和ニ貢献セントスル帝国ノ国是カ各国間ノ平和安寧ヲ企図スル国際聯盟ノ使命ト其ノ精神ヲ同シウスルコトヲ認メ過去十有三年ニ亙リ原聯盟国トシテ又常任理事国トシテ此ノ崇高ナル目的ノ達成ニ協力シ来リタルヲ欣快トスルモノナリ而シテ其ノ間帝国カ常ニ他ノ如何ナル国ニモ劣ラサル熱誠ヲ以テ聯盟ノ事業ニ参画セルハ厳トシテ動カスヘカラサル事跡ナルト同時ニ帝国政府ハ現下国際社会ノ情勢ニ鑑ミ世界諸地方ニ於ケル平和ノ維持ヲ計ランカ為ニハ此等各地方ノ現実ノ事態ニ即シテ聯盟規約ノ運用ヲ行フヲ要シ且斯ノ如キ公正ナル方針ニ則リ初メテ聯盟カ其ノ使命ヲ全ウシ其ノ権威ノ増進ヲ期シ得ヘキヲ確信セリ

昭和六年九月日支事件ノ聯盟付託ヲ見ルヤ帝国政府ハ終始右確信ニ基キ聯盟ノ諸会議其ノ他ノ機会ニ於テ聯盟カ本事件ヲ処理スルニ公正妥当ナル方法ヲ以テシ真ニ東洋平和ノ増進ニ寄与スルト共ニ其ノ威信ヲ顕揚センカ為ニハ同方面ニ於ケル現実ノ事態ヲ的確ニ把握シ該事態ニ適応シテ規約ノ運用ヲ為スノ肝要ナルヲ提唱シ就中支那カ完全ナル統一国家ニアラスシテ其ノ国内事情及国際関係ハ複雑難渋ヲ極メ変則、例外ノ特異性ニ富メルコト従テ一般国際関係ノ規準タル国際法ノ諸原則及慣例ハ支那ニ付テハ之カ適用ニ関シ著シキ変更ヲ加ヘラレ其ノ結果現ニ特殊且異常ナル国際慣行成立シ居レルコトヲ考慮ニ入ルルノ絶対ニ必要ナル旨力説強調シ来レリ

然ルニ過去十七箇月間聯盟ニ於ケル審議ノ経過ニ徴スルニ多数聯盟国ハ東洋ニ於ケル現実ノ事態ヲ把握セサルカ又ハ之ニ直面シテ正当ナル考慮ヲ払ハサルノミナラス聯盟規約其ノ他ノ諸条約及国際法ノ諸原則ノ適用殊ニ其ノ解釈ニ付帝国ト此等聯盟国トノ間ニ屢重大ナル意見ノ相違アルコト明カトナレリ其ノ結果本年二月二十四日臨時総会ノ採択セル報告書ハ帝国カ東洋ノ平和ヲ確保セントスル外何等異図ナキノ精神ヲ顧ミサルト同時ニ事実ノ認定及之ニ基ク論断ニ於テ甚シキ誤謬ニ陥リ就中九月十八日事件当時及其ノ後ニ於ケル日本軍ノ行動ヲ以テ自衛権ノ発動ニ非スト憶断シ又同事件前ノ緊張状態及事件後ニ於ケル事態ノ悪化カ支那側ノ全責任ニ属スルヲ看過シ為ニ東洋ノ政局ニ新ナル紛糾ノ因ヲ作レル一方満洲国成立ノ真相ヲ無視シ且同国ヲ承認セル帝国ノ立場ヲ否認シ東洋ニ於ケル事態安定ノ基礎ヲ破壊セントスルモノナリ殊ニ其ノ勧告中ニ掲ケラレタル条件カ東洋ノ康寧確保ニ何等貢献シ得サルハ本年二月二十五日帝国政府陳述書ニ詳述セル所ナリ

之ヲ要スルニ多数聯盟国ハ日支事件ノ処理ニ当リ現実ニ平和ヲ確保スルヨリハ適用不能ナル方式ノ尊重ヲ以テ一層重要ナリトシ又将来ニ於ケル紛争ノ禍根ヲ芟除[さんじょ]スルヨリハ架空的ナル理論ノ擁護ヲ以テ一段貴重ナリトセルモノト見ル外ナク他

面此等聯盟国ト帝国トノ間ノ規約其ノ他ノ条約ノ解釈ニ付重大ナル意見相違アルコト前記ノ如クナルヲ以テ茲ニ帝国政府ハ平和維持ノ方策殊ニ東洋平和確立ノ根本方針ニ付聯盟ト全然其ノ所信ヲ異ニスルコトヲ確認セリ仍テ帝国政府ハ此ノ上聯盟ト協力スルノ余地ナキヲ信シ聯盟規約第一条第三項ニ基キ帝国カ国際聯盟ヨリ脱退スルコトヲ通告スルモノナリ

（出典）外務省編『日本外交年表竝主要文書』下、原書房、一九六五年、二六八―二六九ページ。

【解説】一九三二年一一月リットン報告書を審議する国際連盟理事会が開かれ、日本代表松岡洋右が報告書を非難したのに対し、中国は日本に妥協的な報告書の提案を問題解決の基礎として受け入れる考えを示した。報告書と日中両国の意見書は一二月からの特別総会に移され、総会は理事国その他で構成される一九人委員会に紛争解決のための提案作成を付託した。委員会はリットン報告書を基礎とする「満州国」不承認の決議案を作成、討議ののち日本に対する勧告案を採択した。三三年二月二四日連盟総会は、一九人委員会の報告書を、賛成四二、反対一（日本）、棄権一で採択したため、松岡はじめ代表団は退場した。三月二七日日本は連盟に脱退を通告し、二年後連盟国の地位を喪失した。

7　塘沽《タンクー》停戦協定　一九三三年五月三一日

関東軍司令官元帥武藤信義ハ昭和八年五月二十五日密雲ニ於テ国民政府軍事委員会北平分会代理委員長何応欽ヨリ其ノ軍使同分会参謀徐燕謀ヲ以テセル正式停戦提議ヲ受理セリ

右ニ依リ関東軍司令官元帥武藤信義ヨリ停戦協定ニ関スル全権ヲ委任セラレタル同軍代表関東軍参謀副長陸軍少将岡村寧次ハ塘沽ニ於テ国民政府軍事委員会北平分会代理委員長何応欽ヨリ停戦協定ニ関スル全権ヲ委任セラレタル北支中国軍代表北平分会総参謀陸軍中将熊斌ト左ノ停戦協定ヲ締結セリ

一、中国軍ハ速ニ延慶、昌平、高麗営、順義、通州、香河、宝抵、林亭口、寧河、蘆台ヲ通スル線以西及以南ノ地区ニ一律ニ撤退シ爾後同線ヲ越エテ前進セス又一切ノ挑戦攪乱行為ヲ行フ事ナシ

二、日本軍ハ第一項ノ実行ヲ確認スル為随時飛行機及其他ノ方法ニ依リ之ヲ視察ス
中国側ハ之レニ対シ保護及諸般ノ便宜ヲ与フルモノトス

三、日本軍ハ第一項ニ示ス規定ヲ中国軍カ遵守スル事ヲ確認スルニ於テハ前記中国軍ノ撤退線ヲ越エテ追撃ヲ続行スル事ナク自主的ニ概ネ長城ノ線ニ帰還ス

四、長城線以南ニシテ第一項ニ示ス線以北及以東ノ地域内ニ於ケル治安維持ハ中国側警察機関之レニ任ス
右警察機関ノ為ニハ日本軍ノ感情ヲ刺戟スルカ如キ武力団体ヲ用フル事ナシ

五、本協定ハ調印ト共ニ効力ヲ発生スルモノトス

右証拠トシテ両代表ハ茲ニ記名調印スルモノナリ

昭和八年五月三十一日

関東軍代表　岡村寧次

北支中国代表　熊　斌

(出典) 外務省編『日本外交年表竝主要文書』下、原書房、一九六五年、二七四―二七五ページ。

【解説】 遼寧、吉林、黒竜江の東三省を制圧した関東軍は、抗日の拠点となっていた熱河省の「満州国」編入を企てた。一九三三年一月の山海関での日中両軍の衝突を機に関東軍は熱河省に侵攻し、三月には重要地点を占領、さらに河北省に侵攻し五月には北平(北京)近くにまで迫った。中国軍側は停戦を求め、五月三一日関東軍と国民政府軍との間に塘沽で停戦協定が締結された。これによって、拡大の一途をたどってきた日本の武力侵略は一旦停止され、河北省東部に非武装地帯が設定された(史料の第一・第三項)。と同時に、中国軍の「挑戦攪乱行為」を口実とする華北分離工作のための足場ともなった。

第二節　昭和恐慌と国民生活

8 恐慌の拡大と深刻化(ヴァルガ『世界経済年報』)

資本主義の一般的危機。この最近数ヶ月に国際経済恐慌は更らに一層拡まり且つ深刻化した。どの国を見ても、恐慌は底を入れてをらず、不景気局面へ移る徴候も好転の徴候も見当らない。全世界が経済恐慌に引きづり込まれてゐることは、もう誰も否認しないほどだ。イギリス然り。恐慌に遅れたフランスでも生産は一般に後退しつゝある。ドイツでは恐慌は底を入れずに進展してゐる。合衆国でも好転は明年二月だらうといふ意見がある位である。海外の農産品＝及び原料品生産諸国は価格下落によつて深傷《ふかで》を蒙つてゐる。メキシコでは生産を制限しまたは生産物を破棄してゐる。支那に於ける内乱、印度革命、植民地・半植民地に於ける蜂起は、工業国の恐慌を長びかせてゐる。その結果として、今度の恐慌は資本主義の歴史の上で一番ひどい恐慌の一つだといふことになる。

この恐慌の拡がりと深さとは、資本主義体制の一般的危機の結果なのだ。吾々は資本主義の一般的危機のなかにある。だからこそ今度の恐慌がかうもひどくかうも深いのだ。

合衆国に於ける恐慌の動態。合衆国の恐慌の進行振りを見ると、計画的な恐慌撲滅策などゝいふものが不可能だといふことが分る。フーヴァー式の恐慌撲滅策は、事態がはつきり示してゐる通り恐慌の深さを一時緩和して、その代り恐慌を長びかせるだけなのだ。フーヴァー対策は一月と二月とに一寸効果を見せたやうだが、五月と六月とにはもう生産の水準は昨年十二月の最低点へ逆戻りだつた。このところフーヴァー先生は、アメリカ金融資本の手前面目玉丸潰れである。

（中略）

日本。日本の恐慌。日本は、イギリスと同じで、戦後本当の高景気を経ない型に入る。日本の恐慌は、資本主義体制の一般的弱みの結果として、殊に尖鋭な形をとつてゐる。鉄工業、それよりも繊維工業、それよりも生糸産業はひどい恐慌にある。貿易は鋭い逆転だ。最も重要な四種の商品の輸出は半減してゐる。生産制限は非常な割合に上つてゐる。国家と金融資本。日本資本主義の特性は、恐慌に際して強力に現はれてゐる。弱つた企業は三井三菱の二大銀行に買収されるか、でなければ国家の補助を受けてゐる。在支鉄工所への融資、為替手形買入損失の補償、生糸価補償等々がそれである。だが他方に於て、日本資本主義はアメリカ資本の侵入を防ぐことができないでゐる。労働者階級に向つての攻撃は開始された。繊維工業でこの攻撃を指導したのは三五%といふ高率配当をやつた鐘淵紡績だつた。会社は賃銀切下げを通告し、三十六の工場の労働者は抗議した。絹工業でも賃銀切下げや解雇を行つた。労働者階級の状態は非常に悪い。失業は百万と推算されてゐる。恐慌は、日本資本主義の構成的な弱みの結果として、非常に永く続くだらう。

（出典）ヴァルガ（経済批判会訳）『世界経済年報』一〇（一九三〇・Ⅱ）叢文閣、一九三〇年、九―一〇・一九ページ。

【解説】　ヴァルガは、ハンガリー生まれの経済学者、社会主義運動家であるが、一九二〇年代以降はソ連で活躍した。世界経済世界政治研究所の所長として、四半期ごとの世界経済状況を分析した『世界経済年報』を著した。アメリカが好景気に浮かれていた時に、恐慌の勃発、資本主義の没落を予測したヴァルガは、大恐慌の予言者として一躍有名になった。当時の日本は、社会主義者・共産主義者の弾圧にもかかわらず、思想・学問の領域ではマルクス主義の影響が強かったが、ヴァルガの著書も広く読まれた。この史料は、こうした当時の思想状況も伝えていて、興味深い。

9 恐慌の影響(→図9AB)

図 9A 恐慌期の各国工業生産指数

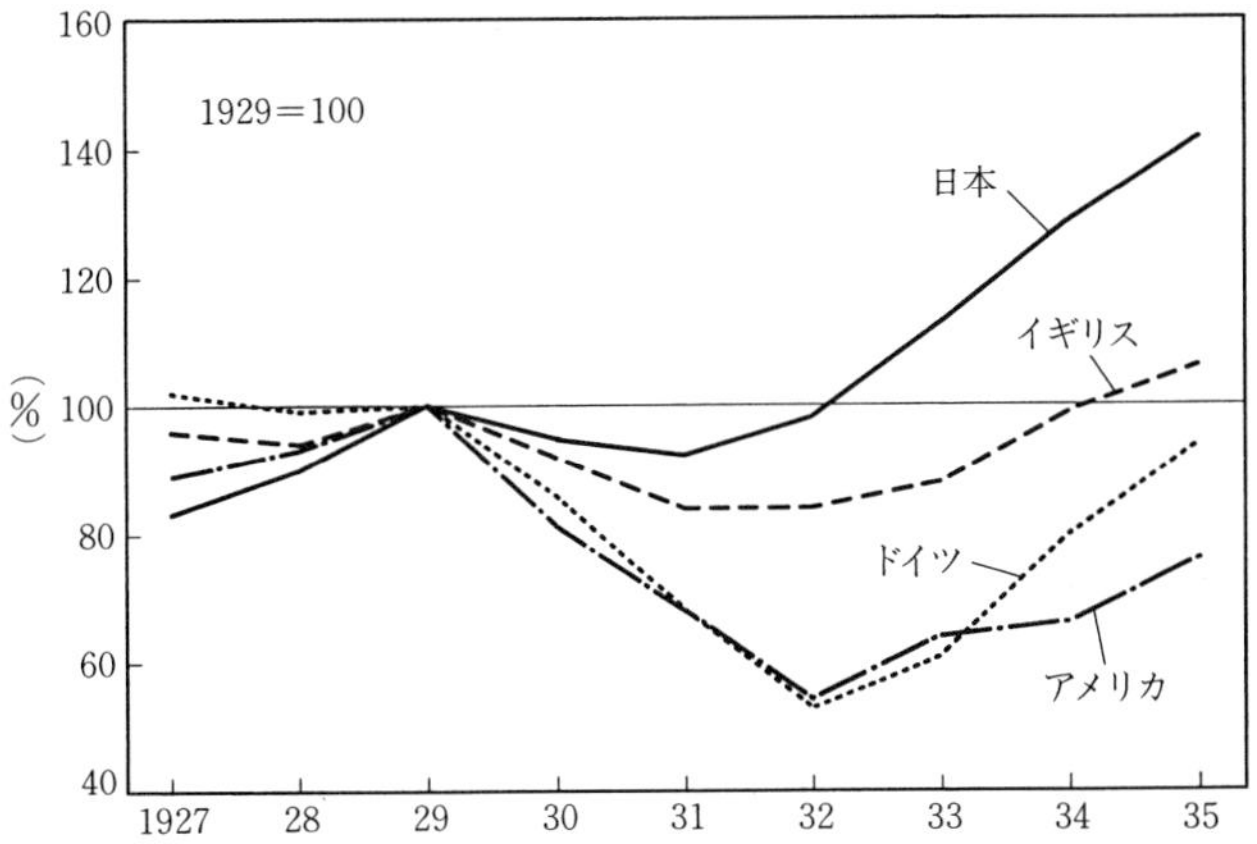

(出典) P. Fearon, *The Origins and Nature of the Great Slump, 1929-1932*, Macmillan, 1979, p. 11 より作成. 原史料は *Statistical Yearbook of The League of Nations 1935/7*.

図 9B 恐慌前後の日本の貿易額

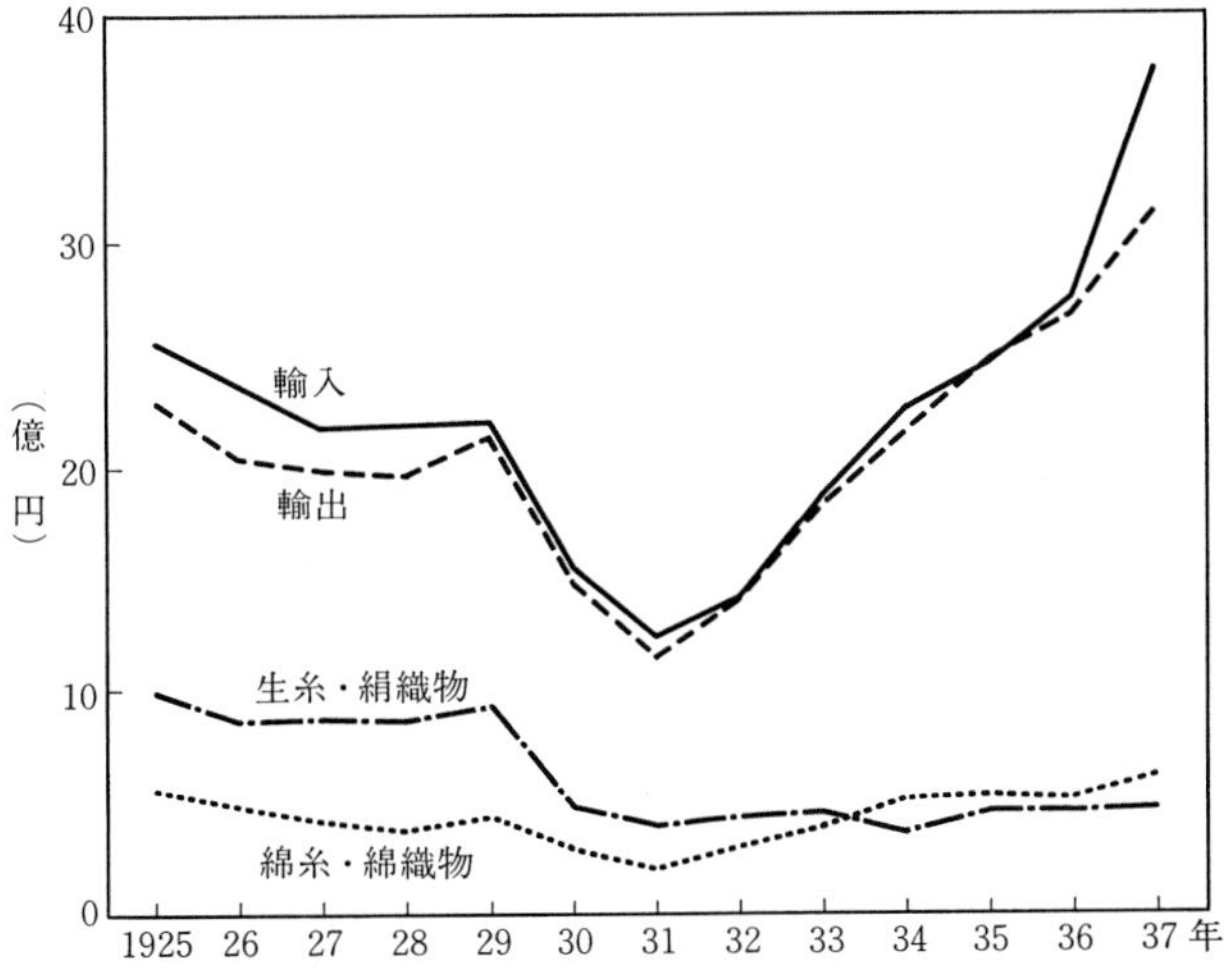

(出典) 日本銀行統計局『明治以降本邦主要経済統計』1966 年, p. 281, p. 284 より作成.

【解説】大恐慌による工業生産の低下は、日本の場合、欧米諸国とくらべて軽微だった。早くも一九三二年には、ほぼ恐慌前の二九年の水準にまで回復している。不況が長期化したアメリカとは対照的であった。高橋財政期の、公共事業拡大や軍備増強も一定の景気浮揚効果を持ったが、貿易の回復・拡大の効果は一層大きかった。円の為替相場の大幅下落で、綿製品などの輸出が急伸したことによる。恐慌前の輸出品の花形であった生糸・絹織物の輸出額は、化学繊維が台頭してきたために、大きく落ち込んだまま回復しなかった。

図 10 卸売物価指数

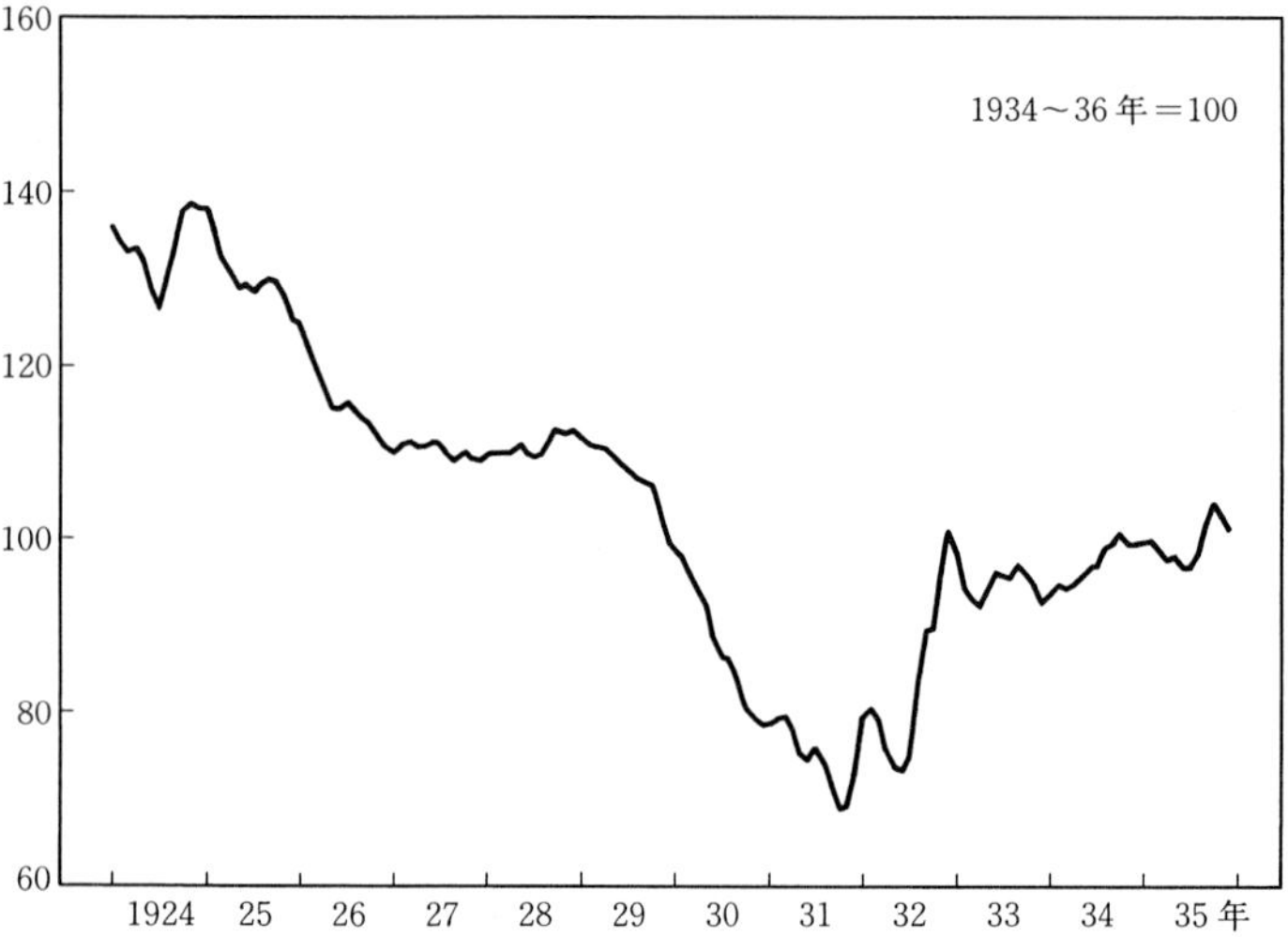

（出典） 日本銀行統計局『明治 20-昭和 37 年卸売物価指数』1964 年より作成.

表 10 主要商品・卸売物価の下落率

	1925.10 (A)	1929.6 (B)	(A)→(B) 下落率(%)	底		(B)→底 下落率(%)
				年 月	指数	
総平均	1,296	1,084	16.4	1931.10	690	36.3
米	373	250	33.0	1931.11	148	40.8
小麦	272	205	24.6	1931.10	107	47.8
小麦粉	279	227	18.6	1931.9	132	41.9
砂糖	299	294	1.7	1932.5	222	24.5
生糸	266	168	36.8	1932.5	57	66.1
羽二重	194	138	28.9	1932.6	62	55.1
綿糸	330	255	22.7	1931.10	99	61.2
白木綿	218	164	24.8	1931.10	83	49.4
金巾	228	164	28.1	1931.11	77	53.0
繰綿	224	150	33.0	1931.10	65	56.7
モスリン	211	153	27.5	1932.7	87	43.1
洋鉄	122	116	4.9	1931.1	59	49.1
銅	141	157	−11.3	1931.11	71	54.8
セメント	138	130	5.8	1930.10	60	53.8
石炭	287	287	0	1932.7	212	26.1

（注） 1900 年 10 月基準指数.
（出典） 原朗「景気循環」大石嘉一郎編『日本帝国主義史』2, 東京大学出版会, 1987 年, p. 393 より作成. 原史料は, 日本銀行統計局『明治 20 年-昭和 37 年卸売物価指数』1964 年.

図 11　工場雇用労働者数の推移

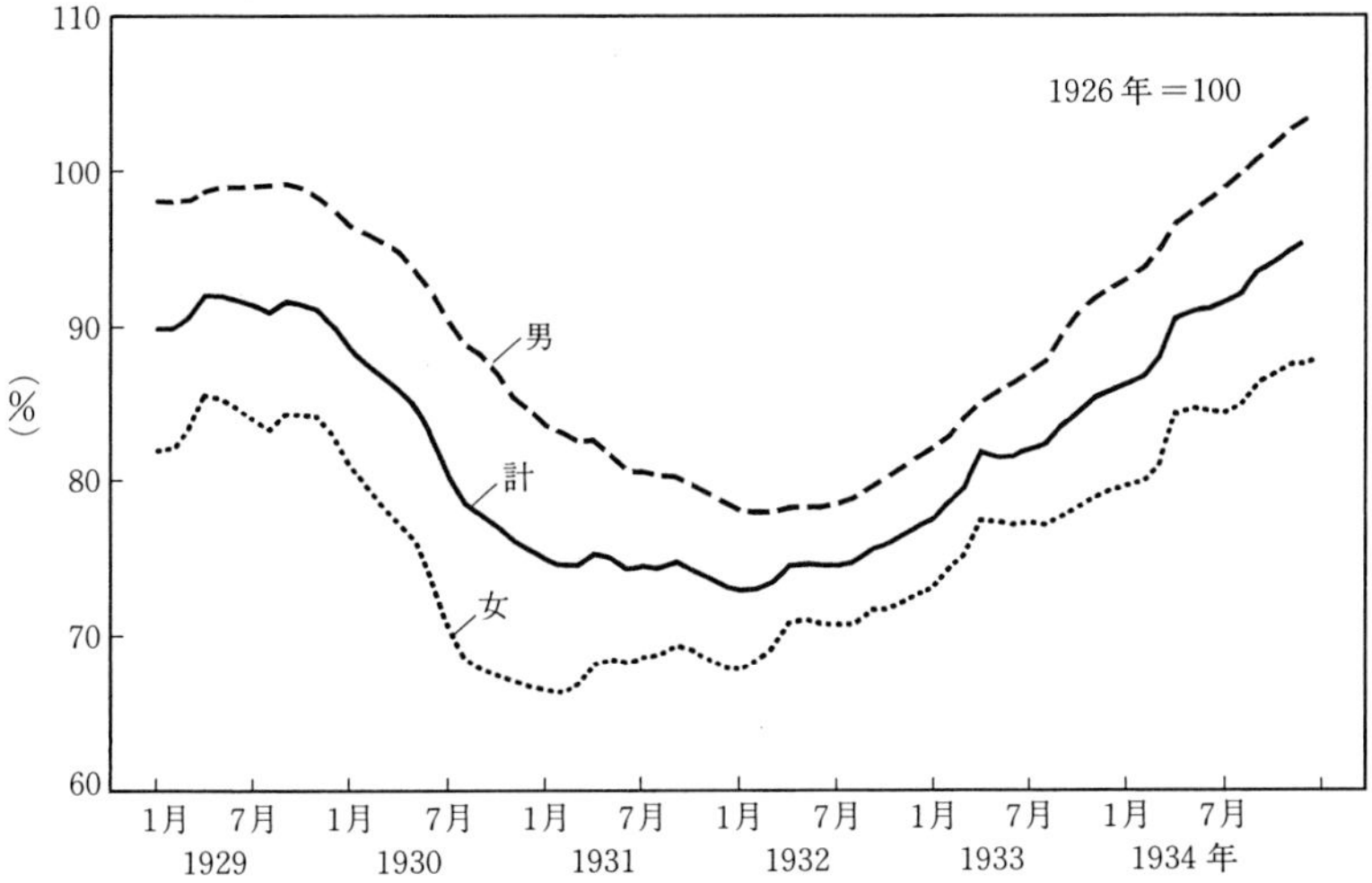

（出典）　日本銀行『労働統計概説』各年度版.

【解説】　一九二九年秋に勃発した世界大恐慌は、翌年春には日本にも波及してきた。卸売物価指数は、ボトム(底)の三一年一〇月には、恐慌前の二九年六月水準と較べて、三六・三%も下落した。しかし、世界恐慌に先だって、すでに二六年末から翌年にかけて、かなり物価が下落していたことがわかる。二四年一一月と二七年八月を比較すると、下落率は二一・八%である。昭和恐慌期における価格動向を主要商品別に見ると、いずれの商品も大幅な下落率を示した。生糸は恐慌前の三分の一、米は約六割に下落し、農家経済に大きな影響を与えた。

11　工場雇用労働者数の推移(→図11)

【解説】　昭和恐慌期の失業者数については、信頼に足る統計は存在しない。内務省社会局の推計した一九三〇年五月約三八万人という数から、社会政策学者・風早八十二の推計の三〇〇万人まで大きな幅がある。表に示したのは、もっとも信頼が置ける日本銀行の労働統計による、民間の一般工業の雇用労働者数の推移である。工業雇用者数全体では、三二年一月の七二・九が底になっており、二六年の水準から見れば、四分の三以下に落ち込んだことがわかる。女子の落ち込みの方が大きく、三一年二月のボトム(底)では六六・三にまで低下した。紡績、製糸、織物といった多数の女子労働者を雇用していた産業が不況に陥ったためである。工業雇用者の総数は、三四年には恐慌前の水準に戻った。

12 労働争議の概況　一九三〇年

本年に於ける労働争議を大観するに其の原因とする所概ね事業の休廃止、操業短縮等に基因する解雇問題及賃銀の減額乃至不払問題に集中され産業界の好況殷賑時代に於けるが如き賃銀増額其の他待遇改善を内容とする所謂積極的労働争議は其の影を没するに至れり。即ち本年に於ける産業界の状況を見るに世界的恐慌の襲来金解禁を中心とする公私経済緊縮の徹底、支那空前の銀価の崩落等に因る内外市場の不振は相倚り相俟て物価の急落滞貨の増嵩を招来し事業の破綻休業相踵ぐのみならず何れも其の短縮を断行して労働者の大量馘首、又は生産費低下の為の賃銀其の他諸給与の低下乃至停廃止を行ひ其の結果は労働者をして其の生活擁護の為の防衛的争議を余儀なくせしめたるが如し。而して本年の労働争議は其の企業の大小を向[問]はす一般的普遍的に発生したりと雖、就中弱小企業下に於ける群小争議の増加を見殊に最恐慌の影響を受けたる機械器具製造工業、染織工業、化学工業、雑工業に於て此の傾向顕著なり。

右の如く本年に於ける労働争議は陰惨なる産業不安の反映にして其の発生は真に不可避的なるものに限局されたる結果一度発生したるものは労資妥協の余地極めて尠く多くは長期に及ぶのみならず事業主は積極的に工場閉鎖を断行して労働者の要求を峻拒し極めて積極的態度に出づるもの甚しく増加したる結果労働者は窮余不法不穏当なる手段に出る場合尠からず。例へば岸和田紡績株式会社堺分工場、東洋モスリン株式会社亀戸工場、三信鉄道株式会社、大島製鋼所、星製薬株式会社等に於ける争議の如きは何れも長期間に亘りて深刻化し社会の耳目を聳動せしめたる所にして殊に百一日以上継続したる労働争議は数年来僅かに一、二件を出さるに本年に於て十件を算したる事実は亦此の傾向を雄弁に物語るものなるべし。尚左翼労働組合就中非合法派たる日本労働組合全国協議会一派が厳重なる取締にも拘はらず隠険執拗なる活動を続けつゝあること並従来経済運動に対し比較的不活潑なりし中間派殊に全国労働組合同盟乃至此の系統に属する労働組合の運動が最近著しく活潑となりたることゝは前記事情と相俟て争議の深刻化を招来せりと認めらる。

然れども一般的には労働者は成るべく事業主との抗争を避けむとする傾向著しく従て労働組合の左翼的指導を希望せざる場合多きが如し。例へば鈴木ヴァイオリン株式会社争議(愛知)に於て従業員は労農党の指導を離れ事業主に無条件降伏するも失職を免るゝに若かずとし一般投票の結果多数を以て、争議打切を為したるが如きは其の一例なり。而も現実主義を標榜せる日本労働総同盟其の他右翼労働組合にありては現下の社会状勢に鑑み専ら労働大衆の現実を顧慮し出来得る限り闘争を避け犠牲の最少化に努力しつゝあるが如し。本年

表 13　主要犯罪の発生件数

年	総件数	殺人	強盗	傷害	恐喝	詐欺	横領	窃盗	賭博	猥褻
1924	524,649	1,927	1,140	19,699	2,692	103,643	48,848	270,193	26,002	1,586
25	561,587	2,084	1,709	21,361	3,412	94,758	59,414	295,928	25,961	2,031
26	716,286	2,516	1,659	23,051	4,296	133,472	84,241	364,441	34,147	2,160
27	748,133	2,495	1,906	23,448	3,826	136,934	91,840	383,640	32,804	2,521
28	786,146	2,350	2,066	22,946	4,441	145,525	104,815	408,217	26,652	2,761
29	912,245	2,064	2,412	22,846	5,077	182,446	123,090	462,658	29,111	2,456
30	1,049,986	2,315	2,282	24,358	6,884	209,930	153,222	540,310	28,643	3,039
31	1,181,705	2,415	2,188	24,510	10,647	250,979	171,277	584,542	31,179	3,409
32	1,298,397	2,700	2,435	24,571	14,693	253,587	199,965	667,132	28,905	3,734
33	1,552,039	2,713	2,156	26,200	12,849	388,666	265,357	704,913	35,285	4,727
34	1,566,435	2,595	2,126	28,860	14,868	334,830	282,595	724,986	53,584	5,865
35	1,532,689	2,484	2,215	29,290	32,173	371,317	250,960	674,893	47,512	2,439
36	1,306,902	2,491	1,975	27,556	14,329	240,305	211,625	648,860	44,163	2,230
37	1,221,697	2,226	1,790	25,592	9,586	217,444	190,665	633,534	39,647	1,817

（出典）　総務庁統計局監修『日本長期統計総覧』第 5 巻，日本統計協会，1988 年，pp. 382-385 より作成.

中に於ける労働争議の結果は主要なるものは何れも労働者側に不利なる解決を齎し且つ多くの場合に於て労働者の解雇を伴ひたり。尚労資の直接交渉に依りては妥協解決の途なきものの多く第三者の調停介入を見たるものを著しく増加せしめたるが殊に五月、湯浅伸銅株式会社（大阪）に於ては我国最初の調停委員会の開設により争議の円満なる解決を見たり。

（出典）『労働運動年報』昭和五年版、二五四―二五六ページ。

【解説】　昭和恐慌が発生した一九三〇年には、労働争議件数は前年の五七一件から九〇〇件に激増した。そして、三一年、三二年にもそれぞれ、九八四件、八七〇件と、高い水準を維持した。恐慌期の争議の特徴は、史料中にも指摘されているように、首切りや、労働条件改悪に抵抗する防衛的な争議が多かった。一九二九年に深夜業が廃止された紡績業では、機械化の進展による人員削減・労働強化（合理化）に不況の影響が加わり、三〇年だけでも、鐘淵紡績、岸和田紡績、富士紡績、東洋紡績、東洋モスリンなどの大紡績工場で争議が起きた。〔参〕大河内一男・松尾洋『日本労働組合物語　昭和』筑摩書房、一九六五年。

13　主要犯罪の発生件数（→表13）

【解説】　一九三〇年代前半に犯罪件数は激増した。とりわけ、詐欺、横領、窃盗などの犯罪の増え方が著しい。昭和恐慌により、経済的に追いつめられた一般庶民の中から、犯罪に走る者が少なからず発生したことを物語っている。また、風俗犯罪の増加は、エロ・グロ・ナンセンスの風潮の反映であるとともに、そうした風潮に過敏となった警察が取締りを強化した結果でもある。

14 小作争議の推移（→表14）

【解説】 昭和恐慌による、繭や米などの農産物価格の大暴落と、出稼ぎの機会の減少は、農家経済を破綻に追いやった。農家所得は、恐慌前の半分以下に落ち込み、とくに小作農の窮乏は著しかった。小作料減免要求を掲げた小作争議(表中の小作料関係要求欄)も多発したが、こうした争議は一九一〇年代末からすでに活発であり、昭和恐慌期に目立ったのは、むしろ地主の土地取り上げに抵抗する小作争議の急増であった(表中の小作権関係欄)。中小地主は、小作人から農地を取り上げて自作地にし、恐慌の波及による経営破綻から免れようとした。小作人は、耕作地を失えば路頭に迷うことになるので、必死の抵抗を試みた。地域的には、小作争議は一九二〇年代までは西日本に偏っていたが、昭和恐慌期には、東北地方、養蚕地帯にも拡がった。第一次大戦期から二〇年代までの小作争議が、地主への隷属からの小作人の経済的・人格的自立を目指す前進的な性格を持っていたのとは対照的に、昭和恐慌期の小作争議は防衛的であり、小作人に不利な結末に終わる場合が多かった。〔参〕暉峻衆三『日本農業問題の展開』下、東京大学出版会、一九八四年。

15 猪俣津南雄『窮乏の農村』 一九三四年

農産物の値下りがひどいといって、繭のようにひどいのはそう見当らぬ。今は昔の語り草だが、戦後の生糸景気・繭景気は非常なものだった、何百万という農家が養蚕熱に浮かされた。近年の有様を見ると、何のことはない、投機にかかったら誰よりも弱い零細農の大衆が一斉に投機に手を出して大きなガラを食ったようなかたちである。

大正十四年にはまだ十円もした繭が、昭和二年には四円になり、昭和五年には二円以下になった。その後の相場も三円から二円五十銭見当のところをうろついていて、ただ七年の秋と八年の春がいくらかよかっただけだ。これらの数字は全国的な平均相場だから、実際はもっと安い値段で売った者も非常に多かった。

好景気の大正七、八年から大正十四年頃までのお蚕様《こさま》のおかげで多少ともゆとりの出来た農家はあった。しかし彼らは、嫁のやりとりや次男・三男の分家さわぎなどに金を使ってしまっている、ないしは建築費の高い時分に家屋を新築したり、八百円の千円のという値段で土地を買い込んでいる。さらにまた多くの養蚕農家は、全国的な養蚕熱に煽《あお》られて養蚕規模を年々大きくして行った。(中略)

が、一度借金をすると際限がない。借金には高い利息がつき、利息にもさらに利息がつく。そこでまた今年こそは取返

表 14　小作争議の推移

年次	件数	小作人の要求		参 加 人 員		小作争議件数上位 5 県
		小作料関係	小作権関係	地主	小作人	
1925	2,206	1,957 (88.7)	162 (7.3)	33,001 (15.0)	134,646 (61.0)	大阪，岐阜，兵庫，福岡，三重
26	2,751	2,324 (84.4)	313 (11.3)	39,705 (14.4)	151,061 (54.9)	兵庫，大阪，新潟，奈良，岐阜
27	2,052	1,508 (73.5)	417 (20.3)	24,136 (11.8)	91,336 (44.5)	兵庫，大阪，新潟，岐阜，奈良
28	1,866	1,238 (66.3)	464 (24.8)	19,474 (10.4)	75,136 (40.3)	大阪，秋田，岐阜，新潟，兵庫
29	2,434	1,595 (65.5)	703 (28.8)	23,505 (9.7)	81,998 (33.7)	秋田，大阪，三重，新潟，山形
30	2,478	1,357 (54.7)	996 (40.1)	14,159 (5.7)	58,565 (23.6)	山形，新潟，秋田，山梨，北海道
31	3,419	1,918 (56.0)	1,315 (38.4)	23,768 (7.0)	81,135 (23.7)	秋田，山形，兵庫，新潟，福岡
32	3,414	1,464 (42.8)	1,468 (42.9)	16,706 (4.9)	61,499 (18.0)	秋田，北海道，山形，福岡，新潟
33	4,000	1,285 (32.1)	2,305 (57.6)	14,312 (3.6)	48,073 (12.0)	山形，秋田，北海道，福岡，新潟
34	5,828	2,479 (42.5)	2,668 (45.7)	34,035 (5.8)	121,031 (20.8)	秋田，北海道，山形，長野，福岡
35	6,824	2,877 (42.1)	3,055 (44.7)	28,574 (4.2)	113,164 (16.6)	秋田，山梨，栃木，岡山，北海道
36	6,804	2,117 (31.1)	3,674 (53.9)	23,293 (3.4)	77,187 (11.3)	山梨，福島，北海道，宮城，青森
37	6,170	1,795 (29.0)	3,509 (56.8)	20,236 (3.3)	63,246 (10.3)	山梨，山形，秋田，福島，北海道

（注）小作人の要求（　）内は件数に対する％，参加人員（　）内は 1 件当り人数．

（出典）西田美昭「農民運動と農業政策」大石嘉一郎編『日本帝国主義史』2，東京大学出版会，1982 年，pp. 296-297 より作成．原資料は『小作調停年報』『小作年報』各年．

そうという段取だが、その今年の繭の値は、いつも前年よりは安くなる。そこでまた借金だ。坂道から雪玉をころがすようなこうした過程は、去年までにもう八年もつづいている。ことに最近の三、四年がひどかった。だから借金は加速度的に大きくなってきた。（中略）

米作地帯にしても、組合のないところ、あってもそれが弱いところは、まさしく困り切っている。

それがあるとないとでどれだけ違うかということは、例えば前記の新潟県蒲原地方の小作料と、山形県の庄内地方の小作料とを比較しただけでもよくわかる。庄内といえば有名な米作地の一つだが、ここになると小作料は概して収穫の五割以上に達している。村の平均でいって、二石五斗の収穫に対し一石五斗(これは六割だ)というのや、二石三斗七升に対して一石四斗というようなものも珍しくない。甚だしいのは一石五斗七升の収穫のうちから一石一升の小作料を取られ、たった五斗六升しか手に残らないというような所などもある。これは七割という高率であるだけではない、一反歩の田を作って一俵とちょっとしか自分の手に入らぬというわけである。この地方は、米作地帯としては収穫そのものが比較的少ないくせに、小作料はそんなに高いのだから、小作農＝貧農は全く堪《たま》らない。

六割の小作料と二割五分の小作料とでは大分違う。一町歩ほど小作して六十俵の収穫があるとしよう。その六割が小作料なら三十六俵だが、二割五分なら十五俵だ。開きは二十一俵である。一俵八円とすればざっと百七十円の開きになる。一町歩程度の小作人の世帯にとっての百七十円、ないしは二町歩程度の者にとっての三百四十円は大金である。これが毎年自分のものになるかならないかは、彼らの経済にとって決定的な重みを持つことだ。またそうだろうではないか、娘を売っても三百円なら高い方だというのだから。

（出典）猪俣津南雄『窮乏の農村』岩波文庫、一九八二年、二六一二七、三九―四〇ページ。

【解説】　昭和恐慌は、昭和農業恐慌とも呼ばれるように、農村の受けた打撃はとくに著しかった。とくに、恐慌の打撃から回復していない一九三四年に大冷害に襲われた東北農村の惨状は目を覆うばかりであった。農業問題の専門家であったマルクス経済学者の猪俣津南雄は、農村を実地に調査して、この優れたルポルタージュを著した。

16　農村救済請願運動　一九三二年

本年六月第六十二議会ノ開会ヲ前ニ五月上旬頃ヨリ自治農民協会日本農民協会等ヲ中心トスル所謂「三ヶ条請願期成同盟会」ノ請願署名運動各地ニ行ハル、ヤ、爾余ノ各社会運動団体農業団体等亦概ネ之ニ追随シテ同一形態ノ運動ヲ展開スルトコロアリ、此処ニ農村窮乏ノ実情ハ俄然表面化シタルノミナラズ、山村、漁村及中小商工業者並失業者ノ救済運動ヲモ誘発シテ所謂非常時日本ノ形相ヲ如実ニ顕現シ挙世之ガ対策ヲ論議スルニ至リ、遂ニ八月「時局匡救ノ為メ」ノ第六十三臨時議会ノ開会ヲ見ルニ至レリ。斯クテ農本主義的社会運動ハ五・一五事件ト並ビテ当時著シク世間ノ注目ヲ惹ク所トナリタルガ、今同派ニ属スル三ケ条(五ケ条)請願期成同盟会ガ第六十二、第六十三議会ニ際シテ行ヒタル署名運動ヲ概述スレバ次ノ如シ。

㈠　三ケ条請願期成同盟会

長野県所在日本農民協会幹事長和合恒男ハ本年一月同会政治部ノ活動トシテ農村窮乏打破請願運動ヲ計劃シツ、アリシガ、其後三月上旬ヨリ長野朗、橘孝三郎、稲村隆一等ト共ニ長野方ニ於テ之ガ実行方法ニツキ屢々協議スル所アリ。然シテ其結果ハ一面ニ於テ長野朗ヲ中心トシテ前記自治農民協会準備会ヲ結成シタル外、四月中旬ニ至リ長野、和合、稲村、斉藤勇之介、宮越信一郎、小宮山清三等ヲ委員トシテ三ケ条請願期成同盟会ナル暫定的団体ヲ組織シ第六十二議会ヲ目標トシテ　(イ)農家負債三ケ年間据置　(ロ)肥料資金反当一円補助　(ハ)満蒙移住費五千万円補助ノ三項目ニ亙ル請願書ノ大衆的署名運動ヲ行フベク決定セリ。斯クテ四月下旬和合ガ長野県下ニ「三ケ条請願について」ト題スル印刷物ヲ添付シテ請願書ヲ頒布シタルヲ初メトシ、五月上旬ヨリハ他ノ委員等モ亦其居住府県ヲ中心ニ各々運動ヲ開始シタリ。然ルニ偶々五月十五日勃発シタル所謂五・一五事件関係者ガ之ト同一思想系統ニ属シタルモノナリシ為著シク衆目ヲ惹キタル一面、運動形態其物ガ新奇ニシテ最モ効果的ナルモノアリトシ各社会運動団体ガ一斉ニ之ニ倣ヒタル為メ遂ニ此種農村救済請願署名運動ハ全国的展開ヲ示スニ至レリ。

斯ル情勢ヲ看取シタル三ケ条期成同盟会ニ於テハ更ニ五月下旬「三ケ条請願について」ナル印刷物ヲ作製各地ニ散在スル農本聯盟員及個人的知己ニ一斉配付シ全国的ニ署名運動ヲ慫慂シタル為六月末日迄ニハ左表ノ如ク一府十三県ニ亙リ一万八千八百余名ノ署名ヲ得タリ。而シテ右請願書ハ何レモ第六十二議会開会中長野朗ノ知人ナル沖縄県選出代議士竹下文隆ノ紹介ニヨリ衆議院事務局ニ提出セラレタリ。(中略)

㈡　五ケ条請願期成同盟会

三ケ条請願期成同盟会関係ノ署名運動ハ第六十二議会閉会後モ依然、近ク開カルベキ臨時議会ヲ予想シテ各地ニ行ハレツ、アリシガ、同会委員等ハ三ケ条請願ノ内容ガ余リニ高踏的ニシテ実現性ニ乏シキ為、比較的現実性ヲ帯ビ且即行可能ナル内容ニ更改スベク劃策シ八月一日先ヅ名称ヲ五ケ条請願期成同盟会ト改メ

(イ)　政府低利資金三ケ年据置、利子補償ノコト

(ロ)　農民ノ生活権ヲ確保スル様強制執行法ヲ改正スルコ

ト

（ハ）三億円ノ開墾事業ヲ起シ、且開墾助成ノ範囲ヲ拡ムルコト

（ニ）適当ナル移民教育ヲ施シ海外移住助成金一人当百円、内地移住助成金一人当百円ヲ給付シ且帰農移住者ニハ助成米一人当四斗ヅツ三年間支給スルコト

（ホ）俸給ヲ物価ニ平行セシメ上下ノ懸隔ヲ緩和スル様俸給令ヲ改正スルコト

ノ五項目ニ亙ル「低利資金据置、強制執行法改正、開墾助成、移住助成、俸給令改正に関する請願書」ヲ作成シ別記第一ノ如キ「五ヶ条請願について」ト題スル印刷物ト共ニ八月上旬ヨリ各地ニ之ヲ発送シテ再ビ署名運動ヲ一斉開始シタリ。

然シテ同派ノ運動ハ当初ヨリジヤーナリズム等ニヨリ最モ広ク喧伝サレタル為、啻ニ農本主義運動者ノミナラズ他団体ヨリノ参加者等モアリテ署名者ノ数ハ左ノ如ク実ニ四万二千五百余名ノ多キニ達シタリ。

斯クテ八月二十日頃ヨリ右請願書類ヲ携行セル各地ノ代表者等ハ続々上京シテ権藤成卿方ニ滞在シ、請願書ノ整理及運動方法等ヲ凝議シツヽアリシガ、同月二十四日ニ至リ各地代表者左記二十二名ハ衆議院ニ風見、鷲沢両代議士ヲ訪レ其紹介ニヨリ植原副議長ニ会見シテ請願書及請願事項実施ニ伴ヒテ生ズル民事訴訟法及国税徴収法ノ改正草案（別記第二）及声明書（別記第三）ヲ手交シ一旦長野方ニ引揚ゲ請願運動ノ一切ヲ打切ルベク決定シ国歌合唱ノ後各々解散離京シタリ。

（出典）内務省警保局『社会運動の状況』四、一九三二年〔三一書房復刻、一九七一年〕、九二一－九三二ページ。

【解説】 農村救済請願運動とは、一九三二年に、長野朗・橘孝三郎らが指導する農本主義的な農民運動の団体、自治農民協議会が、農家負債の据え置きなどの農業恐慌対策を議会に求めた運動である。昭和恐慌期の農村の疲弊を背景に、農本主義的な思想は大きな影響力を持ち、その頃に起きた五・一五事件の首謀者たちにも農本主義の影響は色濃く見られる。自治農民協議会の運動は、養蚕地帯を中心にかなりの支持を得、政府の農村救済対策にも影響を与えた。しかし、農本主義的な農民運動は、農村経済更生運動などの官製の運動にエネルギーを吸収され、その後は発展しなかった。〔参〕安田常雄『日本ファシズムと民衆運動』れんが書房新社、一九七九年。

17 農林省訓令「農山漁村経済更生計画ニ関スル件」一九三二年一〇月六日

○農林省訓令第二号

庁　府　県

農山漁村経済更生計画ニ関スル件

農山漁村疲弊ノ現状ニ鑑ミ其ノ不況ヲ匡救シ産業ノ振興ヲ図

リテ民心ノ安定ヲ策シ進ンデ農山漁村ノ更生ニ努ムルハ刻下緊急ノ要務タリ

政府ハ曩ニ之ガ救済ニ関スル応急的匡救策ヲ樹テ今ヤ其ノ実行ニ付キ最善ノ努力ヲ竭シツヽアリト雖之等ノ施設ヲシテ当面ノ一時的効果ニ止マラシメズ農山漁家ノ経済生活ヲ安定セシメ更ニ将来ニ向ツテ其ノ福利ヲ増進セシムルガ為ニハ現下農村疲弊ノ由来セル素因ガ啻ニ輓近内外経済界ノ異常ナル不況ニ職由スルノミナラズ深ク農村経済ノ運営及組織ノ根柢ニ横ハルモノアル実状ヲ明ニシ農山漁家ノ自醒ヲ促スト共ニ其ノ禍因ノ芟除ニ努力セシムルノ要アリ之ガ為ニハ農村部落ニ於ケル固有ノ美風タル隣保共助ノ精神ヲ活用シ其ノ経済生活ノ上ニ之ヲ徹底セシメ以テ農山漁村ニ於ケル産業及経済ノ計画的組織的刷新ヲ企図セザルベカラズ

政府ガ今回新ニ農林省ニ経済更生部ヲ設置シ経済更生計画ニ関スル諸般ノ方策ヲ実施セントスルノ趣旨モ亦茲ニ存ス其ノ綱要トスル所ハ単ニ農林漁業各個ノ経営、技術ノ改善ヲ指導普及スルニ止マラズ農山漁村経済全般ニ亘リ計画的且組織的ニ整備改善ヲ図ルニ在リ就中農業経営ノ基本的要素ノ整備活用、生産販売購買ノ統制、金融ノ改善、産業組合ノ刷新普及、産業諸団体ノ連絡統制、備荒共済施設ノ充実等ハ其ノ主要ナル事項ニ属ス而シテ之等ニ関シ指導上必要ナル具体的方針ニ関シテハ今後随時指示スル所アラントス

今ヤ各地方自奮更生ノ意気熾ナルモノアリ此ノ秋叙上ノ趣旨ノ徹底ヲ図リ農山漁村ヲシテ其ノ経済更生ニ邁進セシムルハ真ニ恰好ノ機会ナリトス然リト雖此ノ事タルヤ永年ニ亘リ逐次其ノ効果ヲ収ムベキモノナルヲ以テ計画ノ当初ニ於テ一歩ヲ誤ランカ徒ラニ画餅ニ帰スルノ虞アリ仍テ地方当局ニ於テハ経済更生計画ノ当事者ヲシテ紊リニ理想ニ走ラズ性急ニ流レズ中心人物ニ克ク其ノ人ヲ得堅実適切ナル計画ノ樹立実行ヲ為サシムルト共ニ他面之ニ参画スベキ各種産業団体ニ対シテハ其ノ本質ニ応ズル分野ニ於テ充分其ノ機能ヲ発揮セシムル様指導督励セラルベク更ニ又精神教化運動トノ連絡協調ヲ密ニシ官民一致大ニ自奮更生ノ民風ヲ興起シ組織的統制的地方経済生活ノ整備振作ヲ図リ以テ農山漁村更生ノ目的達成上遺憾ナキヲ期セラルベシ

昭和七年十月六日

農林大臣　後藤文夫

（出典）『法令全書』昭和七年第一〇号、一九三二年一一月。

【解説】昭和農業恐慌の対策として政府は、農山漁村経済更生運動、産業組合の拡充、農家負債の整理、救農土木事業、満州農業移民推進などの政策を実施した。農山漁村経済更生運動は、伝統的な村落共同体の「隣保共助」を強調し、自助努力による農家経済の再建をめざした政府(農林省)が指導した官製の運動である。この運動と密接に関連して、一九三三年には、全農家

の産業組合への組織化を企図する「産業組合拡充五ヵ年計画」が発足した。

18 満州農業移民百万戸移住計画　一九三六年五月九日

一　目　標

満洲に対する内地人農業移民は概ね二十ヶ年間に約百万戸(五百万人)を目途として入植せしむるものとす

二　移民要員

移民要員は日本内地に於ける農、漁、山村の状態、都市失業者の状態等を考慮の上思想堅実、身体強健なるものより之を選定するものとす

三　移民用地

一、移民用地は国土開発、国防上の要求、交通、治安、耕作物等の関係を考慮して選定し主として満洲国政府に於て之を整備するものとす

二、移民用地としては左記のものを優先的に充当し努めて先住民に悪影響を及ぼさざる様考慮するものとす

(1) 国有土地(逆産地を含む)
(2) 公有地
(3) 不明地主の土地
(4) 其他未利用地

三、移民用地の予定地域及其の面積概ね次の如し〔欠除〕(別図参照)

(1)	三江省地帯	三百万町歩
(2)	小興安嶺南麓地帯	百万町歩
(3)	斉々哈爾《チチハル》以北松花江上流地帯	二百万町歩
(4)	黒河瑷琿地帯	五十万町歩
(5)	旧北鉄東部線地帯	二十万町歩
(6)	京図線及拉浜線地帯	八十万町歩
(7)	大鄭線地帯	五十万町歩
(8)	遼河下流地帯	五十万町歩
(9)	洮索線地帯	五十万町歩
(10)	三河地帯	五十万町歩
(11)	西遼河上流地帯	五十万町歩
	計	壱千万町歩

四　移民の区分

移民は之を概別して政府の補助厚く其の直接取扱に係る移民(甲種移民)と政府の補助薄く主として民間に依り行はる移民(乙種移民)との二種となす

五　移民の入植

一、甲種移民と乙種移民との配置は移民地の状態、農業経営の状態等に依り異るべきも原則として甲種移民を要所に配し乙種移民の入植を容易ならしむるものとす

二、移民は便宜上五ヶ年を一期とし甲種移民と乙種移民と

を適当の比率の下に概ね次の如く入植せしむるものと予定す

第一期　十万戸
第二期　二十万戸
第三期　三十万戸
第四期　四十万戸
計　百万戸

六　移民の助成

一、政府は甲種移民に対し渡航費、農具、家屋及土地購入等の為一戸当り概ね壱千円以内の補助をなすものとす

右補助額は成し得る限り逐次之を逓減することに努むるものとす

二、政府は乙種移民に対し主として渡航費土地購入の為一戸当り概ね三百円以内の補助をなすものとす

乙種移民に対しては右政府の補助の外成し得る限り民間よりの補助を促進する様考慮するものとす

三、満洲拓植会社は移民に対し低利資金の融通をなすものとす

七　移民所要資金

本案実施の為に要する資金に付ては日満両国政府は民間資金の誘致に努むると共に要すれば不足財源を公債に求むるの主旨の下に別に具体案を作成するものとす（参考別紙「移民用資金概算」）

八　準備

一、日満両国政府は速に移民用土地の留保、取得等に関する具体案を作成し之が実現に努むるものとす

二、日本国政府は移民要員の募集、訓練、輸送等に関する準備をなすものとす

三、日満両国政府は右各号実施の為必要なる機関の整備並移民幹部養成其他畜類農具の準備をなすものとす

（出典）『現代史資料』一一　続・満州事変、みすず書房、一九六五年、九四九―九五〇ページ。

【解説】　最初の満州農業移民は、一九三三年春に満州北部の佳木斯《ジャムス》付近に入植した。満州農業移民の発案者は、移民を過剰人口の解決策、農業恐慌からの農民救済の鍵と考えた農本主義者加藤完治であった。加藤の提案は、満州の治安対策、対ソ防衛のために移民を利用しようという関東軍の東宮鉄男《とうみやかねお》の意図と一致した。三二年度から三五年度の試験移民を経て、関東軍開催の第二回移民会議（三六年五月）において本史料の「百万戸移住計画案」が審議されるにいたった。拓務省は、関東軍の案をもとにして、拓務省案を作成し、三六年八月に広田弘毅内閣は七大国策の一つとしてこの計画を採り上げた。こうして、本格的な満州移民が始まった。開拓団の入植は、一ないし数カ村から数百人がまとまって移民する分村移民の形で実施され、入植先はソ連との国境地帯に分布した。農地を新規に開拓するのではなく、現地の農民の土地を収奪するケースが多かった。日本

の敗戦時には、ソ連軍の侵攻、関東軍の敗走の混乱のなかで、現地に取り残される者も生じた。それが、「中国残留孤児」問題として、今日まで影を落としている。〔参〕満州移民史研究会編『日本帝国主義下の満州移民』龍溪書舎、一九七六年。

第三節　ファシズム化の進行

1　ファシズムの思想と運動

19　北一輝「日本改造法案大綱」　一九二三年五月

緒　言

今ヤ大日本帝国ハ内憂外患並ビ到ラントスル有史未曾有ノ国難ニ臨メリ。国民ノ大多数ハ生活ノ不安ニ襲ハレテ一ニ欧洲諸国破壊ノ跡ヲ学バントシ、政権軍権財権ヲ私セル者ハ只竜袖ニ陰レテ惶々其不義ヲ維持セントス。而シテ外、英米独露悉ク信ヲ傷ケザルモノナク、日露戦争ヲ以テ漸ク保全ヲ与ヘタル隣邦支那スラ酬ユルニ却テ排侮ヲ以テス。真ニ東海粟島ノ孤立。一歩ヲ誤ラバ宗祖ノ建国ヲ一空セシメ危機誠ニ幕末維新ノ内憂外患ヲ再現シ来レリ。

只天佑六千万同胞ノ上ニ炳タリ。日本国民ハ須ラク国家存立ノ大義ト国民平等ノ人権トニ深甚ナル理解ヲ把握シ、内外思想ノ清濁ヲ判別採捨スルニ一点ノ過誤ナカルベシ。欧洲諸国ノ大戦ハ天其ノ驕侈乱倫ヲ罰スルニ「ノア」ノ洪水ヲ以テシタルモノ。大破壊ノ後ニ狂乱狼狽スル者ニ完備セル建築図ヲ求ム可ラザルハ勿論ノ事。之ト相反シテ、我ガ日本ハ彼ニ於テ破壊ノ五ケ年ヲ充実ノ五ケ年トシテ恵マレタリ。彼ハ再建ヲ云フベク我ハ改造ニ進ムベシ。全日本国民ハ心ヲ冷カニシテ天ノ賞罰斯クノ如ク異ナル所以ノ根本ヨリ考察シテ、如何ニ大日本帝国ヲ改造スベキカノ大本ヲ確立シ、挙国一人ノ非議ナキ国論ヲ定メ、全日本国民ノ大同団結ヲ以テ終ニ天皇大権ノ発動ヲ奏請シ、天皇ヲ奉ジテ速カニ国家改造ノ根基ヲ完ウセザルベカラズ。

　支那印度七億ノ同胞ハ実ニ我ガ扶導擁護ヲ外ニシテ自立ノ途ナシ。我ガ日本亦五十年間ニ二倍セシ人口増加率ニヨリテ百年後少クモ二億四五千万人ヲ養フベキ大領土ヲ余儀ナクセラル。国家ノ百年ハ一人ノ百日ニ等シ。此ノ余儀ナキ明日ヲ憂ヒ彼ノ悽惨タル隣邦ヲ悲シム者、如何ゾ直訳社会主義者流ノ巾幗《きんかく》的平和論ニ安ンズルヲ得ベキ。階級闘争ニヨル社会進化ハ敢テ之ヲ否マズ。而モ人類歴史アリテ以来ノ民族競争国家競争ニ眼ヲ蔽ヒテ何ノ所謂科学的ゾ。欧米革命論ノ権威等悉ク其ノ浅薄皮相ノ哲学ニ立脚シテ終ニ「剣ノ福音」ヲ悟得スル能ハザル時、高遠ナル亜細亜文明ノ希臘《ギリシャ》ハ率先其レ自ラノ精神ニ築カレタル国家改造ヲ終ルト共ニ、亜細亜聯盟ノ義旗ヲ翻シテ真個到来スベキ世界聯邦ノ牛耳ヲ把リ、以テ四海同胞皆是仏子ノ天道ヲ宣布シテ東西ニ其ノ範ヲ垂ルベシ。国家ノ武装ヲ忌ム者ノ如キ其智見終ニ幼童ノ類ノミ。

巻一　国民ノ天皇

憲法停止。天皇ハ全日本国民ト共ニ国家改造ノ根基ヲ定メンガ為ニ天皇大権ノ発動ニヨリテ三年間憲法ヲ停止シ両院ヲ解散シ全国ニ戒厳令ヲ布ク。（中略）

天皇ノ原義。天皇ハ国民ノ総代表タリ、国家ノ根柱タルノ原理主義ヲ明カニス。

此ノ理義ヲ明カニセンガ為ニ神武国祖ノ創業、明治大帝ノ革命ニ則リテ宮中ノ一新ヲ図リ、現時ノ枢密顧問官其他ノ官吏ヲ罷免シ以テ天皇ヲ補佐シ得ベキ器ヲ広ク天下ニ求ム。

天皇ヲ補佐スベキ顧問院ヲ設ク。顧問院議員ハ天皇ニ任命セラレ其ノ人員ヲ五十名トス。

顧問院議員ハ内閣会議ノ決議及議会ノ不信任決議ニ対シテ天皇ニ辞表ヲ捧呈スベシ。但内閣及議会ニ対シテ責任ヲ負フモノニ非ズ。

（出典）『現代史資料』五　国家主義運動(2)、みすず書房、一九六四年、一〇—一一ページ。

【解説】　日本のファシズム思想の形成は第一次大戦後の「改造」思想期に求められるが、その代表格が北一輝が一九一九年五四運動下の上海で著した「国家改造案原理大綱」である。これに若干の修正を施し改題して二三年に刊行されたのが「日本改造法案大綱」である。本史料は西田税編・発行の一九二六年二月刊行の版から採られている。北は中国での排日運動の高まりと国内の米騒動など「内憂外患」に直面して、国家改造が必須であるとみた。そして国家改造を前提として対外進出を企て、「亜細亜連盟」の旗手日本が世界の指導国となることをめざした。北の特徴の一つは、伝統的な国体論にもとづく天皇観を顚倒させ、天皇を「国民の天皇」即ち変革のシンボルとしてとらえ返した点にあった。北の思想は青年将校の共鳴を呼び、彼らの「昭和維新運動」に大きな影響を及ぼした。〔参〕『北一輝著作集』全三巻、みすず書房、一九五九―七二年。

20 桜会趣意書　一九三〇年九月

趣意書

一、熟々帝国の現状を見るに万象の悉く消極に堕し新進の鋭気は地を払ふて空しく明治維新以来隆々として発展し来りし国勢は今や衰頽に向はんとし吾人をして痛嘆憂愁措く能はざらしむものあり若しそれ斯くの如き状態を以て進まんか、吾人大和民族は到底現在に於ける世界的地位と名誉とを保持し得ざるは勿論勢の趨く所史上に一朝の盛観を止めて遂に希臘《ギリシヤ》、和蘭《オランダ》の班に堕し恨を千載に残すべきは昭々乎として明らかなる所なり。

而して我国が斯くの如き状態に至りし所以のものは其の基由する所多々あるべしと雖も吾人は先づ其の核心たるべき為政者の重大なる責任を指摘せざるを得ず試みに眼を挙げて彼等の行動を見よ国民の師表として国政を燮理《しょうり》し上陛下に対し奉り重責を担ふべきに拘らず其大本を没却して国是の遂行に勇なく大和民族興隆の原素たる精神的方面は恬として之を顧みず唯徒らに政権、物質の私慾にのみ没頭し上は聖明を蔽ひ下は国民を欺き滔々たる政局の腐敗は今やその極点に達せり。

国民も亦挙げて此の弊風を感知しあるも意気消衰せる現社会の雰囲気に同化せられ既に何等の弾力なく政界の暗雲を一掃して邦家の禍根を剪除すべき勇気と決断とは到底之を求むるに由なく国民は挙げて自ら墓穴を深うしつゝあるものを独り左傾団体にのみ見出さざるべからざるの奇現象は果して吾人に何ものを教示するか而して今やこの頽廃し竭〔渇〕せる政党者流の毒刃が軍部に向ひ指向せられつゝあるは之れを「ロンドン」条約問題に就て観るも明かなる事実なり然るに混濁の世相に痲痺せられたる軍部は此の腐敗政治に対してすら奮起するの勇気と決断とを欠き辛うじて老耄既に過去の人物に属すべき者に依りて構成せられある枢密院に依りて自己の主張せざるべからざる処を代弁せられたるが如き不甲斐なき現象を呈せり。

軍部が斯くの如き状態に陥りし所以のものは、其の原因一にして足らずと雖も泰平の久しき士風漸く衰へ一般将校に一定の主義方針と武士道の名に於ける熱烈なる団結とを欠如しあるを以て第一義原因となす過般海軍に指向せられし政党者流の毒刃が近く陸軍々縮問題として現はれ来るべきは明かなる所なり故に吾人軍部の中堅をなす者は充分なる結束を固め日常其の心を以て邁進し再び海軍問題の如き失態なからしむるは勿論進んでは強硬なる愛国の熱情を以て腐敗し竭せる為政者の腸を洗ふの慨あらざるべからず。

二、現今の社会層を観るに高級為政者の悖徳行為政党の腐敗、大衆に無理解なる資本家華族国家の将来を思はず国民思想の頽廃を誘導する言論機関、農村の荒廃、失業、不景気、各種思想団体の進出、靡爛文化の躍進的擡頭、学生の愛国心の欠如、官公吏の自己保在〔存〕主義等々邦家の為め寔に寒心に堪へざる事象の推〔堆〕積なり然るに之を正道に導くべき重責を負ふ政権に何等之を解決すべき政策の見るべきものなく又一片誠意の認むべきものなし従て政権の威信は益々地に堕ち経済思想政治上国民は実に不安なる状態に置かれ国民精神は逐次弛緩し明治維新以来の元気は消磨し去らんとして国勢は日に下降の道程にあり更らに之れを外務方面に観るに為政者は国家百年の長計を忘却し外国の鼻息を窺ふことにのみ之れ汲々として何等対外発展の熱を有せず維新以来の積極進取の気魄は全く鎖〔銷〕磨し去り為めに人口食糧の解決の困迷は刻々として国民を脅威しつゝあり此の情勢は帝国の前途に一大暗礁を横ふるものにして之が排除に向ひ絶叫するは吾人の主張が為政者により笑殺し去られつゝある現状は邦家の前途を想ひ寔に痛憤に堪へざる所なり。

以上内治外交の政策上の行詰は政党者流が私利私慾の外一片奉公の大計なきに由来するものにして国民は吾人と共に真実大衆に根幹を置き真に天皇を中心とする活気あり明らかなるべき国政の現出を渇望しつゝあり、吾人固より軍人として直接国政に参劃すべき性質に非ずと雖一片皎々たる報公の至誠は折に触れ時に臨みて其の精神を現はし為政者の革正、国勢の伸張に資するを得べし吾人玆に相会して国勢を慨し自ら顧みて武人の操守を戒むる所以も亦此の埒外に出づるものに非ざる也

（出典）『現代史資料』四　国家主義運動(1)、みすず書房、一九六三年、六六七―六六八ページ。

【解説】　桜会は参謀本部ロシア班長の橋本欣五郎らが発起人となり、一九三〇年八月末に結成された。綱領では「国家改造を以て終局の目的とし、之がため要すれば武力を行使するも辞せず」とし、会員は現役陸軍将校で中佐以下と規定されている。会員数は一〇〇名前後に達したといわれる。史料の趣意書には彼らの状況認識と危機感が示されている。桜会は内部に路線対立があり、橋本らの急進派は三一年三月陸相宇垣一成をかつぐクーデターを計画したが未遂に終った(三月事件)。さらに一〇

月には、関東軍に呼応して新たなクーデターを計画、隊付青年将校や民間右翼勢力を動員して荒木貞夫中将を首班とする軍部内閣樹立を企てたが、橋本らは検挙され計画は未遂に終った（一〇月事件）。

21 五・一五事件（「木戸幸一日記」）　一九三二年五月一五—一七日

五月十五日（日）晴

（中略）吉本家の結婚披露宴に列席の積りにて入浴中、雨宮属より電話あり、只今陸海軍の軍人が自働車にて官邸に来り、爆弾を投じ且つ警衛の巡査をピストルにて打ちたりとのこと故、大に驚き、予定を変更し直に官邸に赴く。官邸に至れば正門は既に固く鎖され居り、警察より現場検証の警官来り取調中であった。不発の手榴弾一箇は門と玄関の中間の砂利の上に不気味に横って居る。

先づ大臣に面会、御見舞を云ふ。御怪我のなかったのは何よりだ。

白井〔演〕警察部長も来り、警部の取調による報告を聴く。大様左の如し。

午後五時二十五分頃、警衛の橋井亀一巡査が門外に於て立番中、自働車に搭乗の海軍将校（少尉？）一名、陸軍士官候補生五名、聖坂方面より来り、門前道路の中央にて停車、海軍将校外三名が下車したる故、橋井が誰何したるに、海軍将校は門内に向って手榴弾を投じ、橋井が呼子を吹き、之を捕へんとせしに、海軍将校及陸軍の一名は同巡査に向ひピストルを放ち、右の一発は同巡査の左肩に貫通創を与へたり。同巡査の傷は幸に骨、動脈等に触れ居らず、全治三週間位のものなり。

犯人の自働車番号は乗合自働車の車掌が認めて同朋町の派出所に届出たるが、一三〇七五と云ふことだった。

原田は興津に赴き居るので、直に電話を以て連絡をとる。静岡に赴き居り容易に連絡がとれず閉口したが、再び興津公邸に来りたるところをつかまへて話すことを得た。

当初は内大臣邸のみと思って居たところ、同時刻頃に警視庁、政友会、日本銀行等も襲はれたることが判明、其中総理官邸も襲はれ且つ総理は面会してピストルにて頭部を打たれ重態とのことが判明したので、爰に本事件は政変を招来するの虞れあることが明瞭となり、容易ならぬ事態なることを知るに至った。

犯人は海軍将校五名、陸軍士官候補生十一名、他一名計十八《ママ》名にして、麴町憲兵分隊に自首して出たとのことだ。

宣言書の如きものを配布したが、右は政党並に側近は腐敗し居るを以て、現状を打破し、堅固なる組織をなすの要ありとの意味のものだ。

午後八時二十分に犬養総理大臣の遭難に対し、侍従、侍医の御差遣あり。右の復命によれば、頭部貫通一、こめかみより入りたるものは弾丸が鼻の辺りに止まり居るものの如く出血止まず、急変はなからんも、意識は段々不鮮明となりつつあり、午後八時十分に輸血一五〇瓦《〔グラム〕》とリンゲルの注射をなしたりとのことにて、内閣方面よりの情報は生命には別条なしとて極めて楽観の様子なるも、事実は容易ならざる容態と思はれた。十一時に総理官邸に横溝書記官を訪ひ、見舞を述べて帰宅す。

十二時頃床に入ると間もなく、岡本侍従より電話あり、十一時二十分に犬養総理は遂に薨去せられ、準備出来次第臨時総理の親任式を行はせらるとのことなりし故、直に出勤の旨を通ず。

五月十六日(月)晴

午前一時に出勤。

ラヂオの放送によれば西田税も負傷し、且つ東京及近郊の変圧所の破壊も計画せられ、其一部は着手せられたることが判明す。愈々容易ならざる計画なることを思はしむ。

午前一時四十五分、大蔵大臣、海軍大臣参内。

二時十五分内奏を終り、同三十五分、高橋大蔵大臣に対し臨時兼任内閣総理大臣の親任式を行はせらる。市内の警備は戒厳令を布くには至らざりしも、補助憲兵四百五十名を出動、警備に就かしめた。

午前三時に帰宅、少時休息の後、午前七時に井上侯を訪問、今回の事件に対する軍部の動静につき意見を聴く。同君の意見は大体今日のところ昨夕来の事件にて軍部は別段の動揺を見ず、只今後の時局収拾につき後継内閣の組織等に就ては充分の決心と熟慮を要すべく、所謂憲政の常道論により単純に政党をして組閣せしむるが如きことにては軍部は収まらざるべしと思はるとのことだった。

一旦帰宅す。興津の原田と電話にて話す。西園寺公の御上京の必要の当然生ずべきことを述べ、其の準備を促す。

九時出勤、内大臣も出勤せらる。

午前十時より内閣は閣議を開き、総辞職を決行することに決し、高橋総理参内、辞表を捧呈す。

西園寺公御召の御沙汰あり、侍従職より河合《(河井)》属を派遣、侍従長の公宛書面を伝達せしむ。

午後五時、総理官邸を弔問し、帰宅す。

午後六時、原田邸に至り、近衛公、田中大使と四人にて晩餐を共にし、満洲国の事情を聴く。食前に近衛公より小畑〔敏四郎〕少将の今回の事件に対する意見につき聴く。

今回の事件は矢張十一《(ママ)》月事件に関聯を有す。十一月事件以後、陸軍は専ら内部の統制に努力したる結果、不思議な位に統制をとり得るに至り、当時少佐級以下位のところにて今回の海軍側の連中と行動を共にし居りしものも漸次連絡を絶つに至り、最近は両者の関係は水くさき状態となり、殆ど陸軍側の彼等には海軍側の情報は判明せざるに至れり。海軍側は右の如き状態となりし故、其後は少壮将校以下の士官候補生方面に手を延して連絡をとり、遂に今日の事件を惹起するに至りしなり。本事件発生後の少壮将校の態度を見るに、元来当初に於ては同一精神を有したるものなれば、今回事件には頗る同情し居り、此結果の徒労に終らざらんこと〔を〕希望し、昨夜も荒木陸相に面会を求むるものあり。小畑少将にも昨夜来度々面会に来るものある有様にして此機会に宿望を達せむと努力せる状態なり。故に此際再び政党内閣の樹立を見るが如きことにては、遂に荒木陸相と雖も部内を統制するは困難なりと思はる。少壮方面にては後継内閣の主班に平沼にても既に不満なる有様なりとのことなりしが、本夕、小畑よりの電話によれば、其後小畑等が彼等に平沼の人物を説明したる結果、漸く平沼にてもよしとの意向になりたりとのことなり。（中略）

本日午前、内大臣室に於て内大臣に左記要領の収拾策を進言した。

時局収拾大綱

一、本事件の如き妄動に等しき直接行動により国家の大本を揺せ之に引づらるるが如きは厳に避くるを要す。

一、明治大帝の御治定相成たる欽定憲法並に五条の御誓文の精神に背かざることを期し、之を目標として総てを案画すること。

一、此際議会に基礎を有する政党の奮起を促し、之を基礎とする挙国一致内閣の成立を策すること。

一、内閣の首班には斎藤子爵の如き立場の公平なる人格者を選ぶこと。

一、而して詔書の渙発を奏請し、之により今後我国の赴くべき途を宣示すること。

右の詔書は憲法及五条の御誓文の時代の推移に応じたる新なる解釈とも称すべく、一面に於て軍部の規を越へたる近時の行動を戒めらるると共に、他面、政党政治による腐敗を戒め、且つ時代に適応せる政策の樹立を期せしめらるること。

右案の実施手段としては、

一、元老の上京を促すこと。

一、先づ大綱の方針により荒木陸軍・大角海軍両大臣等と懇談して同方面の充分なる了解を得置くこと。

一、然る後に政友・民政両党総裁と内大臣会見せられ、其の奮起を促すこと。

右の方針に就ては内大臣も大体賛成せられた。

五月十七日(火)晴

午前十時出勤。

十一時頃、児玉伯来庁、面談。

正午、原田男邸に至り、近衛公、井上侯、鈴木中佐と会食し、今回の事件の前後処置、後継内閣問題につき懇談す。

鈴木中佐の談によれば、今回の事件は矢張り十一月事件と同一系統のものにして、数月前(三月頃?)霞ヶ浦方面にて十一月事件の一味たる大尉級の者が今回の当事者たる海軍将校連と密に会合し、海軍より断行を勧めたるに、陸軍は軍部は組織体たる一団となりて活動すべきものなればとて之を拒絶し、激論を交したる後、物別れとなりたる事実あり。陸軍としては、荒木陸相は先づ部内の統制に努め、進んで臨時議会終了後あたりに軍部と他との対立的関係を打破し、人の和を得るの途につき政府に向って献策せむと目論見居りたる様子なりしが、遂に如斯事件を惹起するに至りしなり。扨て事件が発生して見ると、元来、其主義には陸軍の少壮連も賛成せるものなれば、之が結果に就ては徒労に終らしめざるべく努むるは当然にして、内閣が再び政党に帰するが如き結果とならんか、第二第三の事件を繰返すに至るべし。故に幾分にても従来の弊害を矯正し得る方法を考へざるべからず。挙国一致の内閣等も其一案なるべく、小磯次官は平沼内閣説なるが如し。

今回の事件を直接刺戟したるは政党擁護の声明なりと思ふ。右の声明に就ては少壮将校の間に非常に憤慨せるものありたり。

午後六時、再び原田邸に於て原田、近衛と共に永田鉄山少将に面会し、時局に関する意見を聴く。同氏は自分は陸軍の中にては最も軟論を有するものなりと前提して話されたるが、其の意見は大体鈴木中佐等と異らず。要するに、現在の政党による政治は絶対に排斥するところにして、若し政党による単独内閣の組織せられむとするが如き場合には、陸軍大臣に就任するものは恐らく無かるべく、結局、組閣難に陥るべしと語り、政党員にして入閣するものは党席を離脱することは困難なりやと質問せし位にて、相当政党を嫌へることは明なり。

近衛公の得たる情報によれば、森恪は極秘にて民政党の若槻、永井、三木に面会し、後継内閣問題につき談合したるが、若槻は三木に一切を委せたる由にて、結局、三木は入閣を欲せざるも永井は入閣すべく、大体協力内閣は成立の見込なるが如し。

森は鈴木〔喜三郎〕総裁に条件を提出し、強力内閣の実現及強硬なる外交を主張し、若し容れられざれば入閣せずと云ふ。

小畑は森を訪問し、森に対しては軍部にて相当批難もあるところ、自分や荒木陸相は従来かばい居るところなるが、此際後継内閣に入る様にては将来の政治的生命はなしと説きたるが、其結果、森は既成政党を基礎とする鈴木内閣には入らざる決心をなしたるが如し。尚、本夕七時に森は荒木と会見したるが、愈々其決心を固めたるものの如しと云はる。

（出典）『木戸幸一日記』上、東京大学出版会、一九六六年、一六二—一六六ページ。

【解説】一〇月事件が未遂に終ると、青年将校らは料亭待合で大言壮語するばかりの幕僚将校に見切りをつけ、独自の直接行動を準備し始めた。陸軍の青年将校は荒木の陸相就任に期待して直接行動から一時離れたが、海軍青年将校と民間右翼の井上日召一派は決起を企て、まず井上らの血盟団のメンバーが三二年二月井上準之助、三月団琢磨を射殺した（血盟団事件）。続いて五月一五日海軍青年将校グループが、陸軍士官候補生、橘孝三郎指導下の愛郷塾生から成る農民決死隊などとともに四組に分かれて決起し、一組は犬養首相を射殺、他は手榴弾を投擲、檄文を散布した。事件当時木戸幸一は牧野伸顕内大臣の下で内大臣秘書官長を務めていた。史料は事件勃発と政界上層部の対応、軍部が政党内閣否認を求める様子を描いている。

22 国防の本義と其強化の提唱（陸軍省新聞班）　一九三四年一〇月

一、国防観念の再検討

たたかひの意義　たたかひは創造の父、文化の母である。試錬の個人に於ける、競争の国家に於ける、斉しく夫々の生命の生成発展、文化創造の動機であり刺戟である。

茲に謂ふたたかひは人々相剋し、国々相食む、容赦なき兇兵乃至暴殄の謂ではない。此の意味のたたかひは覇道、野望に伴ふ必然の帰結であり、万有に生命を認め、其の限りなき生成化育に参じ、其の発展向上に与ることを天与の使命と確信する我が民族、我が国家の断じて取らぬ所である。

此の正義の追求、創造の努力を妨げんとする野望、覇道の障碍を馭御、馴致して遂に柔和忍辱の和魂に化成し、蕩々坦々の皇道に合体せしむることが、皇国に与へられた使命であり皇軍の負担すべき重責である。たたかひをして此の域にまで導かしむるもの、これ即ち我が国防の使命である。

×　×　×　×

国防の意義　「国防」は国家生成発展の基本的活力の作用である。従つて国家の全活力を最大限度に発揚せしむる如く、国家及社会を組織し、運営する事が、国防国策の眼目でなければならぬ。

×　×　×　×

国防観念の変遷　右は近代国防の観点より観たる国防の意義である。

抑々国防なる観念は、往昔の国防観念即ち軍備なる思想より、今日の新国防観念に至る間に三種の段階を経て居る。即

ち

軍事的国防観　一、世界大戦以前に於ては、国防専ら軍備を主体とし、武力戦を対象とする極めて狭義のものであつた。従つて戦争は軍隊の専任する所であり、国民は之に対し所謂銃後の後援を与ふるといふ意味に於て、国防に参与するに過ぎなかつたのである。

国家総動員的国防観　二、然るに学芸技術の異常なる発達と、国際関係の複雑化とは、必然的に戦争の規模を拡大せしめ、武力戦は単独に行はるゝことなく、外交、経済、思想戦等の部門と同時に又は前後して併行的に展開されることゝなつた。従つて右の要素を戦争目的の為め統制し、平時より戦争指導体系を準備することが、戦勝の為め不可決の問題たるに至つた。

大戦後盛に唱導せられた所謂武力戦を基調とする国家総動員なる思想がこれに属する。これによつて国民と軍隊とは、一体となつて武力戦争に参与することゝなつたのである。最近漸く皇国識者間に認められつゝある国防観念は此種類に属する。

近代的国防観　三、然るに右の国防観念は更に再検討を必要とするに至つた。

晩近《ばんきん》、世界大戦の結果として生じた世界的経済不況並に国際関係の乱脈は遂に政治、経済的に国家間のブロック的対立関係を生じ、今や国際生存競争は白熱状態を現出しつゝある。深刻なる経済戦、思想戦等は、平時状態に於て、既に随所に展開せられ、対外的には国家の全活力を綜合統制するにあらずんば、武力戦は愚か遂に国際競争其物の落伍者たるの外なき事態となりつゝある。従つて国防観念にも大なる変革を来し、従来の武力戦争本位の観念から脱却して新なる思想に発足せねばならなくなつた。

（出典）『現代史資料』五　国家主義運動(2)、みすず書房、一九六四年、二六六―二六七ページ。

【解説】陸軍省新聞班は満州事変以後多くの小冊子を出していたが、その一つ「国防の本義と其強化の提唱」は、軍が公然と政治に関与したものとして波紋を投じた。このパンフレットは統制派の幕僚池田純久が国策研究会の協力を得て起草、林銑十郎陸相・永田鉄山軍務局長らの承認を得て発表された。国防という名の戦争を至高の価値とし、すべてをこれに奉仕させる国防国家の建設を提唱し、国際主義・自由主義・個人主義の「芟除」の必要を説いている。皇道派青年将校らの国家改造論に対して、官僚・政財界とも提携して漸進的に総力戦体制の構築をめざす統制派の国防国家論も、ファッショ化を推し進める有力な思想であった。

23 蹶起趣意書　一九三六年二月二六日

謹んで惟るに我が神洲たる所以は万世一系たる　天皇陛下

御統帥の下に挙国一体生成化育を遂げ遂に八紘一宇を完うするの国体に存す。

此の国体の尊厳秀絶は天祖肇国《ちょうこく》神武建国より明治維新を経て益々体制を整へ今や方に万邦に向つて開顕進展を遂ぐべきの秋なり。

然るに頃来遂に不逞凶悪の徒簇出して私心我慾を恣にし至尊絶対の尊厳を藐視し僭上之れ働き万民の生成化育を阻碍して塗炭の痛苦を呻吟せしめ随つて外侮外患日を逐うて激化す、所謂元老、重臣、軍閥、財閥、官僚、政党等はこの国体破壊の元兇なり。

倫敦《ロンドン》軍縮条約、並に教育総監更迭に於ける統帥権干犯至尊兵馬大権の僭窃を図りたる三月事件或は学匪共匪大逆教団等の利害相結んで陰謀至らざるなき等は最も著しき事例にしてその滔天の罪悪は流血憤怒真に譬へ難き所なり。中岡、佐郷屋、血盟団の先駆捨身、五・一五事件の憤騰、相沢中佐の閃発となる寔に故なきに非ず、而も幾度か頸血を濺ぎ来つて今尚些かも懺悔反省なく然も依然として私権自慾に居つて苟且《こうしょ》偸安《とうあん》を事とせり。露、支、英、米との間一触即発して祖宗遺垂の此の神洲を一擲破滅に堕せしむは火を賭[睹]るより明かなり。内外真に重大危急今にして国体破壊の不義不臣を誅戮し稜威を遮り御維新を阻止し来れる奸賊を芟除するに非ずして宏謨を一空せん。恰も第一師団出動の大命渙発せられ年来御維新翼賛を誓ひ殉死捨身の奉公を期し来りし帝都衛戍の我等同志は、将に万里征途に登らんとして而も省みて内の亡状に憂心転々禁ずる能はず。君側の奸臣軍賊を斬除して彼の中枢を粉砕するは我等の任として能くなすべし

臣子たり股肱たるの絶対道を今にして尽さずんば破滅沈淪を翻すに由なし、茲に同憂同志機を一にして蹶起し奸賊を誅滅して大義を正し国体の擁護開顕に肝脳を竭し以つて神洲赤子の微衷を献ぜんとす。

皇祖皇宗の神霊冀くば照覧冥助を垂れ給はんことを！

昭和拾壱年弐月弐拾六日

陸軍歩兵大尉　野中四郎

外同志一同

（出典）『現代史資料』四　国家主義運動(1)、みすず書房、一九六三年、一七四―一七五ページ。

24 陸軍大臣告示　一九三六年二月二六日

陸軍大臣告示（二月二十六日午後三時三十分　東京警備司令部）

一、蹶起の趣旨に就ては天聴に達せられあり

二、諸子の行動は国体顕現の至情に基くものと認む

三、国体の真姿顕現（弊風を含む）に就ては恐懼に堪へず

四、各軍事参議官も一致して右の趣旨に依り邁進することを

申合せたり

五、之れ以上は一に大御心に待つ

（出典）河野司編『二・二六事件――獄中手記・遺書』河出書房新社、一九七二年、四四三ページ。

25 二・二六事件と天皇（「本庄日記」）　一九三六年二月二七日

第二日（二月二十七日）

一、午前一時過、内閣ハ総辞職スルコトニ決定シ、後藤内相臨時首相代理トシテ各閣僚ノ辞表ヲ取纏メ、早朝闕下ニ捧呈セシガ

聖旨ニ依リ、後継内閣成立マデ政務ヲ見ルコトトナレリ。

陛下ニハ、最モ重キ責任者タル、川島陸相ノ辞表文ガ、他閣僚ト同一文面ナルコトヲ指摘遊バサレ、彼ノ往年虎ノ門事件ニテ内閣ノ総辞職ヲ為セル時、当ノ責任者タル、後藤内相（新平）ノ辞表文ハ一般閣僚ノモノト全ク面目ヲ変ヘ、実ニ恐懼ニ耐ヘザル心情ヲ吐露シ、一旦却下セルニ更ニ、熱情ヲ罩メ、到底現状ニ留マリ得ザル旨ヲ奏上セルノ事実ニ照シ、不思議ノ感ナキ能ハズトノ意味ヲ漏ラサレタリ。

当時、武官長ハ陸相ノ辞表ハ内閣ニテ予メ準備セルモノニ署名シ、同時捧呈セルモノニシテ、何レ改メテ御詫ビ申上グルモノト存ズル旨奉答ス。

二、午前二時五十分、戒厳令公布セラレ、警備司令官香椎浩平中将戒厳司令官ニ任ゼラル。

此戒厳令ハ勿論、枢密院ノ諮詢ヲ経テ、勅令ヲ以テ公布セラレタルモノニシテ、東京市ナル一定ノ区域ニ限ラレタリ。

此日、行動部隊ハ依然参謀本部、陸軍省、首相官邸、山王ホテル等ニ在リ、午前十時半頃ヨリ、近衛師団ヲ半蔵門、赤阪見附ノ線、第一師団ヲ赤阪見附、福吉町、虎ノ門、日比谷公園ノ線ニ配置シ、占拠部隊ノ行動拡大ヲ防止セシム。

弘前ニ御勤務中ノ秩父宮殿下ニハ、此日御上京アラセラルルコトトナリシガ、高松宮殿下大宮駅マデ御出迎アラセラレ、帝都ノ状況ヲ御通知アラセラレタル後チ、相伴ハレ先ヅ真直グニ参内アラセラレタリ。

此ハ宮中側近者等ニ於テ、若シ、殿下ニシテ其御殿ニ入ラセラルルガ如キコトアリシ場合、他ニ利用セントスルモノノ出ヅルガ如キコトアリテハトノ懸念ニアリシガ如シ。

此日、閣僚全部、尚ホ依然宮中ニ在リ。岩佐憲兵司令官病ヲ押シテ参内シ、窃カニ岡田首相ノ健在ナルコトヲ告グ、其儘伝奏ス。

三、此日、戒厳司令官ハ武装解除、止ムヲ得ザレハ武力ヲ行使スベキ勅命ヲ拝ス。

但シ、其実行時機ハ司令官ニ御委任アラセラル。

戒厳司令官ハ、斯クシテ武力行使ノ準備ヲ整ヘシモ、尚ホ、成ルベク説得ニヨリ、鎮定ノ目的ヲ遂行スルコトニ努メタリ。

此日拝謁ノ折リ、彼等行動部隊ノ将校ノ行為ハ、陛下ノ軍隊ヲ、勝手ニ動カセシモノニシテ、統帥権ヲ犯スノ甚ダシキモノニシテ、固ヨリ、許スベカラザルモノナルモ、其精神ニ至リテハ、君国ヲ思フニ出デタルモノニシテ、必ズシモ咎ムベキニアラズト申述ブル所アリシニ、後チ御召アリ、

朕ガ股肱ノ老臣ヲ殺戮ス、此ノ如キ兇暴ノ将校等、其精神ニ於テモ何ノ恕スベキモノアリヤト仰セラレ、

又或時ハ、

朕ガ最モ信頼セル老臣ヲ悉ク倒スハ、真綿ニテ、朕ガ首ヲ締ムルニ等シキ行為ナリ、ト漏ラサル。

之ニ対シ老臣殺傷ハ、固ヨリ最悪ノ事ニシテ、事仮令誤解ノ動機ニ出ヅルトスルモ、彼等将校トシテハ、斯クスルコトガ、国家ノ為メナリトノ考ニ発スル次第ナリト重ネテ申上ゲシニ、夫ハ只ダ私利私慾ノ為ニセントスルモノニアラズト云ヒ得ルノミト仰セラレタリ。

尚又、此日

陛下ニハ、陸軍当路ノ行動部隊ニ対スル鎮圧ノ手段実施ノ進捗セザルニ焦慮アラセラレ、武官長ニ対シ、

朕自ラ近衛師団ヲ率ヒ、此ガ鎮定ニ当ラント仰セラレ、真ニ恐懼ニ耐ヘザルモノアリ。決シテ左様ノ御軫念《しんねん》ニ及バザルモノナルコトヲ、呉々モ申上ゲタリ。

蓋シ、戒厳司令官等ガ慎重ニ過ギ、殊更ニ躊躇セルモノナルヤノ如クニ、御考ヘ遊バサレタルモノト拝サレタリ。

此日、杉山参謀次長、香椎戒厳司令官等ハ、両三度参内拝謁上奏スル所アリシガ、

陛下ニハ、尚ホ二十六日ノ如ク、数十分毎ニ武官長ヲ召サレ行動部隊鎮定ニ付御督促アラセラル。

常侍官室ニアリシ侍従等ハ、此日武官長ノ御前ヘノ進謁、十三回ノ多キニ及ベリト語レリ。

此日午後遅ク、行動部隊将校ヨリ真崎大将ニ面会ヲ求メ、同大将之ニ応ジタル結果、更ニ阿部、西両大将モ之ニ加ハリ、種々説得ニ努メタルヨリ、彼等将校等モ大体ニ諒解シ、明朝ハ皆原隊ニ復帰スベシト答ヘシ由ニテ、此夜ハ警戒等モ特ニ寛大ナラシメラレタリ。

（出典）『本庄日記』原書房、一九六七年、二七四―二七六ページ。

【解説】　皇道派と統制派の抗争は一九三三、三四年から熾烈となり、三五年八月皇道派の相沢三郎中佐が統制派の永田鉄山軍務局長を殺害するにいたり決定的となったが、さらに陸軍当局が皇道派青年将校の牙城である第一師団の満州派遣を決定した

ことが二・二六事件の引金となった。三六年二月二六日早暁、歩兵第一、第三連隊を主とする約一四〇〇名の部隊が反乱を起こし、首相官邸や重臣の私邸などを襲撃、高橋是清蔵相、斎藤実内大臣、渡辺錠太郎教育総監を殺害、鈴木貫太郎侍従長に重傷を負わせた。青年将校らは川島義之陸軍大臣に面会を強要し、史料23の蹶起趣意書を読み上げた。また具体的「要望事項」として、統制派・反皇道派の将軍・幕僚の逮捕、「決行の趣旨を陸軍大臣を通じて天聴に達せしむること」などを求めた。これに対して、軍事参議官会議を経て史料24の陸軍大臣告示が作成され、決起部隊に配布された。なお、「諸子の行動は国体顕現の至情に基くものと認む」の中の、「行動」を「真意」とする別種の告示が存在したことがわかっている。さらに二七日には東京市を区域とする戒厳令が施行され、反乱部隊は「麹町地区警備隊」に編入され、事態は反乱側に有利に展開するかにみえた。しかし、天皇は重臣らが殺傷されたことに激怒して鎮圧を催促し、史料25のように本庄繁侍従武官長に向って「朕自ラ近衛師団ヲ率ヒ、此ガ鎮定ニ当ラン」などと述べた。二九日反乱部隊は帰順し、無血のうちに反乱は鎮圧された。

2　弾圧と抵抗・転向

26　滝川事件　一九三三年

京大全学生代表者会議編『京大問題の真相』（政経書院、一九三三年）

時は昨年十二月に遡る。文部省専門学務局長赤間氏は、当時の京大総長新城博士に対し、「滝川教授が十一月中央大学に於て、復活に現はれたトルストイの刑罰思想なる題でなした講演は内容が危険だと思はれるから総長からよく注意して頂きたい」との話があつた。

新城博士は帰洛後、刑法担任の宮本英脩教授に之を告げ、宮本英脩教授は更に佐々木博士及び宮本法学部長に伝へた。茲に於て法学部長は直ちに東上して、文部当局に対しその真意を問合された。その時赤間局長はあれは決して滝川教授をどうしようと考へて居るわけではなく、議会で質問された場合を考慮して、内容を調べたいと思つただけだ、と答へたので、宮本法学部長も一応京都へ帰つて、内容を調査する旨を述べて会見を終つた。

宮本部長は帰洛後直ちに詳細な調査を行はれたが、其の講演はかつて滝川教授が東北帝大や京都帝大で行はれたものと同一であり、極めて理想主義的なもので、事新しく文部当局の心配したやうな点は何処にも発見されなかつた。それで宮本部長は直ちに上京して、文部当局に対し、滝川教授の講演内容が決して国家思想を危くするものでない事を詳細に説明された。この説明によつて文部当局も滝川教授の学説が危険でないことを諒解したやうであつた。

所が本年二月下旬、総長改選が確定して、新城、小西両博士が一緒に文相を訪問した際に滝川教授のことが話題に上つたが、然し、当時は単に座談に過ぎなかつた。後三月中旬宮本部長が学生の就職運動のため上京した時、司法省の某氏より滝川教授は去年中央大学に於ける講演で裁判官を罵倒したと聞くが、かゝる人に高文委員をして貰つては困るからやめてもらへまいかとの話があつた。部長は正当な理由があればいつでもやめ得るが、そんなことでは滝川教授にやめてもらふわけにはゆかぬと答へた。数週間後更に部長宛に司法省某氏より個人的に滝川教授に高文委員をやめて貰へまいかと懇請して来た。部長が滝川教授に相談したところ、教授は高文委員など此方から望んでまで別にやりたくないとてあつさり教授の方からやめられた。その後又宮本部長が上京した際、赤間専門学務局長から滝川教授に当分公開講演などやめて欲しいとの話があり、部長はその理由を尋ねたが、伊東学生部長に聞いてくれとのことに、学生部長にその真意を正すと、学生部長は今度は刑法読本を問題にし、同書はマルキシズムではないが、客観主義が困る、特に内乱罪、姦通罪に関する所説が公序良俗に反すると云つた。宮本部長は学生部長の考への誤りであることを指摘し、そんなことで教授を処分するつもりであるならば、京大法学部では大問題を起すであらうと述べた。学生部長は自分ではそれはわからぬから、次官に会つて聞いてくれとのことなので、更に粟屋文部次官に会見すると、十年前とは随分世間が変つたからと、意味ありげな一言であつた。部長は文部当局が時潮に阿ることなく、時勢を正しく導いて行くべきであることを強調して会見を終つた。其後四月十五日、小西総長から宮本部長に対して、文部省へ行つたところ文部次官が滝川教授のことで困つてゐるが、どうかと言つてゐたと話された。そこで部長は総長の意見を求めたところ、総長も刑法読本を読んで見たが少しも悪い点はないと考へるとの意見であつた。

四月十九日に至り又もや小西総長が宮本部長を訪ね、赤間局長から二十二日に次官が会ひたいといつて来たが、滝川教授の問題であればどうしたらよいかとの話であつた。そこで部長は個人としての資格で「十分慎重に考慮して戴きたい」と述べた。二十二日朝総長は文部次官と会見したが、その時総長は世上伝へられる如く滝川教授の処分を引受けたのではなく、徹頭徹尾之を拒否したのである。文部当局は滝川教授の学説内容は調査済である、何とかしてやめて貰ひたい、客観説とか何とかいふことは問題でなく、社会的影響が問題であり、教授にやめて貰ふことこそ大学の自治研究の自由のためになるなどと語つた。総長は大学教授は決して文部当局の考へてゐる様な打算的なものでない旨を答へ、お互に今一応慎重に考慮しようとして会見を打切つた。かくて総長は滝川教授休職処分決定の絶対的要件たる具状を肯ぜざる旨の決意は最初より堅かつた。

越えて五月七日赤間専門学務局長は総長及び岸書記官に早く決定されたい旨を伝へたが、総長は「重大問題なるが故に切に考慮せん」と答へて、帰京後宮本法学部長に通じた。こゝに於て五月十日法学部教授会は開かれ、「文部省の示す理由は不充分であり、その要求には断じて応じ難い」旨の教授会の意思の伝達を総長に乞うた。

その後数次教授会と文部省との間に意見の論駁が繰返された。五月十八日総長は「滝川教授の進退につき考慮の結果、本人より辞表を提出するとか、又法学部教授会でこれを決することは遺憾ながら出来ぬ、切に当局の考慮を願ふ」といふ内容の第三回目の回答を岸書記官をしてなさしめた。文部省は之に対し、「当局としては絶対的に決まつた問題だから、大学に於ては尚一応考慮されたい」とのべ、さらに「近く総長が直接に大臣に会ひ返事してほしい」と促した。

四［五］月二十三日夜小西総長は最後の回答をなすべく東上。二十四日午前十一時文相官邸に於て総長は文相と会見、総長は「研究の自由の立場から滝川教授の休職手続を上申することは出来ない」旨を繰返し主張した。かくてつひに大学と文部省との交渉は決裂するに至つた。翌二十五日、滝川教授休職問題を諮問する文官高等分限委員会は午後三時より首相官邸で開かれ、全員一致滝川教授を休職する政府案に賛成した。二十六日、斎藤首相は委員会の答申を閣議に附議し、更に上奏御裁可を仰ぎ、即日左の如く発令した。

京都帝国大学教授　滝　川　幸　辰

文官分限令第十一条第一項第四号により休職被仰付

右の公電着と同時に、宮本法学部長は法学部教授、助教授、講師、助手、副手の全員三十九名の辞表を総長に提出し、一同学生大会にのぞんで、全教授、助教授、講師助手副手は形骸の学府に留るを潔とせずとの声明書を発表し、遂に学園を去つた。かくて京大対文部当局の抗争は漸く白熱化した。

（出典）『現代史資料』四二 思想統制、みすず書房、一九七六年、一七〇―一七二ページ。

27 京大法学部教授一同の辞職声明　一九三三年五月二十六日

政府が今回滝川教授休職のことあらしめたるの処置は甚だしく不当にして遂に吾人一同をして辞表を提出するのやむなきに至らしめたり、今回の事件は経過において文政当局が滝川教授をして教授の職を去らしむることを要すとするの理由として吾人に示したるものはその趣旨すこぶる明瞭を欠きかつ始めより一定せずして時に変更せり、これに対して吾人は既に文政当局及び社会に向つて総長を通じて吾人の所見を述べたるが故にいまこれを繰返すことをなさず、たゞ吾人の主張の根本精神に至りては世間なほいまだこれを理解せざるの人無きを保せざるが故にここに総括的にこれを明かにせんとす。これは実に大学の使命及び大学教授の職責に関す。これを以て滝川氏個人の擁護なりとする人の如きは吾人始めよりこれとともに本問題を談ずるの意を有せざるなり

◇

大学の使命はもとより真理の探究にあり、真理の探究は一に教授の自由の研究に待ち大学教授の研究の自由が思索の自由及び教授の自由を包含すること論なし、教授が熱心に思索し思索の結果たる学説を忠実に教授することを得るにおいて始めて研究の自由あり、思索の自由を認めて教授の自由を認めず、なほかつ研究の自由を認めずといふが如きは大学教授の研究の自由といふの本義を知らざるのみ

◇

今回滝川教授の問題について研究の自由を許すも教授の自由を許さずといふ如き言をなす者あるはその何の意なるを解する能はざるなり、或はいふ滝川教授の公表したる著作さきに発売禁止の処分にあへり、発売禁止の処分を行つてもつて社会に伝ふることを許さざる如き学説は大学においてもまたこれを講ずることを許さずと、然れども発売禁止は単に所説が一般の社会に及ぼす影響に着眼して決する警察処分に過ぎず、これによつてこの所説を学説として大学に講ずるの当否を判断するの材料を得べきにあらず、然らずんば政府はまづ内務大臣をして発売禁止をなさしめ、次いで文部大臣によつて容易に教授の地位を動かすの手段を講ずる事を得、或はいふ大学の学生は青年にして経験に乏しくこれに向つて社会に悪影響を及ぼす如き学説を講ずるは危険なりと、然れども大学における教授は学生をして社会の事物に対して学問上より批判するの能力を養はしむることを眼目とし、学生が批判力を養ふは大学において諸種の学説を聞くの機会を有するを要す、特にある学説を講ずることを禁ずといふ如きは大学の使命を知らざるなり、大学における教授の自由にも限界あり、これによつて国家思想を破壊せざることを要す、また人格陶やを妨害せざることを要す、これ大学令の示すところなり、かつ教授の自由の限界は実にこゝに存す、単に漫然危険なりといふが如きは決して教授の自由の限界を立てたるものにあらず

◇

いま滝川教授の学説について見るに国家思想を破壊するが如きこと毫も存せずこれを明かにする為には氏の学説の大綱を知り得べき彼の『刑法読本』の内容を詳述するの必要あり、しかも同書は発売禁止されたるのものなり故に吾人はいまこゝに引用することを憚らざるを得ざるの立場に置かれたり、吾人すこぶるこれを遺憾とする、人格陶やのことは固より独り大学に限らず一般の学校においてもまたこれに類すべし、

たゞ特に大学において人格の陶やに資する方法は学生をして真理の探究に熱心にしてかつその探究し得たる信念に忠実なるの性格を養はしむるにあり、これ学問研究の府たる大学において特に人格の陶やに資するの途とす、この途は教授が研究に熱中しかついやしくも国家思想を破壊せざる限り忠実にその学説を学生に講ずるの風あるにおいて始めて能くこれを達し得べし然らば滝川教授がその学説を忠実に学生に講じたるはむしろ大学令にいはゆる人格の陶やに資する所以にあらずや、政府が大学令の条項を引用して滝川教授の地位を奪ふの理由となしたるは全く特に大学において留意すべき人格陶やの道を知らざるものとす、かくの如くにして政府の滝川教授休職に関する処置は全く大学教授の職責を無視しもつて大学の使命の遂行を阻害するものとす、これ吾人をして辞職の止むなきに至らしめたる理由の一なり

◇

大学における研究の自由の意義およびその必要なること前述の如しすべからくこれを確保せざるべからず、これを確保するは大学制度の運用に当つて研究の自由を脅かすの結果を生ずることを防ぐを肝要とす、これが方法中もつとも根本的なものは政府が任意に教授の地位を左右するの余地なからしむるに存す、これによつて始めて政府をしてその時々の便宜に従つて教授の地位を動かしもつて研究の自由を脅かすことなからしむることを得べし、これがためには教授は進退を総長の具状をもつてこれを行ひ、かつ総長が教授の進退につき具状せんとする時必ず予め教授会の同意を得るを要すとすることを必要とすこれいはゆる大学の自治と称するものゝ一端なり、教授の進退につき総長の具状を要することは現にすべての帝国大学の官制の規定するところにして即ち純然たる一の法制とす、しかして総長が教授の進退を具状せんとする時まづ教授会の同意を要することは我が京都帝国大学においては彼の大正二年乃至三年のいはゆる澤柳事件に対して公にこれを主張し時の文部大臣奥田義人氏又公にこれを認め以来実行して今日に至れるものなり故に教授の進退について教授会の同意を得るを要することは実に我々が帝国大学にありてはつとに確立せる制度運用上の規律とす、今回の事件について新たにこれを主張するにはあらざるなり

◇

然るに今回の滝川教授の休職は総長の具状なくかつ毫も教授会の同意を得るの手続存するところなくして行はれたり、かくの如きは実に我が京都帝国大学にあつて研究の自由を確保する方法としてつとに公に認められかつ久しくじゆん守し来れる規律を破壊しもつて大学の使命の遂行を阻害する者とす吾人をして辞職するのやむなきに至らしめた理由の二なり

◇

吾人不敏なりといへども職責の重んずべく又進退の大学の内外に影響するところ大にしてみだりにすべからざることを知れり然れども今や吾人が職責を尽し得るの根本条件たる研究の自由既に認められず国家が吾人に命ずるところの職責を誠実に尽す能はざるに至る、吾人の辞意を決するに至れるは実に万やむことを得ざるに出づるなり

昭和八年五月二十六日

京都帝国大学　法学部教授一同

(出典)『東京朝日新聞』一九三三年五月二七日。

【解説】史料**26**は、一九三二年一〇月〔史料の一一月は誤り〕滝川が中央大学でおこなった講演についての文部省の京大総長への注意から説きおこし、その後文部省が様々な理由を挙げながら、是が非でも滝川を辞職させようとした様子を伝えている。政府・文部省の強行姿勢の背後には右翼団体、軍部、それらとつながりを持つ貴衆両院議員の動きがあった。ことに右翼は三二年一一月東京地裁判事尾崎陞《すすむ》らが共産党シンパ事件で検挙された「司法官赤化事件」に対して、「司法官赤化」の原因は帝国大学法学部「赤化教授」にあると攻撃を加えていた。三三年五月二六日滝川に休職命令が発せられると、ただちに法学部教授ら三九名はこれに抗議して辞表を提出するとともに、学生大会に臨んで声明文を読み上げた。史料**27**はその全文である。声明文は、教授の進退に際しては総長の具状を要することが帝国大学官制に規定されていること、また総長が教授の進退を具状するためには教授会の同意を要することが慣行として定着していることを挙げ、政府を批判している。京大法学部の敗北は避けられなかったが、他大学学生や言論機関による法学部支援の動きも高まりを見せ、大学の自治と学問の自由擁護の抵抗運動は、反ファシズム文化運動の原点となった。

28 思想対策協議委員会「思想善導方策具体案」一九三三年八月

思想善導方策具体案

(昭和八年八月十日委員会決議
昭和八年八月十五日閣議ニ報告)

思想対策ノ一トシテノ思想善導方策ハ、積極的ニ日本精神ヲ闡明《せんめい》シ之ヲ普及徹底セシメ国民精神ノ作興ニ努ムルコトヲ以テ其ノ根幹ト為スモ、一面ニ於テ不穏思想ヲ究明シテ其ノ是正ヲ図ルコト亦緊要ナリト思料セラル。其ノ具体案凡ソ左ノ如シ

(一)　国家的指導原理タル日本精神ヲ闡明シ之ヲ普及徹底セシムルコト

(1)　敬神崇祖ノ美風ヲ益々振興シ関係諸方面ノ奮起ヲ促シ且其ノ活動ヲ積極的ナラシムルコト

(2)　国民精神文化研究所ヲ拡充シ其ノ機能ヲ充分発揮セシムルコト

(イ)　研究部ノ研究及其ノ結果発表ノ施設ヲ完備スルコ

ト

(ロ)　事業部ニ属スル教員研究科ヲシテ広ク小学校、中等学校、高等諸学校ノ教員、学校行政及社会教育関係者ノ研究ノ指導ヲ為サシムルコト

(ハ)　事業部ニ属スル研究生指導科ヲ拡充シテ研究生ノ員数ヲ増加シ思想上ノ指導ヲ図ルコト

(3)　地方ニ国民精神文化研究所ノ支所トモ云フベキモノヲ設置シ之ヲ助成シテ小学校、実業補習学校ノ教員、青少年団指導者等ニ対シ日本精神ヲ中心トスル思想上ノ教養ヲ与ヘ以テ其ノ指導監督ノ徹底ヲ期セシムルコト

(4)　日本精神ノ研究者及研究指導団体ノ擁護助成ヲ図ルコト

(5)　日本精神ノ闡明及一般思想善導ニ関スル書籍資料ノ編纂刊行ヲ為シ又ハ之ヲ奨励助成シ、其ノ普及ヲ図ルコト

(6)　日本精神ノ闡明普及徹底ノ為ニ在郷軍人団、消防組、青少年団体、婦人団体、教化団体等ノ活動ヲ奨励助長スルコト

(7)　労務者教育及成人教育等ニ於テ日本精神ノ闡明普及徹底セシムルコト

(8)　アラユル機会ヲ利用シ社会ノ各方面ニ於テ日本精神ノ闡明普及徹底ノ為ノ恒久的運動ヲ起スコト

(9)　言論界、興業界等ノ関係者ト協議シ、日本精神ノ闡明普及徹底ニ協力援助ヲ求ムルコト

(10)　学校其ノ他ニ於ケル思想上ノ指導監督施設ヲ完備スルコト

(11)　各府県ニ知事ヲ中心トスル思想問題ニ関スル調査指導、連絡ノ機関ヲ構成セシメ之ヲ助成スルコト

(12)　思想上ノ理由ニ依ル被処分者ノ教化指導ニ努ムルコト

(二)　不穏思想ヲ究明シテ其ノ是正ヲ図ルコト

(1)　不穏思想ヲ究明スルコト

(イ)　現代思想ヲ分析研究スルコト

(ロ)　不穏思想ノ本質ヲ明ニシ、其ノ発生及伝播ノ原因ヲ討ネ、不穏思想ニ基ク運動ノ状況及其ノ国家社会ニ及ボス影響ヲ調査スルコト

(2)　不穏思想ノ是正ヲ図ルコト

(イ)　国家的指導原理タル日本精神ノ立場ヨリ不穏思想ヲ批判克服スルコト

(ロ)　不穏思想ノ理論的実際的誤謬欠陥ヲ指摘シ之ヲ克服スルコト

(出典)『現代史資料』四二　思想統制、みすず書房、一九七六年、一〇〇－一〇一ページ。

【解説】　政府による思想統制は一九二八年の三・一五事件を機に一挙に強化されたが、三三年は思想統制の第二の画期となった。三三年四月斎藤実内閣は思想対策協議委員会の設置を決定

したが、これは三二年から三三年初めにかけて起きた「司法官赤化事件」や「教員赤化事件」への危機感から、議会で思想対策に関する決議が行われ、それを受けて閣議決定により成立したものである。これによって各省ごとの思想対策方策が協議・統合されることになった。協議委員会は、革命運動の影響力を根絶するための「思想取締方策」「思想善導方策」などを決定した。史料は後者の具体案である。「日本精神ヲ闡明シ之ヲ普及徹底セシメ国民精神ノ普及徹底ニ努ムル」ことが根幹とされ、国民精神文化研究所の拡充など「思想善導」機関の強化が図られ、「日本精神」の鼓吹と転向促進に力が注がれた。

29 美濃部達吉「一身上の弁明」一九三五年二月二五日

菊池男爵ハ私ノ著書ヲ以テ、我ガ国体ヲ否認シ、君主主権ヲ否定スルモノノ如クニ論ゼラレテ居リマスガ、ソレコソ実ニ同君ガ私ノ著書ヲ読マレテ居リマセヌカ、又ハ読ンデモソレヲ理解セラレテ居ラナイ明白ナ証拠デアリマス、我ガ憲法上、国家統治ノ大権ガ天皇ニ属スルト云フコトハ、天下万民一人トシテ之ヲ疑フベキ者ノアルベキ筈ハナイノデアリマス、憲法ノ上諭ニハ「国家統治ノ大権ハ朕カ之ヲ祖宗ニ承ケテ之ヲ子孫ニ伝フル所ナリ」ト明言シテアリマス、又憲法第一条ニハ「大日本帝国ハ万世一系ノ天皇之ヲ統治ス」トアリマス、更ニ第四条ニハ、「天皇ハ国ノ元首ニシテ統治権ヲ総攬シ此ノ憲法ノ条規ニ依リ之ヲ行フ」トアルノデアリマシテ、日月ノ如ク明白デアリマス、若シ之ヲシモ否定スル者ガアリマスナラバ、ソレコソ反逆思想デアルト言ハレマシテモ余儀ナイコトデアリマセウガ、私ノ著書ノ如何ナル場所ニ於キマシテモ、之ヲ否定シテ居ル所ハ決シテナイバカリカ、却テ反対ニソレガ日本憲法ノ最モ重要ナ基本原則デアルコトヲ繰返シ説明シテ居ルノデアリマス、例ヘバ菊池男爵ノ挙ゲラレマシタ憲法精義、十五頁カラ十六頁ノ所ヲ御覧ニナリマスルナラバ、日本ノ憲法ノ基本主義ト題シマシテ、其最モ重要ナ基本主義ハ、日本ノ国体ヲ基礎トシタ君主主権主義デアル、之ニ西洋ノ文明カラ伝ハッタ立憲主義ノ要素ヲ加ヘタノガ日本ノ憲法ノ主要ナ原則デアル、即チ君主主権主義ニ加フルニ立憲主義ヲ以テシタノデアルト云フコトヲ述ベテ居ルノデアリマス、又ソレハ万世動カスベカラザルモノデ、日本開闢以来曾テ変動ノナイ、又将来永遠ニ亙ッテ動カスベカラザルモノデアルト云フコトヲ言明シテ居ルノデアリマス、他ノ著述デアリマスル憲法撮要ニモ同ジ事ヲ申シテ居ルノデアリマス、菊池男爵ハ御挙ゲニナリマセヌデアリマシタガ、私ノ憲法ニ関スル著述ハ其外ニモ明治三十九年ニハ既ニ日本国法学ヲ著シテ居リマスルシ、大正十年ニハ日本憲法第一巻ヲ出版シテ居リマス、更ニ最近昭和九年ニハ日本憲法ノ基本主義ト題スルモノヲ出版イタシテ居リマスルガ、是等ノモノヲ御覧ニナリマシテモ、君主主権主義ガ日本ノ憲法ノ最モ貴重ナ、最モ根本的ナ原則デアルト云フコトハ、何レニ於キマシテモ詳細ニ説明イタシテ居ルノデアリマス、唯ソレニ於キマシテ憲法上ノ法理論トシテ問題ニナリマスル点ハ、凡ソ二点ヲ挙ゲルコトガ出来ルノデアリマス、第一点ハ、此天皇ノ統治ノ大権ハ、天皇ノ御一身ニ属スル権利トシテ観念セラルベキモノデアルカ、又ハ天皇ガ国ノ元首タル御地位ニ於テ総攬シ給フ権能デアルカト云フ問題デアリマス、一言デ申シマスルナラバ、天皇ノ統治ノ大権ハ法律上ノ観念ニ於テ権利ト見ルベキデアルカ、権能ト見ルベキデアルカト云フコトニ帰スルノデアリマス、第二点ハ、天皇ノ統治ノ大権ハ絶対ニ無制限ナ万能ノ権力デアルカ、又ハ憲法ノ条規ニ依ッテ行ハセラレマスル制限アル権能デアルカ、此二点デアリマス、私ノ著書ニ於テ述ベテ居リマスル見解ハ、第一ニハ、天皇ノ統治ノ大権ハ、法律上ノ観念トシテハ権利ト見ルベキモノデハナクテ、権能デアルトナスモノデアリマスルシ、又第二ニ、ソレハ万能無制限ノ権力デハナク、憲法ノ条規ニ依ッテ行ハセラレル権能デアルトナスモノデアリマス、此二ツノ点ガ菊池男爵其他ノ方ノ御疑ヲ生ジタ主タル原因デアルト信ジマスルノデ、成ルベク簡単ニ其要領ヲ述ベテ御疑ヲ解クコトニ努メタイト思フノデアリマス、第一ニ、天皇ノ国家統治ノ大権ハ、法律上ノ観念トシテ天皇ノ御一身ニ属スル権利ト見ルベキヤ否ヤト云フ問題デアリマスガ、是ハ法律学ノ初歩ヲ学ンダ者ノ熟知スル所デアリマスルガ、法律学ニ於テ権利ト申シマスルノハ、利益ト云フコトヲ要素トスル観念デアリマシテ、自己ノ利益ノ為ニ……〔ママ〕自己ノ目的ノ為ニ存スル法律上ノ力デナケレバ権利ト云フ観念ニハ該当シナイノデアリマス、或人ガ或権利ヲ持ツト云フコトハ、其力ガ其人自身ノ利益ノ為ニ、言換レバ其人自身ノ目的ノ為ニ認メラレテ居ルト云フコトヲ意味スルノデアリマス、即チ権利主体ト云ヘバ利益ノ主体、目的ノ主体ニ外ナラヌノデアリマス、従ッテ国家統治ノ大権ガ天皇ノ御一身上ノ権利デアルト解シマスルナラバ、統治権ガ天皇ノ御一身ノ利益ノ為メ、御一身ノ目的ノ為ニ存スル力デアルトスルニ帰スルノデアリマス、サウ云フ見解ガ果シテ我ガ尊貴ナル国体ニ適スルデアリマセウカ、我ガ古来ノ歴史ニ於キマシテ如何ナル時代ニ於テモ、天皇ガ御一身御一家ノ為ニ、御一家ノ利益ノ為ニ統治ヲ行ハセラレルモノデアルト云フヤウナ思想ノ現ハレヲ見ルコトハ出来マセヌ、天皇ハ我国開闢以来、天ノ下シロシメス大君ト仰ガレ給フノデアリマスガ、天ノ下シロシメスノハ決シテ御一身ノ為デハナク、全国家ノ為デアルト云フコトハ、古来常ニ意識セラレテ居タコトデアリマスルシ、歴代ノ天皇ノ大詔ノ中ニモ、其事ヲ明示セラレテ居ルモノガ少クナイノデアリマス（中略）統治権ハ、天皇ノ御一身ノ為ニ存スル力デハナク、従テ天皇ノ御一身ニ属スル私ノ権利ト見ルベキモノデハナイト致シマスルナラバ、其権利ノ主体ハ法律上何デアルト見ルベキデアリマセウカ、前ニモ申シマスル通リ権利ノ主体ハ即チ目的ノ主体デアリマスカラ、統治ノ権利主体ト申セバ即チ統治ノ目的ノ主体ト云フコトニ外ナラヌノデアリマス、而シテ天皇ガ天ノ下シロシメシマスルノハ天下国家ノ為デアリ、其目的ノ帰属スル所ハ永遠恒久ノ団体タル国家ニ外ナラヌノデアリマスルカラ、我々ハ統治ノ権利主体ハ国体トシテノ国家デアルト観念イタシマシテ、天皇ハ国ノ元首トシテ、言換レバ国ノ最高機関トシテ此国家ノ一切ノ権利ヲ総攬シ給ヒ、国家ノ一切ノ活動ハ立法モ行政モ司法モ総テ、天皇ニ其最高ノ源ヲ発スルモノト観念スルノデアリマス、是ガ所謂機関説ノ生ズル所以デアリマス、所謂機関説ト申シマスルノハ、国家ソレ自身ヲ一ツノ生命アリ、ソレ自身ニ目的ヲ有スル恒久的ノ団体、即チ法律学上ノ言葉ヲ以テ申セバ一ツノ法人ト観念イタシマシテ、天皇ハ此法人タル国家ノ元首タル地位ニ在マシ、国家ヲ代表シテ国家ノ一切ノ権利ヲ総攬シ給ヒ、天皇ガ憲法ニ従ッテ行ハセラレマスル行為ガ、即チ国家ノ行為タル効力ヲ生ズルト云フコトヲ言ヒ現ハスモノデアリマス、国家ヲ法人ト見ルト云フコトハ、勿論憲法ノ明文ニハ掲ゲテナイノデアリマスルガ、是ハ憲法ガ、法律学ノ教科書デハナイト云フコトカラ生ズル当然ノ事柄デアリマス、ガ併シ憲法ノ条文ノ中ニハ、国家ヲ法人ト見ナケレバ説明スルコトノ出来ナイ規定ハ少ナカラズ見エテ居ルノデアリマス、

（出典）『官報』号外、昭和一〇年二月二六日、第六七回帝国議会貴族院議事速記録第一一号。

30 国体明徴に関する政府声明　一九三五年八月・一〇月

政府の国体明徴に関する声明（全文）

一九三五年八月三日

恭しく惟みるに、わが国体は、天孫降臨の際下し賜へる御神勅に依り明示せらるゝ所にして、万世一系の　天皇国を統治し給ひ、宝祚の隆は天地と与に窮なし。されば憲法発布の御上諭に「国家統治ノ大権ハ之ヲ祖宗ニ承ケテ之ヲ子孫ニ伝フル所ナリ」と宣ひ憲法第一条には「大日本帝国ハ万世一系ノ天皇之ヲ統治ス」と明示し給ふ。即ち大日本帝国統治の大権は儼として天皇に存すること明かなり。若し夫れ統治権が　天皇に存せずして　天皇は之を行使する為の機関なりと為すが如きは是れ全く万邦無比なる我が国体の本義を愆《あやま》るものなり。

近時憲法学説を繞り国体の本義に関聯して兎角の論議を見るに至れるは寔に遺憾に堪へず。政府は愈々国体の明徴に力を効し其の精華を発揚せんことを期す。乃ち玆に意の在る所を述べて広く各方面の協力を要望す。

声　明（全文）

一九三五年十月十五日

曩に政府は国体の本義に関し所信を披瀝し以て国民の嚮ふ所を明にし愈々其精華を発揚せんことを期したり、抑々我国に於ける統治権の主体が　天皇にましますことは我国体の本義にして帝国臣民の絶対不動の信念なり、帝国憲法の上諭並条章の精神亦玆に存するものと拝察す、然るに漫りに外国の事例学説を援いて我国体に擬し統治権の主体は　天皇にましまさずして国家なりとし　天皇は国家の機関なりとなすが如き所謂天皇機関説は神聖なる我国体に悖り其本義を愆るの甚しきものにして、厳に之を芟除《さんじょ》せざるべからず、政教其他百般の事項総て万邦無比なる我国体の本義を基とし其真髄を顕揚するを要す、政府は右の信念に基き玆に重ねて意のあるところを闡明し以て国体観念を愈々明徴ならしめ其実蹟を収むる為全幅の力を効さんことを期す。

（出典）『現代史資料』四　国家主義運動(1)、みすず書房、一九六三年、三九八・四二〇―四二一ページ。

【解説】　美濃部達吉の天皇機関説は、国家の統治権が天皇にのみ属することを否定し、統治権は法人である国家に属し、天皇はその最高機関として統治権を行使するというものであった。一九三五年の天皇機関説事件は、大正期以来定着してきた機関説を攻撃し社会から追放した事件であった。右翼勢力は滝川に続いて美濃部にねらいを定めており、三五年二月一八日の貴族院本会議で菊池武夫が、機関説は「緩慢なる謀反」であり、美濃部を「学匪」だと攻撃した。史料29は、貴族院議員であった美濃部がこれに応えて、二月二五日「一身上の弁明」とことわり情理を尽くして機関説を説明したものである。貴族院ではこの演説に拍手が起こり、新聞もこの内容を詳しく伝えた。しかしこれが軍部・右翼勢力を刺激し、院外では右翼・在郷軍人会が機関説排撃運動を展開した。貴衆両院が「国体明徴」を決議、内務省は美濃部の著書を発禁処分にしたが、排撃運動はさらに過熱し、岡田啓介内閣打倒を唱え、機関説に立つ重臣勢力を攻撃した。岡田内閣はこれに押されて八月、一〇月と二度の国体明徴声明を発し(史料30)、第二次声明では機関説の「芟除」を明言した。美濃部は貴族院議員を辞職し、大学・高校では機関説の講義は一掃された。

31　治安維持法違反事件年度別処理人員(→表31)

【解説】　表は、植民地を除く日本国内の治安維持法による検挙および起訴人員の推移を示したものである。「犯罪」は「左翼」「独立」「宗教」の三種に分類されているが、この分類は、一九三五年から宗教団体が、ついで民族独立運動が治安維持法違反の対象とされてから設けられたと考えられる。左翼の検挙は一九三二、三三年にピークに達し、以後急減するが、三五年の大本教に対する治安維持法の適用以降「宗教」が急増している。

表 31　治安維持法違反事件年度別処理人員

年度別	犯罪区別	検挙人員	起訴	年度別	犯罪区別	検挙人員	起訴
1928	左翼	3,426	525	1937	左翼	1,293	210
	独立	—	—		独立	7	—
	宗教	—	—		宗教	13	—
	計	3,426	525		計	1,313	210
1929	左翼	4,942	339	1938	左翼	789	237
	独立	—	—		独立	—	3
	宗教	—	—		宗教	193	—
	計	4,942	339		計	982	240
1930	左翼	6,124	461	1939	左翼	389	163
	独立	—	—		独立	8	—
	宗教	—	—		宗教	325	225
	計	6,124	461		計	722	388
1931	左翼	10,422	307	1940	左翼	713	128
	独立	—	—		独立	71	12
	宗教	—	—		宗教	33	89
	計	10,422	307		計	817	229
1932	左翼	13,938	646	1941	左翼	849	205
	独立	—	—		独立	256	29
	宗教	—	—		宗教	107	2
	計	13,938	646		計	1,212	236
1933	左翼	14,622	1,285	1942	左翼	332	217
	独立	—	—		独立	203	62
	宗教	—	—		宗教	163	60
	計	14,622	1,285		計	698	339
1934	左翼	3,994	496	1943	左翼	293	95
	独立	—	—		独立	218	42
	宗教	—	—		宗教	89	87
	計	3,994	496		計	600	224
1935	左翼	1,718	113	1944	左翼	230	130
	独立	—	—		独立	229	73
	宗教	67	—		宗教	42	45
	計	1,785	113		計	501	248
1936	左翼	1,207	97	1945	左翼	60	42
	独立	—	—	（1～	独立	37	40
	宗教	860	61	5月）	宗教	12	24
	計	2,067	158		計	109	106

（出典）『現代史資料』45 みすず書房，1973 年，pp. 646-649 および『治安維持法関係資料集』第 4 巻，新日本出版社，1996 年，pp. 338-339.

ついで「独立」が登場し、四一年以降激増している。治安維持法は勅令によって直ちに植民地にも施行され、朝鮮での植民地独立運動に対して「国体変革」条項が適用され、大量検挙がおこなわれ重刑が科せられた。日本国内では左翼組織が壊滅したのち、在日朝鮮人などの思想と運動は、「国体」の「否定」あるいは「変革」をめざす民族独立運動として治安維持法違反の対象となったのである。尤も、その過半は四一年施行の新治安維持法第五条「協議」罪の適用と推測される。〔参〕荻野富士夫編『治安維持法関係資料集』新日本出版社、一九九六年。

32 佐野学・鍋山貞親「共同被告同志に告ぐる書」一九三三年六月八日

共同被告同志に告ぐる書

我々は獄中に幽居すること既に四年、その置かれた条件の下において全力的に闘争を続けると共に、幾多の不便と危険とを冒し、外部の一般情勢に注目して来たが、最近、日本民族の運命と労働階級のそれとの関聯、また日本プロレタリア前衛とコミンターンとの関係について深く考ふる所があり、長い沈思の末、我々従来の主張と行動とにおける重要な変更を決意するに至つた。

日本は今、外、未曾有の困難に面し、内、空前の大変革に迫られ居る。戦争と内部改革とをはらむこの内外情勢に対し、あらゆる階級と党派とは課題解決の準備と対策に忙しい。この時労働階級の前衛を以て任ずる日本共産党が幾多の欠陥を呈露して居る。党の基礎は現実的にも可能的にも著しく拡大したが、党員の社会的構成も党機構も行動も宛《〔さなが〕》ら急進小ブルヂョアの政治機関化して居る。

党は近年の恐慌及びそれに関聯して暴露された資本主義機構の腐敗に対する大衆の憤激を指導し得なかつた。満洲事変及びそれに引続く一聯の戦争情勢に対する党の公式的対策は完全に破綻し、党の反戦闘争は支那新聞のデマ記事や、コミンターンのアヂ文書においてのみ華やかであつたにとゞまる。重要なストライキの指導も深刻化しゆく農民闘争の権威ある指導も党に依つて行はれなかつた。嘗て或時代の日本共産党は武装デモの呼びかけをなし、事実小規模ながらそれを組織した。それは決定的に誤謬であつたが、それでもなほ此誤謬は大衆の支持を確信し大衆の中に突入する思想を現はしてゐる。

それに比べて昨年末の諸事実はブランキズムの悪い要素のみの寄せ集めの観があり、プロレタリアートと全然縁なき腐敗傾向すら示した。党は客観的に見て労働階級の党であると言へない。（中略）

我々は従来最高の権威ありとしてゐたコミンターン自身を批判にのぼせる必要を認める。我々はコミンターンが近年著しくセクト化官僚化し、余りに甚しく蘇聯邦一国の機関化し、廿一ヶ条加盟条件の厳格なプロレタリア前衛結合の精神を失ひ、各国の小ブルジョアに迎合し、悪煽動的傾向すら生じたと断定する。彼は日本の党に関して、気骨ある労働者よりも筆舌的饒舌的小ブルジョアを歓迎し希望と状勢とを混同して放恣なる戦術を考案し、目に見えた嘘を以て無責任な煽動をやつて居る。（中略）

最近の世界的事実（蘇聯邦の社会主義をも含んで）は我々に教へる。世界社会主義の実現は形式的国際主義に拠らず、各国特殊の条件に即し、その民族の精力を代表する労働階級の精進する一国的社会主義建設の道を通ずることを。民族と階級とを反撥させるコミンターンの政治原則は民族的統一の強固を社会的特質とする日本において特に不通の抽象である。最も進歩的な階級が民族の発展を代表する過程は特に日本においてよく行はれよう。世界革命の達成のために自国を犠牲にするも怖れざるはコミンターン的国際主義の極致であり、我々も亦之を奉じてゐた。しかし我々は今日本の優秀なる諸条件を覚醒したが故に日本革命を何者の犠牲にも供しない決心をした。（中略）我々は日本共産党がコミンターンの指示に従ひ、外観だけ革命的にして実質上有害な君主制廃止のスローガンをかゝげたのは根本的な誤謬であつたことを認める。それは君主を防身の楯とするブルジョア及地主を喜ばせた代りに、大衆をどしどし党から引離した。日本の皇室の連綿たる歴史的存続は、日本民族の過去における独立不羈の順当的発展――世界に類例少きそれを事物的に表現するものであつて、皇室を民族的統一の中心と感ずる社会的感情が勤労者大衆の胸底にある。我々はこの事実をありの儘に把握する必要がある。（中略）我々が戦争に参加すると反対するとは其の戦争が進歩的たると否とによつて決定される。支那国民党軍閥に対する戦争は客観的にはむしろ進歩的意義をもつてゐる。また現在の国際情勢の下において米国と戦ふ場合、それは双互の帝国主義戦争から日本側の国民的解放戦争に急速に転化し得る。更に太平洋における世界戦争は後進アジアの勤労人民を欧米資本の抑圧から解放する世界史的進歩戦争に転化し得る。我々は蘇聯邦及支那ソヴエート政府に対する戦争は反動戦争として反対する。我々は断じて好戦的主戦論にくみするものでないと雖も、いま不可避なる戦争危機をかく認識し之を国内改革との結合において進歩的なものに転化せしめるこそ我が労働階級の採るべき唯一の道と信ずる。民族の利害と労働階級の利害とを反撥せしめるのは誤謬である。

（出典）『特高月報』一九三三年七月、九一―九五ページ。

【解説】　一九三三年六月、獄中にあった日本共産党中央委員の佐野学と鍋山貞親は転向声明書を発表した。その内容は、コミンテルンの国際共産主義運動とそれに随順する共産党の運動を否認し、天皇制打倒の方針を批判して「民族的統一の中心」である皇室を戴いて「一国的社会主義」をめざすべきことを主張し、共産党の反戦闘争と植民地解放の政策は誤りであると批判するものであった。この声明書は獄内外の共同被告に伝えられただけでなく、新聞・雑誌でも大々的に報道された。満州事変後の排外主義の高まりと共産党の一層の孤立化のなかで大量転向の引金となり、同年七月末までに転向者は未決・既決囚の三一％に及んだ。弾圧とともに転向は革命運動とマルクス主義思想の退潮をもたらした。

第二章　日中全面戦争からアジア太平洋戦争へ

一九三三年五月の塘沽停戦協定によって、柳条湖事件以来拡大し続けてきた日本の武力侵略は停止されたが、軍部は満州に続いて華北の分離支配を構想しており、三五年には華北分離工作を実施し、河北省に傀儡政権をつくらせた。これに対して中国の抗日救国運動は一気にたかまり、三六年一二月の西安事件は第二次国共合作に向う転機となった。しかし、日本の政府、軍部の指導者には中国の民族的抵抗力に対する認識は弱く、むしろ民族的蔑視観が支配的で、華北制圧の要求を強めていた。そして、日本側が支那駐屯軍を一方的に増強し日中両軍の緊張がたかまるなかで、三七年七月七日盧溝橋事件が起こった。

事件処理に際して、陸軍の中には、「一撃」を加えれば中国側はたやすく屈伏するであろうという見通しにたった強硬論が有力であり、それが政府の強硬姿勢をもたらし、全面戦争化の一因となった。日本軍の南京攻略、徐州作戦、武漢・広東作戦を経て日中戦争は長期持久戦となり、国民党の切り崩しをねらった汪兆銘工作も失敗に終ると、戦争収拾の見通しはほとんど失われた。

日中両軍の衝突が全面戦争に拡大すると、政府は国民精神総動員運動を開始した。婦人会、青年団はじめ各種の官製団体を総動員し、部落会・町内会・隣組などの隣保組織を整備・活用して戦争協力活動が推進された。一九三八年四月には国家総動員法が公布され、これにもとづいて国民徴用令などの勅令が次々と発令され、戦時統制が進んだ。また、三八年から物資動員計画、三九年から労務動員計画が策定され、計画にもとづいて物資と労働力の動員が実施された。

一九三九年九月、第二次大戦が始まり、四〇年春以降のドイツの大攻勢と勝利が伝えられると、日中戦争に行きづまり物資不足が深刻化していた日本は、これを資源獲得と「援蔣ルート」遮断のための南進のチャンスと受けとめ、四〇年九月、日独伊三国同盟を締結するとともに、北部仏印に武力進駐した。国内ではドイツにならって「新体制」の樹立が叫ばれ、米内内閣が倒されたのち第二次近衛内閣のもとで新体制運動が起こり、すべての政党が解党したのち一〇月に大政翼賛会が成立した。翼賛会は、既成の政党に代わって政治力を結集するという当初の構想からは大きく後退したが、国民統制と翼賛運動推進のための指導的機関となった。一一月には、労働組合が解散させられたのち大日本産業報国会を頂点とする産業報国体制が確立した。また、四〇年から太平洋戦争開戦前後の時期には、思想・言論・出版・報道統制や防諜に関する一連の治安立法が、制定あるいは強化された。こうした治安対策の強化の下で翼賛体制は確立した。

一九四一年六月の独ソ開戦を機に、日本は関東軍特種演習を発動して大動員をおこなう一方、南部仏印進駐を実施した。南部仏印進駐に対抗して、アメリカは対日石油輸出の全面停止に踏み切った。こうして決定的な岐路に立たされると、「じり貧」を恐れる軍部は早期開戦論を唱え、九月六日の御前会議では実質的に開戦を予定した「帝国国策遂行要領」が決定された。四月からの日米交渉は難航し、近衛は開戦の決断ができず内閣を投げ出した。開戦論者の東条が首相になると、開戦は決定的となった。一一月五日の御前会議では一二月初旬の開戦が決定され、ハル・ノートの手交を経て一二月一日の御前会議で再確認され、開戦に及んだ。

「大東亜戦争」と名付けられたアジア太平洋戦争は、日本が「大東亜」の盟主となって欧米帝国主義の支配からアジアを解放する「聖戦」であり、戦争の目的は「大東亜新秩序の建設」であるとされたが、実際の占領地統治方針においては、重要国防資源の確保が最大の目的とされた。また、日本の軍政下では、朝鮮、台湾の場合と同様に「皇民化」政策が実施され、日本語の普及、神社の創建などが強制された。日本軍は「新秩序」を築くことはできず、破壊と混乱をもたらしただけでなく、第四節の史料に掲げたような住民虐殺、略奪、強姦、強制労働、捕虜虐待などの戦争犯罪を犯したのであり、それらはすべて戦後補償を含む戦争責任問題につながっている。

日本の戦時統制経済は、他の諸国に比して、軍需に対して民需すなわち国民生活を著しく圧迫するものであったが、アジア太平洋戦争期とくにその後半期には、統制経済自体が破綻に瀕した。闇取引が蔓延し、「役得」が横行し、配給の質が悪化し、国民の栄養摂取量は低下の一途をたどった。また、転廃業、徴用、学徒・女子の勤労動員などによる根こそぎ動員は、社会の秩序を内部から崩壊させる原因となった。

（北河賢三）

第一節

華北分離工作から日中全面戦争へ

1 華北分離工作と抗日運動

33 梅津・何応欽協定 一九三五年六月一〇日

梅津何応欽協定に関する若杉参事官報告

北平発 本省着 六月十日後

若杉参事官

広田大臣

第一八〇号

往電第一七七号ニ関シ

本十日午後何応欽ハ高橋輔佐官ニ対シ中央ノ訓令ニ依ル趣ヲ以テ

我軍側ノ要求ヲ全部容レ左ノ如ク回答セル趣ナリ

一、河北省内党部ノ撤退ニ関シ十日命令ヲ発シ即日開始ス

二、第五十一軍移駐ハ十一日ヨリ鉄道輸送ヲ開始シ六月二十五日頃終了ノ予定

三、中央軍第二十五師及第二師ヲ河北省外ニ移駐セシムルコトニ決定ス

四、国民政府ハ全国ニ排外排日ノ禁止ヲ命ス

本件回答発表方ニ関シテハ高橋輔佐官ヨリ天津軍ト打合セタル上之ヲ為ス筈ニ付本電発表ナキ様御取計ヲ請フ

（出典） 外務省編『日本外交年表竝主要文書』下、原書房、一九六五年、二九三―二九四ページ。

34 土肥原・秦徳純協定 一九三五年六月二七日

土肥原秦徳純協定に関する若杉参事官報告

北平発 本省着 六月二十四日後

若杉参事官

広田大臣

第二〇四号

察哈爾《チャハル》問題処理方ニ関シ来平中ノ土肥原少将ハ二十三日夜松井中佐及高橋武官ト共ニ秦徳純ト会見シ大要

一、宋哲元軍ヲ概ネ停戦協定線（昌平延慶ノ線）ノ延長線以西ニ撤退セシムルコト

二、察哈爾省ヨリ憲兵隊、国民党部及藍衣社ヲ撤退セシメ排日行為ヲ禁止スルコト

三、右一及二ハ二週間以内ニ実行ヲ了スルコト
四、張北事件ニ関シ謝罪シ直接責任者ヲ処罰スルコト
ノ申入レヲ為シタル処秦ハ中央ニ請訓ノ上回答スヘキ旨ヲ約シタル趣ナリ右我方ノ要求事項ハ絶対極秘ニ附セラレタキ軍側ノ希望ニ付右様御含アリタシ

北平　六月二十七日後発
本省　　　　　　　　着

若杉参事官

広田大臣

第一一四号

往電第二一一号ニ関シ
二十七日秦徳純ヨリ土肥原少将ニ提出セル文書回答ノ内容大要左ノ如シ
一、張北事件ニ関シ遺憾ノ意ヲ表シ責任者ヲ免職ス
二、日支国交ニ不良ノ影響ヲ及ホスト認メラルル機関ヲ察哈爾省ヨリ撤退ス
三、日本側ノ察哈爾省内ニ於ケル正当ナル行為ヲ尊重ス
四、昌平延慶大林堡ヲ経テ長城ニ至ル線以東ノ地域及独石口北側ヨリ長城ニ沿ヒ張家口北側ヲ経テ張北県南側ニ至ル線以北ノ地域ヨリ宋哲元軍ヲ撤退セシメ撤退後ノ治安ハ保安隊ヲシテ当ラシム
五、以上ノ撤退ハ六月二十三日ヨリ二週間以内ニ撤交（ママ）ヲ完了ス
以上回答ノ内容ハ極秘ニ附セラレ度キ軍側ノ希望ニ付右様御含アリ度シ

（出典）外務省編『日本外交年表竝主要文書』下、原書房、一九六五年、二九四ページ。

【解説】 塘沽停戦協定の段階で関東軍や軍中央の一部には、華北を国民党政権の影響力の及ばない地帯にしようという狙いがあり、一九三五年には現地軍が華北分離工作に着手した。反満抗日組織が非武装地帯を足場にしていることなどを理由に中国側に圧力をかけ、同年六月一〇日支那駐屯軍司令官梅津美治郎と国民政府軍事委員会北平分会主任何応欽の間に、国民党勢力を河北省から排除することを内容とする協定が結ばれた。また、関東軍特務機関員が宋哲元軍に逮捕された事件を機に、六月二七日奉天特務機関長土肥原賢二とチャハル省首席代理秦徳純の間に協定が結ばれ、チャハル省東部から宋哲元軍が撤退した。

35 対北支那政策　一九三五年八月一日

第一、方針
一、北支那ニ於ケル一切ノ反満抗日的策動ヲ解消シテ日満両国ト支那トノ間ニ経済的文化的融通提携ヲ実現シ且日満両国ノ国防上ニ不安ナカラシムル地域タラシムルヲ以テ当面ノ方針トナス

第二、要領

一、河北省ニ於テハ北支那停戦協定及今次河北事件中合セノ精神ヲ堅持シテ逐次反満抗日的諸勢力ノ排除ヲ徹底シ河北当局ヲシテ厳ニ親日、満政策ヲ実行セシメ該地方ヲシテ対日満関係ニ於テ特ニ和親提携ノ地帯タルノ実ヲ挙クルニ努ム

二、赤化ノ脅威ニ対シ共同之ニ当ル為察哈爾《［チャハル］》省又其他ノ外蒙接壌地方ニ於テハ主トシテ日、満両国ノ国防上ノ見地ニ基ク諸般ノ要望ヲ認メ合作セシム

三、叙上ノ施策ニ伴ヒ山東、山西、綏遠ノ各地方政権ヲシテ一層積極的ニ帝国トノ実質的親善関係ヲ増進セシム

四、前記各地方ト日、満トノ関係ヲ緊密ナラシムル為主トシテ経済的関係ノ促進就中通商ノ増進各種産業及交通ノ開発等ニ意ヲ用ヒ特ニ対照［象］ヲ実業界其他一般民間ニ求メ国民相互ノ経済提携ヲ促進ス

五、北支五省ニ対スル叙上趣旨ノ進展ニ伴ヒ彼等政権ヲシテ対日、満関係ニ於テ同一歩調ヲ取ラシムルト共ニ対南京政権ノ関係ニ於テモ努メテ共同ノ歩調ヲ採ラシメ相互ノ結合ヲ図リ叙上ノ趣旨ニ反スル南京政権ノ政令ニヨツテ左右セラレス自治的色彩濃厚ナル親日、満地帯タラシムルコトヲ期ス

六、叙上施策ノ実行ハ燥急且露骨ナル工作ヲ避ケ軍ノ厳正ナル態度ニヨル暗黙的威力ト適正公明ナル指導ニヨリ支那側ヲシテ自発的ニ発動セシムル如ク誘導スルモノトス

（出典）　陸軍省『昭和十年満受大日記（密）』九（国立公文書館蔵）。

【解説】　一九三五年九月二四日支那駐屯軍司令官多田駿は「国民党部及び蔣介石政権の北支よりの除外には威力の行使もまたやむを得ないであろう。……さしずめ北支五省連合自治体結成への指導を要する」と述べ衝撃を与えたが、「北支五省」を対象とする構想は、すでに八月六日に陸軍次官名で現地軍に示された「対北支那政策」（史料35）にみられた。一一月には河北省東部に傀儡政権である冀東防共自治委員会（一二月冀東防共自治政府と改称）、一二月には北平に冀察政務委員会が設立された。冀東政権が成立すると日本の企業が続々と華北に進出し商品がなだれこんだ。また、アヘンを含む冀東密貿易の公認は中国に大打撃をあたえた。

36　抗日救国のために全同胞に告げる書（八・一宣言）　一九三五年八月一日

中国ソヴェト政府・中共中央
抗日救国のために全同胞に告げる書

内外の労・農・軍・政・商・学の各界男女同胞の諸君！

わが国に対する日本帝国主義の進攻は急テンポとなり、南京の売国政府は一歩一歩と投降し、わが北方の各省も東北四省に次いで、事実上滅亡してしまった！

数千年来の文化と歴史を有する北平と天津、無限の資源に富む河北・山東・山西・河南の各省、もっとも重要な戦略的意義を有するチャハル・綏遠地域、全国の政治上・経済上の命脈を握っている北寧・平漢・津浦・平綏などの各鉄道は現在、事実上、完全に日本侵略者の軍事的制圧下にある。盗賊関東軍司令部はいわゆる「蒙古国」および「華北国」の成立計画をいまや積極的におしすすめつつある。一九三一年の「九・一八」事変以後、東三省から熱河へ、熱河から長城の要塞へ、長城から「灤東非武装地帯」へ、非武装地帯から河北・チャハル・綏遠および北方の各省へと事実上の占領を行ない、四年足らずのうちに、全国の山河のほぼ半分がすでに日本侵略者によって占領され、侵略された。田中メモランダムによって予定された、完全にわが国を滅亡しようとする悪辣な計画は、まさに着々と実行されつつある。このままの状態ですすめば、みるみるうちに長江・珠江流域およびその他の各地はすべて、次々に日本侵略者の併呑するところとなろう。五〇〇〇年の歴史を有するわが国は、完全に被征服国家となり、四億の同胞はことごとく亡国奴となろう。

この数年来、わが国家、わが民族はすでに危機一髪の生死の関頭に立っている。抗日すれば生き、抗日しなければ死ぬ。抗日救国はいまや同胞一人ひとりの神聖な天職となった！

（出典）『中国共産党史資料集』七、勁草書房、一九七三年、五二一—五二二ページ。

【解説】　日本と妥協をはかろうとする国民政府は、梅津・何応欽協定成立と同時に「敦睦友邦令」を出して反日運動を禁止した。しかし、対日妥協政策は日本の侵略拡大をまねき、国民の間に抗日救国を求める声が高まった。こうした要求は、国民政府軍に敗れ大長征の過程にあった中国共産党にも影響を及ぼした。コミンテルン第七回大会開催中の一九三五年八月一日、中共代表団は中国ソヴェト政府と中共中央の名で「抗日救国のために全同胞に告げる書」(いわゆる八・一宣言)を発表した。蔣介石と国民党を区別し、国民党・藍衣社の一部を含む全国民に、はじめて抗日救国のための国防政府・抗日連軍の結成を呼びかけた。

37 全国各界救国連合会　抗日救国の初歩的政治綱領　一九三六年六月一日

一　基本的認識

大会は次のように考える——中国は自由と独立をかちとるための民族革命が必要であり、これはもともと大衆の一致した要求である。この革命の完成のためには犠牲のもっとも少ない手段をとるべきであり、それは革命の技術面からも当然の条件である。これまでは、とるべき手段の問題においても、各方面に意見の相違があり、こうした意見の相違がこれまでの民族戦線での不幸な分裂をつくり出していたのである。日本帝国主義の無法な侵略のお陰で、こうした意見のちがいも統一の方向に向うことになったし、こうした意見の統一化が必然的に民族戦線の再統一化を促進するであろう。

民族革命における対外抗争については、これまでは万遍もなく反帝国主義一般を主張するものもおり、まず単独に反英闘争を行なうことだけを主張するものもおり、さらにまず単独に反日闘争を行なうことだけを主張するものもいた。だが現在では、すべての異なっていた意見がすでに「反日第一」の原則のもとで統一されてきたのである。反日の手段の問題についても、これまでは戦争は避けられると考えるものもおり、勢いの趨くところ戦争は不可避であると考えるものもいた。だが現在では、これらの異なっていた意見がすべて「反日戦争は不可避である」という原則のもとに統一されてきたのである。

国内諸勢力および各階層の人びとの団結の問題については、これまでずっと多くの論争があり、これまで感じられてきた困難や苦しみはとくに深刻であったし、そのうえ、つねに重大な紛争を引き起こしてきた。だがこうした紛争も、現在では、かなり自然に解決されつつある。日本帝国主義の野蛮さや横暴さのために、人びとはだれもがみな「家を棄てて国難を救い、身を捨てて国家に尽くす」決意のもとで、反日戦線に勇躍参加している。ごく少数のもっとも恥しらずな漢奸が人民の共通の敵となってとり残されているだけである。「金があるものは金を出し、力があるものは力を出す」というスローガンのもとでは、個々人の力がみな国家の力に変わることができ、すべての人がみな同じ戦線に立って共通の敵に対抗し、すべての人がみな一致して国家のために犠牲となるのであり、もはや誰が誰を打倒するとか、誰が誰に打倒されるとかいうことは言われなくなったのである。

「反日第一」の原則のもとでは、われわれの国際関係はどのようにうちたてられるべきであろうか。いうまでもなく、われわれはできるだけ敵を少なくすべきである。欧米列強は本質的にはもとより帝国主義であるが、現段階の国際情勢のもとでは、彼らはまだ直接大量の武力をもって中国革命に干渉することはできないし、同時に日本帝国主義が独断専行して、あくまで中国を独占しようとすることが、とくに彼らに不満と危惧の念を抱かせている。したがって、中国がもし外交的にこの情勢をうまく運用することができれば、彼らはわれわれに相当の援助を与える可能性があるし、少なくともわれわれが、彼らに中立を維持させることは可能である。だが、われわれはやはり彼らに過大の期待をかけてはならず、さもなければ意想外の打撃をこうむって、恥ずべき失敗を喫するであろう。

われわれはかならずしもソ連に愛される必要はないが、現実には、反日戦争のさなかにある以上、ソ連は確かにわれわれにとってもっとも必要で、またもっとも信頼できる同盟者である。ソ連は、反日の立場では中国と完全に利害を共通にしており、ソ連がその他の帝国主義と連合して中国を侵略するようなことは絶対にありえないことである。これまで、中国革命のとるべき手段の問題をめぐって、一部の人びとはロシア革命の過程に不満なところから、これと関連づけてソ連に反対するものもいた。一九二七年に中国革命が敗北して以後、ソ連とわが国当局との間に多くの不幸な衝突が生まれた。一部の人びとはさらに、この種の衝突を理由としてソ連に反対してきた。中国がふたたび一九二五―二七年の革命精神をふるい起こして抗日を実行するならば、中ソが友好的になることにはなんの問題もないし、同時に中ソ間の同盟もきわめて必要となり、しかもきわめて強固なものになりうる、とわれわれは考える。

（出典）『中国共産党史資料集』八、勁草書房、一九七四年、一七五―一七六ページ。

【解説】　一九三五年一二月九日北平の学生数千人は、冀察政務委員会の設置反対、内戦停止を要求してデモ行進をおこなったが、この影響は全国に波及し抗日救国運動の出発点となった（一二・九運動）。さらに、冀東密貿易は中国の民族産業に大打撃をあたえ、三六年四月日本政府が一方的に支那駐屯軍を増強したのに対し、各地で日本軍増強反対のデモが起こった。こうしたなかで上海では五月三一日と六月一日の両日、全国各界救国連合会（全救連）の成立大会が開催された。大会には全国一八の省市・六〇余の救国団体の代表五〇余人が集まり、各党各派の団結と共同抗日の促進を宣言した。

38　西安事件　一九三六年一二月一二日

支那特報第一号
一　西安事変

（昭和十二年一月六日　軍令部）

西安事変重要日誌

一、事件の概要

昭和十一年十二月十一日午前三時張学良は麾下軍隊をして西安東方華清池温泉にありし蔣介石を襲はしめ之を逮捕監禁すると共に楊虎城部下軍隊をして西安にある中央系要人を襲はしめ陳調元、陳誠、朱紹良、蔣鼎文、衛立煌、万耀煌、陳継承、銭大鈞、邵力子、蔣作賓、蔣方震等を拘留せり、本事件勃発するや蔣介石の衛隊は抵抗し叛軍と銃火を交ゆるに至り又楊虎城部は土匪的部隊なるため掠奪を行ひ西安全市は無秩序の状態に陥れり。その際蔣介石の側近に在りし衛隊は殆んど戦死或は負傷し、残りは捕虜となり城内に在りし其の主力も悉く武装を解除せられ又邵元沖外二名は混乱中に射殺せられ銭大鈞は負傷せり尚飛行場に在りし飛行機二ヶ中隊二十一機並十二日南京より飛来せし六機は共に張学良軍の為抑留せられたるが如し。

而して張学良は南京政府に向ひ左記八ヶ条の要求通電を出し今回の蹶起行動を中外に宣明せり

㈠　南京政府を改組し各党各派を容納し共同して救国の責任を負ふべし
㈡　一切の内戦を停止せよ
㈢　直に上海に於て逮捕されたる愛国指導者を釈放すべし
㈣　全国一切の政治犯を釈放すべし
㈤　人民愛国運動を解放せよ
㈥　人民の集会結社及一切の政治自由を保障せよ
㈦　孫総理の遺嘱を確実に実行せよ
㈧　直に救国国民大会を開け

右項目を検討するに各項は抗日を前提とし㈠は共産党員の参加㈡は共産軍討伐停止㈦は*聯俄、容共、工農の三大政策実行を意味するものとも観らるべく右要求に対し蔣介石は十二月十七日已むなく全部を承認せしも署名を肯ぜざりしが宋美齢等の西安に来り勧告するに及び遂に署名せる由にて楊虎城は中央が之を実行せざる場合には公表すべしとて目下之を手許に保管中なりと云ふ

（出典）『現代史資料』一二　日中戦争(4)、みすず書房、一九六五年、二三九―二四〇ページ。

【解説】　全国各界救国連合会が指導する抗日救国運動が高揚するなかで、中共軍討伐に力を注ぐ蔣介石に対して内戦停止を求める非難の声が高まると、一九三六年一一月蔣は全救連の指導者七名を逮捕し、民衆との乖離を深めた。さらに一二月四日蔣自ら西安に赴き、中共軍と停戦状態に入っていた張学良軍を督戦し、自ら中共軍剿滅戦の指揮をとった。追いつめられた張は一二月一二日早朝蔣を逮捕・監禁し、その夜全国に打電して史料のような八項目の要求を提起した。この西安事件は、国民党と共産党の内戦を停止し、第二次国共合作に向かう転機となった。＊聯俄は俄羅斯《オロシヤ》と連繋すること、連ソの意。

39　「国策の基準」　一九三六年八月七日

一、国家経綸ノ基本ハ大義名分ニ即シテ内、国礎ヲ鞏固ニシ外、国運ノ発展ヲ遂ケ帝国カ名実共ニ東亜ノ安定勢力トナリテ東洋ノ平和ヲ確保シ世界人類ノ安寧福祉ニ貢献シテ茲ニ肇国ノ理想ヲ顕現スルニアリ帝国内外ノ情勢ニ鑑ミ当ニ帝国トシテ確立スヘキ根本国策ハ外交国防相俟ツテ東亜大陸ニ於ケル帝国ノ地歩ヲ確保スルト共ニ南方海洋ニ進出発展スルニ在リテ其ノ基準大綱ハ左記ニ拠ル

㈠　東亜ニ於ケル列強ノ覇道政策ヲ排除シ真個共存共栄主義ニヨリ互ニ慶福ヲ頒タントスルハ即チ皇道精神ノ具現

ニシテ我対外発展政策上常ニ一貫セシムヘキ指導精神ナリ

(二) 国家ノ安泰ヲ期シ其ノ発展ヲ擁護シ以テ名実共ニ東亜ノ安定勢力タルヘキ帝国ノ地位ヲ確保スルニ要スル国防軍備ヲ充実ス

(三) 満洲国ノ健全ナル発達ト日満国防ノ安固ヲ期シ北方蘇国ノ脅威ヲ除去スルト共ニ英米ニ備ヘ日満支三国ノ緊密ナル提携ヲ具現シテ我カ経済的発展ヲ策スルヲ以テ大陸ニ対スル政策ノ基調トス而シテ之カ遂行ニ方リテハ列国トノ友好関係ニ留意ス

(四) 南方海洋殊ニ外南洋方面ニ対シ我民族的経済的発展ヲ策シ努メテ他国ニ対スル刺戟ヲ避ケツツ漸進的和平的手段ニヨリ我勢力ノ進出ヲ計リ以テ満洲国ノ完成ト相俟ツテ国力ノ充実強化ヲ期ス

二、右根本国策ヲ枢軸トシテ内外各般ノ政策ヲ統一調整シ現下ノ情勢ニ照応スル庶政一新ヲ期ス要綱左ノ如シ

(一) 国防軍備ノ整備ハ

(イ) 陸軍軍備ハ蘇国ノ極東ニ使用シ得ル兵力ニ対抗スルヲ目途トシ特ニ其在極東兵力ニ対シ開戦初頭一撃ヲ加ヘ得ル如ク在満鮮兵力ヲ充実ス

(ロ) 海軍軍備ハ米国海軍ニ対シ西太平洋ノ制海権ヲ確保スルニ足ル兵力ヲ整備充実ス

(二) 我外交方策ハ一ニ根本国策ノ円満ナル遂行ヲ本義トシテ之ヲ綜合刷新シ軍部ハ外交機関ノ活動ヲ有利且円満ニ進捗セシムル為内面的援助ニ勉メ表面的工作ヲ避ク

(三) 政治行政機構ノ刷新改善及財政経済政策ノ確立其ノ他各般ノ施設運営ヲシテ右根本国策ニ適応セシムルカ為左記事項ニ関シテハ適当ノ措置ヲ講ス

(イ) 国内輿論ヲ指導統一シ非常時局打開ニ関スル国民ノ覚悟ヲ鞏固ナラシム

(ロ) 国策ノ遂行上必要ナル産業並ニ重要ナル貿易ノ振興ヲ期スル為行政機構並ニ経済組織ニ適切ナル改善ヲ加フ

(ハ) 国民生活ノ安定、国民体力ノ増強、国民思想ノ健全化ニ就キ適切ナル措置ヲ講ス

(ニ) 航空並ニ海運事業躍進ノ為適当ナル方策ヲ講ス

(ホ) 国防及産業ニ要スル重要ナル資源並ニ原料ニ対スル自給自足方策ノ確立ヲ促進ス

(ヘ) 外交機関ノ刷新ト共ニ情報宣伝組織ヲ充備シ外交機能並ニ対外文化発揚ヲ活潑ニス

（出典）外務省編『日本外交年表竝主要文書』下、原書房、一九六五年、三四四―三四五ページ。

【解説】　二・二六事件の後、組閣人事をはじめ陸軍の要求をほぼ全面的に受け入れて成立した広田弘毅内閣は、軍部の国防充

実の要求に追随し、一九三六年五月軍部大臣現役武官制を復活させ、六月には帝国国防方針・用兵綱領を改訂、これにともなって大幅な軍備拡張計画を策定した。また、石原莞爾の構想などをもとに対ソ戦準備の完成をめざす陸軍と、南進政策を主張する海軍の合意をふまえて、八月七日の五相会議（首・陸・海・外・蔵）で「国策の基準」を策定し、南北併進の方針を決定した。

2 日中全面戦争

40 盧溝橋事件の勃発 一九三七年七月七日

蘆溝橋附近戦闘詳報

（自昭和十二年七月八日至昭和十二年七月九日
支那駐屯軍歩兵第一聯隊）

事変の発端

1 第八中隊夜間演習中支那側より射撃を受く第八中隊は七月七日午後七時三十分より夜間演習を実施し竜王廟附近より東方大瓦窑に向ひ敵主陣地に対し薄暮を利用する接敵次で黎明突撃動作を演練せり而して該中隊長が特に竜王廟を背にし東面して演習を実施したるは予て竜王廟附近には夜間支那軍配兵しあるを知り其誤解を避けんが為なり右演習中該中隊は午後十時四十分頃竜王廟附近の支那軍の既設陣地より突如数発の射撃を受く之に於て中隊長は直に演習を中止し集合喇叭を吹奏す然るに再び蘆溝橋城壁方向より十数発の射撃を受く

此間中隊長は大瓦窑西方「トウチカ」附近に中隊を集結せしむ然るに兵一名不在なるを知り断然膺懲するに決し応戦の準備をなしつつ伝令を派して在豊台大隊長に急報す

2 大隊長の処置

大隊長は正子稍前豊台官舎に在りて第八中隊の報告に接し直に出動するに決し非常呼集を命ずると共に聯隊長に報告す

（出典）『現代史資料』一二 日中戦争(4)、みすず書房、一九六五年、三四一ページ。

【解説】 盧溝橋事件は一九三七年七月七日夜、北平南西の郊外にある盧溝橋付近で夜間演習をしていた日本軍と中国軍との間に起こった衝突事件で、日中全面戦争の発端となった。この事件に関する日本側の史料としては、当時の戦闘詳報、手記、戦後の回想記、証言などがある。収録史料は一九三七年一二月にまとめられた支那駐屯軍歩兵第一連隊の戦闘詳報である。史料では中国軍が最初に発砲したとされているが、日本の研究者の多くは、日中両軍の緊張が高まり至近距離で対峙する状況のなかで中国軍兵士が偶発的に発射したと解釈するのに対し、中国の研究者は日本軍謀略説をとっている。〔参〕安井三吉『盧溝橋事件』研文出版、一九九三年。

41 蔣介石の盧山談話　一九三七年七月一七日

諸君！　中国がいままさに外にあっては和平を求め、内にあっては統一を求めつつある際に、突然起こった盧溝橋事変については、たんにわが全国の民衆が悲憤にたえないばかりでなく、世界の世論をもことごとく震撼させているありさまである。この事変の発展の結果は、たんに中国の存亡にかかわる問題となるばかりでなく、世界人類の禍福にかかわる問題となるであろう。諸君は国難に関心を抱いており、もちろんこの事件にも、とくに深い関心をよせておられる。そこでここに、この事件のいくつかの重要な意味について、諸君に率直に説明したい。

第一に、中国民族はもともと和平を熱愛しており、国民政府の外交政策は、従来から、対内的には自存を求め、対外的には共存を求めることを主張してきた。本年二月の三中全会の宣言では、より一層明確にこのことが表明されたのである。最近二ヵ年来の対日外交はひたすらこの方針を守って前進・努力し、これまでの各種の常軌をはずれた状態をことごとく外交の常道に戻し、正しい解決をはかろうと望んだのである。こうした苦心と事実は国の内外において見てとることができるであろう。われわれが国難に対処するにはまずなによりも、自分の国のおかれた立場を認識し、われわれが弱国であることを認識し、自己の国力について忠実な評価を行なわなければならず、国家が建設を行なうには和平が絶対に必要なことを認識しなければならない、と私はつねづね感じてきた。これまで数年間、不平不満をたえしのんで対外的に和平を保ってきたのも、それこそこの理由からだったのである。一昨年の五全大会で私は外交報告を行ない、いわゆる「和平が根本的に絶望となる時期が到来しないうちは、けっして和平を放棄せず、犠牲がまだ最後の関頭に達しないうちは、けっして軽々しく犠牲を口にせず」〔という方針を提起し〕、ついで今年二月の三中全会での「最後の関頭」についての説明において、われわれの和平愛護〔の方針〕を十分に表明した。われわれが弱国である以上、もし最後の関頭に直面すれば、全民族の生命を賭して、国家の生存をはかるだけのことであり、そのときには、もはやわれわれは中途で妥協することを許されない。中途での妥協の条件としては全面的投降・全面的滅亡の条件しかないことを知るべきである。全国国民は最後の関頭なるものの意味をもっとも明瞭に認識し、ひとたび最後の関頭にいたれば、われわれは〔あらゆるものを〕徹底的に犠牲にして、徹底的に抗戦するほかない。犠牲の決意を固めてこそ、最後の勝利をかちとることができるのである。もしあちらこちらとさまよい歩き、一時の平安をむさぼろうと妄想しようものなら、それこそ民族を永劫に再起不能の状態に陥れることになるであろう。

第二に、今度の蘆溝橋事変発生後も、なおそれは偶然に起こったのだと考えている人がいるかもしれないが、一月以来の相手〔国〕の世論または外交上の直接間接の表明は、そのことごとくが事変発生の兆候をわれわれに感じさせるのであり、そのうえ事変発生の前後にはなお種々のニュース――塘沽協定の範囲が拡大されるだろうとか、冀東傀儡組織が拡大されるだろうとか、二九軍は追っぱらわれるだろうとか、宋哲元は〔戦線から〕離脱させられるだろうとかいう、こうした種類の風説――が枚挙にたえないほど伝わった。こうしたことから、この事件がけっして偶然のものでないことが考えられるであろう。この事変の経過から、他国が中国を陥れようといかに大急ぎで苦心惨憺しているか、また和平はもはや容易には獲得できそうにないことがわかるのである。いまもし平安無事を求めるとすれば、それは他国の軍隊が無制限にわが国の国土に出入りするのを許すことになるだけであり、われわれの自国の軍隊は逆に自国の土地におりながら、自由に駐留できないように制限されてしまうか、または他国が中国の軍隊に発砲するのに、われわれは返砲することもできなくなるであろう。言いかえれば、それは他国が包丁まないたとなり、わが方が魚肉になることである。このようにわれわれは、人の世のこのうえない悲惨な状態にいまにも直面しようとしているのである。これは世界中の多少でも人格をもった民族ならどの民族であれ、とうてい忍受しようのないものである。わが東北四省が占領されてすでに六年もの永きに及んでおり、これにつづいて生まれたのが塘沽協定であり、いまでは衝突地点はすでに北平の入口である蘆溝橋にまできている。もし蘆溝橋までが他国から圧迫され、占領されてもかまわないというのなら、わが五〇〇年来の古都であり、北方の政治・文化の中心であり、軍事上の重要地点である北平は、第二の瀋陽になってしまうであろう。今日の北平がもし昔日の瀋陽になるとすれば、今日の河北・チャハルもまた昔日の東北四省になってしまうであろう。北平がもし瀋陽になるとすれば、南京がまたどうして北平の二の舞にならないというわけがあろうか。したがって、蘆溝橋事変の推移は中国の国家全体の問題にかかわるのであり、この事変をかたづけることができるかどうかが、最後の関頭の境目である。

第三に、万一にも本当に避けることのできない最後の関頭にいたった場合には、もちろんわれわれは犠牲を払うだけであり、抗戦するだけである。しかし、われわれの態度は応戦するだけであって、こちらから戦いを求めていくのではない。抗戦は最後の関頭に対処するやむをえないやり方である。わが全国の国民は、きっと政府がすでに全面的な準備をととのえつつあるのを信頼することができるであろう。われわれは弱国であるし、また和平を擁護するのがわれわれの国策なのだから、〔こちらから〕戦いを求めていくべきではない。われわれはもとより弱国ではあるが、わが民族の生命を保持せざるを得ないし、祖宗・先人がわれわれに残してくれた歴史上の責任を背負わざるを得ない。したがって、どうしてもやむをえないときには、われわれは応戦せざるを得ないのである。すでに戦端が開かれたのちには、われわれは弱国であるからしてもはや妥協の機会はないのであり、もしわずかな土地、わずかな主権であれ、それを放棄するならば、それこそ中華民族永劫の罪人となるであろう。その時には、民族の生命を賭して、われわれの最終的勝利を追求するだけのことである。

（出典）『中国共産党史資料集』八、勁草書房、一九七四年、四六八—四七〇ページ。

【解説】　事件の翌八日両軍は戦闘状態にはいったが、九日には停戦協議がまとまり、一一日中国側に一方的な譲歩を強いる内容の停戦協定が結ばれた。しかしこの日近衛内閣は五個師団（さしあたり三個師団）の中国派兵を決定し、「重大決意」をしたという政府声明を発表した。こうした政府の強硬姿勢の背後には、一撃を加えれば中国はたやすく屈伏するであろうという強硬論が陸軍中央内で支配的であり、陸軍の派兵決定論を左右したという事情があった。そして中央の強硬姿勢が現地軍の強硬派を勢いづかせ、事態の収拾を困難にさせた。また、中国側は派兵決定と政府声明を日本の戦争決意と受けとめ、抗戦気運が一気に高まった。そのなかで七月一七日蔣介石は廬山で談話を発表した。なお、文中〔　〕内の語句は、依拠史料での補足説明。

42　廬溝橋事件に関する政府声明　一九三七年八月一五日

帝国夙ニ東亜永遠ノ平和ヲ冀念シ、日支両国ノ親善提携ニ力ヲ致セルコト久シキニ及ヘリ。然ルニ南京政府ハ排日抗日ヲ以テ国論昂揚ト政権強化ノ具ニ供シ、自国国力ノ過信ト帝国ノ実力軽視ノ風潮ト相俟チ、更ニ赤化勢力ト苟合シテ反日侮日愈々甚シク以テ帝国ニ敵対セントスルノ気運ヲ醸成セリ。近年幾度カ惹起セル不祥事件何レモ之ニ因由セサルナシ。今次事変ノ発端モ亦此ノ如キ気勢カ其ノ爆発点ヲ偶々永定河畔ニ選ヒタルニ過キス、通州ニ於ケル神人共ニ許ササル残虐事件ノ因由亦茲ニ発ス。更ニ中南支ニ於テハ支那側ノ挑戦的行動ニ起因シ帝国臣民ノ生命財産既ニ危殆ニ瀕シ、我居留民ハ多年営々トシテ建設セル安住ノ地ヲ涙ヲ呑ンテ遂ニ一時撤退スルノ已ムナキニ至レリ。

顧ミレハ事変発生以来屢々声明シタル如ク、帝国ハ隠忍ニ隠忍ヲ重ネ事件ノ不拡大ヲ方針トシ、努メテ平和的且局地的ニ処理センコトヲ企図シ、平津地方ニ於ケル支那軍屢次ノ挑戦及不法行為ニ対シテモ、我カ支那駐屯軍ハ交通線ノ確保及我カ居留民保護ノ為真ニ已ムヲ得サル自衛行動ニ出テタルニ過キス。而モ帝国政府ハ夙ニ南京政府ニ対シテ挑戦的言動ノ即時停止ト現地解決ヲ妨害セサル様注意ヲ喚起シタルニモ拘ラス、南京政府ハ我カ勧告ヲ聴カサルノミナラス、却テ益々我方ニ対シ戦備ヲ整ヘ、厳存ノ軍事協定ヲ破リテ顧ミルコトナク、軍ヲ北上セシメテ我カ支那駐屯軍ヲ脅威シ又漢口上海其他ニ於テハ兵ヲ集メテ愈々挑戦的態度ヲ露骨ニシ、上海ニ於テハ遂ニ我ニ向ツテ砲火ヲ開キ帝国軍艦ニ対シテ爆撃ヲ加フルニ至レリ。

此ノ如ク支那側カ帝国ヲ軽侮シ不法暴虐至ラサルナク全支ニ亙ル我カ居留民ノ生命財産危殆ニ陥ルニ及ンテハ、帝国トシテハ最早隠忍其ノ限度ニ達シ、支那軍ノ暴戻ヲ膺懲シ以テ南京政府ノ反省ヲ促ス為今ヤ断乎タル措置ヲトルノ已ムナキニ至レリ。

此ノ如キハ東洋平和ヲ念願シ日支ノ共存共栄ヲ翹望スル帝国トシテ衷心ヨリ遺憾トスル所ナリ。然レトモ帝国ノ庶幾スル所ハ日支ノ提携ニ在リ。之カ為支那ニ於ケル排外抗日運動ヲ根絶シ今次事変ノ如キ不祥事発生ノ根因ヲ芟除スルト共ニ日満支三国間ノ融和提携ノ実ヲ挙ケントスルノ外他意ナク、固ヨリ毫末モ領土的意図ヲ有スルモノニアラス。又支那国民ヲシテ抗日ニ踊ラシメツツアル南京政府及国民党ノ覚醒ヲ促サントスルモ、無辜ノ一般大衆ニ対シテハ何等敵意ヲ有スルモノニアラス且列国権益ノ尊重ニハ最善ノ努力ヲ惜マサルヘキハ言ヲ俟タサル所ナリ。

（出典）　外務省編『日本外交年表竝主要文書』下、原書房、一九六五年、三六九—三七〇ページ。

【解説】　現地では停戦協議の実施条項調印にこぎつけたが、日本軍増援部隊の到着とともに緊張が高まり、七月二五日の北平・天津間郎坊での衝突を機に軍中央は武力行使を指示、二七日政府は保留していた内地三個師団の動員を承認、二八日支那駐屯軍は総攻撃を開始した。華北での戦闘とともに華中の上海でも情勢は緊迫し、八月九日の海軍中尉射殺事件を機に上海への二個師団派兵が決定され、その後日中両軍は戦闘状態にはいった。八月一四日政府は臨時閣議を開き本格的武力行使を決定し、一五日「支那軍の暴戻を膺懲し以て南京政府の反省を促す」という政府声明を発表した。政府は宣戦布告はしない方針をとったが、事実上の戦争宣言であった。

43　南京大虐殺（極東国際軍事裁判判決　一九四八年一一月一一日）

南京暴虐事件

一九三七年十二月の初めに、松井の指揮する中支那派遣軍〔中支那方面軍〕が南京市に接近すると、百万の住民の半数以上と、国際安全地帯を組織するために残留した少数のものを除いた中立国人の全部とは、この市から避難した。中国軍は、この市を防衛するために、約五万の兵を残して撤退した。一九三七年十二月十二日の夜に、日本軍が南門に殺到するに至つて、残留軍五万の大部分は、市の北門と西門から退却した。中国兵のほとんど全部は、市を撤退するか、武器と軍服を棄てて国際安全地帯に避難したので、一九三七年十二月十三日の朝、日本軍が市にはいつたときには、抵抗は一切なくなつていた。日本兵は市内に群がつてさま〴〵な残虐行為を犯した。目撃者の一人によると、日本兵は同市を荒し汚すために、まるで野蛮人の一団のように放たれたのであつた。目撃者達によつて、同市は捕えられた獲物のように日本人の手中に帰したこと、同市は単に組織的な戦闘で占領されただけではなかつたこと、戦いに勝つた日本軍は、その獲物に飛びかかつて、際限のない暴行を犯したことが語られた。兵隊は個々に、または二、三人の小さい集団で、全市内を歩きまわり、殺人、強姦、掠奪、放火を行つた。そこには、なんの規律もなかつた。多くの兵は酔つていた。それらしい挑発も口実もないのに、中国人の男女子供を無差別に殺しながら、兵は街を歩きまわり、遂には所によつて大通りや裏通りに被害者の死体が散乱したほどであつた。他の一人の証人によると、中国人は兎のように狩りたてられ、動くところを見られたものはだれでも射撃された。これらの無差別の殺人によつて、日本側が市を占領した最初の二、三日の間に、少くとも一万二千人の非戦闘員である中国人男女子供が死亡した。

多くの強姦事件があつた。犠牲者なり、それを護ろうとした家族なりが少しでも反抗すると、その罰としてしば〳〵殺されてしまつた。幼い少女と老女さえも、全市で多数に強姦された。そして、これらの強姦に関連して、変態的と嗜虐的な行為の事例が多数あつた。多数の婦女は、強姦された後に殺され、その死体は切断された。占領後の最初の一カ月の間に、約二万の強姦事件が市内に発生した。

日本兵は、欲しいものは何でも、住民から奪つた。兵が道路で武器をもたない一般人を呼び止め、体を調べ、価値のあるものが何も見つからないと、これを射殺することが目撃された。非常に多くの住宅や商店が侵入され、掠奪された。掠奪された物資はトラックで運び去られた。日本兵は店舗や倉庫を掠奪した後、これらに放火したことがたび〳〵あつた。最も重要な商店街である太平路が火事で焼かれ、さらに市の商業区域が一劃々々と相ついで焼き払われた。なんら理由らしいものもないのに、一般人の住宅を兵は焼き払つた。このような放火は、数日後になると、一貫した計画に従つているように思われ、六週間も続いた。こうして、全市の約三分の一が破壊された。

男子の一般人に対する組織立つた大量の殺戮は、中国兵が軍服を脱ぎ捨てて住民の中に混りこんでいるという口実で、指揮官らの許可と思われるものによつて行われた。中国の一般人は一団にまとめられ、うしろ手に縛られて、城外へ行進させられ、機関銃と銃剣によつて、そこで集団ごとに殺害された。兵役年齢にあつた中国人男子二万人は、こうして死んだことがわかつている。

ドイツ政府は、その代表者から、『個人でなく、全陸軍の、すなわち日本軍そのものの暴虐と犯罪行為』について報告を受けた。この報告の後の方で、『日本軍』のことを『畜生のような集団』と形容している。

城外の人々は、城内のものよりもややましであつた。南京から二百中国里(約六十六マイル)以内のすべての部落は、大体同じような状態にあつた。住民は日本兵から逃れようとして、田舎に逃れていた。所々で、かれらは避難民部落を組織した。日本側はこれらの部落の多くを占拠し、避難民に対して、南京の住民に加えたと同じような仕打ちをした。南京から避難していた一般人のうちで、五万七千人以上が追いつかれて収容された。収容中に、かれらは飢餓と拷問に遇つて、遂には多数の者が死亡した。生残つた者のうちの多くは、機関銃と銃剣で殺された。

中国兵の大きな幾団かが城外で武器を捨てて降伏した。かれらが降伏してから七十二時間のうちに、揚子江の江岸で、機関銃掃射によつて、かれらは集団的に射殺された。

このようにして、右のような捕虜三万人以上が殺された。こうして虐殺されたところの、これらの捕虜について、裁判の真似事さえ行われなかつた。

後日の見積りによれば、日本軍が占領してから最初の六週間に、南京とその周辺で殺害された一般人と捕虜の総数は、二十万以上であつたことが示されている。これらの見積りが誇張でないことは、埋葬隊とその他の団体が埋葬した死骸が、十五万五千に及んだ事実によつて証明されている。これらの団体はまた死体の大多数がうしろ手に縛られていたことを報じている。これらの数字は、日本軍によつて、死体を焼き棄てられたり、揚子江に投げこまれたり、またはその他の方法で処分されたりした人々を計算に入れていないのである。

（出典）『極東国際軍事裁判速記録』第一〇巻、雄松堂書店、一九六八年、七六八ページ。

【解説】　上海での戦闘にともなって上海派遣軍が派遣されたが、中国軍の抵抗は激しく新たに第十軍が編成され一一月五日杭州湾に上陸した。両軍は統一指揮の下に置かれ、中支那方面軍と称された。両軍は退却する中国軍を追って南京進撃の先陣を争い作戦境界線を次々と突破、参謀本部もこれに同調し南京攻略を命じた。日本軍は一二月一三日南京を占領し、城内を掃蕩した。先陣争いの途上から占領後にかけて、市民の殺害、強姦、放火、略奪が続けられた。この南京大虐殺は各国の報道関係者などによって世界に報道された。国内でも政府、軍当局、報道関係者は事件を知っていたが、国民には知らされず、多くの国民は戦後東京裁判の報道によってその実相を知った。史料は東京裁判の南京大虐殺事件の判決の一部である。〔参〕笠原十九司『アジアの中の日本軍』大月書店、一九九四年。

44「国民政府を対手とせず」政府声明　一九三八年一月一六日

帝国政府ハ南京攻略後尚ホ支那国民政府ノ反省ニ最後ノ機会ヲ与フルタメ今日ニ及ヘリ。然ルニ国民政府ハ帝国ノ真意ヲ解セス漫リニ抗戦ヲ策シ、内民人塗炭ノ苦ミヲ察セス、外東亜全局ノ和平ヲ顧ミル所ナシ。仍テ帝国政府ハ爾後国民政府ヲ対手トセス、帝国ト真ニ提携スルニ足ル新興支那政権ノ成立発展ヲ期待シ、是ト両国国交ヲ調整シテ更生新支那ノ建設ニ協力セントス。元ヨリ帝国カ支那ノ領土及主権並ニ在支列国ノ権益ヲ尊重スルノ方針ニハ毫モカハル所ナシ。今ヤ東亜和平ニ対スル帝国ノ責任愈々重シ。政府ハ国民カ此ノ重大ナル任務遂行ノタメ一層ノ発奮ヲ冀望シテ止マス。

（参考）補足的声明

昭和十三年（一九三八年）一月十八日

爾後国民政府ヲ対手トセスト云フノハ同政府ノ否認ヨリモ強イモノテアル。元来国際法上ヨリ云ヘハ国民政府ヲ否認スルタメニハ新政権ヲ承認スレハソノ目的ヲ達スルノテアルカ、中華民国臨時政府ハ未タ正式承認ノ時期ニ達シテヰナイカラ、今回ハ国際法上新例ヲ開イテ国民政府ヲ否認スルト共ニ之ヲ抹殺セントスルノテアル。又宣戦布告ト云フコトカ流布サレテヰルカ、帝国ハ無辜ノ支那民衆ヲ敵視スルモノテハナイ。又国民政府ヲ対手トセヌ建前カラ宣戦布告モアリ得ヌワケテアル。

（出典）外務省編『日本外交年表並主要文書』下、原書房、一九六五年、三八六―三八七ページ。

【解説】日本政府は戦線での戦略的優勢に乗じて有利な条件での解決をはかる方針を決め、一九三七年一〇月以降中国駐在ドイツ大使トラウトマンを通じて和平工作をおこなった。しかし南京攻略の結果、日本の中国に対する講和条件は一層苛酷なものとなったため工作は行きづまり、三八年一月一六日日本政府は「国民政府を対手とせず」との声明を発表し、両国は駐在大使を引き揚げた。同時にドイツに対してトラウトマン工作の打切りを通告した。日本政府は戦っている相手国の政府を否認することで、和平交渉の道を閉ざしてしまった。

45「東亜新秩序」政府声明　一九三八年一一月三日

今ヤ、陛下ノ御稜威ニ依リ、帝国陸海軍ハ、克ク広東、武漢三鎮ヲ攻略シテ、支那ノ要域ヲ戡定シタリ。国民政府ハ既ニ地方ノ一政権ニ過キス。然レトモ、同政府ニシテ抗日容共政策ヲ固執スル限リ、コレカ潰滅ヲ見ルマテハ、帝国ハ断シテ矛ヲ収ムルコトナシ。帝国ノ冀求スル所ハ、東亜永遠ノ安定ヲ確保スヘキ新秩序ノ建設ニ在リ。今次征戦究極ノ目的亦此ニ存ス。

コノ新秩序ノ建設ハ日満支三国相携ヘ、政治、経済、文化等各般ニ亘リ互助連環ノ関係ヲ樹立スルヲ以テ根幹トシ、東亜ニ於ケル国際正義ノ確立、共同防共ノ達成、新文化ノ創造、経済結合ノ実現ヲ期スルニアリ。是レ実ニ東亜ヲ安定シ、世界ノ進運ニ寄与スル所以ナリ。

帝国カ支那ニ望ム所ハ、コノ東亜新秩序建設ノ任務ヲ分担センコトニ在リ。帝国ハ支那国民カ能ク我カ真意ヲ理解シ、以テ帝国ノ協力ニ応ヘムコトヲ期待ス。固ヨリ国民政府ト雖モ従来ノ指導政策ヲ一擲シ、ソノ人的構成ヲ改替シテ更生ノ実ヲ挙ケ、新秩序ノ建設ニ来リ参スルニ於テハ敢テ之ヲ拒否スルモノニアラス。

帝国ハ列国モ亦帝国ノ意図ヲ正確ニ認識シ、東亜ノ新情勢ニ適応スヘキヲ信シテ疑ハス。就中、盟邦諸国従来ノ厚誼ニ対シテハ深クコレヲ多トスルモノナリ。

惟フニ東亜ニ於ケル新秩序ノ建設ハ、我カ肇国ノ精神ニ淵源シ、コレヲ完成スルハ、現代日本国民ニ課セラレタル光栄アル責務ナリ。帝国ハ必要ナル国内諸般ノ改新ヲ断行シテ、愈愈国家総力ノ拡充ヲ図リ、万難ヲ排シテ斯業ノ達成ニ邁進セサルヘカラス。茲ニ政府ハ帝国不動ノ方針ト決意トヲ声明ス。

（出典） 外務省編『日本外交年表竝主要文書』下、原書房、一九六五年、四〇一ページ。

【解説】 武漢・広東作戦の後、日中戦争が長期持久戦化すると、日本の戦争指導者は戦略的攻勢から国民党政権を分裂・屈伏させる政治工作に重点を移し、一九三八年一一月三日政府は「東亜新秩序」声明を発し、従来の政策を放棄し人的構成を改善するならば国民政府も拒否しないと述べた。国民党内部でも、長期戦に動揺し共産党が民衆の支持を獲得していくことに不安を抱く反共派の汪兆銘は早期妥協を主張した。日本側は汪を擁立して戦争を収拾するための政治工作を進めた結果、汪は蔣介石と絶縁し抗日戦線から離脱したが、汪の同調者は少なく汪兆銘工作は失敗に終った。こうして戦争収拾の目途はほとんど失われた。

第二節　ファシズム体制の確立

1　国家総動員

46　国民精神総動員実施要綱　一九三七年八月二四日
（昭和十二年八月二十四日閣議決定）

一、趣　旨
挙国一致堅忍不抜ノ精神ヲ以テ現下ノ時局ニ対処スルト共ニ今後持続スベキ時艱ヲ克服シテ愈々皇運ヲ扶翼シ奉ル為官民一体トナリテ一大国民運動ヲ起サントス

二、名　称
「国民精神総動員」

三、運動ノ目標
「挙国一致」「尽忠報国」ノ精神ヲ鞏ウシ事態ガ如何ニ展開シ如何ニ長期ニ亘ルモ「堅忍持久」総ユル困難ヲ打開シテ所期ノ目的ヲ貫徹スベキ国民ノ決意ヲ固メ之ガ為必要ナル国民ノ実践ノ徹底ヲ期スルモノトス
実践事項ハ右ノ目標ニ基キ日本精神ノ発揚ニヨル挙国一致ノ体現並ニ非常時財政経済ニ対スル挙国的協力ノ実行ヲ主トシテ之ヲ定メ事態ノ推移並ニ地方ノ実情等ヲ考慮シテ適当ニ按排スルモノトス

四、実施機関
（一）本運動ハ情報委員会、内務省及文部省ヲ計画主務庁トシ各省総掛リニテ之ガ実施ニ当ルコト
（二）本運動ノ趣旨達成ヲ図ル為中央ニ有力ナル外廓団体ノ結成ヲ図ルコト
（三）道府県ニ於テハ地方長官ヲ中心トシ官民合同ノ地方実行委員会ヲ組織スルコト
（四）市町村ニ於テハ市町村長中心トナリ各種団体等ヲ綜合的ニ総動員シ更ニ部落町内又ハ職場ヲ単位トシテ其ノ実行ニ当ルコト

五、実施方法
（一）内閣及各省ハ夫々其ノ所管ノ事務及施設ニ関連シテ実行スルコト
（二）広ク内閣及各省関係団体ニ対シ夫々其ノ事業ニ関連シテ適当ナル協力ヲ求ムルコト
（三）道府県ニ於テハ地方実行委員会ト協力シテ具体的実施計画ヲ樹立実行スルコト
（四）市町村ニ於テハ綜合的ニ且部落又ハ町内毎ニ実施計画

ヲ樹立シテ其ノ実行ニ努メ各家庭ニ至ル迄浸透スル様努ムルコト

（五）諸会社、銀行、工場、商店等ニ於テハ夫々実施計画ヲ樹立シ且実行スル様協力ヲ求ムルコト

（六）各種言論機関ニ対シテハ其ノ協力ヲ求ムルコト

（七）ラヂオノ利用ヲ図ルコト

（八）文芸、音楽、演芸、映画等関係者ノ協力ヲ求ムルコト

（出典）『資料日本現代史』一〇　日中戦争期の国民動員①、大月書店、一九八四年、四六―四七ページ。

【解説】日中両軍の衝突が全面戦争に拡大すると、一九三七年八月二四日近衛文麿内閣は「国民精神総動員実施要綱」を閣議決定した。国民精神総動員（略称は精動）とは、全面戦争を遂行するために国民が「日本精神」を発揚して「挙国一致」の実をあげることであり、そのために「一大国民運動」を起こそうというものであった。運動の推進団体として国民精神総動員中央連盟がつくられ、地方には道府県単位の精動実行委員会が組織された。市町村では運動実施に際して末端の隣保組織が起用され、部落会・町内会・隣組が整備されていった。運動は当初精神運動的色彩が強かったが、戦時統制経済の強化にともなって国債購入、貯蓄、消費節約、物資活用などの経済国策協力運動が加わり、年中行事化した。

47 国家総動員法　一九三八年四月一日

第一条　本法ニ於テ国家総動員トハ戦時（戦争ニ準ズベキ事変ノ場合ヲ含ム以下之ニ同ジ）ニ際シ国防目的達成ノ為国ノ全力ヲ最モ有効ニ発揮セシムル様人的及物的資源ヲ統制運用スルヲ謂フ

第二条　本法ニ於テ総動員物資トハ左ニ掲グルモノヲ謂フ

一　兵器、艦艇、弾薬其ノ他ノ軍用物資

二　国家総動員上必要ナル被服、食糧、飲料及飼料

三　国家総動員上必要ナル医薬品、医療機械器具其ノ他ノ衛生用物資及家畜衛生用物資

四　国家総動員上必要ナル船舶、航空機、車輛、馬其ノ他ノ輸送用物資

五　国家総動員上必要ナル通信用物資

六　国家総動員上必要ナル土木建築用物資及照明用物資

七　国家総動員上必要ナル燃料及電力

八　前各号ニ掲グルモノノ生産、修理、配給又ハ保存ニ要スル原料、材料、機械器具、装置其ノ他ノ物資

九　前各号ニ掲グルモノヲ除クノ外勅令ヲ以テ指定スル国家総動員上必要ナル物資

第三条　本法ニ於テ総動員業務トハ左ニ掲グルモノヲ謂フ

一　総動員物資ノ生産、修理、配給、輸出、輸入又ハ保管ニ関スル業務

二　国家総動員上必要ナル運輸又ハ通信ニ関スル業務
三　国家総動員上必要ナル金融ニ関スル業務
四　国家総動員上必要ナル衛生、家畜衛生又ハ救護ニ関スル業務
五　国家総動員上必要ナル教育訓練ニ関スル業務
六　国家総動員上必要ナル試験研究ニ関スル業務
七　国家総動員上必要ナル情報又ハ啓発宣伝ニ関スル業務
八　国家総動員上必要ナル警備ニ関スル業務
九　前各号ニ掲グルモノヲ除クノ外勅令ヲ以テ指定スル国家総動員上必要ナル業務

第四条　政府ハ戦時ニ際シ国家総動員上必要アルトキハ勅令ノ定ムル所ニ依リ帝国臣民ヲ徴用シテ総動員業務ニ従事セシムルコトヲ得但シ兵役法ノ適用ヲ妨ゲズ

第五条　政府ハ戦時ニ際シ国家総動員上必要アルトキハ勅令ノ定ムル所ニ依リ帝国臣民及帝国法人其ノ他ノ団体ヲシテ国又ハ地方公共団体ノ行フ総動員業務ニ付協力セシムルコトヲ得

第六条　政府ハ戦時ニ際シ国家総動員上必要アルトキハ勅令ノ定ムル所ニ依リ従業者ノ使用、雇入若ハ解雇又ハ賃金其ノ他ノ労働条件ニ付必要ナル命令ヲ為スコトヲ得

第七条　政府ハ戦時ニ際シ国家総動員上必要アルトキハ勅令ノ定ムル所ニ依リ労働争議ノ予防若ハ解決ニ関シ必要ナル命令ヲ為シ又ハ作業所ノ閉鎖、作業若ハ労務ノ中止其ノ他ノ労働争議ニ関スル行為ノ制限若ハ禁止ヲ為スコトヲ得

第八条　政府ハ戦時ニ際シ国家総動員上必要アルトキハ勅令ノ定ムル所ニ依リ総動員物資ノ生産、修理、配給、譲渡其ノ他ノ処分、使用、消費、所持及移動ニ関シ必要ナル命令ヲ為スコトヲ得

第九条　政府ハ戦時ニ際シ国家総動員上必要アルトキハ勅令ノ定ムル所ニ依リ輸出若ハ輸入ノ制限若ハ禁止ヲ為シ、輸出若ハ輸入ヲ命ジ、輸出税若ハ輸入税ヲ課シ又ハ輸出税若ハ輸入税ヲ増課若ハ減免スルコトヲ得

第十条　政府ハ戦時ニ際シ国家総動員上必要アルトキハ勅令ノ定ムル所ニ依リ総動員物資ヲ使用又ハ収用スルコトヲ得

第二十条　政府ハ戦時ニ際シ国家総動員上必要アルトキハ勅令ノ定ムル所ニ依リ新聞紙其ノ他ノ出版物ノ掲載ニ付制限又ハ禁止ヲ為スコトヲ得

政府ハ前項ノ制限又ハ禁止ニ違反シタル新聞紙其ノ他ノ出版物ニシテ国家総動員上支障アルモノノ発売及頒布ヲ禁止シ之ヲ差押フルコトヲ得此ノ場合ニ於テハ併セテ其ノ原版ヲ差押フルコトヲ得

第三十二条　第九条ノ規定ニ依ル命令ニ違反シ輸出又ハ輸入ヲ為シ又ハ為サントシタル者ハ三年以下ノ懲役又ハ一万円以下ノ罰金ニ処ス

第三十六条　左ノ各号ノ一ニ該当スル者ハ一年以下ノ懲役又ハ千円以下ノ罰金ニ処ス

一　第四条ノ規定ニ依ル徴用ニ応ゼズ又ハ同条ノ規定ニ依ル業務ニ従事セザル者

二　第六条ノ規定ニ依ル命令ニ違反シタル者

（出典）『法令全書』昭和一三年第四号、一九三八年五月、三一七ページ。

【解説】　国家総動員法は、総動員のための中枢機関である企画院で立案、一九三八年の第七三議会に提案、可決され、同年四月一日公布（五月五日施行）された。全文五〇条。戦時及び事変に際し「国防目的達成の為国の全力を最も有効に発揮せしむる様人的及物的資源を統制運用する」ことを国家総動員と言い、そのために政府は、法律ではなく命令（勅令）によって、国民の徴用、団体などの協力、雇用の制限、労働争議の防止、物資の需給調整、輸出入の統制、物資・工場施設の使用・収用、物価統制、出版物の制限・禁止などについて命令権をもつという、包括的な委任立法であった。三九年以降国民徴用令はじめ重要な勅令がやつぎばやに発せられ、戦時統制が実施された。

48 国民徴用令　一九三九年七月八日

第一条　国家総動員法第四条ノ規定ニ基ク帝国臣民ノ徴用ハ別ニ定ムルモノヲ除クノ外本令ノ定ムル所ニ依ル

第二条　徴用ハ特別ノ事由アル場合ノ外職業紹介所ノ職業紹介其ノ他募集ノ方法ニ依リ所要ノ人員ヲ得ラレザル場合ニ限リ之ヲ行フモノトス

第三条　徴用ハ国民職業能力申告令ニ依ル要申告者（以下要申告者ト称ス）ニ限リ之ヲ行フ但シ徴用中要申告者タラザルニ至リタル者ヲ引続キ徴用スル必要アル場合ハ此ノ限ニ在ラズ

第四条　本令ニ依リ徴用スル者ハ国ノ行フ総動員業務ニ従事セシムルモノトス

第五条　徴用及徴用ノ解除ハ厚生大臣ノ命令ニ依リ之ヲ実施ス

第六条　総動員業務ヲ行フ官衙（陸海軍ノ部隊及学校ヲ含ム以下之ニ同ジ）ノ所管大臣徴用ニ依リ当該官衙ニ人員ノ配置ヲ必要ト認ムルトキハ厚生大臣ニ之ヲ請求スベシ

第七条　厚生大臣前条ノ規定ニ依ル請求アリタル場合ニ於テ徴用ノ必要アリト認ムルトキハ徴用命令ヲ発シ徴用セラルベキ者ノ居住地（国民職業能力申告令第二条第一号ノ職業ニ従事スル者ニ付テハ其ノ者ノ就業地）ヲ管轄スル地方長官ニ之ヲ通達スベシ

地方長官徴用命令ノ通達ヲ受ケタルトキハ直ニ徴用令書ヲ発シ徴用セラルベキ者ニ之ヲ交付スベシ

第八条　徴用令書ニハ左ニ掲グル事項ヲ記載スベシ但シ軍機保護上特ニ必要アルトキハ第三号ニ掲グル事項ノ全部又ハ

一部ヲ省略スルコトヲ得

一　徴用セラルベキ者ノ氏名、出生ノ年月日、本籍、居住ノ場所（国民職業能力申告令第二条第一号ノ職業ニ従事スル者ニ付テハ就業ノ場所）

二　従事スベキ総動員業務ヲ行フ官衙ノ名称及所在地

三　従事スベキ総動員業務、職業及場所

四　徴用ノ期間

五　出頭スベキ日時及場所

六　其ノ他必要ト認ムル事項

第九条　地方長官ハ徴用セラルベキ者ノ居住及就業ノ場所、職業、技能程度、身体ノ状態、家庭ノ状況、希望等ヲ斟酌シ徴用ノ適否並ニ従事スベキ総動員業務、職業及場所ヲ決定シ徴用令書ヲ発スベシ

第十条　地方長官ハ徴用ノ適否其ノ他ヲ判定スル為必要アルトキハ徴用セラルベキ者ニ出頭ヲ求ムルコトヲ得

第二十五条　本令中厚生大臣トアルハ朝鮮、台湾、樺太又ハ南洋群島ニ在リテハ各朝鮮総督、台湾総督、樺太庁長官又ハ南洋庁長官トシ総動員業務ヲ行フ官衙ノ所管大臣又ハ被徴用者ヲ使用スル官衙ノ所管大臣トアルハ其ノ官衙ノ所管大臣ガ陸軍大臣又ハ海軍大臣タル場合ヲ除クノ外朝鮮、台湾、樺太又ハ南洋群島ニ在リテハ各朝鮮総督、台湾総督、樺太庁長官又ハ南洋庁長官トス

本令中地方長官トアルハ朝鮮ニ在リテハ道知事、台湾ニ在リテハ州知事又ハ庁長、樺太ニ在リテハ樺太庁長官、南洋群島ニ在リテハ南洋庁長官トシ職業紹介所長トアルハ朝鮮ニ在リテハ府尹、郡守又ハ島司、台湾ニ在リテハ市尹又ハ郡守（澎湖庁ニ在リテハ庁長）、樺太ニ在リテハ樺太庁支庁長、南洋群島ニ在リテハ南洋庁支庁長トス

（出典）『法令全書』昭和一四年第七号、一九三九年八月、二五―二六・二八ページ。

【解説】　軍需生産のための労働力が自由募集や国家の紹介だけでは確保できなくなると、政府は国民を強制的に総動員業務に動員する徴用制度導入を決定し、一九三九年七月閣議決定を経て勅令・国民徴用令を公布した。同法による徴用は職業紹介所による紹介、その他の募集によっては確保できない場合に限られ、その対象は同年一月公布の国民職業能力申告令による要申告者に限られた。徴用令は四〇年一〇月の第一次改正によって要申告者以外にも適用範囲が拡大され、四一年一二月の第二次改正では民間工場についても徴用が可能となり、一六から四〇歳までの男子と一六から二五歳までの未婚の女子が登録されることになった。四三年七月の第三次改正で徴用制はさらに強化・拡張されたが、この頃には不出頭、虚偽の申告などの徴用忌避、逃亡、欠勤、怠業などが激増し、徴用制は限界に達した。

49 労務（国民）動員計画における供給源別労働力（→表49）

【解説】　国家総動員計画の一環として一九三九年七月から労務動員計画（四二年度からは国民動員計画）が策定、実施された。表は各年度の動員された供給源別の労働力で、動員労働力は四四年度には四五四万人に達した。供給源の主なものは表の上から順に、(1)新規卒業の学生・生徒と在学生、(2)「物資動員関係離職者」はじめ各種の転職者、(3)農業従事者、(4)「無業者」とされる女子、(5)朝鮮人・中国人労働者、の五群に分けられる。

〔参〕西成田豊「労働力動員と労働改革」大石嘉一郎編『日本帝国主義史』3、東京大学出版会、一九九四年。

50 人口政策確立要綱　一九四一年一月二五日

（昭和一六年一月二五日閣議決定）

第一、趣　旨

東亜共栄圏ヲ建設シテ其ノ悠久ニシテ健全ナル発展ヲ図ルハ皇国ノ使命ナリ、之ガ達成ノ為ニハ人口政策ヲ確立シテ我国人口ノ急激ニシテ且ツ永続的ナル発展増殖ト其ノ資質ノ飛躍的ナル向上トヲ図ルト共ニ東亜ニ於ケル指導力ヲ確保スル為其ノ配置ヲ適正ニスルコト特ニ喫緊ノ要務ナリ

第二、目　標

右ノ趣旨ニ基キ我国ノ人口政策ハ内地人人口ニ就キテハ左ノ目標ヲ達成スルコトヲ旨トシ差当リ昭和三十五年総人口一億ヲ目標トス、外地人人口ニ就キテハ別途之ヲ定ム

一、人口ノ永遠ノ発展性ヲ確保スルコト

二、増殖力及資質ニ於テ他国ヲ凌駕スルモノトスルコト

三、高度国防国家ニ於ケル兵力及労力ノ必要ヲ確保スルコト

四、東亜諸民族ニ対スル指導力ヲ確保スル為其ノ適正ナル配置ヲナスコト

第三、右ノ目的ヲ達成スル為採ルベキ方策ハ左ノ精神ヲ確立スルコトヲ旨トシ之ヲ基本トシテ計画ス

一、永遠ニ発展スベキ民族タルコトヲ自覚スルコト

二、個人ヲ基礎トスル世界観ヲ排シテ家ト民族トヲ基礎トスル世界観ノ確立、徹底ヲ図ルコト

三、東亜共栄圏ノ確立、発展ノ指導者タルノ矜持ト責務トヲ自覚スルコト

四、皇国ノ使命達成ハ内地人人口ノ量的及質的ノ飛躍的発展ヲ基本条件トスルノ認識ヲ徹底スルコト

第四、人口増加ノ方策

人口ノ増加ハ永遠ノ発展ヲ確保スル為出生ノ増加ヲ基調トスルモノトシ併セテ死亡ノ減少ヲ図ルモノトス

一、出生増加ノ方策

出生ノ増加ハ今後ノ十年間ニ婚姻年齢ヲ現在ニ比シ概ネ三年早ムルト共ニ一夫婦ノ出生数平均五児ニ達スルコトヲ目標トシテ計画ス

表 49　労務(国民)動員計画における供給源別労働力(単位：千人)

供給源＼年度	1939	1940	1941	1942	1943	1944
新規小学校(国民学校)卒業者	467(201)	739(329)	423(167)	771(353)	777(318)	790(334)
新規中学校卒業者	—	42(10)	90(22)	94(38)	149(71)	300(170)
各種学校在学者	—	—	—	—	53(18)	—
学校在学者	—	—	—	—	—	2,053(920)
物資動員関係離職者	101(31)	218(44)	—	—	—	—
労務節減可能ナル業務ノ従事者	93(11)	164(19)	—	—	—	—
企業整備ニヨル転換者	—	—	—	—	591(173)	143(73)
男子就業禁止ニヨル転換者	—	—	—	—	190(0)	16(0)
男子配置規正ニヨル転換者	—	—	—	—	—	225(0)
動員強化ニヨル転職者	—	—	1,380(304)	695(172)	—	287(185)
其ノ他ノ有業者	—	—	69(7)	100(22)	128(57)	—
農村未就業者及農業従事者	256(65)	202(80)	—	98(14)	83(23)	38(14)
農村以外ノ未就業者	87(23)	47(12)	—	—	—	—
女子無業者	50(50)	40(40)	—	—	—	—
無業者	—	—	169(124)	90(61)	255(200)	270(240)
移入朝鮮人労務者	85(0)	88(0)	81(0)	120(0)	120(0)	290(0)
内地在住朝鮮人労務者	—	—	—	—	50(0)	
華人労務者	—	—	—	—	—	30(0)
勤労報国隊	—	—	—	—	—	100(50)
合　計	1,139(381)	1,540(534)	2,212(624)	1,968(660)	2,396(860)	4,542(1,986)

(注)　(　)内は女子で合計の内数．1942 年度以降は千人未満を 4 捨 5 入．1941, 42, 44 年度の「動員強化ニヨル転職者」は要整理工業従事者，商業従事者，運輸通信業従事者，公務自由業従事者，家事使用人，一般土木建築業従事者の合計．臨時要員に対する供給源は含まない．「農村未就業者及農業従事者」は 1942 年度以降は「農業従事者」．

(出典)　西成田豊「労働力動員と労働改革」大石嘉一郎編『日本帝国主義史』3，東京大学出版会，1994 年．

之ガ為採ルベキ方策概ネ左ノ如シ

(イ) 人口増殖ノ基本的前提トシテ不健全ナル思想ノ排除ニ努ムルト共ニ健全ナル家族制度ノ維持強化ヲ図ルコト

(ロ) 団体又ハ公営ノ機関等ヲシテ積極的ニ結婚ノ紹介、斡旋、指導ヲナサシムルコト

(ハ) 結婚費用ノ徹底的軽減ヲ図ルト共ニ、婚資貸付制度ヲ創設スルコト

(ニ) 現行学校制度ノ改革ニ就キテハ特ニ人口政策トノ関係ヲ考慮スルコト

(ホ) 高等女学校及女子青年学校等ニ於テハ母性ノ国家的使命ヲ認識セシメ保育及保健ノ知識、技術ニ関スル教育ヲ強化徹底シテ健全ナル母性ノ育成ニ努ムルコトヲ旨トスルコト

(ヘ) 女子ノ被傭者トシテノ就業ニ就キテハ二十歳ヲ超ユル者ノ就業ヲ可成抑制スル方針ヲ採ルト共ニ婚姻ヲ阻害スルガ如キ雇傭及就業条件ヲ緩和又ハ改善セシムル如ク措置スルコト

(ト) 扶養家族多キ者ノ負担ヲ軽減スルト共

ニ独身者ノ負担ヲ加重スル等租税政策ニ就キ人口政策トノ関係ヲ考慮スルコト

(チ)　家族ノ医療費、教育費其ノ他ノ扶養費ノ負担軽減ヲ目的トスル家族手当制度ヲ確立スルコト

之ガ為家族負担調整金庫制度（仮称）ノ創設等ヲ考慮スルコト

(リ)　多子家族ニ対シ物資ノ優先配給、表彰、其ノ他各種ノ適切ナル優遇ノ方法ヲ講ズルコト

(ヌ)　妊産婦乳幼児等ノ保護ニ関スル制度ヲ樹立シ産院及乳児院ノ拡充、出産用衛生資材ノ配給確保、其ノ他之ニ必要ナル諸方策ヲ講ズルコト

(ル)　避妊、堕胎等ノ人為的産児制限ヲ禁止防遏スルト共ニ、花柳病ノ絶滅ヲ期スルコト

二、死亡減少ノ方策

死亡減少ノ方策ハ当面ノ目標ヲ乳幼児死亡率ノ改善ト結核ノ予防トニ置キ一般死亡率ヲ現在ニ比シ二十年間ニ概ネ三割五分低下スルコトヲ目標トシテ計画ス此ノ目的達成ノ為採ルベキ方策概ネ次ノ如シ

(イ)　保健所ヲ中心トスル保健指導網ヲ確立スルコト

(ロ)　乳幼児死亡率低下ノ中心目標ヲ下痢腸炎、肺炎及先天性弱質ニ依ル死亡ノ減少ニ置キ、之ガ為都市農村ヲ通ジ母性及乳幼児ノ保護指導ヲ目的トスル保健婦ヲ置クト共ニ保育所ノ設置、農村隣保施設ノ拡充、乳幼児必需品ノ確保、育児知識ノ普及ヲ図リ、併セテ乳幼児死亡低下ノ運動ヲ行フコト

(ハ)　結核ノ早期発見ニ努メ産業衛生並ニ学校衛生ノ改善、予防並ニ早期治療ニ関スル指導保護ノ強化、療養施設ノ拡充等ヲナスト共ニ各庁連絡調整ノ機構ヲ整備シテ結核対策ノ確立徹底ヲ期スルコト

(ニ)　健康保険制度ヲ拡充強化シテ之ヲ全国民ニ及ボスト共ニ医療給付ノ外予防ニ必要ナル諸般ノ給付ヲナサシムルコト

(ホ)　環境衛生施設ノ改善、特ニ庶民住宅ノ改善ヲ図ルコト

(ヘ)　過労ノ防止ヲ図ル為国民生活ヲ刷新シテ充分ナル休養ヲ採リ得ル如クスルコト

(ト)　国民栄養ノ改善ヲ図ル為栄養知識ノ普及徹底ヲ図ルト共ニ栄養食ノ普及、団体給食ノ拡充ヲナスコト

(チ)　医育機関並ニ医療及予防施設ノ拡充ヲナスト共ニ医育ヲ刷新シ予防医学ノ研究及普及ヲ図ルコト

第五、資質増強ノ方策

資質ノ増強ハ国防及勤労ニ必要ナル精神的及肉体的ノ素質ノ増強ヲ目標トシテ計画ス

(イ)　国土計画ノ遂行ニヨリ人口ノ構成及分布ノ合理化ヲ

図ルコト、特ニ大都市ヲ疎開シ人口ノ分散ヲ図ルコト之ガ為工場、学校等ハ極力之ヲ地方ニ分散セシムル如ク措置スルモノトス

(ロ)　農村ガ最モ優秀ナル兵力及労力ノ供給源タル現状ニ鑑ミ、内地農業人口ノ一定数ノ維持ヲ図ルト共ニ日満支ヲ通ジ内地人人口ノ四割ハ之ヲ農業ニ確保スル如ク措置スルコト

(ハ)　学校ニ於ケル青少年ノ精神的及肉体的錬成ヲ図ルコトヲ目的トシテ、教科ノ刷新ヲ行ヒ訓練ヲ強化シ、教育及訓練方法ヲ改革スルト共ニ体育施設ノ拡充ヲナスコト

(ニ)　都市人口激増ノ現状ニ鑑ミ特ニ都市ニ於ケル青少年ノ心身ノ錬成ヲ強化シテ之ヲシテ優秀ナル兵力及労力ノ供給源タラシムルコト

(ホ)　青年男子ノ心身鍛錬ノ為一定期間義務的ニ特別ノ団体訓練ヲ受ケシムル制度ヲ創設スルコト

(ヘ)　各種厚生体育施設ヲ大量ニ増加スルト共ニ健全簡素ナル国民生活様式ヲ確立スルコト

(ト)　優生思想ノ普及ヲ図リ、国民優生法ノ強化徹底ヲ期スルコト

(出典)　石川準吉編『国家総動員史』資料編4、国家総動員史刊行会、一九七九年、一一〇〇―一一〇二ページ。

【解説】　総動員体制のもとで人間は人的資源とみなされ、兵力および労働力の維持・培養のために人口政策が重要な課題とされた。政府は「生めよ殖やせよ」のかけ声のもとで、一九四〇年から優良多子家庭の表彰を実施し、四一年一月閣議で「人口政策確立要綱」を決定した。要綱は、「東亜共栄圏」建設のために人口の増殖と資質の向上をはかるという趣旨にもとづき、一九六〇年までに内地人口一億人をめざし、人口増加のための具体策として、早婚の奨励、妊産婦や乳幼児の保護、多子家庭の優遇、産児制限の禁止、乳幼児死亡率の減少、結核の予防などを掲げた。

2　翼賛体制の成立

51　大政翼賛会発会式での近衛首相の挨拶　一九四〇年一〇月一二日

わが国は正に一大転換期に際会し、外に善隣との盟約を固うし、内に新体制を樹立し、大東亜の新秩序を確立するとともに、進んで世界新秩序の建設に邁進致さねばならない時が参りました。

政府は聖旨を奉戴し、現時の国際情勢に鑑み、高度国防国家の体制完遂に対して全力を挙げつつあるのであります。高度国防国家の建設は、政治、経済、文化等の各部面において過

去における一切の殻を捨て、新しき目標に向つて一億一心の協力態勢を整備し、また国家機構の各部面をして最も円滑なる有機的回転をなさしめることによつてはじめて可能となるのであります。

現内閣成立以来、内閣を挙げて、新政治体制の実現に対し絶大なる共鳴と協力を得ましたことは、真に感謝に堪えません。ここに本日、大政翼賛会発会式を挙げ、万邦無比の国体に基き、世界に比類なき理念の上に大政翼賛運動を本会の推進によつて発足するに至りましたことは、真に御同慶に堪えないところであります。

申すまでもなく、今やわが国は、明治維新にも比すべき重大なる時局に直面して居ります。わが大政翼賛の運動こそは、古き自由放任の姿を捨てて新しき国家奉仕の態勢を整えんとするものであります。歴史は、今やわが国に対し重大なる時期の到来を告げつつあります。大政翼賛運動の将来は、真にわが国家の運命を決するものであり、しかも本運動の遂行は容易の業ではありません。われわれは前途に如何なる波瀾怒濤起るとも、必ずこれを乗り切つて進んで行かねばならぬのであります。本運動の発足に当り、私はその推進的原動力となつてこの難事業の完成に協力せられる役員諸君に、衷心より敬意を表するものであります。各位はこの重大なる使命達成のため、挺身これに当られ、大御心を安んじ奉り、忠誠の実を挙げられんことを切望してやまざる次第であります。

最後に、大政翼賛運動綱領については、準備委員の会合においても数次、真剣なる論議が行われたことを承つて居ります。しかしながら、本運動の綱領は、大政翼賛の臣道実践ということに尽きると信ぜられるのでありまして、このことをお誓い申上げるものであります。これ以外には綱領も宣言もなしといい得るのであります。もし、この場合において、宣言綱領を私に表明すべしといわれるならば、それは「大政翼賛の臣道実践」ということであり、「上御一人に対し奉り、日夜それぞれの立場において奉公の誠をいたす」ということに尽きると存ずるのであります。かく考えて来て、本日は綱領、宣言を発表致さざることに私は決心致しました。このことをつけ加えて明確に申述べて置きます。

（出典）下中弥三郎編『翼賛国民運動史』翼賛運動史刊行会、一九五四年、一三七－一三八ページ。

【解説】　一九四〇年四月からドイツ軍の大攻勢と勝利が伝えられると、ドイツがめざす「ヨーロッパ新秩序」に呼応して「大東亜新秩序」を築くために、ナチスのような強力な政治体制を樹立する必要が叫ばれ、様々な方面から既成政党に代る新党結成をめざす動きが始まった。六月二四日近衛文麿が枢密院議長を辞して「新体制」運動への出馬を表明すると、諸政党は近衛を中心とする「新党」に合流するため先を競って解党した。その後新体制準備会が発足し、八月末から九月にかけて新組織の性格と構成、規約、綱領などが議論されたが、呉越同舟の準備会は紛糾を重ねた。「新体制」の「中核体」を大政翼賛会と呼ぶことに決まったものの、新組織の性格は当初の構想からは大きく後退した。一〇月一二日の翼賛会発会式のあいさつのなかで、近衛総裁は「本運動の綱領は、大政翼賛の臣道実践ということに尽きる……これ以外には綱領も宣言もな」いと述べ、新組織に期待した人々を失望させた。

52 大政翼賛会実践要綱　一九四〇年一二月一四日

今や世界の歴史的転換期に直面し、八紘一宇の顕現を国是とする皇国は、一億一心全能力を挙げて天皇に帰一し奉り、物心一如の国家体制を確立し、もつて光輝ある世界の道義的指導者たらんとす。ここに本会は、互助相誡、皇国臣民たるの自覚に徹し、率先して国民の推進力となり、常に政府と表裏一体協力の関係に立ち、上意下達、下情上通を図り、もつて高度国防国家体制の実現に努む。左にその実践要綱を提唱す。

一、臣道の実践に挺身す。すなはち無上絶対普遍的真理の顕現たる国体を信仰し、歴代詔勅を奉体し、職分奉公の誠をいたし、ひたすら惟神の大道を顕揚す。

二、大東亜共栄圏の建設に協力す。すなはち大東亜の共栄体制を完備し、その興隆を図るとともに、進んで世界新秩序の確立に努む。

三、翼賛政治体制の建設に協力す。すなはち文化、経済、生活を翼賛精神に帰一し、強力なる綜合的翼賛政治体制の確立に努む。

四、翼賛経済体制の建設に協力す。すなはち創意と能力と科学を最高度に発揮し、翼賛精神に基く綜合的計画経済を確立し、もつて生産の飛躍的増強を図り、大東亜における自給自足経済の完成に努む。

五、文化新体制の建設に協力す。すなはち国体精神に基き雄渾、高雅、明朗にして科学性ある新日本文化を育成し、内は民族精神を振起し、外は大東亜文化の昂揚に努む。

六、生活新体制の建設に協力す。すなはち翼賛理念に基き、新時代を推進する理想と気魄を養ひ、忠孝一本、国民悉く一家族の成員として、国家理想に結集すべき科学性ある生活体制の樹立に努む。

（出典）下中弥三郎編『翼賛国民運動史』翼賛運動史刊行会、一九五四年、一四三―一四四ページ。

【解説】「新体制」の当初の構想が後退していったのは、ナチス的な一国一党的な存在は「幕府」的なものになり天皇中心の「国体」に反するという「観念右翼」の攻撃に、天皇主義者である近衛自身がたじろぎ、これに屈したからでもあった。綱領をもつことも否定されたが、その後運動の具体的目標を示すために実践要綱を策定する必要が生じ、総裁の統裁に委ねられた。二カ月近い審議を経て一二月一四日に発表された大政翼賛会実践要綱は、「大東亜共栄圏」の建設から、政治、経済、文化、

図53　大政翼賛会の機構

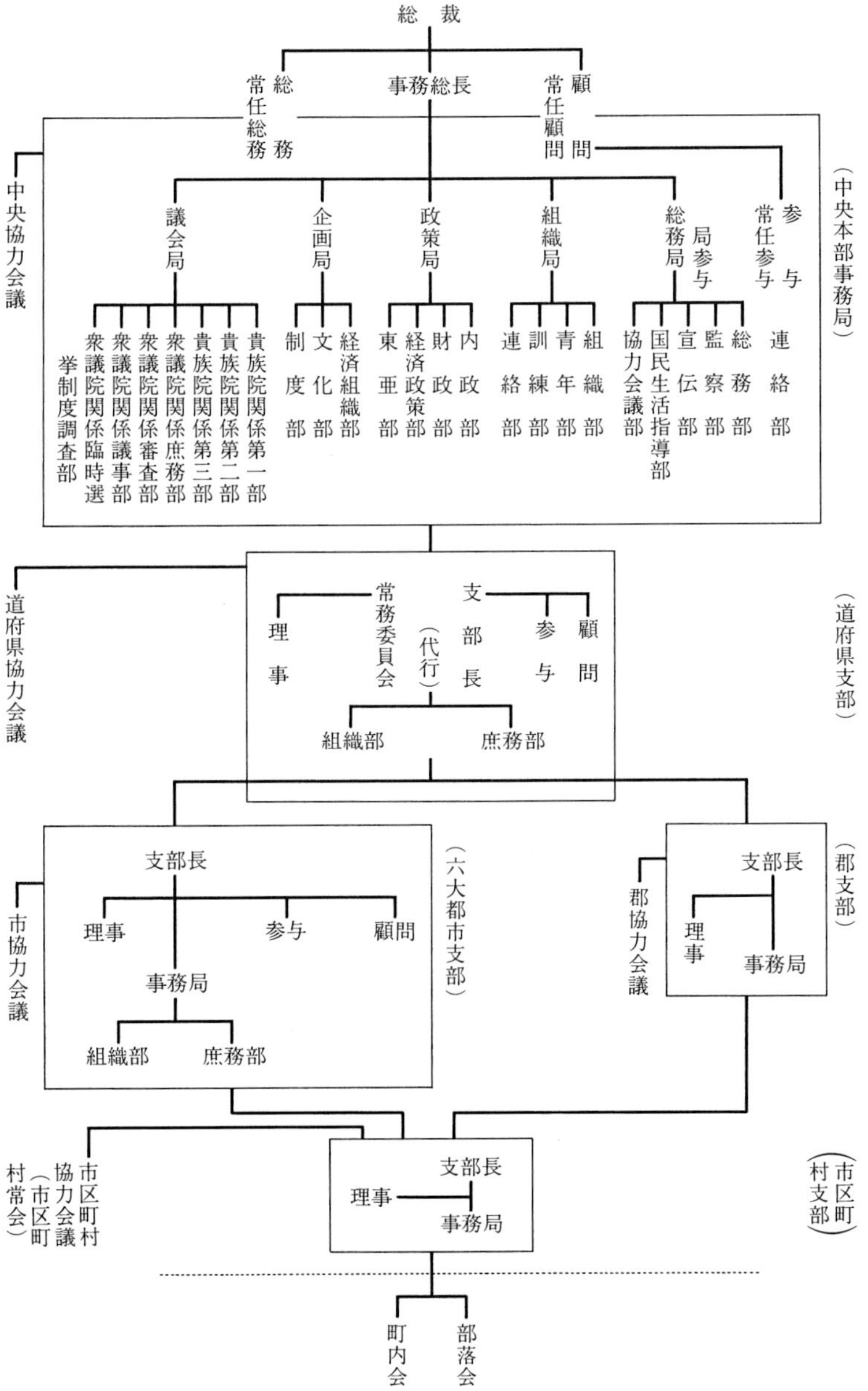

（出典）下中弥三郎編『翼賛国民運動史』翼賛運動史刊行会、一九五四年、四九ページ。

生活の新体制建設を唱えているが、きわめて抽象的な表現にとどまっている。

53 大政翼賛会の機構(→図53)

【解説】　大政翼賛会は一九四一年一月事務局職制を定め、本部の事務機構を明らかにした。翼賛会は総裁が統率し、事務総長以下の役員は総裁の指名によって任命され、中央本部には五局二三部がおかれた。地方には、道府県、郡・六大都市、市区町村に支部がおかれた。翼賛会の組織は当初は市区町村までであったが、のちには部落会・町内会が翼賛会の傘下にはいった。また、下から上への「下情上通」の機関として、中央には中央協力会議、地方には各段階の協力会議(常会)が附置された。翼賛会の運営は多数決原理を否定し、ナチスの指導者原理にならって衆議は尽くすが最終決定は総裁が下す、という「衆議統裁」をとった。

54 部落会町内会等整備要領　一九四〇年九月一一日

第一　目　的

一、隣保団結ノ精神ニ基キ市町村内住民ヲ組織結合シ万民翼賛ノ本旨ニ則リ地方共同ノ任務ヲ遂行セシムルコト

二、国民ノ道徳的錬成ト精神的団結ヲ図ルノ基礎組織タラシムルコト

三、国策ヲ汎ク国民ニ透徹セシメ国政万般ノ円滑ナル運用ニ資セシムルコト

四、国民経済生活ノ地域的統制単位トシテ統制経済ノ運用ト国民生活ノ安定上必要ナル機能ヲ発揮セシムルコト

第二　組　織

一、部落会及町内会

(一)　市町村ノ区域ヲ分ケ村落ニハ部落会、市街地ニハ町内会ヲ組織スルコト

(二)　部落会及町内会ノ名称ハ適宜定ムルコト

(三)　部落会及町内会ハ区域内全戸ヲ以テ組織スルコト

(四)　部落会及町内会ハ部落又ハ町内住民ヲ基礎トスル地域的組織タルト共ニ市町村ノ補助的下部組織トスルコト

(五)　部落会ノ区域ハ行政区其ノ他既存ノ部落的団体ノ区域ヲ斟酌シ地域的協同活動ヲ為スニ適当ナル区域トスルコト

(六)　町内会ノ区域ハ原則トシテ都市ノ町若ハ丁目又ハ行政区ノ区域ニ依ルコト但シ土地ノ状況ニ応ジ必ズシモ其ノ区域ニ依ラザルコトヲ得ルコト

(七)　必要アルトキハ適当ナル区域ニ依リ町内会聯合会ヲ組織スルコトヲ得ルコト

(八)　部落会及町内会ニ会長ヲ置クコト会長ノ選任ハ地方ノ事情ニ応ジ従来ノ慣行ニ従ヒ部落又ハ町内住民ノ推薦其ノ他適当ノ方法ニ依ルモ形式的ニハ尠クトモ市町村長ニ

於テ之ヲ選任乃至告示スルコト

(九) 部落会及町内会ハ必要ニ応ジ職員ヲ置キ得ルコト

(十) 部落会及町内会ニハ左ノ要領ニ依ル常会ヲ設クルコト

(イ) 部落常会及町内常会ハ会長ノ招集ニ依リ全戸集会スルコト

但シ区域内隣保班代表者ヲ以テ区域内全戸ニ代フルコトヲ得ルコト

(ロ) 部落常会及町内常会ハ第一ノ目的ヲ達成スル為物心両面ニ亘リ住民生活各般ノ事項ヲ協議シ住民相互ノ教化向上ヲ図ルコト

(ハ) 部落会及町内会区域内ノ各種会合ハ成ルベク部落常会及町内常会ニ統合スルコト

二、隣保班

(一) 部落会及町内会ノ下ニ十戸内外ノ戸数ヨリ成ル隣保班(名称適宜)ヲ組織スルコト

(二) 隣保班ノ組織ニ当リテハ五人組、十人組等ノ旧慣中尊重スベキモノハ成ルベク之ヲ採リ入レルコト

(三) 隣保班ハ部落会又ハ町内会ノ隣保実行組織トスルコト

(四) 隣保班ニハ代表者(名称適宜)ヲ置クコト

(五) 隣保班ノ常会ヲ開催スルコト

(六) 必要アルトキハ隣保班ノ聯合組織ヲ設クルコトヲ得ルコト

三、市町村常会

(一) 市町村(六大都市ニ在リテハ区以下同ジ)ニ市町村常会(六大都市ノ区ニ在リテハ区常会以下同ジ)ヲ設置スルコト

(二) 市町村常会ハ市町村長(六大都市ノ区ニ在リテハ区長)ヲ中心トシ部落会長、町内会長又ハ町内会聯合会長及市町村内各種団体代表者其ノ他適当ナル者ヲ以テ組織スルコト

(三) 市町村常会ハ市町村内ニ於ケル各種行政ノ綜合的運営ヲ図リ其ノ他第一ノ目的ヲ達成スル為必要ナル各般ノ事項ヲ協議スルコト

(四) 市町村ニ於ケル各種委員会等ハ成ルベク市町村常会ニ統合スルコト

(出典)『資料日本現代史』一二　大政翼賛会、大月書店、一九八四年、一八八—一八九ページ。

【解説】　部落会・町内会、隣組など末端の隣保組織は、国民精神総動員運動の過程で「実践網」として起用され、隣組は防空演習の単位として組織され、整備が進んでいた。さらに一九四〇年九月一一日、内務省は訓令をもって「部落会町内会等整備要領」を発し、全国くまなく部落会・町内会、隣保班(隣組)を整備し、常会を開設するように指示した。内務省は翼賛会の成立に先んじて末端組織への支配を固め、国民支配の主導権を確保しようとした。訓令により、同年末までに整備済みの部落

会・町内会は約一九万九千、隣組は一一四万に達し、ほぼ全国に隣保組織がはりめぐらされた。

55 大日本産業報国会綱領・創立宣言　一九四〇年一一月二三日

綱　領

一　我等ハ国体ノ本義ニ徹シ全産業一体報国ノ実ヲ挙ゲ以テ皇運ヲ扶翼シ奉ラムコトヲ期ス

一　我等ハ産業ノ使命ヲ体シ事業一家職分奉公ノ誠ヲ致シ以テ皇国産業ノ興隆ニ総力ヲ竭サムコトヲ期ス

一　我等ハ勤労ノ真義ニ生キ剛健明朗ナル生活ヲ建設シ以テ国力ノ根柢ニ培ハムコトヲ期ス

創立宣言

今ヤ世界ハ未曾有ノ転換期ニ際会ス。皇国亦東亜新秩序建設ニ任ジ世界新秩序完成ニ邁進セントス。ソノ使命洵ニ宏大ナリ。然レドモ高度国防国家体制トソノ根幹タル新産業労働体制ヲ確立スルニ非ザレバ、何ンゾソノ使命ヲ果シ得ベケン。

凡ソ皇国産業ノ真姿ハ、肇国ノ精神ニ基ヅキ、全産業一体、事業一家、以テ職分ニ奉公シ皇運ヲ扶翼シ奉ルニアリ。全産業人ハ、資本経営労務ノ有機的一体ヲ具現シ、皇民勤労ノ真諦ヲ発揮シ、以テ国力ノ増強ニ邁進セザルベカラズ。皇国躍進ノ基調玆ニ存ス。我等皇国産業ニ与ル者、夙ニ念ヒヲコヽニ致シ洽ク職場ニ産業報国会ヲ組織シ、産業報国精神ノ高揚実践ニ挺身シ来レリ。為ニ全産業人協心戮力ノ実漸ク挙リ、勤労ノ創意能力亦大ニ伸暢シ、産業労働界ハソノ面目ヲ一新セントス。コノ成果ト組織ヲ総括シテ一大国民運動タラシムルノ要今ヤ極メテ切ナルモノアリ。

皇紀二千六百年ノ秋、新嘗祭ノ佳キ日ヲトシ、我等コヽニ大日本産業報国会ヲ結成シ、光輝アル新任務ニ就カントス。我等ノ使命ハ、実ニ愛国ノ至情ヲ産業報国運動ニ結集シテ曠古ノ国難ヲ克服シ、以テ永遠不動ノ皇国産業道ヲ樹立セントスルニアリ。責務ノ重キヲ念ヒ、決意更ニ新タナリ。勇躍、我等行カントス。

職場ハ我等ニトッテ臣道実践ノ道場ナリ。勤労ハ我等ニトッテ奉仕ナリ、歓喜ナリ、栄誉ナリ。手段ニ非ズシテ目的ナリ。艱苦欠乏何カアラン。剛健ナル意志、不屈ノ気概、範ヲ垂レ衆ヲ化シ、塵烟ノ下、響音ノ裡、分ヲ尽シ職ニ生キ、以テ皇国ノ弥栄ヲ効サム。

右宣言ス。

紀元二千六百年十一月二十三日

(出典)『資料日本現代史』七　産業報国運動、大月書店、一九八一年、二二一－二二二ページ。

【解説】　一九三八年七月協調会の呼びかけにより産業報国連盟

が結成された。産業報国（産報）運動は労使一体・産業報国を掲げて、戦時下の労使紛争を防止し生産増強に労働者を協力させるために始められた運動で、産報連盟は各事業所につくられる産報会との連絡と指導に当たった。内務・厚生官僚と警察の介入により単位産報会が組織され、三九年四月官僚が主導権を握ると、労働組合の解散、産報類似団体の統合が進んだ。四〇年一一月第二次近衛内閣は新体制の一環として産報連盟を廃止し、産報会の中央機関として大日本産業報国会が結成された。総裁には現職の厚生大臣、会長・理事長ほか役員には官僚・実業家・右翼労働運動家が就任、完全な官製組織となった。会員数は四一年末で五四七万人、全労働者の七〇％に達した。

56 国防保安法　一九四一年三月七日

第一章　罪

第一条　本法ニ於テ国家機密トハ国防上外国ニ対シ秘匿スルコトヲ要スル外交、財政、経済其ノ他ニ関スル重要ナル国務ニ係ル事項ニシテ左ノ各号ノ一ニ該当スルモノ及之ヲ表示スル図書物件ヲ謂フ

一　御前会議、枢密院会議、閣議又ハ之ニ準ズベキ会議ニ付セラレタル事項及其ノ会議ノ議事

二　帝国議会ノ秘密会議ニ付セラレタル事項及其ノ会議ノ議事

三　前二号ノ会議ニ付スル為準備シタル事項其ノ他行政各部ノ重要ナル機密事項

第二条　本章ノ罰則ハ何人ヲ問ハズ本法施行地外ニ於テ罪ヲ犯シタル者ニ付亦之ヲ適用ス

第三条　業務ニ因リ国家機密ヲ知得シ又ハ領有シタル者之ヲ外国（外国ノ為ニ行動スル者及外国人ヲ含ム以下之ニ同ジ）ニ漏泄シ又ハ公ニシタルトキハ死刑又ハ無期若ハ三年以上ノ懲役ニ処ス

第四条　外国ニ漏泄シ又ハ公ニスル目的ヲ以テ国家機密ヲ探知シ又ハ収集シタル者ハ一年以上ノ有期懲役ニ処ス

前項ノ目的ヲ以テ国家機密ヲ探知シ又ハ収集シタル者之ヲ外国ニ漏泄シ又ハ公ニシタルトキハ死刑又ハ無期若ハ三年以上ノ懲役ニ処ス

第五条　前二条ニ規定スル原由以外ノ原由ニ因リ国家機密ヲ知得シ又ハ領有シタル者之ヲ外国ニ漏泄シ又ハ公ニシタルトキハ無期又ハ一年以上ノ懲役ニ処ス

第六条　業務ニ因リ国家機密ヲ知得シ又ハ領有シタル者之ヲ他人ニ漏泄シタルトキハ五年以下ノ懲役又ハ五千円以下ノ罰金ニ処ス

第七条　業務ニ因リ国家機密ヲ知得シ又ハ領有シタル者過失ニ因リ之ヲ外国ニ漏泄シ又ハ公ニシタルトキハ三年以下ノ禁錮又ハ三千円以下ノ罰金ニ処ス

第八条　国防上ノ利益ヲ害スベキ用途ニ供スル目的ヲ以テ又

ハ其ノ用途ニ供セラルル虞アルコトヲ知リテ外国ニ通報スル目的ヲ以テ外交、財政、経済其ノ他ニ関スル情報ヲ探知シ又ハ収集シタル者ハ十年以下ノ懲役ニ処ス

第九条　外国ト通謀シ又ハ外国ニ利益ヲ与フル目的ヲ以テ治安ヲ害スベキ事項ヲ流布シタル者ハ無期又ハ一年以上ノ懲役ニ処ス

第十条　外国ト通謀シ又ハ外国ニ利益ヲ与フル目的ヲ以テ金融界ノ攪乱、重要物資ノ生産又ハ配給ノ阻害其ノ他ノ方法ニ依リ国民経済ノ運行ヲ著シク阻害スル虞アル行為ヲ為シタル者ハ無期又ハ一年以上ノ懲役ニ処ス

前項ノ罪ヲ犯シタル者ニハ情状ニ因リ十万円以下ノ罰金ヲ併科スルコトヲ得

（出典）『法令全書』昭和一六年第三号、一九四一年四月、五七―五八ページ。

【解説】　翼賛体制が確立していく過程で、思想・言論は徹底的に統制され、治安立法は一段と強化された。一九四〇年一二月には内閣情報部が情報局に昇格し、情報の収集と報道・宣伝、言論・思想・文化の統制を担当する中枢機関となった。四一年三月には、治安維持法が全面改訂され、罰則の強化とともに新たに予防拘禁制度が導入された。また、日中戦争に際して全面改訂されていた軍機保護法の再度の改正法と国防保安法が公布された。史料の国防保安法は、御前会議・閣議などで決定された国家機密をもらしたり探知・収集したものを、死刑・無期懲役以下の厳罰に処するというものであった。両法律によって、国民は「スパイ防止」という名目で言論の自由を抑圧され、人権を蹂躙された。

57　翼賛選挙貫徹運動基本要綱　一九四二年二月一八日

衆議院議員総選挙対策
翼賛選挙貫徹運動基本要綱　（昭和一七、二、一八閣議決定）

一　運動ノ名称

「大東亜戦争完遂翼賛選挙貫徹運動」ト称ス

二　運動ノ目標

大東亜戦争ノ完遂ヲ目標トシテ清新強力ナル翼賛議会ノ確立ヲ期スル為、衆議院議員総選挙ノ施行セラルルニ際シ、一大挙国的国民運動ヲ展開シ以テ重大時局ニ対処スベキ翼賛選挙ノ実現ヲ期セントス

三　運動ノ基本方針

㈠　選挙ヲ機トシ必勝ノ国民士気ヲ昂揚シ、大東亜戦争完遂ニ対スル挙国鉄石ノ決意ヲ鞏固ナラシム

㈡　清新強力ナル翼賛議会ヲ確立スル為、国民ノ真摯純正ナル政治的意欲ヲ積極的ニ喚起昂揚セシム

㈢　大東亜戦争完遂ノ大目的ニ副ヒ、真ニ大政翼賛ノ重責ニ任ズベキ最適ノ人材ヲ議会ニ動員スルノ気運ヲ汎ク醸

成セシム

㈣　重大時局下ノ選挙タルニ鑑ミ、愈々選挙ノ倫理化ヲ徹底シ、断ジテ在来ノ情弊ヲ一掃シ、公正ニシテ明朗ナル選挙ヲ実現セシム

四　運動ノ実施方策

㈠　啓蒙運動ノ徹底

本運動ハ右ノ基本方針ニ則リ大東亜戦争ノ完遂、翼賛議会ノ確立、翼賛選挙ノ実現ヲ目標トスル一大啓蒙運動トシテ、部落会、町内会、隣保班等ノ市町村下部組織ハ勿論、各種団体其ノ他有ユル組織ヲ動員シ活潑ナル展開ヲ期スルモノトス

㈡　候補者推薦気運ノ醸成

翼賛選挙実現ノ啓蒙運動トシテ、最適候補者推薦ノ気運ヲ積極的ニ醸成セシム

㈢　選挙ノ倫理化ト戦時態勢化

重大時局下ノ選挙ニ際シ真ニ翼賛選挙ノ実ヲ挙ゲシムル為、左ノ方途ニ依リ選挙ノ倫理化ト戦時態勢化ヲ期スルモノトス

(1)　選挙ニ関スル在来ノ情実因縁ヲ一掃シ、選挙ノ公正ヲ期セシム

(2)　一般選挙民ノ自覚ヲ喚起シ選挙犯罪ノ根絶ト棄権防止ニ努メシム

(3)　選挙運動関係者ニ対シテハ自粛自戒以テ違反ノ絶無ヲ期セシム

(4)　戦時ニ即応シ選挙運動上物資、労力等ノ節約ト運動方法ノ改善合理化ニ努メシム

五　運動実施機関

本運動ハ之ヲ官民一体ノ挙国運動タラシムルモノトシ運動実施機関ノ分担ハ概ネ左ニ依ルモノトス

㈠　政府ハ運動基本方策ヲ決定シ関係機関ノ緊密ナル連絡ノ下ニ運動全般ヲ指導ス

㈡　地方庁ハ政府ノ基本方策ニ即応シ運動実施方策ヲ決定シ地方ニ於ケル運動全般ヲ指導ス

㈢　大政翼賛会(翼賛壮年団ヲ含ム)及選挙粛正中央聯盟ハ政府及地方庁ニ協力シ民間運動ヲ展開ス

(出典)『資料日本現代史』四　翼賛選挙①、大月書店、一九八一年、五〇―五一ページ。

【解説】　東条英機内閣は、太平洋戦争緒戦の勝利による戦意の高揚と内閣支持熱を利用して、議会の翼賛体制の完成をめざした。政府は一九四二年四月三〇日の第二一回衆議院議員総選挙を翼賛選挙と呼び、政府の選挙統制のもとで好ましくない議員を排除し、御用議員で議会を固めようとした。そのために政府とは別の各界代表からなる翼賛政治体制協議会を結成させ、翼賛会、大日本翼賛壮年団、在郷軍人会などを総動員して、「出たい人より出したい人」というスローガンを掲げて推薦候補を

もりたて、非推薦候補には干渉をくわえた。投票かりだしの結果、投票率八三・一％、当選者四六六人のうち推薦候補は三八一人に達した。

第三節

三国同盟からアジア太平洋戦争へ

58 基本国策要綱　一九四〇年七月二六日

昭和十五年七月二十六日閣議決定

世界ハ今ヤ歴史的一大転機ニ際会シ数個ノ国家群ノ生成発展ヲ基調トスル新ナル政治経済文化ノ創成ヲ見ントシ皇国亦有史以来ノ大試錬ニ直面スコノ秋ニ当リ真ニ肇国ノ大精神ニ基ク皇国ノ国是ヲ完遂セントセハ右世界史的発展ノ必然的動向ヲ把握シテ庶政百般ニ亘リ速ニ根本的刷新ヲ加ヘ万難ヲ排シテ国防国家体制ノ完成ニ邁進スルコトヲ以テ刻下喫緊要務トス、依ツテ基本国策ノ大綱ヲ策定スルコト左ノ如シ

一、根本方針

皇国ノ国是ハ八紘ヲ一宇トスル肇国ノ大精神ニ基キ世界平和ノ確立ヲ招来スルコトヲ以テ根本トシ先ツ皇国ヲ核心トシ日満支ノ強固ナル結合ヲ根幹トスル大東亜ノ新秩序ヲ建設スルニ在リ之カ為皇国自ラ速カニ新事態ニ即応スル不抜

ノ国家態勢ヲ確立シ国家ノ総力ヲ挙ケテ右国是ノ具現ニ邁進ス

二、国防及外交

皇国内外ノ新情勢ニ鑑ミ国家総力発揮ノ国防国家体制ヲ基底トシ国是遂行ニ遺憾ナキ軍備ヲ充実ス

皇国現下ノ外交ハ大東亜ノ新秩序建設ヲ根幹トシ先ツ其ノ重心ヲ支那事変ノ完遂ニ置キ国際的大変局ヲ達観シ建設的ニシテ且ツ弾力性ニ富ム施策ヲ講シ以テ皇国国運ノ進展ヲ期ス

三、国内態勢ノ刷新

我国内政ノ急務ハ国体ノ本義ニ基キ諸政ヲ一新シ国防国家体制ノ基礎ヲ確立スルニ在リ之カ為左記諸件ノ実現ヲ期ス

1　国体ノ本義ニ透徹スル教学ノ刷新ト相俟チ自我功利ノ思想ヲ排シ国家奉仕ノ観念ヲ第一義トスル国民道徳ヲ確立ス尚科学的精神ノ振興ヲ期ス

2　強力ナル新政治体制ヲ確立シ国政ノ綜合的統一ヲ図ル

イ、官民協力一致各々其職域ニ応シ国家ニ奉公スルコトヲ基調トスル新国民組織ノ確立

ロ、新政治体制ニ即応シ得ヘキ議会制度ノ改革

ハ、行政ノ運用ニ根本的刷新ヲ加ヘ其統一ト敏活トヲ目標トスル官界新態勢

3　皇国ヲ中心トスル日満支三国経済ノ自主的建設ヲ基調トシ国防経済ノ根基ヲ確立ス

イ、日満支ヲ一環トシ大東亜ヲ包容スル皇国ノ自給自足経済政策ノ確立

ロ、官民協力ニヨル計画経済ノ遂行特ニ主要物資ノ生産、配給、消費ヲ貫ク一元的統制機構ノ整備

ハ、綜合経済力ノ発展ヲ目標トスル財政計画ノ確立並ニ金融統制ノ強化

ニ、世界新情勢ニ対応スル貿易政策ノ刷新

ホ、国民生活必需物資特ニ主要食糧ノ自給方策ノ確立

ヘ、重要産業特ニ重、化学工業及機械工業ノ劃期的発展

ト、科学ノ劃期的振興並ニ生産ノ合理化

チ、内外ノ新情勢ニ対応スル交通運輸施設ノ整備拡充

リ、日満支ヲ通スル綜合国力ノ発展ヲ目標トスル国土開発計画ノ確立

4　国是遂行ノ原動力タル国民ノ資質、体力ノ向上並ニ人口増加ニ関スル恒久的方策特ニ農業(及農家)ノ安定発展ニ関スル根本方策ヲ確立ス

5　国策ノ遂行ニ伴フ国民犠牲ノ不均衡ノ是正ヲ断行シ厚生的諸施策ノ徹底ヲ期スルト共ニ国民生活ヲ刷新シ真ニ忍苦十年時艱克服ニ適応スル質実剛健ナル国民生活ノ水準ヲ確保ス

(出典)　外務省編『日本外交年表竝主要文書』下、原書房、一九六五

年、四三六―四三七ページ。

59 世界情勢の推移に伴ふ時局処理要綱　一九四〇年七月二七日

昭和十五年七月二十七日大本営政府連絡会議決定

方　針

帝国ハ世界情勢ノ変局ニ対処シ内外ノ情勢ヲ改善シ速カニ支那事変ノ解決ヲ促進スルト共ニ好機ヲ捕捉シ対南方問題ヲ解決ス

支那事変ノ処理未タ終ラサル場合ニ於テ対南方施策ヲ重点トスル態勢転換ニ関シテハ内外諸般ノ情勢ヲ考慮シテ之ヲ定ム

右二項ニ対処スル各般ノ準備ハ極力之ヲ促進ス

要　領

第一条　支那事変処理ニ関シテハ政戦両略ノ綜合力ヲ之ニ集中シ特ニ第三国ノ援蔣行為ヲ絶滅スル等凡ユル手段ヲ尽シテ速カニ重慶政権ノ屈伏ヲ策ス

対南方施策ニ関シテハ情勢ノ変転ヲ利用シ好機ヲ捕捉シ之カ推進ニ努ム

第二条　対外施策ニ関シテハ支那事変処理ヲ推進スルト共ニ対南方問題ノ解決ヲ目途トシ概ネ左記ニ依ル

一、先ツ対独伊ソ施策ヲ重点トシ時ニ速カニ独伊トノ政治的結束ヲ強化シ対ソ国交ノ飛躍的調整ヲ図ル

二、米国ニ対シテハ公正ナル主張ト儼然タル態度ヲ持シ帝国ノ必要トスル施策遂行ニ伴フ已ムヲ得サル自然的悪化ハ敢テ之ヲ辞セサルモ常ニ其ノ動向ニ留意シ我ヨリ求メテ摩擦ヲ多カラシムルハ之ヲ避クル如ク施策ス

三、仏印及香港等ニ対シテハ左記ニ依ル

イ　仏印(広州湾ヲ含ム)ニ対シテハ援蔣行為遮断ノ徹底ヲ期スルト共ニ速カニ我軍ノ補給担任軍隊通過及飛行場使用等ヲ容認セシメ且帝国ノ必要ナル資源ノ獲得ニ努ム

情況ニヨリ武力ヲ行使スルコトアリ

ロ　香港ニ対シテハ「ビルマ」ニ於ケル援蔣「ルート」ノ徹底的遮断ト相俟チ先ツ速カニ敵性ヲ芟除スル如ク強力ニ諸工作ヲ推進ス

ハ　租界ニ対シテハ先ツ敵性ノ芟除及交戦国軍隊ノ撤退ヲ図ルト共ニ逐次支那側ヲシテ之ヲ回収セシムル如ク誘導ス

ニ　前二項ノ施策ニ当リ武力ヲ行使スルハ第三条ニ拠ル

四、蘭印ニ対シテハ暫ク外交的措置ニ依リ其ノ重要資源確保ニ努ム

五、南太平洋上ニ於ケル旧独領及仏領島嶼ハ国防上ノ重大性ニ鑑ミ為シ得レハ外交的措置ニ依リ我領有ニ帰スル如ク処理ス

六、南方ニ於ケル其ノ他ノ諸邦ニ対シテハ努メテ友好的措

置ニヨリ我カ工作ニ同調セシムル如ク施策ス

第三条　対南方武力行使ニ関シテハ左記ニ準拠ス

一、支那事変処理概ネ終了セル場合ニ於テハ対南方問題解決ノ為内外諸般ノ情勢之ヲ許ス限リ好機ヲ捕捉シ武力ヲ行使ス

二、支那事変ノ処理未タ終ラサル場合ニ於テハ第三国ト開戦ニ至ラサル限度ニ於テ施策スルモ内外諸般ノ情勢特ニ有利ニ進展スルニ至ラハ対南方問題解決ノ為武力ヲ行使スルコトアリ

三、前二項武力行使ノ時期範囲方法等ニ関シテハ情勢ニ応シ之ヲ決定ス

四、武力行使ニ当リテハ戦争対手ヲ極力英国ノミニ局限スルニ努ム但シ此ノ場合ニ於テモ対米開戦ハ之ヲ避ケ得サルコトアルヘキヲ以テ之カ準備ニ遺憾ナキヲ期ス

第四条　国内指導ニ関シテハ以上ノ諸施策ヲ実行スルニ必要ナル如ク諸般ノ態勢ヲ誘導整備シツツ新世界情勢ニ基ク国防国家ノ完成ヲ促進ス

之カ為特ニ左ノ諸件ノ実現ヲ期ス

一、強力政治ノ実行

二、総動員法ノ広汎ナル発動

三、戦時経済態勢ノ確立

四、戦争資材ノ集積及船腹ノ拡充

（繰上輸入及特別輸入最大限実施並ニ消費規正）

五、生産拡充及軍備充実ノ調整

六、国民精神ノ昂揚及国内輿論ノ統一

（出典）外務省編『日本外交年表竝主要文書』下、原書房、一九六五年、四三七―四三八ページ。

60　日独伊三国同盟　一九四〇年九月二七日

昭和十五年九月二十七日締結「ベルリン」ニテ

日本国、独逸国及伊太利国間三国条約

大日本帝国政府、独逸国政府及伊太利国政府ハ万邦ヲシテ各其ノ所ヲ得シムルヲ以テ恒久平和ノ先決要件ナリト認メタルニ依リ大東亜及欧洲ノ地域ニ於テ各其ノ地域ニ於ケル当該民族ノ共存共栄ノ実ヲ挙ケルニ足ルヘキ新秩序ヲ建設シ且之ヲ維持センコトヲ根本義ト為シ右地域ニ於テ此ノ趣旨ニ拠ル努力ニ付相互ニ提携シ且協力スルコトニ決意セリ而シテ三国政府ハ更ニ世界到ル所ニ於テ同様ノ努力ヲ為サントスル諸国ニ対シ協力ヲ吝マサルモノニシテ斯クシテ世界平和ニ対スル三国終局ノ抱負ヲ実現センコトヲ欲ス依テ日本国政府独逸国政府及伊太利国政府ハ左ノ通協定セリ

第一条　日本国ハ独逸国及伊太利国ノ欧洲ニ於ケル新秩序建設ニ関シ指導的地位ヲ認メ且之ヲ尊重ス

第二条　独逸国及伊太利国ハ日本国ノ大東亜ニ於ケル新秩序建設ニ関シ指導的地位ヲ認メ且之ヲ尊重ス
第三条　日本国、独逸国及伊太利国ハ前記ノ方針ニ基ク努力ニ付相互ニ協力スヘキコトヲ約ス更ニ三締約国中何レカノ一国カ現ニ欧洲戦争又ハ日支紛争ニ参入シ居ラサル一国ニ依テ攻撃セラレタルトキハ三国ハ有ラユル政治的、経済的及軍事的方法ニ依リ相互ニ援助スヘキコトヲ約ス
第四条　本条約実施ノ為各日本国政府、独逸国政府及伊太利国政府ニ依リ任命セラルヘキ委員ヨリ成ル混合専門委員会ハ遅滞ナク開催セラルヘキモノトス
第五条　日本国、独逸国及伊太利国ハ前記諸条項カ三締約国ノ各ト「ソヴィエト」聯邦トノ間ニ現存スル政治的状態ニ何等ノ影響ヲモ及ホササルモノナルコトヲ確認ス
第六条　本条約ハ署名ト同時ニ実施セラルヘク、実施ノ日ヨリ十年間有効トス
右期間満了前適当ナル時期ニ於テ締約国中ノ一国ノ要求ニ基キ締約国ハ本条約ノ更新ニ関シ協議スヘシ
右証拠トシテ下名ハ各本国政府ヨリ正当ノ委任ヲ受ケ本条約ニ署名調印セリ
昭和十五年九月二十七日即チ一九四〇年、「ファシスト」暦十八年九月二十七日伯林ニ於テ本書三通ヲ作成ス

（出典）外務省編『日本外交年表竝主要文書』下、原書房、一九六五年、四五九ページ。

【解説】　一九四〇年四月以降のドイツの「電撃戦」の勝利が日本国内に衝撃をあたえ、新体制樹立が叫ばれるなかで、陸軍の画策によって現状維持的な米内内閣は倒閣に追いこまれた。七月一七日成立した第二次近衛内閣は、陸軍の立案をもとにした「基本国策要綱」を閣議決定した。要綱は「大東亜新秩序」の確立を根本方針とし、そのために国防国家体制の確立を期するとした(史料58)。さらに二七日の大本営政府連絡会議は、軍部の提案した「世界情勢の推移に伴ふ時局処理要綱」を決定し、武力南進と三国同盟締結という、その後の日本の命運を左右する重大方針を定めた(史料59)。三国同盟について海軍はなお消極的だったが、米独開戦の場合日本が自動的に参戦するのではなく、「締約国間の協議に依り決定」することで合意が成立し、九月二七日調印された(史料60)。武力南進の方針は、九月北部仏印への武力進駐によってその第一歩が踏みだされた。

61　情勢の推移に伴ふ帝国国策要綱　一九四一年七月二日

七月二日御前会議決定

第一　方　針

一、帝国ハ世界情勢変転ノ如何ニ拘ラス大東亜共栄圏ヲ建設シ以テ世界平和ノ確立ニ寄与セントスル方針ヲ堅持ス
二、帝国ハ依然支那事変処理ニ邁進シ且自存自衛ノ基礎ヲ確

立スル為南方進出ノ歩ヲ進メ又情勢ノ推移ニ応シ北方問題ヲ解決ス
三、帝国ハ右目的達成ノ為如何ナル障害ヲモ之ヲ排除ス

第二　要　領

一、蔣政権屈服促進ノ為更ニ南方諸域ヨリ圧力ヲ強化ス情勢ノ推移ニ応シ適時重慶政権ニ対スル交戦権ヲ行使シ且支那ニ於ケル敵性租界ヲ接収ス
二、帝国ハ其ノ自存自衛上南方要域ニ対スル必要ナル外交交渉ヲ続行シ其ノ他各般ノ施策ヲ促進ス
之カ為メ対英米戦準備ヲ整ヘ先ツ「対仏印泰施策要綱」及「南方施策促進ニ関スル件」ニ拠リ仏印及泰ニ対スル諸方策ヲ完遂シ以テ南方進出ノ態勢ヲ強化ス
帝国ハ本号目的達成ノ為メ対英米戦ヲ辞セス
三、独「ソ」戦ニ対シテハ三国枢軸ノ精神ヲ基調トスルモ暫ク之ニ介入スルコトナク密カニ対「ソ」武力的準備ヲ整ヘ自主的ニ対処ス此ノ間固ヨリ周密ナル用意ヲ以テ外交交渉ヲ行フ
独「ソ」戦争ノ推移帝国ノ為メ有利ニ進展セハ武力ヲ行使シテ北方問題ヲ解決シ北辺ノ安定ヲ確保ス
四、前号遂行ニ当リ各種ノ施策就中武力行使ノ決定ニ際シテハ対英米戦争ノ基本態勢ノ保持ニ大ナル支障ナカラシム
五、米国ノ参戦ハ既定方針ニ従ヒ外交手段其他有ユル方法ニ依リ極力之ヲ防止スヘキモ万一米国カ参戦シタル場合ニハ帝国ハ三国条約ニ基キ行動ス但シ武力行使ノ時機及方法ハ自主的ニ之ヲ定ム
六、速カニ国内戦時体制ノ徹底的強化ニ移行ス特ニ国土防衛ノ強化ニ勉ム
七、具体的措置ニ関シテハ別ニ之ヲ定ム

（出典）外務省編『日本外交年表竝主要文書』下、原書房、一九六五年、五三一－五三二ページ。

【解説】　一九四一年四月の日ソ中立条約締結から二カ月余り後、六月二二日独ソ戦が開始されると、日本は三国同盟と日ソ中立条約の間でジレンマに陥った。大本営政府連絡懇談会では対ソ戦論と対英米戦論が対立し、紛糾のすえ折衷案が決定された。閣議決定を経て七月二日に開かれた御前会議で、「情勢の推移に伴ふ帝国国策要綱」が正式に決定された。要綱は、南方進出の態勢を強化し、その「目的達成の為め対英米戦を辞せず」とする一方、「密かに対「ソ」武力的準備を整へ……独「ソ」戦争の推移帝国の為め有利に進展せば武力を行使して北方問題を解決」するというものであった。これにもとづいて、ただちに関東軍特種演習が発動され、南部仏印進駐が実施された。南部仏印進駐に対抗してアメリカは対日石油輸出を全面的に停止した。

62 帝国国策遂行要領　一九四一年九月六日

九月六日御前会議決定

帝国ハ現下ノ急迫セル情勢特ニ米英蘭等各国ノ執レル対日攻勢「ソ」聯ノ情勢及帝国国力ノ弾撥性等ニ鑑ミ「情勢ノ推移ニ伴フ帝国国策要綱」中南方ニ対スル施策ヲ左記ニ依リ遂行ス

一、帝国ハ自存自衛ヲ全フスル為対米(英蘭)戦争ヲ辞セサル決意ノ下ニ概ネ十月下旬ヲ目途トシ戦争準備ヲ完整ス

二、帝国ハ右ニ並行シテ米、英ニ対シ外交ノ手段ヲ尽シテ帝国ノ要求貫徹ニ努ム

対米(英)交渉ニ於テ帝国ノ達成スヘキ最少限度ノ要求事項並ニ之ニ関聯シ帝国ノ約諾シ得ル限度ハ別紙ノ如シ

三、前号外交交渉ニ依リ十月上旬頃ニ至ルモ尚我要求ヲ貫徹シ得ル目途ナキ場合ニ於テハ直チニ対米(英蘭)開戦ヲ決意ス

対南方以外ノ施策ハ既定国策ニ基キ之ヲ行ヒ特ニ米「ソ」ノ対日連合戦線ヲ結成セシメサルニ勉ム

別　紙

対米(英)交渉ニ於テ帝国ノ達成スヘキ最少限度ノ要求事項並ニ之ニ関聯シ帝国ノ約諾シ得ル限度

第一　対米(英)交渉ニ於テ帝国ノ達成スヘキ最少限度ノ要求事項

一、(支那事変ニ関スル事項)

米英ハ帝国ノ支那事変処理ニ容喙シ又ハ之ヲ妨害セサルコト

(イ) 帝国ノ日支基本条約及日満支三国共同宣言ニ準拠シ事変ヲ解決セントスル企図ヲ妨害セサルコト

(ロ) 「ビルマ」公路ヲ閉鎖シ且蔣政権ニ対シ軍事的並ニ経済的援助ヲナササルコト

(註) 右ハN工作ニ於ケル支那事変処理ニ関スル帝国従来ノ主張ヲ妨クルモノニアラス而シテ特ニ日支間新取極ニ依ル帝国軍隊ノ駐屯ニ関シテハ之ヲ固守スルモノトス

但シ事変解決ニ伴ヒ支那事変遂行ノ為支那ニ派遣セル右以外ノ軍隊ハ原則トシテ撤退スルノ用意アルコトヲ確言スルコト支障ナシ

又在支米英権益ニ付テハ米英カ新シキ東亜ヲ理解シ之ニ即応シテ行動スル限リ制限スル意図ナキ旨確言スルコト支障ナシ

二、(帝国国防上ノ安全ヲ確保スヘキ事項)

米英ハ極東ニ於テ帝国ノ国防ヲ脅威スルカ如キ行動ニ出テサルコト

(イ) 日仏間ノ約定ニ基ク日仏印間特殊関係ヲ容認スルコト

(ロ) 泰、蘭印、支那及極東「ソ」領内ニ軍事的権益ヲ設定

セサルコト

(ハ)　極東ニ於ケル兵備ヲ現状以上ニ増強セサルコト

三、(帝国ノ所要物資獲得ニ関スル事項)

米英ハ帝国ノ所要物資獲得ニ協力スルコト

(イ)　帝国トノ通商ヲ恢復シ且南西太平洋ニ於ケル両国領土ヨリ帝国ノ自存上緊要ナル物資ヲ帝国ニ供給スルコト

(ロ)　帝国ト泰及蘭印トノ間ノ経済提携ニ付友好的ニ協力スルコト

第二　帝国ノ約諾シ得ル限度

第一ニ示ス帝国ノ要求ノ応諾セラルルニ於テハ

一、帝国ハ仏印ヲ基地トシテ支那ヲ除ク其ノ近接地域ニ武力進出ヲナササルコト

二、帝国ハ公正ナル極東平和確立後仏領印度支那ヨリ撤兵スル用意アルコト

三、帝国ハ比島ノ中立ヲ保障スル用意アルコト

(註)(イ)　三国同盟ニ対スル帝国ノ態度ニ関シ質疑シ来ル場合ハ三国条約ニ関スル帝国ノ義務遂行ハ何等変更スヘキモノニアラサル旨確言スルモノトシ我ヨリ進ンテ帝国ノ三国条約ニ対スル態度及米国ノ欧洲戦争ニ関スル態度ニ付テハ論議セサルモノトス

(ロ)　「ソ」聯ニ対スル帝国ノ態度ニ関シ質疑シ来ル場合「ソ」側ニ於テ日「ソ」中立条約ヲ遵守シ且日満ニ対シ脅威ヲ与フル等同条約ノ精神ニ反スルカ如キ行動無キ限リ我ヨリ進ンテ武力行動ニ出ツルコトナキ旨応酬ス

(出典)　外務省編『日本外交年表竝主要文書』下、原書房、一九六五年、五四四―五四五ページ。

【解説】　アメリカの対日経済制裁強化に対して、「じり貧」を恐れる軍部は早期開戦論に傾いた。九月三日の大本営政府連絡会議では、一〇月上旬になっても外交交渉で要求貫徹の目処が立たない場合、開戦を決意するとの方針が承認され、閣議決定を経て六日の御前会議で「帝国国策遂行要領」が原案通り可決された。戦争準備と外交交渉を併行して進めることになっているが、交渉に期限をつけ、日本の最低要求と譲歩し得る限度が別紙に示された。それは日本の従来からの要求と変わりなく、とうてい交渉妥結の見込みはなく実質的に開戦を予定したものであった。

63 帝国国策遂行要領　一九四一年一一月二日

十一月二日連絡会議決定

一、帝国ハ現下ノ危局ヲ打開シテ自存自衛ヲ完フシ大東亜ノ新秩序ヲ建設スル為此ノ際対米英蘭戦争ヲ決意シ左記措置ヲ採ル

(一)　武力発動ノ時期ヲ十二月初頭ト定メ陸海軍ハ作戦準備ヲ完整ス

(二)　対米交渉ハ別紙要領ニ依リ之ヲ行フ

㈢　独伊ト提携強化ヲ図ル
㈣　武力発動ノ直前泰トノ間ニ軍事的緊密関係ヲ樹立ス
二、対米交渉カ十二月一日午前零時迄ニ成功セハ武力発動ヲ中止ス

別　紙

対米交渉要領

対米交渉ハ従来懸案トナレル重要事項ノ表現方式ヲ緩和修正スル別記甲案或ハ別記乙案ノ如キ局地的緩和案ヲ以テ交渉ニ臨ミ之カ妥結ヲ計ルモノトス

甲　案

日米交渉懸案中最重要ナル事項ハ㈠支那及仏印ニ於ケル駐兵及撤兵問題㈡支那ニ於ケル通商無差別問題㈢三国条約ノ解釈及履行問題㈣四原則問題ナル処之等諸項ニ付テハ左記ノ程度ニ之ヲ緩和ス

記

㈠　支那ニ於ケル駐兵及撤兵問題
本件ニ付テハ米国側ハ駐兵ノ理由ハ暫ク之ヲ別トシ㈠不確定期間ノ駐兵ヲ重視シ㈡平和解決条件中ニ之ヲ包含セシムルコトニ異議ヲ有シ㈢撤兵ニ関シ更ニ明確ナル意思表示ヲ要望シ居ルニ鑑ミ次ノ諸案程度ニ緩和ス
日支事変ノ為支那ニ派遣セラレタル日本国軍隊ハ北支及蒙疆ノ一定地域及海南島ニ関シテハ日支間平和成立後所要期間駐屯スヘク爾余ノ軍隊ハ平和成立ト同時ニ日支間ニ別ニ定メラルル所ニ従ヒ撤去ヲ開始シ二年以内ニ之ヲ完了スヘシ
註　所要期間ニ付米側ヨリ質問アリタル場合ハ概ネ二十五年ヲ目途トスルモノナル旨ヲ以テ応酬スルモノトス
㈡　仏印ニ於ケル駐兵及撤兵
本件ニ付テハ米側ハ日本ハ仏印ニ対シ領土的野心ヲ有シ且近接地方ニ対スル武力進出ノ基地タラシメントスルモノナリトノ危惧ノ念ヲ有スト認メラルルヲ以テ次ノ案程度ニ緩和ス
日本国政府ハ仏領印度支那ノ領土主権ヲ尊重ス、現ニ仏領印度支那ニ派遣セラレ居ル日本国軍隊ハ支那事変ニシテ解決スルカ又ハ公正ナル極東平和ノ確立スルニ於テハ直ニ之ヲ撤去スヘシ
㈢　支那ニ於ケル通商無差別待遇問題
本件ニ付テハ既提出ノ九月二十五日案ニテ到底妥結ノ見込無キ場合ニハ次ノ案ヲ以テ対処スルモノトス
日本国政府ハ無差別原則カ全世界ニ適用セラルルモノナルニ於テハ太平洋全地域即支那ニ於テモ本原則ノ行ハルルコトヲ承認ス
㈣　三国条約ノ解釈及履行問題
本件ニ付テハ我方トシテハ自衛権ノ解釈ヲ濫ニ拡大スル意

図ナキコトヲ更ニ明確ニスルト共ニ三国条約ノ解釈及履行ニ関シテハ我方ハ従来屡々説明セル如ク日本国政府ノ自ラ決定スル所ニ依リテ行動スル次第ニシテ此点ハ既ニ米国側ノ諒承ヲ得タルモノナリト思考スル旨ヲ以テ応酬ス

(五)　米側ノ所謂四原則ニ付テハ之ヲ日米間ノ正式妥結事項（諒解案タルト又ハ其ノ他ノ声明タルトヲ問ハス）中ニ包含セシムルコトハ極力回避ス

乙　案

一、日米両国ハ孰レモ仏印以外ノ南東亜細亜及南太平洋地域ニ武力的進出ヲ行ハサルコトヲ約スヘシ

二、日米両国政府ハ蘭領印度ニ於テ其ノ必要トスル物資ノ獲得カ保障セラルル様相互ニ協力スヘシ

三、日米両国政府ハ相互ニ通商関係ヲ資金凍結前ノ状態ニ復帰セシムヘシ、米国ハ所要ノ石油ノ対日供給ヲ約スヘシ

四、米国政府ハ日支両国ノ和平ニ関スル努力ニ支障ヲ与ウルカ如キ行動ニ出テサルヘシ

備考

一、必要ニ応シ本取極成立セハ南部仏印駐屯中ノ日本軍ハ仏国政府ノ諒解ヲ得テ北部仏印ニ移駐スルノ用意アルコト並ニ支那事変解決スルカ又ハ太平洋地域ニ於ケル公正ナル和平確立ノ上ハ前記日本軍隊ヲ仏印ヨリ撤退スヘキコトヲ約束シ差支無シ

二、尚必要ニ応シテハ従来ノ提案（最後案）中ニアリタル通商無差別待遇ニ関スル規定及三国条約ノ解釈及履行ニ関スル規定ヲ追加挿入スルモノトス

（出典）　外務省編『日本外交年表竝主要文書』下、原書房、一九六五年、五五四—五五五ページ。

【解説】　戦争準備が急がれる一方、日米交渉は進展せず交渉は完全に行きづまった。九月六日の御前会議決定の期限が迫るなかで近衛内閣は和戦を決することができず、土壇場で総辞職した。木戸幸一内大臣を中心とする重臣会議は開戦論者である東条英機を推薦し、東条に大命が下った。天皇は組閣を命じるにあたって、木戸を通じて御前会議決定を「白紙還元」して再検討せよとの意思を伝えた。この「御諚」に従って東条は再検討にはいったが、方針転換はなかった。大本営政府連絡会議は八回にわたる会議のすえ、一一月二日「帝国国策遂行要領」の原案を決定し、一一月五日の御前会議で同要領が正式に可決された。「対米交渉要領」の甲・乙案も決められたが、米側の考えと隔絶しており事実上の開戦決定となった。

64 日米交渉一一月二六日米側提案（ハル・ノート）　一九四一年一一月二六日

（十一月二十七日来電第一一九二号、第一一九三号）

合衆国及日本国間協定ノ基礎概略

第一項政策ニ関スル相互宣言案

合衆国政府及日本国政府ハ共ニ太平洋ノ平和ヲ欲シ其ノ国策ハ太平洋地域全般ニ亙ル永続的且広汎ナル平和ヲ目的トシ、両国ハ右地域ニ於テ何等領土的企図ヲ有セス、他国ヲ脅威シ又ハ隣接国ニ対シ侵略的ニ武力ヲ行使スルノ意図ナク又其ノ国策ニ於テハ相互間及一切ノ他国政府トノ間ノ関係ノ基礎タル左記根本諸原則ヲ積極的ニ支持シ且之ヲ実際的ニ適用スヘキ旨闡明ス

(一)　一切ノ国家ノ領土保全及主権ノ不可侵原則

(二)　他ノ諸国ノ国内問題ニ対スル不干与ノ原則

(三)　通商上ノ機会及待遇ノ平等ヲ含ム平等原則

(四)　紛争ノ防止及平和的解決並ニ平和的方法及手続ニ依ル国際情勢改善ノ為メ国際協力及国際調停遵拠ノ原則

日本国政府及合衆国政府ハ慢性的政治不安定ノ根絶、頻繁ナル経済的崩壊ノ防止及平和ノ基礎設定ノ為メ相互間並ニ他国家及他国民トノ間ノ経済関係ニ於テ左記諸原則ヲ積極的ニ支持シ且実際的ニ適用スヘキコトニ合意セリ

(一)　国際通商関係ニ於ケル無差別待遇ノ原則

(二)　国際的経済協力及過度ノ通商制限ニ現ハレタル極端ナル国家主義撤廃ノ原則

(三)　一切ノ国家ニ依ル無差別的ナル原料物資獲得ノ原則

(四)　国際的商品協定ノ運用ニ関シ消費国家及民衆ノ利益ノ充分ナル保護ノ原則

(五)　一切ノ国家ノ主要企業及連続的発展ニ資シ且一切ノ国家ノ福祉ニ合致スル貿易手続ニ依ル支払ヲ許容セシムルカ如キ国際金融機構及取極樹立ノ原則

第二項合衆国政府及日本国政府ノ採ルヘキ措置

合衆国政府及日本国政府ハ左ノ如キ措置ヲ採ルコトヲ提案ス

一、合衆国政府及日本国政府ハ英帝国支那日本国和蘭蘇聯邦泰国及合衆国間多辺的不可侵条約ノ締結ニ努ムヘシ

二、当国政府ハ米、英、支、日、蘭及泰政府間ニ各国政府カ仏領印度支那ノ領土主権ヲ尊重シ且印度支那ノ領土保全ニ対スル脅威発生スルカ如キ場合斯ル脅威ニ対処スルニ必要且適当ナリト看做サルヘキ措置ヲ講スルノ目的ヲ以テ即時協議スル旨誓約スヘキ協定ノ締結ニ努ムヘシ斯ル協定ハ又協定締約国タル各国政府カ印度支那トノ貿易若ハ経済関係ニ於テ特恵的待遇ヲ求メ又ハ之ヲ受ケサルヘク且各締約国ノ為メ仏領印度支那トノ貿易及通商ニ於ケル平等待遇ヲ確保スルカ為メ尽力スヘキ旨規定スヘキモノトス

三、日本国政府ハ支那及印度支那ヨリ一切ノ陸、海、空軍兵力及警察力ヲ撤収スヘシ

四、合衆国政府及日本国政府ハ臨時ニ首都ヲ重慶ニ置ケル中華民国国民政府以外ノ支那ニ於ケル如何ナル政府若クハ政権ヲモ軍事的、経済的ニ支持セサルヘシ

五、両国政府ハ外国租界及居留地内及之ニ関聯セル諸権益並ニ一九〇一年ノ団匪事件議定書ニ依ル諸権利ヲモ含ム支那ニ在ル一切ノ治外法権ヲ抛棄スヘシ
両国政府ハ外国租界及居留地ニ於ケル諸権利並ニ一九〇一年ノ団匪事件議定書ニヨル諸権利ヲ含ム支那ニ於ケル治外法権抛棄方ニ付英国政府及其他ノ諸政府ノ同意ヲ取付クヘク努力スヘシ
六、合衆国政府及日本国政府ハ互恵的最恵国待遇及通商障壁ノ低減並ニ生糸ヲ自由品目トシテ据置カントスル米側企図ニ基キ合衆国及日本国間ニ通商協定締結ノ為メ協議ヲ開始スヘシ
七、合衆国政府及日本国政府ハ夫々合衆国ニ在ル日本資金及日本国ニアル米国資金ニ対スル凍結措置ヲ撤廃スヘシ
八、両国政府ハ円弗為替ノ安定ニ関スル案ニ付協定シ右目的ノ為メ適当ナル資金ノ割当ハ半額ヲ日本国ヨリ半額ヲ合衆国ヨリ供与セラルヘキコトニ同意スヘシ
九、両国政府ハ其ノ何レカノ一方カ第三国ト締結シオル如何ナル協定モ同国ニ依リ本協定ノ根本目的即チ太平洋地域全般ノ平和確立及保持ニ矛盾スルカ如ク解釈セラレサルヘキコトヲ同意スヘシ
一〇、両国政府ハ他国政府ヲシテ本協定ニ規定セル基本的ナル政治的経済的原則ヲ遵守シ且之ヲ実際的ニ適用セシムル為メ其ノ勢力ヲ行使スヘシ

（出典）外務省編『日本外交年表竝主要文書』下、原書房、一九六五年、五六三―五六四ページ。

【解説】日本は対米交渉の甲案を提示したが、アメリカ側はこれを拒否、ついで出された乙案に対して、ハル国務長官は野村大使に回答（ハル・ノート）を手交した。ノートはアメリカが一貫して主張してきた四原則を基調として、「日本国政府は支那及印度支那より一切の陸、海、空軍兵力及警察力を撤収すべし」などと述べている。これは満州事変以来の日本の侵略をすべて認めないという強硬な姿勢を示したもので、日本側はこれを最後通告と受けとり、大本営政府連絡会議は開戦を決定する御前会議案を決定し、一二月一日開戦についての最後の御前会議で正式決定した。

65 宣戦の詔書　一九四一年一二月八日

天佑ヲ保有シ万世一系ノ皇祚ヲ践メル大日本帝国天皇ハ、昭ニ忠誠勇武ナル汝有衆ニ示ス。

朕茲ニ米国及英国ニ対シテ戦ヲ宣ス。朕カ陸海将兵ハ全力ヲ奮テ交戦ニ従事シ、朕カ百僚有司ハ励精職務ヲ奉行シ、朕カ衆庶ハ各々其ノ本分ヲ尽シ、億兆一心国家ノ総力ヲ挙ケテ征戦ノ目的ヲ達成スルニ遺算ナカラムコトヲ期セヨ。

抑々東亜ノ安定ヲ確保シ、以テ世界ノ平和ニ寄与スルハ、丕顕ナル皇祖考、丕承ナル皇考ノ作述セル遠猷ニシテ、朕カ拳

々措カサル所、而シテ列国トノ交誼ヲ篤クシ、万邦共栄ノ楽ヲ偕ニスルハ之亦帝国カ常ニ国交ノ要義ト為ス所ナリ。今ヤ不幸ニシテ米英両国ト釁端ヲ開クニ至ル、洵ニ已ムヲ得サルモノアリ。豈朕カ志ナラムヤ。中華民国政府曩ニ帝国ノ真意ヲ解セス、濫ニ事ヲ構ヘテ東亜ノ平和ヲ攪乱シ、遂ニ帝国ヲシテ干戈ヲ執ルニ至ラシメ、茲ニ四年有余ヲ経タリ。幸ニ国民政府更新スルアリ帝国ハ之ト善隣ノ誼ヲ結ヒ、相提携スルニ至レルモ、重慶ニ残存スル政権ハ、米英ノ庇蔭ヲ恃ミテ兄弟尚未タ牆ニ相鬩クヲ悛メス、米英両国ハ残存政権ヲ支援シテ東亜ノ禍乱ヲ助長シ、平和ノ美名ニ匿レテ東洋制覇ノ非望ヲ逞ウセムトス。剰ヘ与国ヲ誘ヒ帝国ノ周辺ニ於テ武備ヲ増強シテ我ニ挑戦シ、更ニ帝国ノ平和的通商ニ有ラユル妨害ヲ与ヘ、遂ニ経済断交ヲ敢テシ、帝国ノ生存ニ重大ナル脅威ヲ加フ。朕ハ政府ヲシテ事態ヲ平和ノ裡ニ回復セシメムトシ、隠忍久シキニ彌リタルモ、彼ハ毫モ交譲ノ精神ナク、徒ニ事局ノ解決ヲ遷延セシメテ、此ノ間却ツテ益々経済上軍事上ノ脅威ヲ増大シ、以テ我ヲ屈従セシメムトス。斯ノ如クニシテ推移セムカ、東亜安定ニ関スル帝国積年ノ努力ハ悉ク水泡ニ帰シ、帝国ノ存立亦正ニ危殆ニ瀕セリ。事既ニ此ニ至ル、帝国ハ今ヤ自存自衛ノ為蹶然起ツテ一切ノ障礙ヲ破砕スルノ外ナキナリ。

皇祖皇宗ノ神霊上ニ在リ朕ハ汝有衆ノ忠誠勇武ニ信倚シ、祖宗ノ遺業ヲ恢弘シ、速ニ禍根ヲ芟除シテ、東亜永遠ノ平和ヲ確立シ、以テ帝国ノ光栄ヲ保全セムコトヲ期ス。

御名御璽

昭和十六年十二月八日

各国務大臣副署

（出典）外務省編『日本外交年表竝主要文書』下、原書房、一九六五年、五七三―五七四ページ。

【解説】 宣戦の詔書は、一一月に陸海軍事務当局がまとめた「対米英開戦名目骨子」をもとに、天皇や木戸らの意見を採り入れ修正を経て決定され、一二月八日天皇の裁可を経て正午からラジオで放送された。この詔書の特徴として、日清・日露戦争の場合とは違って国際法尊重のことばがなく、宣戦の相手国は米英両国だけであってオランダが明記されていないことなどが指摘されている。また、戦争の大義名分は曖昧で、「自存自衛」および「東亜永遠の平和の確立」（「大東亜新秩序の建設」）だと言われるが、両者の関係の理解について支配層のあいだで統一がとれていた訳ではなかった。

第四節

「大東亜共栄圏」の実態

66 南方占領地行政実施要領　一九四一年一一月二〇日

第一　方針

占領地ニ対シテハ差シ当リ軍政ヲ実施シ治安ノ恢復、重要国防資源ノ急速獲得及作戦軍ノ自活確保ニ資ス

第二　要領

一、軍政実施ニ当リテハ極力残存統治機構ヲ利用スルモノトシ従来ノ組織及民族的慣行ヲ尊重ス

二、作戦ニ支障ナキ限リ占領軍ハ重要国防資源ノ獲得及開発ヲ促進スヘキ措置ヲ講スルモノトス

占領地ニ於テ開発又ハ取得シタル重要国防資源ハ之ヲ中央ノ物動計画ニ織リ込ムモノトシ作戦軍ノ現地自活ニ必要ナルモノハ右配分計画ニ基キ之ヲ現地ニ充当スルヲ原則トス

三、物資ノ対日輸送ハ陸海軍ニ於テ極力之ヲ援助シ且陸海軍ハ其ノ徴傭船ヲ全幅活用スルニ努ム

四、鉄道、船舶、港湾、航空、通信及郵政ハ占領軍ニ於テ之ヲ管理ス

五、占領軍ハ貿易及為替管理ヲ施行シ特ニ石油、ゴム、錫、タングステン、キナ等ノ特殊重要資源ノ対敵流出ヲ防止ス

六、通貨ハ勉メテ従来ノ現地通貨ヲ活用セシムルヲ原則トシ已ムヲ得サル場合ニアリテハ外貨標示軍票ヲ使用ス

七、国防資源取得ト占領軍ノ現地自活ノ為民生ニ及ホサザルヲ得サル重圧ハ之ヲ忍ハシメ宣撫上ノ要求ハ右目的ニ反セサル限度ニ止ムルモノトス

八、米英蘭国人取扱イハ軍政実施ニ協力セシムル如ク指導スルモ之ニ応セサルモノハ退去其ノ他適宜ノ措置ヲ講ス

枢軸国人ノ現存権益ハ之ヲ尊重スルモ爾後ノ拡張ハ勉メテ制限ス華僑ニ対シテハ蔣政権ヨリ離反シ我カ施策ニ協力同調セシムルモノトス

原住土民ニ対シテハ皇軍ニ対スル信倚観念ヲ助長セシムル如ク指導シ其ノ独立運動ハ過早ニ誘発セシムルコトヲ避クルモノトス

九、作戦開始後新ニ進出スヘキ邦人ハ事前ニ其ノ素質ヲ厳選スルモ嘗テ是等ノ地方ニ在住セシ帰朝者ノ再渡航ニ関シテハ優先的ニ考慮ス

一〇、軍政実施ニ関連シ措置スヘキ事項左ノ如シ

イ、現地軍政ニ関スル重要事項ハ大本営政府連絡会議ノ議

ヲ経テ之ヲ決定ス
中央ノ決定事項ハ之ヲ陸海軍ヨリ夫々現地軍ニ指示スルモノトス
ロ、資源ノ取得及開発ニ関スル企画及統制ハ差シ当リ企劃院ヲ中心トスル中央ノ機関ニ於テ之ヲ行フモノトス
右決定事項ノ実行ハ(イ)項ニ拠ルモノトス
ハ、仏印及泰ニ対シテハ既定方針ニ拠リ施策シ軍政ヲ施行セス状況激変セル場合ノ処置ハ別ニ定ム

〈出典〉外務省編『日本外交年表竝主要文書』下、原書房、一九六五年、五六二―五六三ページ。

【解説】一九四一年一二月八日に日本は対英米に開戦することでアジア太平洋戦争に突入した。その後、半年の間に北はアリューシャン列島から南はチモール島、西はビルマから東はソロモン群島までの広範な地域を占領すると同時にこの地に軍政を実施していった。この開戦に先立つ一一月二〇日に戦争の最高指導部である大本営政府連絡会議は、東南アジアで実施する軍政の大要を制定した。南方占領地行政実施要領はその基本方針を包括的に述べたもので、軍政の基本方針として「治安の回復」「重要国防資源の急速獲得」「作戦軍の自活確保」を掲げていた。〔参〕早稲田大学大隈記念社会科学研究所編『インドネシアにおける日本軍政の研究』紀伊國屋書店、一九五九年。

67 大東亜政略指導大綱　一九四三年五月三一日

（一九四三年五月三十一日御前会議決定）

第一　方針

一、帝国ハ大東亜戦争完遂ノタメ帝国ヲ中核トスル大東亜ノ諸国家諸民族結集ノ政略態勢ヲ更ニ整備強化シモッテ戦争指導ノ主動性ヲ堅持シ世界情勢ノ変転ニ対処ス
政略態勢ノ整備強化ハ遅クトモ本年十一月初頃マテニ達成スルヲ目途トス
二、政略態勢ノ整備ハ帝国ニ対スル諸国家諸民族ノ戦争協力強化ヲ主眼トシ特ニ支那問題ヲ解決ス

第二　要領

一、対満華方策
帝国ヲ中心トスル日満華相互間ノ結合ヲ更ニ強化スコレカタメ
(イ)　対満方策
既定方針ニ拠ル
(ロ)　対華方策
「大東亜戦争完遂ノタメノ対支処理根本方針」ノ徹底具現ヲ図ルタメ右ニ即応スル如ク別ニ定ムル所ニ拠リ日華基本条約ヲ改訂シ日華同盟条約ヲ締結ス。コレカタメ速カニ諸準備ヲ整ウ。右ニ関連シ機ヲ見テ国民政府ヲシテ対重慶政治工作ヲ実施セシムル如ク指導ス。

前項実行ノ時機ハ大本営政府協議ノ上コレヲ決定ス。

二、対泰方針

既定方針ニ基キ相互協力ヲ強化ス。特ニ「マライ」ニオケル失地回復、経済協力強化ハ速カニ実行ス。

「シャン」地方ノ一部ハ泰国領ニ編入スルモノトシコレカ実施ニ関シテハ「ビルマ」トノ関係ヲ考慮シテ決定ス。

三、対仏印方策

既定方針ヲ強化ス。

四、対緬方策

昭和十八年三月十日大本営政府連絡会議決定緬甸《ビルマ》独立指導要綱ニ基キ施策ス。

五、対比方策

ナルヘク速カニ独立セシム。

独立ノ時機ハ概ネ本年十月頃ト予定シ極力諸準備ヲ促進ス。

六、ソノ他ノ占領地域ニ対スル方策ヲ左ノ通リ定ム。

但シ(ロ)、(ハ)以外ハ当分発表セス。

(イ)「マライ」「スマトラ」「ジャワ」「ボルネオ」「セレベス」ハ帝国領土ト決定シ重要資源ノ供給地トシテ極力コレカ開発並ヒニ民心把握ニ努ム。

(ロ)前号各地域ニオイテハ原住民ノ民度ニ応シ努メテ政治ニ参与セシム。

(ハ)「ニューギニア」等(イ)以外ノ地域ノ処理ニ関シテハ前二号ニ準シ追テ定ム。

(ニ)前記各地ニオイテハ当分軍政ヲ継続ス。

七、大東亜会議

以上各方策ノ具現ニ伴ヒ本年十月下旬頃(比島独立後)大東亜各国ノ指導者ヲ東京ニ参集セシメ牢固タル戦争完遂ノ決意ト大東亜共栄圏ノ確立ヲ中外ニ宣明ス。

(出典)　外務省編『日本外交年表竝主要文書』下、原書房、一九六六年、五八三—五八四ページ。

【解説】　ヨーロッパにおいては一九四三年二月にスターリングラード(現在のボルゴグラード)でドイツ軍が敗退し、九月にはイタリアが戦線から離脱して三国同盟が崩れ、ソ連軍が大攻勢をかけるなかでドイツの敗北は濃厚となっていった。太平洋においてもガダルカナル島でのアメリカ軍の反攻を契機に次々と敗退した日本は「大東亜政略指導大綱」を策定し、「大東亜共栄圏」内の守勢を固め、マラヤ、スマトラ、ジャワなどは日本領土と決定し、ビルマ、フィリピンの独立、大東亜会議の東京開催を確定した。この「大綱」と関連して四三年八月にはビルマが、一〇月にはフィリピンが「独立」し、同月東京で大東亜会議が開催された。〔参〕J・M・プルヴィーア(長井信一監訳)『東南アジア現代史』東洋経済新報社、一九七七年。

68 大東亜共同宣言　一九四三年一一月六日

一九四三年一一月六日大東亜会議事務局発表

昭和十八年十一月五日及六日ノ両日東京ニ於テ大東亜会議ヲ開催セリ同会議ニ出席ノ各国代表者左ノ通（中略）

同会議ニ於テハ大東亜戦争完遂ト大東亜建設ノ方針トニ関シ各国代表ハ隔意ナキ協議ヲ遂ケタル処全会一致ヲ以テ左ノ共同宣言ヲ採択セリ

大東亜共同宣言

抑々世界各国カ各其ノ所ヲ得相倚リ相扶ケテ万邦共栄ノ楽ヲ偕ニスルハ世界平和確立ノ根本要義ナリ

然ルニ米英ハ自国ノ繁栄ノ為ニハ他国家他民族ヲ抑圧シ特ニ大東亜ニ対シテハ飽クナキ侵略搾取ヲ行ヒ大東亜隷属化ノ野望ヲ逞ウシ遂ニハ大東亜ノ安定ヲ根柢ヨリ覆サントセリ大東亜戦争ノ原因茲ニ存ス

大東亜各国ハ相提携シテ大東亜戦争ヲ完遂シ大東亜ヲ米英ノ桎梏ヨリ解放シテ其ノ自存自衛ヲ全ウシ左ノ綱領ニ基キ大東亜ヲ建設シ以テ世界平和ノ確立ニ寄与センコトヲ期ス

一、大東亜各国ハ協同シテ大東亜ノ安定ヲ確保シ道義ニ基ク共存共栄ノ秩序ヲ建設ス

一、大東亜各国ハ相互ニ自主独立ヲ尊重シ互助敦睦ノ実ヲ挙ケ大東亜ノ親和ヲ確立ス

一、大東亜各国ハ相互ニ其ノ伝統ヲ尊重シ各民族ノ創造性ヲ伸暢シ大東亜ノ文化ヲ昂揚ス

一、大東亜各国ハ互恵ノ下緊密ニ提携シ其ノ経済発展ヲ図リ大東亜ノ繁栄ヲ増進ス

一、大東亜各国ハ万邦トノ交誼ヲ篤ウシ人種的差別ヲ撤廃シ普ク文化ヲ交流シ進ンテ資源ヲ開放シ以テ世界ノ進運ニ貢献ス

（出典）外務省編『日本外交年表竝主要文書』下、原書房、一九六五年、五九三―五九四ページ。

【解説】　一九四三年一一月五、六日の両日東京で大東亜会議が開催された。参加したのは中国の行政院院長の汪兆銘、「満州国」国務総理の張景恵、フィリピン共和国大統領のラウレル、ビルマ首相のバモーだった。タイの首相のピブンは健康を理由に欠席し、代理にワンワイタヤーコーンが出席した。そのほか自由インド仮政府首班のチャンドラ・ボースも臨席した。会議は日本の首相の東条英機や各国代表が挨拶し最後に「大東亜共同宣言」を採択して閉幕した。そこには敗戦に向かう日本の劣勢を政治的な「結束」でくい止めようという思惑が見えかくれしていた。この「大東亜共同宣言」の直後の一一月二二日にカイロで米大統領のルーズベルト、英首相のチャーチル、中華民国総統蔣介石の三者会談（カイロ会談）が開催され、そこで敗戦後の日本の戦後処理が検討された。

69 創氏改名

南総督談「司法上における内鮮一体の具現」

一九四〇年二月

此の度朝鮮民事令が改正せられ其の内容は親族法の諸種の点に亙つてゐるが、其の内半島人の真摯且熱烈な要望に対へて半島人が法律上内地人式の「氏」を称へ得る途を拓いた点は改正の重要な眼目であつて、内鮮一体の線に沿うた親族法上に於ける劃期的改正であると謂うことが出来る。(中略)本令の改正は申す迄もなく半島民衆に内地人式の「氏」の設定を強制する性質のものではなくして、内地人式の「氏」を定め得る途を拓いたのであるが、半島人が内地人式の「氏」を称ふることは何も事新しい問題ではない。即ち往時内地に渡航した多数の半島人が内地人式の「氏」を称へて以来既に二千年を閲して居ることは、「桓武天皇紀」、嵯峨天皇の御代勅命を奉じて撰ばれた「新撰姓氏録」の記載に徴し昭昭として明瞭なる所であつて、今日判然其の多数の氏を指摘し得る次第である。而も内地人式の氏を称へた之等無数の半島人は大和民族に薫化融合し、今日寸毫も半島人たる裔を留めて居ない程度に皇国臣民化して居る状態である。故に内鮮一体の理想から謂へば、全半島民衆が近き将来に於て往時の渡航半島人の如く、形容共に皇国臣民化する日の到来することが望ましい次第である。

惟ふに司法の領域に於ける内鮮一体の具現に付ては㈠氏名の共通㈡内鮮通婚㈢内鮮縁組の三項目を挙げ得るが、「名」に付ては昭和十二年以来半島人も内地人と同様の「名」を附し得ることになつて居り、内鮮通婚が逐年激増し半島人が内地人の養子となる数も年年逓増することは顕著なる事実であつて此の度の朝鮮民事令の改正に因り、前述した如く半島人も内地人式の「氏」を名乗ることが出来又異姓の者も養子たり得ることになつたので、内地人も半島人の養子となることが出来ることになつたから、前述した三項目が全部実現を見茲に司法上に於ける内鮮一体具現の途は正に完全に拓かれた訳である。我半島民衆の福祉の為洵に欣快に存ずる次第である。

(出典) 宮田節子・金英達・梁泰昊『創氏改名』明石書店、一九九二年、二三二―二三三ページ。

【解説】 一九四〇年二月の紀元節を期して朝鮮総督府は創氏改名を実施した。創氏改名とは朝鮮に固有な男系の血統による「姓」を日本式の「氏=家の称号」に変えることにより「家制度」を確立し、それにともなって法律上の「本名」は、朝鮮式の「姓」から日本式の「氏」に改められるというものだった。この政策を推進したのは一九三六年八月から朝鮮総督に就任した南次郎であった。四〇年八月の締め切りまでに朝鮮人の八割が新設された「氏」を日本人式の「氏」にした。この創氏改名によって「内鮮一体化」をおしすすめ日本の侵略戦争に朝鮮を動員する基盤にしようとしたが、多くの朝鮮人に苦痛を強いる結果となった。本史料は創氏改名の根拠とねらいを南自身が語ったものとして注目される。〔参〕金英達『創氏改名の研究』未来社、一九九七年。

70 朝鮮人・中国人の強制連行（→表70AB）

【解説】　朝鮮人の強制連行者数については第八六回帝国議会資料（一九四四年一二月）の推計値、米国戦略爆撃調査団による推計値、大蔵省管理局『日本人の海外活動に関する歴史的調査』（朝鮮編第九分冊）による推計値があり、それぞれ六〇万人から七〇万人の間で相違がある。ここでは比較的調査根拠が明確な『日本人の海外活動に関する歴史的調査』によって強制連行者推定数を提示した。一九三九年から四五年まで強制連行で日本に渡航した朝鮮人労働者の半数近くは炭鉱夫に就労した。これは日中戦争による軍需工業への労働力の吸収により日本人の炭鉱夫が不足した結果にほかならなかった。中国人強制連行者数は総計約三万九千人であった。朝鮮人労務者同様、日本の事業所で受け入れまでに途中で多数の者が死亡したという。

71 泰緬鉄道建設工事に動員された捕虜・労務者数とその死亡者数（→表71AB）

【解説】　アジア太平洋戦争中に、連合軍の反撃に対抗するため、日本軍は一九四二年一一月から一年足らずの期間にタイとビルマを結ぶ鉄道を完成させた。全長約四一四キロ（東京から大垣の距離）の区間を僅か一年足らずで完成させたため、多くの犠牲者が出た。しかも工事区間は地形が複雑で、熱帯のジャングルで覆われ、衛生対策が不十分なこともあってマラリアなどの病気が蔓延したため、難工事の連続であった。この工事を担当したのが日本の鉄道部隊と連合軍捕虜、そして東南アジアから強制的に連行されてきた労務者であった。東南アジアから連行された労働者総数は約一八万人で、工事はタイ側とビルマ側から同時におこなわれたが、タイ側はマラヤ人、ジャワ人が、ビルマ側はビルマ人が主に担当した。このほか連合軍側の捕虜が約六万人ほどこの工事に従事していたが、そのうち一万人が死亡した。〔参〕中原道子「東南アジアの「ロームシャ」――泰緬鉄道で働いた人々」『岩波講座　近代日本と植民地』第五巻、岩波書店、一九九三年。

72 フィリピン地域などにおける日本軍の戦争犯罪（→表72）

【解説】　アジア太平洋戦争のさなかに日本兵による虐殺事件が多発した。ここに掲げる表は東京裁判で検察側が提出した米軍・フィリピン軍民に対する戦争犯罪件数である。フィリピンを占領した日本軍の戦争犯罪が他の地域と比較して際だって多かったことを示している。フィリピンは激戦地であっただけでなく、抗日ゲリラ活動が活発な地域であった。開戦後、他の地域が一カ月足らずで作戦を終了して日本の占領に服したのに対し、フィリピンでは半年間戦闘が継続した。くわえてアメリカ軍が日本を降伏に追い込む際にもフィリピンは激戦地となった。

表 70A 朝鮮人労務者の対日本動員数

年 度	計画数	石炭山	金属山	土 建	工場其他	計
1939	85,000	34,659	5,787	12,674	―	53,120
1940	97,300	38,176	9,081	9,249	2,892	59,398
1941	100,000	39,819	9,416	10,965	6,898	67,098
1942	130,000	77,993	7,632	18,929	15,167	119,821
1943	155,000	68,317	13,763	31,615	14,601	128,296
1944	290,000	82,859	21,442	24,376	157,795	286,432
1945	50,000	797	229	836	8,760	10,622
計	907,300	342,620	67,350	108,644	206,073*	724,787
終戦時ニ於ケル現在		121,574	22,430	34,584	86,794	365,382

（注） 1944 年計画数は年度中途において 326,000 に変更，1945 年計画数は第 1・4 半期計画として設定されたものである．*合計が一致しないがそのままとした．

（出典） 西成田豊「労働力動員と労働改革」大石嘉一郎編『日本帝国主義史』3，東京大学出版会，1994 年，p. 299.

表 70B 中国人強制連行の実態

供出地域	供 出 機 関	供出人員	供 出 方 法			
			行政供出	訓練生供出	自由募集	特別供出
華 北	華北労工協会	34,717	24,050	10,667	―	―
	華北運輸股份公司	1,061	―	―	―	1,061
華 中	日華労務協会	1,455	―	―	1,455	―
	国民政府機関	682	―	―	―	682
満 州	福昌華工株式会社	1,020	―	―	―	1,020
合計	（5 機関）	38,935	24,050	10,667	1,455	2,763

（出典） 同上書，p. 306.

表 71A 泰緬鉄道建設に送りこまれた労務者数（単位：人）

	雇用合計	帰国者	死亡者*	死亡率（%）	死亡者**	死亡率（%）	逃亡者	降伏時労務者
英領マラヤ人	78,204	6,456	29,634	（38.0）	40,000	（51 ）	24,620	17,488
ジャワ人	7,508	―	2,894	（39.0）	3,000	（40 ）	486	4,128
中国人（タイ）	5,200	1,300	500	（ 9.6）	1,000	（20 ）	3,400	―
インドシナ人	200	120	25	（12.5）	25	（12.5）	25	
ビルマ人	91,384	13,540	9,161	（10.0）	30,000	（30 ）	63,683	5,000
	182,496	21,416	42,214	（23.0）	74,025	（41 ）	92,220	26,616

（注） *は日本側の主張する死亡数，**は英国側の推定死亡数．

（出典） 中原道子「東南アジアの「ロームシャ」――泰緬鉄道で働いた人々」『岩波講座 近代日本と植民地』5，1993 年，p. 145.

表71B　泰緬鉄道建設に送りこまれた連合国捕虜総数（単位：人）

出発地	⇒	到着地	イギリス	オーストラリア	アメリカ	オランダ	計
マラヤ	⇒	タイ	28,931	8,507	494	12,378	50,305
仏領インドシナ	⇒	タイ	700	—	—	—	700
マラヤ	⇒	ビルマ	—	4,497	192	2,512	7,201
スマトラ・ジャワ	⇒	ビルマ	500	—	—	3,100	3,600
			30,141	12,994	686	17,985	61,806

（出典）　吉川利治『泰緬鉄道』同文舘，1994年，p. 114.

表72　米軍作戦地域における戦争犯罪発生件数（単位：件）

		殺人	残虐及び拷問	餓死及び怠慢	虐待	小計	合計
ヨーロッパ作戦地域	米国軍のみ	7,096	202	1,872	896		10,066
地中海作戦地域	米国軍のみ	110	5	0	0		115
太平洋地域	米国軍及びフィリピン軍	2,253	1,646	35,092	267	39,258	
	米国市民	317	25	244	0	586	131,028
	フィリピン市民	89,818	1,258	7	101	91,184	
支那	米国軍のみ	46	7	181	458	692	701
	米国市民	3	0	2	4	9	
インド・ビルマ	米国軍のみ	13	0	153	0		166
合計		99,656	3,143	37,551	1,726		142,076

（出典）　『極東国際軍事裁判速記録』第3巻，雄松堂書店，1968年，p. 444より作成.

フィリピンは開戦前にアメリカから独立が約束されており、したがって日本のフィリピン侵攻はその約束を遅延させる以外のなにものでもなかった。こうした要因が重なり、他の地域とは幾分異なりフィリピンでは戦争犯罪が多発したのである。

73　アジア太平洋戦争での人的被害（→表73）

【解説】　アジア太平洋戦争は一四年の長きを数え、戦争の被害地域は北は「満州」（中国東北）、アリューシャン列島から南はチモール島、東はソロモン群島から西はビルマにまでおよんでいた。戦争が継続した期間の長さといい戦場となった地域の広さといい、その規模は東アジア近現代史のなかでは最大であった。したがってその人的被害は甚大で、なかでも最大の被害者を出したのは中国であった。ここに掲げる史料は、一九七二年の時点で日本占領地全体の人的被害を調べた数少ない調査研究であるとともに、中学生が調べ推定根拠としたデータである点にユニークさをもつ。著者の本多は、この調査データに文献史料も加味して、日本を除く東アジアで一八八二万の死者が出たと推定している。〔参〕「特集　白書・日本の戦争責任」『世界』一九九四年二月号。

表73　アジア太平洋戦争の人的被害(死亡者数を中心に)

国名	人口(万人)	文京二中生が大使館などから取材したもの
中国	40,000	死者：軍人・ゲリラ321万人，一般市民1,000万人以上，計1,321万人以上
朝鮮	2,550	数字まで取材できず．戦死・不明15万人，強制連行など70万人．戦犯148人うち23人死刑(授業プリント)
ベトナム	1,400	1944-45年200万人餓死，革命家など2,000人虐殺．全体で人口の7人に1人の割合で死亡
インドネシア	6,150	正確な数字は不明だが餓死者10万人
フィリピン	1,630	死者：軍人20,000人，ゲリラ29,621人，計49,621人 負傷者：軍人24,000人，一般市民の被害は不明
インド(ベンガル	5,100)	数字まで取材できず
シンガポールマライを含め	561	シンガポールの一般市民約80,000人ぐらい死亡
ビルマ	1,500	戸籍がないため正確につかめないが，おそらく数万人にのぼるだろう．
セイロン		日本軍機が精神病院に投弾
ラオス		正確な数字は不明
カンボジア		取材できず
ニュージーランド	165	軍人の戦死11,625人，負傷者15,749人，その他人的被害の総計36,038人
オーストラリア		取材できず
モルジブ	9	大使館不明
東アジア地域総計		1,298万人(授業プリント)
日本	7,000	外務省・厚生省からもらった資料による．1948年調査 軍人・軍属　戦死155万5,308人，負傷・不明30万9,402人(陸軍の不明者他に24万あり) 銃後人口　死亡29万9,485人　負傷・不明　36万8,830人(沖縄・外地含まず) 合計　死亡185万4,793人，負傷不明67万8,232人

(注)　(　)内数字は当時の人口を昭和20年の毎日年鑑より引用．

(出典)　岩本努ほか編『本多公栄著作集』第1巻，株式会社ルック，1994年，pp. 180-181.（初出：本多公栄『ぼくらの太平洋戦争』鳩の森書房，1973年）

74「従軍慰安婦」問題

方軍参二密第一六一号

軍人軍隊ノ対住民行為ニ関スル注意ノ件通牒

一九三八年六月二七日

北支那方面軍参謀長　岡部直三郎

一、軍占拠地域内ノ治安ハ徐州会戦ノ結果一時好転セシヤニ看受ケラレシモ最近ニ至リ山東省方面ニ於ケル交通線ノ〔破壊〕復ヒ盛トナリ又北部京漢線西方地区共産遊撃隊ノ活動ハ北京北方地区ヲ経テ従来ノ平和境冀東方面ニ迄拡大セラルル、等再ヒ逆転ノ傾向ヲ示シツ、アリ治安回復ノ前途実ニ多難ナルヲ覚エシム

二、治安回復ノ進捗遅々タル主ナル原因ハ後方安定ニ任スル兵力ノ不足ニ在ルコト勿論ナルモ一面軍人及軍隊ノ住民ニ対スル不法行為カ住民ノ怨嗟ヲ買ヒ反抗意識ヲ煽リ共産抗日系分子ノ民衆煽動ノ口実トナリ治安工作ニ重大ナル悪影響ヲ及ホスコト尠シトセス

而シテ諸情報ニヨルニ斯ノ如キ強烈ナル反日意識ヲ激成セシメシ原因ハ各所ニ於ケル日本軍人ノ強姦事件カ全般ニ伝播シ実ニ予想外ノ深刻ナル反日感情ヲ醸成セルニ在リト謂フ

三、由来山東、河南、河北南部等ニ在ル紅槍会、大刀会及之レニ類スル自衛団体ハ古来軍隊ノ掠奪強姦行為ニ対スル反抗熾烈ナルカ特ニ強姦ニ対シテハ各地ノ住民一斉ニ立チ死ヲ以テ報復スルヲ常トシアリ(昭和十二年十月六日方面軍ヨリ配布セル紅槍会ノ習性ニ就テ参照)従テ各地ニ頻発スル強姦ハ単ナル刑法上ノ罪悪ニ留ラス治安ヲ害シ軍全般ノ作戦行動ヲ阻害シ累ヲ国家ニ及ホス重大反逆行為ト謂フヘク部下統率ノ責ニアル者ハ国軍国家ノ為メ泣テ馬稷(ママ)ヲ斬リ他人ヲシテ戒心セシメ再ヒ斯ル行為ノ発生ヲ絶滅スルヲ要ス若シ之ヲ不問ニ附スル指揮官アラハ是不忠ノ臣ト謂ハサルヘカラス

四、右ノ如ク軍人個人ノ行為ヲ厳重取締ルト共ニ一面成ルヘク速ニ性的慰安ノ設備ヲ整ヘ設備ノ無キタメ不本意乍ラ禁ヲ侵ス者無カラシムルヲ緊要トス

五、右ノ外討伐部隊カ戦闘上ノ必要ニ基クニ非ラスシテ単ニ敵兵ノ存在セシ故ニ〔依リ〕或ハ住民地附近ノ交通ヲ匪賊カ破壊セリトノ理由ニ依リ住民ノ家屋ヲ焼却スルカ如キハ徒ニ無辜ノ住民ヲシテ自暴自棄ニ陥リ匪賊ニ投セシムル結果トナルヲ以テ住民地ノ焼却ハ厳ニ之レヲ禁止スルヲ要ス近時各遊撃部隊ハ県政府ヲ作リ相当組織アル行政ヲ布キアルヲ以テ討伐部隊ノ行為住民ヲ庇護スルノ態度ニ出テサルニ於テハ住民ヲシテ日本軍ヨリモ反ッテ遊撃部隊ヲ徳トスルニ至ラシムヘシ

六、前述ノ諸項ハ従来屢々注意セラレシ所ナルカ其徹底特ニ実行部隊タル中隊以下ニ対スル徹底十分ナラサル憾アリ此際特ニ下級部隊ヘノ徹底ヲ期シ信賞必罰ヲ以テ臨マレ度ク命ニ依リ通牒ス

（出典）吉見義明編『従軍慰安婦資料集』大月書店、一九九二年、二〇九―二一一ページ。

【解説】日本軍は強姦防止、性病予防、慰安の提供などを理由として、戦地に数多く慰安所を設けた。強姦防止という理由づけはこの史料によく示されている。強姦事件の多発が住民の反発を呼び起こし、反日運動の高揚を生み治安の悪化をもたらすことを軍当局は恐れたのである。「慰安婦」は主として朝鮮人、中国人、東南アジア各国の占領地の婦女子から徴募され、軍の委託を受けた業者に引率されたが、日本軍に拉致されて「慰安婦」にさせられたという証言も少なくない。一九九〇年代になってその実態の究明が進み、補償運動が始まった。

75 日本軍の毒ガス使用

陸軍習志野学校案
「支那事変ニ於ケル化学戦例証集」（一九四二年一一月）

四〇　きい弾及あか弾ヲ稍々大規模ニ使用シ優勢ナル敵ノ包囲攻撃ヲ頓挫セシメタル例

一般ノ状況
将[蔣]介石ハ長沙作戦間我ガ宜昌地区一帯ノ警備兵力ノ著シク減少シアルヲ知ルヤ第六戦区長官陳誠ニ対シ宜昌奪還ヲ厳命セリ

戦闘経過の概要
一、気象　七、八、九日　晴　北西風　約一米
　　　　　十、十一日　曇　北東風　一、五米
二、使用弾数　きい弾　約一、〇〇〇発
　　　　　　　あか弾　約一、五〇〇発
三、効果
敵ノ攻撃企図ヲ挫折シタルノミナラズ密偵報其ノ他ノ情報ヲ綜合スルニ瓦斯ノ効果ハ□[極カ？]メテ大ナリシモノノ如シ

教訓
一、支那軍ニ対シテハ砲兵ノ瓦斯弾ニ依ル迅速ナル火力機動ニ依リ広正面ニ亘リ制圧効力ヲ収メ敵ノ企画ヲ挫折セシムルコトヲ得
此ノ際火力ヲ併用スルコト肝要ナリ
二、あか弾及きい弾ヲ併用スル場合ハ遠距離ニきい弾ヲ近距離ニあか弾ヲ使用スルヲ可トスルコト多シ

（出典）粟屋憲太郎・吉見義明編『毒ガス戦関係資料　一五年戦争極秘資料集　第一八集』不二出版、一九八九年、四七六ページ。

【解説】日本軍は戦局が不利になると国際法で禁止されていた

附近戦闘経過要図

於 自十月七日 至十月十一日

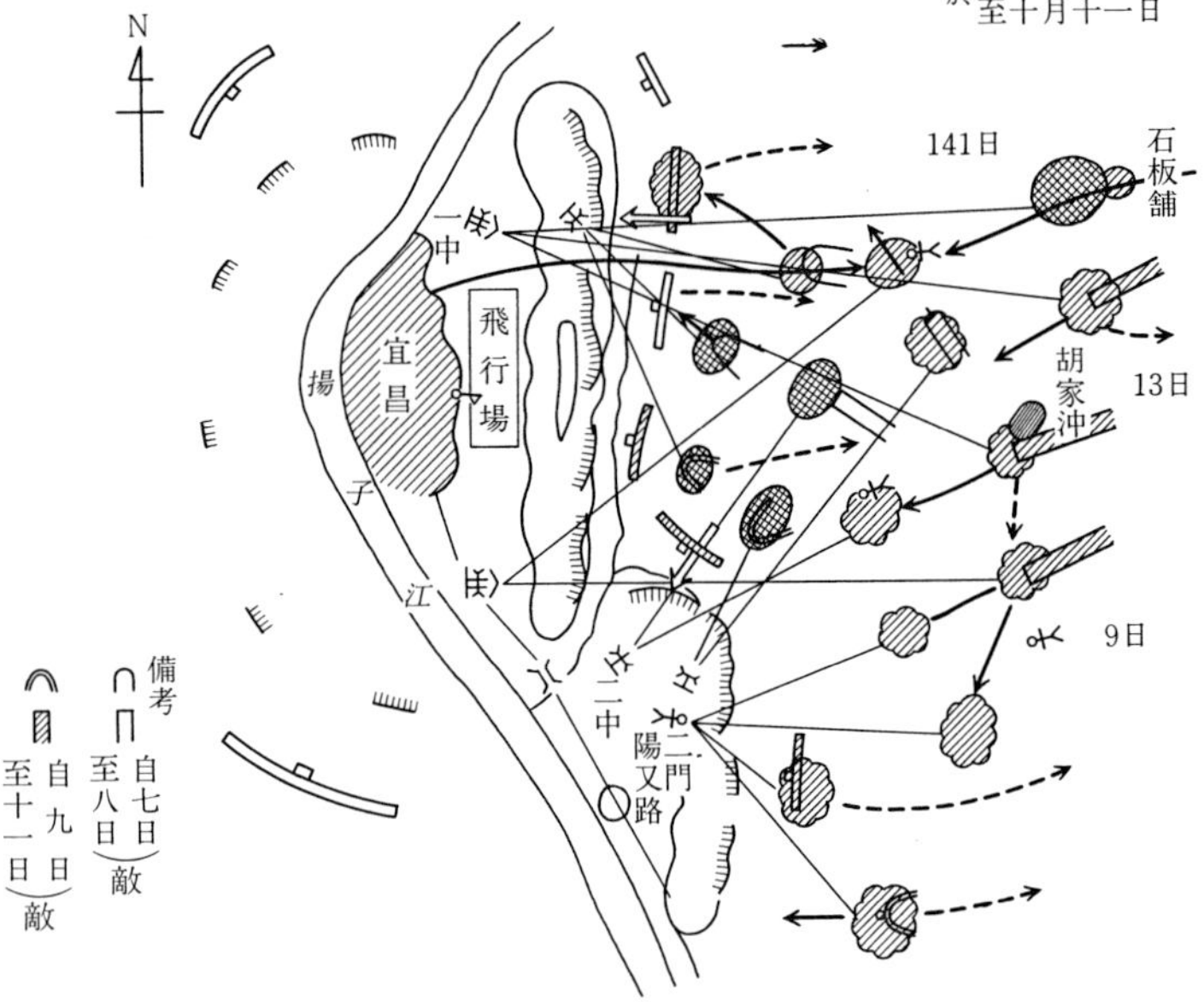

毒ガスを中国戦線で使用した。この史料は一九四一年秋に国民党軍に包囲された宜昌の日本軍守備軍が毒ガス弾を使用したことを記している。四一年一〇月七日から一一日にかけて、きい弾一〇〇〇発、あか弾一五〇〇発を発射して中国軍に甚大な損害を与えたとしている。ここでいう「きい弾」とは第一次大戦で使用された毒ガスのイペリット・ルイサイトをつめた弾丸をいう。イペリット・ルイサイトは皮膚や呼吸器を糜爛させて死にいたらしめる猛毒性のガスである(「あか」は嘔吐性ガス)。この史料は日本軍が、国際法で禁止されたこの種の毒ガスを極秘で使用して中国軍に損害を与えたことを記録している。〔参〕粟屋憲太郎・藤原彰解説「支那事変ニ於ケル化学戦例証集」『歴史と人物』一六五号、一九八四年九月。

76「七三一」細菌戦部隊

フェル・レポート(「総論」)

E／ar／3

一九四七年六月二〇日

主題　日本の細菌戦活動に関する新情報の要約

宛先　化学戦部隊部隊長

経由　技術部長、キャンプ・デトリック

　　司令官、キャンプ・デトリック

発信　PP—E部門主任、キャンプ・デトリック

1　一九四七年二月中に、極東軍のG―Ⅱから、日本の細菌戦活動に関する新しいデータが入手可能だろうとの情報を得た。その情報は主として日本の細菌戦組織(防疫給水部)のさまざまな旧隊員たちから極東軍最高司令官宛に送られた多数の匿名の手紙にもとづいている。それは満州の平房にあった細菌戦部隊本部における人間に対して行われた各種の実験について記述していた。G―Ⅱはこの情報が十分信頼できるので、集められた情報に評価を下すため、キャンプ・デトリックの使節を現場に派遣するという要請を正当化できると考えた。

2　筆者は一九四七年四月六日付の命令にもとづき極東軍総司令部のG―Ⅱとの一時的任務のため、日本の東京に到着した。筆者は四月一六日に到着するや、集められたファイルを吟味した結果、その情報は日本の旧細菌戦組織の指導的隊員たちを再尋問することを正当化するのに十分なほど信頼できそうだとするG―Ⅱの代表たちの意見に同意した。次々に幸運に恵まれた状況にあったことや、一人の有力な日本人政治家(彼は合衆国に対して全面的に協力することを真摯に望んでいるようである)の助力が得られたこともあって、最終的には細菌戦に従事してきた日本人の重要な医学者に全ての事実を明らかにすることに同意させることができた。得られた結果は、次のようなものである。

A　細菌計画における重要人物のなかの一九人(重要な地位に就いていた数人は死亡している)が集まり、人間に対してなされた細菌戦活動について六〇ページの英文レポートをほぼ一ヵ月かけて作成した。このレポートは主として記憶にもとづいて作成されたが、若干の記録はなお入手可能であり、これがそのグループには役立った。このレポートの多岐にわたる詳細な記述の概要は後述する。

B　穀物絶滅も大規模な実験が行われていたことが判明した。

C　爆弾あるいは飛行機からの噴霧による細菌戦病原体散布のさいの粒子のサイズの決定および水滴の飛散について、理論的に・数学的に考察をした興味あるレポートを得た。

D　中国の市民と兵士に対して一二回の野外試験を行なった。その結果の要約、および関連した村と町の地図が提出された。この要約および採用された戦術の簡単な記述は、後に述べる。

G　家畜に対する細菌戦研究は平房とは全く別の組織が大きな規模で行なっていたことが判明した。

H　細菌計画の中心人物である石井将軍は、その全計画について論稿を執筆中である。

I　細菌戦の各種病原体による二〇〇人以上の症例から作成された顕微鏡用標本が約八、〇〇〇枚あることが明らかにされた。

J　自然的および人工的ペストのすべての研究についての合計約六〇〇ページにのぼる印刷された紀要も手中にある。

3　研究室および野外実験に使われた人間の実験材料は、各種の犯罪のため死刑判決を受けた満州の苦力とのことであった。人間の実験材料は他の実験動物とまったく同じ方法で使用された。すなわち、彼らを使って各種病原体の、感染最小量及び致死量が決定された。また、彼らは予防接種を受けてから、生きた病原体の感染実験を受けた。さらに彼らは爆弾や噴霧で細菌を散布する野外試験の実験材料にさせられた。

4　人間を使った細菌戦活動についての六〇ページのレポートの多岐にわたる詳細な記述の要約は、次の通りである。特記なきときは、ここで示されたデータは、すべて人体実験によるものである。

(7)　結論（六〇ページのレポートの最終部分）

細菌戦の野外実験では通常の戦術は、鉄道線路沿いの互いに一マイルほど離れた二地点にいる中国軍に対して、一大隊あるいはそれ以上をさし向けるというものだった。中国軍が後退すると、日本軍は鉄道線路一マイルを遮断し、予定の細菌戦用病原体を噴霧か他のなんらかの方法で散布し、ついで「戦略的後退」を行なった。中国軍はその地域に二四時間以内に急拠戻ってきて、数日後には中国兵のあいだでペストあるいはコレラが流行するというものだった。いずれの場合も、日本はその結果の報告を受けるため汚染地域の背後にスパイを残そうとした。しかし彼らも認めているのだが、これはしばしば不成功に終わり、結果は不明であった。しかし一二回分については報告が得られており、このうち成果があがったのは三回だけだったといわれている。高度約二〇〇メートルの飛行機からペストノミを散布した二回の試験において特定の地域に流行が起きた。このうちのひとつでは、患者九六人がでて、そのうち九〇パーセントが死亡した。鉄道沿いに手でペストノミを散布した他の三回の試験では、どの場合も小さな流行は起こったが患者数は不明である。コレラを二回そして腸チフスを二回、鉄道の近くの地面および水源に手動噴霧器でまいたところ、いずれのばあいも効果があるという結果を得た。

しかしながら人体実験のデータは、我々がそれを我々や連合国の動物実験のデータと関連させるならば、非常に価値があることがわかるだろう。病理学的研究と人間の病気についての他の情報は、炭疽、ペスト、馬鼻疽の真に効果的なワクチンを開発させるという試みにたいへん役立つかもしれない。今や我々は日本の細菌研究について完全に知ることができるので、化学戦、殺人光線、海軍の研究の分野におけるかれらの実際の成果についても有益な情報が得られる可能性は大きいようである。

ノバート・H・フェル
PP—E（パイロット・プラント・エンジニアリング）部門主任

（出典） 松村高夫編『〈論争〉731部隊』晩聲社、一九九四年、二八二—二九九ページ。

【解説】 第七三一部隊とは関東軍防疫給水部の秘匿名で、隊長の石井四郎の名をとって「石井部隊」とも呼ばれていた。一九三二年八月に陸軍軍医学校に石井四郎を中心に研究室が設置されたことにはじまる。日中戦争後に「満州国」のハルビンの平房に本格的な研究所が設立され、細菌戦作戦を展開するための実験と新兵器の開発がおこなわれた。ここではその人体実験のために捕虜や抗日活動家が使用された。彼らの人体実験は極秘とされ、日本軍人のなかでもその全貌を知っていたのはごくひと握りの軍高官だけであった。戦後、アメリカは七三一部隊について一九四五年から四七年にかけて四度の調査団を日本に派遣した。ここに収録したフェル・レポートは第三回目のもので、この時はじめて人体実験がおこなわれた事実が明らかになった。なお、このフェル・レポートは「総論」のみで各論は発見されていない。またこの史料は重要部分のみ抜粋したので中略を逐一表示してはいない。

第五節 戦時下の国民生活と根こそぎ動員

77 主要食糧の配給実績（→表77）

【解説】 米の割当配給制は六大都市で一九四一年四月から実施され、同年中に全国に拡大された。配給量は「普通」労働の一一—六〇歳までの男女で、一日一人二合三勺（三三〇グラム）が基準とされ四五年七月まで維持されたが、「総合配給制」の名のもとに四二年以降、乾麺、ひき割りとうもろこし、馬鈴薯、小麦粉、乾パン、「満州」大豆、甘藷などが米に代わって配給されるようになり、これらの代替食糧の割合は増大していった。

78 国民一人当りの栄養摂取量の推移（→表78）

【解説】 主要食糧の劣質化とともに、野菜類、魚類など生鮮食糧品の配給量も減少の一途をたどり、闇その他の手段で補わなければならなかった。それでもなお国民の栄養摂取量は表のように低下し続け、一九四五年には一八〇〇カロリーを割るに至っている。別の資料によると四六年はさらに低下している。

表 77　主要食糧の配給実績(家庭向け一日当り)(単位：合)

年　月	米	麦	粉	パン	挽割玉蜀黍	甘藷	馬鈴薯	脱脂大豆	挽割大豆	大豆	乾麺	高粱	その他	計	米の比率(%)
1942·11	10.295	0.175	0.120											10.835	95.0
1943· 2	11.635			0.145									0.095	11.875	97.8
5	11.505			0.154							0.075		0.006	11.740	98.0
8	10.010		0.170	0.170			0.445			0.680			0.030	11.505	87.0
11	9.825	0.600	0.115	0.170		0.855					0.270			11.835	83.0
1944· 2	10.180	0.515		0.130	0.345			0.350			0.095		0.085	11.700	87.0
5	10.695	0.125		0.125	0.460			0.375					0.105	11.885	90.0
8	10.075	0.495	0.305	0.115	0.590					0.420	0.100		0.404	12.140	83.0
11	8.260	1.365	0.695	0.205		1.075				0.535	0.145		0.050	12.330	67.0
1945· 2	9.255	0.235	0.155	0.250						0.140		0.175	0.305	10.515	88.0
5	11.140			0.225				0.615		0.565			0.260	12.805	87.0
6	7.200	0.280	1.275		0.590			1.145		3.300			0.330	14.120	51.0
7	5.565			0.165	0.715		0.260			6.080	0.230		0.235	13.250	42.0
8	8.070		0.210	0.480	0.215		2.785			3.596			0.465	15.820	51.0
9	4.655		0.510	0.190			0.420			2.015			0.675	8.465	55.0

(注)　1. 一家族を平均5人家族として算出.

2. 1945年6,7月に配給量が多いのは空襲下人口の大量疎開等に原因するものであり，同じく8月は終戦時営団手持米5日分を特配した関係である．従って9月は差引の関係上少量となっている．

(出典)　東京空襲を記録する会編『東京大空襲・戦災史』5，1975年，pp. 172-173.

「経済実相報告書」による国民一人当りの数値は、農漁村を含めたものであり、都市住民の場合にはさらに割り引いて考えなければならない。〔参〕清水洋二「食糧生産と農地改革」大石嘉一郎編『日本帝国主義史』3、東京大学出版会、一九九四年。

79 全国経済事犯処理人員(→表79)

【解説】 配給による栄養摂取量は、一九四二年段階ですでに一五〇〇カロリー程度、タンパク質は五〇グラムを割っていたから、多くの人は闇その他の手段に頼らなければ生存は不可能であった。闇取引きは経済犯罪として摘発されたから、その推移を追うことで闇の趨勢を把握することができる。表の警察の取締処理総人員には、説諭、検事局送致、および科料・拘留の三種類があり、それぞれ平均八三%、一三%、四%を占める。しかしこの総人員のなかには、警察が現場で注意するだけの「注意処分」は含まれておらず、「注意処分」は九〇%を占めるといわれるから、四〇年段階で実際に警察の取締にあった人は、延べ七〇〇万人に達していたことになり、すでに闇は蔓延していた。

表78　国民一人当りの栄養摂取量の推移

年	熱　量（Cal）	たんぱく質（g）
1941	2105	64.7
1942	1971	60.2
1943	1961	60.6
1944	1927	61.2
1945	1793	65.3

（出典）経済安定本部『経済実相報告書』1947年，pp. 23-24.

表79　全国経済事犯処理人員

年　次	警察取締処理総人員	検事受理人員	起訴人員
1938（7-12月）	96,907	11,249	2,686
1939	212,028	28,637	11,503
1940	721,549	127,761	51,317
1941	743,381	129,110	58,650
1942		142,152	63,358
1943		165,945	82,984
1944（1-8月）		121,986	
1946	1,113,304	211,613	

（出典）『経済月報』第2巻6号，第4巻3号，『法務研究』第37集1より作成.

80　学童疎開促進要綱　一九四四年六月三〇日

（一九、六、三〇　閣議決定）

防空上ノ必要ニ鑑ミ一般疎開ノ促進ヲ図ルノ外特ニ国民学校初等科児童（以下学童ト称ス）ノ疎開ヲ左記ニ依リ強度ニ促進スルモノトス

記

一　学童ノ疎開ハ縁故疎開ニ依ルヲ原則トシ学童ヲ含ム世帯ノ全部若ハ一部ノ疎開又ハ親戚其ノ他縁故者アル学童ノ単身疎開ヲ一層強力ニ勧奨スルモノトス

二　縁故疎開ニ依リ難キ帝都ノ学童ニ付テハ左ノ帝都学童集団疎開実施要領ニ依リ勧奨ニ依ル集団疎開ヲ実施スルモノトス他ノ疎開区域ニ於テモ各区域ノ実情ヲ加味シツツ概ネ之ニ準ジ措置スルモノトス

三　本件ノ実施ニ当リテハ疎開、受入両者ノ間ニ於テ共同防衛ノ精神ニ基ク有機一体的ノ協力ヲ為スモノトス

四　地方庁ハ疎開者ノ適確ナル数及疎開先ヲ予メ農商省ニ通知スルモノトス

〔出典〕 全国疎開学童連絡協議会『学童疎開の記録』三、大空社、一九九四年、三ページ。

【解説】 国民学校学童の疎開は、一九四四年三月三日の閣議決定「一般疎開促進要綱」にもとづき、人員疎開の一環としての縁故疎開から始まったが、縁故疎開には限界があり、疎開ははかばかしく進まなかった。同年六月アメリカ軍がサイパンに上陸し、中国を発進基地とするB29の北九州爆撃によって、本土全域への本格的空爆が必至となった段階で「学童疎開促進要綱」が閣議決定され、同時に「帝都学童集団疎開実施要領」が発せられた。ここでもなお縁故疎開を原則とし、集団疎開も「勧奨に依る」とされているが、これにより学童集団疎開が本格化した。〔参〕全国疎開学童連絡協議会編『学童疎開の記録』一、大空社、一九九四年。

81 女子挺身勤労令　一九四四年八月二三日

第一条　勤労常時要員トシテノ女子（学徒勤労令ノ適用ヲ受クベキ者ヲ除ク）ノ隊組織（以下女子挺身隊ト称ス）ニ依ル勤労協力ニ関スル命令ニシテ国家総動員法第五条ノ規定ニ基クモノ並ニ当該命令ニ依ル勤労協力ヲ為スベキ者及女子挺身隊ニ依ル従業ヲ為ス者ノ雇入、使用、就職、従業又ハ給与其ノ他ノ従業条件ニ関スル命令ニシテ同法第六条ノ規定ニ基クモノニ関シテハ本令ノ定ムル所ニ依ル

第二条　国家総動員法第五条ノ規定ニ依ル命令ニ依リ女子ガ女子挺身隊ニ依リ為ス勤労協力（以下挺身勤労ト称ス）ハ国、地方公共団体又ハ厚生大臣若ハ地方長官（東京都ニ在リテハ警視総監以下同ジ）ノ指定スル者ノ行フ命令ヲ以テ定ムル総動員業務ニ付之ヲ為サシムルモノトス

第三条　挺身勤労ヲ為スベキ者（以下隊員ト称ス）ハ国民職業能力申告令ニ依ル国民登録者タル女子トス

前項該当者以外ノ女子ハ志願ヲ為シタル場合ニ限リ隊員ト為スコトヲ得ルモノトス

第四条　引続キ挺身勤労ヲ為サシムル期間ハ特別ノ事情アル場合ヲ除クノ外概ネ一年トス

隊員ヲシテ引続キ一年ヲ超エ挺身勤労ヲ為サシムル場合ニ於テハ隊員ノ同意アルコトヲ要ス

第五条　挺身勤労ヲ受ケントスル者ハ命令ノ定ムル所ニ依リ地方長官ニ之ヲ請求又ハ申請スベシ

第六条　地方長官前条ノ規定ニ依ル請求又ハ申請アリタル場合ニ於テ女子挺身隊ヲ出動セシムル必要アリト認ムルトキハ命令ノ定ムル所ニ依リ市町村長（市町村長ニ準ズベキモノヲ含ミ東京都ノ区ノ存スル区域並ニ京都市、大阪市、名古屋市、横浜市及神戸市ニ在リテハ区長トス以下同ジ）其ノ他ノ団体ノ長又ハ学校長ニ対シ隊員ト為ルベキ者ヲ選抜スベキコトヲ命ズルモノトス

第七条　前条ノ命令ヲ受ケタル者ハ本人ノ年齢、身体ノ状態、

家庭ノ状況等ヲ斟酌シ隊員ト為ルベキ者ヲ選抜シ之ヲ地方長官ニ報告スベシ

第八条　地方長官ハ前条ノ規定ニ依ル報告アリタル者ノ中ヨリ隊員ヲ決定シ本人ニ其ノ旨ヲ挺身勤労令書ニ依リ通知シ挺身勤労ニ関シ必要ナル事項ヲ指示スルモノトス

第九条　前条ノ規定ニ依ル通知ヲ受ケタル者ハ同条ノ規定ニ依ル指示ニ従ヒ挺身勤労ヲ為スベシ

第十七条　地方長官必要アリト認ムル場合ニ於テハ国家総動員法第六条ノ規定ニ基キ挺身勤労ヲ為サザル者ニ対シ第五条ノ規定ニ依ル請求又ハ申請ニ係ル工場、事業場其ノ他ノ場所ニ就職スルコトヲ命ズルコトヲ得

前項ノ工場、事業場其ノ他ノ場所ノ事業主ハ国家総動員法第六条ノ規定ニ基キ同項ノ規定ニ依ル命令ヲ受ケタル者ヨリ就職申出ヲ受ケタルトキハ之ヲ雇入ルルコトヲ要ス

厚生大臣（軍需省所管企業ニ於ケル勤労管理及給与ニ関スル事項ニ付テハ軍需大臣）又ハ地方長官必要アリト認ムルトキハ国家総動員法第六条ノ規定ニ基キ第一項ノ規定ニ依ル命令ヲ受ケタル者又ハ前項ノ事業主ニ対シ第一項ノ規定ニ依ル命令ヲ受ケタル者ノ使用、従業又ハ給与其ノ他ノ従業条件ニ関シ必要ナル命令ヲ為スコトヲ得

（出典）『法令全書』昭和一九年第八号、一九四四年九月、三五―三七ページ。

【解説】　国民徴用令第二次改正によって女子の徴用は可能になったが、家族制度の維持を重視する観点から強制的性格をもつ女子の新規徴用の実施は回避された。しかし労働力不足が深刻化するなかで、政府は一九四三年九月「国内態勢強化方策」により、満二五歳未満の女子を居住地で女子挺身隊に組織することを決定した。これにより一四歳以上二五歳未満の未婚の女子は、自主的参加という建前で挺身隊を組織し、男子の就業が制限・禁止された職業に従事することになった。さらに四四年八月二三日公布された女子挺身勤労令により、関係当局は必要に応じて出動を強制できるようになり、応じない場合には国家総動員法にもとづき処罰された。

82　決戦教育措置要綱　一九四五年三月一八日

（昭和二十年三月十八日閣議決定）

第一　方　針

現下緊迫セル事態ニ即応スル為学徒ヲシテ国民防衛ノ一翼タラシムルト共ニ真摯生産ノ中核タラシムル為左ノ措置ヲ講ズルモノトス

第二　措　置

一　全学徒ヲ食糧増産、軍需生産、防空防衛、重要研究其ノ他直接決戦ニ緊要ナル業務ニ総動員ス

二　右目的達成ノ為国民学校初等科ヲ除キ学校ニ於ケル授業ハ昭和二十年四月一日ヨリ昭和二十一年三月三十一日ニ至

ル期間原則トシテ之ヲ停止ス

国民学校初等科ニシテ特定ノ地域ニ在ルモノニ対シテハ昭和二十年三月十六日閣議決定学童疎開強化要綱ノ趣旨ニ依リ措置ス

三　学徒ノ動員ハ教職員及学徒ヲ打ツテ一丸トスル学徒隊ノ組織ヲ以テ之ニ当リ其ノ編成ニ付テハ所要ノ措置ヲ講ズ但シ戦時重要研究ニ従事スル者ハ研究ニ専念セシム

四　動員中ノ学徒ニ対シテハ農村ニ在ルカ工場事業場等ニ就業スルカニ応ジ労作ト緊密ニ連繋シテ学徒ノ勉学修養ヲ適切ニ指導スルモノトス

五　進級ハ之ヲ認ムルモ進学ニ付テハ別ニ之ヲ定ム

六　戦争完遂ノ為特ニ緊要ナル専攻学科ヲ修メシムルヲ要スル学徒ニ対シテハ学校ニ於ケル授業モ亦之ヲ継続実施スルモノトス但シ此ノ場合ニ在リテハ能フ限リ短期間ニ之ヲ完了セシムル措置ヲ講ズ

七　本要綱実施ノ為速ニ戦時教育令(仮称)ヲ制定スルモノトス

備考

一　文部省所管以外ノ学校、養成所等モ亦本要綱ニ準ジ之ヲ措置スルモノトス

二　第二項ハ第一項ノ動員下令アリタルモノヨリ逐次之ヲ適用ス

三　学校ニ於テ授業ヲ停止スルモノニ在リテハ授業料ハ之ヲ徴収セズ

学徒隊費其ノ他学校経営維持ニ要スル経費ニ付テハ別途措置スルモノトシ必要ニ応ジ国庫負担ニ依リ支弁セシムルモノトス

(出典)『近代日本教育制度史料』第七巻、大日本雄弁会講談社、一九五六年、二七三―二七四ページ。

【解説】　学生・生徒の動員は、一九三八年から休暇中の勤労奉仕として始まり、四一年一一月の国民勤労報国協力令によって、年間三〇日以内勤労動員されることになった。さらに四三年六月の学徒戦時動員確立要綱によって、臨時的な勤労奉仕から「常時かつ集中的」な動員に転換し、動員期間は六〇日以内となった。ついで四四年一月には一〇か月以内に延長され、同年三月には決戦非常措置要綱にもとづき、中学以上の学徒の一年間の動員が実施されることになった。四五年三月には本土決戦体制にそなえて、決戦教育措置要綱が公布され、国民学校高等科から大学までの授業が停止され、学徒は総動員された。

83　国民義勇隊組織に関する件　一九四五年三月二三日

(昭和二〇年三月二三日閣議決定)

現下ノ事態ニ即シ本土防衛態勢ノ完備ヲ目標トシ当面喫緊ノ防衛及生産ノ一体的飛躍強化ニ資スルト共ニ状勢急迫セル場合ハ武器ヲ執ツテ蹶起スルノ態勢ヘ移行セシメンガ為左記ニ

依リ全国民ヲ挙ゲテ国民義勇隊ヲ組織セシメ其ノ挺身総出動ヲ強力ニ指導実施スルモノトス

尚之ガ円滑適正ナル実行ヲ期スル為地方行政協議会長ヲシテ関係軍管区司令官及鎮守府司令長官、警備府司令長官等ト緊密ニ連繫シ夫々事態ノ推移ト管内ノ実情ニ即スル如ク措置セシムルモノトス

記

一、目　的

国民義勇隊ハ隊員各自ヲシテ旺盛ナル皇国護持ノ精神ノ下其ノ職任ヲ完遂セシメツツ戦局ノ要請ニ応ジ左ノ如キ業務ニ対シ活潑ニ出動スルモノトス

㈠　防空及防衛、空襲被害ノ復旧、都市及工場ノ疎開、重要物資ノ輸送、食糧増産（林業ヲ含ム）等ニ関スル工事又ハ作業ニシテ臨時緊急ヲ要スルモノ

㈡　陣地構築、兵器弾薬糧秣ノ補給輸送等陸海軍部隊ノ作戦行動ニ対スル補助

㈢　防空、水火消防其ノ他ノ警防活動ニ対スル補助

尚状勢急迫セル場合ニ応ズル武装隊組織及其ノ出動ニ関シテハ特別ノ措置ヲ講ズルモノトス

二、組　織

㈠　国民義勇隊ハ官公署、会社、工場事業場等相当多数ノ人員ヲ擁スルモノニ付テハ当該職域毎ニ其ノ他ノモノニ付テハ一定ノ地域毎ニ之ヲ組織セシムルモノトス

尚学校ニ付テハ別ニ定ムル学徒隊ノ組織ニ依ルモ前項ノ業務ニ付テハ国民義勇隊トシテ出動スルモノトス

㈡　国民義勇隊ニ参加セシムベキ者ハ老幼者、病弱者妊産婦等ヲ除クノ外可及的広汎ニ包含セシムルモノトス

註一　右ノ範囲ハ国民学校初等科修了以上ノ者ニシテ男子ニ在リテハ六十五歳以下女子ニ在リテハ四十五歳以下ノモノトス但シ右ノ年齢以上ノ者ニ在リテモ志願ニ依リ参加セシム

二　家庭生活ノ根軸タル女子ニ付テハ組織及運用ニ付特別ノ考慮ヲ払フモノトス

㈢　国民義勇隊ハ一般ニ職域毎ニ組織スルモノハ職場、地域毎ニ組織スルモノハ一定ノ地域ニ依リ夫々一定ノ基準ニ従ヒ男女別ニ之ヲ編成セシムルモノトス

尚出動業務ノ必要ニ応ジ最モ有効適切ニ活動シ得ル如ク隊員ノ年齢ハ体力、職種等ヲ標準トシテ特別ノ出動編成ヲモ併セ考慮セシムルモノトス

㈣　都道府県毎ニ国民義勇隊本部ヲ設ケ当該区域内国民義勇隊ヲ統轄セシム

本部長ハ地方長官トス

市区町村隊ノ隊長ハ市区町村長トス

三、運　用

㈠　国民義勇隊ノ出動ハ本部長又ハ其ノ定ムル所ニ従ヒ各隊長ニ於テ其ノ必要アリト認メテ自ラ之ヲ為ス場合ノ外出動要請ニ基キ之ヲ行フモノトス
㈡　原則トシテ国民義勇隊ノ出動要請ハ地方長官ニ対シテ之ヲ為シ地方長官之ガ出動指令ヲ発スルモノトス
㈢　国民義勇隊ハ軍部隊ノ補助ノ為出動スル場合ハ当該陸海軍部隊長ノ指揮ヲ受ケ警防活動ノ補助ノ為出動スル場合ハ当該官署長ノ指揮ヲ受クルモノトス
其ノ他ノ業務ノ為出動スル場合ハ当該工事又ハ作業ノ施行者ノ要請ニ従ヒ行動スルモノトス

四、其ノ他

㈠　国民義勇隊ノ出動ニ要スル経費ハ其ノ目的ニ応ジ軍、政府、公共団体又ハ其ノ出動ノ受益者ニ於テ負担スルヲ原則トス
㈡　国民義勇隊ノ組織運用等ニ関シテハ在郷軍人会、警防団等ト互ニ齟齬スル所ナカラシメ彼此両全ヲ期スル如ク配意スルモノトス
㈢　農山漁村ニ在リテハ食糧増産等ニ関スル農林水産業者ノ活動ヲ徹底セシムルヲ旨トシ国民義勇隊ノ組織運用等ニ当リテハ之ト齟齬セザル様特ニ配意スルモノトス
㈣　本組織ノ指導的要員ニ付テハ官民有識者ノ挺身協力ヲ予定ス

備考

一　本件ト表裏シテ軍隊ニ於テモ警防、建設、生産、輸送等ニ対シ積極的ニ応援協力スルモノトス
二　国民義勇隊員タル農林水産業ノ目的第一項中ノ食糧増産等ニ対スル出動ハ現行制度ニ依ルモノトス
三　本件ニ関スル運用上必要ナル細目ハ別ニ之ヲ定ム

（出典）『資料日本現代史』一三　太平洋戦争下の国民生活、大月書店、一九八五年、五二二―五二三ページ。

【解説】　一九四五年一月軍部が本土決戦計画を定めると、小磯内閣は「国民総武装」の態勢を整え、懸案となっていた国民運動組織を再編統合するため、三月二三日国民義勇隊の結成を決定した。義勇隊は、国民学校初等科修了以上で六五歳以下の男子と四五歳以下の女子で構成され、軍隊・警察の下で防空、戦災復旧、物資・兵器の輸送、陣地構築、警防などに従事し、緊急の場合に「武装隊」として出動するための措置も予定されていた。五月から六月にかけて義勇隊の組織化が進み、六月には大政翼賛会と傘下の官製国民運動団体が解散され、国民義勇隊に統合された。また、六月二三日には義勇兵役法が公布され、義勇隊を戦闘組織に転化させる法的措置がとられた。

84　空襲・原爆による死亡者数（↓表84）

【解説】　表は、空襲・原爆による死亡者についての三種類の調査（経本は経済安定本部）の比較で、三〇都市は、いずれかの調

表 84　空襲・原爆による死亡者数（3 調査の比較）　（単位：人）

	経本調査 全国 (1948.5)	建設省調 215都市 (1959.3)	朝日新聞 229都市 (1991.8)
調査地域計	299,485	336,738	432,531
30 都市計	259,482	313,182	404,843
27 都市計	62,206	69,575	80,843
仙台市	998	901	1,442
日立市	1,266	1,266	1,578
東京区部	95,374	91,444	114,000
横浜市	4,616	5,830	8,000
川崎市	1,001	1,001	768
長岡市	1,143	1,143	1,461
富山市	2,149	2,275	2,275
福井市	1,576	1,576	1,684
甲府市	1,027	740	1,127
静岡市	1,813	1,813	2,000
浜松市	2,447	2,947	2,947
名古屋市	8,076	8,240	7,858
豊川市	1,408	2,372	3,000
津市	1,885	1,498	4,000
大阪市	9,246	10,388	12,000
堺市	1,417	1,876	1,876
神戸市	6,789	7,051	8,400
明石市	1,360	1,464	1,496
和歌山市	1,300	1,625	1,200
岡山市	1,678	1,678	1,737
広島市	78,150	78,150	140,000
呉市	1,939	2,062	2,700
徳島市	570	1,166	1,400
高松市	927	1,273	1,359
福岡市	953	2,000	2,500
北九州市	2,385	2,251	2,385
大牟田市	780	780	1,291
長崎市	23,752	74,013	70,000
佐世保市	1,030	1,030	1,030
鹿児島市	2,427	3,329	3,329

（出典）広田純「太平洋戦争におけるわが国の戦争被害」『立教経済学研究』第 45 巻第 4 号，1992 年，p. 17.

査で死亡者が一〇〇〇人以上に達した都市、二七都市は東京区部、広島市、長崎市を除いたものである。朝日新聞社調査の広島市、長崎市の数字は一九四五年末までの死亡者数で、一九五〇年末までの死亡者数をとると、広島市二〇万人、長崎市一〇万人と注記されている。これをとると、調査二二九都市の計は五二万三〇〇〇人に及ぶことになる。

85　沖縄戦における死亡者数（→表85）

【解説】　沖縄戦での日本人の死者は、沖縄県援護課の調査によると一八万八一三六人で、一般住民は約半数の九万四〇〇〇人と概算されている。しかし、このうちの「戦闘協力者」の数は戦死した非戦闘員のうち、厚生省によって援護法の適用を受けたものの数であり、また表の「一般住民」の数は正確な調査にもとづくものではない。沖縄戦研究者の調査によると、軍人軍属以外の一般住民の死者は、マラリアによる病死者、餓死者などを含め、約一五万人と推定されており、軍人を上回る住民の死者を出したところに沖縄戦の特徴があった。

86　軍人軍属の終戦時現存者数および死亡者数（→表86）

【解説】　現在、日中戦争・アジア太平洋戦争による日本人の死者は、厚生省の発表で三一〇万人余り、内訳は軍人軍属二三〇万、沖縄住民を含む在外邦人三〇万、内地での戦災死者五〇万とされている。このうち軍人軍属の死亡者数については、厚生省援護局の一九六四年調査があり、表のように二一二万人となっている。この中には朝鮮人・台湾人が含まれる。一方、「戦没者遺族等援護法」にもとづく遺族年金等の裁定・可決件数すなわち戦没者数は二二八万人、うち軍人軍属分が二一六万四〇〇〇人となっている。しかし、この中には厚生省調べで五万二〇〇〇人といわれる朝鮮人・台湾人の戦没者は含まれていない。広田純は、これらの数字から日本人軍人軍属の死者を二二〇万人と推定している。〔参〕広田純「太平洋戦争におけるわが国の戦争被害」『立教経済学研究』第四五巻第四号、一九九二年。

表 85　沖縄戦における死亡者数
（1945 年 3-6 月）

区　　分	死亡者(人)
総　　数	188,136
軍人軍属計	94,136
沖縄県出身軍人軍属 1)	(28,228)
その他	(65,908)
住　民　計	94,000
戦闘協力者 2)	(55,246)
一般住民 3)	(38,754)
（参考）沖縄県人口 4)	590,480
（参考）アメリカ軍死者	12,520

（注）1）昭和 19 年 7 月頃から，在郷軍人を中核として市町村の村落単位に編成され，軍の指揮下で作戦に加わった「防衛隊」を含む．
2）昭和 50 年 3 月までに，「戦闘参加者」として認定されたもの．これら戦闘参加者は，陣地の構築，食糧・弾薬の運搬，壕や宿舎の提供など，さまざまな形で戦闘に協力した．ここには「学徒隊」に編成された師範学校・中学校・高等女学校等の男女生徒を含む．
3）主として老人，子どもとみられる．
4）昭和 19 年 2 月 28 日現在で行なわれた人口調査の結果．

（出典）中村隆英・宮崎正康編『史料・太平洋戦争被害調査報告』東京大学出版会，1995 年，p. 13.

表 86　軍人軍属の終戦時現存者数および死亡者数（単位：千人）

	計	陸　軍	海　軍
終戦時現存者	7,889.1	5,472.4	2,416.7
終戦前死亡者	1,940.1	1,482.3	457.8
終戦後死亡者	180.9	164.9	16.0
死亡者計	2,121.0	1,647.2	473.8
死亡率　%	21.6	23.7	16.5

（注）1．朝鮮人，台湾人をふくむ．
2．死亡者数は，日中戦争関係死亡者(陸軍 181,000 人，海軍 7,700 人)をふくむ．また終戦時以降死亡者，戦時死亡宣告により死亡とみなされた者およびその見込のある者をふくむ．在郷死者をふくまない．

（出典）広田純「太平洋戦争におけるわが国の戦争被害」『立教経済学研究』第 45 巻第 4 号，1992 年，p. 10.

第三章　敗戦と占領政策

第三章は、一九四五年の日本の降伏から、占領と戦後改革、冷戦と復興、講和と安保両条約の締結を経て、「五五年体制」と高度経済成長が始まるまでの、約一〇年間を対象としている。改めて述べるまでもなくこの一〇年間は、政治や経済の領域で、さらに社会や文化の面において、劇的な大変革の時代であった。

一九四五年八月末から始まった日本本土の占領には、四〇万人の米軍兵士が従事し、翌四六年二月からはイギリス連邦軍が加わった。沖縄はアメリカ軍が単独で占領して直接軍政をしき、千島列島はソ連軍の占領下に置かれた。本土は連合国の占領とされたが、その主導権はアメリカが掌握し、マッカーサーを司令官とするGHQ／SCAP（連合国最高司令官総司令部）が改革のイニシアチブをとった。

初期占領政策の中心課題は、日本の非軍事化と民主化であった。アメリカは日本が再びアメリカ及び太平洋地域の軍事的脅威にならないようにするために、日本の政治、経済の構造的な改革を迫った。明治期以来の日本社会の構造そのものに、軍国主義・封建主義・超国家主義をもたらす要因があるというのが、アメリカ側の理解だった。政治面での改革は、言論の自由、秘密警察や弾圧法規の廃止、女性参政権、政教分離等、四五年の矢継ぎ早の指示に始まって、四七年施行の日本国憲法と地方自治法で集成をみた。国民主権と象徴天皇制の採用によって、戦前の天皇制国家は崩壊した。政治権力の中枢として警察・地方行政を支配していた内務省は解体され、官吏に代わる公務員制度などをはじめ、行政面の改革も進められた。戸籍制度こそ残ったが、民法改正によって、天皇制を社会的に支えた「家」制度は廃止され、また憲法の規定により男女の平等が法的に保障された。

経済面の改革では財閥解体・独占禁止と農地改革、労働改革がその中心をなした。三井・三菱・住友・安田の四大財閥をはじめ、中規模の財閥も含めて持株会社としての本社が解体され、株式所有による子会社支配の廃止、兼任重役による人的支配の排除、財閥家族の影響力排除がすすめられた。巨大商社は解散し、三菱重工業など九社は分割された。財閥傘下の企業は独立し、競争的な市場のもとで企業活動が行われた。農地改革では全小作地の八〇%が解放されて、自作農が支配的な存在になった。農地の所有関係は大きく変わり、地主制は一掃された。ただし、実際に土地を耕作していた小作農に解放することが原則だったため、農家の経営規模は小さいまま固定化する問題があった。農地改革によって土地を所有した農民の営農意欲は著しく高まり、深刻な食糧危機は改革の進行とともに打開の方向へ転じた。労働改革では労働組合が法的に承認され、団体交渉制度が奨励された。さらに労働基準の法定が行われ、労働諸条件の改善がはかられた。労働省設置など、労働行政担当機関も整備された。これらの経済改革は、富と権力の集中を否定して、平等化・平準化の方向を推進した。

教育面では、民主主義教育を謳う教育基本法の制定を基本に大改革が実施された。六・三・三・四制の単線的な学校体系、小中学校の義務制、新制大学、男女共学などの学校制度が整えられ、さらに教育行政、教員制度、教科書制度、教育課程などが改められた。中央集権に代わる分権的な、公選制による教育委員会制度なども導入された。その他、医療面や福祉の面でも、生存権・社会権にもとづく重要な改革が行われた。

様々な改革は、GHQ/SCAPの働きかけだけによるのではなく、敗戦と軍隊による征服という事態のなかで、より良いものを生みだそうとする日本の国民の自主的な営みに大きく支えられていた。色々なひとびとが、様々な組織に拠る多様な運動に取り組み、改革を進め、担い、あるいは受け入れていった。だが、冷戦の強まりの中で、一九四八年からアメリカ本国の政策は大きく転換し、対日政策の基本は経済復興へと変化した。荒療治としてのドッジ・ラインによりインフレの一挙的な終息が目指され、また日本の保守勢力による巻き返しも強まった。朝鮮戦争開始の前後からは、再軍備、レッド・パージ、追放解除などのいわゆる「逆コース」現象が顕著になった。このような中で、講和条約が安保条約と抱き合せで準備され、国論二分状況をもたらしながら、日本の独立が回復されていくこととなる。

資料の配列は、ほぼ時間別に七つのテーマをたててこれを節とし、各節の中に重要と思われるものをまた時間順に並べる方式をとった。

（三宅明正）

第一節　日本の降伏

87 カイロ宣言　一九四三年一一月二七日署名・一二月一日発表

日本国ニ関スル英、米、華三国宣言

千九百四十三年十一月二十七日「カイロ」ニ於テ署名

「ローズヴェルト」大統領、蔣介石大元帥及「チァーチル」総理大臣ハ各自ノ軍事顧問及外交顧問ト共ニ北「アフリカ」ニ於テ会議ヲ終了シタリ

左ノ一般的声明発セラレタリ

「各軍事使節ハ日本国ニ対スル将来ノ軍事行動ニ付意見一致セリ三大連合国ハ海路、陸路及空路ニ依リ其ノ野蛮ナル敵国ニ対シ仮借ナキ圧力ヲ加フルノ決意ヲ表明セリ右圧力ハ既ニ増大シツツアリ

三大連合国ハ日本国ノ侵略ヲ制止シ且之ヲ罰スル為今次ノ戦争ヲ為シツツアルモノナリ右連合国ハ自国ノ為ニ何等ノ利得ヲモ欲求スルモノニ非ズ又領土拡張ノ何等ノ念ヲモ有スルモノニ非ズ右連合国ノ目的ハ千九百十四年ノ第一次世界戦争ノ開始以後ニ於テ日本国ガ奪取シ又ハ占領シタル太平洋ニ於ケル一切ノ島嶼ヲ日本国ヨリ剝奪スルコト並ニ満州、台湾及澎湖島ノ如キ日本国ガ中国人ヨリ盗取シタル一切ノ地域ヲ中華民国ガ回復スルコトニ在リ日本国ハ又暴力及貪欲ニ依リ日本国ガ略取シタル他ノ一切ノ地域ヨリ駆逐セラルベシ前記三大国ハ朝鮮ノ人民ノ奴隷状態ニ留意シ軈《やが》テ朝鮮ヲ自由且独立ノモノタラシムルノ決意ヲ有ス

右ノ目的ヲ以テ右三連合国ハ連合国中日本国ト交戦中ナル諸国ト協調シ日本国ノ無条件降伏ヲ齎スニ必要ナル重大且長期ノ行動ヲ続行スベシ」

（出典）外務省特別資料部編『日本占領及び管理重要文書集』第一巻、二二ページ。

【解説】　日本が「絶対国防圏」を設定して防戦一辺倒に転じるなかで、連合国首脳は会合し、戦後処理の方向を検討し始めた。一九四三年一一月二二日からカイロで行われたルーズベルト、チャーチル、蔣介石の、米・英・中三国首脳会談は、対日戦争と戦後処理を具体的に討議した最初のものであり、対日戦争の軍事面での協力と将来の領土問題が議論された。会談を経て発表された宣言は、日本に無条件降伏を求め、連合国が領土拡張の意図をもたないこと、また戦後の日本の領土をどの範囲に限定するかを明らかにした。さらに朝鮮についても言及し、その

独立を主張した。

88 ヤルタ協定　一九四五年二月一一日

千九百四十五年二月ノ「ヤルタ」会談ニ於テ作成
千九百四十六年二月十一日米国国務省ヨリ発表

三大国即チ「ソヴィエト」連邦、「アメリカ」合衆国及英国ノ指揮者ハ「ドイツ」国カ降伏シ且「ヨーロッパ」ニ於ケル戦争カ終結シタル後二月又ハ三月ヲ経テ「ソヴィエト」連邦カ左ノ条件ニ依リ連合国ニ与シテ日本ニ対スル戦争ニ参加スヘキコトヲ協定セリ

一、外蒙古（蒙古人民共和国）ノ現状ハ維持セラルヘシ

二、千九百四年ノ日本国ノ背信的攻撃ニ依リ侵害セラレタル「ロシア」国ノ旧権利ハ左ノ如ク回復セラルヘシ

(イ) 樺太ノ南部及之ニ隣接スル一切ノ島嶼ハ「ソヴィエト」連邦ニ返還セラルヘシ

(ロ) 大連商港ニ於ケル「ソヴィエト」連邦ノ優先的利益ハ之ヲ擁護シ該港ハ国際化セラルヘク又「ソヴィエト」社会主義共和国連邦ノ海軍基地トシテノ旅順口ノ租借権ハ回復セラルヘシ

(ハ) 東清鉄道及大連ニ出口ヲ供与スル南満洲鉄道ハ中「ソ」合弁会社ノ設立ニ依リ共同ニ運営セラルヘシ但シ「ソヴィエト」連邦ノ優先的利益ハ保障セラレ又中華民国ハ満洲ニ於ケル完全ナル主権ヲ保有スルモノトス

三、千島列島ハ「ソヴィエト」連邦ニ引渡サルヘシ

前記ノ外蒙古並ニ港湾及鉄道ニ関スル協定ハ蔣介石総帥ノ同意ヲ要スルモノトス大統領ハ「スターリン」元帥ヨリノ通知ニ依リ右同意ヲ得ル為措置ヲ執ルモノトス

三大国ノ首班ハ「ソヴィエト」連邦ノ右要求カ日本国ノ敗北シタル後ニ於テ確実ニ満足セシメラルヘキコトヲ協定セリ

「ソヴィエト」連邦ハ中華民国ヲ日本国ノ羈絆ヨリ解放スル目的ヲ以テ自己ノ軍隊ニ依リ之ニ援助ヲ与フル為「ソヴィエト」社会主義共和国連邦中華民国間友好同盟条約ヲ中華民国国民政府ト締結スル用意アルコトヲ表明ス

千九百四十五年二月十一日

ジエー・スターリン
フランクリン・デイー・ルーズヴエルト
ウインストン・エス・チヤーチル

（出典）外務省編『日本外交年表竝主要文書』下、六〇七―六〇八ページ。

【解説】一九四五年二月四―一一日、クリミア半島のヤルタにルーズベルト、チャーチル、スターリンの、米・英・ソ連三国首脳が集まり、ドイツの戦後処理、国際連合創設等について会談した。併せて秘密協定を結び、ソ連の対日参戦の時期と条件

などを取り決めた。連合国はカイロ宣言で領土不拡張を公表していたが、この協定で米英両国は千島列島のソ連引き渡しに同意し、これは後の北方領土問題の端緒となった。なおヤルタ協定のうち中国に関する条項は、一九四五年六月に中国に通告された。〔参〕藤村信『ヤルタ——戦後史の起点』岩波書店、一九八五年。

89 ニミッツ布告　一九四五年三月三一日

米国海軍軍政府布告第一号

（一九四五年　月　日）

米国軍占領下の南西諸島及びその近海居住民に告ぐ。

日本帝国の侵略主義並びに米国に対する攻撃のため、米国は日本に対し戦争を遂行する必要を生ぜり。且つ是等諸島の軍事的占領及び軍政の施行は我が軍略の遂行上並びに日本の侵略力破壊及び日本帝国を統轄する軍閥の破滅上必要なる事実なり。

治安維持及び米国軍並びに居住民の安寧福祉確保占領下の南西諸島中、本島及び他島並びにその近海に軍政府の設立を必要とす。

故に本官米国太平洋艦隊及び太平洋区域司令長官兼米国軍占領下の南西諸島及びその近海の軍政府総長米国海軍元帥シー・ダブリュー・ニミッツは茲に左の如く布告す。

一　南西諸島及びその近海並びにその居住民に関する総ての政治及び管轄権並びに最高行政責任は占領軍司令長官兼軍政府総長米国海軍元帥たる本官の権能に帰属し本官の監督下に部下指揮官に依り行使さる。

二　日本帝国政府の総ての行政権の行使を停止す。

三　各居住民は本官又は部下指揮官の公布する総ての命令を敏速に遵守し、本官麾下の米国軍に対し敵対行動又は何事を問はず日本軍に有利なる援助を為さず且つ不穏行為又はその程度如何を問はず治安に妨害を及ぼす行動に出づ可からず。

四　本官の職権行使上その必要を生ぜざる限り居住民の風習並びに財産権を尊重し、現行法規の施行を持続す。

五　爾今総ての日本裁判所の司法権を停止す。但し追ての命令ある迄該地方に於ける戦犯者に対し該地方警察官に依りて行使される即決裁判権は之を継続するものとす。

六　本官又は本官の命令に依り解除されたる者を除く総ての官庁、支庁及び町村又は他の公共事業関係者並びに雇傭人は本官又は特定されたる米国軍士官の命令の下にその職務に従事すべし。

七　占領軍の命令に服従し平穏を保つ限り居住民に対し戦時必要以上の干渉を加へざるものとす。

八　爾今、布告、規則並びに命令は本官又は本官を代理する官憲に依り逐次発表され之に依り居住民に対する我が要求又は禁止事項を明記し、各警察署並びに部落に掲示さる可し。

九　本官又は本官を代理する官憲に依り発布されたる本布告他の布告並びに命令又は法規等に於て英文とその他の訳文との間に矛盾又は不明の点生じたる場合は英文を以て本体とす。

一九四五年　月　日

米国太平洋艦隊及太平洋区域司令長官
兼南西諸島及其近海軍政府総長
米国海軍元帥　ニ　ミ　ッ　ツ

（出典）琉球政府文教局『琉球史料 第一集 政治編』一九五六年、那覇出版社復刻版、一九八八年、二ページ。

【解説】一九四五年三月二六日に慶良間諸島から沖縄上陸作戦を開始した米軍は、三月三一日に海軍元帥ニミッツ（アメリカ太平洋艦隊及び太平洋区域司令長官兼南西諸島及近海軍政府総長）の名でこの布告を発した。これは一般にニミッツ布告と呼ばれる。原資料には布告の日は記されていないが、公表されたのは三月三一日のことである。この布告により、日本領土の一角で日本政府による行政権の行使が初めて停止された。〔参〕袖井林二郎・竹前栄治編『戦後日本の原点』下、悠思社、一九九二年。

90　ポツダム宣言　一九四五年七月二六日

米、英、支三国宣言

（千九百四十五年七月二十六日「ポツダム」ニ於テ）

一、吾等合衆国大統領、中華民国政府主席及「グレート・ブリテン」国総理大臣ハ吾等ノ数億ノ国民ヲ代表シ協議ノ上日本国ニ対シ今次ノ戦争ヲ終結スルノ機会ヲ与フルコトニ意見一致セリ

二、合衆国、英帝国及中華民国ノ巨大ナル陸、海、空軍ハ西方ヨリ自国ノ陸軍及空軍ニ依ル数倍ノ増強ヲ受ケ日本国ニ対シ最後的打撃ヲ加フルノ態勢ヲ整ヘタリ右軍事力ハ日本国カ抵抗ヲ終止スルニ至ル迄同国ニ対シ戦争ヲ遂行スルノ一切ノ連合国ノ決意ニ依リ支持セラレ且鼓舞セラレ居ルモノナリ

三、蹶起セル世界ノ自由ナル人民ノ力ニ対スル「ドイツ」国ノ無益且無意義ナル抵抗ノ結果ハ日本国国民ニ対スル先例ヲ極メテ明白ニ示スモノナリ現在日本国ニ対シ集結シツツアル力ハ抵抗スル「ナチス」ニ対シ適用セラレタル場合ニ於テ全「ドイツ」国人民ノ土地、産業及生活様式ヲ必然的ニ荒廃ニ帰セシメタル力ニ比シ測リ知レサル程更ニ強大ナルモノナリ吾等ノ決意ニ支持セラルル吾等ノ軍事力ノ最高度ノ使用ハ日本国軍隊ノ不可避且完全ナル壊滅ヲ意味スヘ

ク又同様必然的ニ日本国本土ノ完全ナル破壊ヲ意味スヘシ

四、無分別ナル打算ニ依リ日本帝国ヲ滅亡ノ淵ニ陥レタル我儘ナル軍国主義的助言者ニ依リ日本国カ引続キ統御セラルヘキカ又ハ理性ノ経路ヲ日本国カ履ムヘキカヲ日本国カ決定スヘキ時期ハ到来セリ

五、吾等ノ条件ハ左ノ如シ

吾等ハ右条件ヨリ離脱スルコトナカルヘシ右ニ代ル条件存在セス吾等ハ遅延ヲ認ムルヲ得ス

六、吾等ハ無責任ナル軍国主義カ世界ヨリ駆逐セラルルニ至ル迄ハ平和、安全及正義ノ新秩序カ生シ得サルコトヲ主張スルモノナルヲ以テ日本国国民ヲ欺瞞シ之ヲシテ世界征服ノ挙ニ出ツルノ過誤ヲ犯サシメタル者ノ権力及勢力ハ永久ニ除去セラレサルヘカラス

七、右ノ如キ新秩序カ建設セラレ且日本国ノ戦争遂行能力カ破砕セラレタルコトノ確証アルニ至ルマテハ聯合国ノ指定スヘキ日本国領域内ノ諸地点ハ吾等ノ茲ニ指示スル基本的目的ノ達成ヲ確保スルタメ占領セラルヘシ

八、「カイロ」宣言ノ条項ハ履行セラルヘク又日本国ノ主権ハ本州、北海道、九州及四国並ニ吾等ノ決定スル諸小島ニ局限セラルヘシ

九、日本国軍隊ハ完全ニ武装ヲ解除セラレタル後各自ノ家庭ニ復帰シ平和的且生産的ノ生活ヲ営ムノ機会ヲ得シメラルヘシ

十、吾等ハ日本人ヲ民族トシテ奴隷化セントシ又ハ国民トシテ滅亡セシメントスルノ意図ヲ有スルモノニ非サルモ吾等ノ俘虜ヲ虐待セル者ヲ含ム一切ノ戦争犯罪人ニ対シテハ厳重ナル処罰ヲ加ヘラルヘシ日本国政府ハ日本国国民ノ間ニ於ケル民主主義的傾向ノ復活強化ニ対スル一切ノ障碍ヲ除去スヘシ言論、宗教及思想ノ自由並ニ基本的人権ノ尊重ハ確立セラルヘシ

十一、日本国ハ其ノ経済ヲ支持シ且公正ナル実物賠償ノ取立ヲ可能ナラシムルカ如キ産業ヲ維持スルコトヲ許サルヘシ但シ日本国ヲシテ戦争ノ為再軍備ヲ為スコトヲ得シムルカ如キ産業ハ此ノ限ニ在ラス右目的ノ為原料ノ入手（其ノ支配トハ之ヲ区別ス）ヲ許可サルヘシ日本国ハ将来世界貿易関係ヘノ参加ヲ許サルヘシ

十二、前記諸目的カ達成セラレ且日本国国民ノ自由ニ表明セル意思ニ従ヒ平和的傾向ヲ有シ且責任アル政府カ樹立セラルルニ於テハ聯合国ノ占領軍ハ直ニ日本国ヨリ撤収セラルヘシ

十三、吾等ハ日本国政府カ直ニ全日本国軍隊ノ無条件降伏ヲ宣言シ且右行動ニ於ケル同政府ノ誠意ニ付適当且充分ナル保障ヲ提供センコトヲ同政府ニ対シ要求ス右以外ノ日本国ノ選択ハ迅速且完全ナル壊滅アルノミトス

（出典）外務省編『日本外交年表竝主要文書』下、六二六―六二七ページ。

【解説】米・英・ソ三国首脳は、一九四五年七月一七日から八月二日までベルリン近郊のポツダムで会談し、すでに降伏したドイツの戦後処理と、日本への降伏勧告ならびに処理方針を決めた。この宣言は、米英中三国首脳の名で発せられ、八月八日の対日参戦でソ連が加わった。七月二八日に鈴木貫太郎首相はこれを黙殺すると表明したが、広島・長崎の原爆投下とソ連参戦を経て、日本政府はその受諾を通告した。

91 原爆投下トルーマン声明　一九四五年八月六日

トルーマン大統領声明

ホワイトハウス新聞発表
一九四五年八月六日

合衆国大統領の声明

一六時間前、米国航空機一機が日本陸軍の重要基地である広島に爆弾一発を投下した。その爆弾は、TNT火薬二万トン以上の威力をもつものであった。それは、戦争史上これまでに使用された爆弾のなかで最も大型である、英国の「グランド・スラム」の爆発力の二〇〇〇倍を超えるものであった。

日本は、パールハーバーにおいて空から戦争を開始した。彼らは、何倍もの報復をこうむった。にもかかわらず、決着はまだついていない。この爆弾によって、今やわれわれは新たな革命的破壊力を加え、わが軍隊の戦力をさらにいっそう増強した。これらの爆弾は、現在の型式のものがいま生産されており、もっとはるかに強力なものも開発されつつある。

それは原子爆弾である。宇宙に存在する基本的な力を利用したものである。太陽のエネルギー源になっている力が、極東に戦争をもたらした者たちに対して放たれたのである。

（中略）

今やわれわれは、日本のどの都市であれ、地上にあるかぎり、すべての生産企業を、これまでにもまして迅速かつ徹底的に壊滅させる態勢を整えている。われわれは、日本の港湾施設、工場、通信交通手段を破壊する。誤解のないように言えば、われわれは、日本の戦争遂行能力を完全に破壊する。

七月二六日付最後通告がポツダムで出されたのは、全面的破滅から日本国民を救うためであった。彼らの指導者は、たちどころにその通告を拒否した。もし彼らが今われわれの条件を受け容れなければ、空から破滅の弾雨が降り注ぐものと覚悟すべきであり、それは、この地上でかつて経験したことのないものとなろう。この空からの攻撃に続いて海軍および地上軍が、日本の指導者がまだ見たこともないほどの大兵力と、彼らにはすでに十分知られている戦闘技術とをもって進攻するであろう。

（出典） 山際晃・立花誠逸編『資料マンハッタン計画』一九九三年、大月書店、六〇五―六〇七ページ。

【解説】 アメリカが原爆実験に成功したのは、ポツダム会談直前の一九四五年七月一六日であり、その知らせは一八日にポツダムへと届いた。トルーマン米大統領は二五日にポツダム会談が終了する八月三日以降の原爆投下を命令し、ソ連の参戦なしに日本を降伏させようとはかった。広島への投下当日の声明で、トルーマンは爆弾が原子爆弾であることを明らかにし、日本がポツダム宣言を受諾しなければさらに原爆を投下すると述べた。〔参〕荒井信一『原爆投下への道』東京大学出版会、一九八五年。

92 ポツダム宣言受諾に関する日本側の申し入れ 一九四五年八月一〇日

米英支三国対日共同宣言受諾ニ関スル件（別電）

帝国政府ニオイテハ人類ヲ戦争ノ惨禍ヨリ免レシメンカ為速カニ平和ヲ招来センコトヲ祈念シ給フ天皇陛下ノ大御心ニ従ヒ嚢ニ大東亜戦争ニ対シテ中立関係ニ在ル「ソヴィエト」連邦政府ニ対シ斡旋ヲ依頼セルカ不幸ニシテ右帝国政府ノ平和招来ニ対スル努力ハ結実ヲ見ス茲ニオイテ帝国政府ハ前顕天皇陛下ノ平和ニ対スル御祈念ニ基キ即時戦争ノ惨禍ヲ除キ平和ヲ招来センコトヲ欲シ左ノ通リ決定セリ

帝国政府ハ昭和二十年七月二十六日米英支三国首脳ニヨリ共同ニ決定発表セラレ爾後ソ連邦政府ノ参加ヲ見タル対本邦共同宣言ニ挙ケラレタル条件中ニハ天皇ノ国家統治ノ大権ヲ変更スルノ要求ヲ包含シ居ラサルコトノ了解ノ下ニ帝国政府ハ右宣言ヲ受諾ス

帝国政府ハ右ノ了解ニ誤ナク貴国政府カソノ旨明確ナル意思ヲ速カニ表明セラレンコトヲ切望ス

（出典） 外務省編『日本外交年表竝主要文書』下、六三二ページ。

【解説】 一九四五年八月九日の最高戦争指導会議、閣議、さらには御前会議では、降伏はやむを得ないとする意見が多数となったものの、「国体護持」のみで降伏するのか、その上に在外日本軍隊の自主撤収・戦争犯罪の自主裁判・保障占領の拒否を加えるかで激論となった。天皇側近グループと、なお抵抗を示す軍部強硬派との対立である。結局、ポツダム宣言には「天皇の国家統治の大権を変更するの要求を包含し居らざることの了解の下に」受諾するとする、この申し入れが連合国側に伝えられた。〔参〕中村政則・山際晃編『資料日本占領』1 天皇制、大月書店、一九九〇年。

93 合衆国政府の日本政府に対する回答　一九四五年八月一一日

合衆国、連合王国、「ソヴィエト」社会主義共和国連邦及中華民国の各政府の名に於ける合衆国政府の日本国政府に対する回答

（八月十一日付、八月十二日接受、タダシ十三日朝接到トサル）

「ポツダム」宣言ノ条項ハ之ヲ受諾スルモ右宣言ハ天皇ノ国家統治ノ大権ヲ変更スルノ要求ヲ包含シ居ラサルコトノ了解ヲ併セ述ヘタル日本国政府ノ通報ニ関シ吾等ノ立場ハ左ノ通リナリ

降伏ノ時ヨリ天皇及ヒ日本国政府ノ国家統治ノ権限ハ降伏条項ノ実施ノ為其ノ必要ト認ムル措置ヲ執ル連合軍最高司令官ノ制限ノ下ニ置カルルモノトス

天皇ハ日本国政府及日本帝国大本営ニ対シ「ポツダム」宣言ノ諸条項ヲ実施スル為必要ナル降伏条項署名ノ権限ヲ与ヘ且之ヲ保障スルコトヲ要請セラレ又天皇ハ一切ノ日本国陸、海、空軍官憲及ヒ何レノ地域ニ在ルヲ問ハス右官憲ノ指揮下ニ在ル一切ノ軍隊ニ対シ戦闘行為ヲ終止シ武器ヲ引渡シ及降伏条項実施ノ為最高司令官ノ要求スルコトアルヘキ命令ヲ発スルコトヲ命スヘキモノトス

日本国政府ハ降伏後直ニ俘虜及被抑留者ヲ連合国船舶ニ速カニ乗船セシメ得ヘキ安全ナル地域ニ移送スヘキモノトス

最終的ノ日本国ノ政府ノ形態ハ「ポツダム」宣言ニ遵ヒ日本国国民ノ自由ニ表明スル意思ニヨリ決定セラルヘキモノトス

連合国軍隊ハ「ポツダム」宣言ニ掲ケラレタル諸目的カ完遂セラルル迄日本国内ニ留マルヘシ

（出典）外務省編『日本外交年表竝主要文書』下、六三五―六三六ページ。

【解説】一九四五年八月一〇日付の日本の申し入れに対するアメリカ側の回答（バーンズ国務長官回答）。ホワイトハウスにおける協議の過程では、天皇制の存続を認めるかどうかが議論となり、結局早期の降伏を図るためにポツダム宣言の範囲内で日本に回答することとなった。日本の外務省は回答を本文書のように訳したが、天皇権限と日本の政治形態に関する箇所の正確な訳は、「降伏の瞬間から天皇及び日本国政府の国家統治の権限は連合国最高司令官に従属するものとする」、「日本の究極の統治形態は、ポツダム宣言にもとづき、日本国民が自由に表明した意志に従い確定される」である。

94 終戦の詔書　一九四五年八月一四日

詔　書

朕深ク世界ノ大勢ト帝国ノ現状トニ鑑ミ非常ノ措置ヲ以テ時局ヲ収拾セムト欲シ茲ニ忠良ナル爾臣民ニ告ク

朕ハ帝国政府ヲシテ米英支蘇四国ニ対シ其ノ共同宣言ヲ受諾

スル旨通告セシメタリ
抑々帝国臣民ノ康寧ヲ図リ万邦共栄ノ楽ヲ偕ニスルハ皇祖皇宗ノ遺範ニシテ朕ノ拳々措カサル所曩ニ米英二国ニ宣戦セル所以モ亦実ニ帝国ノ自存ト東亜ノ安定トヲ庶幾スルニ出テ他国ノ主権ヲ排シ領土ヲ侵スカ如キハ固ヨリ朕カ志ニアラス然ルニ交戦已ニ四歳ヲ閲シ朕カ陸海将兵ノ勇戦朕カ百僚有司ノ励精朕カ一億衆庶ノ奉公各々最善ヲ尽セルニ拘ラス戦局必スシモ好転セス世界ノ大勢亦我ニ利アラス加之敵ハ新ニ残虐ナル爆弾ヲ使用シテ頻ニ無辜ヲ殺傷シ惨害ノ及フ所真ニ測ルヘカラサルニ至ル而モ尚交戦ヲ継続セムカ終ニ我カ民族ノ滅亡ヲ招来スルノミナラス延テ人類ノ文明ヲモ破却スヘシ斯ノ如クムハ朕何ヲ以テカ億兆ノ赤子ヲ保シ皇祖皇宗ノ神霊ニ謝セムヤ是レ朕カ帝国政府ヲシテ共同宣言ニ応セシムルニ至レル所以ナリ
朕ハ帝国ト共ニ終始東亜ノ解放ニ協力セル諸盟邦ニ対シ遺憾ノ意ヲ表セサルヲ得ス帝国臣民ニシテ戦陣ニ死シ職域ニ殉シ非命ニ斃レタル者及其ノ遺族ニ想ヲ致セハ五内為ニ裂ク且戦傷ヲ負ヒ災禍ヲ蒙リ家業ヲ失ヒタル者ノ厚生ニ至リテハ朕ノ深ク軫念スル所ナリ惟フニ今後帝国ノ受クヘキ苦難ハ固ヨリ尋常ニアラス爾臣民ノ衷情モ朕善ク之ヲ知ル然レトモ朕ハ時運ノ趨ク所堪ヘ難キヲ堪ヘ忍ヒ難キヲ忍ヒ以テ万世ノ為ニ太平ヲ開カムト欲ス
朕ハ茲ニ国体ヲ護持シ得テ忠良ナル爾臣民ノ赤誠ニ信倚シ常ニ爾臣民ト共ニ在リ若シ夫レ情ノ激スル所濫ニ事端ヲ滋クシ或ハ同胞排擠互ニ時局ヲ乱リ為ニ大道ヲ誤リ信義ヲ世界ニ失フカ如キハ朕最モ之ヲ戒ム宜シク挙国一家子孫相伝ヘ確ク神州ノ不滅ヲ信シ任重クシテ道遠キヲ念ヒ総力ヲ将来ノ建設ニ傾ケ道義ヲ篤クシ志操ヲ鞏クシ誓テ国体ノ精華ヲ発揚シ世界ノ進運ニ後レサラムコトヲ期スヘシ爾臣民其レ克ク朕カ意ヲ体セヨ

御名御璽

昭和二十年八月十四日

（出典）『官報』号外、一九四五年八月一四日。

【解説】 バーンズ国務長官の回答を受けた日本では、八月一四日に御前会議が開かれた。これでは天皇制が保持できないとする軍部は再度の照会を主張したが、天皇は「敵は国体を認めると思う」と言い切って反対論を押切り、連合国にポツダム宣言の受諾を通告した。さらに一五日正午、天皇自身がラジオを通じてこの詔書を国民に放送した。一四日の深夜に、継戦派の将校らがこの放送の録音盤奪取をはかるクーデタを企てたが失敗し、放送は予定通り行われた。

95　降伏文書　一九四五年九月二日

下名ハ茲ニ合衆国、中華民国及「グレート、ブリテン」国ノ政府ノ首班ガ千九百四十五年七月二十六日「ポツダム」ニ於テ発シ後ニ「ソヴィエト」社会主義共和国連邦ガ参加シタル宣言ノ条項ヲ日本国天皇、日本国政府及日本帝国大本営ノ命ニ依リ且之ニ代リ受諾ス右四国ハ以下之ヲ連合国ト称ス

下名ハ茲ニ日本帝国大本営並ニ何レノ位置ニ在ルヲ問ハズ一切ノ日本国軍隊及日本国ノ支配下ニ在ル一切ノ軍隊ノ連合国ニ対スル無条件降伏ヲ布告ス

下名ハ茲ニ何レノ位置ニ在ルヲ問ハズ一切ノ日本国軍隊及日本国臣民ニ対シ敵対行為ヲ直ニ終止スルコト、一切ノ船舶、航空機並ニ軍用及非軍用財産ヲ保存シ之ガ毀損ヲ防止スルコト及連合国最高司令官又ハ其ノ指示ニ基キ日本国政府ノ諸機関ノ課スベキ一切ノ要求ニ応ズルコトヲ命ズ

下名ハ茲ニ日本帝国大本営ガ何レノ位置ニ在ルヲ問ハズ一切ノ日本国軍隊及日本国ノ支配下ニ在ル一切ノ軍隊ノ指揮官ニ対シ自身及其ノ支配下ニ在ル一切ノ軍隊ガ無条件ニ降伏スベキ旨ノ命令ヲ直ニ発スルコトヲ命ズ

下名ハ茲ニ一切ノ官庁、陸軍及海軍ノ職員ニ対シ連合国最高司令官ガ本降伏実施ノ為適当ナリト認メテ自ラ発シ又ハ其ノ委任ニ基キ発セシムル一切ノ布告、命令及指示ヲ遵守シ且之ヲ施行スルコトヲ命ジ並ニ右職員ガ連合国最高司令官ニ依リ又ハ其ノ委任ニ基キ特ニ任務ヲ解カレザル限リ各自ノ地位ニ留リ且引続キ各自ノ非戦闘的任務ヲ行フコトヲ命ズ

下名ハ茲ニ「ポツダム」宣言ノ条項ヲ誠実ニ履行スルコト並ニ右宣言ヲ実施スル為連合国最高司令官又ハ其ノ他特定ノ連合国代表者ガ要求スルコトアルベキ一切ノ命令ヲ発シ且斯ル一切ノ措置ヲ執ルコトヲ天皇、日本国政府及其ノ後継者ノ為ニ約ス

下名ハ茲ニ日本帝国政府及日本帝国大本営ニ対シ現ニ日本国ノ支配下ニ在ル一切ノ連合国俘虜及被抑留者ヲ直ニ解放スルコト並ニ其ノ保護、手当、給養及指示セラレタル場所ヘノ即時輸送ノ為ノ措置ヲ執ルコトヲ命ズ

天皇及日本国政府ノ国家統治ノ権限ハ本降伏条項ヲ実施スル為適当ト認ムル措置ヲ執ル連合国最高司令官ノ制限ノ下ニ置カルルモノトス

千九百四十五年九月二日午前九時四分日本国東京湾上ニ於テ署名ス

大日本帝国天皇陛下及日本国政府ノ命ニ依リ且其ノ名ニ於テ

重光　葵

日本帝国大本営ノ命ニ依リ且其ノ名ニ於テ

梅津美治郎

千九百四十五年九月二日午前九時八分東京湾上ニ於テ合衆国、中華民国、連合王国及「ソヴィエト」社会主義共和国連邦ノ為ニ並ニ日本国ト戦争状態ニ在ル他ノ連合諸国家ノ利益ノ為ニ受諾ス

（出典）『官報』号外、一九四五年九月二日。

【解説】一九四五年八月二八日に米軍の先遣隊が、三〇日にはマッカーサーが厚木に到着して、日本本土の占領が開始された。九月二日に東京湾上のミズーリ号で日本政府と米・英・中・ソ・オーストラリア・カナダ・フランス・オランダ・ニュージーランドの代表が降伏文書に調印し、戦争は公式に終結した。なお本文書の訳は日本政府によるものだが、最終箇所の正確なそれは「天皇及び日本国政府の国家統治の権限は、本降伏条項を実施するため適当と認める措置を執る連合国最高司令官に従属するものとする」である。

第二節　戦後改革の開始

96 降伏後における米国の初期の対日方針（SWNCC150—4—A）　一九四五年九月二二日

千九百四十五年九月二十二日

本文書ノ目的

本文書ハ降伏後ノ日本国ニ対スル初期ノ全般的政策ニ関スル声明ナリ本文書ハ大統領ノ承認ヲ経タルモノニシテ連合国最高司令官及米国関係各省及機関ニ対シ指針トシテ配布セラレタリ本文書ハ日本国占領ニ関スル諸問題中政策決定ヲ必要トスル一切ノ事項ヲ取扱ヒ居ルモノニ非ズ本文書ニ含マレズ又ハ充分尽サレ居ラザル事項ハ既ニ別個ニ取扱ハレ又ハ将来別個ニ取扱ハルベシ

第一部　究極ノ目的

日本国ニ関スル米国ノ究極ノ目的ニシテ初期ニ於ケル政策ガ従フベキモノ左ノ如シ

(イ)　日本国ガ再ビ米国ノ脅威トナリ又ハ世界ノ平和及安全ノ脅威トナラザルコトヲ確実ニスルコト

(ロ)　他国家ノ権利ヲ尊重シ国際連合憲章ノ理想ト原則ニ示サレタル米国ノ目的ヲ支持スベキ平和的且責任アル政府ヲ究極ニ於テ樹立スルコト、米国ハ斯ル政府ガ出来得ル限リ民主主義的自治ノ原則ニ合致スルコトヲ希望スルモ自由ニ表示セラレタル国民ノ意思ニ支持セラレザル如何ナル政治形態ヲモ日本国ニ強要スルコトハ連合国ノ責任ニ非ズ

此等ノ目的ハ左ノ主要手段ニ依リ達成セラルベシ

(イ)　日本国ノ主権ハ本州、北海道、九州、四国並ニ「カイロ」宣言及米国ガ既ニ参加シ又ハ将来参加スルコトアルベキ他ノ協定ニ依リ決定セラルベキ周辺ノ諸小島ニ限ラルベシ

(ロ)　日本国ハ完全ニ武装解除セラレ且非軍事化セラルベシ軍国主義者ノ権力ト軍国主義ノ影響力ハ日本国ノ政治生活、経済生活及社会生活ヨリ一掃セラルベシ軍国主義及侵略ノ精神ヲ表示スル制度ハ強力ニ抑圧セラルベシ

(ハ)　日本国国民ハ個人ノ自由ニ対スル欲求並ニ基本的人権特ニ信教、集会、言論及出版ノ自由ノ尊重ヲ増大スル様奨励セラルベク且民主主義的及代議的組織ノ形成ヲ奨励セラルベシ

(ニ)　日本国国民ハ其ノ平時ノ需要ヲ充シ得ルガ如キ経済ヲ自力ニ依リ発達セシムベキ機会ヲ与ヘラルベシ

第二部　連合国ノ権限

一　軍事占領

降伏条項ヲ実施シ上述ノ究極目的ノ達成ヲ促進スル為日本国本土ハ軍事占領セラルベシ右占領ハ日本国ト戦争状態ニ在ル連合国ノ利益ノ為行動スル主要連合国ノ為ノ軍事行動タルノ性質ヲ有スベシ右ノ理由ニ因リ対日戦争ニ於テ指導的役割ヲ演ジタル他ノ諸国ノ軍隊ノ占領ヘノ参加ハ歓迎セラレ且期待セラルルモ占領軍ハ米国ノ任命スル最高司令官ノ指揮下ニ在ルモノトス協議及適当ナル諮問機関ノ設置ニ依リ主要連合国ヲ満足セシムベキ日本国ノ占領及管理ノ実施ノ為ノ政策ヲ樹立スル為有ラユル努力ヲ尽スベキモ主要連合国ニ意見ノ不一致ヲ生ジタル場合ニ於テハ米国ノ政策ニ従フモノトス

二　日本国政府トノ関係

天皇及日本国政府ノ権限ハ降伏条項ヲ実施シ且日本国ノ占領及管理ノ施行ノ為樹立セラレタル政策ヲ実行スル為必要ナル一切ノ権力ヲ有スル最高司令官ニ従属スルモノトス日本社会ノ現在ノ性格並ニ最小ノ兵力及資源ニ依リ目的ヲ達成セントスル米国ノ希望ニ鑑ミ最高司令官ハ米国ノ目的達成ヲ満足ニ促進スル限リニ於テハ　天皇ヲ含ム日本政府機構及諸機関ヲ通ジテ其権限ヲ行使スベシ日本国政府ハ最高司令官ノ指示ノ

下ニ国内行政事項ニ関シ通常ノ政治機能ヲ行使スルコトヲ許容セラルベシ但シ右方針ハ　天皇又ハ他ノ日本国ノ権力者ガ降伏条項実施上最高司令官ノ要求ヲ満足ニ果サザル場合最高司令官ガ政府機構又ハ人事ノ変更ヲ要求シ又ハ直接行動スル権利及義務ニ依リ制限セラルルモノトス更ニ又右方針ハ最高司令官ヲシテ米国ノ目的達成ニ指向スル革新的変化ニ抗シテ天皇又ハ他ノ日本国ノ政府機関ヲ支持スル様拘束スルモノニ非ズ即チ右方針ハ日本国ニ於ケル現存ノ政治形態ヲ利用セントスルモノニシテ之ヲ支持セントスルモノニ非ズ封建的及権威主義的傾向ヲ修正セントスル政治形態ノ変更ハ日本国政府ニ依ルト日本国国民ニ依ルトヲ問ハズ許容セラレ且支持セラルベシ斯ル変更ノ実現ノ為日本国国民又ハ日本国政府ガ其ノ反対者抑圧ノ為実力ヲ行使スル場合ニ於テハ最高司令官ハ麾下部隊ノ安全並ニ占領ノ他ノ一切ノ目的ノ達成ヲ確実ニスルニ必要ナル場合ニ於テノミ之ニ干渉スルモノトス

三　政策ノ周知

日本国国民及世界一般ハ占領ノ目的及政策並ニ其ノ達成上ノ進展ニ関シ完全ナル情報ヲ与ヘラルベシ

第三部　政　治

一　武装解除及非軍事化

武装解除及非軍事化ハ軍事占領ノ主要任務ニシテ即時且断乎トシテ実行セラルベシ日本国国民ニ対シテハ其ノ現在及将来ノ苦境招来ニ関シ陸海軍指導者及其ノ協力者ガ為シタル役割ヲ徹底的ニ知ラシムル為一切ノ努力ガ為サルベシ日本国ハ陸海空軍、秘密警察組織又ハ何等ノ民間航空ヲモ保有スルコトナシ日本国ノ地上、航空及海軍兵力ハ武装ヲ解除セラレ且解体セラルベク日本国大本営、参謀本部(軍令部)及一切ノ秘密警察組織ハ解消セシメラルベシ陸海軍資材、陸海軍艦船、陸海軍施設並ニ陸海軍及民間航空機ハ引渡サレ且最高司令官ノ要求スル所ニ従ヒ処分セラルベシ日本国大本営及参謀本部(軍令部)ノ高級職員、日本国政府ノ他ノ陸海軍高級職員、超国家主義的及軍国主義的組織ノ指導者並ニ他ノ軍国主義及侵略ノ重要ナル推進者ハ拘禁セラレ将来ノ処分ノ為留置セラルベシ軍国主義及好戦的国家主義ノ積極的推進者タリシ者ハ公職及公的又ハ重要ナル私的責任アル如何ナル地位ヨリモ排除セラルベシ超国家主義的又ハ軍国主義的ノ社会上、政治上、職業上及商業上ノ団体及機関ハ解散セラレ且禁止セラルベシ理論上及実践上ノ軍国主義及超国家主義(準軍事訓練ヲ含ム)ハ教育制度ヨリ除去セラルベシ職業的旧陸海軍将校及下士官並ニ他ノ一切ノ軍国主義及超国家主義ノ推進者ハ監督的及教育的地位ヨリ排除セラルベシ

二　戦争犯罪人

三　個人ノ自由及民主主義過程ヘノ冀求ノ奨励

第四部　経　済

一　経済上ノ非軍事化
二　民主主義勢力ノ助長
三　平和的経済活動ノ再開
四　賠償及返還
五　財政、貨幣及銀行政策
六　国際通商及金融関係
七　在外日本国資産
八　日本国内ニ於ケル外国企業ニ対スル機会均等
九　皇室ノ財産

（出典）　外務省特別資料部編『日本占領及び管理重要文書集』第一巻、九一―一〇八ページ。

【解説】　一九四二年以来戦後構想の検討に入っていたアメリカは、一九四四年一二月一日に対日政策決定機関として国務・陸軍・海軍三省調整委員会（略称SWNCC）を設置した。同委員会は、日本の敗北後の取扱に関する包括的な政策文書としてのSWNCC150を一九四五年六月に作成した。SWNCC150のシリーズは、その後の状況の変化に併せて数度の改定をへ、同年九月二二日にSWNCC150―4―Aとして発表された。この文書は、アメリカの対日政策の目的、連合国の権限と日本政府との関係（間接統治を明記）をのべ、さらに政治面で三項、経済面で九項の方針をあげた。なお、ここでは「第三部政治」の二以下は項名のみをあげ、中略を逐一示してはいない。

〔参〕中村政則・山際晃編『資料日本占領』1　天皇制、大月書店、一九九〇年。

97　GHQ組織図　一九四五年一一月（→図97）

【解説】　一九四五年一〇月二日設立の連合国最高司令官総司令部（GHQ／SCAP＝General Headquarters, Supreme Commander for the Allied Powers）は、サンフランシスコ講和条約が発効する一九五二年四月二八日まで、対日占領政策に関する基本指令を具体化する機関として存在した。内部組織は必要に応じて変化し、幕僚部は、設立時に九局、五一年に一一局あった。なおマッカーサーは、連合国最高司令官とアメリカ太平洋陸軍司令官を兼ねたため、これら双方の司令部が併置され、GHQは図のように二重の構造をもつこととなった。双方に属する参謀部と、連合国最高司令官に直属する幕僚部の間は、G2（参謀二部）とGS（民政局）のように、対日政策をめぐってしばしば対立がおきた。

98　人権指令　一九四五年一〇月四日

政治的、公民的及び宗教的自由に対する制限の除去に関する司令部覚書

一九四五年一〇月四日

連合国最高司令官総司令部

覚書宛先　日本帝国政府

経由　終戦連絡中央事務局、東京
件名　政治的、公民的及宗教的自由ニ対スル制限除去ノ件
一、政治的、公民的、宗教的自由ニ対スル制限並ニ種族、国籍、信教乃至政見ヲ理由トスル差別ヲ除去スル為日本帝国政府ハ
a、左記一切ノ法律、勅令、命令、条例、規則ノ一切ノ条項ヲ廃止シ且直ニ其ノ適用ヲ停止スベシ
(一)思想、宗教、集会及言論ノ自由ニ対スル制限ヲ設定シ又ハ之ヲ維持セントスルモノ　天皇、国体及日本帝国政府ニ関スル無制限ナル討議ヲ含ム
(二)情報ノ蒐集及弘布ニ対スル制限ヲ設定シ又ハ之ヲ維持

図 97　GHQ 組織図(1945 年 11 月)

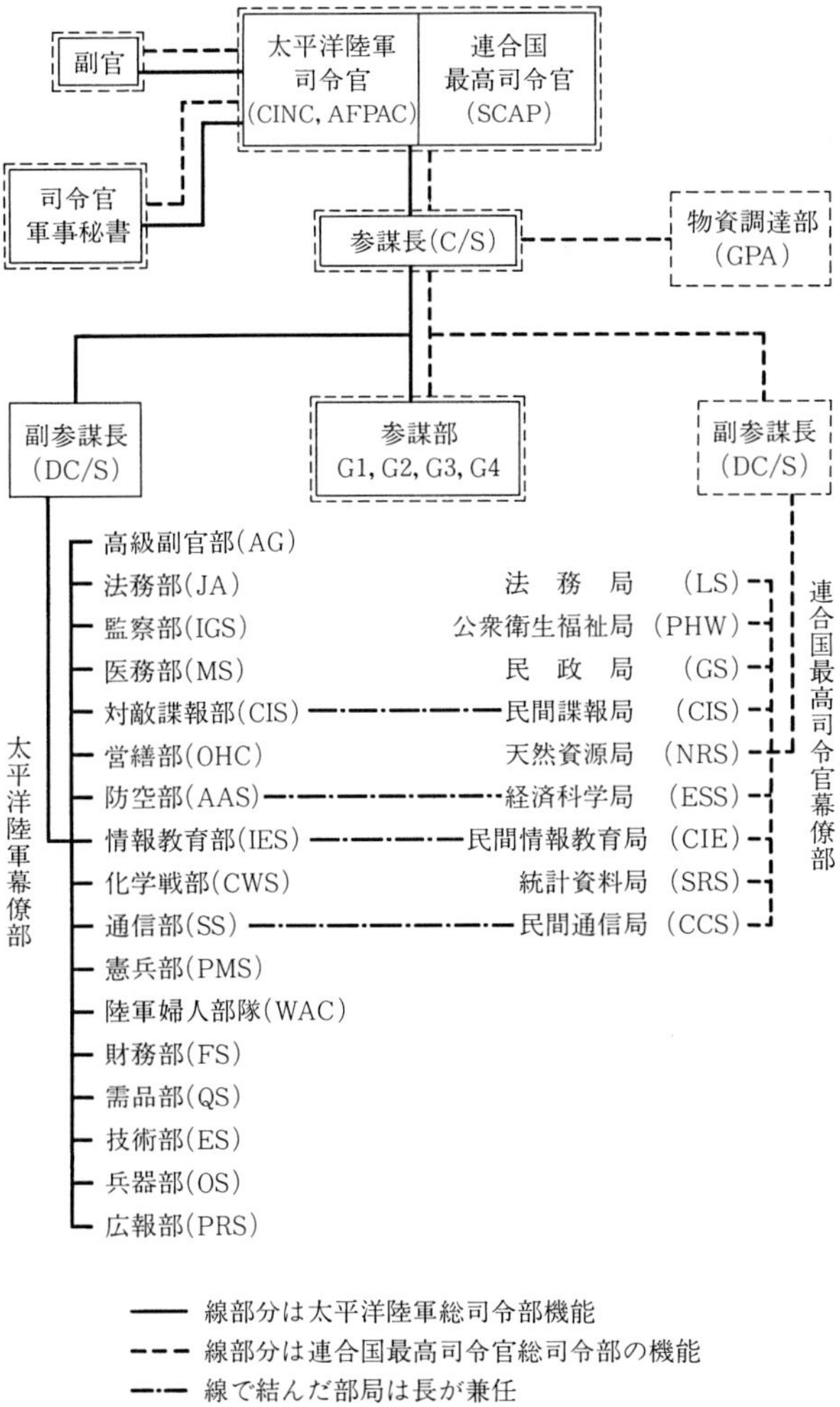

(出典)　竹前栄治『GHQ』岩波新書, 1983 年, p. 89.

セントスルモノ

㈢其ノ字句又ハ其ノ適用ニ依リ種族、国籍、信教乃至政見ヲ理由トシテ何人カノ有利又ハ不利ニ不平等ナル取扱ヒヲ為スモノ（中略）

c、目下拘禁、禁錮セラレ「保護又ハ観察」下ニアル一切ノ者ヲ直チニ釈放スベシ拘禁、禁錮、保護及観察下ノ状態ニ非ルモ自由ノ制限セラレ居ル者ニ付キテモ亦同ジ

（中略）

d、前記第一項a及bニ掲ゲタル法令条項実施ノタメ設置セラレタル一切ノ機構ノ本所支所及前記条項ノ執行ヲ補助支援スル他ノ官庁及機関ノ局課ノ部署又ハ機能ヲ廃止スベシ

右ハ以下ニ述ブルモノヲ包含スルモ右ニ限定セラレズ

㈠一切ノ秘密警察機関

㈡出版監督、一般集会及機構ノ監督、映画検閲ヲ管掌スル警保局ノ如キ内務省ノ諸部局及思想、言論又ハ集会統制ニ関係アル其他ノ諸部局

㈢出版監督、一般集会及結社ノ監督、映画検閲ヲ管掌スル警視庁、大阪警察局、其他ノ都市警察官署、北海道庁警察部及諸種県警察部内ノ特別高等警察部ノ如キ諸部局及思想、言論、宗教又ハ集会統制ニ関係アル其他ノ部局

㈣保護及観察並ニ思想、言論、宗教又ハ集会統制ヲ管掌スル司法省下ノ保護観察委員会及右ヲ責任トスル一切ノ保護観察所ノ如キ諸部局

e、内務省ノ官職ヨリ左記ノ者ヲ罷免スベシ

内務大臣、警保局長、警視総監、大阪府警察局長、其ノ他ノ都市警察部長、北海道庁警察部長、各県警察部長、一切ノ都府道県警察部特高警察全職員、保護観察委員会及保護観察所ノ教導司、保護司及其ノ他ノ全職員、右ノ中ノ何人ト雖モ内務省、司法省又ハ日本ニ於ケル如何ナル警察機関ノ下ニ於ケル如何ナル地位ニ再任命セラルルコトナカルベシ本指令ノ諸条項ヲ完全ニ実施スル為右ノ中ノ何人カノ援助ヲ要スルトキハ本指令ノ完全実施迄其ノ職ニ留任セシメ然ル後之ヲ罷免スベシ

f、前記第一項a及bニ記載ノ諸法令及前記第一項dニ拠リ廃止セラレタル機関及職務ニ関係アル警察官吏、官公吏ニ依ル爾後一切ノ活動ヲ禁止スベシ

g、日本ノ法律、勅令、命令、条例及規則等何等カ一切ノ法令ニ基キ拘禁、禁錮セラレ又ハ保護及観察下ニアル一切ノ者ニ対スル体刑及虐待ヲ禁止スベシ

h、前記第一項dニ拠リ廃止セラレタル機関ノ全記録及其ノ他一切ノ資料ノ安全ト維持トヲ保証スベシ

（出典）　大蔵省財政史室編『昭和財政史――終戦から講和まで』第17

巻、資料(一)、東洋経済新報社、一九八一年、二三—二四ページ。

【解説】 天皇制批判の自由や、思想・宗教の制限に関する法律・勅令などいっさいの廃止がGHQから命じられ、天皇制国家は解体過程へ入った。具体的には治安維持法、国防保安法、宗教団体法などの法令の廃止と、それにより拘留・投獄されている人々の釈放、特高警察等の廃止が指示された。東久邇内閣は、こうした事態に対応することができず、翌一〇月五日に総辞職し、幣原内閣へと代わった。この人権指令を契機にして、日本人の労働運動や社会運動が戦後の出発を始めることとなる。

〔参〕竹前栄治『占領戦後史』岩波書店、一九九二年。

99 マッカーサー元帥の幣原首相に対する五大改革指示　一九四五年一〇月一一日

日本政府に対する改革要求意見表明

ポツダム宣言の達成によって、日本国民が数世紀にわたって隷属させられてきた伝統的社会秩序は矯正されるであろう。このことが憲法の自由主義化を包含することは当然である。

人民はその精神を事実上の奴隷状態においた日常生活に対する官憲的秘密審問から解放され、思想の自由、言論の自由及び宗教の自由を抑圧せんとするあらゆる形態の統制から解放されねばならぬ。いかなる名称の政府のもとであれ、能率増進を装いあるいはかゝる要求のもとに大衆を統制することを停止せねばならない。

これらの要求の履行において並びにそれによって企図された諸目的を達成するために、余は貴下が日本の社会秩序において速かに次の如き諸改革を開始し、これを達成することを期待する。

一、選挙権賦与による日本婦人の解放——日本婦人は政治体の一員として、家庭の安寧に直接役立つ新しい概念の政府を日本に招来するであろう。

二、労働組合の組織化促進——それは労働者の搾取と酷使からの防衛及び生活水準の向上のため、有効な発言を許容するが如き権威を賦与するためである。とくに、現在行われている児童労働の悪弊を矯正するために必要な諸施設を講ずること。

三、より自由な教育を行うための諸学校の開校——国民は政府が国民の主人というよりは寧ろ下僕となる如き組織を理解することによって、事実に基く知識及び利益を得て、将来の進歩を形成するであろう。

四、秘密の検察及びその濫用によって国民を絶えず恐怖の状態にさらしてきた如き諸制度の廃止——従って、圧制的、専横的にして不正な手段から国民を擁護し得る如き正義に基いてつくられた組織にこれを置き換えること。

五、生産及び貿易手段の収益及び所有を広汎に分配するが

図100　農地改革による変化

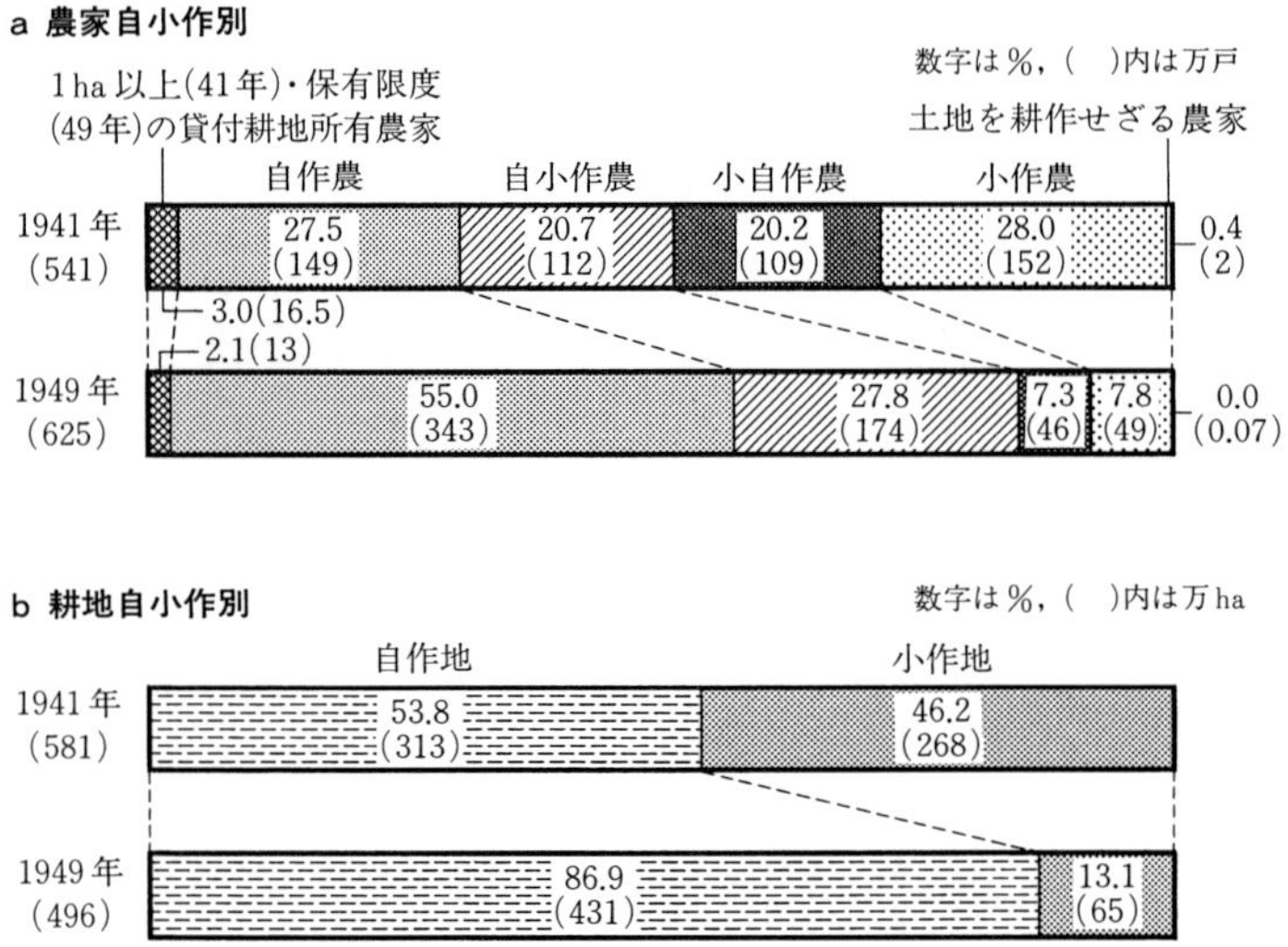

（出典）暉峻衆三『日本農業問題の展開』下巻，東京大学出版会，1984年，pp. 467-470からの作図.

如き方法の発達により、独占的産業支配が改善されるよう日本の経済機構が民主々義化せられること。

直接的な行政分野においては、余は流行病、疾病、飢餓又は他の重大な社会的惨害を防止するために、国民の住居、食糧、衣類にたいし、政府が精力的にして急速な活動を為すことを切望する。来るべき冬は、危機に直面せんとしている。この諸困難を克服する唯一の道は、国民のすべてを有用なる仕事に遺憾なく活動させることである。

（出典）大蔵省財政史室編『昭和財政史——終戦から講和まで』第17巻、資料（一）、東洋経済新報社、一九八一年、二五―二六ページ。

【解説】一九四五年一〇月四日の人権指令に対応できず翌五日に東久邇内閣が総辞職し、九日に幣原内閣が発足した。一〇月一一日、マッカーサーを訪ねた幣原首相に対し、婦人の解放、労働組合の奨励、教育の自由化・民主化、秘密的弾圧機構廃止、経済機構の民主化という、五つの改革が要求された。マッカーサーによる、口頭での指示であった。これ以後、日本の非軍事化と民主化を求める改革の指令、指示が矢継ぎ早に出されることになる。〔参〕竹前栄治『占領と戦後改革』岩波書店、一九八八年。

100　農地改革による変化（→図100）

【解説】農地改革は、一九四五年一〇月、GHQ／SCAPの具体的指示を待たずに日本政府の主導権で開始されたが、その案（第一次農地改革）は、解放小作地の対象面積が全小作地の四割弱に止まるという不十分なものであった。対日理事会での協議を経て、四六年六月にＧＨＱ／ＳＣＡＰは指令を発し、一〇月に第二次農地改革の関連法案が公布された。在村地主については一町歩を超える小作地が、不在地主については保有小作地の全てが、解放の対象となった。これらの小作地は、地主から有償の強制買収によって小作農へ譲渡された。こうして地主制は解体され、農民の多くは零細経営の自作農となった。

101　ＧＨＱ労働課の報告　一九四六年一月二九日

連合国軍最高司令官総司令部経済科学局労働課
労働課の活動と日本における労働問題の発展

極東委員会宛
一九四六年一月二九日

労働課の目的と組織

労働課の目的は、(1)戦時労働統制の撤廃、(2)労働保護基準の改善、(3)民主的労働団体の結成に対する法的妨害の除去、(4)占領目的に有害な作業停止の防止、(5)賃金統制によるインフレーション抑制、(6)民主的労働団体の奨励、(7)失業救済策の充実、(8)日本政府内労働関係諸機関の調整と監督、(9)占領軍向け非軍事要員の調達、等である。（中略）

ＳＣＡＰ（総司令部）の賃金統制の上限に対する態度

賃金統制と自由な賃金交渉との併存は、一見矛盾しているように見えるが、価格高騰が制御できていないのであるから、安定賃金の強制はそもそも不可能なのである。今日までのところ、ＳＣＡＰは賃金を統制する行政機構に対して、活発な活動を認めてはいないが、その存在については認めている。それは、第一には、そのような統制機関の存在それ自体が与える精神的圧迫によって賃金の上昇を遅らせ、価格統制当局が価格安定のため賃金の「止めどもない」上昇に圧力をかけるためであり、第二には、もし将来、インフレ阻止のための包括的計画が採用された場合、その一要素である効果的な賃金統制をただちに実施できるようにしておくためである。
（中略）

労働時間の短縮

戦前から戦時中にかけて日本では一〇時間労働が一般的であったが、戦後は、労働時間は八時間労働にむけて急速に短縮されつつある。労働組合は失業者に職を与えるためのおもな手段として、労働時間の短縮を主張している。この要求はさらに次の主張によって補強されている。(1)現在の食糧配給量は長時間の労働を支えるには不十分である。(2)通勤のための交通機関がよく遅れる。(3)一家の生計を維持するためには、職場で働く時間のほかに、適正な価格の商品を探すための時間が必要である。

労働組合組織に対する法的弾圧の撤廃

「政治的・市民的・宗教的自由制限撤廃」と題された一九四五年一〇月四日の日本政府宛て覚書は、日本の労働組合指導者がなんらの干渉や監督を受けず自由に労働組合の組織化に取り組むことを認めた。一九四五年一〇月一一日にマッカーサー元帥は、労働組合の結成が日本政府によって促進さるべきだとの見解を発表したが、これによって組合結成の自由ははかりしれぬほど強固になった。

労働者を上から組織するために設けられた戦時労働法令は、一九四五年一〇月一一日、厚生省により完全に廃止された。廃止された法令の中には、勤労動員を認めた国民勤労動員令や重要事業場労務管理令が含まれていた。後者は、工業事業場に対して、軍隊的組織の導入と、当時流行の敬礼や軍隊規律の採用を求めたものであった。

保護法令の復活

工場・鉱山における女子・児童の労働時間、休日、夜間作業、危険職種等に関する制限を一時停止していた工場法戦時特例と鉱夫就業扶助規則の二つの特例は、一九四五年一一月一日に廃止された。これにより労働保護の水準は一九三七年の状態に戻された。

調停委員会の設置

労働争議の調停は伝統的に警察当局の権限に属していた。ところが、警察を労働行政から切り離すようＳＣＡＰからの命令がくだされたため、日本政府には労働争議解決の手段がなくなってしまった。そこで一九四五年一一月五日、ＳＣＡＰの指示を受けた厚生省は地方長官に対し、各地の労働争議の調停ないし仲裁を行なうために、使用者側・労働者側・第三者側の同数の代表からなる臨時調停委員会を設けるよう指示した。現在のところ、一九の調停委員会が正式に設けられたが、解決のためそこにもちこまれた問題はまだほとんどない。このように実際の活動が進んでいないおもな理由は、争議が比較的短期間で終わってしまうこと、および労使双方が過去の悲しい経験から、政府の意向を受けた新機関の活用に躊躇を感じているためである。（中略）

労働組合法の可決

一九四五年一二月二一日に天皇の署名を得て成立した労働組合法は、日本の歴史上初めて労働組合を法認した。この法律のおもな内容は次の通りである。


ａ、労働者は団結権を保障される。

ｂ、団体交渉は奨励される。

ｃ、労働組合の正当な活動を妨害する法律や条例は無効とする。

ｄ、警察官、消防職員、監獄職員以外の官公吏は団結権を有する。ただし、ストライキは勅令によって一時停止または制限されうる。

e、使用者は、労働組合員であることを理由に労働者を解雇または差別待遇できない。

f、労働組合は届出をしなければならないが、法人となるか否かは自由である。

g、法人たる労働組合は所得税や他の課税を免除される。

h、労働協約の効力は、個別的な労働契約に優先する。

i、臨時調停委員会に代って地方および中央労働委員会が設置され、それは次の役割を果たす。

(1) 労働条件の調査。

(2) 労働争議に関する統計の作成。

(3) 争議の調停と予防。

(4) 争議の仲裁。

労働争議調停法の改正

労働組合法の通過にともなって、一九二六年の成立から二〇年間でわずか四回しか適用されることのなかった労働争議調停法の改正が、厚生省に設けられた労務法制審議委員会で検討されることになった。その最新の草案では、調停機関として労働関係委員会またはその小委員会を利用すること、および特殊な型の労働争議の強制仲裁のためには「労働裁判所」を設置することが計画されている。

労働条項に関する憲法改正

いくつかの委員会によって今まで提出された種々の日本国憲法の改正案には、労働に関する多くの規定が含まれている。この提案の大部分には、八時間労働や両性の平等、老齢年金、人種差別の禁止等が含まれている。

戦時「労働戦線」の解散——産報

「産報」の名で広く知られている産業報国会は戦時中、日本の主たる労働戦線組織として活動した。自主的な労働組合が一九四〇年に解散させられたのち、政府は事実上すべての鉱山、工場、通信、農業事業所に単位産報が組織されるべきだとした。産報のおもな任務は、労働者に配給物資を分配すること、労働者の生産意欲を維持すること、福利厚生活動を促進することなどであった。その組織はゆるやかなものであった。表むきは高度に中央集権化された統制が存在していたが、実際には単位産報はほとんど自律的なものであった。一九四三年の会員数統計によれば、約八万六〇〇〇の単位産報にほぼ六〇〇万人の会員が所属していた。

産報は一九四五年九月三〇日に自主的に解散したとはいえ、それに代わる半官的労働組合を組織しようとの計画が旧産報役員のあいだにあることが、ＳＣＡＰ（総司令部）に伝わってきた。これらの計画はＳＣＡＰとの協議ののち、放棄された。産報資産をしかるべき公的用途にあてるため、現在政府の委員会がその清算作業を行なっている。全清算作業はＳＣＡＰ

の監督のもとに行なわれている。

（出典）竹前栄治・三宅明正・遠藤公嗣編『資料日本占領』2　労働改革と労働運動、大月書店、一九九二年、四二五―四三七ページ。

【解説】労働改革は、労働組合法と労働関係調整法制定に代表される労働組合の結成と団体交渉の奨励、労働基準法の制定による労働条件の最低基準の法定、労働委員会や労働省設置など労働行政組織の創設を、その内容としている。資料は経済科学局労働課が極東委員会日本使節団に提出した報告書の一部で、初代労働課長ウィリアム・カルピンスキーがその任にあった最後の時期に取りまとめた。労働課の活動概要と、彼らの目を通した日本の労働状況の把握である。〔参〕竹前栄治『戦後労働改革』東京大学出版会、一九八二年。

102　天皇の人間宣言　一九四六年一月一日

詔　書

茲ニ新年ヲ迎フ。顧ミレバ明治天皇明治ノ初国是トシテ五箇条ノ御誓文ヲ下シ給ヘリ。曰ク、

一、広ク会議ヲ興シ万機公論ニ決スヘシ

一、上下心ヲ一ニシテ盛ニ経綸ヲ行フヘシ

一、官武一途庶民ニ至ル迄各其志ヲ遂ケ人心ヲシテ倦マサラシメンコトヲ要ス

一、旧来ノ陋習ヲ破リ天地ノ公道ニ基クヘシ

一、智識ヲ世界ニ求メ大ニ皇基ヲ振起スヘシ

叡旨公明正大、又何ヲカ加ヘン。朕ハ茲ニ誓ヲ新ニシテ国運ヲ開カント欲ス。須ラク此ノ御趣旨ニ則リ、旧来ノ陋習ヲ去リ、民意ヲ暢達シ、官民挙ゲテ平和主義ニ徹シ、教養豊カニ文化ヲ築キ、以テ民生ノ向上ヲ図リ、新日本ヲ建設スベシ。

大小都市ノ蒙リタル戦禍、罹災者ノ艱苦、産業ノ停頓、食糧ノ不足、失業者増加ノ趨勢等ハ真ニ心ヲ痛マシムルモノアリ。然リト雖モ、我国民ガ現在ノ試煉ニ直面シ、且徹頭徹尾文明ヲ平和ニ求ムルノ決意固ク、克ク其ノ結束ヲ全ウセバ、独リ我国ノミナラズ全人類ノ為ニ、輝カシキ前途ノ展開セラルルコトヲ疑ハズ。

夫レ家ヲ愛スル心ト国ヲ愛スル心トハ我国ニ於テ特ニ熱烈ナルヲ見ル。今ヤ実ニ此ノ心ヲ拡充シ、人類愛ノ完成ニ向ヒ、献身的努力ヲ効スベキノ秋ナリ。

惟フニ長キニ亘レル戦争ノ敗北ニ終リタル結果、我国民ハ動モスレバ焦躁ニ流レ、失意ノ淵ニ沈淪セントスルノ傾キアリ。詭激ノ風漸ク長ジテ道義ノ念頗ル衰ヘ、為ニ思想混乱ノ兆アルハ洵ニ深憂ニ堪ヘズ。

然レドモ朕ハ爾等国民ト共ニ在リ、常ニ利害ヲ同ジウシ休戚ヲ分タント欲ス。朕ト爾等国民トノ間ノ紐帯ハ、終始相互ノ信頼ト敬愛トニ依リテ結バレ、単ナル神話ト伝説トニ依リテ生ゼルモノニ非ズ。天皇ヲ以テ現御神《アキツミカミ》トシ、且日本国民ヲ以

テ他ノ民族ニ優越セル民族ニシテ、延テ世界ヲ支配スベキ運命ヲ有ストノ架空ナル観念ニ基クモノニモ非ズ。

朕ノ政府ハ国民ノ試煉ト苦難トヲ緩和センガ為、アラユル施策ト経営トニ万全ノ方途ヲ講ズベシ。同時ニ朕ハ我国民ガ時艱ニ蹶起シ、当面ノ困苦克服ノ為ニ、又産業及文運振興ノ為ニ勇往センコトヲ希念ス。我国民ガ其ノ公民生活ニ於テ団結シ、相倚リ相扶ケ、寛容相許スノ気風ヲ作興スルニ於テハ、能ク我至高ノ伝統ニ恥ヂザル真価ヲ発揮スルニ至ラン。斯ノ如キハ実ニ我国民ガ人類ノ福祉ト向上トノ為、絶大ナル貢献ヲ為ス所以ナルヲ疑ハザルナリ。

一年ノ計ハ年頭ニ在リ、朕ハ朕ノ信頼スル国民ガ朕ト其ノ心ヲ一ニシテ、自ラ奮ヒ自ラ励マシ、以テ此ノ大業ヲ成就センコトヲ庶幾《こいねが》フ。

御名御璽

昭和二十一年一月一日

(出典)『官報』一九四六年一月一日。

【解説】日本の降伏後、オーストラリアや中国などの連合国から天皇制の廃止、昭和天皇の戦争責任を追及する声があがった。昭和天皇とその側近は、占領政策遂行の円滑化をはかるアメリカ合衆国政府およびマッカーサーらと連係して、天皇の神格を否定する異例の詔書を発した。これは天皇制廃止や昭和天皇の戦争責任を免れるため、海外向けの効果を意図したものであった。元日の新聞に掲載されたこの詔書に対し、マッカーサーは同日「天皇はその詔書に声明せるところにより、日本国民の民主化に指導的役割を果たさんとしてゐる」(『朝日新聞』一月三日)と声明した。〔参〕中村政則・山極晃編『資料日本占領』1　天皇制、大月書店、一九九〇年。

103　公職追放該当者分類別表(→表103)

【解説】ポツダム宣言第六項を根拠にして、戦争を支持・推進した指導者が、官職や影響力のある政党・企業・団体・報道機関などの重要な職務から排除された。第一次の公職追放は、一九四六年一月四日付の総司令部指令によって行われ、資料中のA～G項に該当する者が対象となった。この指令で排除されたのは、同年二月末日までで一〇六七人、その中には閣僚五人や、高級官吏、貴族院・衆議院議員などが含まれていた。さらに一九四七年一月四日付の第二次公職追放令で適用の範囲が拡大し、地方政府機関や戦時中の主要な財界人、言論報道機関の役員に及ぶこととなった。〔参〕H・ベアワルド『指導者追放』勁草書房、一九七〇年。

表 103　公職追放該当者分類別表(単位：人)

該当項目		該当者数			
項目	内　　容	a	b	c	
A	戦争犯罪人	—	1,796	3,422	(2,410)
B	職業軍人	113,335	114,421	122,235	(5,482)
	1. 陸軍正規将校	48,946	49,619	53,854	
	2. 陸軍勅任文官	48	57	62	
	3. 海軍正規将校	24,119	25,290	27,691	
	4. 海軍勅任文官	103	99	109	
	5. 憲兵隊員	39,217	38,248	39,394	
	6. 陸軍特務機関員	859	1,045	1,055	
	7. 海軍特務部員	43	63	70	
C	超国家主義団体有力者	3,062	3,262	3,438	(521)
D	大政翼賛会関係者	33,572	32,086	34,396	(71)
	1. 中央機関	—	280	—	
	2. 地方支部組織	—	31,806	—	
E	開発金融機関役員	389	363	433	(6)
F	占領地行政長官	43	77	89	(12)
G	その他軍国主義者	42,741	41,597	—	(208)
	1. 内務大臣ほか	—	145	—	
	2. 特高警察官	—	311	356	
	3. 思想犯保護関係者	—	36		
	4. 文筆家	—	352	286	
	5. 報道関係者	847	574	780	
	6. 経済関係者	909	856	1,540	
	7. 暴力団体有力者	—	57	—	
	8. 翼賛選挙推薦議員	352	387	434	
	9. 在郷軍人会役員	39,732	37,882	41,378	
	10. 武徳会役員	790	997	1,219	
合　　計		193,142	193,602	201,577	(8,710)

(注)　a. 1948年5月10日現在．出典は家永三郎編『日本史資料・下』(東京法令，1973年)．

b. 1951年5月3日現在．出典は『GHQ正史 1945-1951. 7 公職追放』(“*History of the Non-Military Activities of the Occupation of Japan 1945-1951*”. 7)．

c. ベアワルド『指導者追放』(勁草書房，1970年)．合計者数は各項合計と合わない．

—は，原表に記載のないもの．

なお，最右欄の(　)内は，講和条約発効まで追放が解除されなかった者の数．

(出典)『東京裁判ハンドブック』青木書店，1989年，p. 234の表を原資料で一部加工．

図 104　財閥解体図表

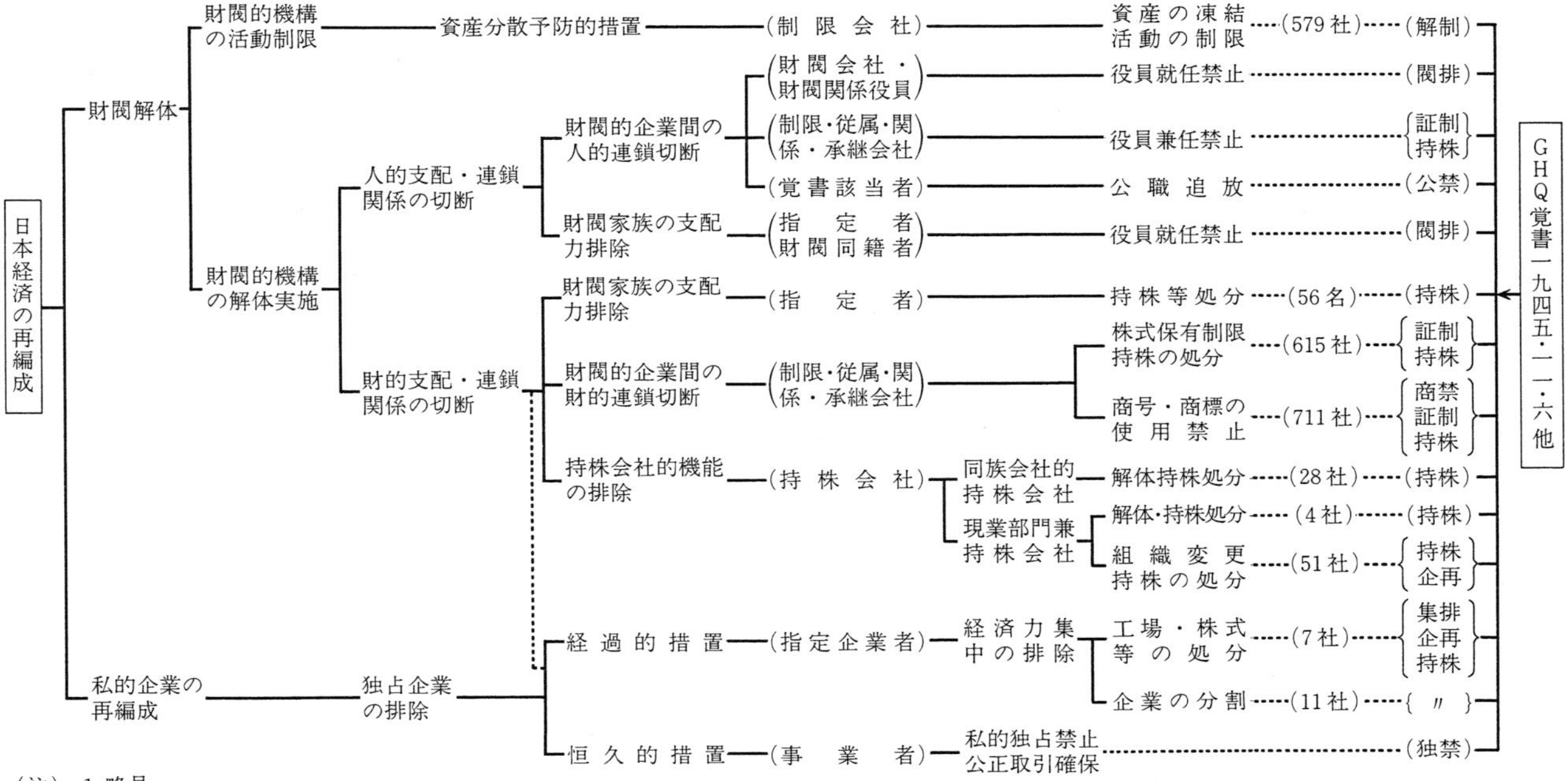

(注)　1. 略号

○解制…会社の解散の制限等に関する件(1945. 11. 24 勅令 657 号)
○閥排…財閥同族支配力排除法(1948. 1. 7 法律 7 号)
○証制…会社の証券保有制限等に関する件(1946. 1. 25 勅令 567号)
○持株…持株会社整理委員会(HCLC)令(1946. 4. 30 勅令 233 号)
○商禁…財閥商号・標章の使用の禁止等に関する政令(1950. 1. 21 政 7・8 号)
○企再…企業再建整備法(1946. 10. 19 法律 40 号)
○集排…過度経済力集中排除法(1947. 12.18 法律 40 号)
○公禁…公職に関する就職禁止・退職等に関する勅令((1947. 1. 4 勅令 1 号)
○独禁…私的独占の禁止及び公正取引確保に関する法律(1947. 4. 14 法律 54 号)

2. 持株会社整理委員会編『日本財閥とその解体』資料編．附表をもとに作成したもの．

(出典)　三井鉱山編『資料 三池争議』p. 1101.

表 104A 持株会社の指定

〔(株)は株式会社，(資)は合資会社，(名)は合名会社〕

A	(株)三井本社，(株)三菱本社，(株)住友本社，(名)安田保善社，富士産業(株)，(株)日産，(株)浅野本社，渋沢同族(株)，大倉鉱業(株)，野村(名)，日電興業(株)，沖電気証券(株)，大原(資)，(名)片倉組，若狭興業(株)，豊田産業(株)，(株)林兼商店，鈴木三栄(株)，山下(株)，寺田(名)，石原(名)，(株)岡崎本店，大和殖産(資)，(資)辰馬本家商店，服部(資)，(株)定徳会，関東興業(株)，共同興業(株)
B	川崎重工業(株)，古河鉱業(株)，理研工業(株)，日本曹達(株)，日本窒素肥料(株)，(株)日立製作所，王子製紙(株)，東京芝浦電気(株)，日本無線(株)，沖電気(株)，松下電器産業(株)，日本製鉄(株)，昭和電工(株)，日産化学工業(株)，帝国鉱業開発(株)，日本郵船(株)，大阪商船(株)，山下汽船(株)，東洋紡績(株)，大建産業(株)，鐘淵紡績(株)，大日本紡績(株)，片倉工業(株)，郡是工業(株)，内外綿(株)，富士瓦斯紡績(株)，敷島紡績(株)，帝国人造絹糸(株)，日清紡績(株)，倉敷紡績(株)，日本毛織(株)，大和紡績(株)，(株)神戸製鋼所，三井鉱山(株)，北海道炭鉱汽船(株)，三井化学工業(株)，三井船舶(株)，三菱重工業(株)，三菱鉱業(株)，三菱電機(株)，三菱化成工業(株)，扶桑金属工業(株)，日本電気(株)，日新化学工業(株)，住友電気工業(株)，井華鉱業(株)，日本鋼管(株)，古河電気工業(株)，日本鉱業(株)，浅野物産(株)，内外通商(株)
C	三井物産(株)，三菱商事(株)
D	国際電気通信(株)，日本電信電話工事(株)

(注) Aは財閥本社または純粋な持株会社，Bは現業部門を中核とし，持株会社機能を持つ会社，CはGHQの解散命令によって解散させられた二大商社，Dは国家管理に移行させるために指定された会社である.

(出典) 三和良一「財閥解体と独禁政策」小林正彬他編『日本経営史を学ぶ』3，有斐閣，1976年，p.36.

104 財閥解体(→図104、表104AB)

【解説】 財閥解体、農地改革、労働改革は、占領期における三大経済改革と呼ばれる。財閥解体政策の目的は、戦前の日本の軍国主義、侵略主義の基礎を構成した財閥コンツェルンを解体し、日本を非軍事化するとともに、軍国主義の復活を防ぐことにあった。財閥解体は、一九四五年一一月の持株会社の解体指令に始まり、四六年から四七年にかけて、次第に範囲が拡大された。まず、解体の対象として指定される持株会社が、当初の四大財閥(三井・三菱・住友・安田)本社から、二流財閥の持株会社や、財閥子会社にまで拡大された(史料表A)。また、政策の内容も、財閥組織の解体だけでなく、独占禁止政策にまで拡がった。独占禁止法の公布(四七年四月公布)が独占体の形成を防ぐために制定され、過度経済力集中排除法(四七年一二月公布)が現存する大企業を分割するために制定された(史料図A)。しかし、冷戦の開始とともにアメリカ政府は、日本の経済力を温存するために、財閥解体政策の縮小をはかった。四八年五月には集中排除審査委員会が来日し、企業分割はごく少数に限定されることになった(史料表B)。

表 104B　集中排除法の適用

	指定企業	再編成後の企業	その後の動き
	企業分離・分割(11 社)		
同種部門の分割	日本製鉄	八幡製鉄・富士製鉄ほか 2 社	1970 年 3 月合併，新日本製鉄.
	三菱重工業	東日本重工業・中日本重工業・西日本重工業	1964 年 6 月合併，三菱重工業.
	王子製紙	苫小牧製紙・十条製紙・本州製紙	1968 年合併発表，のち中止. 現王子製紙・日本製紙・本州製紙.
	大日本麦酒	日本麦酒・朝日麦酒	現サッポロビール・アサヒビール.
	北海道酪農協同	北海道バター・雪印乳業	1958 年 11 月合併，雪印乳業.
	帝国繊維	帝国製麻・中央繊維・東邦レーヨン	1951 年 11 月帝国・中央合併，帝国繊維. 東邦レーヨンは現存.
	東洋製罐	東洋製罐・北海製罐	両社現存.
異種部門の分離	三菱鉱業	三菱鉱業・太平鉱業	1990 年 12 月合併，三菱マテリアル.
	三井鉱山	三井鉱山・神岡鉱業	現三井鉱山・三井金属.
	井華鉱業	井華鉱業・別子鉱業ほか 2 社	現住友石炭鉱業・住友金属鉱山.
	大建産業	呉羽紡績・伊藤忠商事・丸紅・尼崎製釘所	呉羽紡績は 1966 年 4 月に東洋紡績に合併. 商社 2 社現存.

工場・株式などの処分(7 社)

日立製作所(19 工場処分)　東京芝浦電気(27 工場，1 研究所処分)
日本通運(施設・株式処分)　日本化薬(株式処分)　東宝(株式処分)
松竹(株式処分)　帝国石油(株式処分)

(注)　大蔵省財政史室編(三和良一執筆)『昭和財政史——終戦から講和まで』2 独占禁止，東洋経済新報社刊『会社履歴総覧 '92』より作成.
(出典)　三和良一『概説日本経済史 近現代』東京大学出版会，1993 年，p. 158.

105　教育基本法　一九四七年三月三一日

われらは、さきに、日本国憲法を確定し、民主的で文化的な国家を建設して、世界の平和と人類の福祉に貢献しようとする決意を示した。この理想の実現は、根本において教育の力にまつべきものである。

われらは、個人の尊厳を重んじ、真理と平和を希求する人間の育成を期するとともに、普遍的にしてしかも個性ゆたかな文化の創造をめざす教育を、普及徹底しなければならない。

ここに、日本国憲法の精神に則り、教育の目的を明示して、新しい日本の教育の基本を確立するため、この法律を制定する。

第一条　教育は、人格の完成をめざし、平和的な国家および社会の形成者として、真理と正義を愛し、個人の価値をたっとび、勤労と責任を重んじ、自主的精神に充ちた心身ともに健康な国民の育成を期して行われなければならない。

第二条　教育の目的は、あらゆる機会に、あらゆる場所において実現されなければならない。この目的を達成するためには、学問の自由を尊重し、実際生活に即し、自発的精神を養い、自他の敬愛と協力によって、文化の創造と発展に貢献するように努めなければならない。

第三条　すべて国民は、ひとしく、その能力に応ずる教育を受ける機会を与えられなければならないものであって、人種、信条、性別、社会的身分、経済的地位または門地によって、教育上差別されない。

国および地方公共団体は、能力があるにもかかわらず、経済的理由によって修学困難な者に対して、奨学の方法を講じなければならない。

第四条　国民は、その保護する子女に、九年の普通教育を受けさせる義務を負う。

国または地方公共団体の設置する学校における義務教育については、授業料は、これを徴収しない。

第五条　男女は、互いに敬重し、協力し合わなければならないものであって、教育上、男女の共学は、認められなければならない。

第六条　法律に定める学校は、公の性質をもつものであって、国または地方公共団体の外、法律に定める法人のみが、これを設置することができる。

法律に定める学校の教員は、全体の奉仕者であって、自己の使命を自覚し、その職責の遂行に努めなければならない。このためには、教員の身分は尊重され、その待遇の適正が期せられなければならない。

第七条　家庭教育および勤労の場所その他社会において行われる教育は、国および地方公共団体によって奨励されなければならない。

国および地方公共団体は、図書館、博物館、公民館等の施設の設置、学校の施設の利用その他適当な方法によって、教育の目的の実現に努めなければならない。

第八条　良識ある公民たるに必要な政治的教養は、教育上これを尊重しなければならない。

法律に定める学校は、特定の政党を支持し、またはこれに反対するための政治教育その他政治的活動をしてはならない。

第九条　宗教に関する寛容の態度および宗教の社会生活における地位は、教育上これを尊重しなければならない。

国および地方公共団体が設置する学校は、特定の宗教のための宗教教育その他宗教的活動をしてはならない。

第一〇条　教育は、不当な支配に服することなく、国民全体に対し直接に責任を負って行われるべきものである。

教育行政は、この自覚のもとに、教育の目的を遂行するに必要な諸条件の整備確立を目標として行われなければならない。

第一一条　この法律に掲げる諸条項を実施するために、必要がある場合には、適当な法令が制定されなければならない。

（出典）『官報』一九四七年三月三一日。

【解説】教育基本法は、とくに立法の精神をうたう「前文」をもつところに特徴があり、戦前の「教育勅語」に代わって、民主主義理念に基づく教育の原則を明示している。同法の構想は、田中耕太郎文部大臣の発意に始まり、文部省側と南原繁東大総長などの教育刷新委員会との協力で推進された。第一〇条に依拠して一九四八年から公選の教育委員会制度が始まり、五六年に任命制に改められるまで続いた。この法と同時に学校教育法が公布され、六・三・三・四制の学校体系等が発足した。〔参〕鈴木英一『現代日本の教育法』勁草書房、一九七九年。

第三節　政党の復活と新憲法体制の発足

106　日本社会党結成大会宣言・綱領　一九四五年一一月二日

日本社会党結成大会宣言

同志諸君、今や我が国は歴史的一大転換を為さんとしてゐる。この時に当り我等は勤労大衆の組織結合体として、日本社会党を結成し、旧き日本に巣喰ふあらゆる勢力の牙城を衝き、彼等が偽瞞の面皮を剝ぎ嘘喝の舌根を抜いて文化の薫り高き平和国家、新しき日本を建設せんとして立上ったのである。（中略）

然し我等の前途は決して坦々たるものではない。又吾等の力を過信して増上慢になってはならない。現に吾等の享有せる自由が自ら闘ひ取ったものでないことを想ふとき、吾等が打樹てんとする民主主義、吾等の実現せんとする社会主義の基礎は、未だ充分に用意されてはゐない。国民の個々人が個性の完成に目ざめ、相互に人格を尊重し、社会の連帯性を自覚して教養豊なる人間となることを忘れてはならない。かゝる国民の結合にして初めて真の文化国家たり得るのである。而してこの事実を備へることによって初めて世界の信頼を博し、道義に基く国際的関係を取戻すことも出来る。同志諸君、既に民主主義革命の歯車は廻転し始めた。やがて社会主義革命の歯車とがっちり組合って、新日本建設の一大運動は前進する。

吾等は過去に於て、充分発揮し得なかった力を、此際此処に凝集して運動の中心勢力たらしめ、吾々団結の力を以て、内には国民安堵の理想郷を実現し、外には人類が地球を廻って輪踊する平和郷を創らうではないか。

日本社会党の門扉は広く天下に開放されてゐる。

全国の勤労大衆諸君、来って吾等と共にこの歴史的偉業に協力せよ。

右宣言す。

（出典）辻清明編『資料　戦後二十年史』1 政治、日本評論社、一九六六年、三七六ページ。

日本社会党綱領

一、わが党は勤労階層の結合体として、国民の政治的自由を確保しもって民主主義体制の確立を期す。

一、わが党は資本主義を排し社会主義を断行し、もって国民生活の安定と向上を期す。

一、わが党は一切の軍国主義的思想、及び行動に反対し、世界各国民の協力による恒久平和の実現を期す。

（出典）日本社会党政策審議会編『日本社会党政策資料集成』日本社会党中央本部機関紙局、一九九〇年、一〇ページ。

【解説】 敗戦直後の四五年一一月二日、戦後の主要政党の中では最も早く、日本社会党が結成された。社会主義新党結成の動きは八月末から始まり、九月二二日には、社会主義政党結成準備懇談会が開かれていた。日比谷公会堂での結党大会では、日本社会党という党名や立党宣言などとともに、綱領が採択された。史料に見るように、綱領は三カ条の簡単なものであった。人事では、委員長を空席とし、書記長に片山哲を選出した。結党当時の社会党の中心となったのは戦前の右派の社会民衆党系であり、四六年の第二回大会では、片山委員長とともに、右派の西尾末広が書記長に選出された。〔参〕日本社会党五十年史編纂委員会『日本社会党史』社会民主党全国連合、一九九六年。

107 日本自由党結成宣言・綱領　一九四五年一一月九日

日本自由党結成宣言

世界は今や勝敗恩讐を越へて、一体協力、史上最高の文化を創造し、人類の威厳を顕彰せんとして巨歩を進めつつある。

此の秋に際して、日本は深刻に敗戦の由て来る所以を究明し、君民一如の国家を護持して、再生発展の大業を成就し以て世界平和の進運に寄与せねばならぬのである。

竊て思ふに、明治維新の五箇条の御誓文は、我国、民主政治の指導原理として、長く日本国家に永遠の生命を与へて居る。然るに近時国内の綱紀全く廃れ、一部の武人権力を専らにし、官僚之に便乗して独善を擅にし、憲政の大道紊れて輔弼其の道を失ふ。之が為に永遠の国是は誤られ、遂に列強の軽侮を招くに至つた。今や新生日本の発足に当り、基本的にして且つ普遍的なるべき信条は、虚偽を去つて真実に就き、恣意を却けて公論を尚び、潔く旧来の陋習を打破して、正義と自由との生活を拡充することである。（中略）

今や国家空前の危機に立ち、遠く歴史を回想し、面のあたり悲痛なる現実を直視し、遥に邦家の将来を慮れば、悲絶痛絶、切々の情に堪へず。茲に吾人同志天下に檄して日本自由党を結成し、謙虚自ら持し公明事に任じ、国民と共に生き、国民と共に死するの覚悟を以て経国の計を講じ、国家再建の道に励み、以て世界の進運に貢献せんことを期する所以である。

日本自由党綱領

一、自主的にポツダム宣言を実践し、軍国主義的要素を根絶し、世界の通義に則りて新日本の建設を期す。

二、国体を護持し、民主的責任政治体制を確立し、学問、芸術、教育、信教を自由にして、思想、言論、行動の暢達を期す。

三、財政を強固にし、自由なる経済活動を促進し、農工商各産業を再建して国民経済の充実を期す。

四、政治道徳、社会道義を昂揚し、国民生活の明朗を期す。

五、人権を尊重し、婦人の地位を向上し、盛に社会政策を行ひ、生活の安定幸福を期す。

（出典）『自由民主党史 資料編』一九八七年、一一一〇ページ。

【解説】　日本社会党に続いて、戦後の保守政党として最初に名乗りを上げたのが、自由党であった。一一月九日、旧政友会の鳩山派を中心に、旧民政党の三木武吉らを糾合して結成された。総裁は鳩山一郎、幹事長は河野一郎である。結成大会で採択された綱領には、軍国主義的要素の根絶、自由なる経済活動の促進、人権の尊重などが掲げられていた。自由党は、公職追放で議員の大半を失ったが、四六年春の総選挙で一四一議席を獲得して第一党となり、自民党結成まで保守政治の主流を形成することになる。

108 日本進歩党結成宣言・綱領　一九四五年一一月一六日

日本進歩党結成宣言

今や我国は一大敗戦を喫し、未曾有の危局に直面せり。吾人は謙虚なる態度を以て、敗戦の因由と現実とを正視し、外は「ポツダム」宣言の誠実なる履行と、内は国難の果敢なる打開とによりて、新日本の建設に邁進せざるべからず。（中略）

素より尊厳なる国体を護持することは、万古渝らざる国民的信念なり。殊に奇矯過激の言論横行する今日、吾人は敢然として君主立憲の大道に則り、断乎として共産主義を排撃するものなり。而して国民の総意を基調とする民本政治を顕現せんが為めには、帝国憲法の改正を断行し、また政治行動の根底を議会を中心とする国民責任的政治体制の確立に置かんがためには、議会制度並に其の他の政治機構の根本的刷新を決行せざるべからず。更に言論、集会、結社、信教の自由と、基本的人権とを尊重して民意の調〔暢〕達なる発現に遺憾なからしめざるべからず。しかして斯くの如き思想的並に政治的自由の基礎たる個人の経済的自由確保のため、徹底せる社会政策を断行して貧富の懸隔を是正せざるべからず。謂ふ所の個人自由の思想が責任観念と表裏一体たるの実を明かにして、自治の精神を昂揚し、以て剛健なる社会を建設すると共に、業に励んで個性を陶冶し、人格を完成し、進んで協同組織に創意を展開して労資連帯の実をあげ、克く、国民自立の方途を講ぜざるべからず。

日本進歩党綱領

一、国体を擁護し、民主主義に徹底し、議会中心の責任政治を確立す。

一、個人の自由を尊重し、協同自治を基調として、人格を完成し、世界平和の建設と人類福祉の向上に精進。

一、自主皆働に徹し産業均整の下、生産の旺盛と分配の公正とを図り、新なる経済体制を建設して、全国民の生存を確保す。

（出典）自由民主党編『自由民主党史 資料編』一九八七年、一一三―一一四ページ。

【解説】日本自由党に続いて、一一月一六日、戦時中の大日本政治会に所属していた政党人を中心に、日本進歩党が結成された。結成大会で採択された結党宣言や綱領では、国体の護持・擁護、共産主義の排撃、責任観念と表裏一体の自由など、保守的な最右翼の立場を明らかにしていた。初代総裁は旧民政党総裁の町田忠治で幣原内閣の与党的存在だったが、公職追放で所属議員の大半を失ったため、中道寄りに路線を変更し、四七年三月には、自由党脱党組などを糾合して日本民主党を結成した。

109　日本共産党行動綱領　一九四五年一二月一日

軍事的警察的天皇制権力によって強行された強盗侵略戦争は、数百万の人民の生命を奪い去り、一千万人におよぶ罹災者と無数の不具者を作った。史上未曽有の窮乏と飢餓と失業とが、わが日本の労働者・農民およびいっさいの勤労大衆を襲いつつある。

わが日本共産党は天皇制権力の犯罪的帝国主義戦争にたいして過去二十四年にわたり全面的に抗争し来った。そのゆえにこそ野獣のごとき強権の鞭によるあらゆる迫害にさらされ、多くの党活動家は十余年にわたって人権じゅうりんの牙城たる牢獄裡に呻吟せしめられた。

しかしながら、ついにこの野蛮きわまる軍事的警察的帝国主義権力の崩壊の日は始まった。専制主義および軍国主義からの世界解放の軍隊としての連合国軍の日本進駐によって、日本における民主主義的変革の端緒が開かれるにいたった。連合国憲章と世界労働組合連盟の結実こそ、世界民主主義的平和体制の一大旗幟として顕現したものである。しかるに天皇制政府は依然としてその残骸を保持することに汲々として、連合国にたいして面従腹反の政策をとり、人民大衆の生活的要望にたいしては何ら自主的民主主義的政策を履行しえない。のみならず、かえって大衆運動取締まりの政策等において暴露したるごとく、勤労大衆を依然として隷属させ、軍国主義の復活に備えつつある。飢餓と窮乏と家なき惨状は、かかる天皇制官僚の帝国主義政府およびかれらの代理人たる天皇主義御用政党によっては絶対に改善されうるものではない。戦争犯罪の元兇たる天皇制打倒による軍事的警察的帝国主義の根本的掃蕩と世界平和の確立こそ、日本民衆の解放と民主主義的自由獲得の基本的前提である。

わが日本共産党が掲げる左記の実践的要求こそ、日本民衆を苦しめる鞭と搾取と牢獄の天皇制支配を終滅せしめ、労働者・農民その他いっさいの勤労大衆を自由の新野に解放するための指標となるものである。

一　天皇制の打倒、人民共和政府の樹立。

二　ポツダム宣言の厳正実施、民主主義諸国の平和政策支持。朝鮮の完全なる独立。労働組合の国際的提携。

三　いっさいの反民主主義団体の解散と反動地下組織および白色テロ計画の根絶。いっさいの戦争犯罪人ならびに人権じゅうりん犯罪人の厳正処罰。民主主義の敵たる天皇主義御用政党の排撃。

四　天下り憲法廃止と人民による民主憲法の設定。枢密院・貴族院・衆議院の廃止と民主的一院制議会の設定。華族その他いっさいの半封建的特権制度の撤廃。

五　警察の横暴によるいっさいの犠牲者、いっさいの政治犯人の即時完全釈放および完全なる復権と救援。官憲によるいっさいの被害者にたいする損害賠償の要求。

六　いっさいの人民抑圧法令、および刑法中の「皇室にたいする罪」の完全なる撤廃。大衆運動取締まり反対。人種・民族・国籍による差別待遇反対。いっさいの身分的差別の撤廃。

七　言論・集会・出版・信仰・ストライキ・街頭示威行進の完全なる自由。宗教の国家からの分離。

八　定住・資産・民族のいかんにかかわらず十八歳以上の男女にたいする選挙権・被選挙権の確立。選挙にたいする官僚的干渉反対。

九　軍国主義的・帝国主義的法制・文化および教育制度反対。人民解放のための進歩的文化の創造と普及の支持強化。

十　いっさいの民主主義勢力の結集による人民戦線の結成。

十一　労働時間の徹底的短縮（一般七時間以内、最大限八時間以内、一週四十四時間以内の制限）労働者の状態の根本的改善。失業救済のため労働時間短縮による完全雇傭の実現。労働組合の組織化と活動の自由。団体交渉権の確立。

十二　半封建的雇傭制度、ならびに半奴隷的労働条件反対。婦人および青少年にたいする重労働・有害および危険労働の禁止。婦人・青少年にたいする二重搾取反対。徒弟制度の撤廃。同一労働にたいする同一賃金。

十三　賃金の全般的引き上げ。義務的最低賃金の制定。資本主義的合理化反対。十四歳以下の少年労働禁止。賃金全額支払いによる一週一回の休日と一年二週間以上の賃金全額支払いによる休暇。

十四　婦人労働者にたいし、妊娠のさい賃金保持のままの十分なる休暇。各地域における産院と無料保育所設備の完備。婦人の身体的性質にたいする全面的配慮と保護。婦人少年の人身売買的労働契約の排除。半封建的家族制度にもとづく婦人の無権利状態の排除。

十五　資本家の負担による国営失業保険・疾病保険・傷害保険・養老年金をふくむ社会保険の即時実施。いっさいの社会保険基金にたいする労働者および失業者の完全な管理。

十六　いっさいの寄生的所有土地（地主・天皇および社寺等の寄生的所有土地）・山林原野その他いっさいの遊休土地の無償没収とそれの農民への無償分配。高利貸および銀行にたいする農民負担の棒引。漁民にたいする半封建的搾取制度の撤廃。

十七　小作料の減免ないし支払拒否。地主による土地取上げ反対。山林原野の入会権の確立。

十八　官僚政府による食糧供出の強要反対。農民委員会による民主的供出と農村必需品配給との結合。農業会その他いっさいの地主・官僚的農村機構の粉砕と自主的農民組織の確立。

十九　いっさいの銀行の唯一の国立銀行への合同。その銀行の人民管理。
二十　重要企業にたいする労働者管理と人民共和政府による統制の実施。軍閥・官僚・独占資本による企業統制の排除。中小商工業の自由。軍需企業家への国家補償反対。
二十一　勤労者を犠牲とするインフレーション政策反対。天皇・資本家・地主の負担による公債問題の解決。資本家・地主にたいする国家補助の中止。皇室の浪費中止による財産の節約。財閥と富者への高率課税。戦時利得の全額没収とこれら資金の失業者・困窮者扶助への全額使用。労働者・中小農・都市貧民にたいする納税の減免。消費税その他の大衆課税の廃止。労働者にたいする家賃・電灯料・ガス代の減免。失業者にたいするそれらの全免。失業者委員会および借家人同盟の創設と拡大。

（出典）日本共産党中央委員会『日本共産党綱領問題文献集』日本共産党中央委員会出版局、一九七〇年、九五―一〇〇ページ。

【解説】一九三五年三月以降中央部が壊滅状態にあった日本共産党は、四五年一〇月のGHQ指令による徳田球一や宮本顕治ら主要幹部の釈放によって、合法的な活動を開始した。一二月一日からは三日間にわたって第四回党大会が開催された。これは二六年の第三回大会以来、実に一九年ぶりの大会であった。この大会では行動綱領・規約が決定されたが、そこでは「天皇制の打倒、人民共和政府の樹立」が目標とされていた。この時、一四人の中央委員・候補からなる中央委員会も選出され、日本共産党は正式に再建された。なお、この時の党員数は、一〇八三人と報告されている。〔参〕日本共産党中央委員会『日本共産党の七十年』上・下、新日本出版社、一九九四年。

110　戦後対策婦人委員会の活動　一九四五年九月二四日

「婦人参政権は与へられるものではなくて婦人自身の手で獲得すべきだ」――と市川房枝、山高しげり、赤松常子女史等がつくつた戦後対策婦人委員会は二十四日初の政治委員会を丸の内常盤家に開いて意見を闘はした後、次のやうな申合せを政府当局、両院、並に各政党に対して「婦人の声」として通達建議することになつた。

一、選挙法の改正に際し二十歳以上の婦人に選挙権と、二十五歳以上の婦人に対して被選挙権を与へること
一、貴族院の改正に際しても男子と同等に選挙被選挙権を与へること
一、都道府県制及市町村制を改正して婦人にも公民権を与へること
一、治安警察法を改正し、婦人の政事結社への参加を認める事
一、文官任用令を改正して各行政機関への婦人の参加を認めること

新婦人参政権運動の母胎となるべき同志的結合を設けるために市川房枝女史は更に新日本婦人同盟を提唱し平和の使徒である婦人が今後立法、行政の諸機関へ参加するための啓蒙運動を起すことになつた。目下地域別職域別に勤労女性や女子学徒に働きかけて同志を糾合しつゝあるが、十月中旬には創立準備会を開き、綱領規約の決定、機関誌の発行等実践運動への第一歩を開始する。

（出典）『朝日新聞』一九四五年九月二五日。

【解説】 敗戦から一〇日後の四五年八月二五日、市川房枝・山高しげり・赤松常子らによって、戦後対策婦人委員会が結成された。委員会は、九月二四日、婦人参政権の確立や「政事結社」への参加など五項目を決議し、政府、両院、各政党に対して申し入れを行った。これに応じてマッカーサーは、一〇月一一日、婦人解放を含む五大改革を指示したが、委員会はその後まもなく分解し、一一月三日には新日本婦人同盟（市川房枝会長）、一二月六日には日本婦人協力会などが誕生した。

111 マッカーサーが示した憲法改正の必須要件　一九四六年二月四日ごろ

憲法改正の「必須要件」として最高司令官（マッカーサー）から示された三つの基本的事項

一九四六年二月四日ごろに作成された民政局極秘文書

一、天皇は、国の最上位にある〔at the head of the state〕。
皇位の継承は世襲による。
天皇の職務執行および権能行使は、憲法にのっとり、かつ憲法に規定された国民の基本的意思に応えるものとする。

二、国権の発動たる戦争は、廃止する。日本は、紛争解決の手段として、さらには自らの安全維持の手段としても、戦争を放棄する。日本は、今や世界を動かしつつある、より崇高な理想に依拠して自らの防衛および保全を図る。
日本は、陸・海・空軍のいずれを保有することも認められず、また、いかなる日本の武力にも交戦権が与えられることはない。

三、日本の封建制度は廃止される。
貴族の権利は、皇族の場合を除き、当該現存者一代に限り認められる。
華族の特権は、今後はいかなる国民的または公民的な政治権力もともなうものではない。
予算の型は、英国の制度にならう。

（出典）中村政則・山際晃編『資料日本占領』1　天皇制、大月書店、一九九〇年、五四二ページ。

【解説】 日本国憲法の草案起草にあたって、マッカーサー元帥によって示された三項目の原則。四五年二月四日ごろ、マッカーサーはこの三原則を憲法草案起草部局であるホイットニー民政局長に示し、民政局では各章別の委員会をつくって起草にとりかかり、それは二月一〇日に完成した。他方、日本政府の側でも独自に作成した政府案を二月八日に提出したが、これはGHQの受け入れるところとならず、二月一三日、GHQは独自に作成した草案を日本政府に手渡し、二月二六日、日本政府は憲法草案としてこれを受け入れることを決定した。このGHQ案を素に日本政府は政府案を起草し、再びGHQとの折衝を経て、三月六日、政府草案要綱が発表されるのである。〔参〕古関彰一『新憲法の誕生』中央公論社、一九八九年。

112　民主人民連盟結成準備大会決議・民主人民連盟暫定共同綱領　一九四六年四月三日

民主人民連盟結成準備大会決議

新日本憲法の基本は国民の発意に基く新民主的な機関と方法により国民の総意として起草し制定されねばならぬ。幣原内閣が官僚の構想による憲法を国民に押しつけようとしていることはポツダム宣言における民主精神を蹂躙するものである。食糧危機が日々迫っているにもかかわらず、政府は警察力による供出の強制以外に何等国民を信頼せしめるに足る確固たる政策を有しない。政府は急務たる工業生産再開のために何等積極的な政策を断行せず、今日なほ主要産業は依然として休眠状態に放置せられている。最近に於ける従業員の大量馘首による失業問題の重大化は社会不安を増大し、政府はただ傍観しているにすぎぬ。以上の諸事実は国民の意志から遊離した官僚内閣ではもはや現在の重大時局を収拾する力のないことを実証するものである。故に本会は次の如く決議す。

保守反動勢力を代表する幣原内閣は即時辞職すべし

民主人民連盟準備大会

（出典）山川菊栄旧蔵資料。

民主人民連盟暫定共同綱領

一、旧支配勢力ヲ代表シ、マタハコレト結託スル政府ノ即時退場、民主主義諸勢力ノ連立ニヨル民主人民政府ノ実現

二、人民ノ発意ニ基ク民主的方法ニヨル新民主憲法ノ制定

三、封建的特権勢力及ビ軍国主義勢力ノ掃蕩、国家機関及ビ公共諸機関ニヲケル官僚主義及ビ官僚勢力ノ完全ナ解消

四、民主人民政府ニヨル独占資本ノ排除ト計画経済ヲ基調トスル経済ノ建設

五、労働組合ノ発言権ノ強化並ニ経営参加ニヨル産業民主主義ノ確立

六、農村機構ノ徹底的民主化、小作料ノ大幅引下ト金納化、耕作権ノ確立、封建的土地制度ノ打破ニヨル耕作農民ヘノ土地分与

七、中小商工業ノ独占資本、金融資本ノ支配カラノ解放並ニ中小商工業ノ救済ト助成

八、大資本家及ビ大地主ノ負担ニヨル戦災復興、失業、復員兵士、海外引揚同胞、傷痍軍人、遺家族ノ救済

九、人民ノ最低生活ノ確保、消費者ト生産者ノ管理参加ニヨル配給機構ノ民主化

十、医療ノ民主化、公共医療施設ノ拡充ト人民ヘノ開放

十一、封建的遺制カラノ婦人ノ完全ナ解放、妊産乳幼児ノ国家保障。

十二、教育ノ官僚的統制ノ排除、民主主義ノ原則ニ基ク教育ノ内容及ビ学制ノ根本的改革

（出典）　吉田健二「《資料紹介》民主人民連盟関係資料」『歴史評論』一九七五年二月号。

【解説】　一九四六年一月、山川均は人民戦線の即時結成を提唱し、この動きは一月二六日の野坂参三帰国歓迎国民大会を機に急速に盛り上がった。三月一〇日には石橋湛山・高野岩三郎・羽仁説子らを含む民主人民連盟世話人会が発足し、四月三日の準備会結成大会となった。大会には、六九労農団体・四五文化団体の代表をはじめ、社会・共産両党の有志が参加し、決議や「民主主義諸勢力の連立による民主人民政府の実現」「人民の発意に基く民主的方法による新民主憲法の制定」などを掲げた暫定共同綱領が採択された。七月二一日には、連盟の創立大会が開かれたが、五月に社会党が救国民主連盟を提唱したため、社共両党や産別会議・総同盟の足並みは揃わず、開店休業の状態となった。

113　吉田内閣支持率と政党支持率　一九四六年八月五日

吉田内閣を支持しますか、
どの政党を支持しますか

本社では去る七月一日現在を期し、東京、大阪、西部三本社協力の下に二〇万票の調査票を配布して

第一問「吉田内閣を支持しますか」

第二問「もし近く総選挙があるとすればどの政党を支持しますか」

の二つの課題のもとに、全国的な輿論調査を実施し、現下の政治動向にたいし国民輿論の動きにたいする本格的な調査を行つた。すなはち今回の調査は去る四月幣原内閣総辞職後の長い政局の昏迷期をへて五月吉田内閣が成立し、七月に入つて議会も開かれ、現内閣の性格が一応明かとなつた七月一日現在の政情を条件としたもので、このうち北海道の分は事情あつて発表できなかつたが残る一都二府四二県の回収票数は十二万七千四百三十六票、このうち無効票を除いて整理集計の結果をこゝに発表する。

第一問　吉田内閣を支持しますか

支持する	三九、五一九	三二・三%
支持せず	四五、二九二	三七・一
態度保留	三七、四一六	三〇・六
計	一二二、二二七	一〇〇

第二問　どの政党を支持しますか

進歩党	一二、三五五	一〇・一%
自由党	二八、八一〇	二三・六
社会党	四九、八四三	四〇・八
共産党	五、九〇三	四・八
協同民主党	六、三四八	五・二
諸派	一、一一四	〇・九
どの政党も支持せず	一七、八九四	一四・六
計	一二二、二六七	一〇〇

（出典）『朝日新聞』一九四六年八月五日。

【解説】一九四六年四月の総選挙で一四一議席を獲得して第一党となった自由党は、鳩山内閣の樹立をめざしたが、鳩山一郎の公職追放によってこの構想は瓦解した。代わって登場したのが吉田茂であり、五月二二日、自由党と進歩党の連携によって第一次吉田内閣が成立する。その二カ月半後の時点で実施されたのが、この世論調査である。当時の内閣支持率は三二%、不支持率は三七%で不支持の方が高く、政党支持率では、社会党四一%、自由党二四%、進歩党一〇%などとなっていた。

114　民法改正についての世論調査　一九四七年三月二五日

世論は廃止に賛成　伝統の重荷へ叫ぶ「解放」

日本人の生活のあり方を根底から変革する民法改正案は「家」の廃止、男女の平等を中心としてすでに草案の作成を終えているが、今議会には同改正案の骨子を盛った民法応急措置法を提出、憲法実施に肉づけをすることとなった。特に「家」の廃止は日本の社会組織にとって一大革命であり、それだけに民法改正案に対する国民の声も多種多様である。本社では第七回全国世論調査に「民法の改正について」をとりあげ全国各階層の代表と目される五千名について世論調査を行ったが結果は家の廃止も男女平等も大多数が賛意を表し、民法改正案が広く国民に支持されていることを証明した。詳細次の通りである。

第一問　「こんどの民法改正で法律上の『家』が廃止されますが、あなたはどうお考えになりますか」

廃止賛成	五七・九%
廃止反対	三七・四
判らない	四・七

最大眼目である「家」の廃止は社会機構、国民生活の上に日本史はじまって以来の大変革を要求するがそれでも「家」の廃止は過半数をもって賛成され、「判らない」がわずか五

パーセントに満たない。しかし「家」の制度による拘束は男女、既婚、未婚、職業別によってかなりの相違があり、勢い家というものが押石のようにのしかかっていた女性にとっては「家」の廃止賛成は圧倒的である。まず賛否を男女別に分類すると

男	廃止賛成	五五・七%
	廃止反対	四一・九
	判らない	二・四
女	廃止賛成	六〇・一%
	廃止反対	三三・一
	判らない	六・八

となって、賛成が男をしのいでいる上に男の賛否の差がわずか一割余であるのに女の場合は「家」の存続を主張するのが廃止の約半数しかない。女性の「家」廃止にかけた期待が想像できる。更に興味深い双曲線は既婚、未婚の別で

既婚	廃止賛成	五二・三%
	反対	四二・六
	判らない	五・一
未婚	廃止賛成	六八・六%
	反対	二八・二
	判らない	三・二

となって未婚者は「家」には極めて解放的である。更にこれを男女別に分析すると

男	既婚	廃止賛成	五一・〇%
		反対	四六・三
		判らない	二・七
	未婚	賛成	六七・七
		反対	三〇・五
		判らない	一・八
女	既婚	賛成	五四・〇%
		反対	三七・八
		判らない	八・二
	未婚	賛成	六八・六
		反対	二六・四
		判らない	五・〇

「家」に一番執着をもっているのは既婚の男、「家」廃止の急先ぽうは未婚の女ということになる。未婚者が七割近く廃止に賛成し、個人の自由と権利に明るく強い希望と情熱を燃やしている。

（出典）『毎日新聞』一九四七年三月二五日。

【解説】戦前の民法には、戸主権や家督相続など家長中心の家制度が盛り込まれていたが、基本的人権の尊重をうたう日本国憲法が制定されたため、民法の親族・相続編を中心にした改正が必要になった。そのため、政府は四六年八月から数度にわた

って改正案を作成し、四七年六月に改正案を国会に提出した。この過程で毎日新聞によって実施されたのが、この民法改正に関する世論調査である。調査結果は、「家」制度廃止に五八％が賛成、男女平等にも六割以上が賛成しており、国民の過半数が旧民法の改正を歓迎していたことを示している。

115　地方自治法　一九四七年四月一七日

第一編　総　則

第一条　地方公共団体は、普通地方公共団体及び特別地方公共団体とする。

普通地方公共団体は、都道府県及び市町村とする。

特別地方公共団体は、特別市、特別区、地方公共団体の組合及び財産区とする。

第二条　地方公共団体は、法人とする。

普通地方公共団体は、その公共事務並びに従来法令により及び将来法律又は政令により普通地方公共団体に属する事務を処理する。

特別地方公共団体は、この法律の定めるところにより、その事務を処理する。

第三条　地方公共団体の名称は、従来の名称による。

都道府県及び特別市の名称を変更しようとするときは、法律でこれを定める。

都道府県及び特別市以外の地方公共団体の名称を変更しようとするときは、この法律に特別の定のあるものを除く外、条例でこれを定めなければならない。

第四条　地方公共団体は、その事務所の位置を定め又はこれを変更しようとするときは、条例でこれを定めなければならない。

第二編　普通地方公共団体（中略）

第二章　住　民

第十条　市町村の区域内に住所を有する者は、当該市町村及びこれを包括する都道府県の住民とする。

住民は、この法律の定めるところにより、その属する普通地方公共団体の財産及び営造物を共用する権利を有し、その負担を分任する義務を負う。

第十一条　日本国民たる普通地方公共団体の住民は、この法律の定めるところにより、その属する普通地方公共団体の選挙に参与する権利を有する。

第十二条　日本国民たる普通地方公共団体の住民は、この法律の定めるところにより、その属する普通地方公共団体の条例の制定又は改廃を請求する権利を有する。

日本国民たる普通地方公共団体の住民は、この法律の定めるところにより、その属する普通地方公共団体の事務の監査を請求する権利を有する。

第十三条　日本国民たる普通地方公共団体の住民は、この法律の定めるところにより、その属する普通地方公共団体の議会の解散を請求する権利を有する。

　日本国民たる普通地方公共団体の住民は、この法律の定めるところにより、その属する普通地方公共団体の議会の議員、長、副知事若しくは助役、出納長若しくは収入役、選挙管理委員又は監査委員の解職を請求する権利を有する。

（出典）『官報』一九四七年四月一七日。

【解説】一八七一年の廃藩置県と府県官制によって、各府県には官選の知事が任命された。第二次大戦後の民主化によって、四六年以降、これは任期四年の公選制となった。翌四七年四月一七日には、地方自治法が公布され、都道府県と市町村は普通地方公共団体、特別市と特別区は特別地方公共団体とされた。この地方自治法によって、住民は、地方公共団体の財産や営造物を共用する権利とその負担を分任する義務、地方公共団体の選挙への参加、条例の制定または改廃、事務の監査、議会の解散、議長・議員・助役・監査委員などの解職を請求する権利などが与えられた。

116　警察機構図（→図116）　一九四七年一二月一七日

【解説】戦前の警察は、内務省警保局の所管で、内務大臣を頂点とする中央集権的な機構の下に置かれていた。戦後、内務省の解体とともに警察の民主化が着手され、四八年三月の警察法の施行によって、警察は国家地方警察と自治体警察の二本立てとなり、公安委員会制度が取り入れられた。この警察組織図には、地方に重点を置いた分権的な構造が良く示されている。しかし、のち五四年に、国家警察と自治体警察間の連携や運営の非効率性、自治体財政の圧迫などを理由にして、中央集権的国家警察の復活がめざされ、警察組織は都道府県警察に一本化された。〔参〕広中俊雄『戦後日本の警察』岩波新書、一九六八年。

図 116　警察機構図(1947 年 12 月 17 日)

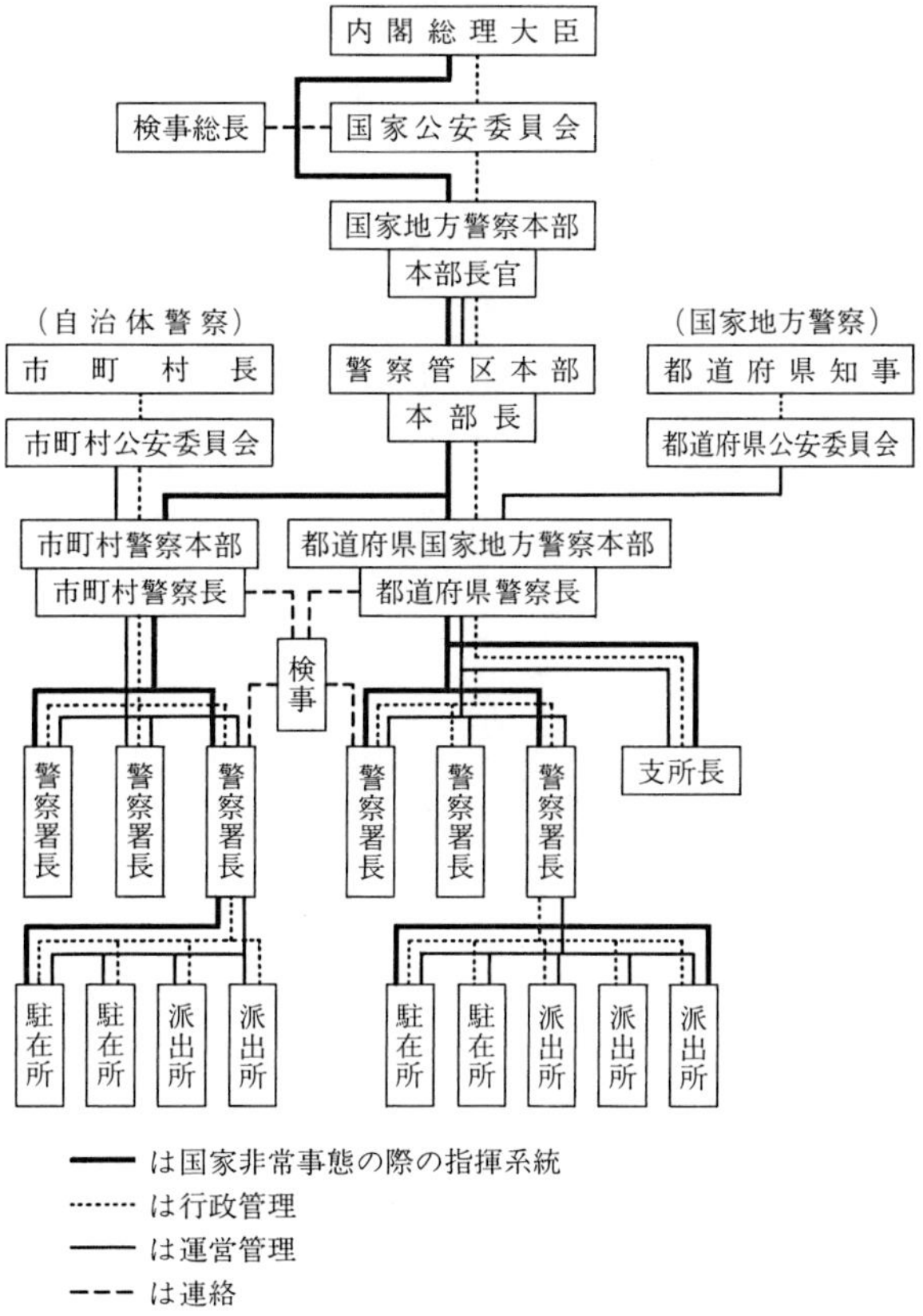

(出典)　現代法制資料編纂会編『戦後占領下法令集』国書刊行会, 1984 年, p. 144.

117 生産管理（→図117）

【解説】 戦後初期の争議形態を特徴付けたのは「生産管理」であった。これは労働者側が生産手段を管理して企業経営を行うもので、「業務管理」とも呼ばれた。最初の生産管理争議として有名なのは一九四五年一〇月からの第一次読売争議で、従業員側は自らの手で新聞紙面を編集し、勤務時間も管理した。この争議形態は、京成電鉄、第一次東芝、日本鋼管鶴見製鉄所、東洋合成新潟工場などの争議で広がった。日本政府は一九四六年二月に四相声明でこれを違法としたが、労働側の抵抗で撤回し、六月に今度はGHQ／SCAPの支持を得て社会秩序保持声明を発し、生産管理を禁止した。以後それは激減し、九月からは同盟罷業が争議の中心となった。〔参〕労働争議史研究会編『日本の労働争議（一九四五―八〇年）』東京大学出版会、一九九〇年。

図117　形態別発生争議参加人員

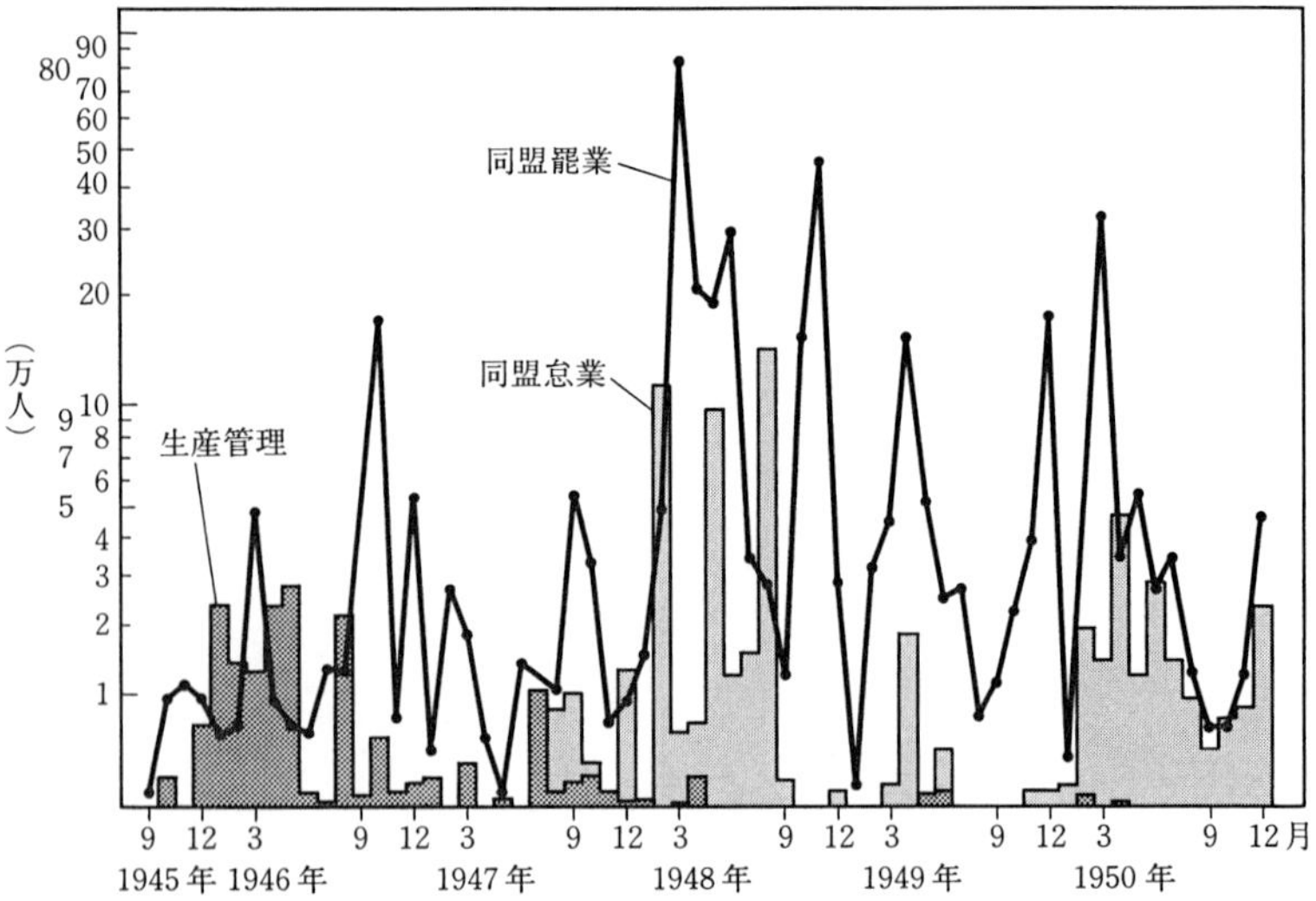

（注） 1. 労働省「労働争議統計」による．2. 1947年7月以前の「同盟怠業」は省略．
（出典） 山本潔『戦後危機における労働運動』御茶の水書房，1977年，p. 69.

表 118A　結成年別組合数・組合員数

集計年次＼結成年次	47 年末現存組合	
	組合数	組合員数
1945 年	855	602,706
46 年上半期	9,506	2,801,647
46 年下半期	4,982	864,032
46 年小計	14,488	3,665,679
47 年上半期	6,708	1,209,392
47 年下半期	5,962	790,655
47 年小計	12,670	2,000,047
調査時点計	28,013	6,268,432

（注）　労働省『昭和 22 年 12 月末調査労働組合調査報告』第 3 表より作成.

（出典）　二村一夫「戦後社会の起点における労働組合運動」『シリーズ日本近現代史』第 4 巻，岩波書店，1994 年，p. 42.

表 118B　単位組合数・組合員数・組織率推移

年	単位組合数	組合員数	推定組織率
1947	23,323	5,692,179	45.3
1948	33,926	6,677,427	53.0
1949	34,688	6,655,483	55.8
1950	29,144	5,773,908	46.2
1951	27,644	5,686,774	42.6
1952	27,851	5,719,560	40.3

（注）　労働大臣官房政策調査部『労働統計 40 年史』532 ページ.

（出典）　表 A と同じ，p. 67.

118 労働組合の結成と推移（↓表 118 A B）

【解説】　敗戦から一、二カ月たった頃より労働組合結成の動きがすすみ、同年中に八〇〇以上の単位労働組合が作られ、組合員数は一二月上旬に戦前の最高水準である四二万人を大きく超えた。労働組合数も組合員数もその後増え続けたが、一九四九年から五〇年にかけて組合数も組合員数も減少へと転じた。推定組織率は四九年が今日までの最高水準となっている。労働組合の組織状態のこのような後退を象徴したのは、戦後の労働組合運動をリードした産別会議の動向である。産別会議傘下の組合員数は四八年六月の一二一万人をピークに大きく後退し、五〇年には二九万人に激減した。

119 インフレ（↓図 119、表 119）

【解説】　敗戦と同時に、激しいインフレが起きた。卸売物価は、一九四五年、四六年は年間約三倍、四七年は約四倍も上昇し、四八年も二倍を越す上昇を記録した。軍事国債の大量発行や、日銀の軍需企業への貸出によって戦時中に生じていたモノとカネとの極端なアンバランスが、敗戦で政府の物価統制力が弱まったために、物価騰貴の形で噴出した。これに加えて、軍需企業の倒産を避けるために、政府は敗戦後も資金を注入し続けた。四七年から四八年にかけては、経済復興の目的で新設された復興金融金庫の放漫な融資活動が、インフレのおもな要因となった（「復金インフレ」）。四九年のドッジ・ラインで、強力な物価安定政策が実施され、ようやく物価上昇は沈静化したのである。

図 119　物価指数の推移

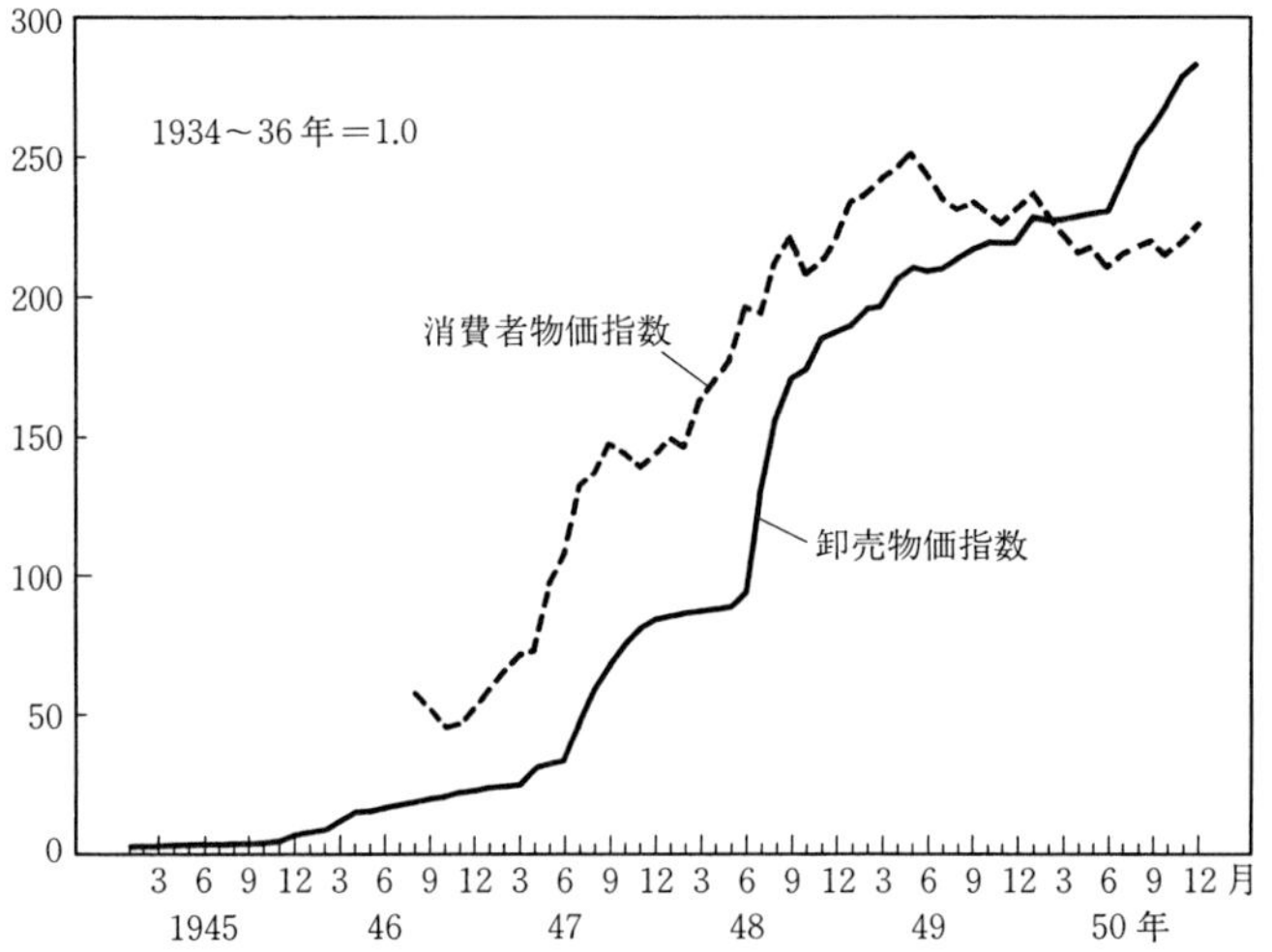

（出典）日本銀行統計局『明治20年-昭和37年 卸売物価指数』，総理府統計局『消費者物価指数年報』より作成.

表 119　敗戦直後のヤミ値倍率

		円	倍
白　米	1升	70	132
味　噌	1貫目	40	20
醤　油	2 l	60	45
清　酒	2級，1升	350	44
綿　糸	1くり	22	73
金　鵄	10本，巻タバコ	13	37
菜種油	1斗	2,000	75
大　根	1貫目	3	50
リヤカータイヤ	1本	150	8
電　球	100 W，1個	20	17

（備考）最高ヤミ値の対基準価格倍率.『朝日新聞』(1945年10月28日)による.
（出典）経済企画庁編『現代日本経済の展開――経済企画庁30年史』大蔵省印刷局，1976年，p. 20.

ドッジ・ラインまでは、多くの商品について公定価格が定められ、配給制度が実施されていたが、配給量が不足したため、一般庶民は生活必需品をヤミ市場から調達しなければならなかった。焼け跡の至るところにヤミ市が出現した。

120 食糧メーデー上奏文　一九四六年五月一九日

わが日本の元首にして統治権の総攬者たる天皇陛下の前に謹んで申上げます。

私達勤労人民の大部分は今日では三度の飯を満足に食べては居りません、空腹のため仕事を休む勤労者の数は日毎に増加し今や日本の総ての生産は破滅の危機に瀕して居ります。而も現在の政府はこの現状に対し適切な手段をとることなく権力を有つ役人、富を握る資本家や地主たちは食糧や物資を買溜めて自分達だけの生活を守って居るのであります

このやうな資本家地主の利益代表者たる政府並に一切の日本の政治組織に対し私達人民はすこしも信頼して居りません、日本の人民は食糧を私達自身の手で管理し日本を再建するためにも私達人民の手で日本の政治を行はうと決心して居ります、この意見は日本の勤労人民大衆総ての一致した意見であって、その実現のために、私達は如何なる圧迫に抗しても闘ふ決心をもって居ります、別紙[略]の決議に現れた人民の総意を御汲みとりの上最高権力者たる陛下に於いて適切な御処置を御願ひ致します

昭和二一年五月一九日飯米獲得人民大会

(出典)『朝日新聞』一九四六年五月二〇日。

【解説】一九四六年戦後第一回のメーデーをきっかけにして、五月一九日に宮城前広場で飯米獲得人民大会が開催された。参加者は二五万人にのぼり、スローガンは配給米の即時配給、隠匿食糧・米軍放出食糧の人民管理、特権階級・大資本家の台所の公開、民主人民政府樹立などであった。食糧の人民管理を求める上奏文を提出するためデモ行進が行われたが、その中に「詔書(ヒロヒト曰ク)国体はゴジされたぞ　朕はタラフク食ってるぞ　ナンジ人民　飢えて死ね　ギョメイギョジ」と書いたプラカードがあり、検察はこれを不敬罪で告発した(のち名誉毀損罪で有罪、ただし大赦で免訴)。マッカーサーは二〇日に、このような「暴民によるデモと騒擾は許さない」と声明した。

〔参〕田中二郎ほか編『戦後政治裁判史録』1、第一法規、一九八〇年。

121 日本労働総同盟結成宣言　一九四六年八月三日

宣　言

日本労働組合総同盟の創立大会は実に歴史的な出来事である。これには二つの意義がある。一つは一年前の今日、わが国には自由にして民主主義的な労働者の組織が存しなかった

にもかかわらず、今や組織労働者の数は三百万に達して労働人口の四〇%を算し、而して我が総同盟傘下の組合員はまさに組織労働者の三〇%を包括していることである。他は我が労働階級が当面する現下の社会情勢であって、三十億ドルに達する厖大な生産設備撤収の対日賠償案、全面的な企業整備による大量失業の不可避、金融緊急措置令を無視せるが如きインフレーションの加速度進行は、労働階級を前古未曾有の苦境に陥いることである。この二つの事実は当然、労働階級をして勢力を結集し、組織を強化して雪崩の如く圧倒し来る生活否定の脅威に対し、決死の闘争を捲き起さざるを得ざらしめている。本大会の歴史的意義は即ち実にかかる社会的疾風怒濤の客観的情熱〔勢〕のもとに大会が開かれたことにある。

終戦直後に展開された労働攻勢は、今や資本攻勢の逆襲に当面するに至った。その組閣の劈頭に於て、資本家の生産サボタージュに対抗する労働者の生産管理否定の声明を発した吉田内閣は財閥の著名な代弁者を厚生大臣に任命して、争議権の剝奪に外ならざる労働関係調整法案を作製し、以て労働組合法の精神を抹殺せんとしている。かつて労働組合法案を毒殺した元兇は新たに閣僚として経済安定本部の長官に就任した。

かかる政府が、公債一千四百億円の利払い、インフレーションの意識的促進等、労働者、農民及び小ブルジョアの犠牲によって財閥の利益を保証し、組織労働者の奴隷化と失業救済事業の美名に隠るる飢餓賃金と生活権の重圧を以て脅かす強制労働この上に資本主義的産業復興を企てているのは敢て怪しむに当らないとしても、かくの如き客観的情勢が労働者の組織に対して、その階級的利害を擁護する上に戦線を強固にし陣容を整備して断乎たる決議に備うる任務を課していることも当然といわなければならぬ。

本大会の歴史的意義は、又実にかかる労働階級の危急存亡の秋に対処すべき適切有効な運動方針を確立することにある。

本大会は宣言する。我が日本労働組合総同盟は百万の傘下組合員がただ一人の如く結束して、日本を現在の如き亡国状態に陥れた帝国主義戦争の責任者であって、敗戦の損害と犠牲とを全労働大衆に転嫁し、労働階級の隷属と搾取との上に資本主義の繁栄を再現せんとする財閥、官僚の陰謀を徹底的に粉砕するがために断乎たる闘争を展開するであろう。

我等は日本の労働組合運動そのものに附着せる一切の封建主義的残滓を払拭し、その組織を最も民主的な運営と成果のために闘うであろう。

我等は民主主義日本再建の基礎たるべき産業復興に対し飽くまで、労働者独自が民主主義的『産業復興案』を掲げて闘うであろう。

我等はこれ等の運動を通じ、労働階級のための日常闘争を通じて今なお分散し或いは分裂せる戦線統一を実現し、労働組合の産業別組織を完成するために闘うであろう。しかして究極において労働階級の大衆組織を民主々義的に統一し、強大なる包囲陣形を整うために、独善的、専制的な指導を超して邁進するであらう。

本大会は全国一千万の苦悩する労働大衆に訴える。

今や労働階級の頭上に雪崩れ落ちんとしている大量馘首、工場閉鎖、労銀切下げの脅威と闘うために、労働階級の生活権を守り抜くために、労働組合法によって保証された自由と権利を擁護するために、民主主義日本を建設し、国民大衆の利益を目的とする産業復興のために、労働階級の努力によって軍閥、財閥、官僚が失墜し、汚濁せる祖国の国際的な信用を回復し、名誉を雪ぐために全国組織労働者が一致団結して挺身邁往すべき秋である。

新日本再興の光輝ある任務と責任とは我等組織労働者の肩上に課せられている。この困難にして且名誉ある使命を完成した暁に於てこそ、労働階級の完全なる解放が期せられるのであり、我等は初めて民主主義日本の支配者たる権利を要求し得るのである。

本大会は茲にこの目的と理想との達成に向って、全国労働大衆とともに勇往邁進すべきことを宣言す。

昭和二十一年八月三日

日本労働組合総同盟第一回全国大会

（出典）竹前栄治・三宅明正・遠藤公嗣編『資料日本占領』2　労働改革と労働運動、大月書店、一九九二年、七九―八〇ページ。

【解説】戦前の日本労働総同盟の幹部らを中心に一九四五年一〇月以降始まったナショナル・センターの構想は、翌一九四六年一月に日本労働組合総同盟の名称の下に具体化した。同年八月一日、三五年前に友愛会が創立された日を記念して結成大会が開催された。傘下組織は一六九九組合、八五・五万人、全組織労働者の二二％を結集する、右派のナショナル・センターの発足であった。運動方針では「日本社会党を中心とする民主主義勢力」の結集をはかり、反資本主義、反共産党の立場を明確にした。〔参〕『総同盟五〇年史』第三巻、一九六八年。

122　全日本産業別労働組合会議結成宣言　一九四六年八月一一日

全日本産業別労働組合会議宣言

宣　言

米英ソ中をふくむ民主々義諸国連合によって、野蛮な侵略戦争から解放された日本の労働階級は、自由と民主々義的権利の獲得のため、偉大な前進を開始した。

戦争による犠牲と負担を人民に転嫁し、低い植民地的労働条件を維持、強化しようとする官僚や資本家地主の政策に対する闘争、労働者の生活権とその根本権利を擁護するための闘争は、全国各地に展開され、この闘争を通じて労働組合は真に大衆的組織運動に発展して来た。工場労働者も、一般勤労者も、これに参加し、全労働者を網羅する運動として進む大勢にある。

これは我が国労働運動史の上で画期的な事実である。全日本産業別労働組合会議は、この戦後日本の労働組合運動に正しい方向を与へ、日本の労働階級を全国的な単一組織に結集して、労働階級の最も強力な団結と組織を実現しようとするものである。その標語は産業別単一組合の組織による労働戦線の統一にある。それは労働組合運動におけるあらゆる分裂主義を清算し、政治的信条やイデオロギーを超越した労働者の大同団結をもたらし、完全なる労働戦線統一の理想に邁進するものである。まさに労働階級の力を一躍偉大ならしめる歴史的事業といわねばならない。

全日本労働者の統一的組織を目標とする我々は、また全日本労働階級の前途に横わる英雄的な任務の遂行を期している。我々は、官僚や資本家の妨害とサボタージュを排し、日本の経済復興、文化建設のため闘い、また日本民主主義革命の推進力としての役割を果さねばならない。我々はそのため戦争によって破壊された民族経済の復興、軍需産業の平和産業への転換、全労働者に対する食と職場の保証のため闘争し、民主戦線に参加して、封建主義、軍国主義、ファシズムと徹底的に抗争し、人民の支持する民主政府の樹立に協力することを宣言する。

我々は更に進んで世界人類の強い要望である永続的平和の実現を目標とする。我々は『東亜の盟主』という独善的な考えを覆滅し、民族同権の原則に基づき善隣民族と提携し、民族革命運動を支持し、労働者の国際的団結である世界労働組合連盟に参加することによって日本労働階級の世界平和に対する共同の努力をつくさんことを宣言する。

一九四六年八月二十一日

全日本産業別労働組合会議結成大会

（出典）竹前栄治・三宅明正・遠藤公嗣編『資料日本占領』2 労働改革と労働運動、大月書店、一九九二年、八四―八五ページ。

【解説】　戦後初の産業別単一労働組合である日本新聞通信労働組合の呼びかけで、一九四六年二月に全日本産業別労働組合会議(産別会議)準備会が開かれ、六月の準備大会を経て八月一九日から結成大会が挙行された。結成大会での組織は、全国産別二一組合、人員は一五五・九万人、全組織労働者の四一%にのぼった。産別会議の幹部には日本共産党員が多く、全体に同党の強い影響力があった。また組合役員は、企業に在籍する「現役主義」の方針をとった。〔参〕法政大学大原社会問題研究所編『証言　産別会議の誕生』総合労働研究所、一九九六年。

123　二・一スト禁止声明　一九四七年一月三一日

マッカーサー声明書

一九四七年一月三一日

連合軍総司令官として余に付与された権限に基き、余はゼネラルストライキを行う目的のもとに連合した組合の指導者に対し次のやうに通告した。即ち余は現下の困窮かつ衰弱せる日本の状態において、かくの如き致命的な社会的武器を行使することを許容しない。従ってかような行為を助長することを断念するよう彼らに指令した。

余は現在、懸案の問題でこのような程度まで干渉せざるを得なかったことを最も遺憾とするものである。余がこのような措置をとったのはすでに著しい脅威を受けている公共の福祉に対する致命的衝撃を与えることを未然に防止するためにほかならない。日本人社会は今日財政と連合国占領の制限下に運営されている。その都市は荒廃に委され、その産業はほとんど停頓し、国民の大部分は飢餓線上をほうこうしている。ゼネストは輸送および通信を崩壊せしめるもので国民の必要とする食糧の輸送をはじめ、緊急必要品を確保するための石炭の移動を阻み、今日なお、依然として操業を続けている産業活動をも停止させるものである。麻痺状態は不可避的に起る。これは日本人の多くをして事実上の飢餓に導き、かつ社会的階層および、基本問題に対する直接の利害関係にかかわりなく、日本人の各家庭に恐るべき結果をもたらすものである。日本における事実上の飢餓をさけるため、米国民は今なお、その少い食糧資源の中から多量を日本人に放出しているのである。目前に迫るゼネストに関係している人々は日本国民のごく少部分にしかすぎない。しかもこの少数の人々は、ついこの間日本を戦争の破壊に導いた少数派のもたらしたものと同様の災禍の中へ大多数の人々を投げこむかも知れない。このことは日本国民によって、かくも向う見ずに負わされた運命の中に打捨て置くかまたは連合国自体の乏しい資源を犠牲にしても必要以上に大量の食糧とその他の生活必需物資を無制限に日本に移し、今後事態を収拾すべきかの不幸な決定をなすべき羽目に連合国を追いこむであろう。かかる状態の下において余は連合国民にこの余分の重荷を引受けることを強調することは出来ないのである。余はさし迫った非常手段の一つとして今回の措置をとったが、これ以外のことで労働者が正当な目的を達成するため今日迄与えられて来た行動の自由をあえて制限するつもりは毛頭ない。また、それと関連ある基本的社会問題をそらせたり、それに影響を与えたりする意思は全くない。これらの事柄は自然に進化して行くべき問題である。日本が現在の悲境から次第に立ち上るにつれ、時と環境が災害を避けてこれを定めて行く性質のものであろう。

（出典）竹前栄治・三宅明正・遠藤公嗣編『資料日本占領』2 労働改革と労働運動、大月書店、一九九二年、一四九―一五〇ページ。

【解説】一九四六年秋からの民間企業労働者による産別会議一〇月闘争の高まりに刺激されて、官公庁労働者は一一月に全官公庁共同闘争委員会を結成して、最低賃金制などの共同要求を政府に提出した。政府はこれを拒否し、さらに吉田首相が四七年の年頭に彼らを「不逞の輩」と呼んだことから、官公庁労働者を中心に民間の労働組合も合流して二月一日の内閣打倒ゼネストが計画された。突入前日の一月三一日、マッカーサーの声明でゼネストは禁止され、労働側もそれをはね返して実力行使に入ることはできなかった。ゼネストの中止後、ことに産別会議系の労働組合の間で、共産党の労働組合運動方針への疑問が出て、内部対立が始まるようになった。

124 傾斜生産の閣議決定　一九四六年一二月二七日

経済安定本部では石炭危機を突破するため第四・四半期の配炭計画と増炭対策をねっていたが、成案を得たので政府は二七日首相官邸に臨時次官会議を開き「昭和二一年度第四・四半期基礎物資需給計画策定ならびに実施要領」につき橋井安本第一副部長より報告これを了承した。政府はひきつづき開かれた定例閣議に同案件を付議決定し、手続完了と同時に実施することとなった。

また同日の閣議では和田農相より「石炭増産のための食糧措置」の説明があり、炭鉱の職場増配を決定。ついで星島商相より石炭危機突破の熱管理を強化する

一、石炭危機突破熱管理強化対策要綱
一、石炭危機突破熱管理強化期間要領

の二件につき説明あり決定をみた。

（出典）『朝日新聞』一九四六年一二月二八日。

【解説】第一次吉田内閣期の石炭小委員会（委員長有沢広巳）は、生産回復に向けて資金や資材、労働力等を石炭産業に重点的に投入する、いわゆる傾斜生産を提唱し、一九四六年一二月の衆議院決議（石炭増産に関する決議）と閣議決定を経て、この方式が採用された。具体的には、輸入を認められた重油を全て鉄鋼業に投入し、増産された鉄鋼を石炭生産に投入、その石炭を鉄鋼にさらに投入と、これら二者の生産を繰り返しによって拡大し、それが一定水準に達すると石炭を鉄鋼業以外の基幹産業にまわして全体の生産拡大を図るという計画であった。吉田内閣、片山内閣を通して実行された傾斜生産は一応の目標を達成するが、その資金は復興金融金庫を通して調達されたため、いわゆる復金インフレを招く一因ともなった。

125 経済実相報告書　一九四七年七月四日

第一　総　説

一　政府はさきに経済緊急対策を公にして、苦しい経済の

現状からぬけでるための施策を国民につげた。この緊急対策の重点は、かかげたところの方針をあくまで誠実果敢に実行するという点にあった。しかし政府の実行は国民一同の積極的な協力からはなれて成功しうるものではない。こわれた自動車をなおす修繕工ははっきりと自分からはなれて存在する無心の自動車に相対するのであるが、病みつかれた国の経済を立てなおそうとする政府は、おのれ自身から独立した人間やものごとを相手にするのではない。対策を提案する政府も、対策の対象となる国の経済も、実はきりはなすことができないように結びあわさったものである。むしろ、もっと正確に言うならば国の経済の主体をなす国民は対策それ自体の主人公となって、自らの選出した政府を通じ、かつそれを励ましながら、一人一人が直接自分のこととして、対策の成功をはからねばならないのである。

二　だから、政府はこの際拙速の努力により、集めうるかぎりの資料や統計を基礎として、わが国経済の現状を国民につたえ、国民と一緒に問題を考えかつ解決してゆきたいと思う。そのためには、国民の一人一人が国の経済をあたかも自分の家の家計を考えるかのようにつかんでおく必要がある。不幸にしてわが国統計の発達は非常にたちおくれていて、満足な診断書をかきあげることはむずかしい。しかしいたずらに十全の統計ができあがるのを待つよりは、与えられた制約のなかで万全を期して、実状の把握に資するほうが、この際は大切でなかろうか。

三　まえがきとして二つのことを強調しておきたい。一つは、経済のうごきを動的につかむということであり、いま一つは、経済の分析を総合的に行うということである。

四　経済のうごきを動的につかむということは、過去にさかのぼって経済のすすんできた途をあとづけることであると同時に、将来にむかっては、われわれの努力の結果を勘定にいれながら対策を考えることをも意味する。大多数の国民の意志に反して、無謀ないくさをあえてした結果が、どんな事態をもたらしたかについては、われわれはその及ぼしたところの深刻な影響を、いまだ、十分には意識し得ていないくらいである。その上われわれは、終戦以来の過去二年間の間、必ずしもわれわれがなし得たであろうことを十分になしとげてきたとは言いがたい。ことに、昨年の三月、新円措置を行ったときにはいろいろな資材のストックもまだまだそれほどは枯渇していなかったし、経済をたてなおすのに絶好の機会であった。ところが生産はその後も依然として停滞をつづける一方、インフレーションの危険は次第次第にこくなって今日にいたったのである。経済を安定させるための積極的な施策が本気にとりあげられなかったばかりでなく、つみ重ねられていく不均衡や、経済秩序のみだれを繕うことさえが、いたずらにのびのびになって今日の事態を招いたのである。政府が現にとりつつあり、またとろうとしている対策のなかには、もっと早く実行に移されていたならば、その効果が更に大きかったであろうと思われるものが少なくない。

次に、経済の分析を将来にむかって動的に行うということは、ある程度不たしかな予測を基礎とすることではある。しかしこれからはわれわれの努力次第で事態は改善の一途をすすむものとみて差し支えないだろう。それはたとえば、現在戦前の三割から四割ぐらいのところを低迷している労働の生産性にしても、あるいはまた、現在までのところ非常に窮屈な状態にある国際経済収支の問題にしても、国をあげての努力によって改善しうる余地はきわめて大きい。努力次第では実現可能な見透しに眼をおおって、われわれの緊急対策を消極的に制約してしまうことは、経済のうごきを動的につかむゆえんではないのである。

五　まえがきとしての第二の点、つまり経済の分析を総合的に行うということは、この際特に必要である。国民の一人一人が国の経済を、自分の家の家計のようにみて正しい判断を下すためには、どうしても経済の全体をその相互の関連においてつかむことが、第一条件だからである。手近な例をひいてみよう。もしもわれわれの問題が財政の辻つまをあわせるということのみにあるのならば、ほかのことはどうなっても財政の点だけに努力を集中してかなりの程度まで成功するかもしれぬ。しかしそのためには、現在国家財政にたよって収支をあわせているような重要企業は破産せねばならぬかもしれぬし、また他方では、消費者に対する税金の負担が厖大となって、家計は更に均衡を失するようなことになるかもしれぬ。またそうだからといって、逆に企業や家計の収支さえあえば、財政の収支はどうなってもよい、などと考えるならば、なおさらまちがっている。部屋の掃除を言いつけられたものが、ほこりをすべて机の下にはきこんだのでは、ちょっと見た眼にはきれいになったように見えても、実は本当に掃除したことにはならないと同じように、国の経済についても経済全体として、ものごとを見きわめることが必要である。部屋の中は、机の下もたんすのうしろも全部きれいにしなければならないのである。もっとも、ものごとには急所というものがある。急所さえつかめばたとえそれが全体のごく一部分であっても、それによって全体をうごかすことができるものである。しかしどこが急所であるかをみきわめるためにも全体を全体としてその相互の関連においてつかむことが第一の条件でなければならない。

六　国の経済を一家の家計のように考えるようにしても、大まかに言って、経済を営む部門を次の三つに分けることができる。

(1) 政府の財政
(2) 民間企業(農業経営もふくむ)
(3) 国民の家計(中略)

一五　そこで、国の財政も、重要企業も、国民の家計もいずれも赤字をつづけているということの結論は次のようになる。

第一に、資材のストックはどんどん減りつつある。

第二に、経済を維持するために、正常的に行わねばならぬような補修や補塡が行われないでいる。しかも、その度合いはひどくなりつつある。

第三に、外国に対する借金はふえる一方である。

このような事態は決して永つづきしうるものではない。なぜかといえば、それはなによりも、国の経済全体として、再生産の規模を日一日と狭めてゆくことを意味するからである。

(出典) 経済安定本部『経済実相報告書』三―一一ページ。

【解説】　GHQ/SCAPの要求で、経済政策に関し他の省庁に優越した権限をもつ経済安定本部が一九四六年八月に設置された。経済危機の深まりに対処するため、GHQ/SCAPは翌四七年二月に経済安定本部の組織強化を求め、片山内閣期には和田博雄(前農相)長官、都留重人総合調整副委員長という、強力なスタッフを擁する「和田安本」が出現した。「経済実相報告書」は、この時に都留を中心に執筆され、第一回の「経済白書」となった。財政・企業・家計など日本経済を構成する全ての部門が赤字で縮小再生産に陥っているとして病巣をさらけだし、そこからの脱却にむけて、一時的な耐乏を自らに課すことを含め、国民への積極的支援を呼びかけた。

126　経済復興会議趣意書　一九四七年二月六日

日本経済はいままさに崩壊の危機に瀕している。生産復興の原動力たる石炭の産額は戦前の半ばに達せず、鉄鋼は十五分の一、一般工業生産は平均して戦前の三割にもみたぬという恐るべき窮乏状態にあるが、しかもこの貧弱な生産たるやストックがつきれば、ガタンととまる性質のものだ。温泉、料理屋、闇商人のみ徒らに栄えて、熔鉱炉の火は落ち、旋盤は眠り、経営は破綻にひんし、勤労国民の生活は日に日に窮乏の淵に追いつめられているというのが敗戦日本経済の現実の姿だ。

この様な国民経済破滅の危機を前にしてもはや一日も安閑としてはいられない。

終戦直後、労働大衆は封建的そくばくから一挙に解放され、労働組合運動はわずか一年あまりの間に、未曾有の発展をとげるに至った。いまや経済活動の一切は、労働組合の協力なくしては何一つ行われず、労働者はその双肩に日本経済再建の重任を担うべき時代となったのである。かくて、今日の労働階級は民主革命の推進勢力たるのみならず、日本経済復興の原動力たる誇りと責任とを自覚しすすんで復興運動の先頭にたとうとしている。

　もとより労働階級が自らの待遇改善、生活の安定確保のために闘うことは当然のことである。しかし、現在の生産危機は、すでに個々の企業、個々の工場の経営者または労働者の努力のみを以てしては、乗りきれないところにきている。また労働大衆の生活そのものも、今日のように僅かばかりの溜り水のみを対象とするのでは、ほどなく水源の涸渇が予想される。（中略）

　それ故に、労働者は自らの生活権を守るために、自分たちの従事する企業を再生産の軌道にのせ、また引上げられた賃銀が紙屑にならぬように、物の裏づけを創りだし得るために闘わねばならなくなった。（中略）

　このような生産的責務は、過去の労働組合には全くみられなかった新しい任務である。そしてこの新しい建設的な任務こそは、敗戦日本が労働者階級とくにその先頭に立つ組織労働者に期待する最大の希望ではあるまいか。

　しかしながら、この様な生産の復興は労働組合だけの力によって完遂することはとうてい不可能である。日本民主々義革命の現段階において、政治において、原則的に社会主義が肯定されるように、生産においても、経営者と労働者との民主的協議並に協力ということが生産再開の実をあげるために肯定されねばならぬ。（中略）

　この様な事情の下に、われわれはここに経営者、労働者、消費者並に科学技術者の積極的参加による経済復興会議の設立を提唱し綜合的見地から合理的経済施策を考究し、当面する生産危機の突破を強力に推進しようとするものである。

（出典）竹前栄治・三宅明正・遠藤公嗣編『資料日本占領』2 労働改革と労働運動、大月書店、一九九二年、一五四―一五五ページ。

【解説】一九四六年夏以降労働運動側からの経済復興の計画が具体化し、左派の産別会議は労働者農民主体の産業再建を掲げて産業復興会議を一〇月に設立、右派の総同盟は労資対等の協力を唱えて経済同友会など経営者団体とともに経済復興会議を結成した。経済復興会議は修正資本主義をうたい、経営協議会確立、ストライキ排除、高能率高賃金などで日本経済の再建を図るとした。経営者団体から働きかけを受けた産別会議は、のちに労使の休戦ではないと確認して加入し、ここに経済復興会議は挙国的な運動組織となった。しかし産別と総同盟の対立、経営者団体の思惑もあり、四八年四月には事実上解散した。

〔参〕『研究資料月報』法政大学大原社会問題研究所、一九八二年二月号。

127 産別民主化同盟声明書　一九四八年二月一四日

声明書

今や我が産別会議は、労働組合運動ゆきづまりの焦点にたった。

共産党フラク活動のベルトにかけられた左翼主義に対する相次ぐ脱退と離反の傾向は、もはやおおうべくもない。

吾々産別の有志は、ここに幹部たると一組合員たるとをとわず、この動揺と昏迷をたち、名実ともなう組合員の組合とするために、産別の全組織において闘うこととなった。

吾々の実践の目標は、一に労働法改悪反対、資本家の組合御用化反対、政党の組合支配排除にあるとともに、相手にも責任を要求し、みずからも責任をとるところの生産闘争である。

吾々の運動はいわゆる反共ではなく、産別会議の全組織を民主化するために闘うとともに一切の自由な組合をして一大陣列に結集し、真の民主的統一戦線の実現へ、巨大な一歩をふみ出すものである。

一九四八年二月十四日

産別会議民主化同盟

（出典）竹前栄治・三宅明正・遠藤公嗣編『資料日本占領』2 労働改革と労働運動、大月書店、一九九二年、一八二―一八三ページ。

【解説】二・一ゼネスト計画が中止になった頃から、産別会議と加盟単産の活動家間に日本共産党の労働組合政策は党による引回しだとして批判する勢力が台頭した。一九四七年一一月の産別会議大会における対立を契機にして、批判派は政党による組合支配の排除と労働組合の民主化を掲げてグループを作り、翌年にかけて国鉄、全逓、日通、電産などで、相次いで民主化同盟や反共連盟などが組織された。これらの勢力が四八年二月に産別民主化同盟を設立し、四九年の新産別発足、五〇年の総評結成を通して、労働組合運動における多数派へとなっていった。〔参〕『新産別の二〇年』Ⅱ、一九七〇年。

128 日経連創立宣言　一九四八年四月一二日

日本経営再建の要訣は、産業平和の確保と、生産性の高揚を企図するにある。これがためには、一面、労働組合が健全な自主的発達を遂げると共に、他面経営者が、ともどもに資本を擁護育成しつつ、堅実な企業経営の実現を計り、以て労資が、経営権と労働権を相互に尊重し、夫々の職分の下に、こぞって救国の事に当らなければならない。

顧るに、終戦以来経営者が、労働運動進展の急激な時流と、経済界の変転混迷のうちに、聊か自失無策の状態に陥り、経営者本然の立場において、正常な経営権の行使に遺憾な点のあったことは、否めない事実であり、我が経済再建の途上、誠に不幸にして痛恨の至りというべきである。かかる経営者の欠陥は、諸種の事情によるとはいえ、その多くはかかって、これが団結に力を欠きために理論、資料、或は対策に、全く無準備であったことにある。

いまや玆に、そと、世界を挙げて、政治、経済、外交に緊迫した動向を示し、うち、労働不安のなかに、外資導入を繞って経済復興の基盤を確立すべき、この重大関頭に立って、我等経営者は、志を同じうし憂いを共にして、相寄り相集い、経営者団体連合会の改組強化を計り、「日本経営者団体連盟」の旗印しの下に、総力を結集して、その知識経験を動員、その熱意勇気を振作、以て経営権を確立し、産業平和の確保と、日本経済の再建に向って、不退転の努力を傾倒せんとするものである。

「経営者よ正しく強かれ。」

日本経営者団体連盟の新発足に際会し、玆に宣言する。

昭和二十三年四月十二日

日本経営者団体連盟

(出典) 労働省編『資料労働運動史(昭和二十三年)』六七九ページ。

【解説】 労働問題に対処するための経営者団体として発足した日経連(日本経営者団体連盟)は、経営者の指導性の回復を強調した。戦前の全国産業団体連合会に対応する役割を果たすことになるが、労働運動の勢力が不十分なあいだ、GHQ/SCAPはこうした経営者団体の設立を認めず、その結果一九四八年の発足となった。業種別の団体と都道府県別の地方経営者団体をその構成員とした。〔参〕『日経連三十年史』一九八一年。

129 政令201号 一九四八年七月三一日

昭和二三年七月二二日付内閣総理大臣宛連合国最高司令官書簡に基く臨時措置に関する政令

一九四八・七・三一

内閣は、ポツダム宣言の受諾に伴い発する命令に関する件(昭和二十年勅令第五四二号)に基き、ここに昭和二十三年七月二十二日付内閣総理大臣宛連合国最高司令官書簡に基く臨時措置に関する政令を制定する。

第一条　任命によると雇傭によるとを問わず、国又は地方公共団体の職員の地位にある者(以下公務員という、これに該当するか否かの疑義については、臨時人事委員会が決定する。)は、国又は地方公共団体に対しては同盟罷業、怠業的行為等の脅威を裏付けとする拘束的性質を帯びた、いわゆる団体交渉権を有しない。但し、公務員又はその団体は、この政令の制限内において、個別的に又は団体的にその代表を通じて、苦情、意見、希望又は不満を表明し且つ、これについて充分な話合をなし、証拠を提出することができるという意味において、国又は地方公共団体の当局と交渉する自由を否認されるものではない。

2　給与、服務等公務員の身分に関する事項に関して、従前国又は地方公共団体によってとられたすべての措置については、この政令で定められた制限の趣旨に矛盾し、又は違反しない限り、引き続き効力を有するものとする。

3　現に繫属中の国又は地方公共団体を関係当事者とするすべての斡旋、調停又は仲裁に関する手続は、中止される。爾後臨時人事委員会は公務員の利益を保護する責任を有する機関となる。

第二条　公務員は、何人といえども、同盟罷業又は怠業的行為をなし、その他国又は地方公共団体の業務の運営能率を阻害する争議手段をとってはならない。

2　公務員でありながら前項の規定に違反する行為をした者は、国又は地方公共団体に対し、その保有する任命又は雇傭上の権利をもって対抗することができない。

第三条　第二条第一項の規定に違反した者は、これを一年以下の懲役又は五千円以下の罰金に処する。

附則

1　この政令は、公布の日から、これを施行する。

2　この政令は、昭和二十三年七月二十二日附内閣総理大臣宛連合国最高司令官書簡に言う国家公務員法の改正等国会による立法が成立実施されるまで、その効力を有する。

（出典）労働省編『資料労働運動史（昭和二十三年）』二三二ページ。

【解説】　一九四八年七月二二日付で公務員の争議行為禁止を示唆するマッカーサー書簡を受けた芦田内閣は、いわゆるポツダム政令として本政令を布告し、全ての公務員の争議行為禁止、団体交渉権の制限等を定めた。これにより、戦後大きな役割を果たした官公労働組合運動は重大な打撃を受けた。本政令の趣旨にそい、同年末に国家公務員法が全面改定され、公共企業体労働関係法の制定、翌四九年国鉄・専売の公共企業体化などの措置がとられた。これらによってその後の官公部門労働法制の枠組みが作られた。〔参〕遠藤公嗣『日本占領と労資関係政策の成立』東京大学出版会、一九八九年。

第五節

戦後処理と戦争責任

130 東久邇宮稔彦「全国民総懺悔」一九四五年八月二八日

わが国の戦敗の原因は戦力の急速なる壊滅であつた、（中略）これに加ふるに、惨状尽し難い原子爆弾の出現とソ連の進出とが加はつて戦敗の原因となつたのである、その外にあまりにも多くの規則法律が濫発せられ、またわが国に適しない統制が、全部とはいはぬが、ある部門において行なはれた結果、国民は全く縛られて何も出来なかつたことも戦敗の一つの大きな原因と思ふ、また政府、官吏、軍人自身がこの戦争を知らず知らずに戦敗の方に導いたのではないかと思ふ、（中略）それからさらに国民道徳の低下といふことも敗因の一つと考へる、即ち軍、官は半ば公然とまた民は私かに闇をしてゐたのである、（中略）この際私は軍官民、国民全体が徹底的に反省し懺悔しなければならぬと思ふ、全国民総懺悔をすることがわが国再建の第一歩であり、わが国内団結の第一歩と信ずる

（出典）『朝日新聞』一九四五年八月三〇日。

【解説】一九四五年八月一七日に発足した東久邇皇族内閣は八月二八日に初記者会見を行ったが、その席上で首相は「国体護持」「民族団結」「国民生活の安定確保」「言論並びに結社の自由」「大和民族今後の指針」に関して見解を披露した。さらに質問に答えて敗戦の原因にふれ、戦力の急速な壊滅、原子爆弾とソ連の参戦、統制の不手際、国民道徳の低下をあげて「一億総懺悔」を訴えた。これは戦争責任の所在を国民一般に解消し天皇を頂点とする戦争指導者の責任を曖昧にするものだった。

〔参〕吉田裕『日本人の戦争観』岩波書店、一九九三年。

131「戦争責任ニ関スル決議」一九四五年一二月一日

衆議院

今ヤ我国ハ一大敗戦ノ結果、思想政治経済社会ノ全面ニ亙リ肇国《ちょうこく》以来未曾有ノ危局ニ直面セリ　此ノ秋ニ当リ道義日本建設ノ方途ヲ確立シ以テ万世ノ為ニ太平ヲ開カント欲セハ今次敗戦ノ因由ヲ明ニシ、其ノ責任ノ所在ヲ糾シ将来斯ノ如キ不祥事再発ノ危険ヲ杜絶スルノ途ヲ講セサルヘカラス

惟フニ戦争責任ナルモノハ、コレヲ国際的ニ稽フレハ世界平和ヲ攪乱スル無謀ノ師ヲ起コサシメタル開戦責任ト、開戦後ニ国際条規ニ背反スル惨虐行為ヲ行ヒタル刑事犯罪トニ止ル　宣戦以後国家ノ命令ニ奨順シテ合法的ニ戦争遂行ノ為職

域ニ挺身シタル一般国民ニ及フヘキモノニアラス

翻テ今次敗戦ノ因ツテ来ルトコロヲ観スルニ、軍閥官僚ノ専恣ニ基クコト素ヨリ論ナシト雖、彼等ニ阿附策応シ遂ニ国家国民ヲ戦争強行ニ駆リタル政界財界思想界ノ一部人士ノ責任モ亦免ルヘカラサルトコロナリ

我等職ニ立法ノ府ニ列ル者モ亦静カニ過去ノ行蔵ヲ反省シ深ク自粛自戒シ新日本建設ニ邁進セサルヘカラス

右決議ス

（出典）『官報』号外、一九四五年一二月二日(『第八十九回帝国議会衆議院議事録』第五号)。

【解説】　東久邇内閣の「一億総懺悔」論は戦争責任の所在を不鮮明にしようとしたが、占領軍は九月に戦犯の逮捕を命令し一〇月以降一連の民主化政策を実施していった。こうした雰囲気のなかで開催された第八九臨時議会で、戦時翼賛議会の主流からなる進歩党は、国民の批判をかわすため「政界財界思想界ノ一部人士ノ責任」を認めたが、議員の責任は「自粛自戒」のなかに解消させ、この決議案が賛成多数で採択された。しかし多数の議員が棄権した。

132　復員と引き揚げ(→図132)

【解説】　敗戦時、アジア太平洋地域には日本軍の軍人が約三五〇万人、一般邦人が約三五〇万人、計約七〇〇万人がいた。敗戦と同時に軍人は武装解除されて復員し、一般邦人も引き揚げを始めた。図132は一般邦人の引揚者の地域分布で、総数の三割以上が旧「満州」からの引き揚げである。彼らはリュック一つを背に多くの犠牲を出しながら命からがら日本にたどり着いた。他方、旧軍人は中国では国民党軍に、北方戦線ではソ連軍に、東南アジアでは英、米、オーストラリア軍に武装解除された。一九四六年末までに軍人・軍属と一般邦人の帰還は約五〇〇万人に達したが、ソ連および中国共産党地区からの帰還はその後も遅々として進まなかった。〔参〕内海愛子・田辺寿夫編『語られなかったアジアの戦後』梨の木社、一九九一年。

133　対日賠償計画の推移(→表133)

【解説】　一九四五年一一月に来日したポーレー賠償使節団は日本、朝鮮、「満州」の実情を調査し四六年一一月に対日賠償に関する最終報告書を作成した。それによれば、鉄鋼に代表される日本の重要工業施設の大半は撤去され、アジア諸国の戦後復興に転用される予定になっていた。ところが、日本の工業施設を撤去すべしとするこのポーレー賠償案は、一九四八年二月のストライク調査団の報告やケミカル・バンク・アンド・トラスト・カンパニー会長ジョンストンや陸軍次官ドレーパーを中心としたドレーパー使節団の勧告によって骨抜きにされていった。表の数値の変化はそれを如実に物語る。こうした変化を生み出したものは米ソの対立、冷戦の激化とそのなかでの日本の「アジア工場化」の構想であった。〔参〕大蔵省財政史室編『昭和財政史――終戦から講和まで』第1巻、東洋経済新報社、一九

図 132　海外引揚者の地域別分布〈一般邦人〉
（1990 年 1 月 1 日現在，単位：人）

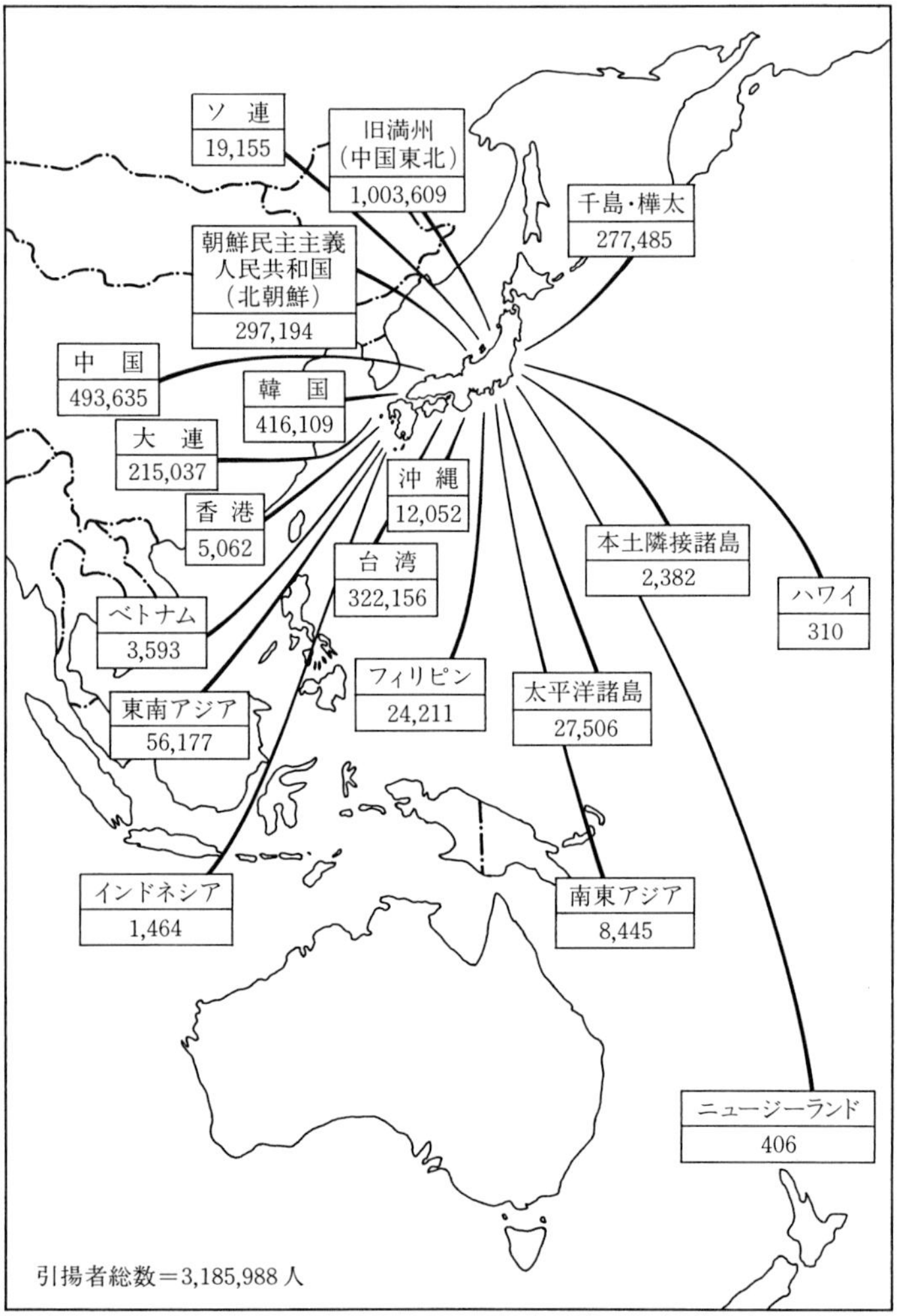

（注）　上記の数字は引揚げ手続きをしたもののみで，終戦直後の混乱期に手続きなしに入国したものが，少なくとも 30 万人はある．
（出典）　若槻泰雄『新版 戦後引揚げの記録』時事通信社，1995 年，扉ページ．

表 133　対日賠償計画の推移

	単位	現有能力（ストライク報告に示されたもの）	ポーレー最終案（1946.11 発表）		ストライク報告第二部（1948.2）		ジョンストン案（1948.5）	
			残置能力	撤去能力	撤去能力	撤去対象評価額a)	撤去能力	撤去対象評価額
銑鉄	メートルトン	4,520,000	500,000	5,000,000	—	—	—	—
鋼塊	〃	8,030,000	2,250,000	9,000,000	—	—	—	—
硝酸	〃	137,240	12,500	240,000	106,945	9,648,000	83,000	8,000,000
苛性ソーダ(電解法)	〃	128,800	44,000	195,000	—	—	—	—
ソーダ灰	〃	493,000	300,000	45 万～50 万	—	—	—	—
人造ゴム	〃	900	全部撤去		900	10,236,000	750	10,000,000
工作機械　保有	台	50 万～60 万	155,000	約 60 万	—	—	—	—
新造	〃	36,970	10,000	10,000	—	—	—	—
火力発電	キロワット	2,272,860	2,000,000	2,000,000	—	—	—	—
船舶　保有	総トン	1,300,000	1,500,000	869,000	—	—	—	—
新造	〃	801,100	大造船所 10 カ所 小造船所 12 カ所 木造船用造船所 548 カ所	大型浮ドックを含む造船所 30～40 カ所	385,000	118,138,000（新造・修理計）	162,000	50,000,000（新造・修理計）
修理	〃	7,219,840			1,122,450		……	
石油　精製	バレル	9,807,550	日産 40,000	左以外の施設	—	—	—	—
貯蔵	〃	7,293,000	10,000,000	〃	—	—	—	—
アルミニウム　精練	メートルトン	98,100	スクラップ処理工場を除く全工場撤去		—	—	—	—
加工	〃	100,000			50,000	21,688,000	50,000	21,688,000
マグネシウム	〃	680	全部撤去		480	12,559,000	480	12,559,000
第 1 次軍需施設			……	約 60 万台b)		1,475,887,000		560,000,000
その他とも合計						1,648,156,000		662,247,000

（注）　a）1939 年円価格．b）陸海軍工廠及び航空機民間兵器工場．工作機械と重複する点が多い．
（出典）　安藤良雄編『近代日本経済史要覧 第 2 版』東京大学出版会，1979 年，p. 144.

七六年。

134 極東国際軍事裁判所条例　一九四六年一月一九日

第一章　裁判所ノ構成

第一条　裁判所ノ設置

極東ニ於ケル重大戦争犯罪人ノ公正且ツ迅速ナル審理及ビ処罰ノ為メ茲ニ極東国際軍事裁判所ヲ設置ス。

裁判所ノ常設地ハ東京トス。

第二条　裁判官

本裁判所ハ降伏文書ノ署名国並ニ「インド」、「フィリッピン」国ニヨリ申出デラレタル人名中ヨリ連合国最高司令官ノ任命スル六名以上十一名以内ノ裁判官ヲ以テ構成ス。

第三条　上級職員及ビ書記局

(イ)　裁判長　連合国最高司令官ハ裁判官ノ一名ヲ裁判長ニ任命ス。（中略）

第四条　開廷及ビ定足数、投票及ビ欠席

(イ)　開廷及ビ定足数　裁判官六名ガ出廷セル時右裁判官ハ裁判所ノ正式開廷ヲ宣スルコトヲ得。全裁判官ノ過半数ノ出席ヲ以テ定足数ノ成立要件トス。

(ロ)　投票　有罪ノ認定及ビ刑ノ量定其ノ他本裁判所ノ為ス一切ノ決定並ニ判決ハ、出席裁判官ノ投票ノ過半数ヲ以テ決ス。賛否同数ナル場合ニ於テハ裁判長ノ投票ヲ以テ之ヲ決ス。（中略）

第五条　人並ニ犯罪ニ関スル管轄

本裁判所ハ、平和ニ対スル罪ヲ包含セル犯罪ニ付個人トシテ又ハ団体員トシテ訴追セラレタル極東戦争犯罪人ヲ審理シ処罰スルノ権限ヲ有ス。

左ニ掲クル一又ハ数個ノ行為ハ個人責任アルモノトシ本裁判所ノ管轄ニ属スル犯罪トス。

(イ)　平和ニ対スル罪　即チ、宣戦ヲ布告セル又ハ布告セザル侵略戦争、若ハ国際法、条約、協定又ハ誓約ニ違反セル戦争ノ計画、準備、開始、又ハ遂行、若ハ右諸行為ノ何レカヲ達成スル為メノ共通ノ計画又ハ共同謀議ヘノ参加。

(ロ)　通例ノ戦争犯罪　即チ、戦争ノ法規又ハ慣例ノ違反。

(ハ)　人道ニ対スル罪　即チ、戦前又ハ戦時中為サレタル殺人、殲滅、奴隷的虐使、追放、其ノ他ノ非人道的行為、若ハ犯行地ノ国内法違反タルト否トヲ問ハズ、本裁判所ノ管轄ニ属スル犯罪ノ遂行トシテ又ハ之ニ関連シテ為サレタル政治的又ハ人種的理由ニ基ク迫害行為。

上記犯罪ノ何レカヲ犯サントスル共通ノ計画又ハ共同謀議ノ立案又ハ実行ニ参加セル指導者、組織者、教唆者及ビ共犯者ハ、斯カル計画ノ遂行上為サレタル一切ノ行為ニ付、其ノ何人ニ依リテ為サレタルトヲ問ハズ、責任ヲ有ス。

第六条　被告人ノ責任

何時タルトヲ問ハズ被告人ガ保有セル公務上ノ地位、若ハ被告人ガ自己ノ政府又ハ上司ノ命令ニ従ヒ行助（ママ）セル事実ハ、何レモ夫レ自体右被告人ヲシテ其ノ起訴セラレタル犯罪ニ対スル責任ヲ免レシムルニ足ラザルモノトス。但シ斯カル事情ハ本裁判所ニ於テ正義ノ要求上必要アリト認ムル場合ニ於テハ、刑ノ軽減ノ為メ考慮スルコトヲ得。

第七条　手続規定

本裁判所ハ本条例ノ基本規定ニ準拠シ手続規定ヲ制定シ又ハ之ヲ修正スルコトヲ得。

第八条　検察官

(イ)　主席検察官　連合国最高司令官ノ任命ニ係ル主席検察官ハ、本裁判所ノ管轄ニ属スル戦争犯罪人ニ対スル被疑事実ノ調査及ビ訴追ヲ為スノ職責ヲ有スルモノトシ、且ツ右ノ最高司令官ニ対シテ適当ナル法律上ノ助力ヲ為スモノトス。

(ロ)　参与検察官　日本ト戦争状態ニ在リシ各連合国ハ、主席検察官ヲ補佐スル為メ、参与検察官一名ヲ任命スルコトヲ得。（中略）

第十三条　証拠

(イ)　証拠能力　本裁判所ハ証拠ニ関スル専門技術的規則ニ拘束セラルルコトナシ。

（出典）『東京裁判ハンドブック』青木書店、一九八九年、二五一―二五二ページ。

【解説】　占領軍は一九四五年九月一一日の東条英機を筆頭に一二月までに一〇〇名以上のA級戦犯容疑者を逮捕した。彼らのなかから東条英機らA級戦犯容疑者二八人を裁く極東国際軍事裁判は、翌四六年五月三日から東京の市ヶ谷の旧参謀本部の建物を舞台にはじまった。「極東国際軍事裁判所条例」はこの裁判に先立ってその「裁判所ノ構成」「管轄及ビ一般規定」「被告人ニ対スル公正ナル審理」「裁判所ノ権限及ビ審理ノ執行」「判決及ビ刑ノ宣告」を定めたもので全文五章一七条から成っていた。この条例は国際軍事裁判所条例をモデルに作られ、「通例ノ戦争犯罪」の他に「平和ニ対スル罪」「人道ニ対スル罪」を規定し、戦争責任者個人の刑事責任を認めた点に大きな特徴があった。また、最高司令官により主席検察官が任命されること、天皇免責への配慮がなされていることなど、全体としてアメリカの意見と主導権が保証されていた。

135　BC級戦争犯罪裁判（→表135）

【解説】　ポツダム宣言にもとづく戦争犯罪人の裁判では戦犯は大きくA、B、Cの三つのランクに分けられた。A級戦犯容疑者は連合軍政府の共同決定により、東京の極東国際軍事裁判で裁かれた。これに対してB、C級戦犯容疑者は、ナチスの場合とは異なり、「通例ノ戦争犯罪」を犯した者として両者一括して、アジア四九カ所で各国の法令にしたがい裁かれた。表にみ

表 135　BC 級戦争犯罪裁判国別判決一覧

裁判国	件数	人員	死刑	無期	有期	無罪	その他	裁判地
アメリカ	456	1,453	143 (3)	162 (2)	871	188	89	マニラ，横浜，上海，グアム，クェゼリン
イギリス	330	978	223	54	502	116	83	シンガポール，ジョホールバール，クアラルンプール，タイピン，アロルスター，ペナン，香港，ラブアン，ジェッセルトン，ビルマ(ラングーン，メイミョウ)
オーストラリア	294	949	153	38	455	267	36	ラバウル，ラブアン，香港，シンガポール，ウエワク，ダーウィン，マヌス，アンボン→モロタイ
オランダ	448	1,038	236 (10)	28 (1)	705	55	14	バタビア，メダン，タンジュンピナン，ポンテャナック，バンジェルマシン，バリクパパン，マカッサル，クーパン，アンボン，メナド，モロタイ，ホーランディア
フランス	39	230	63 (37)	23 (4)	112 (2)	31	1	サイゴン
フィリピン	72	169	17	87	27	11	27	マニラ
中国	605	883	149	83	272	350	29	北京，広東，台北，南京，漢口，徐州，済南，太原，上海，瀋陽
計	2,244	5,700	984	475	2,944	1,018	279	

（注）　中国は中国国民政府．アメリカ・イギリス・オーストラリア・フィリピンの銃殺刑・絞首刑は死刑，終身刑は無期刑．その他は起訴取り下げ，公訴棄却，判決不承認，病気帰国，逃亡，結果不明など．アメリカ・オランダの(　)内は判決確定後の減刑．フランスの(　)内は未逮捕のための欠席裁判．豊田隈雄『戦争裁判余録』をもとに作成．

（出典）　佐々木毅ほか編『戦後史大事典』三省堂，1991 年，p. 769.

るようにBC級戦犯の総数は五七〇〇人で、そのうち死刑判決をうけたものは九八〇余名にのぼった。彼らの多くは憲兵や捕虜収容所の監視員であった。収容所関係者のなかには朝鮮人、台湾人も含まれていた。BC級裁判では、証拠認定や法手続に適正を欠き無実の罪で有罪判決をうけたものも少なくなかった。

〔参〕内海愛子『朝鮮人BC級戦犯の記録』勁草書房、一九八二年。

136 外国人登録令　一九四七年五月二日

（一九四七年五月二日 勅令第二〇七号）

第一条　この勅令は、外国人の入国に関する措置を適切に実施し、且つ、外国人に対する諸般の取扱の適正を期することを目的とする。

第二条　この勅令において外国人とは、日本の国籍を有しない者のうち、左の各号の一に該当する者以外の者をいう。

一　連合国軍の将兵及び連合国軍に附属し又は随伴する者並びにこれらの者の家族

二　連合国最高司令官の任命又は承認した使節団の構成員及び使用人並びにこれらの者の家族

三　外国政府の公務を帯びて日本に駐在する者及びこれに随従する者並びにこれらの者の家族

第三条　外国人は、当分の間、本邦（内務大臣の指定する地域を除く。以下これに同じ。）に入ることができない。

前項の規定は、連合国最高司令官の承認を受け（連合国最高司令官が経由すべき港湾又は飛行場を指定したときは、当該港湾又は飛行場を経由し）本邦に入る外国人については、これを適用しない。

第四条　外国人は、本邦に入つたときは六十日以内に、外国人でないものが外国人になつたときは十四日以内に、居住地を定め、内務大臣の定めるところにより、当該居住地の市町村（東京都の区の存する区域並びに京都市、大阪市、名古屋市、横浜市及び神戸市においては区、以下これに同じ。）の長に対し、所要の事項の登録を申請しなければならない。

地方長官は、交通困難その他やむを得ない事由があると認めるときは、前項に規定する期間を伸長することができる。

第一項の申請は、二以上の市町村の長に対してこれをすることができない。

第五条　市町村の長は、内務大臣の定めるところにより、外国人登録簿を調製し、これを市町村の事務所に備えなければならない。

第六条　市町村の長は、第四条の規定により登録の申請を受けたときは、内務大臣の定めるところにより、所要の事項を登録するとともに、登録証明書を交付しなければならない。

第七条　外国人は、居住地を変更したときは、十四日以内に、内務大臣の定めるところにより、新居住地の市町村の長に登録の申請をしなければならない。（中略）

第八条　外国人は、登録事項に変更を生じたときは、十四日以内に、内務大臣の定めるところにより、変更の登録を申請しなければならない。（中略）

第一〇条　外国人は、常に登録証明書を携帯し、内務大臣の定める官公吏の請求があるときは、これを呈示しなければならない。

外国人は、内務大臣の定める官公吏の請求があるときは、旅券、国籍を証明する文書その他登録証明書の正当な所持人であること又は登録証明書に記載された事項の真実であることを証明するに足る文書を呈示しなければならない。

第一一条　台湾人のうち内務大臣の定めるもの及び朝鮮人は、この勅令の適用については、当分の間、これを外国人とみなす。

この勅令及びこの勅令に基く命令に規定する登録の申請その他の行為は、疾病その他内務大臣の定める事由に因り本人においてこれをすることができないときは、内務大臣の定める者がこれをしなければならない。

（出典）『官報』号外、一九四七年五月二日。

【解説】　ポツダム宣言受諾によって日本による朝鮮、台湾の植民地支配がおわりをつげると、日本に在住していた在日朝鮮人、台湾人は本国に帰還したが、四六年三月時点で六五万人が残留していた。彼らは法の下で平等に扱われることなく日本に戸籍がないことを理由に参政権が停止された。さらに四七年五月の外国人登録令の施行により彼らは「外国人」とみなされ、外国人登録と「外国人登録証明書」の携帯・提示が義務づけられた。外国人登録令は新憲法施行の前日に公布施行された、日本法制史上最後の勅令だった。この法律は五二年に外国人登録法へと引き継がれ、新たに指紋押捺が義務づけられることとなった。この指紋押捺は一九九二年の改正で「永住者」および「特別永住者」に限り廃止されることとなり、それに代わり「署名」と「家族事項」が新設された。〔参〕田中宏『新版　在日外国人』岩波新書、一九九五年。

137　占領下の広島平和式典

五日多彩な復興祭の第一日をかざる平和復興広島市民大会は元護国神社前で七千名参集し午前七時半仁都栗町内連盟理事長の開会挨拶から始まつた。木原市長は『市民と一心一体となつて世界平和のシンボル平和都市広島の建設に邁進しよう』と老躯をおし熱心に説き、市民も感激の拍手とともに復興意欲をますますかたくして力強く第二年を踏出すことを誓つた。続いて市会議長の登壇、来賓の挨拶に移り、まづ広島

復興顧問のハービー・サテン少佐は連合軍を代表して

日本と英国は多くの類似点を有しかつては日英同盟をも結んで世界平和の確立に協力したやうにわれわれも平和都市広島の復興に協力し人類平和に貢献する

と述べ、続いて楠瀬知事、水野呉市長、大会後援者代表糸川本社編輯局長がそれぞれ挨拶し、ついで一般市民から各界を代表して広島市復興に対する意見発表があつた。（中略）これについで大内町内会連盟事務局長の宣言決議があり、小坂商工経済会理事長の閉会の辞ののち、市民は鉄道局の吹奏ブラスバンドを先頭に行進を起し慈仙寺鼻の戦災礼拝堂に参拝、広島復興を力強く誓つて市民大会の幕を閉ぢた。

（出典）『中国新聞』一九四六年八月六日。

刻々と迫るあのピカリの一瞬、定刻八時十五分に全市のサイレンが〃平和の祈り〃を市民に伝へた。それを合図に電車、自動車などの乗物、道行く人々も立ち止まり、オフイスでもペンを置いて、それぞれ静かにあの日の追憶と復興の決意を強固にする一分間の黙禱《もくとう》が捧げられた。この日この時の〃平和の祈り〃は戦争放棄を世界に宣言し、平和国家として再建するわが国で子孫永劫《えいごう》に続けられ民族の記念行事になることであらう。

（出典）『中国新聞』一九四六年八月七日。

【解説】　原爆が投下された八月六日に広島では毎年平和式典が行われるが、その起源は敗戦翌年の一九四六年にさかのぼる。同年四月に早くも広島市町会連盟は原爆一周年を記念する平和復興祭の開催を企画し、これに二カ月遅れて広島県商工経済会も広島市本通商店街復興協議会とかたらって世界平和記念祭の企画を広島市に建議した。こうした動きをうけて広島市は同年七月に八月六日を戦争放棄、世界平和の記念日とすることに決定しその式典を挙行したのである。史料はその時の模様を報じた新聞記事である。これをふまえ第一回の平和祭式典が執り行われたのは翌四七年八月六日のことだった。〔参〕宇吹暁『平和記念式典の歩み』広島平和文化センター、一九九二年。

138　戦争犠牲者援護立法の推移（↓図138）

【解説】　一九四五年一一月にGHQ／SCAPは「軍人恩給」の廃止を指令し、その指示にしたがい四六年二月に日本政府はその廃止に踏み切った。これとあわせて四六年九月には傷病兵に関する軍事扶助法と戦災被害者に関する戦時災害保護法も廃止された。しかし一九五二年四月にサンフランシスコ講和条約が発効し日本が主権を回復すると、遺族等援護法が制定され、さらに翌五三年八月には軍人恩給が復活し、以降表に見るようなおびただしい数の戦争犠牲者立法が制定された。しかしこれらの一連の法律の適用は一部を除いて「日本国民」に限定され、旧植民地出身者には適用されず、空襲の被害者なども対象外とされている。

図 138　戦争犠牲者援護立法の推移

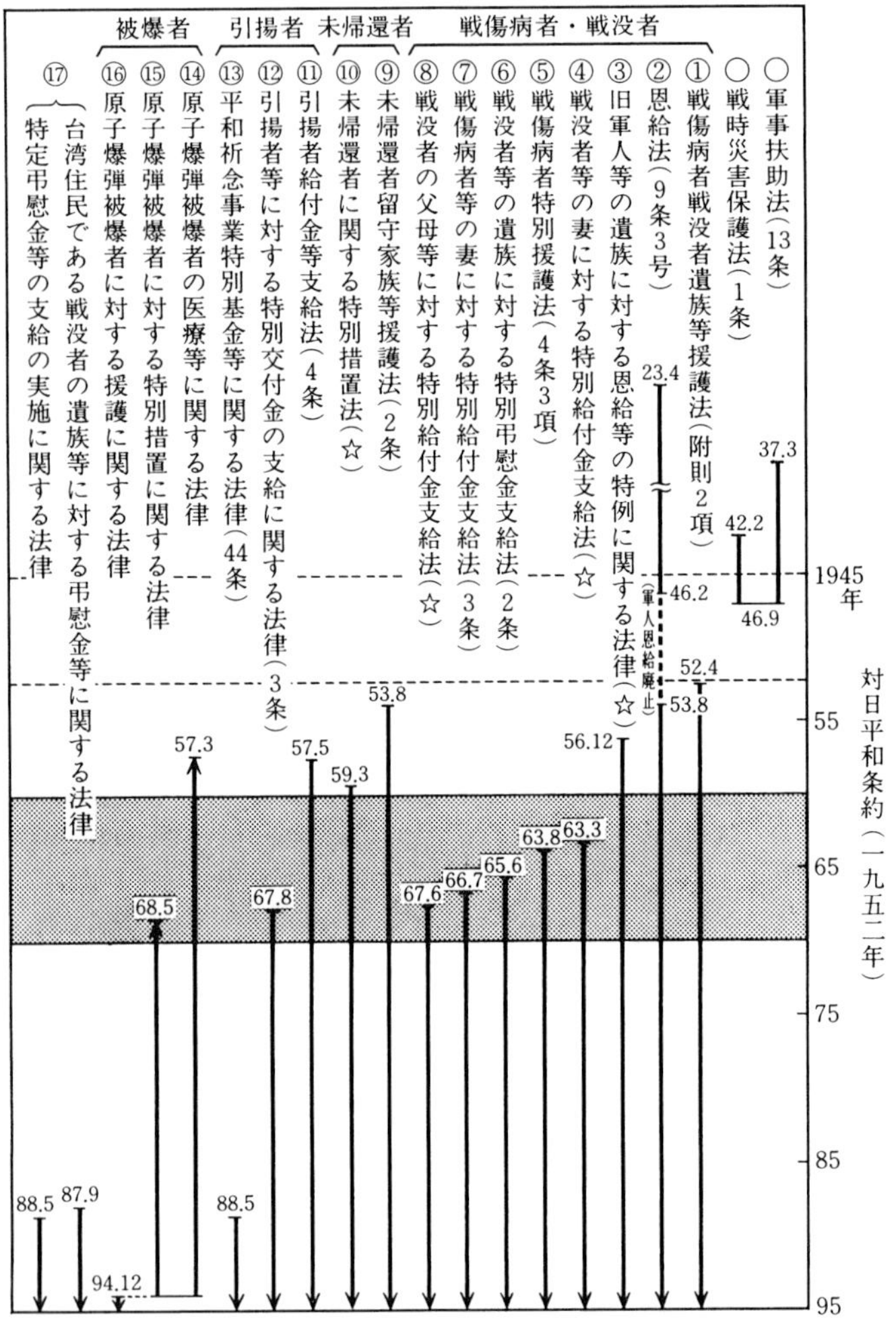

〔注〕 23.4は，1923年4月の意．以下同じ．（　）内は国籍条項を定めた条文を示す．☆印は直接定めた条文はないが，援用法の関係から国籍要件がある．⑭⑮⑯は日本国民と外国人が平等．

（出典） 田中伸尚・田中宏・波田永実『遺族と戦後』岩波新書，1995年，p. 133.

139　昭和天皇の沖縄に関するメッセージ　一九四七年九月

駐日政治顧問部W・J・シーボルドから国務長官あて

一九四七年九月二二日
東京

主題――琉球諸島の将来に関する日本国天皇の意見

国務長官閣下

マッカーサー元帥あての一九四七年九月二〇日付覚書一部を同封いたします。これは、天皇の助言者である寺崎英成氏がみずからの意向により当顧問部を訪れたさいに、同氏と交わした対談の要旨を述べたものでありますが、とくに説明は要しません。

注目される点として、日本国天皇は、米国が沖縄、その他の琉球諸島に対する軍事占領を続けるよう希望していますが、それは、疑いもなく多分に私利にもとづいた希望であります。また天皇は、長期租借方式により米国がこれら諸島の軍事占領を続けることを想定しています。

天皇の考えによれば、日本国民は、それによって米国は下心をもっていないと確信し、軍事目的のための米国による占領を歓迎するであろうということです。

使節団顧問
W・J・シーボルド

〔同封文書〕

連合国最高司令部外交局
マッカーサー元帥あて覚書

（一九四七年九月二〇日）

天皇の助言者である寺崎英成氏は、沖縄の将来に関する天皇の考えを私に伝えるため、あらかじめ日時を約束したうえ来訪した。

寺崎氏は、天皇は米国が沖縄、その他の琉球諸島に対する軍事占領を継続するよう希望している、と述べた。天皇の考えでは、そのような占領は米国の利益になり、また、日本を防衛することにもなろう、というのである。このような措置は、日本国民の間で広範な賛成を得るであろう。彼らは、ロシアの脅威を懸念しているだけでなく、占領が終わったのちに右翼および左翼勢力が台頭し、日本の内政に干渉するための根拠としてロシアが利用しうるような「事件」を引き起こすのではないか、と懸念しているのである。天皇は、以上のように考えている。

さらにまた、天皇は、沖縄、（そのほか必要とされる島嶼）に対する米国の軍事占領は、主権を日本に置いたままでの長期――二五年ないし五〇年またはそれ以上の――租借方式という擬制にもとづいて行なわれるべきであると考えている。天皇によれば、このような占領方式は、米国は琉球諸島に対していかなる恒久的野心ももっていないと日本国民に確信させ、ひいてはこれにより、他の諸国、とりわけソ連と中国が同様の権利を要求することを封ずるであろう。

手続きに関しては、寺崎氏は、（沖縄、その他の琉球諸島に対する）「軍事基地権」の取得は、連合国の対日講和条約の一部としてではなく、むしろ米国と日本との二国間条約によるべきであるという考えであった。寺崎氏によれば、前者の方式は、押し付けられた講和という色合いが強すぎ、将来、日本国民による好意的理解を危うくするおそれがあろう。

W・J・シーボルド

（出典）山極晃・中村政則編『資料日本占領』1　天皇制、大月書店、一九九〇年、五七九―五八〇ページ。

【解説】　一九四七年九月中旬に宮内府御用掛だった寺崎英成は、対日占領軍総司令部政治顧問だったシーボルドを通じて国務省に天皇の沖縄に対するメッセージを伝えた。史料に掲載したように、アメリカが沖縄を長期占領基地化し、日本は主権を残存させたかたちで沖縄をアメリカに長期貸与する、という内容である。すでに天皇は前年の四六年一月の年頭で人間宣言を発し神格化を否定し、二月から全国巡幸の旅に出ていた。四七年に入り第一次吉田内閣が倒れ、代わって社会党の片山内閣が誕生するなかで、天皇は、GHQ／SCAPとアメリカの政策決定者の〝琉球処分〟の意向に沿った発言をすることで、沖縄を犠牲にしながら対日講和と日米軍事同盟につらなる動きを正当化していった。〔参〕進藤栄一「分割された領土」『世界』一九七九年四月号。

第六節

占領政策の転換

140 ロイヤル演説 一九四八年一月六日

占領政策転換、日本経済自立化についての
ロイヤル陸軍長官演説

私自身を含む多くの米国民にとつて、最も驚くべき経過であり、かつわれわれのドイツ及び日本に対する勝利の最も失望的な面の一つは、占領問題についてわれわれに負わされて来た責任と費用であつた。当初この負担の程度を認識し得たものはほとんどなかつた。今日ではわが国のあらゆる市民がわが占領政策が「いかなるものか」また「いかなる理由によるか」を疑問とするのはもつともな次第である。

この機会に私は特に日本について述べたい。降伏直後わが政策の目的は、第一に「日本が再び世界の平和と安全に対する脅威とならないように保証する」ことであり、第二に「国際的責任を遂行し、他国の権利を尊重し、連合国の目的を支持する民主的かつ平和な政府を可及的に速かに確立する」ことであつた。

この根底となる考えは、日本の侵略の防止、すなわち武装解除による直接の防止と、再び侵略戦争の精神を発展せしめないような種類の政府の創設による間接の防止とであつた。日本の真の幸福、または国家としての強さは断然二次的な考慮であつた。すなわち日本からわれわれ自身を護ることの次であり、戦勝連合国に与えた損害に対する賠償支払から見て二次的の問題であつた。

この態度は最初の指令の重点によつて明らかに示されている。その一部分には「日本はその経済を支持し、賠償の取立を許すが、再武装するを得しめないような産業を維持することを許される(奨励されるのではなく、許されるのである)ものとする。原料の支配とは区別した意味において、それへの接近が許されるものとする。終局的には世界貿易への日本の参加が許されるものとする」。

一九四五年には占領の主目的が、われわれを悪意をもつて攻撃し、われわれの軍隊及び民間人に対して残虐行為を犯した敵から保護するにあつたことは、明かに了解できる――それはわが国民の当時の感情及び意見と合致するものであつた。

その後新しい情勢が、世界の政治及び経済に、国防問題に、また人道上の考慮に生じた。わが今後の道を決定するに際しては今やこれらの変化を充分考慮に〔を〕入れなければならないが、これらの成行きは多く最初の方針が定めた後に生じたものであることを記憶すべきである。（中略）

われわれはまた、米国が永久に年々数億ドルを占領地救済資金に注入し続け得るものではなく、またこのような寄与は被占領国が自己の生産と輸出をもつて自己の必需品代金を支払い得るに至つたとき、はじめて悲惨な事故を生ずることなくこれを打切り得るものであることをも認識している。

これらの事情の結果として多くの分野において日本の経済情勢を改善する努力が行われた。このような経済的な考え方が強まるに伴い、広範囲の非軍事化という最初の考えと自立的国家の建設という新しい目的との間に摩擦の分野が生ずるのは避けられなかつた。

農業の場合にはたまたま二つの目的は事実上平行している。封建的土地保有の打倒は戦争を起す勢力を終息させた。同時に土地が広く分配されるに伴い多数の地主に意欲を生ぜしめ、それによつて全体の生産を増大させる傾きがある。

しかし製造業においては事情が異る。合成ゴム、造船、化学または非鉄金属工場の破壊は確かに日本の潜在戦争力を破壊するが、このような破壊はまた潜在平和力にも不利に影響することがある。

財閥の解消はそれ自体としては別に重大な経済問題を生じないかもしれないが、ある段階においては極端な産業集中排除は、戦争力をさらに弱めはするが同時に日本産業の製造能率を害し、従つて日本の自立し得る時期をおくらせるかもしれない。

これがわれわれのヂレンマである。日本は純粋な農業国として生存できないと同様に商人や工匠や小職人の国として自立できないことは明らかである。少くともある程度の大量工業生産がない限り、日本には経済的赤字が続くものと予想できる。

非軍事化と経済的復興との今一つの摩擦点は人事の場合に現われる。日本の戦争機構――軍事上及び産業上の――を建設し運営するに当つて最も積極的であつた人々はしばしばこの国の最も有能にして最も成功した実業指導者であり、かれらの助力は多くの場合において日本の経済復興に寄与するであろう。

われわれは今やかれらをどうすべきであろうか。われわれは日本の戦争組織をそのままにして置く訳にもいかず、またその思想が第二次世界大戦の発生を助けた指導者に権力をもたせて置く訳にもいかない。一方日本の産業上の能力者を無力化しておく訳にもいかない。（中略）

国務省と陸軍省は適当な点で線を引こうと努めている。そうするにあたりかれらは占領初期以来起つた政治、軍事及び経済上の諸事情の変化を充分考慮しようとしており、また考慮するであろう。

（出典）大蔵省財政史室編『昭和財政史——終戦から講和まで』第17巻、資料(一)、東洋経済新報社、一九八一年、六四—六六ページ。

【解説】アメリカ合衆国ロイヤル陸軍長官は、サンフランシスコのコモンウェルス・クラブで行った演説で、日本に対する非軍事化政策、経済民主化政策を、戦後の新しい情勢のなかで見直すべきだと主張した。すなわち、過度の集中排除は日本の自立化を遅らせる、かつて日本の戦争経済に関与した有能な実業指導者は、日本経済の復興を促進する上でも重要である、などとし、今後日本を東アジアにおける「全体主義の脅威の防止に役立つ自足的民主主義」国家とするためには、経済復興政策を重視すべきだとしたのである。これはアメリカ陸軍による公然とした政策転換の要求であった。

141 対日政策に関するNSC報告（NSC13—2）一九四八年一〇月七日

極秘

アメリカの対日政策に関する勧告についての国家安全保障会議の報告

講和条約

1　時機と手続

対日講和条約の手順と内容に関しての関係諸国間の意見の相違の拡大にかんがみ、またソ連の侵略的な共産主義拡大政策によって生じた容易ならぬ国際情勢にかんがみて、政府は現時点において講和条約を急ぐべきではない。政府は、連合国間で何らかの一般的受容性をもつ投票手続について合意をみた場合には、その手続のもとに交渉を進行させられるよう、準備して待機すべきである。講和会議を実際に開催するに先立って、条約に盛り込むべき内容の要点について、外交ルートで参加国の多数の同意を得ておくようにすべきである。この間、日本人に将来の対日管理廃止への準備をさせることに注意を集中すべきである。（中略）

安全保障（中略）

5　琉球諸島

（本件の勧告は別途行なう）

6　海軍基地

アメリカ海軍は横須賀基地を、現在享受する便益を講和後は代償を支払ってもできる限り多く保持できるよう拡充することにつき政策を立案すべきである。他方、海軍は、アメリカが沖縄を長期的に支配し続けるとの想定のもとに、沖縄の海軍基地としての可能性の追及を続けるべきである。

この政策は、講和前のアメリカの日本の安全保障政策最終決定の段階で、国際情勢にかんがみて、横須賀等を海軍基地として保持することが望ましく、かつアメリカの政治目的に一致するならば、これを妨げるものではない。

7　日本の警察

日本の警察は、沿岸警備隊を含め、現在勢力の再強化と装備改善、及び現行の中央統制警察組織の拡大によって強化すべきである。（中略）

占領政策（中略）

12　国内政治・経済改革

以後、改革計画の日本人への同化に力点を置くべきである。この目的のため、SCAPは日本人の着手する改革政策について、占領の総合的な目的に沿うものと判断するなら、それを妨害すべきではなく、SCAPが日本政府に新たな改革立法を強要しないよう指導すべきである。日本政府によってすでに実施され、または準備過程にある改革政策に関しては、SCAPが当該の改革に関しての日本政府への統制を緩和して着実かつ慎重ならしめるよう指導すべきであり、SCAPは日本当局が改革を自ら履行し調整する過程でその原則に背馳しまたはこれを損うときに限り介入すべきである。日本がかかる重大な行動をとった場合、事態が急迫していても余裕のあるときは、SCAPは介入する前にアメリカ政府に協議すべきである。特定の諸改革については、上述の原則を具体化し、許容すべき調整の性格と範囲についてのアメリカ政府の見解を示す確固たる基本的指導方針をSCAPに授与すべきである。

13　公職追放

公職追放の目的は大部分達成されたので、アメリカ政府はSCAPに対し、日本政府に以下のことを非公式に通知するよう指導すべきである。公職追放をさらに拡大する企画はなく、追放を以下の方向に修正すべきこと。すなわち、(1)比較的責任の軽い地位に在職していたが追放され、または追放されるべき者のカテゴリーについては、政府、企業、公共機関の職に対しての適格を回復すべきである、(2)公的生活から追放され、または追放されるべき者のうちのある者は、在職していた地位の基準によってではなく、個人の行動を基準としてのみ再審査できるようすべきである、(3)年齢の最低限を定め、それ以下については公職適格審査を要求すべきでない。

（中略）

15　経済復興

アメリカの安全保障の利益に次いで、経済復興を、次期におけるアメリカの対日政策の主要目的となすべきである。経済復興は、アメリカの長期的援助計画を、物資・資金の双方または一方の援助によって、それを数年にわたって次第に減少させつつ行なうことと、日本への商船供与を含む日本の対外貿易復活に対する現存の障害の除去と日本の輸出の回復と促進のために、アメリカ政府の全関係省庁が強力に、かつ協調して尽力することとの結合により、推進されるべきである。日本の国内的及び対外的交易・産業の発展のためには民間企業を育成すべきである。上掲の諸点の実行に関する勧告は、日本経済の極東諸国との関係を考慮しつつ、政府の関係省庁との協議ののち国務省と陸軍省が共同して案出すべきである。次のことを日本政府に対して明示すべきである。復興計画の成功は主として、はげしい勤労によって生産を向上させ、高い輸出水準を維持し、争議による作業停止を最小にし、インフレーションの傾向に対して国内的なきびしい手段をとって激しい戦をいどみ、かつできる限り速かに均衡予算を達成することにかかっている。

(出典)　大蔵省財政史室編『昭和財政史――終戦から講和まで』第17巻、資料(一)、東洋経済新報社、一九八一年、七九―八一ページ。

【解説】　アメリカ合衆国の対外政策について大統領に助言する最高機関である国家安全保障会議(NSC)は、冷戦下の対日政策転換の基本となる本文書を一〇月七日に決定し、九日に大統領の承認を経た。勧告は全体で二〇項目からなり、「日本が占領の終了後も安定を維持し、自発的意志でアメリカの友好国として残る」ことを目指し、「これらの政策と競合し、抵触する従来の政策は無効とする」と付言していた。そこでは早期講和や懲罰的講和は行うべきでないことや、治安確保のための警察力増強、SCAPの権限縮小と日本政府へのその委譲、改革の停止、公職追放解除、戦犯裁判終結などとともに、「経済復興を、次期におけるアメリカの対日政策の主要目的となす」(一五項)ことが謳われていた。〔参〕大蔵省財政史室編『昭和財政史――終戦から講和まで』第3巻、東洋経済新報社、一九七六年。松尾尊兊『国際国家への出発』集英社、一九九三年。

142　九原則実行に関するドッジ声明　一九四九年三月七日

外国為替レート問題

貿易取引にあたり単一為替レートの早期決定が一般に要望されている。この要望はよく解っており、出来るだけ早く実現出来るように当局でも考えている。現在のところでは単一レートを算定することは大したむずかしいことではなく、これは少しも問題となっていない。考えなければならぬことはほかの諸条件である。単一公式レートを決めることも仕事だが、もう一つの仕事は決めたのちこれを守ることである。

(中略)

インフレと安定

真の安定と進歩とは国家的諸問題を健全な財政通貨政策で処理することに立脚しなければならない。有効な安定をもたらすためには財政政策の基本的手段としての政府予算と総ての政策決定とを関連させることが必要である。インフレのセンを閉めるのも政府、これを開放するのも政府である。補給金、投資その他の一般費目から支出を削ることは政府にとって生易しいことではない。にもかゝわらずやらねばならぬし、いゝ加減の決定のままにしては置けない。政府支出は租税による収入源を限度としなければならぬ。租税引下げは政府支出が減った暁に可能となるものである。（中略）

最後にわたしとしては、日本の諸君が次の簡単な事実を理解されんことを切望する。

1　日本が毎年米国から受取る数億ドルの援助資金は米国の各市民や企業に課せられた租税から支出されているもので、この租税は米国の労働者や商工業の生産物や利潤が支払うことになるのである。米国市民が税を払うのをいやがるのは日本人諸君と同様である。

2　日本が受取っているこれらの米国の援助資金や援助物資は日本が自給しなければならない生産物と輸出品のほんの一時的な代用物補足物にすぎないのである。日本は過去において自立自給することができたが、できるだけ早くまたそうなるように準備しなければならない。（中略）

米国は日本救済と復興のため昭和二三年度までに約一二億五〇〇〇万ドルを支出した。米国が要求し同時に日本が必要とすることは、対日援助を終らせることゝ日本の自立のための国内建設的な行動である。私の信ずるところでは日本は目下厳しい経済を余儀なくされている。しかし現在とられている国内的な方針政策は、合理的でもなく現実的でもない。すなわち日本の経済は両足を地につけていず、竹馬にのっているようなものだ。竹馬の片足は米国の援助、他方は国内的な補助金の機構である。竹馬の足をあまり高くしすぎると転んで首を折る危険がある。今たゞちにそれをちゞめることが必要だ。つゞけて外国の援助を仰ぎ、補助金を増大し、物価を引き上げることはインフレの激化を来すのみならず、国家を自滅に導く恐れが十分にある。

（出典）『朝日新聞』一九四九年三月八日。

【解説】GHQの経済顧問として一九四九年二月にアメリカ本国から派遣されたドッジ公使は、三月の本声明の最後の補足でいわゆる「竹馬経済論」を説いた。日本経済は、アメリカからの援助と政府の補給金という、二本の竹馬の足にのってかろうじてたつ危ない経済であり、馬の足を短くして経済が自立する必要があるという趣旨であった。ドッジ・ラインは、一言でいうと財政緊縮を通しての一挙安定政策であり、その指示は、日本政府やGHQの予想を超えた厳しいものであった。この声明にある単一為替レート設定は、四九年四月二五日に一ドル＝三六〇円で実施された。また、ドッジの指示に基づいて編成された四九年度政府予算は、一般会計のみでなく、特別会計、政府関係機関の純計で歳入超過という超均衡予算となった。〔参

経済企画庁編『現代日本経済の展開』一九七六年。

143 企業整備・行政整理による解雇（→表143）

【解説】ドッジ・ラインにより財政面での通貨増発要因が解消されたため、インフレは収束した。労働組合の大幅な賃上げ要求は、これにより退いたが、大量の人員整理をめぐる労使の深刻な対立が発生した。一九四九年五月公布の行政機関職員定員法により、公務員二八万五〇〇〇人の整理が発表され、公社になった国鉄は七月に一〇万人の整理計画を公表した。民間企業でも、電機産業など機械・器具産業や、石炭産業をはじめとして、各企業で相次いで人員整理が実施され、その数は、一九四九年二月から五〇年六月までで四〇万人に及んだ。資料は、こうした公務員、国鉄、および民間企業における整理人員のうちに、どの程度の共産党員ならびにその「同調者」が含まれていたのかを、特審局（法務府特別審査局）が調査したものである。企業整備、行政整理の名目のもとに、共産党員やその同調者と見なされた人々が重点的に解雇された様相が顕著にうかがわれる。

144 三鷹事件に関する吉田首相の声明　一九四九年七月一六日

行政整理の進行とともに一方に各種の社会的事件が続発している最近の情勢に対し、吉田首相は一六日午後五時二十分声明を発表

一、いわゆる社会不安は共産党の宣伝に源を発しており、虚偽とテロがその運動方針である、しかし共産党は少数で、これを監視することは困難でない

一、過剰人員の整理こそ均衡予算の第一の要件だが、失業対策として退職手当、失業保険制度のほかに大がかりな公共事業、新規企業を計画している

など、政府の所信を明らかにしたが、これによって政府は初めて共産党を社会不安の扇動者と断定したわけで、今後の反共対策、治安対策、失業対策の具体化が注目される

（出典）『朝日新聞』一九四九年七月一七日。

【解説】一九四九年七月一五日夜、中央線三鷹駅車庫から無人の列車が暴走し乗降客ら六人が死亡、十数人が負傷する事件が発生した（三鷹事件）。吉田首相は翌日すぐに声明を発表し、あたかも共産党員が犯行にかかわっているかのように非難した。この事件直前の七月五日、行政整理により国鉄職員の第一次の解雇（三万七〇〇〇人）が通告された次の日に、国鉄総裁下山定則が行方不明となり、轢死体で発見された（下山事件）。八月一七日には東北線松川駅附近で列車が転覆し、機関士ら三人が死亡した（松川事件）。三鷹事件で容疑者として逮捕された一二人のうち一一人が共産党員で、彼らはみな無罪となったが、ただ一人の非党員の被告に死刑が宣告され、彼は獄中で無罪を訴えつづけながら病死した。松川事件では二〇人が起訴され、一四年間に及ぶ裁判で最終的に全員無罪となった。しかし、当時においてこれら一連の事件が労働組合運動に与えた打撃は、極めて

整理状況調(1950年10月現在)

産業別	事業所名	実施日	整理人員	整理者中共産党員	同上同調者	備考
造船	函館ドック	24. 9	205			
		25.7-9	966	13	24	
	川崎重工泉州	24. 9	1,200	1	2	
	玉野造船	24.10	32	32		
				(但し懲戒解雇)		
電線	古河電工	24. 7	1,400	30		
		25. 4	950	6		
	日本無線	23.11-1	379	2		
		24. 8	184	5		
	東日電線	25. 5	235	17	55	
食品	日本冷蔵	24.10	1,077	27		
	日本水産	25. 6	1,151	10		
鉱業	古河鉱業足尾	25. 7	482	10		
計			57,725	2,616		
映画	東宝	25. 9	13	9	2	但し25.6の整理者を除く(赤色追放による)
	大映		31	12	19	
	松竹		67	38	29	
新聞・放送	朝日	25. 7	104			解雇者は全部(共)又は㋛である
	毎日	25. 7	49			
	読売		34			
	放送協会		119			
	共同		33			
	日経		20			
	時事通信		16			
	東京		8			
	時事新報	25. 8	2			解雇者は全部(共)又は㋛である
	函館新聞外37社	25.7-	307			(共)㋛の外に若干(共)㋛にあらざる者が含まれる
計			692			
電気	電産	25. 8	2,137	1,643	493	
運輸	日通	25. 9	513	318	205	
計			3,453	2,711		
国鉄及び	国鉄	24. 7	94,773	2,052	539	
公務員	全逓	24. 7	26,500	2,500		
	一般公務員(含専売)	24.6-9	43,727			内通産53,厚生200,農林150
	地方公務員	24. 9	9,948			内303名が地労委に提訴した
計			174,948			

(原資料) ウェイン・ステイト大学労働・都市問題文書館所蔵ブラッティ文書中の特審局資料. なお,合計欄に数値の合わないものがあるが,原資料のままとした.

(出典) 三宅明正『レッド・パージとは何か』大月書店,1994年,pp. 28-29.

表 143　1949 年 4 月 1 日以降の人員

産業別	事業所名	実施日	整理人員	整理者中共産党員	同上同調者	備考
機器	三井精機	24. 2	650	8		
	日立製作所	25. 5	5,555	355		
	民生チーゼル	24.10	1,000	100		
	富士工業	25. 9	520	75		
	三菱重工	24. 6	2,000	0		希望退職にて整理完了のため㊡は含まれていなかった
	日本軽金属	24. 5	724	5	20	
電工	沖電気	24. 4	1,817	45		
	日本電気	24. 4	3,569	200（同調者も含む）		
	東芝電気	24. 7	4,581	202		
	三菱電機	24. 5	1,700	20		
	富士通信機	24. 7	1,490	60		
	日本通信工業	24. 8	300	5	10	
	松下電器					
鉄鋼	長崎製鉄	25. 8	369	29	30	
	大同製鋼	24. 3	3,000	80		
	扶桑金属	24. 6	2,350	13	17	
	日本製鋼所	24. 6	1,300	30		
自動車	いすゞ自動車	24. 9	1,279	82		
	日産自動車	24.10	2,000	400（同調者を含む）		
	トヨタ自動車	25. 5	1,600	350		
化学	昭和電工	24.11	2,868	46（同調者を含む）		
	日本曹達	25. 3	930	10		
	三井化学	25. 3	1,540	40		
	日本セメント	24. 5	1,314	20		
	東洋合成	24. 5	659	100		工場閉鎖
	わかもと	24. 5	355	5		
	三共製薬	24. 2	300	4		
車輛	新潟鉄工	25. 7	660	6		
	東芝車輛	24. 7	580	70		
	近畿車輛	24. 7 25. 8	620	3		
	汽車会社	24. 5	1,521	10		
	日本車輛蕨	24. 9	360	7		
	日立笠戸	25. 5	850	40		
	川崎車輛	24. 5 25. 5	1,700	35		
	帝国車輛	24. 7	403	8		

表 145　民間企業における 1950 年のレッド・パージ数

産　業	資料①	資料②	資料③	資料④	資料⑤	資料⑥
	1950. 11. 8	50. 11. 22	50. 11 末	50. 12. 1	50. 12. 10	1951. 2. 2
新聞放送	704	704			704	684
電　産	2,137	2,137	2,137		2,137	2,175
映　画	110	113	113		113	106
日　通	515	515	515		515	501
石　炭	1,922	2,020	2,020		2,020	2,148
金属鉱山	285	302	601		302	304
石　油	91	91	91		91	70
私　鉄	530	525	525		525	590
車　両	89	94	94		94	74
造　船	590	601	690		601	587
鉄　鋼	990	1,002	1,002		1,002	940
自動車	117	203	203		147	149
印刷出版	147	160	160		160	160
電　工	293	381	302		381	264
化　学	1,166	1,346	1,346		1,410	1,586
機　器	258	382	632		438	721
電　線	12	31	31		31	40
非鉄金属		46			46	30
食　糧	8	15	19		15	10
繊　維		144			144	164
医　療	46	46			46	46
木　材		11			11	20
銀　行				除く	20	30（銀行・生保計）
生　保				除く	19	
バ　ス						25
土木建設						2
農　協					3	
合　計	10,010	10,869	10,481	11,170	10,975	11,426

（注）①GHQ／SCAP，②大原社会問題研究所，③労働省職業安定局，④日経連，⑤労働省，⑥労働省職業安定局の，各資料.

（出典）三宅明正『レッド・パージとは何か』大月書店，1994 年，p. 9.

大きかった。〔参〕佐藤一『一九四九年「謀略」の夏』時事通信社、一九九三年。

145 民間企業における一九五〇年のレッド・パージ数（↓表145）

【解説】 広義のレッド・パージには、①一九四八―四九年、アメリカ軍が雇用する日本の民間労働者でのパージ、②一九四九年、ドッジ・ライン下の企業整備・行政整理における共産党員とその支持者の集中的排除、③一九四九―五〇年初頭、文部省の示唆による教員のパージ、などが含まれるが、狭義のレッド・パージは、④一九五〇年五月マッカーサーの日本共産党非合法化示唆声明と六月の同党中央委員の追放、七月GHQのスタッフによる日本政府・経営者団体への示唆を契機にして、同年末にかけて、共産党員とその同調者と目された人々が強権的に職場を追われた事態をさす。一九五〇年には、この資料にある民間企業の他に、官庁・公団で一二〇〇人弱が排除されており、民間と併せると一万三〇〇〇人を超える人々がパージされた。民同派と共産派の内部対立も絡まって、労働運動はこうした事態に反撃できず、大きな打撃を受けた。パージされた人々は裁判で争ったが、ほぼ全て敗訴した。

146 朝鮮戦争初期の経過（↓図146）

【解説】 第二次世界大戦後、朝鮮半島は北緯三八度線を境にしてソ連とアメリカの軍事占領下におかれた。一九四八年に南と北で大韓民国と朝鮮民主主義人民共和国がそれぞれ成立し、五〇年六月両者の対立は朝鮮戦争となった。圧倒的に優勢な北側の軍事力に対して、アメリカ軍は国連軍としてこれに介入して応戦、その後中国も義勇軍を投入し、民族の内戦はいっきょに国際的戦争へ広がった。戦線は五一年六月からほぼ膠着し、中国との全面戦争と原爆利用を唱えたマッカーサーはトルーマン米大統領により軍の総司令官を解任された。アメリカの作戦基地となった日本では、特需景気がおき、また政治家や財界人の追放解除、レッド・パージ、警察予備隊結成などのいわゆる逆コースが進行した。〔参〕和田春樹『朝鮮戦争』岩波書店、一九九四年。

147 朝鮮特需・新特需（↓表147AB）

【解説】 一九五〇年六月の朝鮮戦争の勃発により、日本は米軍の兵站基地となった。米軍が日本から軍需物資を購入したり、日本の業者に輸送を委託し、建設を請け負わせたりして生じた特別需要を朝鮮特需といった。在日米軍による物資・サーヴィスの調達は、朝鮮戦争後も六〇年頃までかなりの額にのぼった。朝鮮戦争後の新特需を併せて特需と呼んでいる。武器の生産は五二年三月まで禁止されていたので、朝鮮特需で調達された物資は、土嚢用の麻布、有刺鉄線、ドラム缶、橋梁用の鋼材、トラックなどの兵器以外の雑多な品目であった。特需はドル不足に悩む復興期の日本経済に対して、貴重なドル収入をもたらした。もっとも特需の多かった五二年、五三年には、外貨収入の三分の一以上にものぼった。史料Aでは、米軍の物資・サーヴィスの調達は米軍預金勘定振り込みの欄に計上されており、その他、米軍の軍人や家族の日本国内での消費(「円セール」)なども含めた「広義の特需」が計上されている。史料Bは、米軍による物資・サーヴィスの調達のみの金額である(「狭義の特需」)。これは契約高であり、支払高(史料Aの米軍預金振り込み欄)とは時期がずれるので、両者の数字は一致しない。

図 146　朝鮮戦争初期の経過

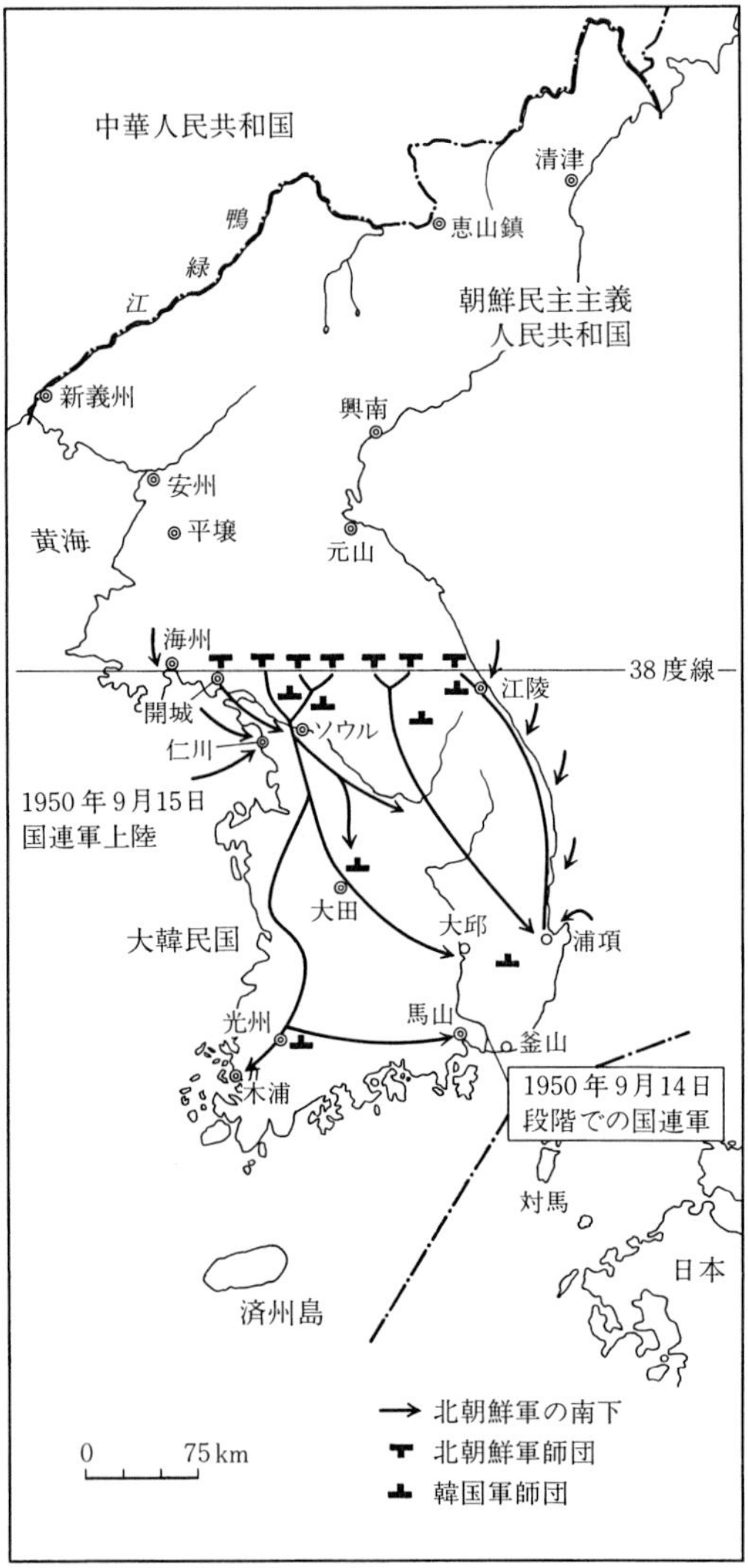

開戦直後，北朝鮮軍の攻勢で，国連軍は半島南端に追い詰められた．のち，戦闘は膠着《こうちゃく》状態となる．

（出典）松尾尊兊『国際国家への出発』集英社，1993年，p. 144．原資料は陸戦史研究普及会編『朝鮮戦争史』原書房．

表 147A　特需収入高の推移（単位：千ドル）

内訳／年別	ドル勘定（米軍関係）				計	ICA 等	ポンド勘定（英軍関係）	合計	外貨受取に対する比率（%）
	円セール	米軍預金振込	沖縄建設工事	その他軍関係					
1950	101,187	38,256	—	446	148,889	—	—	148,889	14.1
1951	221,930	337,370	6,265	6,919	572,484	12,232	6,961	591,677	26.4
1952	271,476	503,607	12,414	2,788	790,285	16,194	17,689	824,168	36.8
1953	300,513	456,029	8,892	834	766,268	19,486	23,725	809,479	38.2
1954	292,779	245,837	3,519	16,650	558,785	16,454	20,925	596,164	25.8
1955	275,723	193,853	2,116	2,910	474,602	70,604	11,398	556,604	20.9
1956	273,779	187,265	1,617	4,518	467,179	124,280	3,908	595,367	18.5
1957	259,435	154,600	1,445	5,408	420,888	128,356	26	549,270	15.1
1958	207,535	163,498	900	8,310	380,243	101,319	—	481,562	13.7
1959	209,598	131,308	2,204	16,282	359,392	111,431	—	470,823	11.6
1960	215,903	173,000	932	5,019	394,854	147,274	—	542,128	11.8

（注）ICA はアメリカ国際協力局の略称であり，ICA 資金によって日本から買い上げられる物資の金額がこの表に計上されている．

（出典）通産省編『特需とアメリカの対外援助』1961 年，p. 86 より作成．

表 147B　在日米軍特需契約高

（単位：千ドル）

年	物　資	役　務	合　計
1950	127,327	64,029	191,356
1951	254,506	99,134	353,640
1952	205,373	117,149	322,522
1953	260,794	183,069	443,863
1954	104,727	132,693	237,420
1955	65,748	107,941	173,689
1956	68,757	95,743	164,500
1957	131,245	98,363	229,608
1958	67,392	76,120	143,512
1959	89,136	67,099	156,235

（出典）表 A と同じ．

148　警察予備隊の部隊組織（↓図148）

【解説】　一九五〇年七月八日、マッカーサーは吉田首相宛の書簡で七万五〇〇〇人の兵力をもつ警察予備隊の創設と、従来一万人であった海上保安庁要員の八〇〇〇人増員を指令した。朝鮮戦争で在日米軍が朝鮮に移動するため、その補充を日本人からなる部隊に求めたのである。アメリカ政府は一九四八年の政策転換ですでに日本再軍備の方向を打ち出しており、当初はこれに難色を示したマッカーサーも、四九年には警察軍の創設に賛成へと転じていた。吉田内閣は五〇年八月一〇日に警察予備隊令を公布、ドッジ・ライン以降の不況のためもあって、これへの応募者は三八万人を超えた。〔参〕読売新聞戦後史班『再

図148　警察予備隊の部隊組織

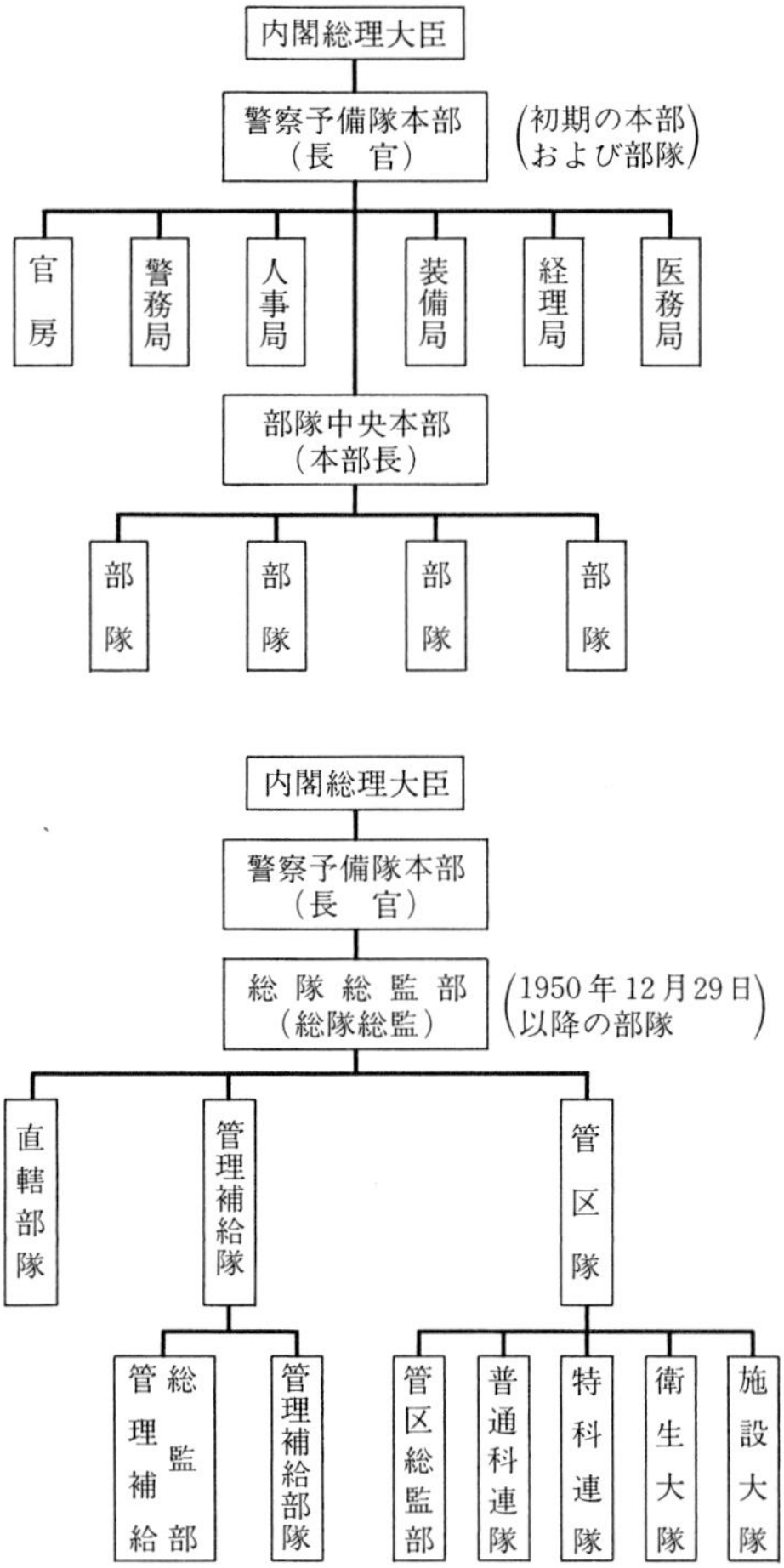

（出典）『自衛隊10年史』1961年，p. 28.

軍備の軌跡』読売新聞社、一九八一年。

149　一万人の追放解除　一九五〇年一〇月一三日

総数八千名から一万名におよぶ初めての多数の追放解除がきょう十三日政府から発表される。

公職資格訴願審査委員会では九月上旬約三万二千件におよぶ訴願全部の審査を終了、このうち三分の一の約一万名が委員会の審査をパスして関係方面と最終的折衝に入っていたが、これらのうちわずかの例外を除いてほとんど全部が総司令部の了解を得て追放を解除されることになり、政府は十三日の閣議に付議したのち正式に発表する。

政府は十二日総司令部からこれについての重大指示をうけ岡崎官房長官、伊関訴願委員会事務局長は同日午後この重大指示の具体化について総司令部民政局を訪ね、その助言を求めた。今度の追放解除が各界に与える影響は極めて大きいと見られる。政界では牧野良三、安藤正純、平野力三、次田大三郎、石井光次郎氏らが復活、また財界では加納久朗、関桂三、鈴木祥枝氏らをはじめ訴願したものの財界関係者の約六割が解除になるといわれる。

終戦後の追放は昭和二十一年一月および同二十二年一月の覚書によって行われ、総数は約二十万名の多数に上っているが、そのうち反証のある約三万名の人たちが訴願委員会に追放解除の申請をし、そのうちから今度はじめて大量解除が行われたわけで、これは訴願委員会の審査結果が、ほとんどそのまま了承されたもようである。

〈解説〉今度の大量追放解除は長い間の懸案となっていただけ[に]時期的にみても極めて重大な意味をもつものとみられている。

今回の措置に対し政府は関係当局者の予想をこえた理解ある態度であるとしているが、今回の断行の意義についてはつぎのように観測している。

追放は単なる刑罰的な意味をもつというよりは、敗戦により日本を新らしく再建するためには古い指導者を一応各界から引退させて新しい指導者によることが第一目標であった。

この目的は終戦後五ヶ年の経過からみてほぼ達せられたともみられる。また占領政策も五ヶ年を経ており日本にも出来る限り自主性を与えるべき時期に来つつあるとの意向もたかまって来ている。さらに六月突発した朝鮮戦乱およびその後の経過をめぐる極東情勢の変化がアメリカの極東政策の推進と相まって今回の措置を促進したとみる向きが強い。

また国内的には警察予備隊編成および今後の整備に関連して大量にその中堅幹部級が求められているのでこれらとも関連性があるともみられている。


（出典）『朝日新聞』一九五〇年一〇月一三日。

【解説】　レッド・パージが進行していたさなかの一九五〇年一〇月一三日、政府は解除を訴願していた三万二〇八九人のうち一万九〇人の公職追放解除を発表した。一一月にはさらに太平洋戦争開始前に陸海軍学校に入学した旧軍人三二五〇人の追放を解除し、そのうち二四五人は翌五一年に警察予備隊へ幹部候補生として入隊した。五一年六月には三木武吉ら政財界二九五八人、七月には地方を中心に六万六四二五人、八月には鳩山一郎ら一万三九〇四人が解除された。旧政党人・言論人・財界人のほとんどがこれに含まれていた。以後も解除は続き、その中には戦争犯罪人として逮捕されていた者も少なくなかった。追放解除は、レッド・パージや警察予備隊創設とともに、人々に「逆コース」を強く印象づけた。〔参〕『東京裁判ハンドブック』青木書店、一九八九年。

第七節　冷戦体制と講和

150　講和問題についての平和問題談話会声明　一九五〇年一月一五日

声　明

一年前、戦争の原因及び平和の基礎について共通の見解を内外に表明したわれわれは、講和及び講和後の保障に関する最近の問題について再びここに声明を発する。われわれにとって、この問題の重大性は誠に比類なきものであり、その処理の如何は、思うに、日本の運命を最後的に決定するであろう。戦争の開始に当り、われわれが自ら自己の運命を決定する機会を逸したことを更めて返省しつつ、今こそ、われわれは自己の手を以て自己の運命を決定しようと欲した。即ち、われわれは、平和への意志と祖国への愛情とに導かれつつ、講和をめぐる諸問題を慎重に研究し、終に各自の政治的立場を越えて、共通の見解を発表するに到った。連合軍による占領が日本の民主化に重要な刺戟と基礎とを与えたことは、恐らく何人もこれを承認するであろう。併しながら、今後における日本の民主化の一層の発展が日本国民自身の責任と創意との下においてのみ可能であることもまた疑いを容れぬところである。即ちそれは、日本国民が講和の確立を通じて世界の諸国民との間に自由な交通と誠実な協力との関係を樹立することを以て必須の条件とする。今や講和の確立及び占領の終結は一切の日本国民の切迫した必要であり要求である。

けれども講和が真実の意義を有し得るには、形式内容共に完全なものであることを要し、然らざる限り、仮令名目は講和であっても、実質は却って新たに戦争の危機を増大するものとなろう。この意味に於いて、講和は必然的に全面講和たるべきものである。この全面講和を困難ならしめる世界的対立の存することは明らかであるが、かの国際軍事裁判に発揮せられた如き国際的正義或は国際的道義がなお脈々としてこの対立の底を流れていることは、われわれを限りなく励ますものである。更に日本がポツダム宣言を受諾して全連合国に降服した所以を思えば、われわれが全連合国との間に平和的関係の回復を願うは、蓋し当然の要求と見るべきものである。

われわれの一般的結論は右の通りである。更にそれに関連して、われわれが真摯なる討論の末に到達した共通の諸点を左に略述するに先立ち、われわれが討論の前提とした二つの公理を指摘する必要を感ずる。即ち、第一は、われわれの憲法に示されている平和的精神に則って世界平和に寄与するという神聖なる義務であり、第二は、日本が一刻も早く経済的自立を達成して、徒らに外国の負担たる地位を脱せんとする願望である。

一、日本の経済的自立は、日本がアジア諸国、特に中国との間に広汎、緊密、自由なる貿易関係を持つことを最も重要な条件とし、言うまでもなく、この条件は全面講和の確立を通じてのみ充たされるであろう。伝えられる如き単独講和は、日本と中国その他の諸国との関連を切断する結果となり、自ら日本の経済を特定国家への依存及び隷属の地位に立たしめざるを得ない。経済的自立が延いて政治的自立の喪失の基礎となることは、論議を要せぬところであり、国民生活の低下は固より、また日本は自ら欲せずして平和への潜在的脅威となるであろう。われわれは、単独講和が約束するかに見える目前の利点よりも、日本の経済的及び政治的独立を重しとするものである。

二、講和に関する種々の論議が二つの世界の存在という事実に由来することは言を俟たない。併しながら、両者の間に一般的調整のための、また対日全面講和のための不撓の努力が続けられていることは、両者の平和的共存に対するわれわれの信念を、更に全面講和に対するわれわれの願望を力強く支持するものである。抑々わが憲法の平和的精神を忠実に守る限り、われわれは国際政局の動揺のままに受身の態度を以て講和の問題に当るのでなく進んで二つの世界の調和を図るという積極的態度を以て当ることを要求せられる。われわれは、過去の戦争責任を償う意味からも来るべき講和を通じて両者の接近乃至調整という困難な事業に一歩を進むべき責務を有している。所謂単独講和はわれわれを相対立する二つの陣営の一方に投じ、それとの結合を強める半面、他方との間に、単に依然たる戦争状態を残すにとどまらず、更にこれとの間に不幸なる敵対関係を生み出し、総じて世界的対立を激化せしめるであろう。これ、われわれの到底忍び得ざるところである。

三、講和後の保障については、われわれは飽くまでも中立不可侵を希い、併せて国際連合への加入を欲する。国際連合は、少くともその憲章の示すところについて見れば、人類が遠い昔から積み重ねて来た平和への努力の現代に於ける結晶であり、平和を祈る世界の一切の人々と共に、われわれもまたこれに多大の信頼と期待とを寄せるものである。第三回国際連合総会によって採択された「世界人権宣言」に見える如く、われわれが、そこに宣言せられた諸権利、特に社会的経済的権利を単に国内のみならず、実に国際的に要求し得るということは、われわれに新たなる勇気を与えるものである。中立不可侵も国際連合への加入も、凡て全面講和を前提とすることは明らかである。単独講和または事実上の単独講和状態に附随して生ずべき特定国家との軍事協定、特定国家のための軍事基地の提供の如きは、その名目が何であるにせよ、わが憲法の前文及び第九条に反し、日本及び世界の破滅に力を藉すものであって、われわれは到底これを承諾することは出来ない。日本の運命は、日本が平和の精神に徹しつつ、而も毅然として自主独立の道を進む時のみ開かれる。

結　語

一、講和問題について、われわれ日本人が希望を述べるとすれば、全面講和以外にない。
二、日本の経済的自立は単独講和によっては達成されない。
三、講和後の保障については、中立不可侵を希い、併せて国際連合への加入を欲する。
四、理由の如何によらず、如何なる国に対しても軍事基地を与えることには、絶対に反対する。

昭和二十五年一月十五日

平和問題談話会

（出典）『世界』一九五〇年三月号。

【解説】一九四八年七月の「平和のために社会科学者はかく考える――ユネスコを通じての声明」をきっかけとして、四九年一月に東京と京都の研究者・知識人五五人が「戦争と平和に関する日本の科学者の声明」をまとめ、平和問題談話会が組織された。同会のメンバーは、おりからの吉田内閣の片面講和方針に対して批判を加え、五〇年一月にこの声明が発表された。署名者は五六人で、人文・社会・自然科学の各領域の専門家にまたがっていた。全面講和・中立・非武装を求めるこの集団の主張と、掲載誌である『世界』の論調は、日本社会党や総評の平和四原則などに大きな影響を与えた。平和問題談話会は、さらに「三たび平和について」を一九五〇年一二月号の『世界』に掲載した。〔参〕『世界』一九八五年七月臨時増刊号。

151 講和と再軍備、米軍駐留をめぐる世論　一九五〇年一一月一五日・一九五二年五月一七日

朝日新聞社世論調査

講和と日本再武装の世論調査

（一九五〇年一一月一五日付）

◇朝鮮戦乱は日本にとってあなたの結んでほしいと思う講和条約の締結を早めると思いますか、それとも影響しないと思いますか。

早める	四五・九%
遅くする	一五・〇
影響しない	四・八

わからない　三四・三

◇あなたは日本の講和条約は次の二つのうちどちらがよいと思いますか、――米ソ間の不一致が解決するまで講和条約の締結をのばしますか（全面講和）、それとも米国および親米的諸国間との単独講和に賛成しますか。

全面講和　二一・四％
単独講和　四五・六
わからない　三三・〇

◇講和条約の締結後にアメリカが日本に軍事基地をもつことをあなたはどう思いますか――。賛成ですか、反対ですか。

賛成　二九・九％
反対　三七・五
わからない　三二・六

◇ある人たちはわが国は軍隊をつくるべきだといっていますが、あなたはこの意見に賛成ですか、反対ですか。――「軍隊」というのは日本を侵略から守る軍隊のことで、警察予備隊や海上保安隊とはちがいます。

賛成　五三・八％
反対　二七・六
わからない　一八・六

◇あなたはこの軍隊は国外のどこにでも派遣されるべきだと思いますか、それとも国内にいて本土を防衛するだけに止めるべきだと思いますか。（軍隊創設に賛成と答えた人だけにきいた）

日本防衛のみ　七三・九％
国外に派遣　一八・五
わからない　七・六

「講和をどう考える」世論調査

（一九五二年五月一七日付）

◇講和ができたので日本も独立国になったと考えるか。そうは思わないか。

独立した　四一％
形式だけ半独立など　三二
独立したと思わない　八
わからない　一九

◇日本はこれから先ソ連と講和した方がよいか、そうしなくてもよいと思うか。

講和する　五四％
講和しない　二〇
わからない　二六

◇日本と中共はいまのところつき合いもしていないが、このまゝでよいと思うか。いけないと思うか。

このまゝでよい　一一％

このまゝではいけない　五七
わからない　三二

◇日本が占領されていた間に、総司令部や日本政府のやったことで、これはよかったと思うものがあるか。

ある　四七％
ない　一四
わからない　三九

◇これはよくなかったと思うことがあるか。

ある　二八％
ない　二六
わからない　四六

◇アメリカの軍隊は占領の終ったのちも引続き日本にいるとりきめができているが、何のために日本にいるのか。

日本防衛のため　二一％
ソ連、中共、共産勢力の侵略防止　一八
日本国内の治安維持のため　一三
日本に防衛力がないため　一一
アメリカ自身の防衛のため　四
日本監視のため　三
その他　六
わからない　三〇

◇アメリカ軍が日本に残るようになったのは、日本政府が希望したのだと思うか。アメリカ側が希望したからだと思うか。

日本とアメリカ両方　二九％
アメリカ側が希望した　二四
日本政府が希望した　二一
わからない　二六

◇アメリカ軍が日本に残ることを希望するか、しないか。

希望している　四八％
希望しない　二〇
仕方がない、どちらでもよい　一六
わからない　一六

（出典）『朝日新聞』一九五〇年一一月一五日、一九五二年五月一七日。

【解説】　戦後日本で新たに行われるようになったものに世論調査がある。敗戦の年の一一月以降、新聞社を中心に様々な論点での世論調査が行われた。一九五〇年一一月一五日付朝日新聞にある講和と日本再武装に関する調査は、九月二一日から四日間の実施、層化任意標本多回抽出法により全国三〇〇〇のサンプルをとって行われたものである。なお高等教育を受けた者三八六をさらに抽出し、それが結果に加重されている。五二年五月一七日の新聞にある講和に関する調査は、講和条約発効直後の同年五月九―一一日、これも層化任意標本多回抽出法により全国三〇〇〇のサンプルをとって行われたものであるが、これには加重はされていない。〔参〕NHK放送世論調査所編『図説戦後世論史第二版』日本放送出版協会、一九八二年。

152 総評行動綱領（平和四原則）　一九五一年三月一二日

一、われわれは政府、資本家の首切り、労働強化、低賃金政策に反対し、労働者の文化的生活を保障する最低賃金制確立と完全雇傭実現のために闘う。

二、われわれは労働組合法、労働関係調整法の民主的改正と、国家公務員法、公共企業体等労働関係法、地方公務員法その他労働組合弾圧諸法令の撤廃を実現し、労働基準法の完全実施と労働者の基本的権利である団結権、団体交渉権、罷業権の確立と政治活動の自由獲得のために闘う。

三、われわれは労働基本権を無視する資本家階級の御用化労働協約に反対し、既得権を守り、進歩的労働協約締結のために闘う。

四、われわれは政府ならびに資本家の全額負担による失業保険の拡充をすみやかに実現し、進んで労働者の生活に基盤をおいた総合的社会保障制度確立のために闘う。

五、われわれは性別による差別待遇に反対し、同一労働同一賃金制の確立と、婦人少年労働者の完全保護のために闘う。

六、われわれは給与所得税および一切の大衆課税を軽減し、退職手当に対する課税の撤廃、人頭割的地方税制反対のために闘う。

七、われわれは企業経営の徹底的民主化と、金融機関・重要産業の社会化を促進し、日本経済の民主的再建のために闘う。

八、われわれは労働組合の産別整理を促進し、産業別単一労働組合の基礎に立った強力な民主的労働組合の統一実現のために闘う。

九、われわれは平和的・民主的手段によって社会主義社会を実現せんとする政党の強化と活動に協力し、日本民主革命推進のために闘う。

十、われわれは国際自由労連を通じて労働者の国際的団結を強化し、恒久的世界平和確立のために闘う。

十一、われわれは、再軍備に反対し、中立堅持、軍事基地提供反対、全面講和の実現により日本の平和を守り独立を達成するために闘う。

（出典）竹前栄治・三宅明正・遠藤公嗣編『資料日本占領』2 労働改革と労働運動、大月書店、一九九二年、三四六ページ。

【解説】一九五一年三月一〇日から一二日まで開催された総評の第二回大会は、第一一条に再軍備反対・中立堅持・軍事基地反対・全面講和の、いわゆる平和四原則を掲げる行動綱領を採択し、国際自由労連への一括加盟提案を否決した。これは結成時の総評の路線の転換であった。「ニワトリからアヒル」へという語句が、親米的労働組合だと思って育てたら反米的になったという意味で、総評のこの過程で用いられるようになった。その後、五一年の電産・炭労ストや五二年の労闘ストなどで、総評は戦闘性、独自性を強めた。〔参〕竹前栄治『戦後労働改革』東京大学出版会、一九八二年。

153 琉球政府設立布告　一九五二年二月二九日

琉球政府の設立

琉球住民に告げる。

琉球住民の経済的、政治的及び社会的福祉を増進するため、琉球政府を設立することが望ましいので、本官琉球列島民政副長官陸軍少将ロバート・エス・ビートラーは、ここに次の通り布告する。

第一条　立法機関、行政機関及び司法機関を備える琉球政府をここに設立する。

第二条　琉球政府は琉球における政治の全権を行うことができる。但し、琉球列島米国民政府の布告、布令及び指令に従う。

第三条　琉球政府の立法権は琉球住民の選挙した立法院に属する。立法院は、琉球政府の行政機関及び司法機関から独立して、その立法権を行う。立法院は、一般租税、関税、分担金、消費税の賦課徴収及び琉球内の他の行政団体に対する補助の交付を含む琉球政府の権能を実施するに必要適切なすべての立法を行うことができる。

立法院の第一会期は、一九五二年四月一日沖縄の那覇に於て開会し、爾後法規に従い定例会を開くものとする。

第四条　琉球政府の行政権は、行政主席に属するものとし、行政主席はこれが選挙制になるまで民政副長官が、これを任命する。行政主席は時宜により立法院に対し、政府の状況につき報告し、自ら必要適切と認める方策についてその審議を勧告する。行政主席は、立法院の臨時会を招集する権限を有する。行政主席は、立法院の立法により設置する行政各局の管理運営につき責任を負い、民政副長官の認可により各局に必要な職員を任命する。但し、暴力による政府の破壊を主張する者は、琉球政府の職員となることができない。

行政副主席は、これが選挙制になるか又は別に定められるまで民政副長官がこれを任命する。行政副主席は立法を主宰する。但し、立法院がその議事規則により可否同数のとき裁決する権限を附与する場合の外、表決権を有しない。行政主席が不在のとき又は事故があるときは、行政副主席がその職務を行う。

但し、かかる期間中は、立法院は議員中から主宰者を互選する。

第五条　琉球政府の司法機関は、さきに設置された琉球上訴裁判所、巡回裁判所、治安裁判所及び時宜により設置されるその他の裁判所とする。

裁判所は、行政機関及び立法機関から独立して、その司法権を行う。上訴裁判所の判事は、民政長官がこれを任命する。巡回裁判所及び治安裁判所の判事は、民政副長官の事前の認可により行政主席がこれを任命する。民政副長官は、裁判所の決定又は判決について任意にこれを再審し認可し、延期し、停止し、減刑し、移送する等の処置を講ずることができる。

第六条　信教、言論、集会、請願及び出版の自由及び正当な法手続によらない不当な捜査、たい捕、及び生命、自由又は財産の剝奪等に対する安全の保障を含む民主国家の基本的自由は、公共の福祉に反しない限りこれを保障する。

第七条　民政副長官は、必要な場合には、琉球政府その他の行政団体又はその代行機関により制定された法令規則の施行を拒否し、禁止し、又は停止し自ら適当と認める法令規則の公布を命じ及び琉球における全権限の一部又は全部を自ら行使する権利を留保する。

第八条　さきに任命組織された臨時中央政府は、本布告施行の日に解消する。但し、臨時中央政府の立法、行政及び司法の合法行為は、本布告により設立される琉球政府のそれぞれの機関の行為により改廃されるまでは有効とする。但し、臨時中央政府の行政機関及び司法機関の官職に対して行われた任命は、琉球政府の当該官職に対して効力を持続するものとする。

第九条　前条の規定を条件として一九五一年四月一日附民政府布告第三号「臨時中央政府の設立」及び本布告と抵触するその他の布告、布令及び指令の規定はここにこれを廃止する。

第十条　本布告は、一九五二年四月一日から施行する。

民政長官の命により
琉球列島民政副長官
米国陸軍少将　ロバート・エス・ビートラー

（出典）琉球政府文教局『琉球史料 第一集 政治編1』一九五六年、三一七—三一八ページ。

【解説】アメリカは一九四九年に沖縄を日本本土から切り離して長期的に保有し、基地の拡大強化をはかる方針を公式に決め、本格的な軍事基地建設を開始した。五二年のサンフランシスコ講和で、沖縄は本土から完全に切り離され、引続きアメリカの占領下におかれることとなった。この間、五〇年には奄美群島・沖縄群島・宮古群島・八重山群島の四地域で民政府が群島政府に改められて知事と議員が選挙されたが、そこでは日本への復帰を主張する知事や議員たちが選出された。そこでアメリカは、五一年に発足させた臨時中央政府の行政主席に、親米派の人物を任命した。さらに五二年には四つの群島政府を廃止して、統一政府としての琉球政府を設立し、任命制の行政主席をおいた。〔参〕中野好夫・新崎盛暉『沖縄戦後史』岩波新書、一九七六年。

154　サンフランシスコ平和条約　一九五一年九月八日締結・五二年四月二八日発効

日本国との平和条約

連合国及び日本国は、両者の関係が、今後、共通の福祉を増進し且つ国際の平和及び安全を維持するために主権を有する対等のものとして友好的な連携の下に協力する国家の間の関係でなければならないことを決意し、よつて、両者の間の戦争状態の存在の結果として今なお未決である問題を解決する平和条約を締結することを希望するので、

日本国としては、国際連合への加盟を申請し且つあらゆる場合に国際連合憲章の原則を遵守し、世界人権宣言の目的を実現するために努力し、国際連合憲章第五十五条及び第五十六条に定められ且つ既に降伏後の日本国の法制によつて作られはじめた安定及び福祉の条件を日本国内に創造するために努力し、並びに公私の貿易及び通商において国際的に承認された公正な慣行に従う意思を宣言するので、

連合国は、前項に掲げた日本国の意思を歓迎するので、

よつて、連合国及び日本国は、この平和条約を締結することに決定し、これに応じて下名の全権委員を任命した。これらの全権委員は、その全権委任状を示し、それが良好妥当であると認められた後、次の規定を協定した。

第一章　平　和

第一条

(a)　日本国と各連合国との間の戦争状態は、第二十三条の定めるところによりこの条約が日本国と当該連合国との間に効力を生ずる日に終了する。

(b)　連合国は、日本国及びその領水に対する日本国民の完全な主権を承認する。

第二章　領　域

第二条

(a)　日本国は、朝鮮の独立を承認して、済州島、巨文島及び鬱陵島を含む朝鮮に対するすべての権利、権原及び請求権を放棄する。

(b)　日本国は、台湾及び澎湖諸島に対するすべての権利、権原及び請求権を放棄する。

(c)　日本国は、千島列島並びに日本国が千九百五年九月五日のポーツマス条約の結果として主権を獲得した樺太の一部

及びこれに近接する諸島に対するすべての権利、権原及び請求権を放棄する。

(d) 日本国は、国際連盟の委任統治制度に関連するすべての権利、権原及び請求権を放棄し、且つ、以前に日本国の委任統治の下にあつた太平洋の諸島に信託統治制度を及ぼす千九百四十七年四月二日の国際連合安全保障理事会の行動を受諾する。

(e) 日本国は、日本国民の活動に由来するか又は他に由来するかを問わず、南極地域のいずれの部分に対する権利若しくは権原又はいずれの部分に関する利益についても、すべての請求権を放棄する。

(f) 日本国は、新南群島及び西沙群島に対するすべての権利、権原及び請求権を放棄する。

第三条

日本国は、北緯二十九度以南の南西諸島(琉球諸島及び大東諸島を含む。)、孀婦岩の南の南方諸島(小笠原群島、西之島及び火山列島を含む。)並びに沖の鳥島及び南鳥島を合衆国を唯一の施政権者とする信託統治制度の下におくこととする国際連合に対する合衆国のいかなる提案にも同意する。このような提案が行われ且つ可決されるまで、合衆国は、領水を含むこれらの諸島の領域及び住民に対して、行政、立法及び司法上の権力の全部及び一部を行使する権利を有するものとする。(中略)

第十一条

日本国は、極東国際軍事裁判所並びに日本国内及び国外の他の連合国戦争犯罪法廷の裁判を受諾し、且つ、日本国で拘禁されている日本国民にこれらの法廷が課した刑を執行するものとする。これらの拘禁されている者を赦免し、減刑し、及び仮出獄させる権限は、各事件について刑を課した一又は二以上の政府の決定及び日本国の勧告に基く場合の外、行使することができない。極東国際軍事裁判所が刑を宣告した者については、この権限は、裁判所に代表者を出した政府の過半数の決定及び日本国の勧告に基く場合の外、行使することができない。(中略)

第五章　請求権及び財産

第十四条

(a) 日本国は、戦争中に生じさせた損害及び苦痛に対して、連合国に賠償を支払うべきことが承認される。しかし、また、存立可能な経済を維持すべきものとすれば、日本国の資源は、日本国がすべての前記の損害及び苦痛に対して完全な賠償を行い且つ同時に他の債務を履行するためには現在充分でないことが承認される。(中略)

(b) この条約に別段の定がある場合を除き、連合国は、連合国のすべての賠償請求権、戦争の遂行中に日本国及びその国民がとつた行動から生じた連合国及びその国民の他の請求権並びに占領の直接軍事費に関する連合国の請求権を放棄する。（中略）

第十九条

(a)　日本国は、戦争から生じ、又は戦争状態が存在したためにとられた行動から生じた連合国及びその国民に対する日本国及びその国民のすべての請求権を放棄し、且つ、この条約の効力発生の前に日本国領域におけるいずれかの連合国の軍隊又は当局の存在、職務遂行又は行動から生じたすべての請求権を放棄する。

（出典）　外務省編『主要条約集（平成三年版）』一一三六ページ。

【解説】　一九五一年九月四日からサンフランシスコで開催された講和会議には、中国大陸や台湾、朝鮮半島の政府は招請されなかった。さらに同時に締結される安保条約で米軍の駐留が計画されたため、インド・ビルマ・ユーゴスラビアは会議への参加を拒否し、ソ連・チェコスロバキア・ポーランドは修正提案が可決されなかったため条約に署名しなかった。こうして講和は、アメリカとその友好国のみによる片面講和となった。条約の発効で日本は独立を回復したものの、中国、ソ連、韓国、北朝鮮といった隣国との国交は回復せず、また千島列島と沖縄を分離したことで領土問題があいまいにされるという問題が発生した。なお第一一条「……裁判を受諾し……」にある「裁判」の、原文に基づく正確な訳語は「判決」である。〔参〕三浦陽一『吉田茂とサンフランシスコ講和』上下、大月書店、一九九六年。

155　日米安全保障条約　一九五一年九月八日締結・五二年四月二八日発効

日本国とアメリカ合衆国との間の安全保障条約

日本国は、本日連合国との平和条約に署名した。日本国は、武装を解除されているので、平和条約の効力発生の時において固有の自衛権を行使する有効な手段をもたない。

無責任な軍国主義がまだ世界から駆逐されていないので、前記の状態にある日本国には危険がある。よつて、日本国は、平和条約が日本国とアメリカ合衆国の間に効力を生ずるのと同時に効力を生ずべきアメリカ合衆国との安全保障条約を希望する。

平和条約は、日本国が主権国として集団的安全保障取極を締結する権利を有することを承認し、さらに、国際連合憲章は、すべての国が個別的及び集団的自衛の固有の権利を有することを承認している。

これらの権利の行使として、日本国は、その防衛のための暫定措置として、日本国に対する武力攻撃を阻止するため日本国内及びその付近にアメリカ合衆国がその軍隊を維持することを希望する。

アメリカ合衆国は、平和と安全のために、現在、若干の自国軍隊を日本国内及びその付近に維持する意思がある。但し、アメリカ合衆国は、日本国が、攻撃的な脅威となり又は国際連合憲章の目的及び原則に従つて平和と安全を増進すること以外に用いられうべき軍備をもつことを常に避けつつ、直接及び間接の侵略に対する自国の防衛のため漸増的に自ら責任を負うことを期待する。

よつて、両国は、次のとおり協定した。

第一条

平和条約及びこの条約の効力発生と同時に、アメリカ合衆国の陸軍、空軍及び海軍を日本国内及びその付近に配備する権利を、日本国は、許与し、アメリカ合衆国は、これを受諾する。この軍隊は、極東における国際の平和と安全の維持に寄与し、並びに、一又は二以上の外部の国による教唆又は干渉によつて引き起された日本国における大規模の内乱及び騒じようを鎮圧するため日本国政府の明示の要請に応じて与えられる援助を含めて、外部からの武力攻撃に対する日本国の安全に寄与するために使用することができる。

第二条

第一条に掲げる権利が行使される間は、日本国は、アメリカ合衆国の事前の同意なくして、基地、基地における若しくは基地に関する権利、権力若しくは権能、駐兵若しくは演習の権利又は陸軍、空軍若しくは海軍の通過の権利を第三国に許与しない。

第三条

アメリカ合衆国の軍隊の日本国内及びその付近における配備を規律する条件は、両政府間の行政協定で決定する。

第四条

この条約は、国際連合又はその他による日本区域における国際の平和と安全の維持のため充分な定をする国際連合の措置又はこれに代る個別的若しくは集団的の安全保障措置が効力を生じたと日本国及びアメリカ合衆国の政府が認めた時はいつでも効力を失うものとする。

（出典）『官報』号外、一九四七年四月二八日。

【解説】サンフランシスコ平和条約調印後、ただちに安保条約が締結され、講和後の米軍駐留を定めた。締結はサンフランシスコ郊外の下士官クラブで行われたが、そうした場所自体がこの条約の不平等性を象徴していると言われる。すなわち、アメリカは日本に軍隊を駐留させる権利を有しながら日本の安全への義務は負わない、アメリカの同意なしに第三国に基地提供や軍隊通過の権利を許与しない、有効期間が明示されずアメリカの同意がなければ永久に駐留が可能である、など、様々な問題が存在した。〔参〕室山義正『日米安保体制』上、有斐閣、一九九二年。豊下楢彦『安保条約の成立』岩波新書、一九九六年。

156　日米行政協定　一九五二年四月二八日公布

日本国とアメリカ合衆国との間の
安全保障条約第三条に基く行政協定

第二条

1　日本国は、合衆国に対し、安全保障条約第一条に掲げる目的の遂行に必要な施設及び区域の使用を許すことに同意する。個個の施設及び区域に関する協定は、この協定の効力発生の日までになお両政府が合意に達していないときは、この協定の第二十六条に定める合同委員会を通じて両政府が締結しなければならない。「施設及び区域」には、当該施設及び区域の運営に必要な現存の設備、備品及び定着物を含む。（中略）

第三条

1　合衆国は、施設及び区域内において、それらの設定、使用、運営、防衛又は管理のため必要な又は適当な権利、権力及び権能を有する。合衆国は、また、前記の施設及び区域に隣接する土地、領水及び空間又は前記の施設及び区域の近傍において、それらの支持、防衛及び管理のため前記の施設及び区域への出入の便を図るのに必要な権利、権力及び権能を有する。本条で許与される権利、権力及び権能を施設及び区域外で行使するに当つては、必要に応じ、合同委員会を通じて両政府間で協議しなければならない。

2　合衆国は、前記の権利、権力及び権能を、日本国の領域への、領域からの又は領域内の航海、航空、通信又は陸上交通を不必要に妨げるような方法によつては行使しないことに同意する。合衆国が使用する電波放射の装置が用いる周波数、電力及びこれらに類する事項に関するすべての問題は、相互の取極により解決しなければならない。一時的の措置として、合衆国軍隊は、この協定が効力を生ずる時に留保している電力、設計、放射の型式及び周波数の電子装置を日本側からの放射による妨害を受けないで使用する権利を有する。（中略）

第四条

1　合衆国は、この協定の期間満了の際又はその前に日本国に施設及び区域を返還するに当つて、当該施設及び区域をそれらが合衆国軍隊に提供された時の状態に回復し、又はその回復の代りに日本国に補償する義務を負わない。（中略）

第九条

1　合衆国は、この協定の目的のため合衆国軍隊の構成員及び軍属並びにそれらの家族である者を日本国に入れる権利を有する。

2　合衆国軍隊の構成員は、日本国の旅券及び査証に関する法令の適用から除外される。合衆国軍隊の構成員及び軍属並びにそれらの家族は、外国人の登録及び管理に関する日本国の法令の適用から除外される。但し、日本国の領域に永久的な居所又は住所を有する権利を取得するものとみなしてはならない。（中略）

第十七条

1　千九百五十一年六月十九日にロンドンで署名された「軍隊の地位に関する北大西洋条約当事国間の協定」が合衆国について効力を生じたときは、合衆国は、直ちに、日本国の選択により、日本国との間に前記の協定の相当規定と同様の刑事裁判権に関する協定を締結するものとする。

2　1に掲げる北大西洋条約協定が合衆国について効力を生ずるまでの間、合衆国の軍事裁判所及び当局は、合衆国軍隊の構成員及び軍属並びにそれらの家族（日本の国籍のみを有するそれらの家族を除く。）が日本国内で犯すすべての罪について、専属的裁判権を日本国内で行使する権利を有する。この裁判権は、いつでも合衆国が放棄することができる。（中略）

第二十六条

1　この協定の実施に関して相互の協議を必要とするすべての事項に関する日本国と合衆国との間の協議機関として、合同委員会を設置する。合同委員会は、特に、合衆国が安全保障条約第一条に掲げる目的の遂行に当つて使用するため必要とされる日本国内の施設又は区域を決定する協議機関として、任務を行う。（下略）

（出典）大蔵省財政史室編『昭和財政史――終戦から講和まで』第17巻、資料編（一）、東洋経済新報社、一九八一年、一二三―一三四ページ。

【解説】　日米安保条約に基づき駐留する米軍の様々な条件を規定した。米軍は日本国内のどこにでも基地を設定することができ、これに必要な便宜を日本は提供する、鉄道や通信、電力で米軍が優先される、米兵とその家族は治外法権をもつなど、米軍に特権的な地位を与えた。このように日本の主権を大きく制限する内容にも拘らず、「行政協定」として政府間の調印のみで発効し、国会の批准を得ない点が問題とされた。一九六〇年の新安保条約とともに「地位協定」となった。

157　日本新聞協会　破防法案に対する声明書　一九五二年四月二二日

独立後の日本において、言論の自由は、民主政治の発展のためにますます重要性を加えている時にあたり、破壊活動防止法案、刑事特別法案など言論活動に重大影響を与える立法が容易に提案されるがごとき傾向に対し、深い関心を持つものである。

言論の自由は、社会的に重大な危険を及ぼすおそれが、明白、かつ、現実にある場合のほかは、みだりに制約すべきではない。将来の危険を予想して、言論活動に対し広範あいまいな制限を加え、かつその規正を行政機関にゆだねるごときは、国民の正しい言論をいしゅくさせ、国政を危うくするおそれありと信ずる。

よって、日本新聞協会は、国会ならびに政府に対し、こんごの審議にあたり、みだりに公正な言論の自由を制約しないよう、慎重なる検討を加えられんことを要望する。

（出典）辻清明編『資料 戦後二十年史』1 政治、日本評論社、一九六六年、九八ページ。

【解説】 講和条約発効後の治安政策の中心に位置付けられた破壊活動防止法案に対しては、世論の強い反対がおきた。参議院法務委員会はこうした世論を反映して公聴会を開き、衆議院からの送付案を否決した。しかし政府の働きかけで扇動概念を加えるなどした修正案が参議院本会議で可決され、衆議院で再可決ののち破壊活動防止法は成立した。同法は「暴力主義的破壊活動」を行った団体に対し、公安審査委員会による解散指定を含む活動の規制を定め、また内乱にあたる行為の正当性をたんに文書で印刷、頒布、掲示することをも処罰する点など、様々な問題をもっているといわれている。〔参〕『日本新聞協会十年史』一九五六年。

158 メーデー事件 一九五二年五月二日

第二三回メーデー実行委員会 声明書

1、昨日、皇居前広場附近でおこった事件は、メーデー行事が完全に終了し、デモ隊が解散した後、主として一部分子及びその影響下にあると思われる全学連旧朝連等によって行われた事件であり、実行委員会としては直接関知しない所であるが真に遺憾である。

2、一部分子の行動は平和と民主主義を護る国民的行事としてのメーデーを汚した反労働者的行為であり、我々は自らの力によってかかる行為を排撃して行くものである。

3、しかしながら政府が破防法を始め露骨な弾圧政策をとり、特にメーデー会場問題に関して裁判の決定を無視してまで皇居前広場を使用させなかった頑迷な態度が、暴力行動に絶好の条件を与えたものであり、さらに警察官の発砲や催涙弾等の乱射により一層事態を激化せしめたものである。

4、メーデー実行委員会は政府の反省を要求し責任を追〔及〕求するとともに、この事件を口実として反動政策を企図し、並びにファッショの擡頭に対しては断乎として闘うものである。

一九五二年五月二日

第二三回メーデー実行委員会

（出典）労働省編『資料労働運動史（昭和二十七年版）』三三八ページ。

図 159　在日米軍基地(1952 年 7 月現在，ただし沖縄は除く)占領が終了し，日米安全保障条約発効直後の配置図

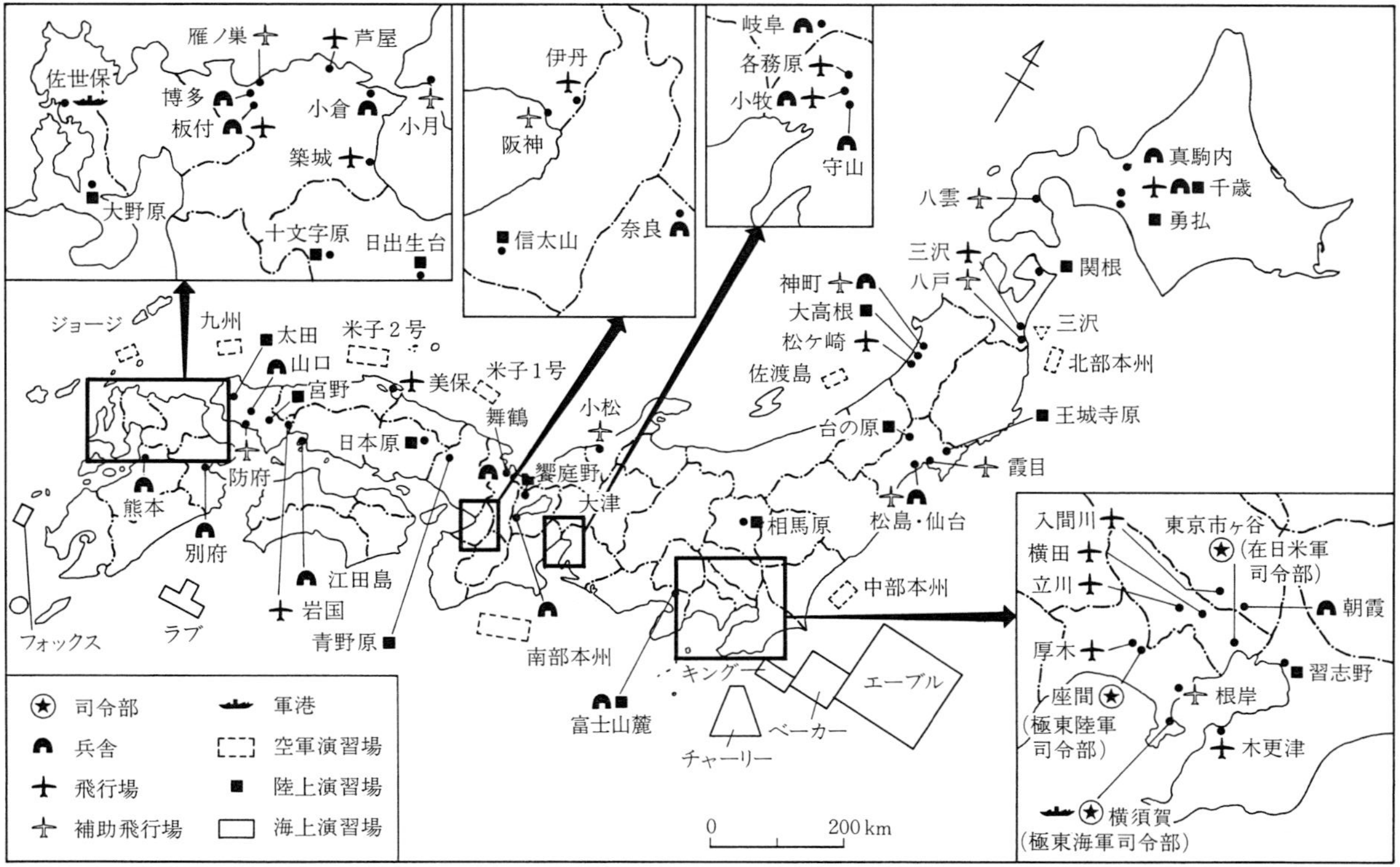

(出典)　松尾尊兊『国際国家への出発』集英社，1993 年，p. 161.

【解説】　同年のメーデーに際して、政府は皇居外苑広場の使用を認めなかった。これに抗議して広場に入った学生らのデモ隊六〇〇〇人と、警官隊五〇〇〇人が衝突した。警官隊はピストルを発射し、デモ隊に二人の死者と千数百人の負傷者がでた。警視庁と東京地方検察庁は騒擾罪の適用を決め、逮捕者は一二三〇人、起訴された者は二六一人にのぼった。七二年の東京高等裁判所の判決では、騒擾罪では無罪、暴力行為などで有罪となった。この事件は破壊活動防止法の国会通過をうながす理由にされた。〔参〕メーデー事件裁判闘争史編集委員会編『メーデー事件裁判闘争史』一九八二年。

159　在日米軍基地の図（→図159）　一九五二年七月現在

【解説】　日米安保条約によって米軍は日本国内に基地を設けて常駐する権利をもった。基地・駐留条件の細目は日米行政協定で取り決められた。基地は日本本土に無制限に設定され、首都東京及びその周辺にも数多くの米軍基地が存在した。こうした基地の拡張や新設をめぐって紛争が続発し、一九五二年九月からの内灘闘争をきっかけに、全国各地で反基地運動が繰り広げられた。

160　保安庁ならびに防衛庁設置当初の組織（→図160AB）　一九五二年八月一日・五四年八月一〇日

【解説】　日米安保条約の前文に記された日本の防衛力漸増義務を果たすため、総理府所管の警察予備隊と海上保安庁の一部だった海上警備隊が、新設の保安庁（長官は国務大臣）の下で統合管理され、一九五二年一〇月、保安隊が発足した。さらにアメリカが防衛力増強を義務付けたMSA協定の五四年五月締結を受けて、同年七月に保安隊は自衛隊へ改組拡充され、防衛庁が発足した。警察予備隊が陸上の、保安隊が陸海の組織であるのに対して、自衛隊は陸・海・空の三軍編成であった。保安隊、自衛隊の発足は、再軍備論争を引き起こした。憲法第九条の解釈をめぐり、政府は一九四六年には自衛権ならびに自衛戦争自体にも否定的見解をとっていたが、五〇年ころから姿勢を変え、五二年からは第九条二項は「いかなる戦力の保持も禁止している」としつつも、保安隊もしくは自衛隊は、装備・編成からみて「戦力」に該当しないとした。〔参〕読売新聞戦後史班編『再軍備の軌跡』読売新聞社、一九八一年。

161　MSA協定　一九五四年五月一日

日本国とアメリカ合衆国との間の相互防衛援助協定

第一条（援助の供与及び使用）

1　各政府は、経済の安定が国際の平和及び安全保障に欠くことができないという原則と矛盾しない限り、他方の政府に対し、及びこの協定の両署名政府が各場合に合意するその他の政府に対し、援助を供与する政府が承認することがある

図 160A　保安庁設置当初の組織(1952 年 8 月 1 日現在)

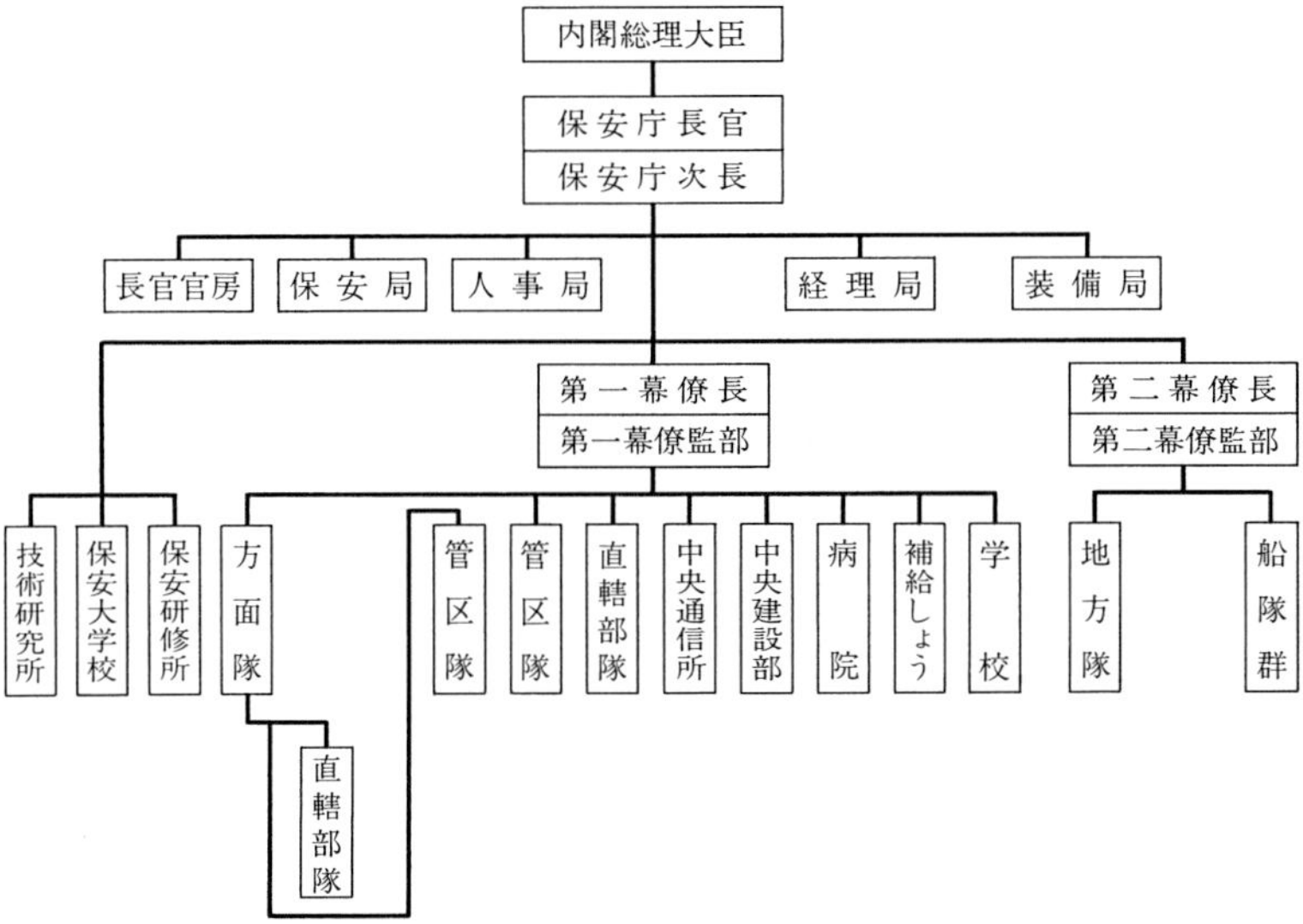

(出典)『自衛隊 10 年史』1961 年，p. 56.

装備、資材、役務その他の援助を、両署名政府の間で行うべき細目取極に従って、使用に供するものとする。いずれか一方の政府が承認することがあるいかなる援助の供与及び使用も、国際連合憲章と矛盾するものであってはならない。アメリカ合衆国政府がこの協定に従って使用に供する援助は、一九四九年の相互防衛援助法、一九五一年の相互安全保障法、この二法律を修正し又は補足する法律及びこれらの法律に基く歳出予算法の当該援助に関する規定並びに当該援助の条件及び終了に関する規定に従って供与するものとする。

2　各政府は、この協定に従って受ける援助を両政府が満足するような方法で平和及び安全保障を促進するため効果的に使用するものとし、いずれの一方の政府も、他方の政府の事前の同意を得ないでその援助を他の目的のため転用してはならない。

3　各政府は、相互間で合意する条件及び手続に従い、他方の政府に対し、この協定に基いて供与される装備又は資材(有償で供与される装備及び資材を除く。)で使用に供される当初の用途のために必要でなくなったものの返還を申し出るものとする。

4　各政府は、共通の安全保障のため、この協定に従って受ける装備、資材又は役務の所有権又は占有権を、これらの援助を供与する政府の事前の同意を得ないで、自国政府の職

図 160B　防衛庁設置当初の組織(1954 年 8 月 10 日現在)

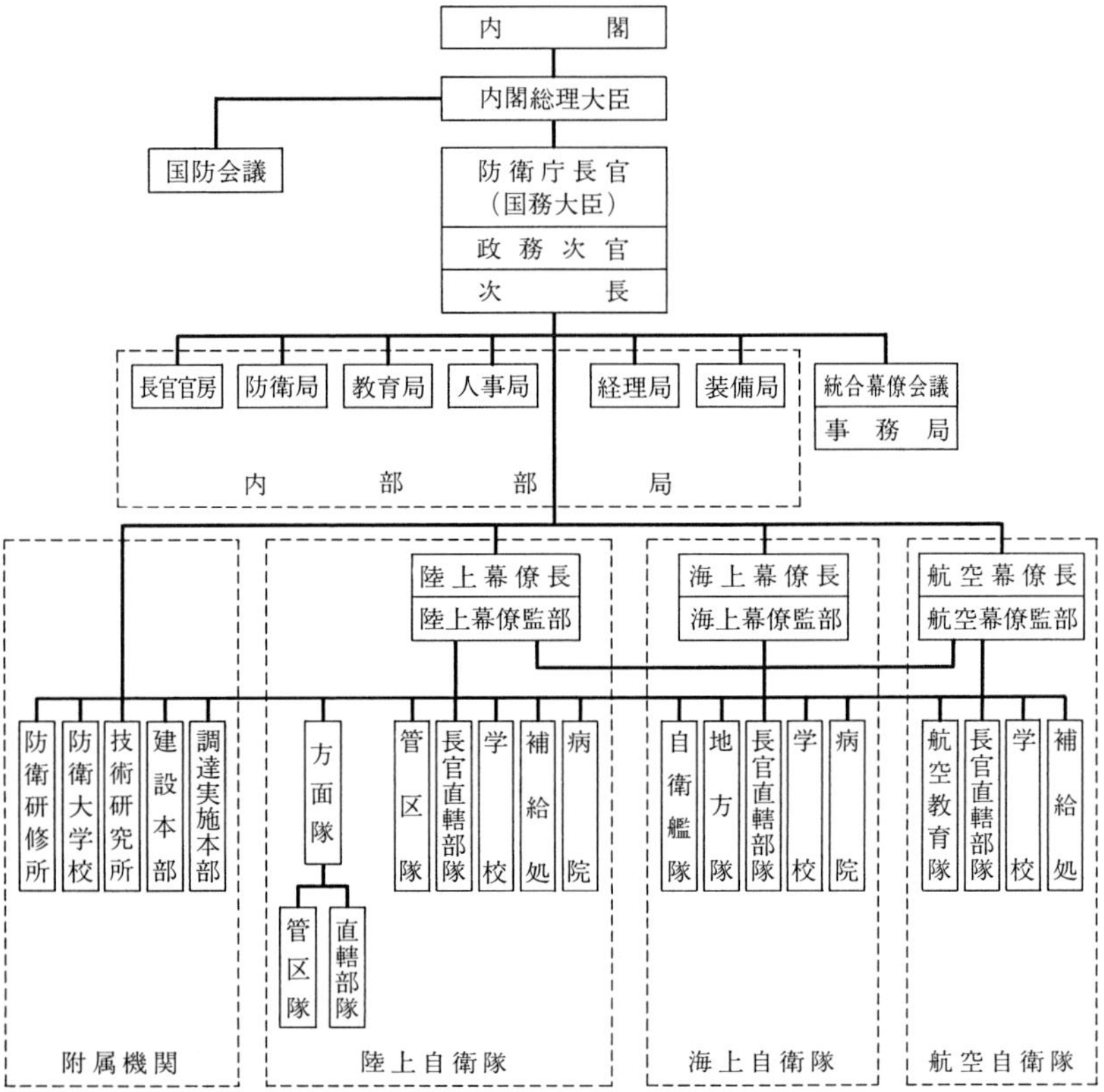

(出典)　表 A に同じ. p. 78.

員若しくは委託を受けた者以外の者又は他の政府に移転しないことを約束する。

第二条(不足資源の譲渡)

日本国政府は、相互援助の原則に従い、アメリカ合衆国が自国の資源において不足し、又は不足する虞がある結果必要とする原材料又は半加工品で日本国内で入手することができるものを、合意される期間、数量及び条件に従って、生産し、及びアメリカ合衆国政府に譲渡することを容易にすることに同意する。その譲渡に関する取極に当っては、日本国政府が決定する国内使用及び商業輸出の必要量について十分な考慮を払わなければならない。

第三条(秘密保持)

1　各政府は、この協定に従って他方の政府が供与する秘密の物件、役務又は情報についてその秘密の漏せつ又はその危険を防止するため、両政府の間で合意する秘密保持の措置を執るものとする。

（中略）

第八条（防衛力増強）

日本国政府は、国際の理解及び善意の増進並びに世界平和の維持に協同すること、国際緊張の原因を除去するため相互間で合意することがある措置を執ること並びに自国政府が日本国とアメリカ合衆国との間の安全保障条約に基いて負っている軍事的義務を履行することの決意を再確認するとともに、日本国の政治及び経済の安定と矛盾しない範囲でその人力、資源、施設及び一般的経済条件の許す限り自国の防衛力及び自由世界の防衛力の発展及び維持に寄与し、自国の防衛能力の増強に必要となることがあるすべての合理的な措置を執り、且つ、アメリカ合衆国政府が提供するすべての援助の効果的な利用を確保するための適当な措置を執るものとする。（下略）

（出典）外務省編『主要条約集（平成三年版）』二六五―二八四ページ。

【解説】　アメリカのＭＳＡ（Mutual Security Act＝相互安全保障法）に基づいて締結された。広義のＭＳＡ協定は、この他に農産物購入協定、経済的措置協定、投資保障協定の三協定を含む。アメリカが日本に軍事援助をし、日本は防衛力増強（自衛隊設置）、軍事機密の保護、軍事顧問団を受け入れるなどを主な内容とした。アメリカ側の要求は日本の軍事力増強に絞られていたが、日本側は経済援助に力点をおいてとらえようとし、双方の意味付けは食い違っていた。

第四章　「五五年体制」と高度経済成長

一九五五年は、政治史の上でも、経済史の上でも一大画期とされている。

政治史の上では、いわゆる五五年体制が成立した年である。この年に、自由党と民主党の保守合同と、左派、右派の両社会党の合同が行われ、政権政党の自民党と、野党第一党の社会党という、九三年まで四〇年近くつづく構図が出来上がった。この間、六〇年代以降の多党化現象や、自民党の一部の離反といった変化はあったものの、「一・五大政党」と呼ばれるように自民党は政権の座を維持し続け、社会党は「万年野党」の座にあった。

経済面では、五五年は高度成長開始の年である。設備投資が主導する形で、年率平均一〇%以上の経済成長が七三年秋に石油危機が起きるまで続いた。五四年から七三年までに、実質国民総生産(GNP)は六倍近くになった。このような急激な経済成長は、戦前にも見られなかったばかりでなく、世界史的にも特異であった。産業革命期のイギリスの成長率は年率二%程度といわれる。

五五年が戦後史の一大画期だというのは、現在から過去を振り返った場合の歴史像であり、同時代人の印象とは異なる。多くの同時代人は、再軍備、戦前・戦時の指導者の復活といった「逆コース」が続いていると感じていた。A級戦犯容疑者の岸信介の首相就任(五七年)は、戦前型軍国主義の復活と受けとめられた。原水爆禁止運動などの平和運動が高まったのもこの頃である。五五年に経済の高度成長が始まったことを察知した人はほとんどいなかった。大多数の人々は、国際競争力が弱く、過剰人口を抱えた日本経済の先行きに不安を抱いていた。五六年に、ソ連との国交が回復し、国際連合への参加もようやく認められたものの、中国や韓国との和解はまだなされておらず、東アジアにおける日本の地位は不安定であった。

同時代人が大きな変化を実感したのは、六〇年代前半であろう。日米安保条約改定に対する大規模な反対運動を契機に、自民党政権は、所得倍増計画を前面に押し出すというソフトな方向に転換した。また、神武景気、岩戸景気を経て、国民生活も大きく変貌した。家庭電気製品が各家庭に普及し、マイカー時代が到来し、スーパー・マーケットが急成長した。東京オリンピック(六四年)、IMF八条国への移行(六四年)、東海道新幹線開通(六四年)、名神高速道路開通(六五年)は日本の飛躍的な成長を人々に印象づけた。

しかし、六〇年代中頃になると、急激な高度成長の影の部分が目立ちはじめた。工場排水による水汚染や、煤煙による大気汚染が全国に広がり、生活環境の破壊を懸念する人々が公害反対運動に立ち上がった。六〇年の新安保条約成立で、日米関係は新たな段階を迎えた。自衛隊の戦力は着々と増強され、アメリカがベトナムへの軍事介入を強めるにつれ、軍事補給基地としての日本の役割も大きくなった。六〇年代後半以降、学生、労働者、市民の間で反戦・平和運動、沖縄返還運動が高まった。公害反対運動や反戦・平和運動などの市民・住民運動の高揚により、各地の地方自治体で革新首長がつぎつぎに誕生した。

六八年に日本は西ドイツを抜いて、GNP(国民総生産)でアメリカに次ぎ世界第二位となった。国際競争力の強化に起因する輸出の顕著な伸びにより、国際収支の黒字も定着した。高度成長の開始からわずか十数年のうちに、「中進国」から西欧並みの先進国に変身したのである。大企業で働く猛烈サラリーマンの姿は日本の高度成長を象徴していた。この頃、「大きいことはいいことだ」や「オー!モーレツ!」のコマーシャルが一世を風靡した。こうしたなかで、労働運動は、春闘の開始、同盟(全日本労働総同盟)、IMF・JCの発足を経て、ますます高度成長の論理に巻き込まれていった。七二年には沖縄が返還され、中国との国交も回復し、サンフランシスコ平和条約以来の不正常な対外関係は大幅に改善されたが、日米安保体制という日米同盟の枠組みは不変であった。

田中角栄の「日本列島改造論」が引き起こした大規模な土地投機は、高度成長の末期的な症状であった。七三年秋の石油危機によって、高度成長の時代は終わりを告げた。しかし、高度成長期ほどの成長率は望めなかったものの、日本は他の先進国よりも高い成長率をその後も維持することができた。七三年、七九―八〇年の二度の石油危機を乗り切り、経済大国化の道を上り詰めることになる。他方で、七一年のニクソン声明によるブレトンウッズ体制の崩壊により、覇権国アメリカの衰退傾向は決定的となった。

(浅井良夫)

第一節　「五五年体制」の成立

1　社会党の統一と自民党の結成

162　日本社会党統一大会宣言・綱領　一九五五年一〇月一三日

日本社会党統一大会宣言

われわれは、内外の注目と期待のうちに、ここに日本社会党統一の大業を実現した。日本の平和と独立と社会主義革命の達成を歴史的使命とする日本社会党は、本日力強い新生の産声をあげた。

われわれはすぎし日の分裂を深く反省するとともに、わが陣営の強化を、勤労大衆諸君とともに心から喜ぶものである。

いまや、世界の情勢は大きく転換しようとしている。戦争の危機をはらみつつも、平和への方向は確定的となり、資本の抑圧と隷属から解放されんとする民衆の声は、アジアからもアフリカからも、高く響きつつある。わが国の国民大衆も、また国の独立と自己の生活をまもるたたかいのために、たくましき闘魂をもって立あがりつつある。

この国内および国際の輿望にこたえるものこそ日本社会党の統一である。社会党の統一を中心とする革新勢力の進展こそが、日本および世界の明日に光明を投ずるものである。

われわれはわが党の使命を達成するにあたって、新しい綱領・規約・政策および運動方針をわれわれの不動の方針としてこれにしたがうべきことを宣明する。

われわれは日本社会党の旗のもとに、固い団結と、信義と友愛にもとづく同志愛をもって結ばれ、広範に大衆を党の傘下に組織しつつ、前進また前進すべきことを誓う。

（出典）日本社会党五十年史編纂委員会『日本社会党史』社会民主党全国連合、一九九六年、三二五ページ。

日本社会党綱領

第二章　平和革命と民族独立闘争

18　日本の現状からみれば、日本は先進資本主義国と同じような立場において、民主的、平和的に資本主義を変革して、社会主義革命を達成すべき歴史的段階に進んでいる。

労働者階級を中核とする広範な勤労階級層の結合体である社会党は、政治権力をその手に獲得し、窮極的にこれを安定化する。このような政治変革——革命なしには社会主義は実現されない。この革命をわれわれは、暴力や武力を用いず、民主主義的な方式で、議会に絶対多数を占めることによって遂行する。（中略）

21 われわれは、さらに、敗戦後の現実として、日本が重大な制約をうけ、独立の実を失なっている事態にあることを知っている。これは日本民族にとりどうしても解放されねばならない事態である。日本がこの事態から脱却して完全な独立を回復するためには、民族独立の闘争を必要とする。もし日本の資本主義が高度に発達せず、一般後進国の状態にあるならば、日本民族は一致して独立運動を展開し、その目的を達成することができる。しかしながら、日本は資本主義が高度に発達し、日本民族は資本家階級と労働者階級その他利害を異にする階級に分裂している。日本の資本家階級は独占資本に指導されて、アメリカの独占資本と結び、その政策に迎合追随して、独立闘争には極めて冷淡である。

わが国の現実では、したがって日本民族の独立闘争は労働者階級、およびこれを中核とする農民、漁民、中小商工業者、知識層、その他広範な勤労大衆の国民運動として遂行されなければならない。中小資本、零細経営も生活と経営の苦しい現実から労働者階級の圧力に敏感な一面はあるが、同じ理由により民族独立の闘争に参加する可能性がある。農民漁民にいたっては、軍事基地の新設や拡張が、実際にかれらに重要な生活上の打撃を与えている。かれらが独立闘争に参加することは当然である。学生、婦人、知識層などもその立場は浮動的であるが、戦争の危機、再軍備、徴兵問題と結びついて、独立闘争に立ちあがらざるをえない。

日本においては、かくして、社会主義革命を遂行すべき労働者階級を中核とする広範な勤労大衆は、必然に民族独立闘争をも担当する。われわれは、民族独立の運動をば、社会主義革命遂行のための階級闘争を中心とし、基軸として広範に推進する。階級的立場を忘れた社会主義に指導されない単なる民族闘争は、途中においてざ折するか、目標を見失って排外主義やファシズムに転落する。社会主義は、本来国際的であり、偏狭な国家主義や独善的な民族主義とは無縁である。われわれの社会主義によって導かれた民族運動のみが平和と安全と進歩をもたらす、建設的意義をもっている。

日本における社会主義革命と民族独立は、かかる意味において、労働者階級を中核とし、広く勤労国民を代表するわが日本社会党が、政権を掌握することによって、はじめて現実に可能となる。わが党の本来の歴史的使命（社会主義革命）と重大なる任務（民族の独立）達成のため、われわれはこの二つの闘争を密接不可分のものとしてたたかいぬく。

（出典） 日本社会党政策審議会編『日本社会党政策資料集成』日本社会党中央本部機関紙局、一九九〇年、七九―八六ページ。

【解説】 結党以来左右の対立に悩んできた社会党は、五〇年の第一次分裂、五一年の第二次分裂と、二回の分裂を経験した。特に講和条約への賛否をめぐって生じた二度目の分裂は深刻で、分裂時代は足掛け五年に及んだ。しかし、下部組織や労働組合などからの働きかけもあって、次第に左右社会党の統一に向けての気運が高まり、五五年一月、左右両社会党ともに臨時大会を開いて統一方針を決定した。一一月一三日に神田共立講堂で開かれた統一大会では、宣言・綱領などが採択されたが、統一の大前提となった綱領は、前文、第一章日本の現状、第二章平和革命と民族独立闘争、第三章党の任務と性格、第四章社会主義の目的からなる、比較的短いものであった。また大会では、鈴木茂三郎委員長、浅沼稲次郎書記長という左派優位の人事が決定された。〔参〕日本社会党五十年史編纂委員会『日本社会党史』社会民主党全国連合、一九九六年。

163 保守合同と経団連 一九五五年

日本経済の円滑な運営のためには、日米協力体制のもとで政局を安定させ適切な経済政策が採用されうる条件をつくることが急務であった。しかし、国内政局は講和以後の政党各派の分裂抗争によって混迷の度を深めたまま昭和三〇年代を迎えた。

昭和三〇年二月、第二七回衆議院議員選挙で第一党となった日本民主党により、第二次鳩山内閣が組閣されたが、自由党の野党色が強く政局の不安定は続いた。しかも、三〇年代初めに左右両派社会党が「社会党統一実現に関する決議」を採決し、合同統一への準備を進めていたため、保守二党の対立による政局不安は政界再編問題を含んで一層拍車をかけられた。このため、民主・自由両党の連携を実現して保守合同政権を樹立し、政局の安定を図ることが「爛頭の急務」と考えられたのである。

経済界は、保守合同の促進を要望する建議をはじめとして、合同促進のためさまざまな働きかけを行なった。当会も、昭和三〇年四月に保守両党政調会とそれぞれ会談して、保守連携に両党が積極的に取り組むよう求めた。さらに、同年五月の第一五回定時総会において、保守両党が「この際、国の基本政策につき速やかに意見を統一し、国民にその向かうところを明示し、共同の責任においてわが国の独立完成を一致して推進する体制を固め、懸案解決のため邁進されんことを衷心より要請する」との決議を採択した。また、政局混迷の引金となった造船疑獄のような事件を二度と起こさないために、政治資金の浄化とその窓口の一本化の必要性が認められ、当会の植村甲午郎副会長ら経済界有志によって「経済再建懇談会」が発足した。当会では、三〇年一月の常任理事会で植村副会長よりその経過説明を受け、これに会員個々の理解と協力が得られるよう努力した。

こうした経済界の努力が、保守合同を推進する力の一つとなり、保守両党は経済界の要請に応えて、昭和三〇年一一月五日に解党し、新たに自由民主党を結成した。これに先立つ一〇月一三日、すでに統一を実現していた日本社会党とともに、保革二大政党時代の幕が開いた。

（出典）日本経営史研究所『経済団体連合会三十年史』経済団体連合会、一九七八年、六四―六五ページ。

【解説】保守政党分立による不安定な国内政局と左右社会党統一の動きに危機感を強めた経済界は、政局安定のため自由・民主両党の統一に向けての圧力を強めた。経団連は、五五年四月の両党との首脳会談や、五月の総会での決議などで具体的な働きかけを行い、同時に政治資金窓口の一本化に対応すべく経済再建懇談会を発足させた。このような財界からの強い働きかけもあって、五五年一一月五日、自由党と民主党が合同して、自由民主党が誕生する。

164 自由民主党綱領・党の性格・党の政綱　一九五五年一一月一五日

自民党綱領

一、わが党は、民主主義の理念を基調として諸般の制度、機構を刷新改善し、文化的民主国家の完成を期する。

一、わが党は、平和と自由を希求する人類普遍の正義に立脚して、国際関係を是正し、調整し、自由独立の完成を期する。

一、わが党は、公共の福祉を規範とし、個人の創意と企業の自由を基底とする経済の総合計画を策定実施し、民生の安定と福祉国家の完成を期する。

党の性格

一、わが党は、国民政党である

わが党は、特定の階級、階層のみの利益を代表し、国内分裂を招く階級政党ではなく、信義と同胞愛に立って、国民全般の利益と幸福のために奉仕し、国民大衆とともに民族の繁栄をもたらそうとする政党である。

二、わが党は、平和主義政党である

わが党は、国際連合憲章の精神に則り、国民の熱願である世界の平和と正義の確保及び人類の進歩発展に最善の努力を傾けようとする政党である。

三、わが党は、真の民主主義政党である

わが党は、個人の自由、人格の尊厳及び基本的人権の確保が人類進歩の原動力たることを確信して、これをあくまでも尊重擁護し、階級独裁により国民の自由を奪い、人権を抑圧する共産主義、階級社会主義勢力を排撃する。

四、わが党は、議会主義政党である

わが党は、主権者たる国民の自由な意思の表明による議会政治を身をもって堅持し発展せしめ、反対党の存在を否定して一国一党の永久政治体制を目ざす極左、極右の全体主義と対決する。

五、わが党は進歩的政党である

わが党は、闘争や破壊を事とする政治理念を排し、協同と建設の精神に基づき、正しい伝統と秩序はこれを保持しつつ常に時代の要求に即応して前進し、現状を改革して悪を除去するに積極的な進歩的政党である。

六、わが党は、福祉国家の実現をはかる政党である

わが党は、土地及び生産手段の国有国営と官僚統制を主体とする社会主義経済を否定するとともに、独占資本主義をも排し、自由企業の基本として、個人の創意と責任を重んじ、これに総合計画性を付与して生産を増強するとともに、社会保障政策を強力に実施し、完全雇用と福祉国家の実現をはかる。

党の政綱

一、国民道義の確立と教育の改革

正しい民主主義と祖国愛を高揚する国民道義を確立するため、現行教育制度を改革するとともに教育の政治的中立を徹底し、また育英制度を拡充し、青年教育を強化する。

体育を奨励し、芸術を育成し、娯楽の健全化をはかって、国民情操の純化向上につとめる。

二、政官界の刷新

国会及び政党の運営を刷新し、選挙制度、公務員制度の改正を断行して、官紀綱紀の粛正をはかり、政官界の積弊を一掃する。

中央、地方を通じ、責任行政体制を確立して過度の責任分散の弊を改めるとともに、行財政の簡素能率化をはかり、地方自治制度の改革を行う。

三、経済自立の達成

通貨価値の安定と国際収支の均衡の上に立つ経済の自立繁栄と完全雇用の達成をはかる。

これがため、年次計画による経済自立総合政策を樹立し、資金の調整、生産の合理化、貿易の増進、失業対策、労働生産性の向上等に亘り必要な措置を講じ、また資本の蓄積を画期的に増強するとともに、これら施策の実行につき、特に国民の理解と協力を求める。

農林漁業の経営安定、中小企業の振興を強力に推進し、北海道その他未開発地域の開発に積極的な対策を講じる。

国際労働憲章、国際労働規約の原則に従い健全な労働組合運動を育成強化して労使協力体制を確立するとともに、一部労働運動の破壊的政治偏向はこれを是正する。

原子力の平和利用を中軸とする産業構造の変革に備え、科学技術の振興に特段の措置を講じる。

四、福祉社会の建設

医療制度、年金制度、救貧制度、母子福祉制度を刷新して社会保障施策を総合整備するとともに、家族計画の助長、家庭生活の近代化、住宅問題の解決等生活環境を改善向上し、もって社会正義に立脚した福祉社会を建設する。

五、平和外交の積極的展開

外交の基調を自由民主主義諸国との協力提携に置いて、国際連合への加入を促進するとともに、未締約国との国交回復、特にアジア諸国との善隣友好と賠償問題の早期解決をはかる。

固有領土の返還及び抑留者の釈放を要求し、また海外移住の自由、公海漁業の自由、原水爆の禁止を世界に訴える。

六、独立体制の整備

平和主義、民主主義及び基本的人権尊重の原則を堅持しつつ、現行憲法の自主的改正をはかり、また占領諸法制を再検討し、国情に即してこれが改廃を行う。

世界の平和と国家の独立及び国民の自由を保護するため、集団安全保障体制の下、国力と国情に相応した自衛軍備を整え、駐留外国軍隊の撤退に備える。

（出典） 自由民主党編『自由民主党党史 資料編』一九八七年、八一一〇ページ。

【解説】 自由民主党（自民党）は、五五年一一月、左右社会党の合同に危機感を強めた財界などの後押しを受けて、自由党と民主党が合同して結成された。結成大会では、立党宣言、綱領、党の性格、党の使命、党の政綱が採択された。これらの中では、共産主義、階級社会主義勢力の排撃や「現行憲法の自主的改正」などが打ち出されている。また、「党の性格」では、自民党は「国民政党」と称されたが、実際には官僚と深く結びつき、政治資金の大半を財界に依存し、派閥や「族」議員の合従連衡によって運営される議員中心の政党であった。自民党は、結党後、三八年間にわたってほぼ単独での政権維持に成功し、九三年総選挙で過半数を回復できずに下野したものの、九四年六月には再び政権与党に復帰した。〔参〕自由民主党『自由民主党党史』自由民主党、一九八七年。

2 国際社会への復帰

165 日ソ共同宣言 一九五六年一〇月一九日

日本国とソヴィエト社会主義共和国連邦との共同宣言

日本国及びソヴィエト社会主義共和国連邦の全権団の間で行われたこの交渉の結果、次の合意が成立した。

1 日本国とソヴィエト社会主義共和国連邦との間の戦争状

態は、この宣言が効力を生ずる日に終了し、両国の間に平和及び友好善隣関係が回復される。

2　日本国とソヴィエト社会主義共和国連邦との間に外交及び領事関係が回復される。両国は、大使の資格を有する外交使節を遅滞なく交換するものとする。また、両国は、外交機関を通じて、両国内におけるそれぞれの領事館の開設の問題を処理するものとする。

3　日本国及びソヴィエト社会主義共和国連邦は、相互の関係において、国際連合憲章の諸原則、なかんずく同憲章第二条に掲げる次の原則を指針とすべきことを確認する。

(a)　その国際紛争を、平和的手段によって、国際の平和及び安全並びに正義を危くしないように、解決すること。

(b)　この国際関係において、武力による威嚇又は武力の行使は、いかなる国の領土保全又は政治的独立に対するものも、また、国際連合の目的と両立しない他のいかなる方法によるものも慎むこと。

日本国及びソヴィエト社会主義共和国連邦は、それぞれ他方の国が国際連合憲章第五十一条に掲げる個別的又は集団的自衛の固有の権利を有することを確認する。

日本国及びソヴィエト社会主義共和国連邦は、経済的、政治的又は思想的のいかなる理由であるとを問わず、直接間接に一方の国が他方の国の国内事項に干渉しないことを、相互に、約束する。

4　ソヴィエト社会主義共和国連邦は、国際連合への加入に関する日本国の申請を支持するものとする。

5　ソヴィエト社会主義共和国連邦において有罪の判決を受けたすべての日本人は、この共同宣言の効力発生とともに釈放され、日本国へ送還されるものとする。

また、ソヴィエト社会主義共和国連邦は、日本国の要請に基いて、消息不明の日本人について引き続き調査を行うものとする。

6　ソヴィエト社会主義共和国連邦は、日本国に対し一切の賠償請求権を放棄する。

日本国及びソヴィエト社会主義共和国連邦は、千九百四十五年八月九日以来の戦争の結果として生じたそれぞれの国、その団体及び国民のそれぞれ他方の国、その団体及び国民に対するすべての請求権を、相互に、放棄する。（中略）

9　日本国及びソヴィエト社会主義共和国連邦は、両国間に正常な外交関係が回復された後、平和条約の締結に関する交渉を継続することに同意する。

ソヴィエト社会主義共和国連邦は、日本国の要望にこたえかつ日本国の利益を考慮して、歯舞群島及び色丹島を日本国に引き渡すことに同意する。ただし、これらの諸島は、日本国とソヴィエト社会主義共和国連邦との間の平和条約が締結された後に現実に引き渡されるものとする。

（出典） 外務省『わが外交の近況 昭和三二年九月』一六七—一六九ページ。

【解説】 日ソ間の戦争状態を終結させ、国交を回復させた宣言。五六年一〇月、鳩山一郎首相・河野一郎農相とソ連側主席全権ブルガーニンらによってモスクワで調印され、一二月に発効した。内容は、戦争終結のほか、外交関係の回復、日本の国連加盟支持、賠償請求権の放棄、平和条約締結後の歯舞群島・色丹島の日本への引き渡しなどであった。しかし、北方領土問題に関する見解の相違のため、平和条約はその後も締結されず、この引き渡しは実現されていない。

166 国連加盟にあたっての重光演説 一九五六年一二月一八日

国連加盟に際しての重光葵外相演説

日本が最初に加盟を申請してからやがて五年にもなりますが、わが国の加盟が今日まで実現しなかったのはわれわれの如何ともすべからざる外的理由に基くものであることをわが国民は充分に理解していたのであります。それ丈けにこれまでわが国の加盟について熱心に支持せられてきた友邦諸国代表の発言を一層深い感謝の念をもって受取ったのであります。長期にわたりわれわれの念願を実現するために撓まざる努力を惜しまなかった国々の代表に対しては私はこの機会において心から感謝の意を表明する次第であります。また私は、われわれを裨益するところ大なる叡智をもってわれわれに絶えず支持を寄せられた事務総長に対し衷心より謝意を表するものであります。

二、日本国民は今日恒久の平和を念願し、人間相互の関係を支配する崇高な理想を深く自覚するのであって、平和を愛する諸国民の公正と信義に信頼してわれらの安全と生存を保持しようと決意し、更に日本国民は平和を維持し、専制と隷従、圧迫と偏狭を地上から永遠に除去しようと努めている国際社会において、名誉ある地位を占めんことを念願し、全世界の国民がひとしく恐怖と欠乏から免かれ平和のうちに生存する権利を有することを確認するものであります。われらは、いずれの国家も自国のことのみに専念して他国を無視してはならないのであって、政治道徳の法則は普遍的なものであり、この法則に従うことは自国の主権を維持し、他国と対等関係に立とうとする各国の責務であることを信ずるものであります。

以上は日本国民の信条であり、日本国憲法の前文に掲げられたところであります。この日本国民の信条は完全に国際連合憲章の目的及び原則として規定せられておるところに合致するものであります。日本は、一九五二年六月国際連合に提出した加盟申請において「日本国民は国際連合の事業に参加し且つ憲章の目的及び原則をみずからの行動の指針とする」ことを述べ、更にその際に提出した宣言において、「日本国は国際連合憲章に掲げられた義務を受諾し、且つ日本国が国際連合の加盟国となる日から、その有するすべての手段をもってこの義務を遂行することを約束するものである」ことを声明したのであります。

日本は、この厳粛なる誓約を、加盟国の一員となった今日、再び確認するものであります。（中略）

日本は世界の通商貿易に特に深い関心を持つ国でありますが、同時にアジアの一国として固有の歴史と伝統とを持っている国であります。日本が昨年バンドンにおけるアジア・アフリカ会議に参加したゆえんも、ここにあるのであります。同会議において採択せられた平和一〇原則なるものは、日本の熱心に支持するところのものであって、国際連合憲章の精神に完全に符合するものであります。しかし、平和は分割を許されないのであって、日本は国際連合が、世界における平和政策の中心的推進力をなすべきものであると信ずるのであります。

わが国の今日の政治、経済、文化の実質は過去一世紀にわたる欧米及びアジア両文明の融合の産物であって、日本はある意味において東西のかけ橋となり得るのであります。このような地位にある日本は、その大きな責任を充分自覚しておるのであります。

私は本総会において、日本が国際連合の崇高な目的に対し誠実に奉仕する決意を有することを再び表明して、私の演説を終ります。

（出典）辻清明編『資料 戦後二十年史』1 政治、日本評論社、一九六六年、六三四―六三五ページ。

【解説】日ソの国交回復にともない、五六年一二月一八日、国連総会は八〇番目の加盟国として日本の加盟を承認した。五一カ国共同提案の日本加盟案は、七七カ国（ハンガリーと南アフリカ連邦は欠席）によって全会一致で可決された。これによって、日本は戦後初めて国際舞台に登場することになる。この時、重光葵外相によって総会会場で行われたのが、この演説である。この演説は「日本が国際連合の崇高な目的に対し誠実に奉仕する決意を有すること」を表明した。

3　平和・沖縄返還・反動化阻止運動

167　杉並アピール　一九五四年五月

全日本国民の署名運動で

水爆禁止を全世界に訴えましょう

広島・長崎の悲劇についで、こんどのビキニ事件により、私たち日本国民は三たびまで原水爆のひどい被害をうけました。死の灰をかぶつた漁夫たちは世にもおそろしい原子病におかされ、魚類関係の多数の業者は生活を脅かされて苦しんでいます。魚類を大切な栄養のもととしている一般国民の不安も、まことに深刻なものがあります。

水爆の実験だけでもこのような有様ですから、原子戦争がおこつた場合のおそろしさは想像にあまりあります。たつた四発の水爆が落されただけでも、日本全国は焦土となるということです。アインシュタイン博士をはじめ世界の科学者たちは、原子戦争によって人類は滅びると警告しています。

この重大な危機に際して、さきに国会で水爆禁止の決議がおこなわれ、地方議会でも同じような決議がおこなわれるとともに、各地で水爆禁止の署名運動が進められています。しかしせつかくの署名運動も別々におこなわれていては、その力は弱いものです。ぜひこれを全国民の署名運動に統合しなければなりません。

杉並区では区民を代表する区議会が四月十七日に水爆禁止を決議しました。これに続いて杉並区を中心に水爆禁止の署名運動をおこし、これをさらに全国民の署名運動にまで発展させましょう。そしてこの署名にはつきりと示された全国民の決意にもとづいて、水爆そのほか一切の原子兵器の製造・使用・実験の禁止を全世界に訴えましょう。

この署名運動は特定の党派の運動ではなく、あらゆる立場の人々をむすぶ全国民の運動であります。またこの署名運動によつて私たちが訴える相手は、特定の国家ではなく、全世界のすべての国家の政府および国民と、国際連合そのほかの国際機関および国際会議であります。

このような全日本国民の署名運動で水爆禁止を真剣に訴えるとき、私たちの声は全世界の人々の良心をゆりうごかし、人類の生命と幸福を守る方向へ一歩進めることができると信じます。

一九五四年五月

水爆禁止署名運動杉並協議会

（出典）『原水爆禁止運動資料集』第一巻、緑陰書房、一九九五年、一一七ページ。

【解説】 五四年三月一日、南太平洋のビキニ海域での米国の水爆実験によって、近くで操業していたマグロ延縄漁船・第五福竜丸が被爆し、久保山愛吉機関長が死亡するという事件が起こった。これを機に原水爆禁止を求める気運が急速に盛り上がり、東京・杉並の読書サークル「杉の子会」を中心に水爆禁止署名運動杉並協議会が結成され、署名運動が開始された。その時に発表されたのが、この「杉並アピール」である。この署名運動は全国に広まって原水爆禁止署名運動協議会が結成され、五五年八月六日には、第一回原水爆禁止世界大会が開かれた。またこの時、原水爆禁止日本協議会（原水協）も結成されている。

168 母親大会宣言　一九五五年六月九日

第一回大会宣言

世界のお母さんたち！

私たちは、あなたがたの呼びかけにこたえてたちあがりました。北から南から、子供を背負い、紫の花しょうぶを、すずらんをかかえて集った日本の母親たちは、口ぐちに世界の平和を祈り、子どもたちの幸福を守りとおそうとして、心から話しあいました。

戦争をにくみながらも貧しさのために愛する息子を自衛隊にやらなければならないお母さんたち、お父さんのない子を女手一つで育てているお母さんたち、失業にあえぐ家庭、そこに巣食う身売りの悲惨、生活保護、健康保険、失業対策事業などのワクからしめだされ、内職に身をけずるお母さん、米を作りながら米を子どもにたべさせられない農村のお母さん。

戦争のために、母である喜びと誇りはうちくだかれ、戦争はいやだという、このあたりまえな母の心を口に出すのさえ禁じられてきました。私たちは、子どもたちを戦いに送りだすのに、別れの涙を流すことさえ許されず、歯をくいしばっているだけでした。そして戦争の悲しみのなかに、多くの国ぐにの青年をも母親たちをもまきこんでしまうような恐ろしい結果をまねきました。

けれど、いまは私たちは団結の力を知りました。一円募金でこの会場に代表を送りだした奄美大島のお母さん、失業の炭鉱からたちあがって、二日目の会場にかけつけたお母さんたち。このような母たちの力によってこの大会は成功しました。このことは、日本の母の歴史にとって、新しいページを開いたものです。

こうした母の大行進を、お父さんも子どもたちもはげましてくれるでしょう。

この協力によってこそ、原水爆禁止に、世界平和に、そして全世界の母親たちの団結の列に加わることができるのです。もはや、私たちは一人びとり、ばらばらの弱い女ではありません。

私たちは、どこにあっても、日本母親大会の名において、勇気をもちあいましょう。

一九五五年六月九日

日本母親大会

（出典）　日本母親大会一〇年史編纂委員会『母親運動一〇年のあゆみ』日本母親大会連絡会、一九六六年、三〇一－三〇二ページ。

【解説】　五四年一一月の国際民主婦人連盟執行局会議は世界母親大会の開催を決め、五五年二月の民婦連評議委員会はその準備方針を話しあった。これを契機に日本でも準備活動が取り組まれ、五五年三月の第一回準備会を経て、四月二七日、六〇余団体で母親大会実行委員会が結成された。こうして、五五年六月七日から三日間、第一回日本母親大会が開かれた。その最終日に採択されたのが、この宣言と決議であり、決議には「社会保障費を増額して下さい」「教育予算の増額を要求しましょう」など一三項目が盛り込まれていた。この時、世界母親大会への代表一六人も選出されている。〔参〕伊藤康子『戦後日本女性史』大月書店、一九七四年。

169 沖縄祖国復帰総決起大会決議文　一九五三年一月一七日

第一回祖国復帰総決起大会決議文

今や世界は民主勢力と共産勢力の二大陣営が対立し人類殺りく戦争の危険をはらんでいる。

わが琉球百万の住民が斯る世界情勢の俎上にあってよく平和を希求し人間的幸福と繁栄に生きる道は祖国復帰によってのみ達成されるものと信ずる。

われわれがこの悲願を達成する為には同一目的のもとに大同団結し強力に実践運動を展開して祖国及び米国並びに世界各国民の人道主義に基く深い理解と愛情を求めねばならない。

よってわれわれはここに不退転の決意を新たにし烈々たる真情を披れきせねばならない。

依って左記事項を掲げて悲願の達成を期するものである。

記

一　平和条約第三条を撤廃し祖国への即時完全復帰を期す。

われわれは祖国をもち乍ら、その意志に反して、民族的孤児となり、他国の行政下に置かれている。これはまさに奇形的な姿であり、民族的な悲劇である。この境遇を脱却し、民族の幸福と繁栄を求めることはけだし独自の民族的文化と歴史をもつわれわれの本来の欲求である。われわれは米国及び関係諸国に対し深い理解と愛情を求め強力に真実を訴えて、本然の姿に帰るべくこれが実現を期さねばならない。

一　現実的な問題の祖国への直結を期すと共に国民意識の昂揚と国民感情の啓培を期す。

われわれの悲願は冷厳なる現実によって、その達成がはばまれている。然しあくまで、その実現を期さねばならない。

われわれはこの大前提のもと、現実的にも、物心両面に強固なる国民的基盤を打樹てなければならない。

そのために現実的諸問題は極力祖国へ直結し、又基本的人権の確立を期し、更に根本的な力の源泉として国民意識の昂揚と国民感情の啓培に万全を期さなければならない。

一　祖国復帰の烈々の至情を絶えず祖国に訴え澎はいたる国論の喚起を期す。

われわれの祖国復帰への課題は決してわれわれ住民だけの問題ではない。

それは祖国八千万同胞の重大な問題であり責任でなければならない。

したがってわれわれはこの課題を祖国八千万同胞の深い理解と関心のもとに強力に解決されて行くような態勢をつくらなければならない。

よってわれわれはあらゆる機会を求めて意志を表明しその国論の喚起に拍車をかけなければならない。

一　啓蒙運動の徹底を期す。

われわれは、たとい復帰の実現が長期を要し且、如何なる事態に立ち至るとも、断じて不退転の決意と勇気を堅持してひるまぬ態勢を対内的にも強化しなければならない。

そのためには、住民自体の時局についての正しい情勢判断と向うべき指針を愈々明確にするよう、啓蒙啓発の運動を継続展開しなければならない。

右宣言決議す

（出典）南方同胞援護会編『追補版　沖縄問題基本資料集』南方同胞援護会、一九七二年、七九一―七九二ページ。

【解説】四五年六月二三日の沖縄戦終結以降米軍によって占領された沖縄は、サンフランシスコ平和条約によって米国の施政権下に置かれ、「極東のキイストーン」として巨大な米軍基地群を擁することになった。このような中で、米国の支配からの脱却と施政権返還を求める大衆運動が高まり、五三年一月祖国復帰期成会が結成され、同年一月一七日に最初の大衆集会が開かれた。「祖国への即時完全復帰」を求めたこの文書は、この時の集会で採択されたものである。その後も、「祖国復帰」を求める運動は発展し、六〇年四月二八日には沖縄県祖国復帰協議会が結成された。七二年五月の施政権返還によって「祖国復帰」は実現したが、在日米軍基地の七五％が集中する沖縄の実態には、それほど大きな変化はなかった。

170　勤評闘争での日教組非常事態宣言　一九五七年一二月二二日

日教組第一六回大会　非常事態宣言

権力による教育の統制が、型にはまった人間をつくりあげ、国民全体を大きな不幸におとしいれるものであることは、われわれがあの悲惨な戦争をとおして、骨身に徹するまで思い知らされたことであった。

しかし、戦後十年をへたこんにち、日本の教育は、ふたたび重大な局面に立たされている。

世論をまったく無視して強行された任命教育委員会の発足は、政府がほしいままに教育を統制し、政党の教育支配に道を開くものであった。この一年間、文部省は、視学制度を復活して教育査察の体制を固め、教科書の国定化を進め、また、きわめて一方的な学校管理規則をつくり、教師の活動の自由を拘束しようとした。そして、われわれの憂慮は、すでに現実のものとなった。

政府ならびに自民党は、さらにあくない野望をもって、道徳教育振興の美名にかくれて、修身科の復活を企図し、科学的人事管理といつわって勤務評定の強引な実施をはかろうとしている。

とくに勤務評定は、近来急速にすすめられてきた一連の反動文教政策の仕上げをねらって持ちだされたものであることは、疑う余地がない。それは、権力をもって教師をたえず束ばくし、その自由を圧殺しようとするものである。またそれは、教育の自主性をうばい、創意によるかっ達な教育実践をおさえ、教員組合活動を封じこめようとする陰険な意図を含むものである。

愛媛県でみられたように、自民党の教育にたいする介入は、いまや公然たるものであり、その方法は暴力的なものにさえなってきている。全国都道府県教育委員長協議会の十二月十日の声明のごときは、教育委員会が自民党への積極的な奉仕者となりかわったことを如実に示すものである。かくて、教育は政党の不当な支配に服することなく、国民全体にたいして、直接の責任を負っておこなわれなければならないという教育基本法の精神は、根本的にくつがえされつつある。政府・自民党、ならびに、自主性を喪失した教育委員会のこのような動向は、国民教育の将来にとって、重大な危機をはらむものと断ぜざるをえない。

教育は全国民のものである。ひとりひとりの子どもの、生命の伸張にかんすることがらである。また愛する日本の将来にかかわる問題である。その教育に直接の責任をもつわれわれは、教育が国民の手から奪われることを許さない。われわれは、全国民が教育にたいしていよいよ積極的に発言されることを期待し、あいともに、反動的教育行政の動きに厳重な監視と強い抵抗を怠らないことを誓うものである。

勤務評定は、われわれの強い警告にもかかわらず、いまや全国の各都道府県で具体的な問題となる段階になった。このように教育を混乱におとしいれ、ふたたび日本を不幸にみちびく暴挙にたいし、教師の良心は心からの憤りを感ぜずにはいられない。

ここに、全国五十万の教師は、こんにちの状態こそ民主教育の非常事態であることを確認し、覚悟を新たにし、ゆるがぬ団結と統一行動をもって、勤務評定を阻止し、教育の権力支配を粉砕するため、ねばりづよく強力に闘いぬくことを宣言する。

（出典） 星野安三郎・望月宗明・海老原治善編『資料 戦後教育労働運動史(一九四五―一九六九年)』労働教育センター、一九七九年、四四―四五ページ。

【解説】 これは、教職員の勤務評定に反対して、日本教職員組合(日教組)が発した闘争宣言である。勤務評定は愛媛県から始まり、五八年二月の全国教育長協議会は秋までに全国で実施することを申し合わせた。この会議直前の一二月に、日教組は臨時大会を開いて「非常事態宣言」を発し、全国的な反対運動の盛り上げをはかった。これに応えて、東京、福岡、和歌山、高知などで、一〇割休暇などの激しい運動が展開されたが、夏休みまでに約四〇都府県で勤務評定が実施されたため動揺が広がり、結局、教師自身の記録提出をもって勤務評定の規則制定にかえるという「神奈川方式」の採用によって、運動は収束した。

〔参〕望月宗明『勤評闘争』労働教育センター、一九七六年。

171 砂川事件伊達判決　一九五九年三月三〇日

日本国とアメリカ合衆国との間の安全保障条約第三条に基づく行政協定に伴う刑事特別法違反事件判決

〔判示事項〕

一、日本国とアメリカ合衆国との間における安全保障条約第三条に基く行政協定に伴う刑事特別法第二条と憲法第三一条

二、日本国とアメリカ合衆国との間における安全保障条約第一条に基くアメリカ合衆国軍隊の駐留と憲法第九条

主　文

本件各公訴事実につき、被告人坂田茂、同菅野勝之、同高野保太郎、同江田文雄、同土屋源太郎、同武藤軍一郎、同椎野徳蔵はいずれも無罪。

理　由(中略)

もし合衆国軍隊の駐留がわが憲法の規定上許すべからざるものであるならば、刑事特別法第二条は国民に対して何等正当な理由なく軽犯罪法に規定された一般の場合よりも特に重い刑罰を以て臨む不当な規定となり、何人も適正な手続によらなければ刑罰を科せられないとする憲法第三十一条及び右憲法の規定に違反する結果となるものといわざるを得ないのである。

そこで以下この点について検討を進めることとする。

日本国憲法はその第九条において、国家の政策の手段としての戦争、武力による威嚇又は武力の行使を永久に放棄したのみならず、国家が戦争を行う権利を一切認めず、且つその実質的裏付けとして陸海空軍その他の戦力を一切保持しないと規定している。即ち同条は、自衛権を否定するものではないが、侵略的戦争は勿論のこと、自衛のための戦力を用いる戦争及び自衛のための戦力の保持をも許さないとするものであって、この規定は「政府の行為によつて再び戦争の惨禍が起ることのないやうに」(憲法前文第一段)しようとするわが

国民が、「恒久の平和を念願し、人間相互の関係を支配する崇高な理想(国際連合憲章もその目標としている世界平和のための国際協力の理想)を深く自覚」(憲法前文第二段)した結果、「平和を愛する諸国民の公正と信義に信頼して、われらの安全と生存を維持しよう」(憲法前文第二段)とする、即ち戦争を国際平和団体に対する犯罪とし、その団体の国際警察軍による軍事的措置等、現実的にはいかに譲歩しても右のような国際平和団体を目ざしている国際連合の機関である安全保障理事会等の執る軍事的安全措置等を最低線としてこれによつてわが国の安全と生存を維持しようとする決意に基くものであり、単に消極的に諸外国に対して、従来のわが国の軍国主義的、侵略主義的政策についての反省の実を示さんとするに止まらず、正義と秩序を基調とする世界永遠の平和を実現するための先駆たらんとする高遠な理想と悲壮な決意を示すものといわなければならない。従つて憲法第九条の解釈は、かような憲法の理念を十分考慮した上で為さるべきであつて、単に文言の形式的、概念的把握に止まつてはならないばかりでなく、合衆国軍隊のわが国への駐留は、平和条約が発効し連合国の占領軍が撤収した後の軍備なき真空状態からわが国の安全と生存を維持するため必要であり、自衛上やむを得ないとする政策論によつて左右されてはならないことは当然である。

そこで合衆国軍隊の駐留と憲法第九条の関係を考察するに、前記のようにわが国が現実的にはその安全と生存の維持を信託している国際連合の機関による勧告又は命令に基いて、わが国に対する武力攻撃を防禦するためにその軍隊を駐留せしめるということであればあるいは憲法第九条第二項前段によつて禁止されている戦力の保持に該当しないかもしれない。しかしながら合衆国軍隊の場合には、わが国に対する武力攻撃を防禦するためわが国がアメリカ合衆国に対して軍隊の配備を要請し、合衆国がこれを承諾した結果、極東における国際の平和と安全の維持及び外部からの武力攻撃に対するわが国の安全に寄与し、且つ一又は二以上の外部の国による教唆又は干渉によつて引き起されたわが国内における大規模な内乱、騒じようの鎮圧を援助する目的でわが国内に駐留するものであり(日米安全保障条約第一条)、わが国はアメリカ合衆国に対してこの目的に必要な国内の施設及び区域を提供しているのである(行政協定第二条第一項)。従つてわが国に駐留する合衆国軍隊はただ単にわが国に加えられる武力攻撃に対する防禦若しくは内乱等の鎮圧の援助にのみ使用されるものではなく、合衆国が極東における国際の平和と安全の維持のために事態が武力攻撃に発展する場合であるとして、戦略上必要と判断した際にも当然日本区域外にその軍隊を出動し得るのであつて、その際にはわが国が提供した国内の施設、区域は勿論この合衆国軍隊の軍事行動のために使用されるわけであり、わが国が自国と直接関係のない武力紛争の渦中に巻き込まれ、戦争の惨禍がわが国に及ぶ虞は必ずしも絶無ではなく、従つて日米安全保障条約によつてかかる危険をもたらす可能性を包蔵する合衆国軍隊の駐留を許容したわが国政府の行為は、「政府の行為によつて再び戦争の惨禍が起きないようにすることを決意」した日本国憲法の精神に悖るのではないかとする疑念も生ずるのである。（中略）

わが国が外部からの武力攻撃に対する自衛に使用する目的で合衆国軍隊の駐留を許容していることは、指揮権の有無、合衆国軍隊の出動義務の有無に拘らず、日本国憲法第九条第二項前段によつて禁止されている陸海空軍その他の戦力の保持に該当するものといわざるを得ず、結局わが国内に駐留する合衆国軍隊は憲法上その存在を許すべからざるものといわざるを得ないのである。

もとより、安全保障条約及び行政協定の存続する限り、わが国が合衆国に対しその軍隊を駐留させ、これに必要なる基地を提供しまたその施設等の平穏を保護しなければならない国際法上の義務を負担することは当然であるとしても、前記のように合衆国軍隊の駐留が憲法第九条第二項前段に違反し許すべからざるものである以上、合衆国軍隊の施設又は区域内の平穏に関する法益が一般国民の同種法益と同様の刑事上、民事上の保護を受けることは格別、特に後者以上の厚い保護を受ける合理的な理由は何等存在しないところであるから、国民に対して軽犯罪法の規定よりも特に重い刑罰をもつて臨む刑事特別法第二条の規定は、前に指摘したように何人も適正な手続によらなければ刑罰を科せられないとする憲法第三十一条に違反し無効なものといわなければならない。

よつて、被告人等に対する各公訴事実は起訴状に明示せられた訴因としては罪とならないものであるから、刑事訴訟法第三百三十六条により被告人等に対しいずれも無罪の言渡をすることとし、主文のとおり判決する。

（出典）塩田庄兵衛ほか編『日本戦後史資料』新日本出版社、一九九五年、四三一－四三三ページ。

【解説】 米軍立川基地の拡張計画のための測量に際して、反対デモで基地に立ち入り刑事特別法違反に問われた事件の地裁判決。五七年七月八日、基地北端にデモ隊が集合した際、境界の柵が数十メートルにわたって倒れ、数メートル基地内に侵入したとして労働者・学生七人が起訴された。この事件について、東京地裁の伊達秋雄裁判長は安保条約は憲法九条に違反し、刑特法も違憲であるとして全員に無罪を言い渡した。これに対して最高裁は、検察側の跳躍上告を認め、一二月一六日、原判決を破棄して一審に差し戻した。特にこの中で、「高度の政治性を有するもの」は「裁判所の司法審査権の範囲外にある」として、最高裁は安保条約についての憲法判断を回避する姿勢を示した。このような裁判所の対応は、統治行為論として、その後定着していく。

第二節

高度経済成長の開始

1 高度成長政策と独占の復活

172「もはや戦後ではない」（一九五六年度『経済白書』）一九五六年七月一七日

戦後日本経済の回復の速かさには誠に万人の意表外にでるものがあつた。それは日本国民の勤勉な努力によつて培われ、世界情勢の好都合な発展によつて育くまれた。

しかし敗戦によつて落ち込んだ谷が深かつたという事実そのものが、その谷からはい上るスピードを速からしめたという事情も忘れることはできない。経済の浮揚力には事欠かなかつた。経済政策としては、ただ浮き揚る過程で国際収支の悪化やインフレの壁に突き当るのを避けることに努めれば良かつた。消費者は常にもつと多く物を買おうと心掛け、企業者は常にもつと多く投資しようと待ち構えていた。いまや経済の回復による浮揚力はほぼ使い尽された。なるほど、貧乏な日本のこと故、世界の他の国々にくらべれば、消費や投資の潜在需要はまだ高いかもしれないが、戦後の一時期にくらべれば、その欲望の熾烈さは明かに減少した。もはや「戦後」ではない。われわれはいまや異つた事態に当面しようとしている。回復を通じての成長は終つた。今後の成長は近代化によつて支えられる。そして近代化の進歩も速かにしてかつ安定的な経済の成長によつて初めて可能となるのである。

新しきものの摂取は常に抵抗を伴う。経済社会の遅れた部面は、一時的には近代化によつてかえつてその矛盾が激成されるごとくに感ずるかもしれない。しかし長期的には中小企業、労働、農業などの各部面が抱く諸矛盾は経済の発展によつてのみ吸収される。近代化が国民経済の進むべき唯一の方向とするならば、その遂行に伴う負担は国民相互にその力に応じて分け合わねばならない。

近代化——トランスフォーメーション——とは、自らを改造する過程である。その手術は苦痛なしにはすまされない。明治の初年われわれの先人は、この手術を行つて、遅れた農業日本をともかくアジアでは進んだ工業国に改造した。その後の日本経済はこれに匹敵するような大きな構造変革を経験しなかつた。そして自らを改造する苦痛を避け、自らの条件に合せて外界を改造(トランスフォーム)しようという試みは、結局軍事的膨張につながつたのである。

世界の二つの体制の間の対立も、原子兵器の競争から平和的競存に移つた。平和的競存とは、経済成長率の闘いであり、生産性向上のせり合いである。戦後一〇年われわれが主として生産量の回復に努めていた間に、先進国の復興の目標は生産性の向上にあつた。フランスの復興計画は近代化のための計画と銘うつていた。

われわれは日々に進みゆく世界の技術とそれが変えてゆく世界の環境に一日も早く自らを適応せしめねばならない。もしそれを怠るならば、先進工業国との間に質的な技術水準においてますます大きな差がつけられるばかりではなく、長期計画によつて自国の工業化を進展している後進国との間の工業生産の量的な開きも次第に狭められるであろう。

このような世界の動向に照らしてみるならば、幸運のめぐり合せによる数量景気の成果に酔うことなく、世界技術革新の波に乗つて、日本の新しい国造りに出発することが当面喫緊の必要事ではないであろうか。

(出典)　経済企画庁『昭和三一年度 年次経済報告』一九五六年、四二—四三ページ。

【解説】　採録した史料文中にある「もはや戦後ではない」の表現は、この白書のオリジナルではないが、高度成長の開始を示す言葉として有名である。(この表現は、中野好夫が『文芸春秋』一九五六年二月号で使ったのが最初と言われる。)また、この白書は、innovationの訳語として「技術革新」という新造語を与え、その後一般に用いられるようになった。高度成長は、まさに「技術革新」のための設備投資によって牽引されたので、この白書は日本経済の進路を的確に言い当てたとも言えよう。他面で、これからの経済成長は戦後復興期ほど容易ではないことを強調している。全体としては、弱気と強気が併存した内容となっており、当時はまだ日本の高度成長が確信をもって語られる状況にはなかったことがよくわかる。

173 日本生産性本部設立趣意書 一九五五年二月一四日

戦後における内外諸情勢の激変に対処し、わが国経済の堅実なる発展を図るには、何ものにも増して生産性の向上がその基本的要務であることは贅言を要しない。

そもそも、生産性の向上とは、資源、人力、設備を有効かつ科学的に活用して生産コストを引き下げ、もつて市場の拡大、雇傭の増大、実質賃金ならびに生活水準の向上を図り、労使および一般消費者の共同の利益を増進することを目的とするものである。西欧においては早くからその重要性が認識され、特に一九四八年以来、各国はこぞつて大規模な生産性向上運動を展開し、今日、すでに輝かしい成果を勝ち得ていることは周知の事実である。

いま戦後十年目を迎えて、わが国経済の現状を反省し、将来を想うとき、われわれはいまこそ生産性の向上に全力を傾注すべきを痛感する。しかしながら生産性の向上は、生産を担当する経営者、労働者はもとより、広く全国民が深い理解をもつて、これに協力することなくしては、到底十分の効果を期待することはできない。われわれがここに経営者、労働者および学識経験者を一体とする財団法人日本生産性本部を設立せんとする所以は、これをわが国における公正な生産性向上運動の中核体たらしめ、日本経済発展の礎たらしめんことを念願するからに外ならない。

すでに政府においても、われわれの計画に大なる期待をよせ、援助の方針を決定しており、また、米国政府も強い関心を示し、必要な支援と便宜を提供せんとしていることは、われわれの大いに意を強くするところである。しかしながら、生産性向上の鍵は、かかつてわれわれ自身の努力と工夫如何にある。われわれは、日本経済の担手としての責任を強く自覚し、生産性向上のために最善の努力を尽さんとするものである。

（出典） 労働省編『資料 労働運動史 昭和三〇年』一九五七年、五一六―五一七ページ。

【解説】 高度成長期における生産性向上運動の中心的機関となったのが、一九五五年二月に設立された日本生産性本部である。生産性機関の設立について援助を行う用意がある旨のアメリカ政府からの申し出がきっかけとなり、通産省などの協力のもとに、民間団体として設立されたものである。会長には経団連会長の石坂泰三が就任した。アメリカは一九四〇年代末から、西欧諸国への生産性向上運動の普及に努めていた。アメリカ国際協力庁(ICA)の援助は六一年までつづいたが、この間、トップの経営者、技術者など三五〇〇人余がアメリカの企業の実状を視察し、アメリカ式経営管理の方法を学んだ。QC(品質管理)に代表されるようなアメリカ式の経営技術の導入は、高度成長に寄与するところ大であったが、そのままの形で適用されたのではなく、日本に合った形に修正して適用された(QCサークルがその典型)。

174 通産省「国民車育成要綱案」　一九五五年五月

一、国民車として選ぶ車は少なくとも①最高速度は時速百キロメートル以上出せること②乗車定員は四人、または二人と百キログラム以上の貨物が積めること③平坦な道路で時速六十キロメートルの時には一リットルの燃料で三十キロメートル以上走れること④大掛りな修理をしないでも十万キロメートル以上走れることなどの条件を備えなければならない。

一、国民車は月産二千台の場合には一台当り十五万円以下で作れるものでなければならない。このためには購入部品、原材料費は一台当り十万円以下、直接工数は同七十時間以下に抑えることが必要である。またこのような性能、価格上の条件から、国民車のエンジンの大きさは排気量三百五十cc～五百cc、車の自重は四百キロ以下が適当とみられる。

一、通産大臣は三十年六月末にこのような国民車の条件を公示して、この条件を満たす車を各企業が自由に試作することを奨励する。この試作は三十一年六月末までに完了することが必要だが、この試作を行う企業は三十年九月末までに通産大臣へ届出なければならない。

一、通産大臣は三十一年七月一日から三ヵ月間、各企業の試作車の第一次性能試験を実施、このなかから優良車を数種選ぶ。

一、通産大臣はこれらの優良車を試作した企業に対し、一層の性能改善のため補助金を交付し、試作を続けさせる。この補助金の交付を受けた企業の試作車に含まれる特許権、製造権については、通産大臣は必要と認めるときはこれを第三者に譲渡することを命じることができるものとする。この試作完了の時期は三十二年六月末とする。

一、これらの試作車について通産大臣は三十二年七月一日から三ヵ月間、第二次性能試験を実施、国民車一車を選ぶ。この国民車は必要のある場合にはさらに試作、改良して三十三年三月末までに最終的仕様を決める。

一、第一次性能試験で優良車と認定された車を試作した企業のうち設備、技術の基礎が十分で、国民車の量産化を行うにふさわしい企業を一社三十二年九月末までに選ぶ。選定後はすぐに国民車の量産化の準備を行わせ、三十三年十月から生産を始めるように指導する。

一、この国民車の生産企業に対してはその製造設備、販売資金の一部を財政資金から支出するとともに、市中銀行からの融資をあっせんする。

一、通産大臣は必要ある場合は道路運送車両法、道路交通取締法、物品税法、地方税法など関係法規による国民車の取扱いの改正を主務大臣に要請する。

（出典）『日本経済新聞』一九五五年五月一八日。

【解説】戦時下に政府の保護のもとに、軍需用トラック生産を中心に発展した自動車工業は、敗戦により壊滅的な状態に陥った。アメリカやヨーロッパの技術水準との差はあまりにも大きく、乗用車は海外から輸入すればよいという声が経済界では強かった。通産省は、一九五二年一〇月に、外車の部品を輸入して組み立てる段階からじょじょに国産車の育成を図る方針を発表、さらに、五五年五月には、平均時速六〇キロ、最高時速一〇〇キロ以上、四人乗り、月産二〇〇〇台規模の乗用車の生産を育成する方針を事務当局が作成した。国民車育成方針は、省議決定を見るに至らなかったが、モータリゼーションの促進には大きな推進力となった。ちなみに、五五年の国内全メーカーの乗用車生産台数は、わずか二万台にすぎなかった。〔参〕日本自動車工業会『日本自動車産業史』一九八八年。

175 春闘の発足 一九五五年三月

宇部における闘い、とくに二十五年の敗北、二十七年の勝利の経験を通じて、私は産業別の組織と闘いということを身にしみて考えていた。そこで、日本の組合はいわゆる企業内労働組合で戦闘性が弱いのだから、前に出たくてもなかなか出られない。資本家がこわいというよりは、ストライキをやって自分の会社の製品が市場を失うことがこわいという素直な労働者の心情があるからである。

いいとか悪いとかいうことではなくて、そういう心情がある以上は、産業別に、あるいは全労働者的にみんな一緒にストライキをやれば市場を失う心配はないわけだから、前向きに闘えるというのが私の根本的な考え方であった。あまりいい比喩ではないが、やみ夜の道をこわいもの同士がおててつないで行けば、元気も出ようというものであった。

その当時は失業者が多かったから、日雇い労働者の全日自労にも要求を出させ、官公労にも要求を出させ、一時的にもせよ、労働市場を売り手市場にして行くという戦略的要素をふくめて「春闘という方式」が考え出されたのである。それはなにもクラウゼウィッツの『戦争論』を読んだからではなくて、私自身が企業組合の中で育ち、そして前にしるしたように昭和二十五年の賃上げ闘争で、いくら強いようにみえても、一つの企業の中の企業組合では戦闘力に限界のあることを身にしみて悟っていたからである。

このアイデアは、はじめ考えたよりははるかに成功だった。今にして思うと、私は高野さんとの対決と春闘という闘い方を提起したことを通じて、私はみずからを大きく発展させたように考えている。しかし春闘についていえば、総評から分裂した全労(今の同盟)の諸君からも、資本家と同じようなスケジュール闘争だとか、企業の個々の事情を考えない闘争だからすぐにつぶれるだろうとか非難された。

しかし労働者というものは賃金を上げたいのだから、当時の事情のもとで自分の企業をつぶすようなことなしに賃金を上げることができるということは納得できるし、頭ではわからなくても体で知っているのだから、春闘はどんどん勢いづいて広がっていった。やがて中立労連が春闘の隊列に加わり、同盟や新産別の組合も、春闘とは呼ばないまでも、事実上は春闘の波の中で賃金闘争を組むようになった。

(出典)　太田薫『ひびけラッパ』日本経済新聞社、一九七四年、一〇二―一〇三ページ。

【解説】　高度成長期の労働運動を代表する春闘は、世界的に見ても独特の運動形態であったと言われる。春闘とは、毎年春に、多数の産業別労働組合が統一指導部を結成し、実施する賃金闘争である。春闘方式を築き上げたのは、総評の岩井章と太田薫であった。太田は、総評事務局長高野実の政治主義的な運動方針を批判し、総評指導部の同意を得ずに五四年末に合化労連等五単産の共闘を成立させた。翌年一月には高野系組合との妥協により八単産共闘に拡大し、三月末から四月始めにかけて、初めての春闘が闘われた。経済闘争重視路線は、高度経済成長を迎えたこの時期の労働者の支持を得ることができた。五五年七月の総評大会では、岩井章が、高野を破って事務局長に選出され、「太田・岩井ライン」が発足した。〔参〕小島健司『春闘の歴史』青木書店、一九七五年。

176　企業集団の形成(→表176ＡＢ)

【解説】　財閥解体で、資本関係、役員派遣による企業間結合が断たれた旧財閥系企業は、一九五三年の独占禁止法改正以降、再結集を始めた。企業間の株式持合いの進展、財閥商号の復活、社長会の結成(三井系の月曜会は五〇年、住友系の白水会は五一年、三菱系の金曜会は五四年に結成された)などを通じて姿を現した企業集団を、当時の人々は「財閥の復活」と見た。しかし、企業集団と財閥とでは大きな違いが存在した。企業集団は、財閥のような本社(持株会社)を持たず、企業間の相互株式持合いにもとづく、銀行、商社を中心とした結合であった。戦後復興期から高度成長期の資金不足が、系列融資を盛んにし、企業結合を促進した。もっとも、六〇年前後までに企業集団を形成したのは、三井、三菱、住友だけであり、六〇年代後半から七〇年代にかけて、富士銀行系(六六年、芙蓉会結成)、三和銀行系(三水会、六七年)、第一勧銀系(三金会、七八年)の企業

表 176A　旧四大財閥系企業集団の業種別資本集中度（払込資本金による）　（単位：%）

	産業名	1955					1960					1965				
		三井系	三菱系	住友系	富士系安田	旧四大財閥系合計	三井系	三菱系	住友系	富士系安田	四大財閥合計	三井系	三菱系	住友系	富士系安田	四大財閥合計
重化学工業	第一次金属	1.1	—	6.6	6.6	14.3	2.2	0.5	8.2	11.9	22.6	1.7	0.6	8.4	10.9	21.6
	機械工業	1.0	12.6	2.2	2.2	18.0	1.9	12.7	5.8	0.5	20.8	1.1	10.6	6.7	0.5	18.9
	化学工業	6.2	6.1	6.0	3.5	21.8	12.2	10.9	6.7	5.0	34.8	17.4	13.7	9.7	4.2	44.9
	小計	2.9	7.0	4.7	3.8	18.4	4.4	8.3	6.8	5.3	24.7	5.2	8.2	7.9	4.7	26.0
第三次産業	卸売・小売業	1.2	1.0	0.5	0.7	3.4	2.5	2.8	2.8	1.1	9.2	2.9	2.9	3.4	1.7	10.9
	金融業	1.7	2.4	2.0	2.3	8.4	1.8	2.2	2.0	2.2	8.1	1.9	3.2	2.3	2.8	10.2
	不動産・倉庫業	—	7.5	—	—	7.5	2.1	8.5	—	—	10.6	3.0	15.9	—	0.7	19.7
	陸運業	—	2.5	—	1.4	3.9	—	2.5	5.7	1.3	9.5	3.4	5.8	7.2	4.1	20.5
	海運業	8.5	21.7	17.9	—	48.1	4.4	3.9	1.9	1.9	12.1	10.8	14.0	2.7	5.1	32.6
	電力・ガス	—	—	—	—	—	—	—	—	—	—	0.4	—	0.5	0.2	1.0
	その他	—	—	—	—	—	—	3.8	1.2	—	5.0	—	—	—	1.0	1.0
	小計	1.4	2.8	1.7	0.8	6.7	1.5	2.4	2.1	1.2	7.2	2.3	3.6	2.6	2.1	10.5
その他	農林・水産・食品業	—	2.0	—	—	2.0	1.0	2.3	0.5	3.9	7.7	1.7	7.2	—	4.3	13.3
	鉱業	15.9	13.5	6.6	—	36.0	15.1	12.4	7.2	—	34.7	11.4	10.4	4.8	—	26.6
	繊維製品工業	4.9	1.3	2.2	1.3	9.7	—	2.6	2.9	1.5	7.0	7.2	12.4	2.8	1.2	23.6
	紙・パルプ工業	15.3	5.1	—	—	20.4	2.9	3.3	3.1	—	9.3	20.8	6.3	6.5	2.0	35.6
	ガラス・セメント窯業	21.1	12.7	—	10.3	44.1	16.6	12.5	3.5	6.9	39.5	9.9	17.2	6.7	5.2	38.9
	その他	3.8	—	7.9	0.6	12.3	0.9	1.5	2.4	0.9	5.5	1.4	2.5	4.1	2.7	10.7
	小計	7.3	3.9	2.8	1.4	15.4	3.9	4.1	2.8	2.0	12.7	5.5	7.3	3.8	2.8	19.3
	企業集団別合計	3.1	4.1	2.7	1.6	11.5	2.9	4.5	3.6	2.6	13.6	4.0	6.0	4.6	3.1	17.6
	会社数	20	19	13	10	62	23	30	30	18	101	43	51	41	36	171

（注）　全国合計を 100 とした各企業集団の集中度（占拠率）．
（出典）　宮崎義一『戦後日本の企業集団（普及版）』日本経済新聞社，1976 年，pp. 222-223 より作成．

表176B　1960年頃の三大企業集団の社長会

	金融会社	鉱工業会社	商業その他
三井系 月曜会 26社 五日会	三井銀行 三井信託 大正海上火災 三井生命	東洋レーヨン　三井化学　東洋高圧　三井造船　三井金属鉱業　三井鉱山　三井精機　三池合成　三機工業　昭和飛行機　日本製鋼所　三井石油化学　北海道炭礦汽船	東京食品　三井不動産　三井倉庫　東洋綿花　三井海運　三井物産　ゼネラル物産　三井建設　三井農林
三菱系 金曜会 22社	三菱銀行 三菱信託	三菱電機　三菱石油　三菱重工　三菱鉱業　三菱金属鉱業　三菱化成　旭硝子　三菱レイヨン　三菱製鋼　三菱鋼材　三菱製紙　三菱セメント　三菱油化　三菱江戸川化学　三菱化工機　三菱モンサント化成	三菱商事　三菱地所　三菱倉庫　三菱海運
住友系 白水会 15社	住友銀行 住友信託 住友海上火災 住友生命	住友金属工業　住友鉱山　住友石炭鉱業　住友電気工業　日本電気　住友化学　日本板硝子　住友機械	住友商事　住友倉庫　住友不動産

（出典）　宮崎義一『戦後日本の経済機構』新評論，1966年，p. 219.

集団は姿を整え、「六大企業集団」と呼ばれるようになった。

2　中小企業・農業・エネルギー産業

177「経済の二重構造」（一九五七年度『経済白書』）　一九五七年七月一九日

昭和三一年におけるわが国の完全失業者は六〇万人であつた。就業者は四千三百万人であつたから就業者に対する完全失業者の比率は二％に足りない。先進国においては失業者の比率が三％より少なければほぼ完全雇用と称している。それならばわが国の雇用は満足すべき状態なのであろうか、決してそうではない。何故ならわが国のように農業や中小企業が広汎に存在する国では低生産性、低所得の不完全就業の存在が問題なのであつて、先進国のように雇用状態を完全失業者の多寡ではかることができないからである。（中略）

このようにわが国雇用構造においては一方に近代的大企業、他方に前近代的な労資関係に立つ小企業および家族経営による零細企業と農業が両極に対立し、中間の比重が著しく少ない。大企業を頂点とする近代的な部門では世界のどんな先進国にも劣らないような先進的設備が立ち並んでいる。そこではある特定の種類および品質の商品を生産するために、また、世界市場における競争に耐えぬくために、進んだ技術が必要とされるのであつて、資本に対する労働の必要量は技術の要求に基づいて決定され、賃金の高さは、大資本と強力な労働組合との間の交渉によつて左右される。近代部門からはみだした労働力は何らかの形で資本の乏しい農業、小企業に吸収されなければならない。必要労働が資本と技術によつて決定される近代部門と異なつて、この部門では所得の低下を通じて資本と労働の組合わせが変化する。生きていくためにはどんなに所得が低くても一応就業の形をとるから、この部門では、失業の顕在化が少ない。完全雇用ではないが、いわゆる全部雇用である。賃金も労働力を再生産するだけよこさなければ働きにでないということはなく、いくらかでも家計の足しになれば稼ぎにいく。近代部門の高い所得水準と非近代部門の一人当りは低くとも頭数の多い購買力が単一の国内市場を形づくつて有効需要維持の支柱となる。有効需要がある高さに維持されるならば国民経済のある部面では所得水準がきわめて低くなつても需要と供給、あるいは物価と賃金の間に一種のバランスが成立する。かくして低い賃金においてのみ雇用されうる労働力が低い生産力を持つ用途に吸収されるのである。きわめて生産力の低い、しかしながら、労働集約的な生産方法をもつ部門が近代部門と共存するのは、右のような理由に基づいているのである。いわば一国のうちに、先進国と後進国の二重構造が存在するのに等しい。わが国が世界の中進国だというのはこのような意味に解すべきであろう。労働市場も二重構造的封鎖性をもつている。すなわち、大企業で新しく労働力を求めるときは新規卒業者のなかから優先的にとり、急に雇用をふやさなければならないときには臨時工や社外工を採用する。大企業の労務者が解雇されて中小企業に流れることはあるが、中小企業の労務者が大企業に就職するときは臨時工の形をとる。中小企業と農業間にも特殊な均衡関係が存在する。農業の所得は農業およびそれ以外のものを含めると都市中小企業労務者の所得と世帯単位ではほぼ等しい。(中略)

しかしながらこのような経済の不均衡的発展は所得水準の格差拡大を通じて社会的緊張を増大させている。(中略)

以上によつて日本経済の最終目標である完全雇用とは、単に完全失業者の数を減らすことではなく、経済の近代化と成長のうちに二重構造の解消をはかることである点があきらかになつたであろう。しかし、その達成はなかなか容易でない。何故ならば、ここ当分は労働人口が急テンポに増加して、これを適当な職場に吸収するために年々相当の経済の伸びを必要とし、急速に二重構造の解消をはかる余裕を見出すことが困難であるからである。

(出典) 経済企画庁『昭和三二年度 年次経済報告』一九五七年、三四―三七ページ。

【解説】 二重構造という言葉は、経済学者有沢広巳によって最初に用いられたが、一九五七年の『経済白書』が採用してから、人口に膾炙するようになった。大企業と中小企業・農業の間に大きな賃金格差が根強く残存し、その理由を、近代的な領域と前近代的な領域との二重構造に求める解釈には、戦前の講座派マルクス主義理論家山田盛太郎の影響が認められると指摘する人もいる。その後、高度成長期における中小企業の目覚ましい成長や、若年労働力の不足現象の前に、前近代的・停滞的要素を強調する二重構造論は影が薄くなった。しかし、二重構造は途上国経済にしばしば見られる特徴であり、開発経済論の面からは再評価もなされている。

178 農林漁業基本問題調査会答申「農業の基本問題と基本対策」 一九六〇年五月一〇日

1　基本問題の理解

農業の基本問題が論ぜられるに至つたのは、近年農業者の生活水準ないし所得が他産業従事者に比して低くなり、その開差が拡大してきたからである。それゆえ基本問題を明らかにするには、なぜこのような現象が生ずるかということを明らかにする必要があろう。

いうまでもなく、農業者の生活水準ないし所得の低位は、わが国経済が戦後の異常な状態から脱却して戦前の水準に復帰し、さらに経済発展を遂げるに至るとともに生じた現象である。すなわち、非農業部門の著しい成長に対して農業部門の成長が相対的に低いこと、消費者所得の増加の程度には農産物需要が増加しなくなつたこと、国際貿易の影響がますます強くなるに至つたことなど、わが国経済の成長発展の過程において農業が「曲り角」にきているといわれるところに基本問題が存すると認められる。むろん、基本問題はこのような戦後の新しい段階の様相を帯びているが、その根底には零細農耕なる特質が戦前から持続している。（中略）

3　対策の方向

農業政策の方向づけは、経済成長の一環としての農業の成長発展を期待し、その基本問題の対策の方向づけを行なうことにほかならないであろう。この観点に立つて、農業政策の方向づけは、所得の均衡、生産性の向上、構造の改善という側面に分けて考えることができる。（中略）

(1)　所得の均衡

戦後のわが国においても、近代社会一般と同様に所得の均衡が強い要望となつて現われてきている。それゆえ、同じ資質の勤労者の類似の勤労に対する報酬の間に大きな開差が存在するというような機会の不均等は、社会的緊張を強くし、自己主張の自由を抑制するものとして是認され難いのみでなく、最低の厚生と希望をもちえない勤労者は社会的総生産に十分意欲的に寄与することができないという点からも是認され難いのである。

所得均衡は生活水準の問題でもある。農業者に対して社会的に妥当と認められる生活水準を可能ならしめるためには、所得均衡が意図されなくてはならない。（中略）

(2) 生産性の向上

農業所得は農業生産を通じて実現されるから、所得均衡を農業の国民経済における役割と調和させつつ実現するためには、生産性の向上が重要であることはいうまでもない。食糧その他の農産物の単なる増産ということは、少なくとも今日では、対策の基本的方向たりえないであろう。

今日の農業のおかれている状況と今後の見通しからいえば、増産というよりもむしろ、生産性の向上が基本的方向の一つであるべきであると考えられる。いうまでもなく、生産性の向上は、農業のみならず産業一般の基本的方向でもある。

（中略）

(3) 構造改善

農業の基本問題の解決のための対策の方向としては、所得の均衡と生産性の向上で足りると思われるかもしれない。しかしながら、あまりに零細な経営では生産性向上の目的を達することができないし、農業所得で社会的に妥当な生活を営むこともできない。他方著しい所有の集中（たとえば地主制）は所得均衡の理念に反する。

わが国の農業構造の場合において、所得均衡と生産性向上という対策の方向は、現存の農業構造を与件として考えるか、あるいは構造問題の解決または構造の改善を前提として考えるかによつて大きく異なつてくるであろうが、長期的政策としては、構造改善を不可欠の要素と考えるのが妥当である。

（出典） 農林漁業基本問題研究会『農業の基本問題と基本対策』一九六〇年、一四―二五ページ。

【解説】 高度成長が始まると、戦時から戦後復興期の、国内食糧の増産を至上目的とした農業政策も見直しを迫られた。一九五九年四月に、総理大臣の諮問機関として農林漁業基本問題調査会が設置され、翌六〇年五月に「農業の基本問題と基本対策」と題する答申が出された。この答申にもとづいて、「農業の向かうべき新たなみちを明らかにし、農業に関する政策の目標を示す」ための農業基本法が六一年六月一二日に公布施行された。この農業政策の要点は、家族農業経営を維持しながら農業生産性の上昇を図ること、農業従事者と他の産業の従事者との所得の均衡を実現することにあった。〔参〕農林水産省百年史編纂委員会編『農林水産省百年史』下、農林統計協会、一九八二年。

179 石炭鉱業審議会答申 一九五九年一二月一九日

石炭不況の原因

(1)　最近のエネルギー事情を貫いている太い線は、流体エネルギーの固体エネルギーに対する優位と、経済的合理性の支配という明らかな傾向である。この線に沿って需要家の選択が行われつつあるということ、これが技術革新下の世界的潮流である。

(2)　これに対して、石炭の供給は、各国とも自然条件の悪化、輸送条件の不利、他産業と異る労働事情などから、次第に割高と不安定とを伴うことによつて、自ら競争上の不利を招いている。現在の石炭不況の原因は、ここに発するのであつて、これを単に景気変動の一局面と見るべきではない。

(3)　エネルギーの供給及び消費の世界的変動は、今後もかなりな速度で進行するであろう。それは新たなエネルギー源の進出が予想されるほかに、貿易自由化の動きが浸透することによつて、資源主義の立場が或程度弱められることが見越されるからである。

石炭政策の基調

(4)　石炭不況の原因がこのような構造的なものである以上、これが対策についていては、その事態の総合的な分析に立つて、諸般の動向と反作用の関連を見きわめつつ、生産、流通、経営、労働などの凡ゆる部門を通じ、体系的な構想の下に、もつとも適切な措置を段階的に実施する必要がある。

(5)　また石炭不況の淵源が前記のようなエネルギー消費における相対的地位の変化によるものであるかぎり、その対策は、綜合エネルギー対策としての性格をもたなければならない。つまり国民経済的にみて、国内炭をどう評価し、これにどのような地位を与えるかということが、他との関連で示され、これを基礎として対策がたてられる必要がある。

(6)　およそ綜合エネルギー対策は、すぐれて長期的な視角をもたなければならない。したがつて、相当の長期に亘る各種エネルギーの見通しに基いて、包括的な計画を策定する必要があるし、この観点からする石炭問題の検討も本部会としては、今後ひきつづき対象としていきたい。しかし、この計画に国内炭の位置を定立するためにも、当面斯業が最近のエネルギー事情の変化に対応し、競合財との競争に対して経済的に成立しうるという明らかな見通しが必要であるのみならず、それを実現するための条件と方法とが見定められなければならない。

当面の合理化の目標

(7)　本部会は、上記の意味において、先ず、当面の石炭の合理化目標を設定するため、使用効率、相対価格、市場条件などをパラメーターとし、需要と供給の構造、その結合関係、収益性等を一応理論的に検討した。その際の将来時点は、一応三八年度としたが、これは、需要者側からのし烈な経済性貫徹の要請は当然であるが、石炭側の合理化努力の成熟にも一定の時をかす要があるためである。

(8) 目標年次において、石炭の合理化効果を集中的に表現すべき指標は炭価である。三三年度に対し三八年度の販売価格は、さきに大手業界の公表確約した八〇〇円の引下げ計画に加えて政府の強力な助成措置と相まち一、二〇〇円程度を引下げるべきである。これによつて到達する水準は、今後の競合エネルギー価格の低落傾向と、メリット差を考慮して、一応経済性回復の指標としうるものと認められる。しかし、この時点以後においても、なおエネルギー経済の進展は十分予測されるのであるから、需要家の選択に添いうるよう、ひきつづき合理化の成果をみのらせていく必要がある。

(9) この合理化過程において実現を想定される出炭規模は、おおむね五、〇〇〇万乃至五、五〇〇万トンである。理論上は、四、〇〇〇万トン前後の規模の方が収益性が大きいが、実際は急激な規模の縮小にともなう限界コストの反転上昇によつて、価格引き下げの可能性をちぢめるとともに、雇用に与える悪影響、投資中断のロス、国際収支面の負担増、エネルギー自給量についての不安など、国民経済的にマイナスの面が大きく、選びがたい。

(10) これに対して、主として雇用面の理由で、さらに大きな出炭規模(例えば六、〇〇〇万トン以上)を求めるという立場もありうる。しかしこの場合は、非能率高コストの出炭力が未整理のまま温存される危険性があり、炭価引き下げの保証が乏しい上に、ほとんど経済面の合理性をこえる需要選択の強制がなされねばならず、このような制度は永続性に乏しい。

関係者への要請

(11) 石炭対策の前提となるのは、なによりも先ず石炭関係の労使双方が現実の事態を静察し、その反省と協調が局面の打開のための要件であるという認識に立って、右の合理化の目標達成のため、最大限の努力を傾注することである。これを核心としてはじめて、需要者側の理解を求めつつ、国民経済的視野からの綜合対策を樹立することが可能となる。

(12) 石炭の経営者に先ず要請されることは、経営の合理化について率先垂範、管理費の節減、配当の自粛などにつとめるとともに、この際マネジメント刷新、技術革新への対応など、経営近代化に数歩を進めることである。つぎに生産対策としては、高能率炭鉱への生産集中と非能率炭鉱の閉山、坑内外設備の集約、新鋭機械設備と新技術の導入、労働条件の適正化など合理化の基礎的事項を強力に実施することが肝要である。また、とくに流通面においては、この際抜本的な対策をとることによって、中間経費の低減をはかり、以って生産面の負担を極力軽減する方途を講じ、販売にあたっても、長期安定契約の拡充、サービスの向上などにも配慮する必要がある。

（出典）通商産業省編『通商産業政策史』第一七巻、通商産業調査会、一九九四年、四一八－四二〇ページ。

【解説】高度成長が始まった一九五五年頃のエネルギー政策は、石炭を主とし、石油を従とする「炭主油従」政策であったが、その後の世界的なエネルギー革命により、中東原油と国内炭との価格差は大きく開いていった。そうした流れの中で、政府は輸入原油に依存する「油主炭従」政策へと転換した。その画期となったのがこの答申である。答申は、石油との競争に対抗できるように国内石炭産業を合理化することを提案しており、炭鉱業の廃止をうたったわけではなかった。しかし、石炭産業の合理化をはるかに上回るスピードで石油の価格は低下し、六二年には石油輸入自由化も実施されたために、炭鉱は次々と廃坑に追い込まれていった。合理化政策による人員大幅削減に対しては、三井三池労働組合が反対闘争の旗頭となった（五九年－六〇年三池闘争）。

180「生活革新」（一九六二年版『国民生活白書』）一九六二年一二月

この消費生活の内容の向上は、ひとくちに「消費革命」とか「生活革新」とかいわれるもので、具体的には耐久消費財の普及にしようちようされるような家事労働の合理化傾向、生活の多様化、レジャー消費の増大などを意味している。

そこでいま「消費者動向予測調査」によつて、三七年三月現在の耐久消費財の普及率をみると、テレビは都市世帯のうちの八五％、電気冷蔵庫は三八％、電気掃除機は二九％までがもつに至り、家庭生活の近代化、合理化がいちだんと進んだことを示している。これらの耐久消費財が出回りはじめた三〇年頃とくらべれば、まさに隔世の感が深い。またレジャー消費の動きを観光旅行についてみれば過去一年間に一泊以上の慰安、観光旅行をした世帯は全世帯六〇％に達して、数年前の四〇％台から大きくのびている。また行楽シーズンにおける観光地の雑踏は誰しも経験のあるところで、まさに旅行ブーム時代といつてよい。被服についてみると、最も流行の外にあると考えられていた男子の背広服までが、たとえば冬服のシーズン中に、二～三回柄を変えねば売行きが鈍るといわれるほどになつてきた。

このように、国民の生活がそれまでのいわば伝統的な単調さから、近代的な色調をおびはじめたのはほぼ三三年からであつた。すなわち、三三年の都市勤労者世帯の消費水準は、それまでの五％程度の上昇から六・七％の上昇へと飛躍したが、この飛躍は教養娯楽費などレジャー消費関係支出の急増によるところが大きかつた。すなわち教養娯楽費は、それまでの一〇%台の伸び率から一挙に二四・七%も増加したのである。

これに対して、三四年は耐久消費財、それもテレビを中心に生活革新が展開した。耐久消費財に対する支出額の前年に対する増加率は三二年から二〇%台に達していたが、三四年にはさらに伸びて三三%を示した。また生産者の耐久消費財の出荷は三三年までは年々三〇—四〇%の伸びであったが、三四年には実に六七・四%の激増を示した。なおこの年の耐久消費財の出荷額のほぼ半分はテレビであった。

三五年には生活革新の重点は耐久消費財から被服に移った。すなわち、耐久消費財の伸び率は八・四%に落ちたが、被服に対する支出額は三三年の一・三%増、三四年の七・七%増から、三五年には一一・二%増という二九年以来の伸び率を記録した。

こうして生活革新は、三三年以来ひとつひとつ主役をかえながら進展してきたが、三六年から三七年にかけては、これがあらゆる側面で一せいに進展し、生活革新の展開過程に一時機を劃することになつた。

このようなスケールの大きい生活革新が展開するためには、一部の階層だけで進行するのではだめで、ぼう大な人員をようする低所得層にまで浸透するのでなければ実現しないことはむしろ当然というべきであろう。

（出典）経済企画庁編『昭和三七年度版 国民生活白書』一九六二年、一二—一三ページ。

【解説】「消費革命」という言葉は、一九六〇年度の『経済白書』に登場するが、同じ現象を『国民生活白書』は「生活革新」という言葉で表現している。「大衆消費社会」の出現とも同義である。一九五五年頃に消費水準が戦前の水準を上回って以降、爆発的な消費ブームが訪れた。その最初の花形は、「三種の神器」と呼ばれたテレビ、電気洗濯機、電気冷蔵庫の家庭電気製品であり、マイカー・ブームがそれに続いた。流通面でも、スーパーの出現など、大量消費に対応した「流通革命」が進んだ。〔参〕林周二『流通革命』中央公論社、一九六二年。

第三節

新安保条約と安保闘争

181 安保改定阻止国民会議結成の呼びかけ　一九五九年三月二八日

わが国は、日米安全保障条約とそれにともなう行政協定、MSA諸協定によってアメリカの軍隊の国内駐留を認め、軍事基地を提供してまいりました。

その間に朝鮮動乱や台湾海峡の紛争がおこり、これらの基地は朝鮮や中国に対するアメリカの前線基地となって日本が戦争の当事国となったのであります。

守ってもらうための軍事基地が、実は攻めてゆくための基地になっている。これらの事実は国民の間に重苦しい不安をまきおこしました。

砂川などの軍事基地に反対する闘争のとき、土地を守る農民や労働者、学生に対し、日本の政府は警官を動員して棍棒の雨をふらせ、日本人の要求と利益をふみにじってまで、アメリカの方針に忠実でした。

私達はこの様なさまざまな経験を通じて「日本の独立が制限され、国民が知らない間に戦争の当事国となっている」と言う厳しい現実が、日米安全保障条約によって義務づけられていることを身をもって理解し、その廃止を要求してきたのであります。

今政府は、この安全保障条約を改定しようとしています。改定は、この条約を廃止するためにではなくかえってその条約体制を強化する目的で行われるのです。改定によって、日本が共同防衛の義務を負い、それによって自衛隊の増強や核武装が要求されると言うこと、韓国や台湾と同盟して、中国やソ連を攻撃する基地を進んでひきうけること、憲法が否定されて民主主義と平和の基調が崩されること、等々は、日本の運命、民族の将来のために由々しい重大事であります。

私達はかつて無責任な軍国主義と軍事同盟が、国民の意志とは別に、戦争を挑発し中国をはじめとするアジア諸国ならびに日本国民を塗炭の苦しみに追いこんだことを忘れてはなりません。

今、岸内閣が歩もうとしている途が、あの途にあまりにも共通していることを私達は、強調したいと思います。

私達は、この様にして日本の平和と民主主義を危機にさらし、国民生活を破壊する安全保障条約の改定に対しては絶対に反対を致します。

私達は、日本の安全保障はいかなる軍事ブロックにも加入せず自主独立の立場を堅持し、積極的な中立外交を貫くことによってこそ確保されると信じます。

このことは平和憲法をゆがめずに厳守することによって実現は可能であると思います。

国民のみなさん！

私達はこのたび以上の方針を実現するための共闘機関として「安保条約改定阻止国民会議」を結成することになりました。

全国の各種団体がこの国民会議にこぞって参加される様心から要請致します。警職法改悪案を廃案にした、国民の力で「安保条約の廃止と改定の阻止」のためにたち上りましょう。

全国の平和を愛する諸団体のみなさん！

中央の国民会議は三月二十八日に結成大会を開きます。

安保条約の廃止を要求し、改定に反対するすべての政党、団体をもうらしたこの様な会議を各地で組織して下さい。選挙運動の中で、みんなの力が、国民の関心をよびさまし、国民運動を発展させる様努力しましょう。

学者、文化人の人たちとも提携を強化し、私達の闘いを一層前進させて下さい。

労働者のみなさん！

私達のあいだには安保条約と言うと私達の職場と直接関係がないと言う錯覚があります。

しかし組合運動を弾圧し、勤評をおしつけ、首切り合理化を達成しようと言う政府と独占資本の方針が、軍国主義の復活をはかる政策の具体的な現れだと言うことをみなさんはよく承知しておられると思います。

労働者階級が、この政策を阻止するためにたち上らないならば、岸内閣はなんの抵抗もなしにこの戦争政策を実現させてしまうでしょう。今ただちに職場の討論をおこし、四月十五日の職場大会を起点としてみんなの決意をしっかりと一つにまとめて下さい。

そして警職法改悪反対闘争にたち上ったときの様に断固とした実力行使にたち上り調印を阻止しましょう。

労働者階級の確信をもった闘いこそ、国民の心の支えです。

日本社会党・全日本農民組合連合会・憲法擁護国民連合・日本平和委員会・原水爆禁止日本協議会・日中友好協会・日中国交回復国民会議・人権を守る婦人協議会・全国軍事基地反対連絡会議・全日本青年学生共闘会議・日本労働組合総評議会・平和と民主主義を守る東京共闘会議・中立労組連絡会議

（出典） 日本平和委員会編『平和運動二〇年資料集』大月書店、一九六九年、四九三―四九四ページ。

【解説】　五九年三月二八日、国労会館での結成集会によって、安保改定阻止国民会議が発足した。それに向けて、「安保条約の廃止を要求し、改定に反対するすべての政党、団体をもうらしたこの様な会議を各地で組織」するように呼びかけたのが、この結成の呼びかけである。国民会議には一三四団体が参加し、結成を呼びかけた、社会党、総評、中立労連など一三団体が幹事団体会議を構成した。日本共産党はオブザーバーの資格で、これに加わった。国民会議は、社会・共産両党を中心とする緩やかな共闘組織として、統一行動や地方共闘作りに大きな力を発揮し、一年余にわたる安保闘争の推進力となった。

182　岸内閣総辞職・国会解散要求決議　一九六〇年五月二〇日

宣　言

岸内閣と自民党は右翼暴力団と警察官を院内に導入、不当きわまる会期延長をした。しかも国民の反対を無視し、われわれの抗議を踏みにじり、一部自民党議員だけで安保新条約の採決を強行した。われわれはこのような暴挙によって民主政治を破壊した岸内閣を打倒し、すでに正常な機能を失った国会が解散するまで闘いぬく。この不当、違法な安保新条約の採決を認めず、将来にわたり新安保に拘束されないことを明かにする。

決　議

いま国民の怒りは爆発し、全国的な抗議の波が潮のように拡大している。闘いはこれからであり、われわれは今後の闘いを次のように決議する。

一、国会が解散するまで安保批准阻止、岸内閣打倒、国会解散要求の請願行動と署名をつづけ、発展させる。

一、岸内閣の退陣を直接岸首相に電報、電話、手紙、面会などの方法で要求する。

一、二十六日、全国の安保地域共闘を中心に集会や抗議闘争を実施する。労組は全国的に時限スト、勤務時間外職場大会を開く。

（出典）『総評新聞』一九六〇年五月二〇日。

【解説】　新安保条約を審議した通常国会の会期は、五月一九日までであった。国会最終日のこの日、衆院安保特別委で自民党は単独で安保条約を可決し、直ちに衆院本会議を開いて五〇日間の会期延長を決めた。翌二〇日午前零時六分、再開された衆院本会議で新安保条約は、自民党単独で強行可決された。これに怒った国民によって緊急に開催されたのがこの国民大会であり、そこでの決議が、「すでに正常な機能を失った国会が解散するまで闘いぬく」ことを宣言した、この文書である。結局、国会は会期末まで正常化されず、新安保条約は六月一九日に自然承認となり、六月二三日、港区白金台の外相公邸で批准書が交換された。

183 七社共同宣言 一九六〇年六月一七日

七大新聞社共同宣言
「暴力を排し議会主義を守れ」

六月十五日夜の国会内外における流血事件は、その事の依ってきたる所以を別として、議会主義を危機に陥れる痛恨事であった。われわれは、日本の将来に対して、今日ほど、深い憂慮をもつことはない。

民主主義は言論をもって争わるべきものである。その理由のいかんを問わず、またいかなる政治的難局に立とうと、暴力を用いて事を運ばんとすることは、断じて許さるべきではない。一たび暴力を是認するが如き社会的風潮が一般化すれば、民主主義は死滅し、日本の国家的存立を危うくする重大事態になるものと信ずる。

よって何よりも当面の重大責任をもつ政府が、早急に全力を傾けて事態収拾の実をあげるべきことは言うをまたない。政府はこの点で国民の良識に応える決意を表明すべきである。同時にまた、目下の混乱せる事態の一半の原因が国会機能の停止にもあることに思いを致し、社会、民社の両党においてもこの際、これまでの争点をしばらく投げ捨て、率先して国会に帰り、その正常化による事態の収拾に協力することは、国民の望むところと信ずる。

ここにわれわれは、政府与党と野党が、国民の熱望に応え、議会主義を守るという一点に一致し、今日国民が抱く常ならざる憂慮を除き去ることを心から訴えるものである。

昭和三十五年六月十七日

産経新聞社 東京新聞社 東京タイムズ新聞社 日本経済新聞社 毎日新聞社 読売新聞社 朝日新聞社

(出典) 『朝日新聞』一九六〇年六月一七日。

【解説】 五月二〇日未明の新安保条約の強行採決以降、議会制民主主義の擁護を掲げてかえって運動は盛り上がった。六月四日には大規模な政治ストが打たれ、六月一〇日には、アイゼンハワー大統領訪日準備のために来日したハガチー秘書が羽田空港でデモ隊に包囲されて立ち往生するという事件(ハガチー事件)も起きた。さらに、六月一五日、全学連主流派が国会構内に突入して集会を開き、機動隊の実力行使によって東大生・樺美智子が死亡した。このような中で、主要新聞七社が事態の収拾をめざして発した異例の訴えが、この「暴力を排し議会主義を守れ」との共同宣言であった。

184 新安保条約　一九六〇年六月二三日

日本国とアメリカ合衆国との間の相互協力及び安全保障条約

日本国及びアメリカ合衆国は、

両国の間に伝統的に存在する平和及び友好の関係を強化し、並びに民主主義の諸原則、個人の自由及び法の支配を擁護することを希望し、

また、両国の間の一層緊密な経済的協力を促進し、並びにそれぞれの国における経済的安定及び福祉の条件を助長することを希望し、

国際連合憲章の目的及び原則に対する信念並びにすべての国民及びすべての政府とともに平和のうちに生きようとする願望を再確認し、

両国が国際連合憲章に定める個別的又は集団的自衛の固有の権利を有していることを確認し、

両国が極東における国際の平和及び安全の維持に共通の関心を有することを考慮し、

相互協力及び安全保障条約を締結することを決意し、よつて、次のとおり協定する。

第一条　締約国は、国際連合憲章に定めるところに従い、それぞれが関係することのある国際紛争を平和的手段によつて国際の平和及び安全並びに正義を危うくしないように解決し、並びにそれぞれの国際関係において、武力による威嚇又は武力の行使を、いかなる国の領土保全又は政治的独立に対するものも、また、国際連合の目的と両立しない他のいかなる方法によるものも慎むことを約束する。

締約国は、他の平和愛好国と協同して、国際の平和及び安全を維持する国際連合の任務が一層効果的に遂行されるように国際連合を強化することに努力する。

第二条　締約国は、その自由な諸制度を強化することにより、これらの制度の基礎をなす原則の理解を促進することにより、並びに安定及び福祉の条件を助長することによつて、平和的かつ友好的な国際関係の一層の発展に貢献する。締約国は、その国際経済政策におけるくい違いを除くことに努め、また、両国の間の経済的協力を促進する。

第三条　締約国は、個別的に及び相互に協力して、継続的かつ効果的な自助及び相互援助により、武力攻撃に抵抗するそれぞれの能力を、憲法上の規定に従うことを条件として、維持し発展させる。

第四条　締約国は、この条約の実施に関して随時協議し、また、日本国の安全又は極東における国際の平和及び安全に対する脅威が生じたときはいつでも、いずれか一方の締約国の要請により協議する。

第五条　各締約国は、日本国の施政の下にある領域における、いずれか一方に対する武力攻撃が、自国の平和及び安全を危うくするものであることを認め、自国の憲法上の規定及び手続に従つて共通の危険に対処するように行動することを宣言する。

前記の武力攻撃及びその結果として執つたすべての措置は、国際連合憲章第五十一条の規定に従つて直ちに国際連合安全保障理事会に報告しなければならない。その措置は、安全保障理事会が国際の平和及び安全を回復し及び維持するために必要な措置を執つたときは、終止しなければならない。

第六条　日本国の安全に寄与し、並びに極東における国際の平和及び安全の維持に寄与するため、アメリカ合衆国は、その陸軍、空軍及び海軍が日本国において施設及び区域を使用することを許される。

前記の施設及び区域の使用並びに日本国における合衆国軍隊の地位は、千九百五十二年二月二十八日に東京で署名された日本国とアメリカ合衆国との間の安全保障条約第三条に基く行政協定（改正を含む。）に代わる別個の協定及び合意される他の取極により規律される。

第七条　この条約は、国際連合憲章に基づく締約国の権利及び義務又は国際の平和及び安全を維持する国際連合の責任に対しては、どのような影響も及ぼすものではなく、また、及ぼすものと解釈してはならない。

第八条　この条約は、日本国及びアメリカ合衆国により各自の憲法上の手続に従つて批准されなければならない。この条約は、両国が東京で批准書を交換した日に効力を生ずる。

第九条　千九百五十一年九月八日にサン・フランシスコ市で署名された日本国とアメリカ合衆国との間の安全保障条約は、この条約の効力発生の時に効力を失う。

第十条　この条約は、日本区域における国際の平和及び安全の維持のため十分な定めをする国際連合の措置が効力を生じたと日本国政府及びアメリカ合衆国政府が認める時まで効力を有する。

もつとも、この条約が十年間効力を存続した後は、いずれの締約国も、他方の締約国に対しこの条約を終了させる意思を通告することができ、その場合には、この条約は、そのような通告が行なわれた後一年で終了する。

（出典）『官報』号外、一九六〇年六月二三日。

【解説】　六〇年六月二三日に発効した新安保条約は一〇カ条からなり、「全土基地方式」を引き継ぎながらも、五一年九月八日締結の旧安保条約と比べて、いくつかの大きな違いがあった。第一は、「両国の間の経済的協力」の促進を新たに盛り込んだことであり（第二条）、第二は、「武力攻撃に抵抗するそれぞれの能力」を、「維持し発展させる」として、日本の軍事力増強を義務づけたことであり（第三条）、第三は、「日本国の施政の下にある領域における、いずれか一方に対する武力攻撃」に対処することを定めて双務性を強めたことであり（第五条）、第四は、「極東における国際の平和及び安全の維持に寄与する」ことを掲げて、条約の適用範囲を極東地域にまで拡大したことであり（第六条）、第五は、「十年間効力を存続した後」には「この条約を終了させる意思を通告することができる」として、新たに廃棄条項を加えたことである（第一〇条）。

第四節　高度消費社会の出現と高度成長の歪み

1　貿易自由化と所得倍増政策

185　貿易・為替自由化計画大綱　一九六〇年六月二四日閣議決定

一　自由化の基本方針

貿易および為替の自由化は、ＩＭＦやガットの精神に明らかなように、各国の経済交流を活発にし、世界経済全般の発展を図るための基本的な方向であるが、最近では、世界経済における大きな流れとして進展をみるに至り、わが国としても、国際社会の一員として、かかる自由化の大勢に積極的に順応してゆくことが肝要な情勢になっている。

資源に乏しく人口の多いわが国経済が今後長期にわたって発展するためには、世界の経済交流の進展に即応しつつ、海外諸国との自由な交易を一層拡大してゆくことが不可欠の要件であると考えられるので、自由化を極力推進することは、世界経済の発展のための国際的要請たるのみならず、わが国経済自体にとって、きわめて重要な課題となっている。

これまでわが国は、戦後の復興と国際収支上の困難のために、貿易および為替の管理を行なってきたが、ここ数年、国際収支の好転、外貨準備の増加に応じて、逐次その制限を緩和し、自由化を進めてきたのである。しかして最近の日本経済は、その高い経済成長を国内物価の安定と国際収支の黒字基調の下に達成しつつあり、今後とも施策よろしきを得れば、高度成長の持続と相まって自由化をさらに推進しうるものと判断される。

このような自由化への内外の情勢にかんがみ、この際、貿易および為替の制限を積極的に緩和し、経済的合理性に即した企業の自主的な創意と責任を一層重視することは、わが国経済に対して多くの好ましい効果を期待することができる。すなわち、自由化により、従来の管理統制に伴なう非能率や不合理性は排除され、低廉な海外原材料等の自由な入手が一層容易となり、産業のコストは引き下げられ、企業は国際的水準における合理化努力を要請されるなど、自由化は経済資源の一層効率的な利用を可能ならしめ、経済の体質改善を促進するとともに、広く国民の生活内容の向上に寄与し、もってわが国経済全体の利益を増進するものである。

しかしながら、実際に自由化を促進するに当っては、まず長年にわたり封鎖的経済の下で形成された産業経済に及ぼす過渡的な影響に十分考慮を払う必要がある。またわが国経済は西欧諸国と異なり、過剰就業とこれに伴なう農林漁業における零細経営および広範な分野における中小企業の存在などの諸問題を包蔵し、また育成過程にある産業や企業の経営、技術上の弱点など多くの問題を有している上に、わが国をとりまく国際環境についても、欧州共同市場のような長期的に安定した協力経済圏を有していないこと、およびわが国に対しなお差別的な輸入制限措置がとられている例が多いことなどについて注意する必要がある。

したがって、自由化の推進にあたっては、わが国経済の特殊性に対する慎重な配慮を払いつつ、順序を追った計画的な実施を図るものとするが、自由化はわが国の長期にわたる経済発展の基礎を固める重要な方策であるので、貿易および為替の自由化とこれに伴なう経済の自由な運営が、わが国経済に与える積極的利点に対する基本的認識の下に、内外にわたる経済政策の展開と相まって、これを強力に推進するものとする。

（出典）経済企画庁調整局編『図説 貿易・為替自由化計画大綱』至誠堂、一九六〇年、八〇ページ。

【解説】　ドルを基軸通貨とする国際通貨制度を支えるＩＭＦ（国際通貨基金）は、各国通貨が自由に交換できる体制を理想としたが、戦後復興過程にある国が、一定期間、為替制限を行うのはやむを得ないとしていた。一九五二年にＩＭＦに加盟した際には、日本は為替制限を認められた一四条国に属した。五八年に西欧諸国が通貨の交換性を回復すると、日本はＩＭＦやアメリカから、為替制限の早期撤廃を迫られた。外貨割当を用いて国内産業を保護してきた日本政府は、為替制限の撤廃に懸念を抱かなかったわけではなかったが、為替自由化の潮流に乗り遅れ、国際経済のなかで孤立するのは一層危険だと考えた。三年後の輸入自由化率を八〇％にまで高めるという目標を示した貿易・為替自由化計画大綱が六〇年六月に閣議決定され、六四年四月にはＩＭＦ八条国へ移行した。

186　国民所得倍増計画の構想　一九六〇年一二月二七日閣議決定

(1)　計画の目的

国民所得倍増計画は、速やかに国民総生産を倍増して、雇用の増大による完全雇用の達成をはかり、国民の生活水準を大幅に引き上げることを目的とするものでなければならない。この場合とくに農業と非農業間、大企業と中小企業間、地域相互間ならびに所得階層間に存在する生活上および所得上の格差の是正につとめ、もつて国民経済と国民生活の均衡ある発展を期さなければならない。

(2)　計画の目標

国民所得倍増計画は、今後一〇年以内に国民総生産二六兆円(三十三年度価格)に到達することを目標とするが、これを達成するため、計画の前半期において、技術革新の急速な進展、豊富な労働力の存在など成長を支える極めて強い要因の存在にかんがみ、適切な政策の運営と国民各位の協力により計画当初三カ年について三五年度一三兆六、〇〇〇億円(三三年度価格一三兆円)から年平均九％の経済成長を達成し、昭和三八年度に一七兆六、〇〇〇億円(三五年度価格)の実現を期する。

(3)　計画実施上とくに留意すべき諸点とその対策の方向

経済審議会の答申の計画は、これを尊重するが、経済成長の実勢はもとより、その他諸般の情勢に応じ、弾力的に措置するとともに、経済の実態に即して、前記計画の目的に副うよう施策を行わなければならない。とくにこの場合次の諸点の施策に遺憾なきを期するものとする。

(イ)　農業近代化の推進

国民経済の均衡ある発展を確保するため、農業の生産、所得及び構造等各般の施策にわたり新たなる抜本的農政の基底となる農業基本法を制定して農業の近代化を推進する。

これに伴い農業生産基盤整備のための投資とともに、農業の近代化推進に所要する投融資額は、これを積極的に確保するものとする。

なお、沿岸漁業の振興についても右と同様に措置するものとする。

(ロ) 中小企業の近代化

中小企業の生産性を高め、二重構造の緩和と、企業間格差の是正をはかるため、各般の施策を強力に推進するとともにとくに中小企業近代化資金の適正な供給を確保するものとする。

(ハ) 後進地域の開発促進

後進性の強い地域(南九州、西九州、山陰、四国南部等を含む。)の開発促進ならびに所得格差是正のため、速やかに国土総合開発計画を策定し、その資源の開発につとめる。さらに、税制金融、公共投資補助率等について特段の措置を講ずるとともに所要の立法を検討し、それら地域に適合した工業等の分散をはかり、以つて地域住民の福祉向上とその地域の後進性克服を達成するものとする。

(ニ) 産業の適正配置の推進と公共投資の地域別配分の再検討

産業の適正配置にあたつては、わが国の高度成長を長期にわたつて持続し、企業の国際競争力を強化し、社会資本の効率を高めるために経済合理性を尊重してゆくことはもとより必要であるが、これが地域相互間の格差の拡大をもたらすものであつてはならない。

したがって、経済合理性を尊重し、同時に地域格差の拡大を防止するため、とくに地域別の公共投資については、地域の特性に従つて投融資の比重を弾力的に調整する必要がある。これにより経済発展に即応した公共投資の効果を高めるとともに、地域間格差の是正に資するものとする。

(ホ) 世界経済の発展に対する積極的協力

生産性向上にもとづく輸出競争力の強化とこれによる輸出拡大、外貨収入の増大が、この計画の達成の重要な鍵であることにかんがみ、強力な輸出振興策ならびに観光、海運その他貿易外収入増加策を講ずるとともに、低開発諸国の経済発展を促進し、その所得水準を高めるため、広く各国との経済協力を積極的に促進するものとする。

(出典) 経済企画庁編『国民所得倍増計画』一九六〇年、五―六ページ

【解説】「所得倍増計画」の発端は岸内閣時代に遡る。一九五九年一月三日の『読売新聞』に経済学者中山伊知郎が書いた「賃金二倍論」に共鳴した成長論者の池田が、自民党内で同調者を募った結果、同年一一月に、経済審議会に対し「国民所得倍増を目標とする長期計画」の検討が諮問されることになった。経済審議会の答申は、池田内閣成立後の六〇年一一月に出され、一二月末に「国民所得倍増計画」が閣議決定された。この計画は、一〇年後の七〇年の国民総生産(GNP)を六〇年のほぼ二倍の二六兆円(一九五八年価格)、年成長率に換算すると七・二%と設定した。実際には七〇年の国民所得は四〇兆六〇〇〇億円、成長率は年一一%を上回った。この経済計画は、社会資本の充実を待ってから経済成長を促進するという考えを退け、完

全雇用を実現するため成長を優先させる考え方を取った。その結果、六〇年代には公害、都市問題など、さまざまな高度成長の歪みが現れた。

187 産業構造調査会答申　一九六三年一一月二九日

3　協調方式の提唱

1　産業活動の方向づけとしての「協調方式」の意義

(1)　産業活動に方向づけをあたえるための方法として、自主調整、政府による規制等があげられるが、自主調整による問題の解決は、独占禁止法との関係や各種の現実的困難により、これに全面的な期待をかけることはできない。他方、政府の規制は、産業活動の方向づけないし秩序づけが他の方法によっては不可能であり、しかも事態を放置することができない場合に実施されるべきものであろう。

(2)　われわれは、ここに、これらの足らざるを補い、産業民主主義の精神にそった産業の方向づけの一つの新しい方法として、「協調方式」を提唱するものである。協調方式のねらいとするところは、従来から行なわれてきた審議会等の場を通じて政策目標を設定し、各種のフェーバーを通じて産業活動を誘導するという方式を改善して、このなかに、

(イ)　政府と産業界は、それぞれの分をまもりつつ、イコール・パートナー的立場で、緊密に協力して政策的課題の解決に努めるべきものであること。

(ロ)　金融界も産業政策的課題の解決に協調することが望まれること。

(ハ)　価格機構の長所をできるだけとり入れるべきであること。すなわち、企業の活動は、その自主的判断に基づいて行なわれるが、産業全体としては、国民経済的要請に合致する方向に発展することが期待されること。

の三つの理念を導入しようとするものである。

2　協調方式の適用にいたるまで

現実的には、産業活動の方向づけというような問題に関しては、そもそもいかなる手法を選ぶべきか、またある産業について方向づけが必要であるかどうかについて、意見が分かれている場合があろう。このような場合には、とるべき方策を政府の一存によって決することを避け、まず関係者が当該産業の状況の把握、方向づけの必要性、方向づけの手法等について討議することが望ましい。

3　協調方式の適用と展開

(1)　産業活動の方向づけのための方法として協調方式が選択されると、産業代表、金融代表、中立代表、政府代表等が対等の立場でそれぞれの主張や見解のつきあわせを

行ない、討議決定するわけであるが、このための共通の場を「協調のための懇談会」とよぶことができる。

(2) 「協調のための懇談会」では、まず当該産業の今後の姿ないし目標(生産額、輸出額、投資額等)を設定し、ついで当該産業の方向づけのための基準が討議決定される。

(3) 「協調のための懇談会」で作成された基準を個々の企業の行動にブレーク・ダウンしてゆく必要がある場合には、第一次的には、「協調のための懇談会」に参加した当該業界が、その討議決定の過程でその趣旨を体得し、自覚的に行動することが期待される。場合によっては、基準に即して企業間の話合いが行なわれることも多いであろう。

また、金融機関については、「協調のための懇談会」に参加することにより当該産業のあり方に対して理解をもち、基準の達成のための協力体制を形成することが期待される。

さらに、政府においては、基準に即して税制、財政投融資等の面におけるフェーバーを供与することにより、企業が基準で定められた方向にそって進みやすいように誘導を図るわけである。

(4) このような協調方式の根本理念は、今日における国民経済においては企業と政府がそれぞれの役割を分担しあっていることに着目し、これを一歩進めて企業と政府の相互協力のもとに産業活動の適正な方向づけを行なおうとするところに求められる。

(出典) 産業構造研究会編『日本の産業構造』第一巻、通商産業研究社、一九六四年、八四―八六ページ。

【解説】 貿易・為替自由化による開放経済への移行を、企業や通産官僚は、「第二の黒船」として危機感をもって迎えた。こうした危機感を背景に起きたのが、通産省が原案を作成した「特定産業振興臨時措置法案」(特振法)をめぐる対立であった。通産省は、自由化にともなう産業構造の将来のあり方を検討するために、一九六一年四月に産業構造調査会を設置した。この調査会の産業体制部会(部会長 有沢広巳)が、自由競争よりも、産業界・金融界・政府などが協議して経済運営の方向付けを行う「協調方式」が望ましいという提案を行った(その内容は後に答申に盛り込まれた)。この提案をふまえて、通産省は特振法案を作成し、六三年三月に国会に提出したが、金融界などの強い反対により廃案となった。産業構造調査会答申には、六〇年代の通産省の「協調体制」論が明瞭に示されている。

188 全国総合開発計画 一九六二年一〇月五日閣議決定

わが国経済は、東京および大阪を中心とする資本、労働、技術等諸資源の集中集積を通じて発展してきた。すなわち、これらの都市においては道路・港湾・鉄道・上下水道等の公共施設、工業等生産機能、運輸・通信・商業・金融等の流通中枢機能、行政、文化、教育、技術等の諸機能の集積と、これを利用する個別諸企業とが相互に関連しあい、諸資源の累積的拡大を促進してきたのである(以下個別諸企業をとりまくこれら経済的外部諸条件を「外部経済」という。)。

企業が適度に集中することは、企業の採算を有利にし社会資本の効率を高め国民経済全体の成長を促進する。しかし、利用すべき外部経済の集積の拡大以上に企業が密集すると享受すべき集積の利益が薄くなり、ついには密集の弊害を生ずるに至る。今日の過大都市の問題は、まさにこれによつてもたらされたものにほかならない。

一方、企業が特定の地域にのみ集中することは、資本、労働、技術等の諸資源の地域的な偏在をひきおこし、それ以外の地域において外部経済の集積を阻害し、それが相乗して経済活動をにぶくし、都市化、工業化の停滞をもたらすことになる。このことが、農工間格差等とあいまつて、いわゆる地域格差問題をひきおこしたのである。

とりわけ、わが国経済発展の起動力である工業の既往の配置が、過大都市問題と地域格差問題の発生に大きな役割を演じたといえる。したがつて、都市の過大化を防止し、地域格差を縮小するためには、まず工業の分散をはかることが必要である。

工業の分散にあたつては、長期的視野にたつて国民経済全体からみて、開発効果を最大にするよう考慮されなければならない。このためには工業を全面散布的に分散させるのは、民間資本にとつても社会資本にとつてもその効率をそこない、また投下資本量にはおのずから限度があるので、工業の適正な配分は開発効果の高いものから順次に集中的になされなければならない。

この計画は、以上の観点から計画の目標を効果的に達成する方策として拠点開発方式をとつた。

拠点開発方式とは、東京、大阪、名古屋およびそれらの周辺部を含む地域以外の地域をそれぞれの特性に応じて区分し、これら既成の大集積と関連させながらそれぞれの地域において果たす役割に応じたいくつかの大規模な開発拠点を設定し、これらの開発拠点との接続関係および周辺の農林漁業との相互関係を考慮して、工業等の生産機能、流通、文化、教育、観光等の機能に特化するか、あるいはこれらの機能を併有する中規模、小規模開発拠点を配置し、すぐれた交通通信施設によつて、これらをじゆず状に有機的に連結させ、相互に影響させると同時に、周辺の農林漁業にも好影響を及ぼしながら連鎖反応的に発展させる開発方式である。

この開発方式を採用することによつて、東京、大阪、名古屋の既成大集積と、それ以外に形成された大規模な外部経済の集積を利用して、中規模、小規模開発拠点の開発がすすみ、それぞれの影響の及ぶ範囲が拡大連結されて、やがてこれらが新たに経済圏を形成し、それぞれの経済圏が有機的に関連しあつて均衡のとれた地域的発展が期待できるであろう。

大規模な開発拠点には工業開発拠点と地方開発拠点とがある。前者は主として大規模な工業等の集積をもたせることによつて周辺の開発を促進する役割をもち、後者は大規模な外部経済の集積をもたせることによつて東京、大阪、名古屋のもつ外部経済の集積を利用しにくい地域の飛躍的な発展を可能にする中枢主導的な役割をもつ。

（出典）経済企画庁『全国総合開発計画』一九六二年、五―六ページ。

【解説】国土総合開発法にもとづいて、一九六二年一〇月に「全国総合開発計画」（第一次全総）が策定された。これは、日本で最初の本格的な地域開発計画であった。この計画の目的は、太平洋岸の四大工業地帯の過密現象、および、他の地域との経済格差を是正するために、地方に拠点都市を作り、大規模コンビナートを分散させることにあった。六二年五月に新産業都市建設促進法、六四年七月には工業整備特別地域整備促進法が公布され、一五カ所の新産業都市と、六カ所の工業特別整備地域が指定された。新産業都市の指定にあたって、全国の地方自治体は激しい陳情合戦を繰り広げ、新産業都市に指定された後は、今度は大企業に対する誘致運動に走った。〔参〕本間義人『国土計画の思想』日本経済評論社、一九九二年。

189 産業構造の変化と大都市圏への人口集中（↓図189ＡＢ）

【解説】高度成長期には、第一次産業就業者が激減し、第二次産業就業者が増大した。一九五五年に三五％を占めた専業農家が、七五年には一二％に減り、他方で、兼業を主とする第二種兼業農家が七五年には六二％を占めるまでになり、「三ちゃん農業」化が進行したからである。工業化にともない、大都市へ大量の人口が移動し、三大都市圏への人口集中が過疎・過密にともなう社会問題を生みだした。一九五〇年代には、毎年春に、集団就職列車が地方から東京・大阪などに到着した。大都市の人口膨脹により、住宅難、通勤地獄が深刻化した。五五年には日本住宅公団が設立され、公団住宅が大量に供給されるようになったが、供給は需要に追いつかなかった。

190 同盟（全日本労働総同盟）の結成大会宣言　一九六四年一一月一二日

われわれは、全国の労働者ならびに一般国民の注視と国外からの関心を集めて、ここに、全日本労働総同盟を結成した。

本日、ここに発足した同盟は、総同盟五十二年の歴史と全労十年の業績を余すところなく、承け継ぐものである。そこには、友愛会の創立者である鈴木文治氏や民主労働組合の育ての親である松岡駒吉氏をはじめ、いまはなき幾多の先駆者の遺志と精神が、脈々と流れている。かくて、わが同盟こそ、半世紀にわたるわが国民主的労働運動の全成果を継承し、こ

図 189A　産業別就業者数の推移

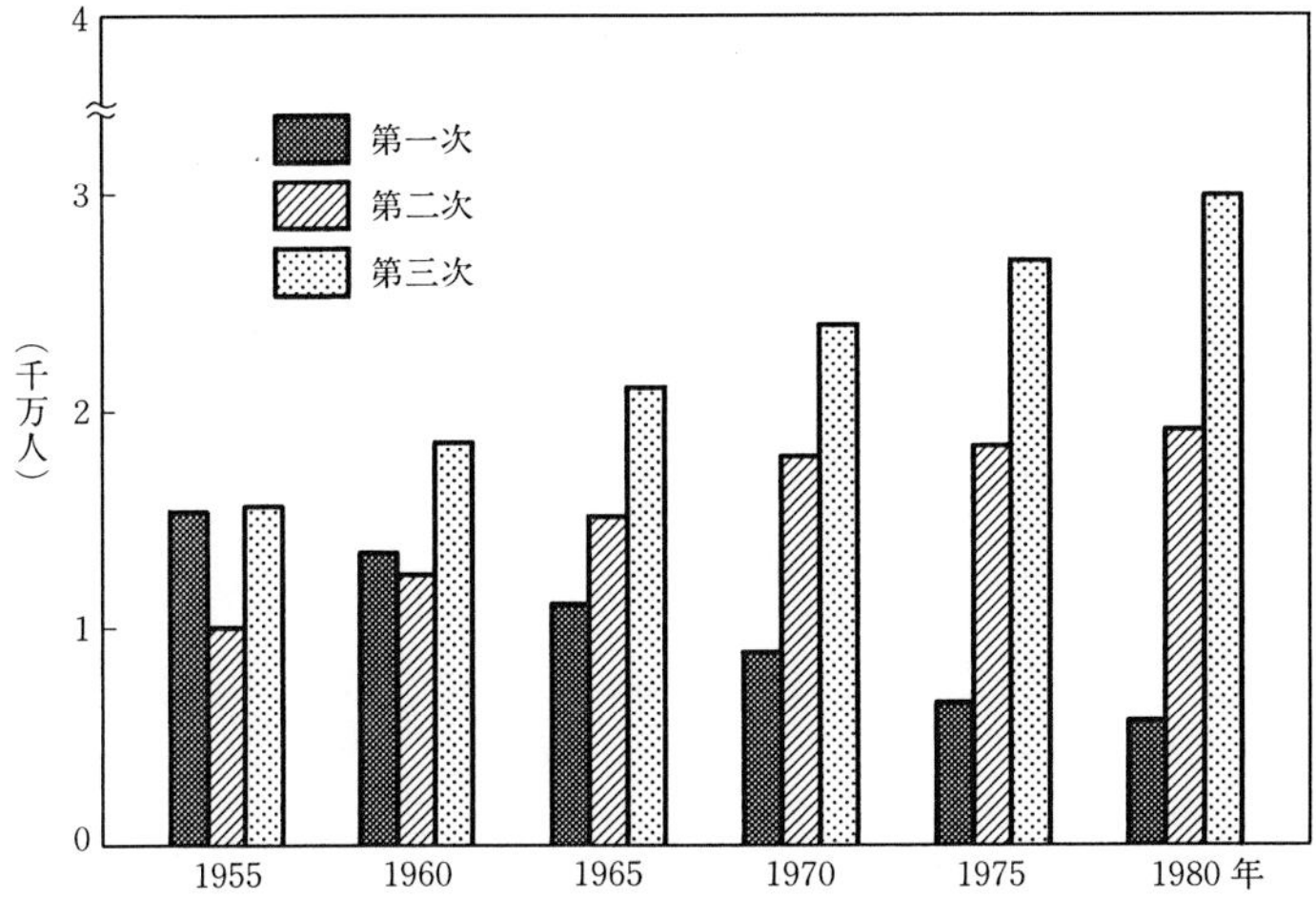

(出典)　総務庁統計局『日本長期統計総覧』第 1 巻，日本統計協会，1987 年，p. 398 より作成．原データは，総務庁統計局「労働力調査」．

図 189B　三大都市圏の人口増加

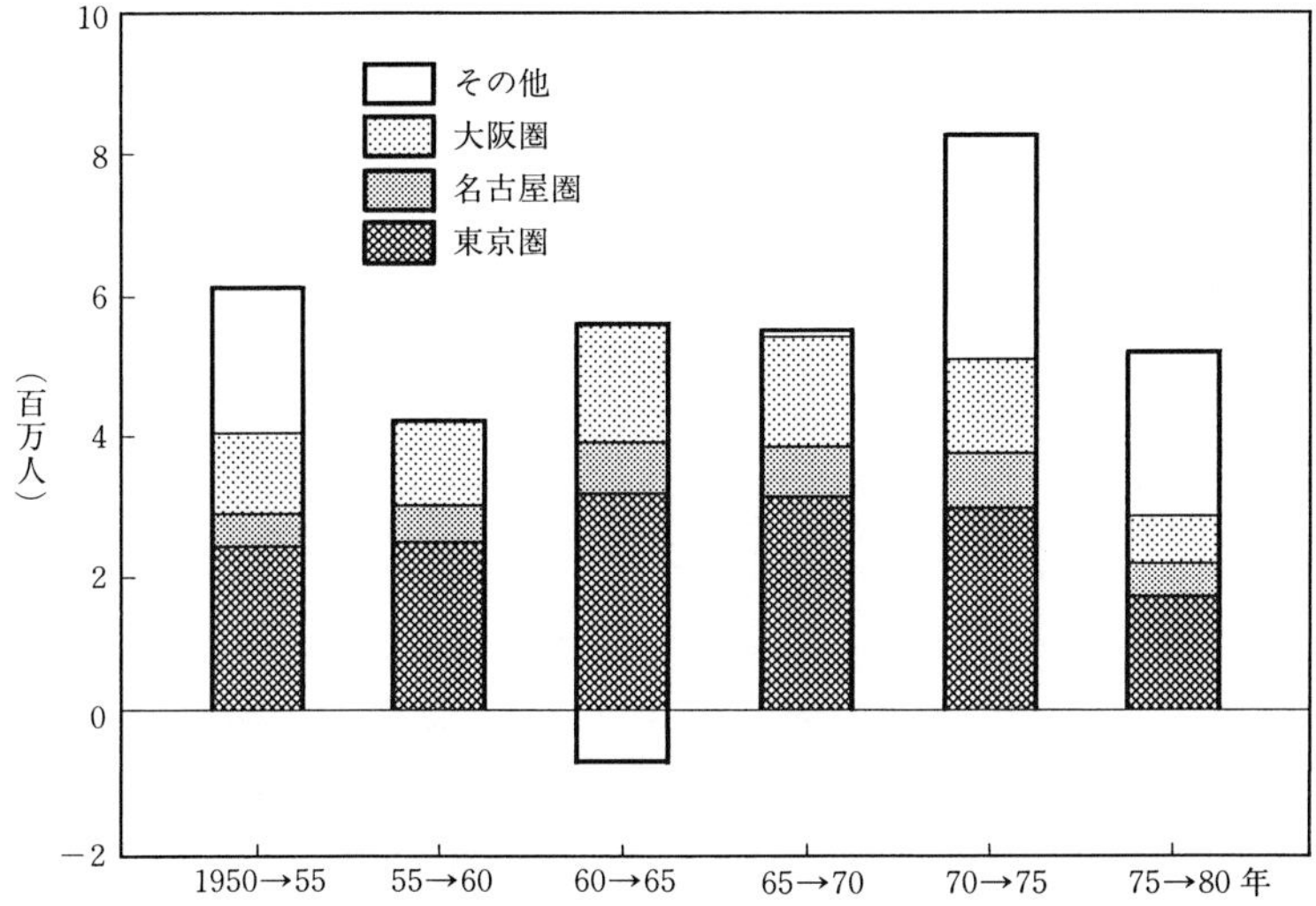

東　京　圏＝東京・神奈川・埼玉・千葉，名古屋圏＝愛知・岐阜・三重
大　阪　圏＝大阪・兵庫・京都・滋賀・奈良

(出典)　『完結 昭和国勢要覧』第 1 巻，東洋経済新報社，1991 年，p. 33 より作成．原データは「国勢調査」．

れを、さらに、飛躍的に発展させることを使命として登場した画期的な、前進拠点である。いまや、わが同盟の前途には、国内的にも、国際的にも大きな使命がその達成をせまっている。ここ数年来、急速に進展している技術革新は、わが国の産業や社会の構造的変革をもたらし、その影響は、労働運動の分野においても、階級闘争主義的な指導精神と闘争方式をもはや、カビの生えた古いものとし、それにとってかわるべき、新たな労働運動の発展、すなわち、民主的労働組合主義を路線とする同盟の指導精神とそれにもとづく運動の普及、浸透を強く要請している。また、長期にわたって戦後の政治をロウ断してきた自民党の政治にたいする国民のエンサの声は、日増しに増大し、これにとってかわるべき民主社会主義の立場にたつ革新政党の発展を強く要望しているが、わが国の民主的労働運動は、この面からも、その発展に強い拍車を加えられている。蓋し、労働運動の分野においても、民主的労働組合主義の流れが圧倒的地位を占めることなくしては、民主社会主義政党の大きな発展を期し得ないからである。さらに、流動する国際情勢は、従来に増して、労働運動の国際連帯の強化、とりわけ、アジアにおける民主的労働運動の国際連帯の強化を要請し、そのための、わが国における民主的労働運動の奮起を促している。わが同盟は、かかる内外情勢から、生まれるべくして生まれたものである。

「真理は最後の勝利者である」という古語があるが、わが同盟の前途には、光明と前進が約束されている。「友愛」と「信義」そして「前進」を相言葉に、同盟に結集される全国の同志諸君！ 明日より自信と勇気をもってあらゆる障害を乗り超え、労働者階級の完全解放の初心の達成に向って、たくましく、歩を進めよう！

右宣言する。

（出典） 労働省編『資料 労働運動史 昭和三九年』労働行政研究所、一九六六年、九八五―九八六ページ。

【解説】 一九六〇年代前半に、高度成長の主役であった重化学工業の大企業において、企業別組合を基盤とする労使協調的な労働運動が台頭した。こうした労働組合の全国的団体として誕生したのが、戦前の総同盟の流れを汲む同盟（全日本労働総同盟）と、自動車、造船などの金属機械労組の協議体ＩＭＦ・ＪＣ（国際金属労連日本協議会、六四年五月結成、鉄鋼労連は六六年に参加）であった。それは、基幹重化学工業における「日本的労使関係」（団体交渉にかわり労使協議制が普及する）の成立と軌を一にする。また、政府の労働政策も、池田内閣期に労働者の経済的利益を尊重しつつ、労使関係の安定を図る方向に転換した（「石田労政」）。

2　一九六五年不況からいざなぎ景気へ

191　財政制度審議会中間報告　一九六五年一一月一日

4　公債政策

(1)　公債発行の意義

公共事業費等の財源として公債を発行することは、財政法でも認められているところであるが、従来これが発行されなかったのは、一方では、民間の資金需要が強い高圧経済基調の下で一般財政が民間と競合して借入れに依存することは適当でなかったからであり、他方では、高度成長の結果として年々の自然増収が多額に上ったからでもある。

このようにして、従来一般会計では公共投資の財源についても、あげて租税その他の経常収入でまかなってきたのであるが、今後の経済成長の下においては、租税収入も従来のように多くの増加を期待することは困難であり、しかも公共投資の必要性はいよいよ高まっているので、従来の財源調達方式をそのままとっていたのでは国民の税負担も重くなり、また、公共投資の拡充にも制約が生ずることとなる。

他方、経済動向が先に見たような推移をたどるとすれば、民間の資金需要にもおのずから落着きが生じ、市中消化による公債発行の基盤が形成されることになる。この点からみても、一般会計も必ずしも均衡財政主義にとらわれることなく、公債を発行して公共投資の財源とすることが適当である。加えて、当面の問題としては、国民の蓄積はまだきわめて不十分であるのでこれを高めていく必要があり、公債発行に伴なって一定の期間、意欲的な減税を行なうことも可能であるから、公債発行の意義は一層高まることとなる。

以上は公債政策の当面の段階である。すなわち、この段階では公債と租税との振替えによって当面の国民負担の積極的な軽減が図られ、経済は現下の不況を克服して漸次安定成長に移っていく。このような段階を経て経済が本格的安定成長の軌道に乗った暁には、公債発行も景気の動向に応じて増減しつつ、歳出はなだらかに拡大していくという財政運営の正常な姿になるものと考えられる。

(2)　建設公債の原則

公債を発行する場合でも、財政の健全性を維持する必要があることは当然であるが、そのためには、経常歳出はあくまで経常歳入でまかなうという原則を堅持し、健全な公債政策をとることが前提となる。すなわち、財政法第四条に規定する公共事業費等の範囲内で公債を発行することは、いかなる場合でも守るべき大原則としなければならない。

四一年度においては、景気対策の見地から、非常に大規模な減税を行ない、そのために財政法第四条の特例を設けて、この大減税に見合う公債を発行すべきではないかという意見もあるが、先にも見たように景気対策をあまりに急激に実施することには疑問があることと、財政運営の基本原則については一時の必要からこれを軽々に変更すべきではないこと、財政による景気対策には財政投融資にもまつべきものがあること等から考えて、財政法第四条の原則を厳守することが肝要である。

(3) 市中消化の原則

(イ) 公債の消化については、現下の景気刺激の要請からは市中消化よりもむしろ日本銀行引受けの方が望ましいという考え方もある。しかしながら、このような方式は、国民に与える心理的影響からも、国際信用上からも適当でなく、また、安易な公債発行による財政膨脹のきっかけとなるおそれも大きいので、将来はもとより、この際としてもとるべきではない。

(ロ) 金融調節という観点からみても、日本銀行引受けと市中消化とでは差異がある。前者では日本銀行引受け公債の売オペレーションが、後者では市中消化公債の買オペレーションが問題となろうが、市中金融機関の資金ポジションの現状からすれば、売オペレーションは日本銀行の意図する規模で実行しうる保証はないのに対し、買オペレーションは日本銀行が適当と認めるだけのものを主導的に実行しうるのである。

(ハ) 公債の市中消化に当っては、金融情勢の推移を勘案しつつ市場の消化能力にとって無理のない範囲で行なうことが必要である。特に、政府保証債、地方債等についても、今後かなりの増加が必要と見込まれるので、これらを合わせて総合的に調整を図り、民間の資金需要をひっ迫させることのないように十分配慮しなければならない。

(4) 公債発行の歯止め

わが国の公債残高は、政府保証債等を合わせて考えれば、必ずしも少なくないとも見られるうえ、四〇年度以降相当巨額の公債、政府保証債等の発行が見込まれるので、今後の財政運営如何によっては、これらの残高が急増するおそれがある点に十分注意すべきである。

上記の建設公債の原則と市中消化の原則とは、公債発行の歯止めとしてきわめて有効なものであり、更に財政面、金融面から公債残高の累増を防止するその他の措置についても検討する必要があるが、基本的に重要なことは、国民の財政に対する考え方が合理的で健全なものであるということである。安易に歳出規模の膨脹を求めたり、租税その他の負担の過度の軽減を望むことが結局公債発行の累増を招くことを忘れてはならない。また、財政当局始め関係省庁においても、常に財政と国民経済のバランスに配慮するとともに、たえず経費内容の合理化と節減に努力し、財政の節度を守るということが結局公債発行の最善の歯止めとなることを銘記すべきである。

（出典）財政制度審議会『建議・報告集（Ⅰ）昭和四〇―四九年』一六―一九ページ。

【解説】一九六五年の不況対策として、同年七月末に福田赳夫蔵相は、公債を発行する方針を明らかにし、一一月には財政制度審議会が、「必ずしも均衡財政主義にとらわれることなく、公債を発行して公共投資の財源とすることが適当である」とする中間報告を出した。六六年一月に「昭和四〇年度財政処理特別措置法」が公布され、六五年度の特例公債発行が実現した。しかし、まもなく不況は終わり、戦後最長の「いざなぎ景気」が到来したので、公債発行に依存する必要は遠のいた。財政が本格的に公債発行に依存するようになるのは、石油ショック後の七五年以降である。しかし、六五年の特例公債発行は、ドッジ・ラインから続いた均衡財政主義から、景気調整策として公債発行を用いるケインズ的な財政政策への政策転換という意味で重要である。

192　資本取引自由化基本方針　一九六七年六月六日

「対内直接投資等の自由化について」（一九六七年六月六日閣議決定）

第一　対内直接投資等の自由化に関する基本方針

1　対内直接投資等の自由化に関する基本的考え方

わが国はこれまで貿易・為替の自由化を行ない、いわゆるケネディ・ラウンドの関税一括引下げ交渉に参加し、国際経済社会との結びつきを深めてきたが、いまや資本移動の自由化についても、一そうの前進をはかろうとしている。

わが国が昭和三九年にOECD（経済協力開発機構）に加盟したのは、国際経済社会の相互依存性の増大に伴い、各国経済間の協力関係の強化が各国経済ひいては世界経済の発展に貢献し、世界の諸国民の間の平和的かつ協調的な関係に寄与すると確信したこと、わが国もその一員として、各国経済との間に緊密な協力関係をつくり出し、経常的貿易外取引および資本移動について自由化拡大の努力を払うことが日本経済の長期的発展のために必要であるとみずから判断したことによっている。

加盟後三年を経過した現在、わが国経済は、今後、さきの経済社会発展計画でものべているように、これまでの経済成長の成果をふまえ、開放経済のもとで一段の経済成長と国民生活水準の向上充実をはかっていくことが要求されている。

この間欧米諸国においては、技術開発が飛躍的に進められ、自由化を積極的に利用して、多くの企業が強力な世界企業へと成長しつつある。反面、発展途上の国々の工業化も進み、労働集約的な商品の分野では、わが国の輸出と競合するに至っている。

このような内外の情勢のもとに、わが国経済のより一そうの発展と国民生活の充実向上をはかるため、国民のエネルギーと英知を結集すべき時に当面しており、懸案の資本移動の自由化とくに対内直接投資の自由化についても、これを契機として国際経済社会への協力を深め、わが国経済の長期的発展をはかるため積極的に自主的な課題として取り組むべきであると判断される。

2 対内直接投資自由化の進め方

今回、すでに述べたように、内外情勢の推移にかんがみ、わが国の自主的な選択として、対内直接投資の認可にあたって自動認可制を導入し、自由化の一そうの進展をはかることが必要であると判断する。その進め方は、わが国経済の現状を前提に、当面は、可能な範囲で自動認可制による自由化を実施することとし、さらに今後の方向としては、内外情勢の急激な変化がない限り、経済社会発展計画で期待しているように、昭和四六年度末までに、わが国経済のかなりの分野において自由化を実施することを目標とすべきであると考える。

自由化の進展に伴うわが国経済のあり方としては、かなりの業種において、外国資本が進出してもわが国企業がこれと互角に公正かつ有効な競争を行ない、あるいは対等な立場で協調し、国民経済的利益を増進するようになることが望ましい。わが国経済がこのような段階にできるだけすみやかに到達することが、国民、経済界、政府にとって今後の最大の国民的な努力目標でなければならない。

しかしながら、単に商品のコスト、価格面における競争力だけでなく、ひろく技術開発力、市場開発力、資本力を含めた総合競争力の観点からわが国産業の現状を直視すると、多くの業種において、なお内外企業の間に相当の格差が存在することも否定できない。従って、外資比率一〇〇％まで自動認可できる業種が多いことを今すぐ期待するのは実際問題としてむづかしい。また外資比率五〇％まで自動認可できる業種を選定する場合でも、持株比率上の形式的平等だけにとらわれると、かなりの分野において内外企業の総合競争力の明らかな格差が存在する以上、実質的には不平等に陥いるおそれも考えられ、内外企業の共存共栄の実現、さらにはそれによる国民的利益の確保を期待し得ないおそれがある。

したがってこの時点においてわが国経済が今後向かうべき努力目標とわが国産業の現状とを考えあわすと、さしあたっての自由化の目標、つまり、昭和四六年度末までの自由化の内容は、競争力のある業種、すなわち外資比率一〇〇％まで自動認可できる業種の増加に努力しつつも、なお、大勢としては、実質的平等とそれによる共存共栄を基礎とした五〇対五〇の合弁企業を自動的に認可する業種の拡大を中心に、上記の国民的努力目標に向かって着実に前進することである。

経済の全面的国際化の時代は、もとより世界企業間の競争の時代である。直接この競争力にあたる経営者ないし経済界としては、絶えざる新技術の開発、優秀な労働力と資本の確保、コストの引下げに努め、能率的経営に徹し、たくましい企業家精神で積極的に資本自由化問題に取り組む真剣かつ自主的な前向きの努力を傾けるべきである。

政府もこのような民間の活動を円滑にし、その努力を誘導し補完するため、科学技術の振興と研究開発に画期的な努力を傾け、産業体制、金融体制の整備に配意し、自由化に対処できる環境の整備に努めるとともに、率先して行財政の効率化、近代化と行政コストの引下げに努めることが必要である。これによってわが国企業が外資と対等な条件で競争できるような基盤がつくり出されることが期待される。このような民間の努力の結果と政府の対策の効果を考慮しながら、今後一〜二年程度の適当な期間をおいて自由化措置の見直しを行ない、自由化の範囲を拡大していくこととする。

（出典）吉田富士雄『資本自由化と外資法』財政経済弘報社、一九六七年、一四五―一四七ページ。

【解説】一九六四年四月、日本はOECD（経済協力開発機構）に加盟し、資本取引の自由化を実施する義務を負うことになった。先進国の仲間入りをするために、日本はみずからすすんでOECDに加盟したものの、資本取引の自由化、とくに対内直接投資（外国企業が日本に進出すること）を自由化することに、政府や財界は慎重であった。アメリカ企業の進出で、ヨーロッパの企業がアメリカ資本に乗っ取られつつあり、資本自由化をすれば日本も危ないという危機感があった。資本自由化の促進を求める外圧を受けて、ようやく、一九六七年に政府は経団連と図って対内直接投資の自由化方針を決定した。しかし、自由化といっても、即時・全面的な自由化ではなく、国内企業を保護しつつ、段階的で部分的な自由化を進める方針であった。全面自由化が実現したのは、第一次自由化から八年後の一九七五年六月（小売業の自由化措置）のことである。〔参〕大蔵省財政史室編『昭和財政史　昭和二七年―四八年度』第一二巻、東洋経済新報社、一九九二年。

193　独占禁止政策懇談会有志「大型合併についての意見書」

一九六八年六月一五日

最近の八幡・富士および王子系製紙三社のいわゆる「大型合併」問題の経過は、われわれ経済学者にとって、黙過するには余りにも重大なものを感じさせる。そこでこの際、以下のようなわれわれの考えを公けにし、改めてこの問題の公正な検討を促したい。

一、企業間の競争は、単に資源の最適配分を達成するばかりでなく、技術や経営の絶え間ない革新を促進することによって、経済発展の原動力の役割を果たすものである。わが国戦後の経済発展も、旧財閥の解体、独占禁止法の実施を一つの重要な転機として、活発な競争が行なわれてきたことに負うところがきわめて大きい。もしかりに、現在の独占禁止法が変更されたり、あるいは有名無実化され、多くの競争制限や私的独占が認められるようならば、それはついには日本経済の原動力の衰退をもたらし、今後のわが国経済・社会の健全かつ民主的な発展は、重大な障害に直面すると危惧される。可能なかぎりの競争条件を確保することが、独占禁止法の精神であることはいうまでもないが、それはまた、発展する経済の基本原則でなければならない。

二、八幡・富士および王子系三社を例とする「大型合併」が、独占禁止法第一五条によって禁止されている「一定の取引分野における競争を実質的に制限することになる」合併であるか否かについて、われわれの間で意見調査を行なった。その結果は次のとおりである。

	(八幡・富士)	(王子系三社)
①競争の実質的制限をもたらす可能性が強い	八六名	八一名
②競争の実質的制限をもたらす恐れは少ない	三名	四名
③その他、あるいは意見なし	一名	五名

また、この二つの合併が、合併支持者の主張するように、企業規模の拡大による利益(独占的市場支配力の強化による私的利益を除く)をもたらしうるか否かについては以下のとおりである。

	(八幡・富士)	(王子系三社)
①規模拡大の利益はかなり著しいであろう	二名	二名
②規模拡大の利益は多少あっても、それほど著しくない	三六名	四八名
③規模拡大の利益はほとんどなく、合併により、かえって効率は低下する	四五名	三〇名
④その他、あるいは意見なし	七名	一〇名

以上にみるように、われわれの間では、二つの合併が当事者や一部の賛成論者の主張するような利益については、懐疑的な見方が多く、かつ二つの合併が競争を実質的に制限し、独占禁止法第一五条に抵触する疑いが濃いとする意見が有力である。したがって、今回の合併を認めることは、独占禁止法を有名無実化し、競争条件を確保するために不可欠な手段を失わせる結果になるとの判断が、われわれの間では一般的

であるといえる。

三、他方、最近の大型合併に関して、政府首脳や通産省当局者の一部は、しばしば進んで賛意を表明し、合併を積極的に支援する態度を示している。しかし合併の具体的問題は、すべて公正取引委員会が独占禁止法に従って、適法か違法かの公正な判断を下すべきものであり、政府首脳や通産省当局者が、公取委に圧力を加えるような言動は厳に慎しむべきである。法の規定とその精神に従って行動すべき閣僚や行政機関の職員が、法律違反の疑いのあるような特定私企業の行為を、あえて支持し奨励するなどは、行政府の権限を逸脱した、著しく穏当を欠くものといわねばならない。

四、経済審議会・産業構造審議会等にも、最近の「大型合併」を支持する動きがみられる。しかし、経済問題に関する各種政府審議機関の委員の大多数は、直接利害関係をもつ産業界・財界の代表者によって占められる場合が多く、たとえば専門の学者など、中立的な立場に立ったものの意見は、きわめて不十分にしか反映されていない。本来審議機関の委員は、欧米におけるように、むしろ少数の専門家によって構成されるのが妥当である。とくに直接利害関係のある人びとの場合は、参考人として出頭し、意見を述べるに止まるべきであろう。経済審議会・産業構造審議会等の構成は、こうした原則を無視しており、その「大型合併」問題についての見解も、中立にして権威あるものとは認め難い。

五、最後に繰り返し強調したいことは、もし今回の「大型合併」問題について、軽々に判断を下して易きにつくならば、現在、競争が有効に働いている多くの分野に、安易な合併と競争制限の機運を誘発し、ひいては日本経済の成長原動力を損ない、将来の日本の社会の発展に重大な支障を来たすことが懸念される。この点をわれわれはここに強く警告し、今後、公取委が、政府首脳や通産当局からの干渉を排除し、かつ事実の詳細な調査に十分な時間を費やし、厳正な判断を行なうことを強く希望してやまない。

（出典）『東洋経済』一九六八年七月三日号、四四―四五ページ。

【解説】　一九六〇年代なかば以降、企業の「大型合併」が相次いだ。占領期に過度経済力集中排除法の適用を受けて三分割された三菱重工が、六四年六月に合同したのを皮切りに、その後、日産、プリンスの自動車メーカーの二社の合併（六六年）、川崎重工など川崎系三社の合併（六八年）などが続き、七〇年三月の八幡製鉄、富士製鉄の合併（新日本製鉄の成立）、七一年一〇月の第一勧業銀行の発足で、合同の動きは頂点に達した。これに対して、大企業同士の合併は、競争の制限につながる恐れがあるとして、多数の近代経済学者が反対運動に立ち上がった。貿易自由化、資本自由化に対抗するために、日本の企業が大規模化することは国益につながるといった論調が強かったなかで、自由主義的な経済学者たちの問題提起は波紋を投げかけた。なお、この声明は八幡、富士両社に対して、公正取引委員会が事前審査を開始した時(六八年六月)に出されたものである。

3 高度成長期の社会問題

194 朝日訴訟第一次判決 一九六〇年一〇月一九日

憲法第二五条第一項は「すべて国民は、健康で文化的な最低限度の生活を営む権利を有する」と規定し、さらに同条第二項は「国は、すべての生活部面について、社会福祉、社会保障及び公衆衛生の向上及び増進に努めなければならない」と規定している。これはわが旧憲法をも含めて従来諸国の憲法や権利宣言がいわゆる自由権的基本的人権の保障を主眼としたのに対し、憲法がたんにこの種の自由権的人権の保障のみに止まらず、国家権力の積極的な施策に基き国民に対し「人間に値する生存」を保障しようといういわゆる生存権的基本的人権の保障に関して規定したものであると解せられる。いわゆる基本的人権の観念が認められて以来一八、九世紀においては国民が個人の生命・自由・幸福を追求することに対する国家権力の干渉を排除すること、とくに個人の財産権を保障することをもって基本的人権の主要な内容となし、国家からの自由をその本質とするものと考えられていたが、二〇世紀にいたり単に国家の干渉からの自由を保障することは消極的意味を有するに止まり、これのみでは国民による真の生命・自由・幸福の追求の目的達成のためには不十分であり、国家権力の積極的な配慮・関与による国民の「人間に値する生存」の保障が不可欠であるという考え方が強くなって各国憲法にも生存権、勤労の権利、勤労者の団結権、団体行動権等いわゆる生存権的基本的人権を保障する傾向を生じわが憲法も、またその流れの中にある。すなわち単に自由権的基本的人権をしかも極めて不完全にしか保障していなかった旧憲法から一段の飛躍を遂げ、第二六条に教育の権利、第二七条に勤労権、第二八条に勤労者の団結権、団体行動権を保障するとともに前記第二五条を置いたのである。(中略)

生活保護法(昭和二五年法律第一四四号)は国がまさにこの憲法第二五条の明定する生存権保障の理念に基いて困窮者の生活保護制度を、同条第二項にいう社会保障の一環として、国の直接の責任において実現しようとするものであり、憲法の前記規定を現実化し、具体化したものに外ならない(同法第一条参照)。同法第二条は「すべての国民は、この法律の定める要件を満たす限り、この法律による保護を無差別平等に受けることができる」と規定している。これは同法に定める保護を受ける資格をそなえる限り何人に対しても単に国の事実上の保護行為による反射的利益を享受させるにとどまらず、積極的に国に対して同法第三条の規定するような「健康で文化的な生活水準」を維持することができる最低限度の生活を保障する保護の実施を請求する権利、すなわち保護請求権を賦与することを規定したものと解すべきである。（中略）

それではここにいう「健康で文化的な生活水準」とは一体何であろうか。これが憲法第二五条第一項に由来することは多言をまたないところであり、「健康で文化的な」とは決してたんなる修飾ではなく、その概念にふさわしい内実を有するものでなければならないのである。それは生活保護法がその理想を具体化した憲法第二五条の規定の前述のような沿革からいっても、国民が単に辛うじて生物としての生存を維持できるという程度のものであるはずはなく、必ずや国民に「人間に値する生存」あるいは「人間としての生活」といいうるものを可能ならしめるような程度のものでなければならないことはいうまでもないであろう。（中略）

最低限度の生活水準を判定するについて注意すべきことの一は、現実の国内における最低所得層、たとえば低賃金の日雇労働者、零細農漁業者等いわゆるボーダー・ラインに位する人々が現実に維持している生活水準をもって直ちに生活保護法の保障する「健康で文化的な生活水準」に当ると解してはならないということである。蓋しこの層に属している人々は、証人末高信の証言によれば相当多数に及び、その多くは最低の所得で、労働に従事し、何年に一枚の肌着に安んじ、はだしで走りまわり、歯みがきも歯ブラシも使わず、用を便ずるにも紙をもってし得ないというような状態を続けながらもなお一応の健康を維持して生活しているというのであるが、これらの者に直ちに生活保護を与えるべきかどうかは別問題としても、健全な社会通念をもってしてこれらの生活が果して健康で文化的な最低生活の水準に達しているかどうかは甚だ疑わしいといわねばならないからである。その二はその時々の国の予算の配分によって左右さるべきものではないということである。予算を潤沢にすることによって最低限度以上の水準を保障することは立法政策としては自由であるが、最低限度の水準は決して予算の有無によって決定されるものではなく、むしろこれを指導支配すべきものである。その意味では決して相対的ではない。そしてその三は「健康で文化的な生活水準」は国民の何人にも全的に保障されねばならないものとして観念しなければならないことである。国が生活保護の種類として医療扶助、教育扶助を規定し、この両者の制度があるからといって健康で文化的な生活を保障したと解するのは無意味であり、いかなる生活形態をとるにせよ、その生活自体が健康で文化的な生活といい得る要素をもたねばならないことは明らかである。

（出典）社会保障研究所編『日本社会保障資料』Ⅱ、一九七五年、四〇四－四〇六ページ。

【解説】 肺結核のために国立岡山療養所で長期療養中の朝日茂が、生活保護法について国が定めた保護基準はあまりにも低すぎ、憲法にうたっている「健康で文化的な生活水準」を維持することはできないとして、一九五七年八月に厚生大臣を相手取って行政訴訟を起こした。東京地裁では、国は憲法に定めた国民の最低生活維持の義務を果たしていないとし、原告の勝訴となった。六三年一一月の東京高裁の二審判決は、国の逆転勝訴となり、原告は最高裁に上告した。しかし、原告の朝日茂が、六四年二月に死亡したために、最高裁は六七年五月に訴訟終了の判決を下した。しかし、一審判決の影響は大きく、政府はこれを機に、生活保護水準の見直しにとりかかった。

195 同和対策審議会答申 一九六五年八月一一日

前 文

昭和三六年一二月七日内閣総理大臣は本審議会に対して「同和地区に関する社会的及び経済的諸問題を解決するための基本的方策」について諮問された。いうまでもなく同和問題は人類普遍の原理である人間の自由と平等に関する問題であり、日本国憲法によって保障された基本的人権にかかわる課題である。したがって、審議会はこれを未解決に放置することは断じて許されないことであり、その早急な解決こそ国の責務であり、同時に国民的課題であるとの認識に立って対策の探究に努力した。その間、審議会は問題の重要性にかんがみ存置期限を二度にわたって延長し、同和地区の実情把握のために全国および特定の地区の実態の調査も行なった。その結果は附属報告書のとおりきわめて憂慮すべき状態にあり、関係地区住民の経済状態、生活環境等がすみやかに改善され平等なる日本国民としての生活が確保されることの重要性を改めて認識したのである。

したがって、審議もきわめて慎重であり、総会を開くこと四二回、部会一二一回、小委員会二一回におよんだ。

しかしながら、現在の段階で対策のすべてにわたって具体的に答申することは困難である。しかし、問題の解決は焦眉の急を要するものであり、いたずらに日を重ねることは許されない状態にあるので、以下の結論をもってその諮問に答えることとした。

時あたかも政府は社会開発の基本方針をうち出し、高度経済成長に伴う社会経済の大きな変動がみられようとしている。これと同時に人間尊重の精神が強調されて、政治、行政の面で新らしく施策が推進されようとする状態にある。まさに同和問題を解決すべき絶好の機会というべきである。

政府においては、本答申の報告を尊重し、有効適切な施策を実施して、問題を抜本的に解決し、恥ずべき社会悪を払拭して、あるべからざる差別の長き歴史の終止符が一日もすみやかに実現されるよう万全の処置をとられることを要望し期

待するものである。（中略）

結　語――同和行政の方向

同和問題の根本的解決にあたっては、以上に述べた認識に立脚し、その具体策を強力かつすみやかに実施に移すことが国の責務である。したがって国の政治的課題としての同和対策を政策のなかに明確に位置づけるとともに、同和対策としての行政施策の目標を正しく方向づけることが必要である。そのためには国および地方公共団体が実施する同和問題解決のための諸施策に対し制度的保障が与えられなければならないが、とくに次の各項目についてすみやかに検討を行ない、その実現をはかることが、今後の同和対策の要諦である。

①　現行法規のうち同和対策に直接関連する法律は多数にのぼるが、これら法律に基づいて実施される行政施策はいずれも多分に一般行政施策として運用され、事実上同和地区に関する対策は枠外におかれている状態である。これを改善し、明確な同和対策の目標の下に関係制度の運用上の配慮と特別の措置を規定する内容を有する「特別措置法」を制定すること。

②　同和対策は、今後の政府の施策の強化により新らしい姿勢をもって推進されるべきであるが、このためにはそれに応ずる新たな行政組織を考慮する必要がある。政府の施策の統一性を保持し、より積極的にその進展をはかるため、従前の同和問題閣僚懇談会をさらに充実するとともに施策の計画の策定およびその円滑な実施などにつき協議する「同和対策推進協議会」の如き組織を国に設置すること。

③　地方公共団体における各種同和対策の水準の統一をはかり、またその積極的推進を確保するためには、国は、地方公共団体に対し同和対策事業の実施を義務づけるとともに、それに対する国の財政的助成措置を強化すること。この場合、その補助対象を拡大し、補助率を高率にし、補助額の実質的単価を定めることなどについて、他の一般事業補助に比し、実情を配慮した特段の措置を講ずること。

④　政府による施策の推進に対応し、これを補完し、かつ可及的すみやかにその実効を確保するため、政府資金の投下による事業団形式の組織が設立される等の措置を講ずること。

⑤　同和地区内における各種企業の育成をはかるため、それらに対する特別の融資等の措置について配慮を加えること。

⑥　同和問題の根本的解決と同和対策の効率的な実施のためには、長期的展望の下に、総合計画を策定し、環境改善、産業、職業、教育などの各面にわたる具体的年次計画を樹立すること。

（出典）部落問題研究所編『資料戦後同和行政史』一九七九年、一七三―二〇四ページ。

【解説】戦後、政府の同和行政は著しく立ち遅れていたが、一九五八年から部落解放同盟が他の諸団体とともに部落解放国策樹立要請運動を展開、これを受けて六〇年八月総理府の付属機関として同和対策審議会が設置された。翌年「同和地区に関する社会的及び経済的諸問題を解決するための基本的方策」が審議会に諮問され、長期におよぶ審議の末、六五年八月史料の答申が出された。答申は、部落問題が基本的人権にかかわる重大問題であり、その根本的解決が国の責務であることを明記し、特別措置法の制定など六項目の緊急課題を掲げた。その後、六九年七月同和対策事業特別措置法が公布・施行され、これにより生活諸条件は大幅に改善されることになったが、差別意識の解消は相対的に遅れた。

196 東京都公害防止条例　一九六九年七月二日

人間は、自然の資源と法則を利用して文明をつくり、自然の与える恩恵をうけてその用に供してきた。しかし、文明はまた、自然を破壊し、大気の汚染、水質の汚濁、騒音、振動、地盤の沈下、悪臭などによる公害をもたらした。

すなわち、公害は、人間がつくり出した産業と都市にその発生原因が内在し、あきらかに社会的災害である。

この公害は、文明の集中的表現である都市、なかでも巨大都市東京において著しく、日本国憲法がすべての国民に保障する健康で文化的な最低限度の生活を営む権利を阻害し、かつ、激化拡大のみちをたどろうとしている。

よつて、われら東京都民は、大都市における健康で安全かつ快適な生活を妨げるすべての公害を厳しく防止絶滅するために次の諸原則を宣言するとともに、その実現のために、この条例を制定する。

第一原則　すべて都民は、健康で安全かつ快適な生活を営む権利を有するのであつて、この権利は、公害によつてみだりに侵されてはならない。

第二原則　すべて都民は、他人が健康で安全かつ快適な生活を営む権利を尊重する義務を負うのであつて、その権利を侵す公害の発生原因となるような自然及び生活環境の破壊行為を行なつてはならない。

第三原則　東京都民の自治組織体である東京都は、都民の健康で安全かつ快適な生活を営む権利を保障する最大限の義務を負うのであつて、この義務を果たすため、あらゆる手段をつくして公害の防止と絶滅をはからなければならない。

この条例は、以上の諸原則に掲げる目的を達成するように解釈し、運用しなければならない。

（出典）岩田幸基編『新訂 公害対策基本法の解説』新日本法規、一九七一年、五一五―五一六ページ。

【解説】 一九七〇年までの公害対策・環境政策は、まことに貧弱なものであった。おもな公害立法としては、水質保全二法（水質保全法と工場排水規制法、いずれも五八年公布）、ばい煙

図 197　日本公害地図（1971 年）

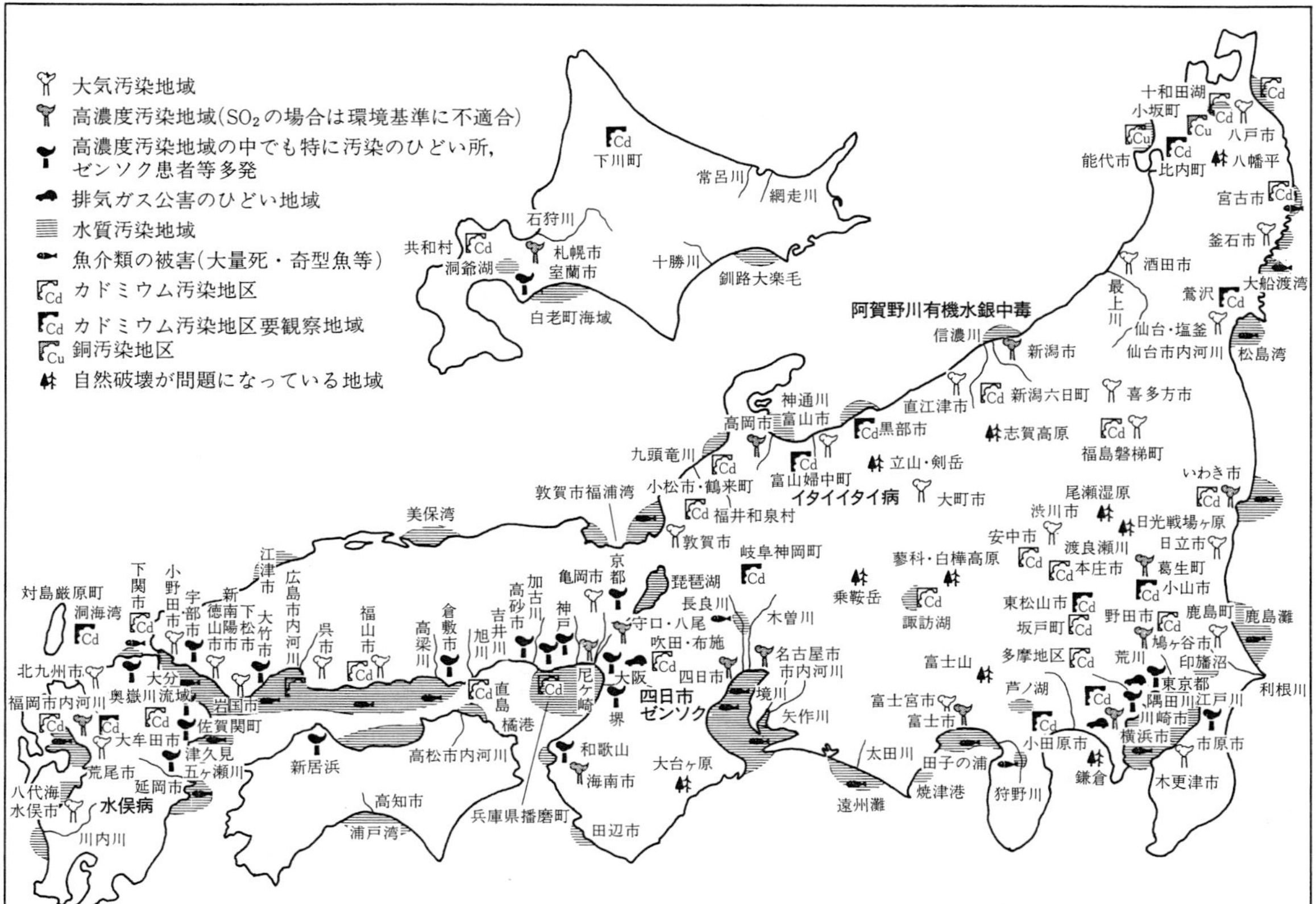

（出典）NHK 社会部編『日本公害地図』日本放送出版協会，1971 年.

排出規制法(六二年公布)が制定された程度で、内容も不十分であった。公害問題の急速な深刻化に対応するために、六七年八月には公害対策基本法が公布された。しかし同法は、「経済の健全な発展との調和」を図りながら公害対策を推進することをうたっており、経済成長よりも国民生活を優先させるという視点が欠けていた。六九年七月に制定された東京都公害防止条例は、生活環境の優先を明確に打ち出した点で画期的であった。七〇年末に開かれた「公害国会」は、公害関係法を集中審議し、公害対策基本法も改正され、生活環境優先の原則が盛り込まれることになった。

197 日本公害地図(↓図197) 一九七一年

【解説】 公害こそ、高度成長のもっとも濃い影の部分であった。戦前にも、足尾鉱毒事件などの公害は存在したが、まだ全国的な現象ではなかった。それが、高度成長の開始とともに、公害は日本中に拡大した。なかでも、熊本水俣病、阿賀野川水銀中毒、富山イタイイタイ病、四日市ぜんそくは、四大公害と呼ばれ、住民に深刻な被害を与えた。公害の発生源は、チッソ、昭和電工、三井金属鉱業、三菱油化・三菱化成など四日市コンビナートの諸企業であった。四大公害の訴訟は、一九六七年から六九年に相次いで被害者の患者によって起こされ、七〇年代前半に、原告の全面勝訴の判決が下った。七〇年代に入って東京で発生した光化学スモッグのように、特定企業が発生源でない公害も現れ、公害はいっそうのひろがりを示すようになった。

第五節 高度成長下の政治と社会

1 日韓条約とベトナム戦争

198 久保田発言 一九五三年一〇月五日

久保田発言に関する会談議事録

(一九五三・一〇・五 財産請求権委員会)

久保田〔日本側首席代表〕 日本側としては対韓請求権があるという態度は堅持している。しかし歩み寄る気持は十分持っている。あなたの方には請求権があり、当方にはそれがない、ということでは困る。

洪〔韓国側代表〕 歩み寄るというが、日本のいう請求権と、韓国のいうそれとは、法律的には意味が違う。韓国のいうのは、朝鮮が日本から分離することにともなう清算問題だ。日本の主張は政治的だ。性質が違うから歩み寄るわけにゆかない。日本側がそんなことをいうならば、われわれは考え直さなければならない。

久保田　日本側の請求権も法律問題である。

洪　韓国の国会では水原の虐殺事件、韓日併合直後の虐殺事件、あるいは三十六年の統治の間、治安維持法で投獄、死亡させられたりした点についての請求権を出さなくてはならない。また朝鮮米を世界市場より不当に安い価格で日本へ持っていった、その価格の返還を要求せよ、という意見もある。日本としては、ここらあたりで手を打った方がいいのではないか。われわれは日本がこんな請求権を出すとは思わなかった。われわれは純法律的な請求権だけを出して、政治的色彩のあるものは止めたのだ。にもかかわらず日本側が三十六年間の蓄積を返せというならば、韓国側としても三十六年間の被害を償却せよという外はない。

久保田　韓国側で国会の意見があるからと、そのような請求権を出すというならば、日本としても朝鮮の鉄道や港を造ったり、農地を造成したりしたし、大蔵省は、当時、多い年で二千万円も持出していた。これらを返せと主張して、韓国側の政治的請求権と相殺しようということになるではないか。

（韓国側各委員に興奮の表情があらわれ、各自バラバラに発言する）

洪　あなたは、日本人が来なければ、韓人は眠っていたという前提で話をしているのか。日本人が来なければ、われわれはもっとよくやっていたかも知れない。

久保田　よくなっていたかも知れないが、まずくなっていたかも知れない。これから先いうことは、記録をとらないでほしいが……私見としていうが、自分が外交史の研究をしたところによれば、当時日本が行かなかったら中国か、ロシアかが入っていたかも知れないと考えている。

張〔韓国側〕　千万円とか、二千万円とかの補助は韓人のために出したのではなく、日本人のために出したので、その金で警察や刑務所をつくったではないか。

柳〔韓国側〕　久保田さん、そういうことをいえばお話にならない。日本側で昔のことは水に流して、すまなかった、という気持で話をしようというなら別だ。

久保田　お互に将来のことを考えてやりたい。法律的な請求権の問題で話をしてゆきたい。

洪　法律的なものといっても、当時の日本人の私有財産が、韓人と同等の立場で蓄積されたと考えるのか。

久保田　こまかいことをいえばキリがなくなる。ただ、三十六年間というものは資本主義経済機構の下で平等に扱われたものである。時代を考えてほしい。

洪　なぜカイロ宣言に「朝鮮人民の奴隷状態」という言葉が使われているのか。

久保田　私見であるが、それは戦争中の興奮した心理状態で書かれたもので、私は奴隷とは考えない。

張　日本が財産をふやしたのは、投資や経営能力が良かったためだと考えるのか。日本人が土地を買ったのは、東拓などが総督府の政策で買ったもので、機会均等ではなかった。

久保田　日本のためのみではない。朝鮮の経済のためにも役立っているはずだ。

洪　久保田さんは互譲の精神とか歩み寄りとかいっているが、当方は歩み寄りの余地はない。

（出典）『朝日新聞』一九五三年一〇月二二日。

【解説】一九五二年二月にアメリカの強い要請で日本と韓国の間で外交交渉が開始された。朝鮮戦争の勃発でGHQは両国の軍事的提携を強く望んだのである。しかし五三年一〇月の第三回日韓会談の際に日本側首席代表の久保田貫一郎は「日本の朝鮮統治は朝鮮に恩恵を与えた」と発言し紛糾、一〇月二一日に会談は決裂した。本史料はその発言の議事録を収録したものである。掲載史料の前段では植民地下での日韓の財産の偏在の実態が、後段では財産没収の法的根拠をめぐる問題が論議されたが割愛した。なお、この日韓会談は五八年四月に四年半ぶりに再開されたものの北朝鮮への帰還問題で対立・中断したが、六一年一〇月に朴韓国最高会議議長が来日し、六二年一〇月と一一月に金鍾泌中央情報部長が来日し大平外相と会談することで一挙に妥結の方向へと進んだ。

199 日韓共同声明　一九六五年六月二四日

共同声明

日本国および大韓民国の全権委員は、一九六五年六月二十二日午後五時東京において、「日本国と大韓民国との間の基本関係に関する条約」、「財産及び請求権問題の解決並びに経済協力に関する日本国と大韓民国との間の協定」、「日本国と大韓民国との間の漁業に関する協定」、「日本国に居住する大韓民国国民の法的地位及び待遇に関する日本国と大韓民国との間の協定」、「文化財及び文化協力に関する日本国と大韓民国との間の協定」並びに関係文書に署名を了した。

この署名は、日本国の全権委員たる椎名悦三郎外務大臣および高杉晋一日韓全面会談日本政府代表と大韓民国の全権委員たる李東元外務部長官および金東祚大韓民国特命全権大使との間で行なわれた。

李外務部長官は、この署名のため、六月二十日から二十四日まで日本国を訪問し、その間に椎名外務大臣ときわめて友好的なふんいきのうちに会談をおこなった。

両外相は、多年にわたる交渉がついに全面的に妥結し、これらの条約および協定が署名されたことについて深い喜びと満足の意を表明した。両外相は、さらに、その間の交渉において今般の成果をもたらすために献身的な努力を行なった両国政府のすべての代表および交渉関係者に対し、深い敬意と謝意を表明した。

両外相は、日韓両国の歴史的関係にかんがみ、今般の諸懸案の解決および関係文書の署名は、両国の関係において画期的な意義を有するものであることを強調し、また、これにより両国が新しい関係の樹立に向って第一歩をふみ出したことを認めた。

両外相は、今般署名された条約および協定ができる限りすみやかに批准されることを希望するとともに、両国相互の利益を増進するものである限り今回署名された文書に含まれていない事項であっても、両国政府が相互理解と協調の精神をもって話合うべきであるとの確信を披れきした。李外務部長官は、在日韓国人子弟の学校教育に関連する諸問題について説明した。これに対し椎名外務大臣は、現行法令に照していかなることができるか、ひき続き好意的に検討したいと述べた。

両外相は、最も近い隣国である日韓両国が正義と平等と相互の尊敬の原則の下に緊密かつ恒久的な友好関係を増進し、発展させて、両国相互の繁栄をはかるべきであるとの確信を披れきした。両外相は、このことはアジアひいては世界の平和と自由世界の繁栄にも寄与するものであることを認めた。

（出典）『朝日新聞』一九六五年六月二四日夕刊。

【解説】　一九五二年二月から開始された日韓会談は七次にわたる会談の末、一九六五年六月に最終的に妥結し、日本側は外務大臣椎名悦三郎・日韓会談日本側代表高杉晋一と韓国側李東元外務部長官・金東祚全権が署名し、両者の間で共同声明が発表された。この時期に急速に妥結した背後にはアメリカの強い要請が働いていた。おりからベトナム戦争が激化しはじめるなかで、アメリカは韓国軍のベトナム派兵を強く求めており、その代償として日本から韓国への資金援助を要請していたのである。これを機会に日本と韓国は経済交流を深めながら経済の連携を強めていくこととなる。

200　日韓基本条約　一九六五年一二月一八日

日本国と大韓民国との間の基本関係に関する条約

日本国及び大韓民国は、

両国民間の関係の歴史的背景と、善隣関係及び主権の相互尊重の原則に基づく両国間の関係の正常化に対する相互の希望とを考慮し、

両国の相互の福祉及び共通の利益の増進のため並びに国際の平和及び安全の維持のために、両国が国際連合憲章の原則に適合して緊密に協力することが重要であることを認め、

千九百五十一年九月八日にサン・フランシスコ市で署名さ

れた日本国との平和条約の関係規定及び千九百四十八年十二月十二日に国際連合総会で採択された決議第百九十五号（Ⅲ）を想起し、

この基本関係に関する条約を締結することに決定し、よつて、その全権委員として次のとおり任命した。

日本国

日本国外務大臣　椎名悦三郎

高杉晋一

大韓民国

大韓民国外務部長官　李東元

大韓民国特命全権大使　金東祚

これらの全権委員は、互いにその全権委任状を示し、それが良好妥当であると認められた後、次の諸条を協定した。

第一条

両締約国間に外交及び領事関係が開設される。両締約国は、大使の資格を有する外交使節を遅滞なく交換するものとする。また、両締約国は、両国政府により合意される場所に領事館を設置する。

第二条

千九百十年八月二十二日以前に大日本帝国と大韓帝国との間で締結されたすべての条約及び協定は、もはや無効であることが確認される。

第三条

大韓民国政府は、国際連合総会決議第百九十五号（Ⅲ）に明らかに示されているとおりの朝鮮にある唯一の合法的な政府であることが確認される。

第四条

(a)　両締約国は、相互の関係において、国際連合憲章の原則を指針とするものとする。

(b)　両締約国は、その相互の福祉及び共通の利益を増進するに当たつて、国際連合憲章の原則に適合して協力するものとする。

第五条

両締約国は、その貿易、海運その他の通商の関係を安定した、かつ、友好的な基礎の上に置くために、条約又は協定を締結するための交渉を実行可能な限りすみやかに開始するものとする。

第六条

両締約国は、民間航空運送に関する協定を締結するための交渉を実行可能な限りすみやかに開始するものとする。

第七条

この条約は、批准されなければならない。批准書は、できる限りすみやかにソウルで交換されるものとする。この条約は、批准書の交換の日に効力を生ずる。

（出典）『官報』号外一三五号、一九六五年一二月一八日。

【解説】 日韓両国の人々の激しい反対運動のなかで一九六五年一二月に日韓基本条約は批准された。この条約は、韓国政府を朝鮮における唯一の合法的な政府と認め、北朝鮮政府の存在を否定したことから朝鮮半島の南北分断の固定化につながる動きとして内外の激しい反対を生んだ。この条約は漁業、在日朝鮮人の法的地位、財産請求権と経済協力、文化財と文化協力の四つの協定をともなっていた。この結果、請求権が「解決」され、戦後補償問題を残すこととなった。また日韓の経済関係は緊密となり日本資本の対韓進出が積極化した。

201 北爆支持に関する佐藤首相発言　一九六五年五月八日

（自由民主党青年部第四回臨時全国大会）

一、佐藤内閣は発足以来、自由を守り平和に徹することを外交の基本的態度としてとっている。平和憲法を守りぬき、戦争にはまき込まれないし、自ら侵略戦争などをやらないという態度は、今後もつらぬいていく。ベトナム紛争が続くと日米安保条約が使われ、外国が日本の基地を攻撃し、日本が避けようとしても日本が戦争にまき込まれるおそれがあると不安をもつ人がある。しかし、平和に徹するという基本的態度をとる以上、そういう心配はないことをはっきりと断言する。

一、日米安保条約は、ベトナム問題とは無関係である。さきに来日したロッジ米特使も私に対し、日本を戦争にまき込むようなことはしないし、ハノイを爆撃したり北ベトナムの一部を占領するようなことは絶対しないと約束した。米国の北爆はベトコンに対する補給を食いとめるための活動であり、補給路だけを爆撃しており、このためベトコンも活動範囲をせばめられてきている。

一、相互に独立を尊重し、内政不干渉が確立すれば、平和は守られる。北爆だけをやめて、北に対しては何も要求しないというのではおさまらない。さきにフランスのフォール元首相と会談したとき、日本は米国に、フランスは中共などに働きかけることを話合ったのも、一方だけに対する働きかけでは十分ではないからだ。

一、それなのに学者グループは、米国の北爆ばかり非難している。「一文銭は鳴らない」（一枚だけでは鳴らないという意味）といわれているが、米国の北爆には、それなりの理由があり、爆撃される方にも責任がある。北は、米国を帝国主義ときめつけているが、米国は、北からの浸透がなくなれば爆撃はやめるといっているではないか。

一、われわれが最も恐るべきものは赤色帝国主義である。それは、全世界を赤化しなければやまないものだからだ。すでに中共が日本の工業力と結べば、世界支配も可能であり、日本の三割五分、つまり共産党と社会党左派は赤化している、との見方をしている中共の首脳さえあると聞く。赤色帝国主義とは、あくまでも対決していかねばならない。それには自由主義、民主主義の下で、住みよい社会を実現し、自由主義が共産主義よりも優れているのを実証することだ。

（出典）『朝日新聞』一九六五年五月八日。

【解説】一九六五年にはいるとベトナム戦争は激化の一途をたどった。アメリカは六四年八月にトンキン湾で北ベトナム艦艇が米駆逐艦を攻撃したと発表し、北ベトナム海軍基地を爆撃したが、翌六五年二月になると北ベトナムのドンホイを爆撃し北爆を本格化させた。これと同時に沖縄の米軍基地からも米爆撃機が飛び立ち北ベトナムを攻撃した。こうした動きのなかで六五年五月に佐藤首相はアメリカの行動を支持する演説を自民党青年部の全国大会でおこない、ベトナム戦争に反対する多くの人々の批判を浴びた。

2 市民運動の発展

202 べ平連のよびかけ 一九六五年五月

「ベトナムに平和を！」

そして「歴史の一瞬」への呼びかけ

言いたいことは、ただ一つです――。「ベトナムに平和を！」

この声は私たちだけのものではなく、人類の声であり、それは「世界に、すみやかに、着実にひろがってゆく」と、私たちが書いてから一カ月……。

いま、私たちは、同じ日、同じ時刻に四カ国合同デモに立ち上がる。

アメリカ、イギリス、ガーナ、そして、私たち日本。

とくに日本とアメリカは共通のスローガンをかかげ、共通の宣言のもと、東京とカリフォルニアで、それぞれ歩く。

これは、両国のかかわり合いの歴史の上だけでなく、世界の歴史で初めてのことではないだろうか。

この歴史の一瞬に参加しませんか？ 誰が？ あなたが、このビラを手にするあなたが！

私たちはふつうの市民です。

ベトナムの平和を願うすべての〝ふつうの市民〟が、国籍・民族・信条の別をこえて、このデモに参加できます。

カリフォルニアでは、いま、〝ベトナムの日〟という名の下、上院議員を含めて二万一千人が二十四時間デモを行なっています。そして、日本では――それはあなたが決めることです。

〝ふつうの市民〟――それは、会社員がいて、小学校の先生がいて、大工さんがいて、おかみさんがいて、花屋さんがいて、小説を書く男がいて、英語を勉強している少年がいて、つまり、このビラを読むあなたご自身がいて、言いたいことは、ただ一つ、「ベトナムに平和を！」

五月二十二日(土)午後一時、清水谷公園(赤坂見附下車)に集まって下さい。私たちはすぐ出発し、溜池・虎の門・神谷町を通って芝公園へ行き、そこで野外集会をひらきます。

すこし遅れた人は、デモ行進に追いついて下さい。

うんと遅れた人は集会にきて下さい。

芝公園二十三号地(東京タワー下)

日本では

「ベトナムに平和を！」市民・文化団体連合(Japan "Peace for Vietnam!" Committee 略称　ベ平連)

アメリカでは

The Vietnamday Committee

が、世話役となります。

(出典)『資料・「ベ平連」運動』上巻、河出書房新社、一九七四年、一六ページ。

【解説】　ベ平連(「ベトナムに平和を！　市民連合」の略称。なお当初は市民連合ではなく市民・文化団体連合であったが、六六年一〇月から改称)は、一九六五年二月のアメリカによる北爆への抗議からその運動が始まった。代表は小田実、事務局長吉川勇一。東京にとどまらず、大都市を中心に各地に組織ができ、参加者の自主性・自発性を尊重し、組織に拘束しない新しいスタイルの反戦・平和運動を展開した。月一回のデモ、徹夜のティーチ・イン、米有力新聞への広告掲載、脱走米兵の援助など、活動のスタイルも従来とは異なりユニークだった。この史料は第二回デモへのよびかけ文である。ベ平連はベトナム停戦協定調印後の一九七四年一月に解散。〔参〕小田実『市民運動とは何か』徳間書店、一九六八年。

203　教科書裁判の提訴と経緯(→表203)

家永三郎「『教科書検定違憲』の訴訟をおこすにあたっての訴え」

一九六五年六月一二日

私はここ十年余りの間、社会科日本史教科書の著者として、教科書検定がいかに不法なものであるか、いくたびも身をもって味わってまいりましたが、昭和三八、九両年度の検定にいたっては、もはやがまんできないほどの極端な段階に達したと考えざるをえなくなりましたので、法律に訴えて正義の回復をはかるために、あえてこの訴訟を起すことを決意いたしました。

憲法・教育基本法をふみにじり、国民の意識から平和主義・民主主義の精神を摘みとろうとする現在の検定の実態に対し、あの悲惨な体験を経てきた日本人の一人としても、だ

表 203　教科書訴訟 30 年の進行状況(1995 年 3 月 24 日現在)

区　分	第 1 次訴訟	第 2 次訴訟		第 3 次訴訟
事件の性格	国家賠償請求事件 原告＝家永三郎 被告＝国	行政処分取消請求事件 原告＝家永三郎 被告＝文部大臣	国家賠償請求事件 原告＝家永三郎 被告＝国	国家賠償請求事件 原告＝家永三郎 被告＝国
第 1 審 (東京地裁)	1965.6.12 提訴 1974.7.16「高津判決」(家永一部勝訴)	1967.6.23 提訴 1970.7.17「杉本判決」(家永全面勝訴)	*1984.5.17 移送 1986.8. 2 訴えの取り下げ(訴訟終結)	1984.1.19 提訴 1989.10.3「加藤判決」(家永一部勝訴)
第 2 審 (東京高裁)	1974.7.26 家永控訴 1986.3.19「鈴木判決」(家永全面敗訴)	1970.7.24 文部大臣控訴 1975.12.20「畔上判決」(家永勝訴)	—	1989.10.13 家永控訴 1993.10.20「川上判決」(家永一部勝訴)
第 3 審 (最高裁)	1986.3.20 家永上告 1993.3.16 第三小法廷「可部判決」(家永全面敗訴，訴訟終結)	1975.12.30 文部大臣上告 1982.4.8 第一小法廷「中村判決」(原判決を破棄し，東京高裁に差し戻す)	—	1993.10.25 家永上告 1993.11.4 文部大臣上告せず 1994.5.10 検定 3 件の違法が確定 現在 第三小法廷に係属中
差し戻し控訴審 (東京高裁)		1982.11.5 口頭弁論開始 1989.6.27「丹野判決」(原判決を取り消す，本件訴えを却下する) 1989.7.11 家永，上告を断念(訴訟終結)	1983.4.15 家永，国家賠償請求の追加申し立て 1984.5.17 東京地裁へ移送決定(→＊)	

(出典)　浪本勝年「教科書検定訴訟」『岩波講座 日本通史』第 20 巻，1995 年，p.368.

まってこれをみのがすわけにはいきません。裁判所の公正なる判断によって現行検定が教育行政の正当なわくを超えた違法の権力行使であることを明らかにされること、この訴訟において原告としての私の求めるところは、ただこの一点につきます。

（出典）『教科書検定訴訟を支援する全国連絡会ニュース』第一号、一九六五年一二月五日。

【解説】教科書検定は一九五〇年代後半から厳しさを増した。一九六〇年の学習指導要領改定に伴い、家永三郎東京教育大学教授が高等学校日本史教科書の改定の検定を申請したところ、六三年に不合格、六四年に条件付き合格処分となった。家永はこれらの処分が違憲・違法であるとして国に対して損害賠償請求の訴訟をおこした（第一次訴訟）。さらに家永は翌六六年に行政処分取消し請求訴訟（第二次訴訟）を、八四年には新たな賠償請求の訴えをおこした。その後の裁判の進行状況は表203の通りである。裁判の過程で歴史学、教育学、法学などの交流もすすみ、八〇年には教育法学会が設立され、また市民による恒常的な支援団体が作られるなど、この裁判は社会的に多様な影響を与えた。〔参〕家永三郎『教科書裁判』日本評論社、一九八一年。

204　あかるい革新都政をつくる会　一九六七年三月一一日

「よびかけ」

東京に住み、東京で働く勤労者、中小企業者、農漁民、青年婦人、知識人など大多数の都民は、都民のくらしと生活環境をよくする都政の実現を心から願っています。また、東京を、日本の首都にふさわしい、あかるく民主的な平和な都市にすることは、一千万都民の共通の願いであります。

ところが、東京の現実の姿は、私たち都民の希望とは遠くはなれています。戦後二十数年国の政治と東京都政をにぎってきた自民党は、汚職、腐敗にまみれた都民不在の都政をつづけ、都の自治も都民の民主的権利もふみにじってきました。

独占資本と大企業の利益をはかることを中心にしてきた歴代自民党都政のために、都民のための東京は、税金と公害がふえるばかりで、くらしにくい、反動教育、たいはい文化のうずまく半身不随のマンモス都市にかえられてきました。また、日本の首都東京は、憲法の平和的、民主的条項に反してアメリカの軍事基地にかこまれ、ふたたび軍国主義を復活させる足場となる首都にかえられようとしています。

一昨年の都議会選挙で、首都の民主勢力と平和と民主主義とくらしの向上をねがう広範な都民は、自民党を三分の一以下の議席しかもたない少数党に追いこみ、都政民主化の重要な一歩をふみだしました。こんどの都知事選挙は、この成果をさらにすすめ、自民党とそれになれあう政党の都政をうちやぶる非常に重要な機会です。

都民のための明るい民主都政を実現するためには、全都の民主勢力が団結し、さらに広範な都民が力をあわせてたたかわなければなりません。これまで革新都政実現のために社会党、共産党、全都の労働組合、民主団体をはじめ、幅広い人びとが努力をつづけてきましたが、いまこそ新しい決意をもってたちあがらなければなりません。このため、日本社会党と日本共産党とが協議の結果、都知事選挙にあたっての政策と共同闘争の体制について協定に達し、美濃部亮吉氏はこれを尊重し、その実現のために努力することを表明しました。このような努力をふまえ、私たちは、社会党、共産党、労働組合、民主諸団体、民主的進歩的知識人、文化人を中心とする共同闘争組織「あかるい革新都政をつくる会」を結成し、美濃部亮吉氏を共同推薦候補として都知事選挙をたたかうことを決意しました。

くらしを守る清潔で民主的な都政を都民自身の手でうちたてるために、広く一千万都民のみなさんが、この趣旨に賛同され、われわれとともにたちあがられることを心から訴えます。

一九六七年三月十一日

あかるい革新都政をつくる会

よびかけ人 大内兵衛 市川房枝
海野晋吉 佐々木更三
佐藤芳夫 中野好夫
野上弥生子 野坂参三
東山千栄子 平塚らいてう
堀井利勝 松本清張
柳田謙十郎

（出典）塩田庄兵衛ほか編『日本戦後史資料』新日本出版社、一九九五年、五三四―五三五ページ。原典は『明るい革新都政』号外、一九六七年三月一九日付。

【解説】高度経済成長期の工業化と都市化は、全国的な公害問題と併せて、とりわけ大都市に社会資本の未整備にもとづく深刻な都市問題を引き起こした。これらの事態の改善を求めて広がった住民運動に支えられて、日本社会党、日本共産党など、革新政党の推薦や支持を受けた首長が大都市を中心にして当選した。政党のみならず、労働組合や民主団体、知識人・文化人などが共同で組織を結成し、候補者と政策協定を結ぶ方式は、この東京都の場合をはじめとして、革新自治体をめざす各地の運動に共通したものであった。一九七一年の統一地方選挙の時点で、東京都、大阪府を筆頭に革新自治体は全国で総数一六〇に及び、首長は住民との対話を促進するとともに、公害規制や福祉面で国のレベルを超えた施策をとったが、石油危機後の財政難と新保守主義の強まりのなかで後退した。〔参〕清水慎三編『統一戦線論』青木書店、一九六八年。

205 沖縄の選挙　一九六八年六月五日

革新共闘会議(明るい沖縄をつくる会)結成宣言

アメリカに追従し、県民を無視した腐敗汚職の政治を打破し、平和で清潔な政治を築くことを心からねがって、私たちは、ここに「明るい沖縄をつくる会」を結成した。一一月の主席・立法院議員総選挙は、今日までの差別と犠牲をしいる植民地的支配の継続をゆるすか、祖国復帰へ前進するゆるがぬ態勢をつくるかの重要な意義をもっている。その意味で選挙に勝つか否かは全県民のみならず、全世界の注目を集めつつある。いまここに結集した私たちは、百万県民の希望と一つになって、こんどこそ明るい沖縄をつくる決意をかためよう。

私たちは、これまで、アメリカの軍事占領支配を断ち切って、即時祖国復帰を実現するために真剣な努力をつづけてきた。しかし、現状は日米共同声明によって、沖縄基地の重要性が強調され、アメリカのベトナム侵略戦争に日本政府も加担して、沖縄の核基地強化がすすめられつつある。平和憲法をふみにじって、沖縄にはB52が持ち込まれ、常駐し、戦争の不安をかきたてている。

一方、こうしたアメリカの軍事政策に迎合してきた政府自民党は、その地位にあぐらをかき、政治を私物化し、利権あさりに終始して、極度の政治不信を招いた。このような県民をぐろうした「暗黒の時代」をなくし、新しい明るい郷土をつくろうとする県民ひとりひとりの切実な声は、いまや全県下にほうはいとわき起こっている。こんどこそみんなが立ち上がり、民主化に新しい扉を開き、平和の鐘を高らかに鳴りひびかせよう。

新しい政治にきりかえられるかどうかは、私たちの共同の努力にかかっており、いまこそ決意を新たにして立ち上がらねばならない。私たちは、ここに文化人、学者、芸術家、民主団体、労組、農漁民、婦人、青年、学生、社大党、社会党、人民党をはじめ幅広い人びとが結集する共同行動の組織をつくり、主席と立法院議員候補を推せんし、県民の力を一つにして、明るい沖縄をつくるため、全員の勝利をめざして奮闘することを誓う。

主席・立法院議員総選挙統一綱領

一　二三年にわたる苛酷なアメリカの軍事支配をたちきり、対日平和条約第三条を撤廃させると共に日米共同声明にもとづく一体化がいかにも復帰自体であるかのように、その本質をそらそうとする政治的意図に反対し、即時無条件全面返還をかちとる。

一 アメリカのベトナム侵略戦争、軍事基地及び安保条約に反対しB52と核基地の撤去を要求して、県民の生命、財産を守り平和な沖縄を築く。

一 大統領行政命令、布告布令を撤廃させ、日本国憲法の適用と公職選挙法に基づく国政参加を実現し、渡航制限の撤廃、自治権の拡大等、自由人権と民主主義をかちとる。

一 現状固定化に通ずる日米援助法式を改めさせ、民主的本土法の適用ならびに沖縄県復興特別措置法の制定による財政支出を求め民意による長期総合計画のもとに平和経済の建て直しをはかって県民生活の安定・向上をはかる。

一 減税と低物価政策を推進し、農漁民、中小企業の保護策と労働条件の改善、離島、へき地の振興をはかり、真の社会保障制度を確立する。

一 軍国主義教育の復活に反対し、平和的民主教育と文化の発展をおしすすめ、子どもらの健全な成長のための教育環境の整備をはかる。

一 タクシー汚職等の黒い霧につつまれた政治の私物化並びに県民に政治不信を招いた利権政治を一掃し、県民に直結する清潔で明るい民主政治を実現する。

（出典） 新崎盛暉編『ドキュメント沖縄闘争』亜紀書房、一九六九年、三〇〇―三〇一ページ。

【解説】 一九六八年、沖縄初の主席選挙（それ以前は琉球列島米国民政府による任命制）に際し、沖縄の社会大衆党、日本社会党、人民党の革新三政党と労働組合、民主団体、文化人、知識人などは、前年に東京都知事選挙で美濃部革新都知事実現に成功した「明るい会」方式で「明るい沖縄をつくる会」を結成し、主席と立法院議員選挙に統一綱領を作成して選挙に臨んだ。同年一一月の主席選挙では、教職員会会長の屋良朝苗が自民党候補に大差をつけて当選し、立法院議員でも革新派が前進、さらに一二月の那覇市長選挙も革新勢力の候補が当選した。〔参〕牧瀬恒二『沖縄三大選挙』労働旬報社、一九六九年。

206 三里塚闘争 一九六八年四月一八日・一九九一年一一月二一日

三里塚空港設置反対同盟老人行動隊直訴状

一九六八年四月一八日

上

蒼生の安寧と幸福を旨とせられる天皇陛下の御仁慈にすがり奉り不敬を憚らず冀はくは政府をして新国際空港建設地選定を再調査せしめ賜らんことを

理由

一、航空審議会の答申に基き決定したる富里地区を全く突然に三里塚地区に変更したる理由の説明がない

一、三里塚地区決定に先き立ち広く全国に適地を探査しその

調査結果を公表し公論に付したる形跡がなく三里塚決定については殊更に必要な諮問手続を省略した。

一、三里塚地区は周辺住民に及ぼす被害が五ヶ市町村に亘り空港敷地に選定すべからざる地区であつて住民に対する顧慮を欠いてゐる

一、三里塚地区を新国際空港の最適地とする根拠がなく航空専門家は悉く批判的で政府の方針に止むを得ず追従してゐるにすぎない

昭和四十三年四月十八日

三里塚空港設置反対同盟

老人行動隊

（出典）宇沢弘文編『三里塚アンソロジー』岩波書店、一九九二年、二一－三ページ。

三里塚芝山連合空港反対同盟「徳政をもって一新を発せ」

一九九一年一一月二一日

周知のように、成田空港の問題は、富里八街案から三里塚案の閣議決定に至るまで、地元住民に対する説明が全くなされないまま、突然決定されたということに端を発しています。それは、地域の農民にはかりしれない衝撃と不安を与えました。

特に空港用地内とされた農家の多くは、戦後の食糧難を救うために、国のすすめによってこの地に入植した開拓農民であり、国家のために艱難辛苦を乗り越えて、食糧増産に励んできた民であります。彼らの多くは、太平洋戦争で兵役に駆り出され、青春の貴重な一瞬を、中国大陸や東南アジアでの侵略に加担させられ、言い知れぬ苦しみを味わった体験の持主でした。赤紙一枚で人生の決定権を奪われた人々ではありましたが、荒廃した国土を眺め、飢えに泣く子供たちの姿を見て、再び国の要請を受けて、御料牧場の解放地に開拓に入ったのでした。耕耘機もない時代、とんび鍬《ぐわ》と言われる鍬一本で、陽が昇ってから月明かりの夜まで、松林や竹林を切り倒し、少しずつ少しずつ畑を作っていったのです。

そこへ、突然、空港が降ってきたのです。国のために汗を流していた農民に、《飛行場になるのだから出て行け》といってきたのです。（中略）

開拓農民と騒音地区とされる農民は、結集して空港反対同盟を結成し、何度も請願行動を起こし、何度も陳情活動を続け、政府・運輸省に対して位置決定の見直しと、話し合いを要求いたしました。それは夥《おびただ》しい回数に上ります。しかし、政府・運輸省が私たち農民に対して取った態度は一貫しておりました。

それは《一切の話し合い拒否》《問答無用》であります。

六月二十二日の佐藤・友納会談から、僅か十日あまりで三里塚案の閣議決定がなされました。そこには、政府・運輸省が、関係住民の声に耳を傾ける姿勢が全くなかったことが、如実に示されております。

そして、政府・運輸省のこの態度は、二十五年間の成田空港建設過程を通じて連綿と続けられてきたのであります。位置決定における《ボタンのかけ違い》と、その後の《問答無用の強行策》が、成田空港問題を二十五年にもわたってこじらせてきた根本的な要因であります。（中略）

この二十五年間、私たちが見てきたものは、常に人間の心を無視し、人間が他の人間や自然との関係によって成り立っているということを考えもしない、傲慢《ごうまん》な行政の態度でした。私たちの人間としての存在を無視し、国民の基本的権利を踏みにじって、国際空港としても全く欠陥の多い、杜撰《ずさん》な計画を遂行するために、多額の国民的財産を無駄使いして、私たちをはじめ、多数の犠牲者を出してきた成田空港問題二十五年の責任は、政府の側にあることを、私たちは改めて明らかにしたいと思います。そして、このような事象の背後に見え隠れする、政府の政策決定のシステムに私たちは、強い疑問を感じます。

《ボタンのかけ違い》と《問答無用の強行策》が、どのように行われてきたかを、私たちは一つ一つつまびらかにしてゆく所存でおります。そして、そのような理不尽な行為がなぜ行われたのかを、徹底的に糾《ただ》していくことが、このシンポジウムの課題であり目的であるとも考えております。（中略）

私たち農民と土との関係は、面積や価格の問題としてあるのでなく、（中略）生きた関係として、呼吸を通わす関係としてあります。何気なく通りすぎる一枚の田や畑でも、そこを耕す私たち農民にしてみれば、長い間の血と汗の結晶であり、作物を産み出す〝生き物〟なのです。ですから、日本には『土地は百姓のもの、土地には本来の持ち主である百姓の魂が入り込んでいる』という思想が、古代から連綿とつづいているといわれます。中世では「田畑には、それを開発した人の血と汗が浸みていて、その人が死んだあともそこに魂が残る。開発した者こそが、その土地の本来の持ち主（本主）であり、たとえ、その土地の所有が他の家に移転しても、そこに魂の残る潜在的所有権がある」と考えられたようです。

（中略）

《土地には本来の持ち主の魂が入り込んでいる》という意識は、現在もムラの中に生き続けているといえます。中世の人々にとって、土地の所有の移動は〝仮の姿〟であって、なんらかの契機で農民の手から離れた土地は、本来の持ち主である百姓の手に戻るのが正しい姿と意識されていたようです。徳政一揆や徳政令という言葉で知られる〝徳政〟の本質も、たんに、借金の棒引きというような行為ではなく、本来の正しい姿に戻すこと、土地を本来の持ち主である百姓の手に戻すということが、その本質的な意味だといいます。

　将軍や天皇の代替わり、あるいは天変地異を契機として、農民たちは寄り集まって「徳政」を宣言し、土地を取り戻す行動を起こしたと伝えられます。公家や幕府が出した徳政令は、このような自主的な「徳政」の数から見れば、海の中の小島のような比率だといわれています。農民たちが、自ら土地を取り戻す行為は、〝地発（ぢおこし）〟とも呼ばれ、土地を元の持ち主に戻すことによって、土地を《復活、再生、一新》することを意味していました。このような〝徳政〟の精神が連綿としてこの国につづいているのは、土地が、米や野菜など、私たちの根本的な食糧を産み出す不思議な力を持っており、それ自体が生き物と意識されていたからだと思います。

　そう考えるとき、私たち三里塚農民になんの相談もなく、また、私たちをとりまく農村世界を考慮することなく、強権によって農地を金に換算すればよいとする今の政府・運輸省の政治理念は、この国に脈々とながれている豊かな土地の思想ともかけ離れて、なんと貧しいことなのでしょうか。むしろ、政府・運輸省は、農民との土地の関係が持つ《公性》に何の配慮もなく、土地を《私》したといって過言ではないでしょう。

　現在、運用されている飛行場も、二期工事予定地も、位置決定における農民の了解がないまま、工事が強行されたことを考えれば、その名義上の所有権がどこにあれ、本来的には「日本農民」から運輸省が〝借用〟しているにすぎないのです。私たち農民の《公性》を無視して力で土地を《私》した結果、いまだに現空港は二重三重のバリケードで自らを囲み、武装して周辺の農村世界との交流を拒み、地域から隔絶して陸の孤島のようにしか存在できないのです。

　私たちから見れば、空港用地の土地は、いま仮死状態にあります。

　私たちは、そのような土地に再び生命を吹き込むために、地発《ぢおこし》の理念に基づき、〝徳政〟を宣言します。

　〝徳政をもって一新を発《おこ》す〟決意を、ここに表明いたします。

　一九九一年十一月二十一日

（出典）宇沢弘文編『三里塚アンソロジー』岩波書店、一九九二年、三一七―三三五ページ。

【解説】一九六六年七月四日、閣議は新東京国際空港を成田市三里塚に設置することを決定した。地元住民に対する説明はなされないままの、突然の決定であった。反対運動は三里塚芝山連合空港反対同盟の手によって進められていくが、一九六七年九月の反対集会に高齢者による「明治行動隊」が現れ、これが三九〇人からなる老人行動隊となり、六八年四月に天皇への直訴状を提出した。三里塚をめぐる抗争は、一九六六年より四半世紀のちの九一年から、ようやく対話の場が作られた。同年五月、運輸大臣は強制手段をとらないことを約束し、学識経験者からなる調査団のあっせんの下に、九一年一一月から反対同盟と運輸省・空港公団間で、いわゆる成田シンポジウムが開催された。「徳政をもって一新を発せ」は、第一回シンポジウムにおける反対同盟石毛博道による意見発表である。〔参〕宇沢弘文『「成田」とは何か』岩波新書、一九九二年。

207 大学問題に対する中教審答申 一九六九年四月三〇日

中央教育審議会「当面する大学教育の課題に対応するための方策について(答申)」

第五 当面する大学紛争の終結に関する大学と政府の責任

前述のとおり、大学紛争の要因は複雑であり、大学に内在する問題もきわめて深刻であってその根本的解決を得なければ、当面する紛争の解決も完全を期しがたいであろう。しかし、今日の事態の収拾は焦眉の課題であり、このことについて大学当事者の自覚と努力に期待するところはきわめて大きく、まさに大学自治の試練の時であると考えられる。

このような大学の努力にもかかわらず、紛争が激化して長期にわたり、大学の入学・卒業が正規の時期に行なわれなくなったときは、大学当事者ばかりでなく、紛争に直接責任のない一般社会にまできわめて重大な被害を及ぼすこととなる。そのような事態は、もはや大学自治の範囲内の問題としてその責任だけに任せておくことはできない。これを未然に防止するとともに、一定の限度を越えて長期化することを阻止するため、紛争終結に関する特別措置を検討する必要がある。このことは、とくに制度的保障のうえに安住しやすい国・公立大学について強く要請される。

本審議会は、そのような特別措置として、次のことを提案する。

一 大学においてとるべき措置

本来、教育と研究を目的とする大学は、組織的・計画的な秩序破壊の運動にじゅうぶんに対抗できる体制を備えていない。したがって、紛争の終結を促進するため大学が自主的にとるべき措置は、そのような事態に対処する機能を臨時的に強化することである。

たとえば、大学の教育・研究の機能が相当の期間停止したり、また入学・卒業が正規の時期に行なわれないおそれが生じたときは、事態収拾を的確迅速に行なうのに必要な範囲内で、大学の意思決定とその執行の権限を適当な大学管理者に集中する必要がある。この場合、その管理者は、全学一体となって事態の収拾にあたるため、学内の協力体制を乱すことをやめようとしない教職員があるときはこれを一時的に職場から遠ざける措置をとる必要がある。

二　政府においてとるべき措置

政府は、大学の自治能力の回復とその自力による紛争の終結を助けることを主眼として、状況に応じて次のような措置をとる必要がある。

(1)　上記のような大学のとるべき措置について大学管理者に勧告すること。

(2)　大学管理者が、その施設を保全しながら、妨害を排除して教育・研究の再開の準備に専念するため、大学の設置者が六月以内の期間休校または一時閉鎖をすることができるようにすること。

この場合、政府のとるべき措置に関し、公正な世論を反映させるための権威ある第三者的機関を設ける必要がある。なお、必要な場合にはこの機関が紛争の解決についてあっせんを行なうことも考えられる。

もし、大学紛争が極端に悪化した場合には、大学自身が崩壊の危機に立ちいたるであろう。したがって大学は、そのような事態をあくまで回避するため、上記の措置によって紛争解決に全力を尽くすとともに、政府としても、大学の自治能力を回復するために、大学に対してあらゆる指導と援助を与える責任がある。しかもなお、不幸にして大学が実質的に崩壊状態となり大学としての存在理由が失われるにいたると認められる場合には、政府は、第三者的機関の意見を聞いて、その最終的な処理のため必要な、適切な措置を講ずべきである。

（出典）永井憲一ほか編『資料日本国憲法』第3巻、三省堂、一九八六年、五三二ページ、原典は文部省『大学資料』三二・三三合併号。

【解説】　一九六八年から六九年にかけて、全国の大学で学生たちの異議申し立ての動きがおき、最大時で大学総数の八割の一六五校がバリケード封鎖などによる「紛争」状況となった。背後にあったのは、大学の大衆化に伴うマスプロ教育や、授業料の継続的な値上げ、各大学における学生に対する管理体制の強まりなどへの抵抗であり、さらにベトナム戦争への日本政府・日本社会の関わりに対する抗議であった。政府は「紛争」の広がりに乗じて大学への管理を強め、六九年度の入試中止(東大、東京教育大)、学部長・学長事務取扱不発令(北大、九州大)などを行うとともに、六九年八月に大学の運営に関する臨時措置法を国会の強行裁決を経て成立させた。同法成立のもとになったのが、史料207の中教審答申であり、同年五月にはこの答申への反対を国立大学協会や学術会議が表明している。

3 政党の多党化と変容

208 民主社会党結党宣言 一九六〇年一月二四日

多年にわたる保守党の腐敗政治と、社会党の容共化に不満をもち、幻滅を感じた国民の、待望してやまなかった民主社会主義新党は、本日ここに結成をみた。

新党は、その綱領にあきらかにしているとおり、民主社会主義の理念にもとづき、資本主義を根本からあらため人間性を解放し、共産主義に反対し倫理を基礎に、個人の自由と平等による社会を実現するものである。

新党は、左右のイデオロギーにもとづいた独裁を排除し、今日わが国政治をゆがめている、多数横暴と少数暴力を是正し、議会制民主主義をまもり、漸進的に社会主義を実現することを目標とするものである。

新党は、労働者、農山漁民、中小企業者、技術者、管理者、自由職業者など働くすべての国民と、ことに婦人・青年・知識層の積極的な協力によって作られた、まったく新しい政党であって、たんなる既成政党人のあつまりではない。したがって、新党は特定の階級に奉仕するものではなく、ひろく国民の諸階層によって運営され、国民の利益をまもり発展させるものである。

また、新党はその財政においても、大衆的基盤にたち、個人党員の増加と支持者層の組織を確立することによって、明朗にして清潔な政治を実行する。(中略)

新党は、わが国民の平和への願いを尊重し、アメリカにも、中ソにも、かたよらぬ自主独立の外交をすすめて、わが国の平和と安全を保障するものである。また、国連を中心とした、はなしあいと軍縮、なかでも原水爆の禁止を達成し、それとともに、植民地主義や国家間の抑圧をとりのぞき、世界平和をうちたてようとするものである。

われわれは、世界における民主社会主義の高まりが、やがて古い体制にうちかって、原子力時代のあたらしい文明をもたらすことを確信する。このような信念にたって、着実に党組織をのばし、一刻もはやく、われわれの政権を樹立し、国民の期待にこたえることを誓う。

右宣言する。

(出典)『民社党史 資料編』民社党史刊行委員会、一九九四年、八八—八九ページ。

【解説】 安保闘争前夜の六〇年一月二四日、社会党右派の西尾末広グループによって、民主社会党(民社党)が結成された。そのきっかけとなったのは、安保で「反対一本やり」だと執行部を批判した西尾の発言にあった。条件闘争を示唆したこの発言に左派は一斉に反発し、西尾は譴責処分や離党勧告を出されるなど、孤立を深めていった。結局、他の右派・中間派の糾合に成功せず、社会党を追い出されるような形で新党を結成した西尾グループは、結党宣言にもあるように、民主社会主義の理念にもとづき、議会制民主主義をまもる健全野党をめざしたが、一度も結党時の議員数(衆院四〇人)を上回ることができなかった。六九年にはそれまで略称だった民社党を正式党名とするなど、次第に社会主義から離れ、九四年には新進党に合流した。
〔参〕『民社党史』民社党史刊行委員会、一九九四年。

209　日本共産党綱領　一九六一年七月二七日

現在、日本を基本的に支配しているのは、アメリカ帝国主義と、それに従属的に同盟している日本の独占資本である。わが国は、高度に発達した資本主義国でありながら、アメリカ帝国主義になかば占領された事実上の従属国となっている。

戦後の土地改革によって半封建的・地主的土地所有は、農地の面では基本的には解体されたが、それは妥協的なブルジョア的改革であったので、広大な山林原野は解放されず、その他の土地関係や経済的社会的諸関係に、いろいろ不徹底な面をのこした。にもかかわらず、商品的貨幣的諸関係はひろがり、国内市場は拡大された。日本の独占資本は、アメリカ帝国主義とむすびついて労働者階級をはじめとする勤労人民大衆への搾取をつよめることによって復活・強化し、売国的反動勢力の中心となった。

戦前の絶対主義的天皇制は、侵略戦争に敗北した結果、大きな打撃をうけた。しかし、アメリカ帝国主義は、日本の支配体制を再編するなかで、天皇の地位を法制的にはブルジョア君主制の一種とした。天皇は、アメリカ帝国主義と日本独占資本の政治的思想的支配と軍国主義復活の道具となっている。

日本独占資本主義は、アメリカ帝国主義の支配するあたらしい条件のもとで再編・強化され、おくれた零細農経営や中小企業をひろくのこしながら、アメリカの資本と技術をうけいれ、巨額の国家資金を略奪し、対米従属的な国家独占資本主義として「合理化」をおこない、「設備投資」「技術革新」の特徴をつよめつつある。(中略)

(三)　以上の全体からでてくる展望として、現在、日本の当面する革命は、アメリカ帝国主義と日本の独占資本の支配——二つの敵に反対するあたらしい民主主義革命、人民の民主主義革命である。

労働者階級の歴史的使命である社会主義への道は、この道をとざしているアメリカ帝国主義と、日本の独占資本を中心とする勢力の反民族的な反人民的な支配を打破し、真の独立と政治・経済・社会の徹底的な民主主義的変革を達成する革命をつうじてこそ、確実にきりひらくことができる。

当面する党の中心任務は、アメリカ帝国主義と日本の独占資本を中心とする売国的反動勢力の戦争政策、民族的抑圧、軍国主義と帝国主義の復活、政治的反動、搾取と収奪に反対し、独立、民主主義、平和、中立、生活向上のための労働者、農民、漁民、勤労市民、知識人、婦人、青年、学生、中小企業家をふくむすべての人民の要求と闘争を発展させることである。そしてそのたたかいのなかで、アメリカ帝国主義と日本独占資本の支配に反対する人民の強力で広大な統一戦線、すなわち民族民主統一戦線をつくり、その基礎のうえに独立・民主・平和・中立の日本をきずく人民の政府、人民の民主主義権力を確立することである。(中略)

この闘争において党と労働者階級の指導する民族民主統一戦線勢力が積極的に国会の議席をしめ、国会外の大衆闘争とむすびついてたたかうことは、重要である。国会で安定した過半数をしめることができるならば、国会を反動支配の道具から人民に奉仕する道具にかえ、革命の条件をさらに有利にすることができる。

党は、人民を民族民主統一戦線に結集し、その基礎のうえに政府をつくるために奮闘する。この政府をつくる過程で、党は、アメリカ帝国主義と日本独占資本の利益を代表する政府の打倒のために一貫してたたかうが、かれらの支配を打破していくのに役立つ政府の問題に十分な注意と必要な努力をはらう。そして、一定の条件があるならば、民主勢力がさしあたって一致できる目標の範囲でも、統一戦線政府をつくるためにたたかい、民族民主統一戦線政府の樹立を促進するために努力する。(中略)

党と労働者階級の指導的役割が十分に発揮されて、アメリカ帝国主義と日本独占資本に反対する強大な民族民主統一戦線が発展し、反民族的・反人民的勢力を敗北させるならば、そのうえにたつ民族民主統一戦線政府は革命の政府となり、わが国の独占資本を中心とする売国的反動支配をたおし、わが国からアメリカ帝国主義をおいはらって、主権を回復し人民の手に権力をにぎることができる。労働者、農民を中心とする人民の民主連合独裁の性格をもつこの権力は、世界の平和、民主主義、社会主義の勢力と連帯して独立と民主主義の任務をなしとげ、独占資本の政治的経済的支配の復活を阻止し、君主制を廃止し、反動的国家機構を根本的に変革して人民共和国をつくり、名実ともに国会を国の最高機関とする人民の民主主義国家体制を確立する。

独立・民主・平和日本の建設によって、日本人民の歴史は根本的に転換する。日本人民は、アメリカ帝国主義と日本独占資本の抑圧、戦争政策、収奪から解放され、はじめて国の主人となる。あたらしい人民の民主主義とその制度は、労働者階級をはじめ農民、一般勤労者、祖国の自主的発展と平和、人民の自由をねがうすべての人びとが、国の政治に積極的に参加する道を保障する。民族の威信と自由は回復され、日本は侵略戦争の温床であることをやめ、アジアと世界の平和の強固ないしずえの一つとなる。日本の経済と文化は、各国との平等・互恵の交流をつうじて繁栄し、人民の生活は向上する。

独占資本主義の段階にあるわが国の当面の革命はそれ自体社会主義的変革への移行の基礎をきりひらく任務をもつものであり、それは、資本主義制度の全体的な廃止をめざす社会主義的変革に急速にひきつづき発展させなくてはならない。すなわちそれは、独立と民主主義の任務を中心とする革命から連続的に社会主義革命に発展する必然性をもっている。

（出典）『前衛』一九六一年九月臨時増刊号、九七―一〇八ページ。

【解説】　日本共産党は、六一年七月二五―三〇日、第七回大会から三年ぶりに、第八回党大会を開催した。この間の、警職法・勤評闘争、安保・三池闘争という大きな大衆運動の経験などを踏まえて、七月二七日、新しい綱領が満場一致で採択された。これは日本共産党が大会で正式に採択した最初の綱領であり、外国からの援助や干渉なしに初めて自力で作りあげた綱領でもあった。その原案は、すでに前大会に党章として提案されていたが、少なくない異論が出されたため、規約にあたる部分だけを採択して綱領部分は次期大会までの討議案とされた。採択された綱領は、日本を高度に発達した資本主義国でありながらアメリカに半ば占領された事実上の従属国と規定し、二つの敵に反対する新しい民主主義革命を経て社会主義革命に移行するという二段階の革命論を提起していた。〔参〕日本共産党中央委員会『日本共産党の七十年』上・下、新日本出版社、一九九四年。

210　公明党結党宣言　一九六四年一一月一七日

今や混沌たる世界情勢は、一段と緊迫の度を加えるにいたった。一方、国内情勢は依然として低迷をつづけ、国民不在の無責任政治がくりかえされている。このままに放置せんか、日本は激しい東西対立の犠牲となることを、深く憂うるものである。

日本出世の大聖哲、日蓮大聖人、立正安国論にいわく「所詮天下泰平国土安穏は君臣の楽《ねが》う所、土民の思う所なり、夫れ国は法に依って昌《さか》え、法は人に因って貴し」と。

この仏法の絶対平和思想、即ち、王仏冥合の大理念のみが、世界を戦争の恐怖から救いうる唯一の道なりと、われわれは強く確信する。

ここにわれわれは、公明党の結党を内外に宣言するものである。

公明党は、王仏冥合、仏法民主主義を基本理念として、日本の政界を根本的に浄化し、議会制民主政治の基礎を確立し、深く大衆に根をおろして、大衆福祉の実現をはかるものである。

しこうして、ひろく地球民族主義の立ち場から、世界に恒久的平和機構を確立することを、最大の目標として、勇敢にたたかうことを、国民の前に堅く誓うものである。

右、宣言する。

（出典）『公明新聞』一九六四年一一月二〇日。

【解説】 公明党は、六四年一一月、日蓮正宗の信者団体である創価学会を母体に結成された。その時の結党宣言が、これである。五六年の参院選で三人を当選させた創価学会は、六一年一一月に公明政治連盟を結成し、六二年の参院選でも一五人を当選させた。その後、院内交渉団体である公明会を結成して参院で活動を続けてきたが、衆院への本格的な進出をめざして公明党を結成、六七年総選挙で二五議席を獲得した。「言論・出版妨害事件」などにもかかわらず、七六年総選挙では五六議席という躍進を遂げたが、その後頭打ちとなり、九四年に衆院議員などの「公明新党」と地方議員主体の「公明」に分離し、公明新党は新進党に合流した。

第六節 高度成長の終焉と対外関係

1 ドル・ショックと日米・日中関係の変化

211 関係閣僚懇談会「円対策八項目」 一九七一年六月四日

〔総合的対外経済政策の推進について〕

1、輸入自由化の促進

(1) 九月末に残存する四〇品目の輸入制限についても年内または年度内を目途に自由化を進める。

(2) 直ちに自由化できない品目については、輸入割当枠の拡大をはかる。

2、特恵関税の早期実施

八月一日実施を目途に準備を進める。

3、関税引下げの推進

(1) 国民生活に密着した消費物資について、わが国独自で関税引下げをはかる。

(2) 以上のほか、国際ラウンドの一環として、関税引下げを積極的に働きかける。

4、資本自由化の促進

(1) 対内直接投資の自由化

(イ) 非自由化業種を極限する。

(ロ) 一〇〇%自由化業種を拡大する。

(2) 対外投資の自由化と拡充

(イ) 対外投資を原則として自由化する。

(ロ) 輸銀等を通ずる外貨貸を検討する。

(ハ) バンクローンの拡大をはかる。

5、非関税障壁の整理

自動輸入割当制（AIQ）、輸入自動承認制等の非関税障壁の洗い直しを行なう。

6、経済協力の推進

量的、質的両面に留意しつつ、経済協力の一層の推進をはかる。

7、秩序ある輸出

(1) 輸出秩序の確立につとめる。

(2) 輸出振興税制の廃止または停止を検討する。

(3) 日銀による輸出優遇金融の再検討を行なう。

(4) 輸銀融資について、輸出金融から輸入・投資金融への重点移行を検討する。

(5) 重要資源の輸入前払の促進のための措置を検討する。

8、財政金融政策の機動的運営

景気情勢を注視しつつ、状況に応じ財政投融資計画の追加を検討する。

（出典）『金融』一九七一年七月号、七九ページ。

【解説】　アメリカの国際収支の悪化が進むにつれて、一九六〇年代末には、ドルと西ドイツ・マルクや円との通貨調整が必要なことが明らかになった。日本の国際競争力は世界のトップ・クラスとなり、外貨準備も顕著に増加していたので、円を切り上げても問題はなかった。しかし、当時の政府や産業界は日本の競争力についてまだ自信を持っておらず、円切り上げを論じることはタブーという雰囲気があった。そこで政府は、円切り上げを回避しつつ、国際収支の黒字を圧縮する方策を練ったのである。そうした円切り上げ回避策のうち、もっとも総合的な政策が「円対策八項目」（「総合的対外経済政策の推進について」）である。だが、こうした回避策もニクソン・ショックによって吹っ飛んでしまった。

212　ニクソン声明　一九七一年八月一五日

アメリカはいま、一世代にわたる平和と、戦争のない新しい繁栄とをつくり出すという二つの理想を達成できる最善の機会をにぎっている。

米国が新しい経済政策をとる時が来た。その標的は、失業、インフレ、国際投機である。これらをどう攻撃するかを次に述べる。

われわれは、米国が失業問題を抱えている理由を知っている。それは、ベトナム戦争の縮小に成功した結果、二百万人の労働力が軍隊や軍需産業から解放されたためである。これらの人びとを仕事につけることは、平和の挑戦といってよい。われわれはすでに失業問題の解決で前進を始めている。現在の失業率は一九六〇年代における四年間の平和時のそれを下回っている。史上いかなる産業制度よりも高い賃金水準でいっそう多くの雇用機会をつくりだしてきた米国産業は、いまや平和産業のため新しい大たんな投資計画を実施すべき時を迎えている。(中略)

新らしい繁栄をきづくために欠かせない三つ目の要素は、新しい仕事をつくり出し、インフレを止めることと深く結びついている。われわれは、ドルの地位を、世界中の通貨安定の柱として守らなければならない。

過去七年、平均すると毎年一回の割合で通貨危機が訪れた。だれがこうした危機から利益を受けているのか。労働者でも、投資家でもない。もうけているのは、国際的な通貨投機家である。彼らは危機によって繁栄しているので、危機をつくり出す手助けをする。

過去数週間、投機家たちは米国のドルに対して全面的な戦いをしかけてきた。一国の通貨の強さは、その国の経済の強さにもとづいている。そして米国経済は世界中で他にぬきんでて最強なのである。したがって、私は財務長官に投機家からドルを守るに必要な行動をとるように指示した。

私はドルと金、またはその他の通貨資産との交換を一時的に停止するよう、コナリー財務長官に命じた。(中略)

この措置はドルを安定させる効果をあげるだろう。そして、世界の金融業者の間からは歓迎されないだろう。しかし、われわれの関心は、米国の労働者と国際間の公正な競争力にあるのだ。

私は、貿易の安定に貢献してきた国際金融社会の責任ある多くの構成メンバーを含む友邦諸国に対し、次のことを保証したい。すなわち、米国はこれまで常にそうであったように、今後も前向きの信頼できる貿易パートナーであり続けるだろうということを。

国際通貨基金(IMF)や貿易相手国との全面的な協力のもとに、米国は緊急な必要に迫られている新しい国際金融制度創出のため、必要な諸改革を推進していくつもりである。国際金融制度の安定と平等な待遇は、あらゆる国にとっての利益である。私は、米ドルを二度と再び国際投機筋の人質にしない決心を固めた。

私は国際収支の改善をはかり、雇用を増大し、ドルを防衛するため、一つの新しい措置をとることにした。今日、私は暫定的な措置として、米国に輸入される物品に一〇%の課徴金を課すことにした。これは国際貿易にとって、輸入量の直接的な制限よりましな解決策だといえる。一時的な措置である。また特定の国を対象にしたものでもない。それは不公平な為替レートによって米国製品がこうむる恐れのある不利益からまぬがれるためのものである。これらの措置をとることによって、米国製品の競争力は増し、われわれの貿易相手国の一部が持っていた不公平な強みは取除かれるだろう。それは過去十五年間にわたって米国の国際収支の悪化をもたらしてきた主要な原因であった。

（出典）『朝日新聞』一九七一年八月一六日夕刊。

【解説】一九七一年八月一五日午後九時（日本時間一六日午前一〇時）にニクソン米大統領がテレビで行った演説は、世界経済を大混乱に陥らせた。ニクソンが発表した、アメリカ経済の建て直しのための新経済政策が、金とドルとの交換停止を含んでいたからである。ブレトンウッズ体制は、IMF参加各国の通貨が基軸通貨ドルと固定相場で連結された国際通貨体制である。こうしたドルを中心とする国際通貨システムは、金一オンス＝三五ドルの比率での金とドルとの自由な交換をアメリカが保証することによって成り立っていた。しかし、一九四〇年代に頂点に達したアメリカの経済力が、その後次第に低下したために、六〇年代には何度もドル危機が発生するようになり、ついには、アメリカ政府が金とドルとの交換を停止せざるを得ない事態に立ち至ったのである。

213　円の為替レート切り上げにあたって　一九七一年一二月一九日　政府声明

政府は、本日多国間調整の一環として円の為替レートを米ドルに対し一六・八八%切り上げ、一米ドル＝三〇八円にすることと決定いたしました。主要国の緊密協調によって、ここに当面する国際通貨問題が解決への軌道に乗ったことを歓迎したいと思います。これによって、さる八月以来、国の内外にわたって生じている不安感が解消し、景気が明るさを取り戻すきっかけとなり、「新しい発展の時代」が始まるものと期待いたします。わが国にとっては、二〇数年間維持されてきた一米ドル＝三六〇円の為替レートが変更されたことによって、新たな事態になじむまでには、多少の時間がかかるかもしれませんが、国民のすぐれた適応能力によって、このことにともなう困難は、必ずや克服し得るものと確信いたします。

今回、多国間の通貨調整が行なわれた背景には、いわゆる「戦後体制の終り」があったということができます。戦後四分の一世紀を経過する中で、国際社会にあっては、欧州共同体の拡大強化、わが国の急速な発展など、国際関係の多極化が進むにつれてドルを中心に打ちたてられた体制が変更を迫られ、多元的な国際協調と競争的な共存の時代を迎えようとしているのであります。その間、わが国は、自由世界第二の経済規模をもつに至り、国際収支面においてもゆとりを生じ、その結果、内においては国民福祉をさらに向上させ、外においては国際社会にいっそう貢献すべき時期が到来したのであります。政府は、過渡期における摩擦を極力小さくし、通貨調整の効果が長期的にみて好ましい実を結ぶように、この機会につぎの諸対策を強力に推進する所在であります。

第一は、国民福祉の充実であります。わが国はこれまで経済の体質を改善するため、産業の生産性を高めるとともに輸出の振興を政策の重点として参りました。その結果、いまや、国際収支の面においてもゆとりをもつに至ったわけでありますから、これを契機に、国民福祉の充実のために経済資源の配分を再検討し、とくに、住宅、生活環境、公害、老人問題などの諸政策に格段の努力を払う所存であります。また、円の為替レートの切り上げにともなう輸入品価格の低下の効果が消費者価格に反映されるよう流通機構の改善、合理化を図って参りたいと思います。

第二は、当面の景気停滞を克服するための景気浮揚対策であります。このため思いきった大型予算を編成することとし、とくに公共投資を中心にした支出の増大を図り、その財源手当てのため積極的に国債を発行する予定であります。これによって来年度の経済成長率は、七%を超える程度にまで回復させたいと思います。また、中小企業等において生ずるであろう切り上げの影響について調査し、必要に応じ財政、金融措置を講ずる考えであります。

さらに国際化という観点から産業構造の改革、産業の再配置が行なわれるよう新たな産業対策を展開するとともに、労使関係のいっそうの近代化を期待したいと思います。

第三は、総合的な対外経済政策の推進であります。政府は、さきに八項目の対策を発表し、順次実行に移して参りましたが、こんごこれをさらに積極的に推進する方針であります。わが国としては、この際先進諸国と相携え、率先して自由貿易を擁護するにない手になる心構えが必要であると思います。また、世界的な景気停滞の影響を受けて経済発展に悩む開発途上国に対しては、より積極的に経済協力の手を差しのべる必要があり、わが国としてもこの面において、いっそうの努力をいたしたいと思います。

第四は、沖縄における経済の振興開発と県民の福祉向上のための施策であります。ドル通貨圏におかれた沖縄県民の受ける影響は、本土におけるそれとは、全く異なるものがあります。さきに政府は、変動相場制への移行にともない、琉球政府の協力のもとに、県民のもつ通貨および預貯金に関する緊急措置を決定いたしましたが、復帰後すみやかにこの決定通り実施いたします。また、本土からの輸入物資に対する措置を今後引き続き実施するとともに、復帰後の沖縄経済の振興開発については、いっそう積極的に推進する所存であります。

円をふくむ国際通貨の多国間調整は、世界にとって時代を画する一つの象徴ともいうべきものであります。いかなる場合でも、歴史の変動期にあっては調整のための試練を避けることはできません。しかしながら、円の為替レートの切り上げは、われわれが過去において怠惰であったため生じたものではなく、国民の努力によって、日本の経済力が充実したがゆえに、その実力にふさわしい行動をとるということであります。本格的な国際化時代を迎えた今日、政府は、民族の長い将来にわたる発展のため、今後とも全力を傾けて参る決意であります。

国民各位のご理解とご協力を切望してやみません。

（出典）大蔵省国際金融局『国際通貨問題必携』三八一―三八二ページ。

【解説】一九七一年八月一五日に金とドルとの交換が停止され、ブレトンウッズ体制（IMF体制）は崩壊した。その後、固定相場制度を再建するための先進諸国の通貨交渉が積み重ねられ、同年一二月一七、一八の両日、ワシントンのスミソニアン博物館で開催された先進一〇カ国蔵相会議（G10）において、新たな固定相場が決定された（スミソニアン体制）。この会議の結果、円は一ドル三六〇円から三〇八円へ一六・八八％切り上げられた。しかし、アメリカの国際収支の悪化、インフレ昂進が解消されなかったため、七三年一―三月に通貨不安が再燃し、スミソニアン体制は崩壊、変動相場制へ移行した。日本は七三年二月一四日に変動相場制へ移行した。

214　佐藤・ニクソン共同声明　一九六九年一一月二一日

一　佐藤総理大臣とニクソン大統領は、十一月十九日、二十日及び二十一日にワシントンにおいて会談し、現在の国際情勢及び日米両国が共通の関心を有する諸問題に関し意見を交換した。

二　総理大臣と大統領は、各種の分野における両国間の緊密な協力関係が日米両国にもたらしてきた利益の大なることを認め、両国が、ともに民主主義と自由の原則を指針として、世界の平和と繁栄の不断の探求のため、とくに国際緊張の緩和のため、両国の成果ある協力を維持強化していくことを明らかにした。大統領は、アジアに対する大統領自身及び米国政府の深い関心を披瀝し、この地域の平和と繁栄のため日米両国が相協力して貢献すべきであるとの信念を述べた。総理大臣は、日本はアジアの平和と繁栄のため今後も積極的に貢献する考えであることを述べた。

三 総理大臣と大統領は、現下の国際情勢、特に極東における事態の発展について隔意なく意見を交換した。大統領は、この地域の安定のため域内諸国にその自主的努力を期待する旨を強調したが、同時に米国は域内における防衛条約上の義務は必ず守り、もつて極東における国際の平和と安全の維持に引き続き貢献するものであることを確言した。総理大臣は、米国の決意を多とし、大統領が言及した義務を米国が十分に果たしうる態勢にあることが極東の平和と安全にとつて重要であることを強調した。総理大臣は、さらに、現在の情勢の下においては、米軍の極東における存在がこの地域の安定の大きなささえとなつているという認識を述べた。

四 総理大臣と大統領は、特に、朝鮮半島に依然として緊張状態が存在することに注目した。総理大臣は、朝鮮半島の平和維持のための国際連合の努力を高く評価し、韓国の安全は日本自身の安全にとつて緊要であると述べた。総理大臣と大統領は、中共がその対外関係においてより協調的かつ建設的な態度をとるよう期待する点において双方一致していることを認めた。大統領は、米国の中華民国に対する条約上の義務に言及し、米国はこれを遵守するものであると述べた。総理大臣は、台湾地域における平和と安全の維持も日本の安全にとつてきわめて重要な要素であると述べた。大統領は、ヴィエトナム問題の平和的かつ正当な解決のための米国の誠意ある努力を説明した。総理大臣と大統領は、ヴィエトナム戦争が沖縄の施政権が日本に返還されるまでに終結していることを強く希望する旨を明らかにした。これに関連して、両者は、万一ヴィエトナムにおける平和が沖縄返還予定時に至るも実現していない場合には、両国政府は、南ヴィエトナム人民が外部からの干渉を受けずにその政治的将来を決定する機会を確保するための米国の努力に影響を及ぼすことなく沖縄の返還が実現されるように、そのときの情勢に照らして十分協議することに意見の一致をみた。総理大臣は、日本としてはインドシナ地域の安定のため果たしうる役割を探求している旨を述べた。

五 総理大臣と大統領は、極東情勢の現状及び見通しにかんがみ、日米安保条約が日本を含む極東の平和と安全の維持のため果たしている役割をともに高く評価し、相互信頼と国際情勢に対する共通の認識の基礎に立つて安保条約を堅持するとの両国政府の意図を明らかにした。両者は、また、両国政府が日本を含む極東の平和と安全に影響を及ぼす事項及び安保条約の実施に関し緊密な相互の接触を維持すべきことに意見の一致をみた。

六 総理大臣は、日米友好関係の基礎に立つて沖縄の施政権を日本に返還し、沖縄を正常な姿に復するようにとの日本本土及び沖縄の日本国民の強い願望にこたえるべき時期が到来したとの見解を説いた。大統領は、総理大臣の見解に対する理解を示した。総理大臣と大統領は、また、現在のような極東情勢の下において、沖縄にある米軍が重要な役割を果たしていることを認めた。討議の結果、両者は、日米両国共通の安全保障上の利益は、沖縄の施政権を日本に返還するための取決めにおいて満たしうることに意見が一致した。よつて、両者は、日本を含む極東の安全をそこなうことなく沖縄の日本への早期復帰を達成するための具体的な取決めに関し、両国政府が直ちに協議に入ることに合意した。さらに、両者は、立法府の必要な支持をえて前記の具体的取決めが締結されることを条件に千九百七十二年中に沖縄の復帰を達成するよう、この協議を促進すべきことに合意した。これに関連して、総理大臣は、復帰後は沖縄の局地防衛の責務は日本自体の防衛のための努力の一環として徐徐にこれを負うとの日本政府の意図を明らかにした。また、総理大臣と大統領は、米国が、沖縄において両国共通の安全保障上必要な軍事上の施設及び区域を日米安保条約に基づいて保持することにつき意見が一致した。

七　総理大臣と大統領は、施政権返還にあたつては、日米安保条約及びこれに関連する諸取決めが変更なしに沖縄に適用されることに意見の一致をみた。これに関連して、総理大臣は、日本の安全は極東における国際の平和と安全なくしては十分に維持することができないものであり、したがつて極東の諸国の安全は日本の重大な関心事であるとの日本政府の認識を明らかにした。総理大臣は、日本政府のかかる認識に照らせば、前記のような態様による沖縄の施政権返還は、日本を含む極東の諸国の防衛のために米国が負つている国際義務の効果的遂行の妨げとなるようなものではないとの見解を表明した。大統領は、総理大臣の見解と同意見である旨を述べた。

八　総理大臣は、核兵器に対する日本国民の特殊な感情及びこれを背景とする日本政府の政策について詳細に説明した。これに対し、大統領は、深い理解を示し、日米安保条約の事前協議制度に関する米国政府の立場を害することなく、沖縄の返還を、右の日本政府の政策に背馳しないよう実施する旨を総理大臣に確約した。（中略）

十二　経済問題の討議において、総理大臣と大統領は、両国間の経済関係の著しい発展に注目した。両者は、また、両国が世界経済において指導的地位を占めていることに伴い、特に貿易及び国際収支の大幅な不均衡の現状に照らしても、国際貿易及び国際通貨の制度の維持と強化についてそれぞれ重要な責任を負つていることを認めた。これに関連して、大統領は、米国におけるインフレーションを抑制する決意を強調した。また、大統領は、より自由な貿易を促進するとの原則を米国が堅持すべきことを改めて明らかにした。総理大臣は、日本の貿易及び資本についての制限の縮小をすみやかに進めるとの日本政府の意図を示した。具体的には、総理大臣は、広い範囲の品目につき日本の残存輸入数量制限を千九百七十一年末までに廃止し、また、残余の品目の自由化を促進するよう最大限の努力を行なうとの日本政府の意図を表明した。総理大臣は、日本政府としては、貿易自由化の実施を従来より一層促進するよう、一定の期間を置きつつその自由化計画の見直しを行なつていく考えである旨付言した。総理大臣と大統領は、このような両国のそれぞれの方策が日米関係全般の基礎を一層強固にするであろうということに意見の一致をみた。

十三 総理大臣と大統領は、開発途上の諸国の経済上の必要と取り組むことが国際の平和と安定の促進にとつて緊要であることに意見の一致をみた。総理大臣は、日本政府としては、日本経済の成長に応じて、そのアジアに対する援助計画の拡大と改善を図る意向であると述べた。大統領は、この総理大臣の発言を歓迎し、米国としても、アジアの経済開発に引き続き寄与するものであることを確認した。総理大臣と大統領は、ヴィエトナム戦後におけるヴィエトナムその他の東南アジアの地域の復興を大規模に進める必要があることを認めた。総理大臣は、このため相当な寄与を行なうとの日本政府の意図を述べた。

(出典) 外務省編『主要条約集 昭和五二年度版』大蔵省印刷局、一九七七年、七九一八七ページ。

【解説】 一九六九年一一月一九日から三日間、ニクソン大統領との首脳会談に臨んだ。会談の最大の議題は、沖縄返還問題であった。佐藤首相は、政権の発足当初から、沖縄返還の実現をみずからの最大の政治課題とし、六九年三月には、「核抜き・本土並み」を条件にアメリカ政府と交渉する方針を公表していた。アメリカは、沖縄を「太平洋の要石」として重視し、ベトナム戦争の前線基地として利用した。佐藤は、沖縄返還後もアメリカ軍にできるだけ自由に基地を利用させることを条件に、返還の合意を取り付けようと考えた。ニクソン大統領が「グアム・ドクトリン」(一九六八年七月)で、アジア諸国に対して自力による防衛力の強化を訴えるなど、沖縄返還に有利な条件も生まれてきつつあった。佐藤・ニクソン共同声明は、「核抜き・本土並み」で七二年に沖縄を日本に返還すると宣言し、ここに沖縄返還は確定した。しかし、沖縄の基地は縮小されないまま残され、また、有事の場合についての核兵器の持ち込み・通過についての秘密協定が佐藤とニクソンの間で結ばれたとされる。〔参〕若泉敬『他策ナカリシヲ信ゼント欲ス』文芸春秋社、一九九四年。

215 沖縄返還決定に関する琉球政府主席声明　一九六九年一一月二二日

一、一九七二年の復帰実現は百万県民の多年にわたる努力の成果であり民族的遺産として後世に語り伝えることが出来るのを誇りに思う。しかし祖国の民主平和憲法のもとへの即時無条件全面返還を要求しつづけた県民の立場に立って考えるとき、今回の日米共同声明の内容には満足しているものではない。

一、その第一は「核ぬき、本土なみ、七二年返還」で所期の目的を達成したというが核基地撤去、B52の扱い、その他事前協議の運用をめぐって憂慮される問題を残していることである。第二は沖縄の米軍基地を要とした現在の日米安保条約を長期的に継続する方針がとられたことである。沖縄県民はさる大戦で悲惨な戦争を身をもって体験し戦争とこれにつながるいっさいのものをにくみ、否定する。長い間米軍基地に苦しめられてきた県民は、その沖縄基地を要とする安保体制を容認することはできない。安保体制の長期継続は憲法改悪の恐れすら抱かせ、沖縄基地の固定化は戦争体験を通じて世界の絶対平和を希求しひたすら平和の島を建設したいという県民の切実な願いと相いれない。これらは県民が日本国民の中でまたも不当な差別と犠牲と忍従をしいられるものだと断ぜざるを得ない。

一、第三は沖縄の全地域にわたって配備された強大な米国の軍事基地は、施政権返還後もほとんど、そのまま維持されるようになるということである。従って、基地の密度や規模などからして、基地の「本土なみ」返還ということには疑問と不安が残る。県民は復帰を契機として、基地にあまりにも密着している社会環境や経済構造を立て直して基地の影響から脱却しなければならないと考えてきた。しかし、基地が、現在のままではそれは不可能であり、県民は引続き、基地の被害やその影響下の生活を余儀なくされることになる。従って、私たちは形式的な基地の本土なみには納得しないばかりか、不満を表明せざるを得ない。返還後の米軍基地の問題は単に沖縄県民だけでなく、日本国民全体がみずからの運命を決定する重大な課題として、真剣に取組まなければならない。

一、長い間異民族支配に放置されてきたため、沖縄には政治、経済、社会、教育、文化などのあらゆる分野にわたって早急に抜本的に解決されなければならない重要な課題が山積している。私は、この歴史の重大な転換期にあたり、百万県民の英知と総力を結集して、希望に満ちた新しい沖縄の歴史と運命を開拓していく決意である。私は、祖国復帰とは県民が日本国憲法の保障する諸権利を回復することだと考える。本土政府は、このさい、戦後二十余年間にわたる県民の犠牲にかんがみ、政治的にも道義的にも県民の福祉を確立する責任がある。従って、再び沖縄を不安の中に取残すことなく、国の全責任において、沖縄の真の立て直しに誠意をつくして当るよう強く訴える。

一、最後に私は百万の県民を代表してこれまで沖縄の祖国復帰運動をたえず支援してくれた一億同胞の厚情に深謝するとともに、今回の日米会談に臨んだ佐藤首相、愛知外相のこれまでの熱意と努力と労苦に対し心から敬意と感謝の意を表するものである。

（出典）『朝日新聞』一九六九年一一月二二日夕刊。

【解説】 一九六七年一一月の第二次佐藤・ジョンソン会談を機に、沖縄の「祖国復帰運動」と、基地反対運動はかつてないほどの高まりを示した。六八年一一月には、沖縄の「即時無条件返還」、基地反対・安保反対を掲げた革新陣営の屋良朝苗候補が初代の公選知事に当選した。同月には、嘉手納空軍基地においてB29の墜落・爆発事故が起き、B29の撤去運動、翌年の二・四闘争で運動は頂点に達した。基地反対を掲げる「祖国復帰運動」に参加する多くの沖縄住民にとって、沖縄基地の固定化を図る佐藤・ニクソン声明は、受け入れがたいものであった。屋良主席は、共同声明に対する不満・懸念を声明で示すとともに、佐藤首相帰国の羽田での出迎えへの参加も拒否した。〔参〕『屋良朝苗回顧録』朝日新聞社、一九七七年。

216 沖縄返還協定 一九七一年六月一七日調印・一九七二年五月一五日発効

第一条

1 アメリカ合衆国は、2に定義する琉球諸島及び大東諸島に関し、千九百五十一年九月八日にサン・フランシスコ市で署名された日本国との平和条約第三条の規定に基づくすべての権利及び利益を、この協定の効力発生の日から日本国のために放棄する。日本国は、同日に、これらの諸島の領域及び住民に対する行政、立法及び司法上のすべての権力を行使するための完全な権能及び責任を引き受ける。（中略）

第二条

日本国とアメリカ合衆国との間に締結された条約及びその他の協定（千九百六十年一月十九日にワシントンで署名された日本国とアメリカ合衆国との間の相互協力及び安全保障条約及びこれに関連する取極並びに千九百五十三年四月二日に東京で署名された日本国とアメリカ合衆国との間の友好通商航海条約を含むが、これらに限られない。）は、この協定の効力発生の日から琉球諸島及び大東諸島に適用されることが確認される。

第三条

1 日本国は、千九百六十年一月十九日にワシントンで署名された日本国とアメリカ合衆国との間の相互協力及び安全保障条約及びこれに関連する取極に従い、この協定の効力発生の日に、アメリカ合衆国に対し琉球諸島及び大東諸島における施設及び区域の使用を許す。

2　アメリカ合衆国が1の規定に従つてこの協定の効力発生の日に使用を許される施設及び区域につき、千九百六十年一月十九日に署名された日本国とアメリカ合衆国との間の相互協力及び安全保障条約第六条に基づく施設及び区域並びに日本国における合衆国軍隊の地位に関する協定第四条の規定を適用するにあたり、同条1の「それらが合衆国軍隊に提供された時の状態」とは、当該施設及び区域が合衆国軍隊によつて最初に使用されることとなつた時の状態をいい、また、同条2の「改良」には、この協定の効力発生の日前に加えられた改良を含むことが了解される。（中略）

第四条

1　日本国は、この協定の効力発生の日前に琉球諸島及び大東諸島におけるアメリカ合衆国の軍隊若しくは当局の存在、職務遂行若しくは行動又はこれらの諸島に影響を及ぼしたアメリカ合衆国の軍隊若しくは当局の存在、職務遂行若しくは行動から生じたアメリカ合衆国及びその国民並びにこれらの諸島の現地当局に対する日本国及びその国民のすべての請求権を放棄する。（中略）

第五条

1　日本国は、公の秩序又は善良の風俗に反しない限り、琉球諸島及び大東諸島におけるいずれかの裁判所がこの協定の効力発生の日前にした民事の最終的裁判が有効であることを承認し、かつ、その効力を完全に存続させる。（中略）

第六条

1　琉球電力公社、琉球水道公社及び琉球開発金融公社の財産は、この協定の効力発生の日に日本国政府に移転し、また、これらの公社の権利及び義務は、同政府が同日に日本国の法令に即して引き継ぐ。

2　その他のすべてのアメリカ合衆国政府の財産で、この協定の効力発生の日に琉球諸島及び大東諸島に存在し、かつ、第三条の規定に従つて同日に提供される施設及び区域の外にあるものは、同日に日本国政府に移転する。ただし、この協定の効力発生の日前に関係土地所有者に返還される土地の上にある財産及びアメリカ合衆国政府が日本国政府の同意を得て同日以後においても引き続き所有する財産は、この限りでない。（中略）

第七条

日本国政府は、合衆国の資産が前条の規定に従つて日本国政府に移転されること、アメリカ合衆国政府が琉球諸島及び大東諸島の日本国への返還を千九百六十九年十一月二十一日の共同声明第八項にいう日本国政府の政策に背馳《ち》しないよう実施すること、アメリカ合衆国政府が復帰後に雇用の分野等において余分の費用を負担することとなること等を考慮し、この協定の効力発生の日から五年の期間にわたり、合衆国ドルでアメリカ合衆国政府に対し総額三億二千万合衆国ドル(三二〇、〇〇〇、〇〇〇合衆国ドル)を支払う。日本国政府は、この額のうち、一億合衆国ドル(一〇〇、〇〇〇、〇〇〇合衆国ドル)をこの協定の効力発生の日の後一週間以内に支払い、また、残額を四回の均等年賦でこの協定が効力を生ずる年の後の各年の六月に支払う。

(出典) 外務省編『主要条約集 昭和五二年版』一九七七年、五八一―六三ページ。

【解説】 佐藤・ニクソン共同声明にしたがって、一九七〇年始めから沖縄返還に関する協議が日米両国の間で開始され、七一年六月一七日に協定調印の運びとなった。交渉の過程で問題となった主な事項は、核兵器の撤去の確認の方法、本土には存在しない種類の基地の取り扱い、米軍資産の買い取り費用、対米請求権の放棄などであった。琉球政府や立法院は、占領中に住民が米軍から受けた損害の補償、米資産の無償譲渡、基地の縮小などを要求し、日本政府とは意見を異にしていた。沖縄住民の多くは、協定の内容に不満を抱き、本土でも大規模な反対運動が起きたが、一一月一七日の衆議院沖縄返還協定特別委員会で自民党が強行可決、一二月二二日に参議院でも可決された。七二年五月一五日に沖縄の施政権は日本に返還された。

217 沖縄の米軍基地(→図217) 一九七二年五月一五日

【解説】 沖縄の米軍基地の形成は、沖縄戦の時に、米軍が基地用地として占有したことに始まる。朝鮮戦争の時期に、基地はさらに拡大され、一九五一年には一七一平方キロとなった。五六年にプライス勧告が、基地用地について米軍が永代借地権を獲得することを勧告すると、島ぐるみの反対闘争が勃発した。沖縄返還の際には、沖縄には二七八平方キロの基地(専用施設)が存在した。沖縄返還協定批准の時に、国会では沖縄基地縮小の決議が行われたにもかかわらず、その後もほとんど基地は縮小されなかった。九四年現在、沖縄には全国の米軍基地の約四分の一の二三七平方キロの基地が存在する(専用施設に限れば全国の米軍基地のじつに四分の三)。〔参〕沖縄県編『沖縄――苦難の現代史』岩波書店、一九九六年。

218 日中共同声明 一九七二年九月二九日

日本国内閣総理大臣田中角栄は、中華人民共和国国務院総理周恩来の招きにより、一九七二年九月二五日から九月三〇日まで、中華人民共和国を訪問した。田中総理大臣には大平正芳外務大臣、二階堂進内閣官房長官及びその他の政府職員が随行した。

毛沢東主席は九月二七日に田中角栄総理大臣と会見した。双方は、真剣かつ友好的な話合いを行なった。

田中総理大臣及び大平外務大臣と周恩来総理及び姫鵬飛外

図 217　合衆国軍隊に提供する施設及び区域(1972年5月15日現在)

(出典)　沖縄県総務部渉外課編『沖縄の米軍基地関係資料(地位協定に基づく提供施設)』1972年11月.

交部長は、日中両国間の国交正常化問題をはじめとする両国間の諸問題及び双方が関心を有するその他の諸問題について、終始、友好的な雰囲気のなかで真剣かつ率直に意見を交換し、次の両政府の共同声明を発出することに合意した。

日中両国は、一衣帯水の間にある隣国であり、長い伝統的友好の歴史を有する。両国国民は、両国間にこれまで存在していた不正常な状態に終止符を打つことを切望している。戦争状態の終結と日中国交の正常化という両国国民の願望の実現は、両国関係の歴史に新たな一頁を開くこととなろう。

日本側は、過去において日本国が戦争を通じて中国国民に重大な損害を与えたことについての責任を痛感し、深く反省する。また、日本側は、中華人民共和国政府が提起した「復交三原則」を十分理解する立場に立って国交正常化の実現をはかるという見解を再確認する。中国側は、これを歓迎するものである。

日中両国間には社会制度の相違があるにもかかわらず、両国は、平和友好関係を樹立すべきであり、また、樹立することが可能である。両国間の国交を正常化し、相互に善隣友好関係を発展させることは、両国国民の利益に合致するところであり、また、アジアにおける緊張緩和と世界の平和に貢献するものである。

1 日本国と中華人民共和国との間のこれまでの不正常な状態は、この共同声明が発出される日に終了する。

2 日本国政府は、中華人民共和国政府が中国の唯一の合法政府であることを承認する。

3 中華人民共和国政府は、台湾が中華人民共和国の領土の不可分の一部であることを重ねて表明する。日本国政府は、この中華人民共和国政府の立場を十分理解し、尊重し、ポツダム宣言第八項に基づく立場を堅持する。

4 日本国政府及び中華人民共和国政府は、一九七二年九月二九日から外交関係を樹立することを決定した。両政府は、国際法及び国際慣行に従い、それぞれの首都における他方の大使館の設置及びその任務遂行のために必要なすべての措置をとり、また、できるだけすみやかに大使を交換することを決定した。

5 中華人民共和国政府は、中日両国国民の友好のために、日本国に対する戦争賠償の請求を放棄することを宣言する。

6 日本国政府及び中華人民共和国政府は、主権及び領土保全の相互尊重、相互不可侵、内政に対する相互不干渉、平等及び互恵並びに平和共存の諸原則の基礎の上に両国間の恒久的な平和友好関係を確立することに合意する。

両政府は、右の諸原則及び国際連合憲章の原則に基づき、日本国及び中国が、相互の関係において、すべての紛争を平和的手段により解決し、武力又は武力による威嚇に訴えないことを確認する。

7　日中両国間の国交正常化は、第三国に対するものではない。両国のいずれも、アジア・太平洋地域において覇権を求めるべきではなく、このような覇権を確立しようとする他のいかなる国あるいは国の集団による試みにも反対する。

8　日本国政府及び中華人民共和国政府は、両国間の平和友好関係を強固にし、発展させるため、平和友好条約の締結を目的として、交渉を行なうことに合意した。

9　日本国政府及び中華人民共和国政府は、両国間の関係を一層発展させ、人的往来を拡大するため、必要に応じ、また、既存の民間取決めをも考慮しつつ、貿易、海運、航空、漁業等の事項に関する協定の締結を目的として、交渉を行なうことに合意した。

（出典）外務省編『わが外交の近況（昭和四八年度版）』五〇六―五〇七ページ。

【解説】　一九七二年九年、北京において行われた田中角栄首相と周恩来首相との会談で、日中の国交正常化が実現し、「日中共同声明」が両首脳により調印された。敗戦から二七年目にして、ようやく日本は中国と正常な外交関係を回復したわけである。一九五二年四月に日華平和条約を締結して以来、戦後日本政府は、アメリカの極東政策に忠実に従い、台湾の蒋介石政権とのみ外交関係を保ってきた。しかし、七一年七月のキッシンジャー米大統領特別補佐官の中国訪問以降、アメリカは中国と急速に接近し、翌年二月にはニクソン米大統領の訪中という歴史的な転換となった。

219　非核三原則の国会決議　一九七一年一一月二四日衆議院可決

非核兵器ならびに沖縄米軍基地縮小に関する決議

一　政府は、核兵器を持たず、作らず、持ち込まさずの非核三原則を遵守するとともに、沖縄返還時に適切なる手段をもつて、核が沖縄に存在しないこと、ならびに返還後も核を持ち込ませないことを明らかにする措置をとるべきである。

一　政府は、沖縄米軍基地についてすみやかな将来の縮小整理の措置をとるべきである。

右議決する。

（出典）『官報』号外、一九七一年一一月二四日（『第六十七回国会衆議院会議録』第一八号）。

【解説】　沖縄返還をめぐる国会の論議のなかで、本土にも沖縄並みに核が持ち込まれるのか、核兵器抜きで沖縄が返還されるのかが争点となり、アメリカ軍の日本への核兵器持ち込みが問題となった。一九六七年一二月に、国会で佐藤首相は、「核を製造しない、保有しない、持ち込まない」の三原則はまもると言明した。六八年二月に社会・公明・共産の野党三党は、「日本の非核武装と使用禁止に関する決議案」を発表した。佐藤首相は、非核三原則の国会決議は、沖縄返還交渉の妨げになるとして、反対していた。しかし、沖縄返還協定の国会審議の過程で、協定に対する国民の強い反対を配慮して、公明党提案の「非核兵器ならびに沖縄米軍基地縮小に関する決議」が、社共両党が欠席するなかで、衆議院において全会一致で可決された。

2 列島改造と狂乱物価

220 新全国総合開発計画 一九六九年五月三〇日閣議決定

第一 計画策定の意義

2 計画の目標

(1) この計画の基本的目標は、つぎの四つの課題を調和せしめつつ、高福祉社会を目ざして、人間のための豊かな環境を創造することである。

ア 長期にわたって人間と自然との調和を図り、また、将来都市化の進展に伴っていっそう深刻化すると考えられる国民の自然への渇望に応ずるために、自然を恒久的に保護保存すること。

イ 国土の利用が一部の地域に過度に偏して、効率を低下せしめることのないよう、全国土を有効に活用するため、開発の基礎条件を整備して、開発可能性を全国土に拡大し、均衡化すること。

ウ それぞれの地域の特性に応じて、それぞれの地域が独自の開発整備を推進することによって、国土利用を再編成し、効率化すること。

エ 経済的、社会的活動が活発化し、ますます経済社会の高密度化が進むにつれて、国民生活が不快と危険にさらされぬよう、都市、農村を通じて、安全、快適で文化的な環境条件を整備、保全すること。

(2) さらに、当面する地域課題として、過密、過疎および地域格差の問題を解決しなければならないが、これらの問題に対処する基本的考え方は、つぎのとおりである。

ア 大都市における過密問題に対処するため、交通施設、水資源開発施設、住宅および生活環境施設等の社会資本の整備を行なうばかりでなく、技術革新の展開、生産規模の飛躍的拡大、環境条件の変化等に伴い、大都市に立地することが不適当な工業等の機能を徹底的に分散するなどにより、大都市の諸機能を再編成し、中枢管理機能を集中強化するための方策を講じ、あわせて、防災、公害防止等の観点から根本的な大都市の改造を行ない、安全で機能的な都市構造を組み立てなければならない。

また、大都市機能の再編成を進めるためには、一方では、大都市における土地利用規制、交通規制などの措置を強化し、受益者に応益的な負担を課することや公益優先の原則に立った土地の利用権を確立するなどの制度を拡充整備しなければならない。

イ　人口流出の激しい地域等における過疎問題に対処するため、主として産業振興のための公共投資のみに依存していた従来の施策の方向を再検討し、効率的な産業開発や観光開発を進めることが可能な地域は、その地域の特性に応じて積極的な開発を進め、集落の再編成を含めて生活環境条件の向上のための施策を講じなければならない。

しかしながら、効率的な開発を進めることが困難な地域については、社会保障、集落の移転統合等の施策を総合的に講じなければならない。

ウ　地域格差問題については、一人当たり生産所得の格差よりもむしろ生活水準の格差、とくに社会的生活環境水準の格差に問題があるという観点から、地方の中核都市の社会的環境整備を図るとともに、周辺地域の生活環境も地方の中核都市と一体となって一定の水準を保持しうるような施策を講じなければならない。

また、大都市からの遠隔の地であって経済開発の遅れた地域においても、開発の可能性を確保しうるよう、それらの地域と大都市を結ぶ新交通通信体系を整備するなどにより、国土の均衡ある開発の基礎条件をつくり上げることが、地域格差問題に対する新たな課題である。

（中略）

第二　開発方式

計画の目標を達成するために、従来からとってきた拠点開発方式の成果を踏まえつつ、いっそう効果的、戦略的な方式を選定しなければならない。

新開発方式は、開発の基礎条件として、中枢管理機能の集積と物的流通の機構とを体係化するための全国的なネットワークを整備し、この新ネットワークに関連せしめながら、各地域の特性を生かした自主的、効率的な産業開発、環境保全に関する大規模開発プロジェクトを計画し、これを実施することによって、その地域が飛躍的に発展し、漸次その効果が全国土に及び、全国土の利用が均衡のとれたものとなるという方式である。

つまり、従来の拠点開発方式の内容をさらに充実させたということができるが、各地域と大都市を新ネットワークで結合することにいっそう大きな開発効果を期待していることと、その新ネットワークに関連しながら、大規模な農林水産業、工業、流通、観光レクリエーション等の産業開発および大規模な自然保護、水資源開発、都市開発等の環境保全のための計画を進めるに当たって、それぞれの地域の特性と主体性を基本としていることが新開発方式の特色である。

さらに、この新開発方式を進めるとともに生活環境の国民的標準を確保するため、広域生活圏を設定し、圏内の生活環境施設および交通通信施設を整備することによって、国民が等しく安全で快適な生活環境を享受しうるように努めなければならない。

このようにして、全国土にわたる開発整備が進み、広域生活圏が整備されるにつれて、当面の地域課題についても根本的な解決の方途が開かれることになる。

（出典） 経済企画庁編『新全国総合開発計画』一九六九年、九—一一ページ。

【解説】「旧全総」（「全国総合開発計画」一九六二年）に代わる新たな国土開発計画。「旧全総」の拠点開発方式が、公害、自然破壊、過疎化をもたらしたにもかかわらず、住民福祉の向上にはそれほど寄与しなかったため、軌道修正が必要となった。

「新全総」は「人間のための豊かな環境を創造」することを目標に掲げた。しかし実際には、大規模工業基地を全国各地に配置して、日本全土をくまなく開発し、さらに交通通信の新ネットワークを全国に張りめぐらし、日本列島を巨大な一つの都市のようにすることに狙いがあった。「新全総」の発想をさらに膨らませたのが、一九七二年の自由民主党総裁選の際に田中角栄が発表した『日本列島改造論』（日刊工業新聞社、一九七二年）である。年一〇％の経済成長を前提にし、全国に一万キロの高速道路と九〇〇〇キロの新幹線を張りめぐらすこの構想は、田中内閣の「経済社会基本計画」に盛り込まれ、一部実施に移されたが、「狂乱地価」を引き起こし、国民から激しい非難を浴びることになった。〔参〕本間義人『国土計画の思想』日本経済評論社、一九九二年。

221 宝樹文彦「七〇年代労働運動前進のために」一九七〇年一月一日

わたくしは二年前に、「いまや国際労働運動は、世界労連と自由労連との政治的・イデオロギー的対立の段階をすぎ、具体的に労働者の利益と権利と連帯をもとめて活動する国際産業別労働組合組織（ＩＴＳ）の活動にその重点が移行した」と述べたのであるが、国際産業別組織はますますその活動と組織を拡大しつつある。そして国際自由労連の援助を離れ、その自立態勢を確立しつつある。（中略）

一九六〇年代の日本経済の飛躍的成長の中核産業である金属産業労働者は、技術革新と企業経営の国際化、自由化の影響を直接にこうむったため、金属労働者の国際的提携と連帯をもとめてＩＭＦ・ＪＣ（国際金属労連日本協議会）に結集し、わずか三年で一二〇万の組織にまとまったが、さらに二〇〇万名の組織結集をめざしている。

さいきんでは外資の日本進出、外国巨大企業の日本上陸が次々と報ぜられているが、これに対処するための産業再編成、企業の集中合併による寡占化の方向が急速に進められている。この傾向は八幡・富士の合併を契機として、明年の第三次自由化を目標にますます促進されるであろう。これに伴い財界では、経団連、日経連、経済同友会、商工会議所等経済団体の統合問題が具体的に論じられているといわれる。急激な情勢の変化に眼をとじて、労働組合だけが旧態依然たる旧い殻のなかにとじこもっていることを許されないのは当然のことである。（中略）

日本の革新運動の前進のためには、何よりもまず一九七〇年代の初頭において、労働戦線の統一を達成し、巨大なナショナル・センターを樹立することに、そのすべての期待がかけられていることを理解しなければならない。

労働戦線統一の問題は、もはや論議の段階ではなく、具体的実現の段階に到達した。われわれは、その具体的方途を探求しなければならない。

まず第一に、労働戦線の統一は大産業別に結集し再編成されるものでなければならない。戦後、西ドイツの労働総同盟が、二年の歳月をかけて十六の大産業別労組を組織したことを学ばなければならない。イギリスの労働組合総数は三〇〇程度に整理されている。直ちにドイツやイギリスの状態にまで整理できぬまでも、また中産別組織、あるいは混合組合方式、企業系列型組織等その形態は各様に異るにしても、現在の五八、〇〇〇余の組合を三、〇〇〇程度の組合に再組織することを目標に再編成しなければならない。

このような労働組合の再編成を通じて、二千万におよぶわが国の多数の未組織労働者を組織化する一大転機としなければならない。

第二には、現在のナショナル・センターの枠をこえた同種産業労働者の結集をまって、これまで提起されたまま具体的内容を充実することができなかった産業政策に積極的に取組む問題を検討しなければならない。

第三には、政党から独立した、労働者自身による労働組合の統一をめざしている以上、政党支持問題についても、単なる「政党支持の自由」という論議でなく、進んで労働戦線の統一のために、労働組合と政党との支持協力関係はいかにあるべきかについても話し合うべきであろう。

（出典）『労働経済旬報』一九七〇年二月上旬号、一一―一五ページ。

【解説】　宝樹文彦全逓委員長は、一九六六年一二月に「労働戦線統一と社会党政権樹立のために」と題する論文を発表した（これを宝樹第一論文と呼ぶ）。共産党の影響力を排除し、総評、同盟などに分裂していた労働運動の統一と、社会・民社両党による政権樹立を提唱したものである。七〇年一月には、第一論文の内容をより具体化した第二論文「七〇年代の労働運動前進のために」を発表した。この二つの論文は、八九年一一月に成立した連合(日本労働組合総連合会)の最初の構想といわれる。しかし、連合の結成へは一直線に進んだわけではなく、七〇年一一月に労働戦線統一世話人会が発足したものの、まもなくこの運動は中断し、八〇年の労働戦線統一推進会の発足以降、労働組合全国組織(ナショナル・センター)の再編は一挙に進んだ。

222 石油緊急対策要綱 一九七三年一一月一六日閣議決定

今回のアラブ産油国の石油生産制限に伴うわが国への石油供給の削減は、このまま推移すれば国民生活及びわが国経済全般に大きな影響を及ぼすものと考えられる。よって、このような事態に対処し、わが国経済社会の混乱を防止するとともに国民生活への影響を最小限にとどめるため、次の緊急対策を総合的に実施することとする。

1、基本方針

現在の緊急事態に対処するためには、官公庁、企業、個人など国をあげての協力と国による効果的な施策の実施が不可欠であるので、緊急対策として、石油などのエネルギーに関する節約運動の展開、強力な行政指導、国民経済及び国民生活の安定確保のため必要な緊急立法の提案など石油等の需要を減少させる施策を総合的に実施するとともに、これに見合って総需要抑制策を強化するほか、エネルギー供給の確保について最大限の努力を行う。

なお、これらの実施に当たっては、特に国民生活への影響を最小限にとどめるよう配慮する。

2、消費節約運動の展開

諸外国においても各種のエネルギー消費抑制のための措置がとられているというような事態にかんがみ、国民全体があい協力してこの緊急事態に対処するため、官公庁の石油などの使用節約について特別の申し合わせを行うとともに、産業界、一般国民などに対し、室内温度の適正化(摂氏二〇度)、広告用装飾用照明の自粛、不要不急のマイカー使用の自粛、高速道路における高速運転の自粛、不要不急の旅行の自粛、週休二日制の普及促進などをはじめとする石油などの消費節約のための全国民的な運動を展開する。

また、石油販売業者、電気事業者その他各産業団体に対し、具体的なエネルギー節約の仕方に関する広報活動を行うことを要請する。

3、行政指導の実施

① 緊急に石油及び電力の使用節減を図るため、本年十一月二十日から強力な行政指導を実施する。この場合、一般企業の節減率は、さし当たり十二月末までは、国民生活や経済社会への急激な影響を避けるため、一〇%とする。

② ①の指導の実効性を確保するため、石油については石油を大量に使用する産業及びこれに関連の深い産業に属する

大企業について、電力については、契約最大電力三千キロワット以上の需要家について、特段の指導を行うとともに、輸出入の管理、風俗営業、大規模小売店舗業などの営業時間の短縮、深夜のテレビジョン放送の自粛、観光バスなどレジャー輸送の抑制、給油所の休日営業の自粛などを実施するよう既存法令を背景とする行政指導などにより極力需要の抑制を行う。

③　以上の行政指導などに伴う便乗値上げを防止し、不当利得を排除するため強力な施策を講ずるとともに、一般家庭用をはじめ、農林漁業用、鉄道などの公共輸送機関用、病院などの公共性の高い施設の石油などについては、その適正な必要量の確保に努める。

また、中小企業などへの影響を最小限にとどめるため、中小企業向け石油の確保を行うよう石油販売業者に対する指導を行うとともに、石油供給削減に伴う波及効果として生活必需物資、医療用物資、農林漁業用物資や中小企業向け物資の需給に与える影響を最小限にとどめるよう早急に所要の措置を検討する。

4、国民経済及び国民生活の安全確保のため必要な緊急立法の提案

石油の大幅かつ急激な不足に伴う混乱を回避し、国民生活の安定、国民経済の円滑な運営を図るため、必要な緊急立法を次期通常国会冒頭に提案する。

5、総需要抑制策及び物価対策の強化

石油などの供給削減に伴う物資の需給ひっ迫、物価の異常な上昇などの事態を回避するため、「生活関連物資の買い占め及び売り惜しみに対する緊急措置に関する法律」の適用品目の拡大その他の物価対策の強化を図るとともに、総需要の抑制策を強化する。また、この緊急事態に便乗した不当利得の発生や社会及び経済秩序の混乱を防止するため、適切な措置を講ずる。

6、エネルギー供給の確保のための努力

以上の措置と並行して、石油供給の確保を図るため官民協力し、外交面を含めあらゆる面において最大限の努力を行うとともに、海外及び大陸だなにおける石油資源の開発を強力に推進する。

なお、電力についても原子力発電の積極的推進、水力発電、地熱発電、石炭火力発電の開発及び活用を図るとともに、電源地帯整備について特段の措置を講ずる。

さらに、わが国エネルギー資源の長期的安定供給を確保するための核融合、太陽エネルギーなど豊富かつ無公害の新エネルギー技術の開発を促進する。

（出典）『朝日新聞』一九七三年一一月一六日夕刊。

【解説】　一九七三年一〇月六日、第四次中東戦争が勃発した。

アラブ石油輸出国機構(OAPEC)は、石油を外交政策の武器として積極的に利用しようとした。日本は石油への依存度がとくに高かったので、アラブ産油国の石油供給削減の宣言により、パニックに陥った。少なくない企業が、これを「千載一遇のチャンス」と考え製品の便乗値上げをもくろんだ。また、紙の生産不足を見越して、主婦がいっせいにトイレット・ペーパーの買いだめに走った。政府は、一一月一六日に石油緊急対策要綱を閣議決定して、国民に対してマイカー自粛、暖房温度の引き下げなど石油の節約を呼びかけた。また、一二月には「国民生活安定緊急措置法」「石油需給適正化法」(いわゆる「石油二法」)が公布・施行された。実際には、石油の供給量は削減されていなかったので、供給量の面では経済への打撃はほとんどなかったが、原油価格が約四倍に跳ね上がったことによる影響は甚大であった。

223　公正取引委員会「独占禁止法改正試案の骨子」　一九七四年九月一八日

第一　企業分割

一、公正取引委員会は、一定の事業分野において独占的状態があり、他の方法では競争を回復することが極めて困難であると認めるときは、事業者に対し、会社の分割、営業の一部譲渡等の排除措置を命ずることができる。

二、独占的状態とは、次の事項に該当する場合をいう。

(1)　一社または二社の市場占拠率が著しく高いこと

(2)　競争が実質的に抑圧されていること

(3)　その事業分野において、他の事業者が新たに事業を起すことを著しく困難にしていること(中略)

第二　原価公表

一、高度の寡占業種において、価格が同調的に引き上げられ、価格面での競争が行われていないと認められる場合には、事業者に対し、商品等の原価の公表を命ずることができる。

二、原価の公表を命ぜられた事業者は、公正取引委員会の定める基準に従って商品等の原価を算定し、所定の様式により公表しなければならない。

三、原価公表の対象となる業種または商品等は、公正取引委員会が指定する。

第三　価格の原状回復命令

一、不当な取引制限(以下「カルテル」という。)により価格が引き上げられた場合には、公正取引委員会は、事業者に対し、カルテル前の価格に戻すことを命ずることができる。

(中略)

第四　課徴金

一、公正取引委員会は、カルテルにより不当な価格引上げが行われた場合には、事業者に対し、課徴金の納付を命ずることができる。

二、課徴金の額は、カルテルによる引上げ額に、カルテルの実行期間における商品等の販売数量を乗じた額を限度額とする。

ただし、実行期間は、審決時までを対象とする。

第五　会社の株式保有制限

一、金融業以外の事業を営む会社で、相当大規模な会社を規制対象とする。（中略）

三、規制対象会社は、純資産の二分の一または資本金のいずれか大きい額をこえて国内の他の会社の株式を所有してはならない。

四、規制対象会社が、国内において競争関係にある他の会社の株式を所有することは、原則として禁止する。

ただし、相当の理由があって公正取引委員会の認可を受けた場合は、この限りでない。（中略）

第六　金融機関の株式保有制限

一、金融業を営む会社は、国内の会社の株式をその発行済株式の総数の百分の五をこえて所有してはならない。（中略）

第七　刑事罰

一、罰金の最高額（現行五〇万円）を少なくとも五〇〇万円程度に引き上げる。

二、法人の代表者が、独占禁止法違反の計画を知り、防止に必要な措置を講ぜず、または違反行為を知りながら、その是正のため必要な措置を講じなかった場合には、責任罰（罰金）を科する。

（出典）『公正取引』第二八七号、一九七四年九月、二一―二二ページ。

【解説】　七三年秋の石油パニックによる「狂乱物価」をもたらしたのは、石油価格の上昇や、国内の拡張的経済政策だけではなかった。資本自由化による外資進出を警戒して一九六〇年代半ば以降に進んだ寡占化・独占化も、ヤミ・カルテルをはびこらせ、物価高騰を招いた。便乗値上げが次々に明るみに出ると、国民の大企業に対する目はかつてなく厳しくなった。こうした状況のなかで、公正取引委員会は、私的諮問機関である独占禁止法研究会の中間報告をもとに、七四年九月に「独占禁止法改正試案の骨子」を発表した。この案は、企業分割、同調的価格引上げに対する原価公表命令、違法カルテルに対する価格引き下げ命令などを含んでいた。独占禁止法の第一次改正（一九四九年）以来の歴史が、一貫して規制の緩和であったから、公正取引委員会の独占禁止強化案は画期的であった。財界の強い反対のために、この案よりも緩やかな内容となったが、七七年六月に改正独占禁止法は公布に至った。

第五章　転換期の世界と日本

七〇年代後半以降、日本は「経済大国」として欧米先進諸国に追いつき、いわゆる「キャッチ・アップ」を完了した。世界の「一流国」となった日本は、「海図のない世界」へと足を踏み入れ、「大国」としてのあり方を模索するようになったのである。

日本経済は、一九七三年秋の第一次オイル・ショックによって高度成長の時代を終えたものの、七九―八〇年の第二次オイル・ショックを軽微な損傷で乗りきり、西ドイツと並ぶ「西側世界」の「機関車」としての役割を果たした。七八年には、中国との間で「平和友好条約」を締結し、長年の懸案に決着を付けた。

八〇年代に入って緊張を高めていた「東西対決」は次第に緩和の方向に向かい、八〇年代後半になって、ソ連のペレストロイカを契機にソ連・東欧諸国での激変が生じた。東欧諸国での「国家社会主義体制」は瓦解し、ソ連が消滅した。東西ドイツは統一し、「東側」世界の崩壊によって「東西対決の構図」も終焉した。

この間国内政治はポスト佐藤をめぐる自民党内部の派閥争いや田中金脈問題、ロッキード汚職などによって混乱を重ね、七二年に成立した田中内閣以降、八四年の中曾根内閣の成立まで、三木・福田・大平・鈴木の各内閣は、それぞれ二年ずつで交代するという状況であった。国鉄・電電・専売の民営化など臨調・行革問題で大鉈を振るった中曾根内閣は、自民党内の派閥抗争の沈静化もあって五年間続いたが、それ以降、売上税など新型間接税の導入、リクルート事件などの金権汚職問題や政治改革、農産物自由化問題などをめぐって、自民党は再び混乱に陥った。このため、消費税が導入された八九年以降、竹下・宇野・海部・宮沢と、政権担当者はめまぐるしく入れ替わった。

日本経済は、八五年のプラザ合意によって円高基調となったものの、依然として輸出超過で対米黒字が増え続け、米国からの市場開放圧力の下での構造調整が図られた。同時に、超金融緩和政策が採用されたため景気は急速に過熱状態となった。いわゆる「バブル経済」の開始である。異常な地価・

株価の高騰は九〇年まで続き、懸命の金融引き締めによってようやく景気は沈静化したものの、今度は逆に長期の不況に陥って、「バブル経済」の後遺症に悩むことになった。

このような経済の混乱に対して政治の対応が後手に回っただけでなく、株価急落への損失補塡やゼネコン汚職などを通じて、行政当局や企業・業界と一体となった癒着構造が明らかとなった。自民党長期政権の下で定着してきたこのような政官財癒着構造、利権目当ての「族」政治家たちの跳梁、相も変わらぬ派閥抗争、東京佐川急便事件や共和汚職事件、金丸信元自民党副総裁の不正蓄財・脱税事件などに対する国民の批判が強まり、九三年夏、ついに自民党は分裂し、直後の総選挙で過半数を回復できず下野するに至る。

こうして、細川連立政権が成立し、日本の政治は「連立時代」に突入した。政権に加わった社会党は、安保・自衛隊の現状を認めるなど大胆な政策転換を行い、九六年一月には社会民主党へと党名を変えた。この間、新党の結成や政治グループの離合集散が相次ぎ、結成されたばかりの日本新党や新生党をはじめ、公明党、民社党、社民連などが姿を消し、九四年一二月には、新生党・公明新党・日本新党・民社党などを糾合して巨大な保守新党・新進党が結成された。このような政党状況の流動化の下で連立も組み替えられ、細川政権以降、羽田・村山・橋本の各内閣が成立した。

七〇年代後半以降、日本社会は「成熟化」がすすみ、様々な困難に直面しつつ国際化・情報化・高齢化の様相を強めてきた。外国人労働者が増大し、コンピュータや携帯電話などの新通信情報手段が普及するとともに、インターネットをはじめとした新しい情報システムも急成長している。九四年には六五歳以上人口が一四%を超え、「高齢化社会」から「高齢社会」へと移行した。他方で出生率が低下し、育児・介護問題への制度的対応がなされてきた。また、パートタイマーなど女性の職場進出も続き、男女同権社会に向けての要請も強まっている。

戦後五〇年を経て、国際社会での比重を高めた日本は、アジアの一員として、どのような「歴史認識」のもとに、世界の平和と安全にどう関わっていくのかが厳しく問われた。ポスト「右肩上がりの時代」を迎えて、生き甲斐とゆとりのある「豊かな生活」をどのように実現するのか、そしてそれをどのように持続させていくのか。これもまた二一世紀において、日本が取り組むべき重要な課題になろうとしている。

（五十嵐仁）

第一節　「五五年体制」の成熟と崩壊

224 社公合意　一九八〇年一月一〇日

日本社会党と公明党の連合政権についての合意

両党は、八〇年代前半に樹立が想定される連合政権について協議し、次の政治原則、政策の基本および政策の大綱を決定した。

一、政治原則

㈠　この政権は別紙のとおり合意された政策の基本および政策の大綱を実現する政権である。

㈡　この政権の構成、基盤勢力については、今後協議し、両党の合意によって決定するものとする。なお、現状においては、日本共産党は、この政権協議の対象にしないことで合意した。

㈢　この合意は、両党機関の承認を得るものとする。

二、政策の基本および政策の大綱

この政策の基本と大綱は、八〇年代前半において樹立される連合政権を想定して、内外の諸情勢に対応するものとして示したものである。

〈政策の基本〉

㈠　現憲法の恒久平和主義、基本的人権の保障、主権在民主義、健康にして文化的な生活権の保障など、憲法の基本原理を将来ともに堅持する。

㈡　金権腐敗の政治を一掃して清潔な政治を実現するとともに、参加、分権、自治で国民に開かれた政治および国民生活に直結する行政を推進する。

㈢　大企業優先から国民生活優先の財政経済政策に改め、格差、不公平を解消する。生産の増大、完全雇用、福祉の向上、所得の公平な配分をめざし、市場の仕組みを生かしつつも公共的コントロールを行い、福祉型経済成長を計画的に推進する。

㈣　人間復権のゆとりのある豊かな社会の実現をめざし、社会的不平等をなくし、教育の改革、文化・芸術・スポーツと人間本位の科学技術を振興する。また、うるおいのある住みよい個性的な地域コミュニティづくりをめざし、地方分権を推進し、住民の自発と連帯による住民参加の地方自治を確立する。

(五)　日本と世界の平和を創造するため、平和五原則に基づき中立をめざし、自主・平和外交を推進し、地球上の貧困の克服、核兵器全面撤廃、全面軍縮をめざすとともに、軍事力優先でない多面的な国際協力と平和保障体制をつくる。

（出典）『社会新報』一九八〇年一月一五日。

【解説】　日本社会党と公明党との間で取り交わされた、将来樹立される連合政権が実施すべき政治原則、政策の基本および政策の大綱についての合意。これは、公明党からの働きかけで実現し、「社公合意」と略称される。これ以前の七九年一二月一六日に、公明党は民社党との間でも政権協議について合意しており、この二つの合意によって、公明党を間に挟んだ社公民三党の「ブリッジ共闘」が実現した。また、この「社公合意」には、「現状においては、日本共産党は、この政権協議の対象にしない」との合意があり、このため、これ以降社会党は共産党との共闘を拒否するようになっていく。

225　細川連立政権樹立に際しての合意事項・八党派覚え書き

一九九三年七月二九日

連立政権樹立に関する合意事項

今回の総選挙で国民は、自由民主党政権に代わる新しい政権を求める歴史的審判を下した。

日本社会党、新生党、公明党、日本新党、民社党、新党さきがけ、社会民主連合及び民主改革連合の八党派は、国民の負託にこたえ、政治倫理を重んじ、自由民主党政権の下では、なしえなかった抜本的な政治改革を実現する連立政権の樹立を決意した。

この政権は、冷戦終結後の国際社会や国民ニーズの急速な変化に対応する役割を持つものであり、今後一致協力して新しい政治を切り拓くため、次の事項について合意した。

一、連立政権は、①小選挙区比例代表並立制による選挙制度改革、②徹底した政治の腐敗防止のための連座制の拡大や罰則の強化、③公費助成等と一体となった企業団体献金の廃止等の抜本的政治改革関連法案を本年中に成立させる。

二、連立政権は、わが国憲法の理念及び精神を尊重し、外交および防衛等国の基本施策について、これまでの政策を継承しつつ、世界の平和と軍縮のために責任及び役割を担い、国際社会に信頼される国づくりを行う。（中略）

八党派覚え書き

〈確認すべき基本政策について〉

1、憲法の理念及び精神を尊重し、外交・防衛政策についてはこれまでの政府の政策を継承しつつ、世界平和と軍縮のための責任を果たし役割を担う。

2、日米関係の基軸としての日米安全保障条約を継承するとともに、アジアの平和と安定に貢献する。

3、原子力発電については安全性を確保するとともに、新エネルギーの開発に努める。

4、日韓基本条約を遵守し、朝鮮半島の平和的統一に協力する。

（出典）『社会新報』一九九三年八月三日。

【解説】 細川護熙日本新党代表を首班にした新政権樹立に際して、政権与党となった七党一会派によって結ばれた合意事項と覚書。七月一八日投票の総選挙で、自民党が二二三議席にとどまって過半数に及ばなかったため、この合意を基礎に、共産党を除く旧野党と選挙前に結成された新党による連立政権が樹立された。「合意事項」では、政治改革関連法案の九三年中の成立、外交・防衛等国の基本施策の継承、自由主義経済を基本とした経済政策、エネルギーの安定的確保などが掲げられ、「覚え書き」では、安保条約の継承、日韓基本条約の遵守、ＰＫＯを含めた国連への協力などが確認されている。いずれも、社会党のこれまでの基本政策とは異なる内容のものであった。

226 小選挙区比例代表並立制の導入 一九九四年二月四日

公職選挙法の一部を改正する法律
（法令のあらまし）

一 衆議院議員の選挙制度

1 選挙制度の基本を小選挙区比例代表並立制とすることとした。

2 衆議院議員の定数は、五〇〇人とし、そのうち、二七四人を小選挙区選出議員、二二六人を比例代表選出議員とすることとした。（第四条関係）

3 選挙区等

(一) 小選挙区選出議員は、各選挙区において、選挙することとするとともに、その選挙区は、別に法律で定めることとし、各選挙区において選挙すべき議員の数は、一人とすることとした。（第一二条及び第一三条関係）

(二) 比例代表選出議員は、全都道府県の区域を通じて、選挙することとした。（第一二条関係）

4 総選挙の期日は、少なくとも一二日（現行一四日）前に公示しなければならないこととした。（第三一条関係）

5 投票は、記号式投票の方法により、投票用紙ごとにその記号を記載する欄に〇の記号を記載して行うこととした。（第四六条関係）

6　立候補

㈠　小選挙区選出議員の選挙における候補者の届出

⑴　次のいずれかに該当する政党その他の政治団体は、当該政党等に所属する者を候補者としようとするときは、当該選挙の期日の公示又は告示があった日に、文書でその旨を当該選挙長に届け出なければならないこととした。（第八六条第一項関係）

イ　当該政党等に所属する衆議院議員又は参議院議員を五人以上有すること。

ロ　直近に行われた衆議院議員の総選挙又は参議院議員の通常選挙における当該政党等の得票総数が当該選挙における有効投票の総数の一〇〇分の三以上であること。

⑵　⑴のほか、本人届出又は推薦届出による立候補もできることとした。（第八六条第二項及び第三項関係）

㈡　比例代表選出議員の選挙における名簿の届出

⑴　名簿の届出

次のいずれかに該当する政党その他の政治団体は、当該選挙の期日の公示又は告示があった日に、当該政党等の名称（一の略称を含む。）並びにその所属する者の氏名及びそれらの者の間における当選人となるべき順位を記載した名簿を選挙長に届け出ることにより、名簿登載者を当該選挙における候補者とすることができることとした。（第八六条の二第一項及び第二項関係）

イ　㈠の⑴のイ又はロに該当すること。

ロ　名簿の届出をすることにより候補者となる名簿登載者を三〇人以上有すること。

⑵　重複立候補

⑴のイに該当する政党その他の政治団体は、当該選挙と同時に行われる小選挙区選出議員の選挙における当該政党等の届出に係る候補者を名簿登載者とすることができることとし、この場合には、それらの者の全部又は一部について当選人となるべき順位を同一のものとすることができることとした。（第八六条の二第四項及び第六項関係）

（出典）『官報』号外特第三号、一九九四年二月四日。

公職選挙法の一部を改正する法律の一部を改正する法律（法令のあらまし）

一九九四年三月一一日

一　衆議院議員の選挙制度

1　議員の定数

議員の定数のうち、三〇〇人を小選挙区選出議員、二〇

○人を比例代表選出議員とすることとした。（第四条関係）

2　比例代表選出議員の選挙の選挙区等

比例代表選出議員の選挙については、中央選挙管理会が管理し、比例代表選出議員は、全都道府県の区域を一一に分けた各選挙区において選挙するものとし、その選挙区及び各選挙区において選挙すべき議員の数は、次の表のとおりとすることとした。（第五条、第一二条、第一三条及び別表第一関係）

選挙区	都道府県	議員数
北海道	北海道	九人
東北	青森県、岩手県、宮城県、秋田県、山形県、福島県	一六人
北関東	茨城県、栃木県、群馬県、埼玉県	二一人
南関東	千葉県、神奈川県、山梨県	二三人
東京都	東京都	一九人
北陸信越	新潟県、富山県、石川県、福井県、長野県	一三人
東海	岐阜県、静岡県、愛知県、三重県	二三人
近畿	滋賀県、京都府、大阪府、兵庫県、奈良県、和歌山県	三三人
中国	鳥取県、島根県、岡山県、広島県、山口県	一三人
四国	徳島県、香川県、愛媛県、高知県	七人
九州	福岡県、佐賀県、長崎県、熊本県、大分県、宮崎県、鹿児島県、沖縄県	二三人

（出典）『官報』一九九四年三月一一日。

【解説】衆院に小選挙区比例代表並立制を導入するための法改正。議員総数は、現行の五一一人から五〇〇人に削減され、そのうち二七四人を一人一区の小選挙区で、二二六人を全国一区の比例代表区で選出することになった。しかし、実際にはこの改正法が成立する一日前の一月二八日に、細川首相と河野自民党総裁の間で、小選挙区を三〇〇議席とし、比例代表を二〇〇議席として全国一一ブロックから選出するという変更が合意されていた。この合意によって自民党が賛成に回ることになったが、会期末が三〇日に迫っていたために法案を手直しする時間がなく、修正を前提として当初案のまま可決された。この修正は、三月四日の改正法の成立によって実現した。

227　政党への公費助成　一九九四年二月四日

政党助成法（法令のあらまし）

1　この法律は、議会制民主政治における政党の機能の重要性にかんがみ、国が政党に対して政党交付金による助成を行うこととし、このために必要な政党の要件、政党の届出等について定めるとともに、使途の報告その他必要な措置を講ずることにより、政党の政治活動の健全な発達の促進及びその公明と公正の確保を図り、もって民主政治の健全

な発展に寄与することを目的とすることとした。(第一条関係)

2　政党交付金の交付の対象となる政党

政党交付金の交付の対象となる政党は、政治団体のうち次のいずれかに該当するものとすることとした。(第二条関係)

㈠　衆議院議員又は参議院議員を五人以上有するもの

㈡　㈠の政治団体に所属していない衆議院議員又は参議院議員を有するもので、直近において行われた衆議院議員の総選挙(以下「総選挙」という。)における小選挙区選出議員の選挙若しくは比例代表選出議員の選挙又は参議院議員の通常選挙(以下「通常選挙」という。)における比例代表選出議員の選挙若しくは選挙区選出議員の選挙における当該政治団体の得票総数が当該選挙における有効投票の総数の一〇〇分の三以上であるもの

3　政党交付金の交付等

国は、政党に対して、政党交付金を交付することとし、政党交付金は、議員数割及び得票数割とすることとした。(第三条関係)

4　この法律の運用等

㈠　国は、政党の政治活動の自由を尊重し、政党交付金の交付に当たっては、条件を付し、又はその使途について制限してはならないこととした。(第四条第一項関係)

㈡　政党は、政党交付金が国民から徴収された税金その他の貴重な財源で賄われるものであることに特に留意し、その責任を自覚し、国民の信頼にもとることのないように、これを適切に使用しなければならないこととした。(第四条第二項関係)

5　政党の届出

㈠　政党交付金の交付を受けようとする政党の届出

政党交付金の交付を受けようとする政党は、毎年一月一日(以下「基準日」という。)現在における名称、主たる事務所の所在地及び所属国会議員の氏名等を、基準日の翌日から起算して一五日以内に、自治大臣に届け出なければならないこととした。(第五条第一項関係)(中略)

6　政党交付金

㈠　政党交付金の総額

(1)　毎年分として各政党(5の届出をした政党とする。以下同じ。)に交付すべき政党交付金の算定の基礎となる政党交付金の総額は、基準日における人口(基準日の直近において官報で公示された国勢調査の結果による確定数をいう。)に二五〇円を乗じて得た額を基準として予算で定めることとした。(第七条第一項関係)

(2)　毎年分の議員数割の総額及び得票数割の総額は、(1)

の総額のそれぞれ二分の一とすることとした。（第七条第二項関係）

㈡ 政党交付金の額の算定等

(1) 毎年分として各政党に対して交付すべき政党交付金の額は、議員数割の額と、得票数割の額とを合計した額とすることとし、それぞれの額の算定の方法について定めることとした。（第八条関係）

(2) その年分として各政党に交付すべき政党交付金の額は、その年の基準日現在において算定した額とすることとした。ただし、基準日の属する年において総選挙又は通常選挙が行われた場合の特例を設けることとした。（第九条関係）

㈢ 政党交付金の交付決定等

(1) 自治大臣は、その年分の政党交付金を計上する年度の国の予算が成立したときは、速やかに、その年分として各政党に対して交付すべき政党交付金の額を決定し、これを各政党に通知するとともに、告示することとし、決定後に総選挙又は通常選挙が行われた場合において、政党交付金の額に異動が生じたときも同様とすることとした。（第一〇条関係）

(2) 各政党に対して交付すべき政党交付金は、毎年、四月、七月、一〇月及び一二月にそれぞれ交付することとし、この場合において、各政党は、請求書を提出することとし、当該請求書を提出しないときは、政党交付金を交付しないこととした。（第一一条関係）

（出典）『官報』号外特第三号、一九九四年二月四日。

【解説】 政党に国庫から交付金による助成を行うための法律。公金によって政治活動を援助することで、無理な政治資金集めによる政治腐敗を防止しようとの趣旨で、小選挙区比例代表並立制の導入とともに実現した。交付金の総額は人口に二五〇円をかけた額（九五年は三〇九億円）で、議席数と得票数に応じて各政党に比例配分される。九五年から配分が始まったが、共産党と二院クラブは受け取りを拒否した。当初、交付される額の上限を前年収入実績の三分の二以下とする制限があった（三分の二条項）が、九五年一二月一三日の法改正で廃止された。

228 社会党の政策転換　一九九四年七月二〇日

村山首相の羽田孜新生党党首の代表質問への答弁

日米安保体制について、維持と堅持とは具体的にどう違うのかというお尋ねでございます。

冷戦の終結後も国際社会が依然不安定要因を内包している中で、我が国が引き続き安全を確保していくためには日米安保条約が必要であります。また、日米安保体制は、国際社会における広範な日米協力関係の政治的基盤となっております し、さらに、アジア・太平洋地域における安定要因としての米国の存在を確保し、この地域の平和と繁栄を促進するために不可欠となっています。（拍手）維持と言おうが堅持と言おうが、このような日米安保体制の意義と重要性についての認識は、私の政権においても基本的に変わることはなく、先般のナポリ・サミットにおける日米首脳会談では、私より、かかる認識を踏まえて、日米安保体制についての我が国としての立場を改めて明確に表明した次第であります。（拍手、発言する者あり）

社会党が、日米安全保障関係のすべて、すなわち条約上のさまざまな義務を含め完全に履行する決意を明示したものと受けとめてよいかどうか、こういうお尋ねでございますが、私の政権のもとでは、今後とも日米安保条約及び関連取り決め上の義務を履行していくとともに、日米安保体制の円滑かつ効果的な運用を確保していく所存であります。（拍手）（中略）

次に、自衛隊に関する憲法上の位置づけについての御質問でございます。よくお聞きをいただきたいと思います。（拍手）

私としては、専守防衛に徹し、自衛のための必要最小限度の実力組織である自衛隊は、憲法の認めるものであると認識するものであります。（拍手、発言する者あり）後が大事ですから、どうぞお聞きください。

同時に、日本国憲法の精神と理念の実現できる世界を目指し、国際情勢の変化を踏まえながら、国際協調体制の確立と軍縮の推進を図りつつ、国際社会において名誉ある地位を占めることができるように全力を傾けてまいる所存であります。（拍手）（中略）

また、国連を中心とした国際社会の平和と安全を求める努力に対し、資金面だけではなく、人的な面でも貢献を行うことは当然のことと考えており、今後とも、国際平和維持活動に対する協力については、憲法の枠内で、国際平和協力法に基づき積極的に行っていく所存であります。（拍手）

次に、国歌・国旗に対する姿勢についてのお尋ねでございます。

国歌・国旗については、長年の慣行により、日の丸が国旗、君が代が国歌であるとの認識が国民の間にも定着しており、私自身もそのことを尊重してまいりたいと思っています。（拍手）

（出典）『官報』号外、一九九四年七月二〇日、衆議院会議録第二号。

【解説】　九四年六月三〇日、村山富市内閣が発足した。四七年ぶりの社会党首班政権の成立であった。七月一八日の初の所信表明演説の後、羽田新生党党首の代表質問に対して行った村山首相の答弁が、これである。このなかで、村山首相は、「日米安保条約及び関連取り決め上の義務」の履行、「安保体制の円滑かつ効果的な運用」、「自衛隊は、憲法の認めるものである」こと、PKO活動への協力、日の丸・君が代は国旗・国歌であるとの認識など、それまでの社会党の基本政策の全面的な転換を表明した。この村山首相の見解は七月二八日の中央執行委員会で追認され、社会党としての正式な方針となった。

229　新進党綱領　一九九四年一二月一〇日

一、私達は、自由、公正、友愛、共生の理念を高く掲げ、民主政治の健全な発展をめざすとともに、日本の良き文化・伝統を生かしつつ、地球社会の一員として、世界の平和と繁栄に責任を果たす「新しい日本」を創ります。

一、私達は、歴史や未来に責任を負うとの自覚に立って、自由で広く世界に開かれた日本と、公正で効率的な政府を形成するため、「たゆまざる改革」と「責任ある政治」を推進します。

一、私達は、国際社会の中で、各国や様々な地域が共生できる新たな世界平和、経済発展の秩序づくりに積極的に参画するとともに、核兵器の廃絶、世界の軍縮や環境をはじめ、地球的規模の問題解決に先導的役割を果たし、世界に信頼される「志ある外交」を展開します。

一、私達は、高齢社会の中で、経済の活性化をはかりつつ、生活者・生産者・勤労者のそれぞれの立場を尊重し、政府の責任と個人の自立を明確にしながら、多様な選択肢が拡がり、公平な社会参加、男女の共同参画が大きく進展する「活力ある福祉社会」をめざします。

一、私達は、人権を尊重し、思想・信教の自由を守るとともに、教育の充実をはかり、個性と思いやりのある未来を担う人材を育成し、「世界へ発信できる文化国家」を築きます。

一、私達は、国民に開かれ、国民とともに歩む「国民参加型の政党」を創ります。

（出典）『新進党綱領』。

【解説】　自民党結成以来の最大の保守新党である新進党結成に際して明らかにされた綱領。新進党発足の中心になったのは九三年六月に誕生した新生党であり、これに、公明新党、日本新党、民社党などが合流した。新進党は、結党宣言で、「自由・公正・友愛・共生」の理念を掲げ、綱領では「たゆまざる改革」と「責任ある政治」の推進など六項目を打ち出したが、全体として一般的で具体性を欠くものであった。それは、小選挙区制で優位に立つための中小政党・グループの寄り合い所帯としての党の性格を色濃く反映しており、新進党はその後も内紛や不協和音に悩むことになる。

第二節　経済大国化と摩擦への対応

230 行政改革の理念（第二次臨調第一次答申）　一九八一年七月一〇日

行政改革の推進に当たっては、新しい時代が要求する行政の在り方を明らかにしなければならない。すなわち、行政にとっての新たな目標とその達成を可能にする行政の制度及び運営方法とを国民にまず示さなければならない。行政改革の理念をめぐって国民的合意が形成されることが民主的な行政改革の前提である。しかし、そうした理念の詳細について全面的最終的な合意が直ちに得られるとは期待できない。むしろ理念は、国民との絶えざる対話、国民の間での率直な論議の過程を通じて、徐々に発展させられ、具体化せられていくべきものであろう。その意味では、当調査会としても、行政改革の理念については、国民的な論議の進展を見守りつつ、今後とも引き続き検討、修正を怠らないが、とりあえず現時点においては、今後我が国がめざすべき方向として、国内的には「活力ある福祉社会の実現」、対外的には「国際社会に対する貢献の増大」の二つを基本理念として提示しておきたい。

来るべき高齢化社会、成熟社会は一面で停滞をもたらしやすいが、その中で活力ある福祉社会を実現するためには、自由経済社会の持つ民間の創造的活力を生かし、適正な経済成長を確保することが大前提となろう。その下で、資源・エネルギーを始めとする成長制約要因や経済摩擦要因を克服しつつ、長期にわたる経済発展を図っていくことが肝要である。

同時に、家庭、地域、企業等が大きな役割を果たしてきた我が国社会の特性は、今後もこれを発展させていくことが望ましい。すなわち、個人の自立・自助の精神に立脚した家庭や近隣、職場や地域社会での連帯を基礎としつつ、効率の良い政府が適正な負担の下に福祉の充実を図ることが望ましい。

混乱と不安定の様相を示しつつある国際社会の安定と発展のために我が国がなし得る貢献と果たすべき責任は少なくない。我が国は、既に世界の約一割の経済力を持つ国となり、外交、通商、文化等広範多岐にわたって国際社会と相互に密接な関連を持つに至っている。このような国際社会における地位の変化にかんがみ、今後我が国は、世界貿易の発展への積極的寄与、発展途上国への経済協力の推進等自らの能力を生かした主体的な行動によって、国際社会への平和的貢献を一層増大させていくことが必要であろう。

このような我が国のめざすべき方向を踏まえ、行政改革は次の観点から進められるべきである。

第一は、「変化への対応」である。我が国は高度成長により明治以来の目標であった欧米並みの近代化をほぼ達成し、今では政府、国民とも新たな長期的目標を模索しつつある。同時に、国際環境と社会構造の急速な変化の中で、新たに生ずるに至った様々な問題への対応を迫られている。その過程において行政に期待される役割は大きい。しかしながら、今後の行政は、例えば経済活動に対する保護的基調や国際社会への受身の対応といった旧来の傾向を払拭《しょく》していく必要がある。とりわけ、行財政の硬直化要因を思い切って排除する努力なしには、変化の多い内外状況への機動的、弾力的な対応はおぼつかないであろう。また、新しい国家的、国民的目標の設定と達成に貢献することも困難となろう。

第二は、「簡素化、効率化」である。安定成長に移行した今日、行政需要とそれを充足すべき財政収入の間には大きなギャップが存在し、巨額の赤字公債（特例公債）に依存することになっている。このような状況は是非とも改められねばならず、重要性の薄れた公的関与の見直しを行うことが要請されている。これは必ずしもより「小さな政府」を求めることを意味しないが、既存の制度、施策の見直しを行わず、それをそのままにして新しい行政需要に対応しようとすれば、行政だけがいたずらに肥大化し、社会の活力が失われることは明らかである。また、その場合には国民負担の増加を適正なものにとどめることも困難となろう。政府と民間、国と地方との適正な機能分担の下に、簡素で効率的な政府を実現し、国も地方も民間も全体として活力を高めることが急務とされるゆえんである。

第三は、「信頼性の確保」である。行政が円滑にその役割を遂行していくためには、国民の政府に対する信頼を確保することが必須の条件である。効率的で無駄のない政府を実現し、その公正で民主的な運営を行い、また、公務員の倫理や能率についての国民の厳しい批判に虚心にこたえていくことが、国民から信頼される政府、心のかよった行政をとりもどす本道であろう。

（出典）臨調・行革審OB会監修『臨調・行革審――行政改革二〇〇〇日の記録』行政管理研究センター、一九八七年、一三〇―一三二ページ。

【解説】　一九八一年三月に臨時行政調査会（一九六一年―六四年の第一次臨調と区別するために第二臨調と呼ぶ）が発足した。会長には、土光敏夫経団連前会長が就任した。調査会は、八一年七月に「行政改革に関する第一次答申」を提出したのを皮切りに、八三年三月までに五次にわたる答申を出した。第二臨調は、発足当初は「増税なき財政再建」を旗印に掲げたが、実際には「民間活力の導入」と「規制緩和」が中心的なテーマとなった。とりわけ、三公社五現業や特殊法人の改革に力点が置かれ、日本電信電話株式会社（NTT）の発足、日本たばこ産業株式会社への改組（ともに八五年四月実施）、国鉄の分割民営化（八七年四月実施）などの大改革が短期間に実現した。第二臨調が打ち出した政策は、米英など八〇年代の先進諸国に現れた保守主義的・経済的自由主義の潮流と共通の特徴を持った。

231　前川レポート　一九八六年四月七日

一　基本認識

1　我が国経済の置かれた現状

戦後四〇年間に我が国は急速な発展を遂げ、今や国際社会において重要な地位を占めるに至った。

国際収支面では経常収支黒字が一九八〇年代に入り傾向的に増大し、特に一九八五年は、対GNP比で三・六％とかつてない水準まで大幅化している。

我が国の大幅な経常収支不均衡の継続は、我が国の経済運営においても、また、世界経済の調和ある発展という観点からも、危機的状況であると認識する必要がある。

今や我が国は、従来の経済政策及び国民生活のあり方を歴史的に転換させるべき時期を迎えている。かかる転換なくして、我が国の発展はありえない。

2　我が国の目指すべき目標

今後、経常収支不均衡を国際的に調和のとれるよう着実に縮小させることを中期的な国民的政策目標として設定し、この目標実現の決意を政府は内外に表明すべきである。

経常収支の大幅黒字は、基本的には、我が国経済の輸出指向等経済構造に根ざすものであり、今後、我が国の構造調整という画期的な施策を実施し、国際協調型経済構造への変革を図ることが急務である。

この目標を実現していく過程を通じ、国民生活の質の向上を目指すべきであり、また、この変革の成否は、世界の中の我が国の将来を左右するとの認識が必要である。

これらを通じ、我が国の経済的地位にふさわしい責務を果たし、世界経済との調和ある共存を図るとともに経済のみならず科学技術、文化、学術面で世界に貢献すべきである。

我が国の目指すべき目標を実現するため、当研究会は以下の基本的考え方に基づきその具体的方策を提言する。

3　提言に当たっての基本的考え方

提言に当たっては、自由貿易体制の維持・強化、世界経済の持続的かつ安定的成長を図るため、我が国経済の拡大均衡及びそれに伴う輸入の増大によることを基本とする。

(1)　市場原理を基調とした施策

「国際的に開かれた日本」に向けて「原則自由、例外制限」という視点に立ち、市場原理を基本とする施策を行う。そのため、市場アクセスの一層の改善と規制緩和の徹底的推進を図る。

(2) グローバルな視点に立った施策

世界経済の持続的かつ安定的成長によってのみ、日本経済の発展が得られるとの考え方に立ち、我が国の経済構造の是正に自主的に取り組む必要がある。と同時に、世界経済の発展には、各国の努力と協力が不可欠であり、構造調整などの政策協調の実現が必要である。

(3) 中長期的な努力の継続

経済構造の是正並びに体質改善については、調整過程が中長期に及ぶため、息長く努力を継続していかなければならない。

しかし、施策の着手については早急にこれを行う必要がある。

二　提　言

国際協調型経済を実現し、国際国家日本を指向していくためには、内需主導型の経済成長を図るとともに、輸出入・産業構造の抜本的な転換を推進していくことが不可欠である。同時に、適切な為替相場の実現及びその安定に努め、また、金融資本市場の自由化・国際化を一段とおし進めていく必要がある。さらに、国際協力により世界へ積極的に貢献していくことも重要である。これらの実施に当たっては、税制を含む財政・金融政策の役割も重要であり、特に貯蓄優遇税制については、抜本的に見直す必要がある。

（出典）国際協調のための経済構造調整研究会『報告書』一九八六年四月七日、一―三ページ。

232　新前川レポート　一九八七年四月二三日

第3章　構造調整を進めるための当面の行動指針

構造調整は中長期にわたる国民的課題であるが、現下の内外情勢にかんがみ、ここ両三年の間に集中的な政策努力が必要である。その観点から、特に以下の施策について早急に着手し、一定の期間内にその実効を期すべきである。

1　規制緩和等

①　国内経済及び市場アクセスの両面における経済活動に関する規制緩和等の徹底を図るため、新しい体制による規制の抜本的見直し

②　流通、金融、石油産業等における規制の緩和

③　建設市場において、外国企業に積極的にビジネス・チャンスを提供

2　財政の活用

行財政改革の基本理念を維持しつつ、その成果を生かしながら、現下の経済情勢にかんがみ、臨時緊急の思い切った財政措置

3　住宅・土地対策・社会資本整備
①　住宅への政策資源の重点的配分
②　都市構造の変革
③　市街化区域内農地の宅地並課税の運用強化、線引きの機動的見直し等による農地の宅地化の促進
④　地方中核都市の居住環境、情報インフラ、高速交通ネットワーク等の画期的整備・充実
⑤　公共投資の重点的配分

4　製品輸入の促進
①　ガット・ウルグアイラウンドを通ずる工業製品に係る関税撤廃の促進
②　政府調達については、外国製品購入の促進と制度の改善

5　農　業
①　食料品の内外価格差の縮小を目指した生産性向上と輸入政策の適切な運用
②　食糧管理の制度運用の改善

6　労働時間短縮
①　年間総労働時間一八〇〇時間へ向けての労働時間短縮
②　公務員、金融機関の週休二日制の積極的推進（土曜閉庁方式）

7　経済協力
ＯＤＡ中期目標の早期実現、そのＧＮＰ比率の改善（少なくとも七年倍増目標の二年繰上げ実施）
これらの施策の推進に際しては、雇用、地域経済へ最大限の配慮をする必要がある。

（出典）　経済審議会『経済審議会建議――構造調整の指針』一九八七年五月一四日、二八―二九ページ。

【解説】　第二次石油危機を乗り切った日本は、一九八〇年代には膨大な対米・対欧貿易黒字を計上するようになり、八五年には、アメリカは純債務国に転落した。こうしたなかで、自動車、半導体などをめぐる日米経済摩擦はますます激しくなっていった。国際収支不均衡を改善するために、八五年九月には、通貨の対ドル相場を引き上げるという先進国間の合意がなされた（プラザ合意）。しかし、それだけでは貿易不均衡是正には不十分であるとされ、日本経済の構造を、外需依存型から内需主導型へと転換する方策が練られた。その代表的な政策提言が、中曾根首相の私的諮問機関である「国際協調のための経済構造調整研究会」（座長は前川春雄前日銀総裁）が八六年四月に提出した「国際協調のための経済構造研究会　報告書」（前川レポート）と、それをさらに具体化した八七年四月の「経済審議会経済構造調整特別部会報告」（新前川レポート）である。

図 233　日米為替レートと購買力平価の推移

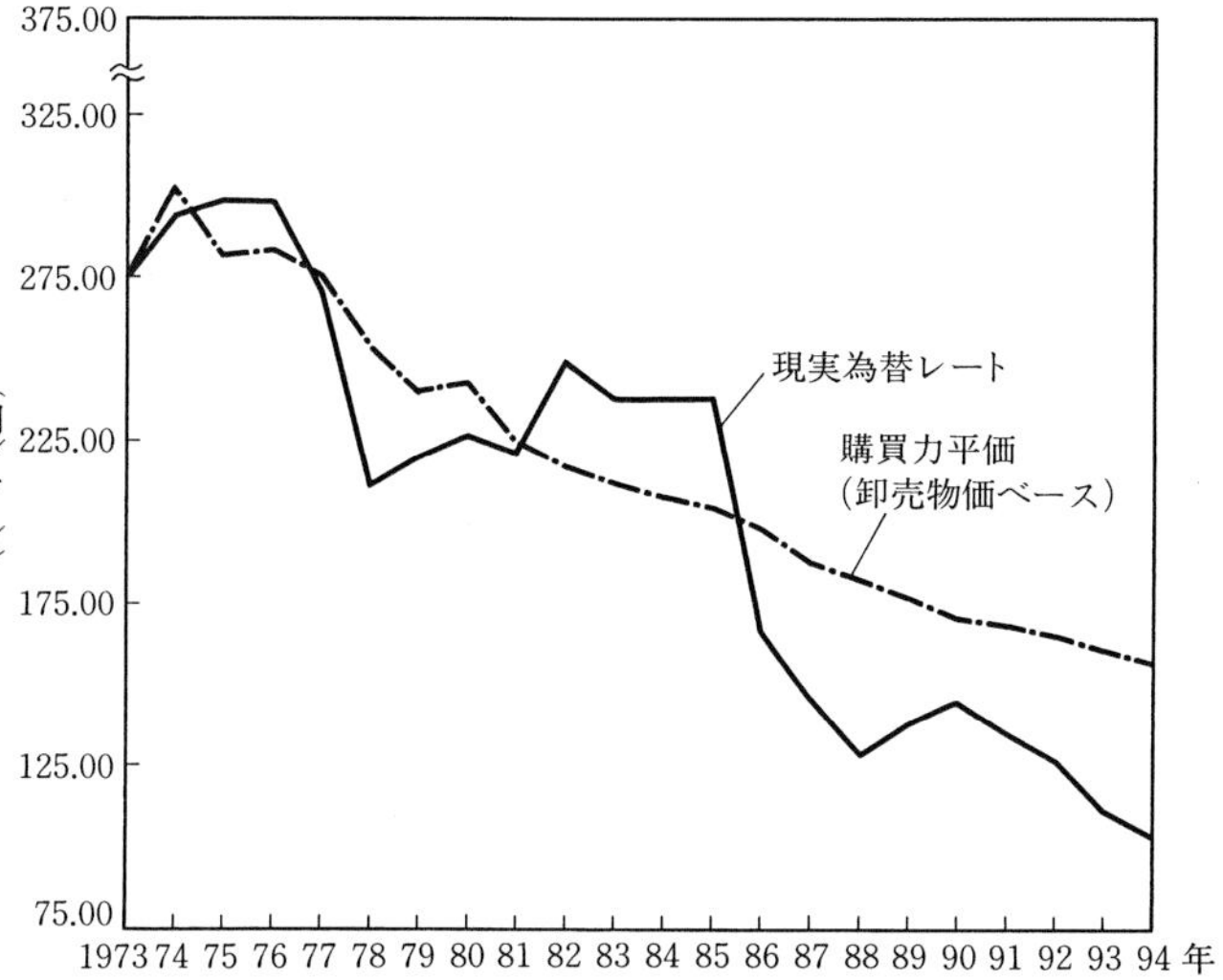

(注)　1. 現実為替レートは，インターバンク直物中心相場.
　　　2. 購買力平価(卸売物価ベース)は，日本：国内卸売物価，アメリカ：生産者物価.

(出典)　経済企画庁編『経済白書 平成 7 年版』1995 年，p. 112.

233 変動相場制のもとでの為替レートの推移(→図233)

【解説】　一九七三年二月に変動相場制へ移行して以降、円の実質的な価値(購買力平価)は一貫して上昇してきた。為替レートは経済力だけで決まるわけではない。国際金融業者などによる為替投機も、為替レートに大きな影響を及ぼすし、少数の先進諸国政府の合意(とくに、七三年九月に発足したG5と呼ばれる先進五ヵ国蔵相・中央銀行総裁会議が重要)も、為替レートをある程度コントロールしている。八〇年代前半のレーガノミックス(レーガン政権の経済政策)の時期には、大幅減税と軍備拡大のためにアメリカの財政赤字が急増し、その赤字を埋めるべく高金利政策がとられたため、円の為替レートは実際の価値よりも低かった。しかし、ドル高・円安はアメリカの貿易赤字をますます拡大させたので、八五年九月のプラザ合意で、経済の基礎的な条件を反映した為替レートへと誘導することが決まった。プラザ合意を機に、円高・ドル安は急速に進み、円のレートは八七年までのわずか二年で二倍に上昇した。

234 バブル期の株価と地価(→図234)

【解説】　一九八五年九月のプラザ合意による大幅な円高で後退局面に入った景気は、八七年半ばから急速に回復し、八八年から翌年にかけて、土地や株をめぐる投機が活発になった(バブル経済)。大幅金融緩和や、緊急経済対策(八七年五月)などにもとづく財政資金の投入によって生じた

図 234　株価，市街地地価指数の推移

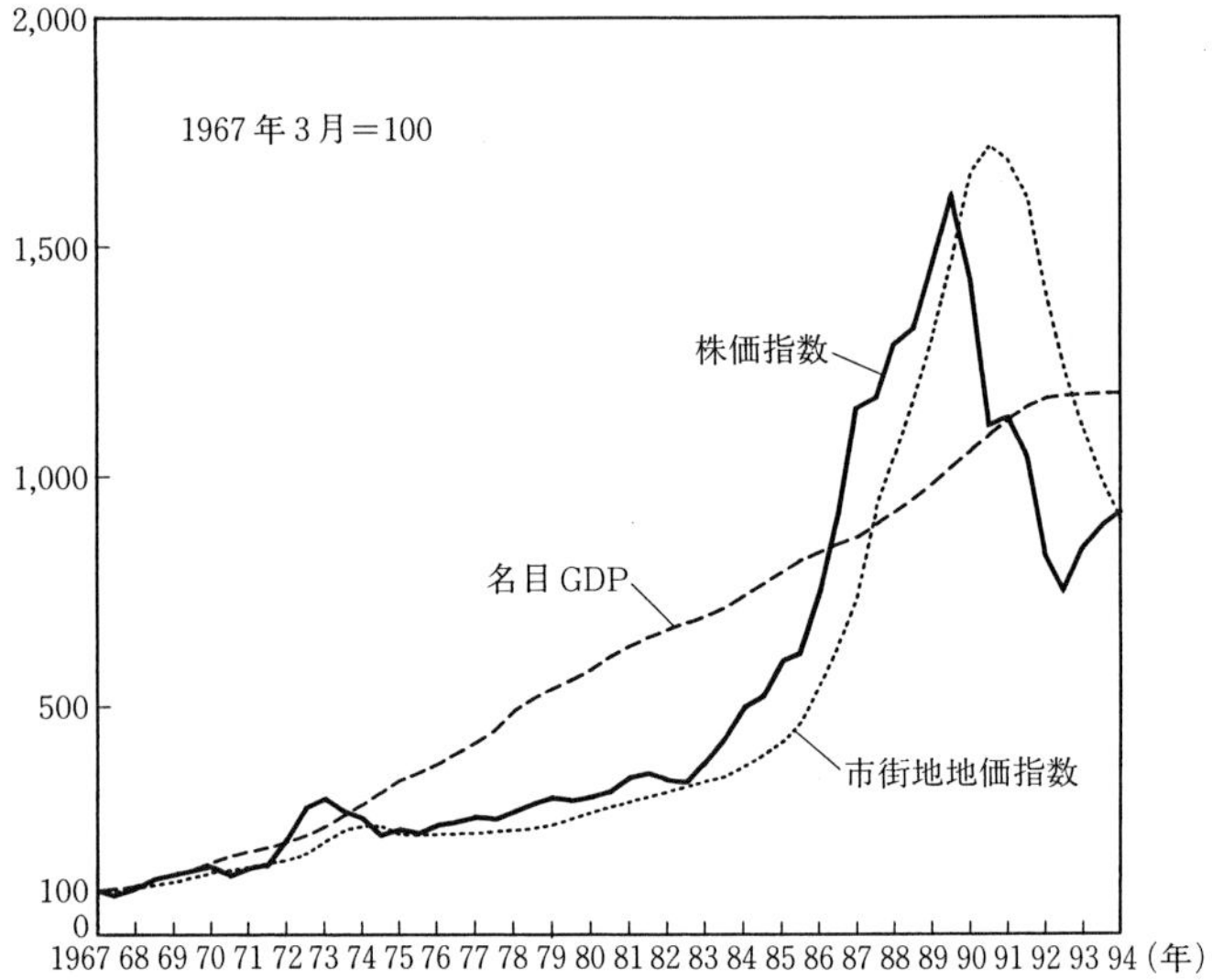

（注）1. 東京証券取引所「東証統計月報」，(財)日本不動産研究所「市街地価格指数」経済企画庁「国民経済計算年報」により作成.
2. 株価指数は全国上場株式の加重平均株価，市街地地価指数は全国六大都市市街地地価指数を採用し，名目 GDP もあわせ 1967 年 3 月時点を 100 として作成.

（出典）経済企画庁編『経済白書 平成 7 年版』1995 年，p. 167.

カネ余り現象が、投機の引き金となった。株価（日経平均）は、八九年末にはプラザ合意の時の三倍以上の三万八九一五円へと跳ね上がった。そのきっかけとなったのが、八七年のＮＴＴ株の上場である。狂乱状態とも言える大幅な地価上昇は瞬く間に波及し、リゾート地開発ブームが起き、ゴルフ会員権は高騰した。その後八九年五月以降の金融引き締めによってバブルははじけ、九一年五月に「平成不況」が始まった。

第三節　成熟社会への対応

235　男女雇用機会均等法　一九八五年六月一日

雇用の分野における男女の均等な機会及び待遇の確保等女子労働者の福祉の増進に関する法律
（法令のあらまし）

一　勤労婦人福祉法の関係

1　題名の改正

法律の題名を「雇用の分野における男女の均等な機会及び待遇の確保等女子労働者の福祉の増進に関する法律」に改正することとした。

2　総則の改正

男女の均等な機会及び待遇の確保に関する規定等が新たに加えられることに伴い、目的、基本的理念等総則の規定について所要の改正を行うこととした。（第一章関係）

3　男女の均等な機会及び待遇の確保のための措置の新設

(一)　事業主の講ずる措置等

(1)　募集及び採用

事業主は、労働者の募集及び採用について、女子に対して男子と均等な機会を与えるように努めなければならないこととした。（第七条関係）

(2)　配置及び昇進

事業主は、労働者の配置及び昇進について、女子労働者に対して男子労働者と均等な取扱いをするように努めなければならないこととした。（第八条関係）

(3)　教育訓練

事業主は、労働者の業務の遂行に必要な基礎的な能力を付与するためのものとして労働省令で定める教育訓練について、労働者が女子であることを理由として、男子と差別的取扱いをしてはならないこととした。（第九条関係）

(4)　福利厚生

事業主は、住宅資金の貸付けその他これに準ずる福利厚生の措置であつて労働省令で定めるものについて、労働者が女子であることを理由として、男子と差別的取扱いをしてはならないこととした。（第一〇条関係）

(5)　定年、退職及び解雇

イ　事業主は、労働者の定年及び解雇について、労働者が女子であることを理由として、男子と差別的取扱いをしてはならないこととした。

ロ　事業主は、女子労働者が婚姻し、妊娠し、又は出産したことを退職理由として定めてはならないこととした。

ハ　事業主は、女子労働者が婚姻し、妊娠し、出産し、又は労働基準法第六五条第一項若しくは第二項の規定による休業をしたことを理由として、解雇してはならないこととした。(第一一条関係)

(6)　指針

労働大臣は、雇用の分野における男女の均等な機会及び待遇が確保されることを促進するため必要があると認めるときは、関係審議会の意見を聴いて、(1)及び(2)に関し、事業主が講ずるように努めるべき措置についての指針を定めることができることとした。(第一二条関係)

(7)　苦情の自主的解決

事業主は、(2)から(5)までの事項に関し、女子労働者から苦情の申出を受けたときは、労使により構成される苦情処理機関に対し当該苦情の処理をゆだねる等その自主的な解決を図るように努めなければならないこととした。(第一三条関係)

(8)　紛争の解決の援助

都道府県婦人少年室長は、雇用の分野における男女の均等な機会及び待遇に関する事業主の措置であって労働省令で定めるものについての女子労働者と事業主(以下「関係当事者」という。)との間の紛争に関し、関係当事者の双方又は一方からその解決につき援助を求められた場合には、必要な助言、指導又は勧告をすることができることとした。(第一四条関係)

(9)　調停の委任

都道府県婦人少年室長は、(8)の紛争((1)の事項に関するものを除く。)について、関係当事者の双方又は一方から調停の申請があった場合で当該紛争の解決のために必要があると認めるとき(関係当事者の一方から申請があった場合には、他の関係当事者の同意を得たときに限る。)は、機会均等調停委員会に調停を行わせることとした。(第一五条関係)

(出典)『官報』一九八五年六月一日。

【解説】　パートタイマーをはじめとする女子労働者の増大、国連女子差別撤廃条約の批准などを背景として成立したのが、この法律である。勤労婦人福祉法の抜本的な改正、労働基準法の一部改正からなっている。その主な内容は、①募集や採用、配置や昇進などで、男女差別をしないことを事業主の努力義務とする、②教育訓練と福利厚生の一部、定年や退職・解雇での男女差別を禁止する、③都道府県に機会均等調停委員会を設置して紛争の解決にあたる、④女子の時間外・休日労働、深夜業の規制を一部解除または緩和する、などであった。この法律は、八五年五月一七日に成立し、八六年四月一日から施行されたが、差別禁止ではなく努力目標とされたためにその実効性は薄く、やがて改正問題が提起されることになる。

236　改正入管法　一九八九年一二月一五日

出入国管理及び難民認定法の一部を改正する法律

出入国管理及び難民認定法(昭和二十六年政令第三百十九号)の一部を次のように改正する。

目次中「第一条・第二条」を「第一条―第二条の二」に、「仮上陸(第十三条)」を「仮上陸等(第十三条・第十三条の二)」に改める。

第一章中第二条の次に次の一条を加える。

(在留資格及び在留期間)

第二条の二　本邦に在留する外国人は、出入国管理及び難民認定法及び他の法律に特別の規定がある場合を除き、それぞれ、当該外国人に対する上陸許可若しくは当該外国人の取得に係る在留資格又はそれらの変更に係る在留資格をもつて在留するものとする。

2　在留資格は、別表第一又は別表第二の上欄に掲げるとおりとし、別表第一の上欄の在留資格をもつて在留する者は当該在留資格に応じそれぞれ本邦において同表の下欄に掲げる活動を行うことができ、別表第二の上欄の在留資格をもつて在留する者は当該在留資格に応じそれぞれ本邦において同表の下欄に掲げる身分若しくは地位を有する者としての活動を行うことができる。

3　第一項の外国人が在留することのできる期間(以下「在留期間」という。)は、各在留資格について、法務省令で定める。この場合において、外交、公用及び永住者の在留資格以外の在留資格に伴う在留期間は、三年を超えることができない。(中略)

第七条の次に次の一条を加える。

(在留資格認定証明書)

第七条の二　法務大臣は、法務省令で定めるところにより、本邦に上陸しようとする外国人(本邦において別表第一の三の表の短期滞在の項の下欄に掲げる活動を行おうとする者を除く。)から、あらかじめ申請があつたときは、当該外国人が前条第一項第二号に掲げる条件に適合している旨の証明書を交付することができる。

2　前項の申請は、当該外国人を受け入れようとする機関の

職員その他の法務省令で定める者を代理人としてこれをすることができる。（中略）

附則の次に別表として次の二表を加える。

別表第一（第二条の二、第十九条関係）

一

在留資格	本邦において行うことができる活動
外交	日本国政府が接受する外国政府の外交使節団若しくは領事機関の構成員、条約若しくは国際慣行により外交使節と同様の特権及び免除を受ける者又はこれらの者と同一の世帯に属する家族の構成員としての活動
公用	日本国政府の承認した外国政府若しくは国際機関の公務に従事する者又はその者と同一の世帯に属する家族の構成員としての活動（この表の外交の項の下欄に掲げる活動を除く。）
教授	本邦の大学若しくはこれに準ずる機関又は高等専門学校において研究、研究の指導又は教育をする活動
芸術	収入を伴う音楽、美術、文学その他の芸術上の活動（二の表の興行の項の下欄に掲げる活動を除く。）
宗教	外国の宗教団体により本邦に派遣された宗教家の行う布教その他の宗教上の活動
報道	外国の報道機関との契約に基づいて行う取材その他の報道上の活動

二

在留資格	本邦において行うことができる活動
投資・経営	本邦において貿易その他の事業の経営を開始し若しくは本邦におけるこれらの事業に投資してその経営を行い若しくは当該事業の管理に従事し又は本邦においてこれらの事業の経営を開始した外国人（外国法人を含む。以下この項において同じ。）若しくは本邦におけるこれらの事業に投資している外国人に代わってその経営を行い若しくは当該事業の管理に従事する活動（この表の法律・会計業務の項の下欄に掲げる資格を有しなければ法律上行うことができないこととされている事業の経営若しくは管理に従事する活動を除く。）
法律・会計業務	外国法事務弁護士、外国公認会計士その他法律上資格を有する者が行うこととされている法律又は会計に係る業務に従事する活動
医療	医師、歯科医師その他法律上資格を有する者が行うこととされている医療に係る業務に従事する活動

三

在留資格	本邦において行うことができる活動
	収入を伴わない学術上若しくは芸術上の活動又は我が国特有の文化若しくは技芸について

文化活動	専門的な研究を行い若しくは専門家の指導を受けてこれを修得する活動（四の表の留学の項から研修の項までの下欄に掲げる活動を除く。）
短期滞在	本邦に短期間滞在して行う観光、保養、スポーツ、親族の訪問、見学、講習又は会合への参加、業務連絡その他これらに類似する活動

四

在留資格	本邦において行うことができる活動
留学	本邦の大学若しくはこれに準ずる機関、専修学校の専門課程、外国において十二年の学校教育を修了した者に対して本邦の大学に入学するための教育を行う機関又は高等専門学校において教育を受ける活動
就学	本邦の高等学校若しくは盲学校、聾《ろう》学校若しくは養護学校の高等部、専修学校の高等課程若しくは一般課程又は各種学校（この表の留学の項の下欄に規定する機関を除く。）若しくは設備及び編制に関してこれに準ずる教育機関において教育を受ける活動
研修	本邦の公私の機関により受け入れられて行う技術、技能又は知識の修得をする活動（この表の留学の項及び就学の項の下欄に掲げる活動を除く。）
家族滞在	一の表、二の表又は三の表の上欄の在留資格（外交、公用及び短期滞在を除く。）をもつて在留する者又はこの表の留学、就学若しくは研修の在留資格をもつて在留する者の扶養を受ける配偶者又は子として行う日常的な活動
研究	本邦の公私の機関との契約に基づいて研究を行う業務に従事する活動（一の表の教授の項の下欄に掲げる活動を除く。）
教育	本邦の小学校、中学校、高等学校、盲学校、聾《ろう》学校、養護学校、専修学校又は各種学校若しくは設備及び編制に関してこれに準ずる教育機関において語学教育その他の教育をする活動
技術	本邦の公私の機関との契約に基づいて行う理学、工学その他の自然科学の分野に属する技術又は知識を要する業務に従事する活動（一の表の教授の項の下欄に掲げる活動並びにこの表の投資・経営の項、医療の項から教育の項まで、企業内転勤の項及び興行の項の下欄に掲げる活動を除く。）
人文知識・国際業務	本邦の公私の機関との契約に基づいて行う法律学、経済学、社会学その他の人文科学の分野に属する知識を必要とする業務又は外国の文化に基盤を有する思考若しくは感受性を必要とする業務に従事する活動（一の表の教授

	の項、芸術の項及び報道の項の下欄に掲げる活動並びにこの表の投資・経営の項から教育の項まで、企業内転勤の項及び興行の項の下欄に掲げる活動を除く。)
企業内転勤	本邦に本店、支店その他の事業所のある公私の機関の外国にある事業所の職員が本邦にある事業所に期間を定めて転勤して当該事業所において行うこの表の技術の項又は人文知識・国際業務の項の下欄に掲げる活動
興行	演劇、演芸、演奏、スポーツ等の興行に係る活動又はその他の芸能活動(この表の投資・経営の項の下欄に掲げる活動を除く。)
技能	本邦の公私の機関との契約に基づいて行う産業上の特殊な分野に属する熟練した技能を要する業務に従事する活動

五

在留資格	本邦において行うことができる活動
特定活動	法務大臣が個々の外国人について特に指定する活動

別表第二(第二条の二、第十九条関係)

在留資格	本邦において有する身分又は地位
永住者	法務大臣が永住を認める者
日本人の配偶者等	日本人の配偶者若しくは民法(明治二十九年法律第八十九号)第八百十七条の二の規定による特別養子又は日本人の子として出生した者
永住者の配偶者等	永住者の在留資格をもつて在留する者、平和条約関連国籍離脱者の子の在留資格をもつて在留する者若しくは日本国に居住する大韓民国国民の法的地位及び待遇に関する日本国と大韓民国との間の協定の実施に伴う出入国管理特別法(昭和四十年法律第百四十六号)に基づく永住の許可を受けている者(以下「永住者等」と総称する。)の配偶者若しくは永住者等の子として本邦で出生しその後引き続き本邦に在留している者又は昭和二十七年法律第百二十六号第二条第六項の規定により本邦に在留する者の配偶者
平和条約関連国籍離脱者の子	昭和二十七年法律第百二十六号第二条第六項の規定により本邦に在留する者の子として同法施行の日以後本邦で出生し、引き続き本邦に在留している者
定住者	法務大臣が特別な理由を考慮し一定の在留期間を指定して居住を認める者

（出典）『官報』号外、一九八九年一二月一五日。

【解説】一方での、高い賃金と働き口を求める外国人労働者の増大、なかでも就労資格を持たない「不法就労」労働者の増大、他方での、「三K職場」での労働力不足や安い労働力を求める企業の側の要請などを背景として、八八年三月以降、入管法の改正が検討されてきた。法律の主な改正点は、①投資・経営、医療、研究、教育、人文知識・国際業務、企業内転勤など、就労可能な在留資格を新設する、②入国手続きを簡素化・迅速化する、③いわゆる単純労働者を受け入れないことを前提に、不法就労助長罪を新設する、④日本人子弟に対して就労に制限のない在留資格を新設する、などである。この法律は、八九年一二月八日に成立し、九〇年六月一日から施行されたが、ブラジルなどからの日系外国人労働者急増の一因となった。

237　育児休業法　一九九一年五月一五日

育児休業等に関する法律

（目的）

第一条　この法律は、育児休業に関する制度を設けるとともに、子の養育を容易にするため勤務時間等に関し事業主が講ずべき措置を定めることにより、子を養育する労働者の雇用の継続を促進し、もって労働者の福祉の増進を図り、あわせて経済及び社会の発展に資することを目的とする。

（育児休業の申出）

第二条　労働者（日々雇用される者及び期間を定めて雇用される者を除く。以下この条から第九条までにおいて同じ。）は、その事業主に申し出ることにより、育児休業（労働者が、この法律に定めるところにより、その一歳に満たない子を養育するためにする休業をいう。以下同じ。）をすることができる。ただし、育児休業をしたことがある労働者は、当該育児休業を開始した日に養育していた子については、労働省令で定める特別の事情がある場合を除き、当該申出をすることができない。

2　前項本文の規定による申出（以下「休業申出」という。）は、労働省令で定めるところにより、その期間中は育児休業をすることとする一の期間について、その初日（以下「休業開始予定日」という。）及び末日（以下「休業終了予定日」という。）とする日を明らかにして、しなければならない。

（休業申出があった場合における事業主の義務等）

第三条　事業主は、労働者からの休業申出があったときは、当該休業申出を拒むことができない。ただし、当該事業主と当該労働者が雇用される事業所の労働者の過半数で組織する労働組合があるときはその労働組合、その事業所の労働者の過半数で組織する労働組合がないときはその労働者の過半数を代表する者との書面による協定で、次に掲げる労働者のうち育児休業をすることができないものとして定められた労働者に該当する労働者からの休業申出があった場合は、この限りでない。

一　当該事業主に引き続き雇用された期間が一年に満たない労働者

二　労働者の配偶者で当該休業申出に係る子の親であるものが、常態として当該子を養育することができるものとして労働省令で定める者に該当する場合における当該労働者

三　前二号に掲げるもののほか、育児休業をすることができないこととすることについて合理的な理由があると認められる労働者として労働省令で定めるもの

2　前項ただし書の場合において、事業主にその休業申出を拒まれた労働者は、前条第一項本文の規定にかかわらず、育児休業をすることができない。

3　事業主は、労働者からの休業申出があった場合において、当該休業申出に係る休業開始予定日とされた日が当該休業申出があった日の翌日から起算して一月を経過する日（以下この項において「一月経過日」という。）前の日であるときは、労働省令で定めるところにより、当該休業開始予定日とされた日から当該一月経過日（当該休業申出があった日までに、出産予定日前に子が出生したことその他の労働省令で定める事由が生じた場合にあっては、当該一月経過日前の日で労働省令で定める日）までの間のいずれかの日を当該休業開始予定日として指定することができる。（中略）

（育児休業期間）

第六条　休業申出をした労働者がその期間中は育児休業をすることができる期間（次項において「育児休業期間」という。）は、休業開始予定日とされた日から休業終了予定日とされた日（第四条第三項の規定により当該休業終了予定日が変更された場合にあっては、その変更後の休業終了予定日とされた日。次項において同じ。）までの間とする。

2　次の各号に掲げるいずれかの事情が生じた場合には、育児休業期間は、前項の規定にかかわらず、当該事情が生じた日（第三号に掲げる事情が生じた場合にあっては、その前日）に終了する。

一　休業終了予定日とされた日の前日までに、子の死亡その他の労働者が休業申出に係る子を養育しないこととなった事由として労働省令で定める事由が生じたこと。

二　休業終了予定日とされた日の前日までに、休業申出に係る子が一歳に達したこと。

三　休業終了予定日とされた日までに、休業申出をした労

働者について労働基準法（昭和二十二年法律第四十九号）第六十五条第一項若しくは第二項の規定により休業する期間又は新たな育児休業期間が始まったこと。

3　前条第三項後段の規定は、前項第一号の労働省令で定める事由が生じた場合について準用する。

（解雇の制限）

第七条　事業主は、労働者が休業申出をし、又は育児休業をしたことを理由として、当該労働者を解雇することができない。

（出典）『官報』号外、一九九一年五月一五日。

【解説】一方での女子労働者の職場進出、他方での出生率の低下と少子社会化への趨勢を背景に、子育てをしやすい労働・社会環境の形成がめざされるようになった。育児休業法制化に向けての動きは、九〇年一二月七日の参院社会労働委員会での与野党合意によって急速に進み、婦人少年審議会の答申を経て、九一年五月八日の成立となった。法律の主な内容は、①男女労働者に最高一年間の育児休業を権利として保障する、②休業の申し出を事業者は断ることができない、③職場復帰後の賃金や配置について、休業前に明示することを事業者の努力義務とする、などである。一二月一四日には国家公務員の育児休業法も成立し、九二年四月一日から同時に施行された。

238　パートタイム労働法　一九九三年六月一八日

短時間労働者の雇用管理の改善等に関する法律

第一章　総　則

（目的）

第一条　この法律は、短時間労働者が我が国の経済社会において果たす役割の重要性にかんがみ、短時間労働者について、その適正な労働条件の確保及び教育訓練の実施、福利厚生の充実その他の雇用管理の改善に関する措置、職業能力の開発及び向上等に関する措置等を講ずることにより、短時間労働者がその有する能力を有効に発揮することができるようにし、もってその福祉の増進を図ることを目的とする。

（定義）

第二条　この法律において「短時間労働者」とは、一週間の所定労働時間が同一の事業所に雇用される通常の労働者（当該事業所に雇用される通常の労働者と同種の業務に従事する当該事業所に雇用される労働者にあっては、労働省令で定める場合を除き、当該労働者と同種の業務に従事する当該通常の労働者）の一週間の所定労働時間に比し短い労働者をいう。

（事業主等の責務）

第三条　事業主は、その雇用する短時間労働者について、その就業の実態、通常の労働者との均衡等を考慮して、適正な労働条件の確保及び教育訓練の実施、福利厚生の充実その他の雇用管理の改善（以下「雇用管理の改善等」という。）を図るために必要な措置を講ずることにより、当該短時間労働者がその有する能力を有効に発揮することができるように努めるものとする。

2　事業主の団体は、その構成員である事業主の雇用する短時間労働者の雇用管理の改善等に関し、必要な助言、協力その他の援助を行うように努めるものとする。

（国及び地方公共団体の責務）

第四条　国は、短時間労働者の雇用管理の改善等について事業主その他の関係者の自主的な努力を尊重しつつその実情に応じてこれらの者に対し必要な指導、援助等を行うとともに、短時間労働者の能力の有効な発揮を妨げている諸要因の解消を図るために必要な広報その他の啓発活動を行うほか、その職業能力の開発及び向上等を図る等、短時間労働者の雇用管理の改善等の促進その他その福祉の増進を図るために必要な施策を総合的かつ効果的に推進するように努めるものとする。

2　地方公共団体は、前項の国の施策と相まって、短時間労働者の福祉の増進を図るために必要な施策を推進するように努めるものとする。

第二章　短時間労働者対策基本方針

第五条　労働大臣は、短時間労働者の福祉の増進を図るため、短時間労働者の雇用管理の改善等の促進、職業能力の開発及び向上等に関する施策の基本となるべき方針（以下この条において「短時間労働者対策基本方針」という。）を定めるものとする。

2　短時間労働者対策基本方針に定める事項は、次のとおりとする。

一　短時間労働者の職業生活の動向に関する事項

二　短時間労働者の雇用管理の改善等を促進し、並びにその職業能力の開発及び向上を図るために講じようとする施策の基本となるべき事項

三　前二号に掲げるもののほか、短時間労働者の福祉の増進を図るために講じようとする施策の基本となるべき事項

3　短時間労働者対策基本方針は、短時間労働者の労働条件、意識及び就業の実態等を考慮して定められなければならない。

4　労働大臣は、短時間労働者対策基本方針を定めるに当たっては、あらかじめ、政令で定める審議会の意見を聴かな

ければならない。

5　労働大臣は、短時間労働者対策基本方針を定めたときは、遅滞なく、これを公表しなければならない。

6　前二項の規定は、短時間労働者対策基本方針の変更について準用する。

第三章　短時間労働者の雇用管理の改善等に関する措置等

第一節　雇用管理の改善等に関する措置

（労働条件に関する文書の交付）

第六条　事業主は、短時間労働者を雇い入れたときは、速やかに、当該短時間労働者に対して、労働時間その他の労働条件に関する事項を明らかにした文書を交付するように努めるものとする。

（就業規則の作成の手続）

第七条　事業主は、短時間労働者に係る事項について就業規則を作成し、又は変更しようとするときは、当該事業所において雇用する短時間労働者の過半数を代表すると認められるものの意見を聴くように努めるものとする。

（出典）『官報』号外、一九九三年六月一八日。

【解説】　パートタイマーの数を近似的に示す週三五時間未満の短時間雇用者は、九三年の時点で九二九万人を数えた。このようなパートタイマーの増大に対応し、その雇用条件を改善するために、労働省はすでに八九年六月、パートタイム労働指針を策定していたが、これに法的な裏付けを与えるため、九三年三月、パートタイム労働法を国会に提出した。六月一一日に成立した法律は、パートタイム労働者の適正な労働条件の確保等について事業主の努力義務を規定し、労相の指導・監督・助言に法的根拠を与えた。しかし、努力義務を規定しただけで罰則がないなど、その実効性については労働団体などから疑問が表明された。

239　介護休業法　一九九五年六月九日

育児休業等に関する法律の一部を改正する法律

第一条　育児休業等に関する法律（平成三年法律第七十六号）の一部を次のように改正する。

題名を次のように改める。

育児休業等育児又は家族介護を行う労働者の福祉に関する法律

（中略）

第二章の次に次の一章を加える。

第三章　介護休業

（介護休業の申出）

第十一条　労働者は、その事業主に申し出ることにより、介護休業をすることができる。ただし、介護休業をしたことがある労働者は、当該介護休業を開始した日に介護していた対象家族については、労働省令で定める特別の事情がある場合を除き、当該申出をすることができない。

2　前項本文の規定による申出（以下「介護休業申出」という。）は、労働省令で定めるところにより、介護休業申出に係る対象家族が要介護状態にあることを明らかにし、かつ、その期間中は当該対象家族に係る介護休業をすることとする一の期間について、その初日（以下「介護休業開始予定日」という。）及び末日（以下「介護休業終了予定日」という。）とする日を明らかにして、しなければならない。

（介護休業申出があった場合における事業主の義務等）

第十二条　事業主は、労働者からの介護休業申出があったときは、当該介護休業申出を拒むことができない。

2　第六条第一項ただし書（第二号を除く。）及び第二項の規定は、労働者からの介護休業申出があった場合について準用する。この場合において、同条第二項中「前項ただし書」とあるのは「第十二条第二項において準用する第六条第一項ただし書」と、「前条第一項本文」とあるのは「第十一条第一項本文」と読み替えるものとする。

3　事業主は、労働者からの介護休業申出があった場合において、当該介護休業申出に係る介護休業開始予定日とされた日が当該介護休業申出があった日の翌日から起算して二週間を経過する日（以下この項において「二週間経過日」という。）前の日であるときは、労働省令で定めるところにより、当該介護休業開始予定日とされた日から当該二週間経過日までの間のいずれかの日を当該介護休業開始予定日として指定することができる。（中略）

（介護休業期間）

第十五条　介護休業申出をした労働者がその期間中は介護休業をすることができる期間（第三項において「介護休業期間」という。）は、当該介護休業申出に係る介護休業開始予定日とされた日から介護休業終了予定日とされた日（その日が当該介護休業開始予定日とされた日（次の各号のいずれかに該当する場合にあっては当該各号に定める日とし、当該各号のいずれにも該当する場合にあっては当該各号に定める日のいずれか早い日とする。）の翌日から起算して三月を経過する日より後の日であるときは、当該経過する日（以下この項において「三月経過日」という。）。第三項において同じ。）までの間とする。ただし、三月経過日が当該介護休業申出に係る介護休業開始予定日とされた日より前の日であるときは、当該労働者は、第十一条第一項本文の規定にかかわらず、介護休業をすることができない。

一　当該労働者が、対象家族について第十一条第一項ただし書の労働省令で定める特別の事情のある場合に同条の規定により介護休業申出をする場合　当該対象家族につ

いて開始された最初の介護休業に係る介護休業開始予定日とされた日

二　当該労働者に関して当該介護休業申出に係る対象家族のために第十九条第二項の措置のうち勤務時間の短縮その他の措置であって労働省令で定めるものが既に講じられている場合　当該措置のうち最初に講じられた措置の初日

2　この条において、介護休業終了予定日とされた日とは、第十三条において準用する第七条第三項の規定により当該介護休業終了予定日が変更された場合にあっては、その変更後の介護休業終了予定日とされた日をいう。

3　次の各号に掲げるいずれかの事情が生じた場合には、介護休業期間は、第一項の規定にかかわらず、当該事情が生じた日(第二号に掲げる事情が生じた場合にあっては、その前日)に終了する。

一　介護休業終了予定日とされた日の前日までに、対象家族の死亡その他の労働者が介護休業申出に係る対象家族を介護しないこととなった事由として労働省令で定める事由が生じたこと。

二　介護休業終了予定日とされた日までに、介護休業申出をした労働者について、労働基準法第六十五条第一項若しくは第二項の規定により休業する期間、育児休業期間又は新たな介護休業期間が始まったこと。

4　第八条第三項後段の規定は、前項第一号の労働省令で定める事由が生じた場合について準用する。

(出典)『官報』号外、一九九五年六月九日。

【解説】高齢者など介護が必要な家族を抱える労働者に、介護のための休業を認める法律が、育児休業等に関する法律の一部修正という形で成立した。法律の主な内容は、①連続する三ヵ月の期間内で、介護を要する家族一人につき一回の介護休業を取得できる、②事業主は、介護を容易にするため勤務時間の短縮等の措置をとる、③国は、育児または介護を行う労働者の雇用の継続、再就職の促進のため、事業主への給付金の支給など支援措置を講ずる、というものである。しかし、休業期間が三ヵ月と短く、しかも一人につき一回しか取れないなど、介護を必要とする状態が重度で長期にわたる場合には充分な内容とは言えないという指摘がある。また、法律の施行時期も、九九年四月からと大幅に先延ばしされた。このため、介護休業が義務化されるまでの間、介護休業中の経済援助について検討するなど、一一項目の付帯決議がなされている。

240　日経連『新時代の「日本的経営」』　一九九五年五月一七日

第二章　雇用・就業形態の多様化と今後の雇用システムの方向

一　雇用システムのあり方

図240　企業・従業員の雇用・勤続に対する関係

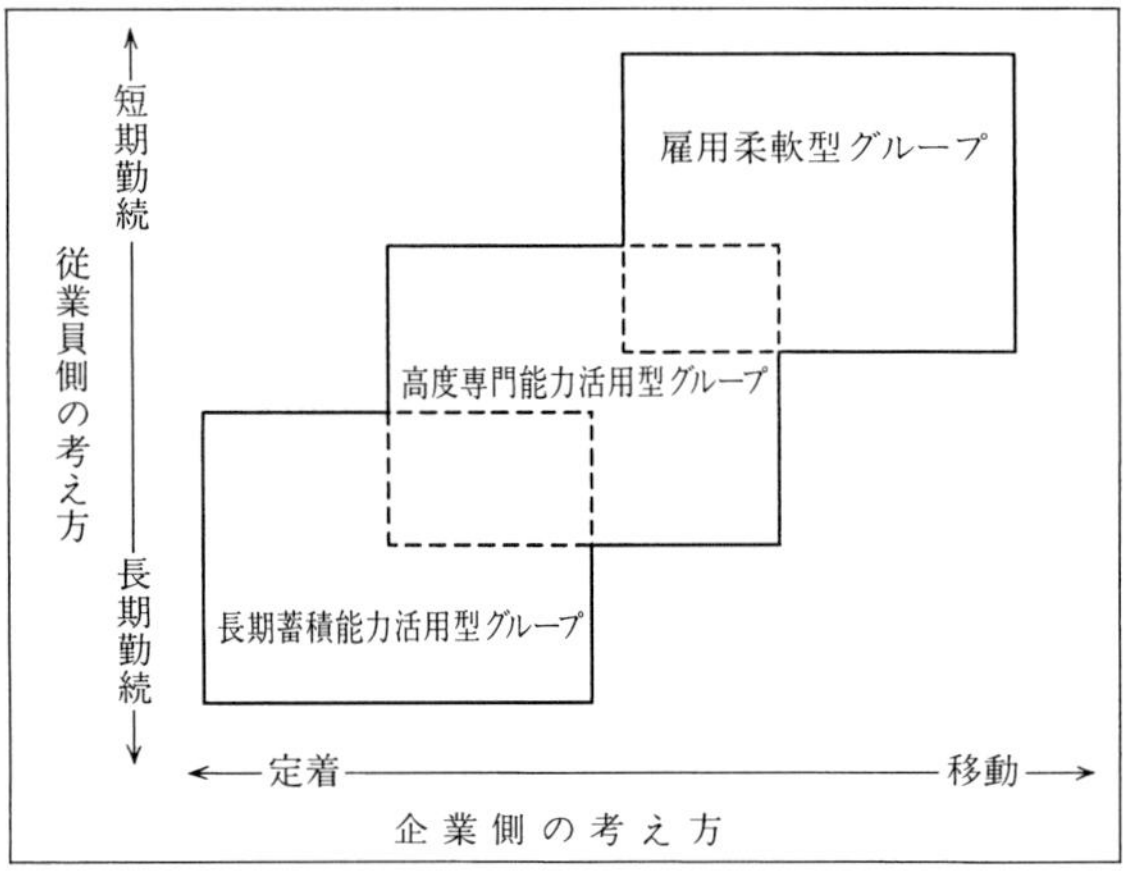

4　今後の雇用システムの方向

日経連が実施した「『新・日本的経営システム等研究プロジェクト』に関するアンケート調査報告」（一九九四年）によれば、今後の雇用形態について、企業の多くは「全従業員を流動化させる」のではなく、「長期雇用者と流動化させる雇用者との組み合わせ」を考えているが、今後の労働市場をめぐる構造変化は、（中略）需要・供給両面から多面的な関係になる。これらを包含して雇用管理をしていくためには、従来の包括・一元的な管理感覚と制度では対応できない。雇用形態の多様化や需給関係の変化は、新しいタイプの雇用システムを生み出していくことになろう。

　最近の雇用形態の動きから今後のあり方を想像してみると、だいたい次の三つのタイプに動いていくものと考えられる。（図240参照）

　一つは、従来の長期継続雇用という考え方に立って、企業としても働いてほしい、従業員としても働きたいという、長期蓄積能力活用型グループ。能力開発はＯＪＴを中心とし、Ｏｆｆ・ＪＴ、自己啓発を包括して積極的に行なう。処遇は職務、階層に応じて考える。

　二つは、企業の抱える課題解決に、専門的熟練・能力をもって応える、必ずしも長期雇用を前提としない高度専門能力活用型グループであるが、わが国全体の人材の質的レベルを高めるとの観点に立って、Ｏｆｆ・ＪＴを中心に能力開発を図るとともに自己啓発の支援を行なう。処遇は、年俸制にみられるように成果と処遇を一致させる。

　三つは、企業の求める人材は、職務に応じて定型的業務から専門的業務を遂行できる人までさまざまで、従業員側も余暇活用型から専門的能力の活用型までいろいろいる雇用柔軟型のグループで、必要に応じた能力開発を行なう必要がある。

処遇は、職務給などが考えられる。

もちろん、こうしたグループは固定したものではない。企業と従業員の意思でグループ相互間の移動も当然起きるであろう。ただ、雇用の動向を全体的にみれば、好むと好まざるとにかかわらず、労働市場は流動化の動きにある。

企業としてもこのような多様化した従業員を十分に活用していくためには、企業の求める人材と従業員の意識ができるだけマッチするような多様な雇用形態、処遇システムを常に選択肢として用意し、意欲と能力のある従業員を適切に処遇することが必要である。

（出典）新・日本的経営システム等研究プロジェクト『新時代の「日本的経営」』日本経営者団体連盟、一九九五年、三一－三三ページ。

【解説】日経連として、初めて「日本的経営」の見直しを提言した文書。現行の終身雇用や年功型賃金制度が現状に合わないことを認め、いわゆる「日本的雇用、日本的経営慣行」の見直しが打ち出されている。具体的には、①従業員を三つのグループに分けて、終身雇用は一部にしか適用しない、②定期昇給を再検討し、毎年昇給型と業績反映型に分け、降給も取り入れる、③労働時間では裁量労働制を活用し、その範囲を拡大する、④労働者派遣事業を原則自由とし、民間有料職業紹介を推進するなどの点である。これによって、これまで基幹的位置を占めてきた正規従業員の流動化と中核労働者の縮小がはかられ、「日本的経営」が大きく変貌することになる。なおＯＪＴとはon the job trainingの略で、仕事に就きながら訓練を受けること、Ｏｆｆ・ＪＴは職場の外での教育・訓練を指す。

第四節

大国化と「国際貢献」の模索

241 日中平和友好条約　一九七八年八月一二日

日本国と中華人民共和国との間の平和友好条約

日本国及び中華人民共和国は、
千九百七十二年九月二十九日に北京で日本国政府及び中華人民共和国政府が共同声明を発出して以来、両国政府及び両国民の間の友好関係が新しい基礎の上に大きな発展を遂げていることを満足の意をもって回顧し、
前記の共同声明が両国間の平和友好関係の基礎となるものであること及び前記の共同声明に示された諸原則が厳格に遵守されるべきことを確認し、
国際連合憲章の原則が十分に尊重されるべきことを確認し、
アジア及び世界の平和及び安定に寄与することを希望し、
両国間の平和友好関係を強固にし、発展させるため、
平和友好条約を締結することに決定し、このため、次のとおりそれぞれ全権委員を任命した。

日本国　外務大臣　園田　直
中華人民共和国　外交部長　黄　華

これらの全権委員は、互いにその全権委任状を示し、それが良好妥当であると認められた後、次のとおり協定した。

第一条

1　両締約国は、主権及び領土保全の相互尊重、相互不可侵、内政に対する相互不干渉、平等及び互恵並びに平和共存の諸原則の基礎の上に、両国間の恒久的な平和友好関係を発展させるものとする。

2　両締約国は、前記の諸原則及び国際連合憲章の原則に基づき、相互の関係において、すべての紛争を平和的手段により解決し及び武力又は武力による威嚇に訴えないことを確認する。

第二条

両締約国は、そのいずれも、アジア・太平洋地域においても又は他のいずれの地域においても覇《は》権を求めるべきではなく、また、このような覇《は》権を確立しようとする他のいかなる国又は国の集団による試みにも反対することを表明する。

第三条

両締約国は、善隣友好の精神に基づき、かつ、平等及び互

恵並びに内政に対する相互不干渉の原則に従い、両国間の経済関係及び文化関係の一層の発展並びに両国民の交流の促進のために努力する。

第四条

この条約は、第三国との関係に関する各締約国の立場に影響を及ぼすものではない。

第五条

1　この条約は、批准されるものとし、東京で行われる批准書の交換の日に効力を生ずる。この条約は、一〇年間効力を有するものとし、その後は、2の規定に定めるところによって終了するまで効力を存続する。

2　いずれの一方の締約国も、一年前に他方の締約国に対して文書による予告を与えることにより、最初の一〇年の期間の満了の際又はその後いつでもこの条約を終了させることができる。

以上の証拠として、各全権委員は、この条約に署名調印した。

千九百七十八年八月十二日に北京で、ひとしく正文である日本語及び中国語により本書二通を作成した。

日本国のために

中華人民共和国のために

（出典）外務省編『わが外交の近況　昭和五四年版(第二三号)』三六三―三六四ページ。

【解説】七二年の日中共同声明に基づいて締結された、日中関係正常化のための条約。一九五一年のサンフランシスコ講和条約の調印に際して、日本は中華民国(台湾政府)と日華平和条約を結び、中華人民共和国(北京政府)を敵視する政策をとり続けてきた。このような状態は、七一年のニクソン訪中を契機に変化し始め、七二年には田中内閣が国交回復に踏み切って日中共同声明を発表し、戦争状態が終結した。平和友好条約の締結については、ソ連敵視と受け取られる可能性のある第二条の「覇権条項」の扱いをめぐって紛糾したが、福田首相の決断で締結に踏み切り、七八年一〇月二三日の批准書の交換によって、戦後三三年ぶりに両国関係の正常化が実現した。

242　日米防衛協力のための指針（ガイドライン）　一九七八年一一月二八日

この指針は、日米安保条約及びその関連取極に基づいて日米両国が有している権利及び義務に何ら影響を与えるものと解されてはならない。

この指針が記述する米国に対する日本の便宜供与及び支援の実施は、日本の関係法令に従うことが了解される。

I　侵略を未然に防止するための態勢

1　日本は、その防衛政策として自衛のため必要な範囲内において適切な規模の防衛力を保有するとともに、その最も効率的な運用を確保するための態勢を整備・維持し、また、地位協定に従い、米軍による在日施設・区域の安定的かつ効果的な使用を確保する。また、米国は、核抑止力を保持するとともに、即応部隊を前方展開し、及び来援し得るその他の兵力を保持する。

2　日米両国は、日本に対する武力攻撃がなされた場合に共同対処行動を円滑に実施し得るよう、作戦、情報、後方支援等の分野における自衛隊と米軍との間の協力態勢の整備に努める。（中略）

Ⅱ　日本に対する武力攻撃に際しての対処行動等

1　日本に対する武力攻撃がなされるおそれのある場合

日米両国は、連絡を一層密にして、それぞれ所要の措置をとるとともに、情勢の変化に応じて必要と認めるときは、自衛隊と米軍との間の調整機関の開設を含め、整合のとれた共同対処行動を確保するために必要な準備を行う。

自衛隊及び米軍は、それぞれが実施する作戦準備に関し、日米両国が整合のとれた共通の準備段階を選択し自衛隊及び米軍がそれぞれ効果的な作戦準備を協力して行うことを確保することができるよう、共通の基準をあらかじめ定めておく。

この共通の基準は、情報活動、部隊の行動準備、移動、後方支援その他の作戦準備に係る事項に関し、部隊の警戒監視のための態勢の強化から部隊の戦闘準備の態勢の最大限の強化にいたるまでの準備段階を区分して示す。

自衛隊及び米軍は、それぞれ、日米両国政府の合意によって選択された準備段階に従い必要と認める作戦準備を実施する。

2　日本に対する武力攻撃がなされた場合

(1)　日本は、原則として、限定的かつ小規模な侵略を独力で排除する。侵略の規模、態様等により独力で排除することが困難な場合には、米国の協力をまって、これを排除する。

(2)　自衛隊及び米軍が日本防衛のための作戦を共同して実施する場合には、双方は、相互に緊密な調整を図り、それぞれの防衛力を適時かつ効果的に運用する。（中略）

Ⅲ　日本以外の極東における事態で日本の安全に重要な影響を与える場合の日米間の協力

日米両政府は、情勢の変化に応じ随時協議する。

日本以外の極東における事態で日本の安全に重要な影響を与える場合に日本が米軍に対して行う便宜供与のあり方は、日米安保条約、その関連取極、その他の日米間の関係取極及び日本の関係法令によって規律される。日米両政府は、日本が上記の法的枠組みの範囲内において米軍に対し行う便宜供与のあり方について、あらかじめ相互に研究を行う。このような研究には、米軍による自衛隊の基地の共同使用その他の便宜供与のあり方に関する研究が含まれる。

（出典）　防衛庁編『日本の防衛　昭和五四年七月』二六八―二七二ページ。

【解説】　共同対処や便宜供与などの日米間の軍事的協力に向けた研究・協議のための指針。一九七八年一一月の第一七回日米安全保障協議委員会と閣議で了承された。これに基づいて、安保条約の五条事態（日本有事）と六条事態（極東有事）への対応を狙いに、①侵略の未然防止のための態勢、②日本有事の場合の対処行動、③極東有事の場合の対処行動の三項について共同作戦研究が行われた。この結果、八一年には北海道侵攻を想定した作戦計画、八六年にはシーレーン防衛についての研究、八九年にはインターオペラビリティー（相互運用性）についての研究、九五年には中東などの有事の日本への波及を想定した作戦計画が、それぞれ完成した。しかし、朝鮮半島有事の研究や日本に波及しない極東有事の研究などは未完に終わっている。

243　歴史教科書についての官房長官談話　一九八二年八月二六日

一、日本政府及び日本国民は、過去において、我が国の行為が韓国・中国を含むアジアの国々の国民に多大の苦痛と損害を与えたことを深く自覚し、このようなことを二度と繰り返してはならないとの反省と決意の上に立って平和国家としての道を歩んで来た。我が国は、韓国については、昭和四十年の日韓共同コミュニケの中において「過去の関係は遺憾であって深く反省している」との認識を、中国については日中共同声明において「過去において日本国が戦争を通じて中国国民に重大な損害を与えたことの責任を痛感し、深く反省する」との認識を述べたが、これも前述の我が国の反省と決意を確認したものであり、現在においてもこの認識にはいささかの変化もない。

二、このような日韓共同コミュニケ、日中共同声明の精神は我が国の学校教育、教科書の検定にあたっても、当然、尊重されるべきものであるが、今日、韓国、中国等より、こうした点に関する我が国教科書の記述について批判が寄せられている。我が国としては、アジアの近隣諸国との友好、親善を進める上でこれらの批判に十分に耳を傾け、政府の責任において是正する。

三、このため、今後の教科書検定に際しては、教科用図書検定調査審議会の議を経て検定基準を改め、前記の趣旨が十分実現するよう配慮する。すでに検定の行われたものについては、今後すみやかに同様の趣旨が実現されるよう措置するが、それまでの間の措置として文部大臣が所見を明らかにして、前記二の趣旨を教育の場において十分反映せしめるものとする。

四、我が国としては、今後とも、近隣国民との相互理解の促進と友好協力関係の発展に努め、アジアひいては世界の平和と安定に寄与していく考えである。

（出典）『毎日新聞』一九八二年八月二七日。

【解説】一九八〇年に自民党機関紙が現行の教科書を偏向だとするキャンペーンを始めたことをきっかけにして、同年から八二年にかけての教科書検定は異様なまでに強化された。歴史教科書では沖縄戦での日本軍による住民殺害の記述の削除や、日本の侵略を「進出」へ、また三・一独立運動を「暴動」と書き換えさせるといった事態が続出した。これに対し八二年に東アジア各国や沖縄県などから強い批判がおき、中国と韓国政府は日本政府に公式に抗議し、沖縄県議会も同様の意見書を採択した。中国政府が文部大臣の訪中を取り消したこともあって、日本政府はこの宮沢喜一官房長官の談話を政府見解として発表し、外交上の事態の収拾を図った。この談話は、三の部分に示されるように、教科書検定の恣意性を露呈することとなった。〔参〕社会科教科書執筆者懇談会編『教科書問題とは何か』未来社、一九八四年。

244　PKO協力法　一九九二年六月一九日

国際連合平和維持活動等に対する協力に関する法律

第一章　総　則

（目的）

第一条　この法律は、国際連合平和維持活動及び人道的な国際救援活動に対し適切かつ迅速な協力を行うため、国際平和協力業務実施計画及び国際平和協力業務実施要領の策定手続、国際平和協力隊の設置等について定めることにより、国際平和協力業務の実施体制を整備するとともに、これらの活動に対する物資協力のための措置等を講じ、もって我が国が国際連合を中心とした国際平和のための努力に積極的に寄与することを目的とする。

（国際連合平和維持活動及び人道的な国際救援活動に対する協力の基本原則）

第二条　政府は、この法律に基づく国際平和協力業務の実施、物資協力、これらについての国以外の者の協力等（以下「国際平和協力業務の実施等」という。）を適切に組み合わせるとともに、国際平和協力業務の実施等に携わる者の創意と知見を活用することにより、国際連合平和維持活動及び人道的な国際救援活動に効果的に協力するものとする。

2　国際平和協力業務の実施等は、武力による威嚇又は武力の行使に当たるものであってはならない。
3　内閣総理大臣は、国際平和協力業務の実施等に当たり、国際平和協力業務実施計画に基づいて、内閣を代表して行政各部を指揮監督する。
4　関係行政機関の長は、前条の目的を達成するため、国際平和協力業務の実施等に関し、国際平和協力本部長に協力するものとする。

（定義）

第三条　この法律において、次の各号に掲げる用語の意義は、それぞれ当該各号に定めるところによる。

一　国際連合平和維持活動　国際連合の総会又は安全保障理事会が行う決議に基づき、武力紛争の当事者（以下「紛争当事者」という。）間の武力紛争の再発の防止に関する合意の遵守の確保、武力紛争の終了後に行われる民主的な手段による統治組織の設立の援助その他紛争に対処して国際の平和及び安全を維持するために国際連合の統括の下に行われる活動であって、武力紛争の停止及びこれを維持するとの紛争当事者間の合意があり、かつ、当該活動が行われる地域の属する国及び紛争当事者の当該活動が行われることについての同意がある場合（武力紛争が発生していない場合においては、当該活動が行われる地域の属する国の当該同意がある場合）に、国際連合事務総長（以下「事務総長」という。）の要請に基づき参加する二以上の国及び国際連合によって、いずれの紛争当事者にも偏ることなく実施されるものをいう。

二　人道的な国際救援活動　国際連合の総会、安全保障理事会若しくは経済社会理事会が行う決議又は別表に掲げる国際機関が行う要請に基づき、国際の平和及び安全の維持を危うくするおそれのある紛争（以下単に「紛争」という。）によって被害を受け若しくは受けるおそれがある住民その他の者（以下「被災民」という。）の救援のために又は紛争によって生じた被害の復旧のために人道的精神に基づいて行われる活動であって、当該活動が行われる地域の属する国の当該活動が行われることについての同意があり、かつ、当該活動が行われる地域の属する国が紛争当事者である場合においては武力紛争の停止及びこれを維持するとの紛争当事者間の合意がある場合に、国際連合その他の国際機関又は国際連合加盟国その他の国（第四号において「国際連合等」という。）によって実施されるもの（国際連合平和維持活動として実施される活動を除く。）をいう。

三　国際平和協力業務　国際連合平和維持活動のために実施される業務で次に掲げるもの及び人道的な国際救援活

動のために実施される業務で次のヌからレまでに掲げるもの(これらの業務にそれぞれ附帯する業務を含む。以下同じ。)であって、海外で行われるものをいう。
イ　武力紛争の停止の遵守状況の監視又は紛争当事者間で合意された軍隊の再配置若しくは撤退若しくは武装解除の履行の監視
ロ　緩衝地帯その他の武力紛争の発生の防止のために設けられた地域における駐留及び巡回
ハ　車両その他の運搬手段又は通行人による武器(武器の部品を含む。ニにおいて同じ。)の搬入又は搬出の有無の検査又は確認
ニ　放棄された武器の収集、保管又は処分
ホ　紛争当事者が行う停戦線その他これに類する境界線の設定の援助
ヘ　紛争当事者間の捕虜の交換の援助
ト　議会の議員の選挙、住民投票その他これらに類する選挙若しくは投票の公正な執行の監視又はこれらの管理
チ　警察行政事務に関する助言若しくは指導又は警察行政事務の監視
リ　チに掲げるもののほか、行政事務に関する助言又は指導
ヌ　医療(防疫上の措置を含む。)
ル　被災民の捜索若しくは救出又は帰還の援助
ヲ　被災民に対する食糧、衣料、医薬品その他の生活関連物資の配布
ワ　被災民を収容するための施設又は設備の設置
カ　紛争によって被害を受けた施設又は設備であって被災民の生活上必要なものの復旧又は整備のための措置
ヨ　紛争によって汚染その他の被害を受けた自然環境の復旧のための措置
タ　イからヨまでに掲げるもののほか、輸送、保管(備蓄を含む。)、通信、建設又は機械器具の据付け、検査若しくは修理
レ　イからタまでに掲げる業務に類するものとして政令で定める業務
四　物資協力　国際連合平和維持活動又は人道的な国際援助活動を行っている国際連合等に対して、その活動に必要な物品を無償又は時価よりも低い対価で譲渡することをいう。
五　海外　我が国以外の領域(公海を含む。)をいう。
六　派遣先国　国際平和協力業務が行われる外国(公海を除く。)をいう。
七　関係行政機関　国家行政組織法(昭和二十三年法律第

百二十号）第三条第二項に規定する国の行政機関及び同法第八条の三に規定する特別の機関で、政令で定めるものをいう。（中略）

（武器の使用）

第二十四条　前条第一項の規定により小型武器の貸与を受け、派遣先国において国際平和協力業務に従事する隊員は、自己又は自己と共に現場に所在する他の隊員の生命又は身体を防衛するためやむを得ない必要があると認める相当の理由がある場合には、その事態に応じ合理的に必要と判断される限度で、当該小型武器を使用することができる。（中略）

附　則

（施行期日）

第一条　この法律は、公布の日から起算して三月を超えない範囲内において政令で定める日から施行する。

（自衛隊の部隊等が行う国際平和協力業務についての特例）

第二条　自衛隊の部隊等が行う国際平和協力業務であって第三条第三号イからヘまでに掲げるもの又はこれらの業務に類するものとして同号レの政令で定めるものについては、別に法律で定める日までの間は、これを実施しない。

（見直し）

第三条　政府は、この法律の施行後三年を経過した場合において、この法律の実施状況に照らして、この法律の実施の在り方について見直しを行うものとする。

（出典）『官報』一九九二年六月一九日。

【解説】国連の平和維持活動（ＰＫＯ）への参加と人道的な国際救援活動への貢献を目的に、戦後初めて自衛隊の海外派遣を可能にした法律。ＰＫＯへの参加は、停戦合意や紛争当事者の受け入れ同意など五項目を条件とし、国連事務総長の要請を受けて首相が実施計画を策定する。新たに編成される国際平和協力隊に参加する自衛隊員は併任とし、部隊としての参加が認められている。ただし、武装解除の監視や兵力引き離しなど平和維持軍（ＰＫＦ）の任務とされる内容については、附則で「別に法律で定める日までの間は、これを実施しない」とされ、実際に参加する場合には、国会の事前承認が必要とされている。この法律に基づいて、カンボジア、モザンビーク、ザイール、ゴラン高原に自衛隊の部隊が派遣された。

245　戦後五〇年決議　一九九五年六月九日

歴史を教訓に平和への決意を新たにする決議

本院は、戦後五十年にあたり、全世界の戦没者及び戦争等による犠牲者に対し、追悼の誠を捧げる。

また、世界の近代史上における数々の植民地支配や侵略的行為に思いをいたし、我が国が過去に行ったこうした行為や他国民とくにアジアの諸国民に与えた苦痛を認識し、深い反省の念を表明する。

我々は、過去の戦争についての歴史観の相違を超え、歴史の教訓を謙虚に学び、平和な国際社会を築いていかなければならない。

本院は、日本国憲法の掲げる恒久平和の理念の下、世界の国々と手を携えて、人類共生の未来を切り開く決意をここに表明する。

右決議する。

（出典）『官報』号外、一九九五年六月九日。

【解説】　戦後五〇年にあたる一九九五年六月、衆議院で「戦後五〇年決議」が採択された。採決に際して、野党第一党の新進党は修正案が受け入れられなかったため本会議を欠席し、植民地支配と侵略戦争への反省があいまいだとする共産党は、出席して反対した。与党三党の側でも、決議の採択自体に慎重論を唱えていた自民党の「戦後五〇周年国会議員連盟」や、文案で自民党に妥協したため謝罪の意図が不明確になったことに不満を持つ社会党の「戦後五〇年問題議員懇談会」のメンバーなど、約七〇人も本会議を欠席した。このため、本会議出席者は現職議員五〇二人の半数である二五一人にすぎず、決議に賛成した議員はさらに少数の二三〇人ほどにとどまった。

246　新防衛計画の大綱　一九九五年一一月二八日

Ⅰ　策定の趣旨（中略）

3　大綱策定後約二〇年が経過し、冷戦の終結等により米ソ両国を中心とした東西間の軍事的対峙の構造が消滅するなど国際情勢が大きく変化するとともに、主たる任務であるわが国の防衛に加え、大規模な災害等への対応、国際平和協力業務の実施等より安定した安全保障環境の構築への貢献という分野においても、自衛隊の役割に対する期待が高まってきていることにかんがみ、今後の我が国の防衛力の在り方について、ここに「平成八年度以降に係る防衛計画の大綱」として、新たな指針を示すこととする。（中略）

Ⅲ　わが国の安全保障と防衛力の役割（中略）

防衛力の在り方

2　（中略）

今後の我が国の防衛力については、こうした観点から、現行の防衛力の規模及び機能について見直しを行い、その合理化・効率化・コンパクト化を一層進めるとともに、必要な機能の充実と防衛力の質的な向上を図ることにより、多様な事態に対して有効に対応し得る防衛力を整備し、同時に事態の推移にも円滑に対応できるように適切な弾力性を確保し得るものとすることが適当である。（中略）

防衛力の役割

4　今後の我が国の防衛力については、上記の認識の下に、以下のとおり、それぞれの分野において、適切にその役割を果たし得るものとする必要がある。

(1)　我が国の防衛

ア　周辺諸国の軍備に配意しつつ、我が国の地理的特性に応じ防衛上必要な機能を備えた適切な規模の防衛力を保有するとともに、これを最も効果的に運用し得る態勢を築き、我が国の防衛意思を明示することにより、日米安全保障体制と相まって、我が国に対する侵略の未然防止に努めることとする。

核兵器の脅威に対しては、核兵器のない世界を目指した現実的かつ着実な核軍縮の国際的努力の中で積極的な役割を果たしつつ、米国の核抑止力に依存するものとする。

イ　間接侵略事態又は侵略につながるおそれのある軍事力をもってする不法行為が発生した場合には、これに即応して行動し、早期に事態を収拾することとする。

直接侵略事態が発生した場合には、これに即応して行動しつつ、米国との適切な協力の下、防衛力の総合的・有機的な運用を図ることによって、極力早期にこれを排除することとする。

(2)　大規模災害等各種の事態への対応

ア　大規模な自然災害、テロリズムにより引き起こされた特殊な災害その他の人命又は財産の保護を必要とする各種の事態に際して、関係機関から自衛隊による対応が要請された場合などに、関係機関との緊密な協力の下、適時適切に災害救援等の所要の行動を実施することとし、もって民生の安定に寄与する。

イ　我が国周辺地域において我が国の平和と安全に重要な影響を与えるような事態が発生した場合には、憲法及び関係法令に従い、必要に応じ国際連合の活動を適切に支持しつつ、日米安全保障体制の円滑かつ効果的な運用を図ること等により適切に対応する。

(3)　より安定した安全保障環境の構築への貢献

ア　国際平和協力業務の実施を通じ、国際平和のための努力に寄与するとともに、国際緊急援助活動の実施を通じ、国際協力の推進に寄与する。

イ　安全保障対話・防衛交流を引き続き推進し、我が国の周辺諸国を含む関係諸国との間の信頼関係の増進を図る。

ウ　大量破壊兵器やミサイル等の拡散の防止、地雷等通常兵器に関する規制や管理等のために国際連合、国際機関等が行う軍備管理・軍縮分野における諸活動に対し協力する。

表 247　旧防衛計画の大綱別表と新別表の比較

	旧　別　表	新　別　表
陸上自衛隊		
基幹部隊	定員 18 万人	編成定数 16 万人（うち常備定員 14 万 5 千人・即応予備自衛官 1 万 5 千人）
	12 個師団・2 個混成団	8 個師団・6 個旅団
	1 個機甲師団	維　持
	1 個空てい団	維　持
	1 個ヘリ団	維　持
	地対空誘導弾部隊 8 個高射特科群	維　持
主要装備	戦車　約 1,200 両	約 900 両
	火砲　約 1,000 両／門	約 900 両／門
海上自衛隊		
基幹部隊	護衛艦部隊・機動運用 4 個護衛隊群	維　持
	護衛艦部隊・地方隊 10 個隊	7 個隊
	潜水艦部隊 6 個隊	維　持
	掃海部隊 2 個掃海隊群	1 個掃海隊群
	陸上哨戒機部隊 16 個隊	13 個隊
主要装備	護衛艦　約 60 隻	約 50 隻
	潜水艦　16 隻	維　持
	作戦用航空機　約 220 機	約 170 機
航空自衛隊		
基幹部隊	航空警戒管制部隊 28 個警戒群・1 個飛行隊	8 個警戒群・20 個警戒隊・1 個飛行隊
	要撃戦闘機部隊 10 個飛行隊	9 個飛行隊
	支援戦闘機部隊 3 個飛行隊	維　持
	航空偵察部隊 1 個飛行隊	維　持
	航空輸送部隊 3 個飛行隊	維　持
	地対空誘導弾部隊 6 個高射群	維　持
主要装備	作戦用航空機　約 430 機	約 400 機
	（うち戦闘機　約 350 機）	（うち戦闘機　約 300 機）

（注）旧別表は陸上自衛隊に 1 個教導団を置くことを盛り込んでいたが，新別表は教育部隊を理由に明記していない．陸自の主要装備の記述は今回の新別表で追加した．

（出典）防衛庁編『防衛白書 平成八年版』p. 123.

（出典）防衛庁編『防衛白書 平成八年版』三一三―三一七ページ。

247　旧防衛計画の大綱別表と新別表の比較（→表 247）

【解説】七六年一〇月に決定された防衛計画の大綱は、当時の国際情勢を前提に、小規模で限定的な侵攻に対して米軍来援まで持ちこたえることのできる兵力を「基盤的防衛力」として、これを平時において整備すべき目標とした。しかし、東西対決構図の終焉などの国際的な環境変化、若年人口の減少による自衛官募集の難しさや装備の近代化による効率的運用などを背景に、九四年から大綱の見直しが始まり、九五年一一月二八日に新「防衛計画の大綱」が閣議決定された。新大綱は、装備の近代化と効率的な部隊再編によって、陸上自衛隊定員を三万人削減するなどの合理化案、テロ活動などの多様な危険への対処、災害救援行動の実施、国際貢献への能動的・建設的な取り組み、「即応予備自衛官制度」の創設などを提起している。

248　日米安保共同宣言　一九九六年四月一七日

日米安全保障共同宣言
――二一世紀に向けての同盟――（仮訳）

日米同盟関係と相互協力及び安全保障条約

4、総理大臣と大統領は、この地域の安定を促進し、日米両国が直面する安全保障上の課題に対処していくことの重要性を強調した。

これに関連して総理大臣と大統領は、日本と米国との間の同盟関係が持つ重要な価値を再確認した。両者は、「日本国とアメリカ合衆国との間の相互協力及び安全保障条約」（以下、日米安保条約）を基盤とする両国間の安全保障面の関係が、共通の安全保障上の目標を達成するとともに、二一世紀に向けてアジア太平洋地域において安定的で繁栄した情勢を維持するための基礎であり続けることを再確認した。

(a)　総理大臣は、冷戦後の安全保障情勢の下で日本の防衛力が適切な役割を果たすべきことを強調する一九九五年一一月策定の新防衛大綱において明記された日本の基本的な防衛政策を確認した。総理大臣と大統領は、日本の防衛のための最も効果的な枠組みは、日米両国間の緊密な防衛協力であるとの点で意見が一致した。この協力は、自衛隊の適切な防衛能力と日米安保体制の組み合わせに基づくものである。両首脳は、日米安保条約に基づく米国の抑止力は引き続き日本の安全保障の拠り所であることを改めて確認した。

(b)　総理大臣と大統領は、米国が引き続き軍事的プレゼンスを維持することは、アジア太平洋地域の平和と安定の維持のためにも不可欠であることで意見が一致した。両首脳は、日米間の安全保障面の関係は、この地域における米国の肯定的な関与を支える極めて重要な柱の一つとなっているとの認識を共有した。

大統領は、日本の防衛及びアジア太平洋地域の平和と安定に対する米国のコミットメントを強調した。大統領は、冷戦の終結以来、アジア太平洋地域における米軍戦力について一定の調整が行われたことに言及した。米国は、周到な評価に基づき、現在の安全保障情勢の下で米国のコミットメントを守るためには、日本におけるほぼ現在の水準を含め、この地域において、約一〇万人の前方展開軍事要員からなる現在の兵力構成を維持することが必要であることを再確認した。

(c) 総理大臣は、この地域において安定的かつ揺るぎのない存在であり続けるとの米国の決意を歓迎した。総理大臣は、日本における米軍の維持のために、日本が、日米安保条約に基づく施設及び区域の提供並びに接受国支援等を通じ適切な寄与を継続することを再確認した。大統領は、米国は日本の寄与を評価することを表明し、日本に駐留する米軍に対し財政的支援を提供する新特別協定が締結されたことを歓迎した。

日米間の安全保障面の関係に基づく二国間協力

5、総理大臣と大統領は、この極めて重要な安全保障面での関係の信頼性を強化することを目的として、以下の分野での協力を前進させるために努力を払うことで意見が一致した。

(a) 両国政府は、両国間の緊密な防衛協力が日米同盟関係の中心的要素であることを認識した上で、緊密な協議を継続することが不可欠であることで意見が一致した。両国政府は、国勢[際]情勢、とりわけアジア太平洋地域についての情報及び意見の交換を一層強化する。同時に、国際的な安全保障情勢において起こりうる変化に対応して、両国政府の必要性を最も良く満たすような防衛政策並びに日本における米軍の兵力構成を含む軍事態勢について引き続き緊密に協議する。

(b) 総理大臣と大統領は、日本と米国との間に既に構築されている緊密な協力関係を増進するため、一九七八年の「日米防衛協力のための指針」の見直しを開始することで意見が一致した。

両首脳は、日本周辺地域において発生しうる事態で日本の平和と安全に重要な影響を与える場合における日米間の協力に関する研究をはじめ、日米間の政策調整を促進する必要性につき意見が一致した。

(c) 総理大臣と大統領は、「日本国の自衛隊とアメリカ合衆国軍隊との間の後方支援、物品又は役務の相互の提供に関する日本国政府とアメリカ合衆国政府との間の協定」が一九九六年四月一五日署名されたことを歓迎し、この協定が日米間の協力関係を一層促進するものとなるよう期待を表明した。

(d) 両国政府は、自衛隊と米軍との間の協力のあらゆる側面における相互運用性の重要性に留意し、次期支援戦闘機(F―2)等の装備に関する日米共同研究開発をはじめとする技術と装備の分野における相互交流を充実する。

(e)　両国政府は、大量破壊兵器及びその運搬手段の拡散は、両国の共通の安全保障にとり重要な意味合いを有するものであることを認識した。両国政府は、拡散を防止するため共に行動していくとともに、既に進行中の弾道ミサイル防衛に関する研究において引き続き協力を行う。

6、総理大臣と大統領は、日米安保体制の中核的要素である米軍の円滑な日本駐留にとり、広範な日本国民の支持と理解が不可欠であることを認識した。両首脳は、両国政府が、米軍の存在と地位に関連する諸問題に対応するためあらゆる努力を行うことで意見が一致した。両首脳は、また、米軍と日本の地域社会との間の相互理解を深めるため、一層努力を払うことで意見が一致した。

特に、米軍の施設及び区域が高度に集中している沖縄について、総理大臣と大統領は、日米安保条約の目的との調和を図りつつ、米軍の施設及び区域を整理し、統合し、縮小するために必要な方策を実施する決意を再確認した。このような観点から、両首脳は、「沖縄に関する特別行動委員会」(SACO)を通じてこれまで得られた重要な進展に満足の意を表するとともに、一九九六年四月一五日のSACO中間報告で示された広範な措置を歓迎した。両首脳は、一九九六年一一月までに、SACOの作業を成功裡に結実させるとの確固たるコミットメントを表明した。（中略）

結語

9、最後に、総理大臣と大統領は、安全保障、政治及び経済という日米関係の三本の柱は全て両国の共有する価値観及び利益に基づいており、また、日米安保条約により体現された相互信頼の基盤の上に成り立っているとの点で意見が一致した。総理大臣と大統領は、二一世紀を目前に控え、成功を収めてきた安全保障協力の歴史の上に立って、将来の世代のために平和と繁栄を確保すべく共に手を携えて行動していくとの強い決意を再確認した。

（出典）防衛庁編『防衛白書 平成八年版』。

【解説】　九〇年のソ連崩壊と「冷戦」の終了によって、日米安保体制の見直しが避けられないものになった。安保共同宣言は、安保条約の条文を変えてはいないが、実質的な安保再改定を意味している。この共同宣言によって、安保体制は、六〇年安保改定当時の「ソ連封じ込め」のための日米同盟から、アジア・太平洋を中心としながらも、地球規模での潜在的な地域紛争への対応を目的とするものに変わった。これによって日本は、極東有事や地域紛争の際の米軍の後方支援に、今まで以上に積極的な役割を果たすことをはっきり約束している。しかし、なぜ「冷戦後」も安保が必要なのか、どこのどのような「有事」が対象とされるのか、憲法で許される範囲の後方支援とは何かなど、今後明確にされるべき課題も多く残されている。

■岩波オンデマンドブックス■

日本史史料 5 現代

1997年 4月24日 第1刷発行
2010年 6月25日 第9刷発行
2016年 7月12日 オンデマンド版発行

編 者 歴史学研究会《れきしがくけんきゅうかい》

発行者 岡本 厚

発行所 株式会社 岩波書店
〒101-8002 東京都千代田区一ツ橋 2-5-5
電話案内 03-5210-4000
http://www.iwanami.co.jp/

印刷／製本・法令印刷

ISBN 978-4-00-730445-3 Printed in Japan